Anna Strasser / Wolfgang Sohst / Ralf Stapelfeldt / Katja Stepec (Hg.)

Künstliche Intelligenz –
Die grosse Verheissung

Anna Strasser / Wolfgang Sohst /
Ralf Stapelfeldt / Katja Stepec (Hg.)

Künstliche Intelligenz –
Die große Verheißung

MoMo Berlin
Philosophische KonTexte
Band 8

Impressum:

Anna Strasser / Wolfgang Sohst / Ralf Stapelfeldt / Katja Stepec (Hg.)

Künstliche Intelligenz – Die große Verheißung

ISBN 978-3-942106-79-5

© 2021 xenomoi Verlag, Berlin
Satz in Palatino Linotype 10 Pt.

Cover-Bild und Bilder zwischen den Texten: Anna Strasser
Umschlaggestaltung, Satz und Produktion:
xenomoi Verlag e.K., Heinersdorfer Str. 16, D - 12209 Berlin
Tel.: 030 - 755 11 712 ▪ www.xenomoi.de ▪ info@xenomoi.de

Bibliographische Information der Deutschen Nationalbibliothek:
Die Deutsche Nationalbibliothek verzeichnet diese Publikation in der
Deutschen Nationalbibliographie; detaillierte Daten sind im Internet unter
https://portal.dnb.de/opac.htm abrufbar.

Inhaltsverzeichnis

Vorwort   5

Erster Teil
Der Begriff der Intelligenz

Katja Stepec
Einleitung Teil 1: Der Begriff der Intelligenz   13

Daniel C. Dennett
Turings seltsame Umkehrung der Argumentation
Was uns Darwins Evolutionstheorie über
Künstliche Intelligenz verrät   27

Nadine Schumann / Yaoli Du
Grenzgänge: Von Menschen zu smarten Maschinen
- und zurück?   37

Hans Zillmann
Künstliche Subjektivität? – Eine Analyse anhand
der neurowissenschaftlichen Subjektbeschreibung
Antonio Damasios   63

Michael Meyer-Albert
Die Frage nach der Weltoffenheitmaschine.
Drei Probleme bei einer möglichen Erschaffung
einer künstlichen Intelligenz.   83

Jan Tobias Fuhrmann
Strukturkonservative Algorithmen:
Künstliche Intelligenz als Kommunikationsproblem   103

Christian Freksa
KI und Kognition   129

Daniel Wenz
Künstliche Intelligenz in mathematischen Beweisen
und das Problem der Erklärbarkeit   145

Christoph Merdes
Können Maschinen moralisch handeln?   169

Walther Ch. Zimmerli
Künstliche Intelligenz und postanaloges Menschsein.
Entstehung, Entwicklung und Wirkung eines realen Mythos   193

Inhaltsverzeichnis

Mathias Gutmann / Marie-Claire Haag / Christian Wadephul
Verheißung, Verdammung oder einfach ein Selbstmissverständnis?
Sprachkritische Überlegungen zum Umgang mit KI
und ihren Beschreibungen   221

Zweiter Teil
Grenzen und Folgen Künstlicher Intelligenz

Ralf Stapelfeldt
Einleitung Teil 2: Grenzen und Folgen Künstlicher Intelligenz   243

Hans-Jörg Kreowski, Wolfgang Krieger
Künstliche Intelligenz –
,künstlich' ja, ,Intelligenz' wohl kaum   259

Elektra Wagenrad
Das clevere Pferd Hans und die Blackbox der KI   279

Dieter Mersch
Vorbemerkungen zu einer Kritik algorithmischer Rationalität.
Denken, Kreativität und Künstliche Intelligenz   305

Gergana Vladova / Sascha Friesike
Irren bleibt menschlich: Wieso falsche Entscheidungen
für uns so wichtig sind und welche Rolle künstliche
Intelligenz dabei nicht spielen kann   325

Sybille Krämer
Nüchtern bleiben! Künstliche Intelligenz jenseits des Mythos   335

Rico Hauswald
Digitale Orakel? Wie künstliche Intelligenz unser
System epistemischer Arbeitsteilung verändert   359

Thomas Weiß
Künstliche Intelligenz – eine marxistische Betrachtung   379

Reinhard Kahle
Wozu (ver)führt uns die neue KI?   407

Uwe Engel / Holger Schultheis
KI assistiert, der Mensch entscheidet.
Ergebnisse der ersten Runde des Delphi-Surveys
„Blick in die Zukunft. Wie künstliche Intelligenz
das Leben verändern wird"   419

Inhaltsverzeichnis

John Michael
Interaktionen mit Robotern –
Wie verbindlich kann das sein   445

Hendrik Kempt
Zwischenmenschlichkeit für Maschinen   453

Ophelia Deroy
Rechtfertigende Wachsamkeit gegenüber KI   471

Catrin Misselhorn
Grundsätze der Maschinenethik   489

Anna Strasser
Resümee: Kann Intelligenz Großes verheißen –
selbst wenn sie nur künstlich ist?   503

Biographische Notizen   509

Inhaltsverzeichnis

Vorwort der Herausgeber*innen

Der Untertitel dieses Bandes „Die große Verheißung" ist im Grunde eine Frage: Was stellt die Künstliche Intelligenz der Menschheit insgesamt in Aussicht? Was macht sie als zunächst nur technische Möglichkeit zur vielfach gepriesenen Hoffnung? In welcher Hinsicht sind solche Hoffnungen überhaupt erfüllbar und nicht vielmehr die ersten Zeichen einer bevorstehenden Apokalypse?

Die Faszination der Künstlichen Intelligenz liegt offenbar in dem Versprechen des kühnsten aller bisher in der Menschheitsgeschichte unternommenen Versuchs, sich als Spezies selbst zu übersteigen. In den öffentlichen Debatten wird das Projekt der Künstlichen Intelligenz oft als fundamentaler dargestellt, als all die Abenteuer, neue Kontinente zu entdecken, bleierne Materie alchemistisch in leuchtendes Gold zu verwandeln oder durch mechanische Maschinenmonster buchstäblich neue Welten aus dem Boden zu stampfen. Damit scheint sie als Zeichen und Zepter einer Allmacht, die vormals nur den Göttern zugetraut wurde, verstanden zu werden.

Eine solche Überhöhung des Projektes der Künstlichen Intelligenz wirft einige Fragen auf. Mit dem vorliegenden Band wollen wir einige subtilere Perspektiven beisteuern, die über das allgemeine Bejubeln und Verteufeln hinausgehen. Das Unternehmen Künstliche Intelligenz hat offenbar einige konzeptionelle Risse, die hier allgemeinverständlich untersucht werden sollen. Die in diesem Band versammelten Betrachtungen treffen den Nerv einer Zeit, die im globalen Kontext gegen vielfach sich aufdrängende politische Verzweiflung und drohende soziale Verwirrung ankämpfen muss. Die Künstliche Intelligenz ist hier nur eine von sehr vielen Bemühungen um eine neue Ordnung unter den Menschen, wenn auch eine besonders prominente. In der Auseinandersetzung mit ihr kann die philosophische Reflexion das leisten, was die fachliche Spezialkompetenz oft außer Acht lässt, nämlich die übergreifende Zusammenführung von Perspektiven, Anregungen, Bedenken und Korrekturen drohender Irrtümer.

Ebenso stellen sich neue grundlegende ethische Fragen, wenn man über die zukünftige Entwicklung von Künstlicher Intelligenz nachdenkt. Geht das Projekt Künstliche Intelligenz mit drastischen Veränderungen bezüglich unseres Verständnisses von Vertrauen, Freundschaft und Selbstbestimmung einher, oder können wir zukünftige Entwicklungen gestalten?

Schon begrifflich ist die Annäherung an das, was unter Künstlicher Intelligenz verstanden wird oder werden sollte, ein kontroverses Feld. Welche Art von Intelligenz – analytische, soziale oder emotionale – ist gemeint, welche Vorrausetzungen haben die vielen Begriffe von Intelligenz, welche Konsequenzen dürfen wir aus ihnen ziehen? Und welchen Wesen oder Entitäten können wir welche Arten der Intelligenz plausiblerweise zuschreiben?

Als Herausgeber*innen dieses Bandes freuen wir uns, dass unser Ruf nach Beiträgen auf großes und positives Echo gestoßen ist. Die Relevanz des Gegenstandes dieses Buches zeigt sich auch daran, in welchem Umfang sehr bekannte Stimmen dieses Diskurses bereit waren, sich an einem solchen Projekt zu beteiligen. In diesem Sinne sind wir froh, auch Beiträge von Autoren wie Daniel Dennett, Ophelia Deroy, Sybille Krämer, Dieter Mersch, Catrin Misselhorn oder Walther Ch. Zimmerli gewonnen zu haben. Unser besonderes Anliegen, eine im Einzelnen interdisziplinäre Debatte fortsetzen zu können, deren verbindende methodische Klammer der philosophische Diskurs ist, wird aber erst durch die Gesamtheit der versammelten Aufsätze erfüllt. In diesem Sinne hoffen wir, zur gegenwärtigen Beurteilung der Chancen und Risiken, aber auch der gesellschaftlichen Reichweite von Künstlicher Intelligenz weiteres, wertvolles Material beisteuern zu können.

Schlussendlich möchten auch wir als Herausgeber*innen unsere Motive zur Erarbeitung dieses Bandes vorstellen. Wir kennen uns aus dem Berliner philosophischen Arbeitskreis ‚MoMo Berlin'. Anna Strasser ist außerdem die Gründerin der ‚DenkWerkstatt Berlin'. Beide Institutionen verstehen sich als Plattformen, um aktuelle philosophische Diskurse auch einer breiteren Öffentlichkeit zugänglich zu machen.

Anna Strasser hat im Jahr 2004 über Kognition künstlicher Systeme promoviert und seitdem in Freiburg und Berlin an der Universität zu dem Spezialgebiet sozialer Kognition im Schnittfeld von Psychologie, KI und Philosophie geforscht. Katja Stepec promovierte über die philosophische Frage des Übersetzens im Zusammenhang mit den holistischen Bedeutungstheorien von Quine, Davidson und Brandom. Ralf Stapelfeldt schrieb seine philosophische Masterarbeit über Daniel Dennett, und Wolfgang Sohst hat mehrere Monographien und Aufsätze zur Prozessmetaphysik und -logik sowie zur kollektiven Ethik veröffentlicht.

Nachdem die Künstliche Intelligenz auch in der Tagespresse inzwischen ein ständiges Thema ist und wir immer wieder über die verschiedenen Fragestellungen dazu sprachen, entschlossen wir uns, den vorliegenden Band in der Reihe ‚MoMo Berlin Philosophische KonTexte' zu erarbeiten. Wir freuen uns über das reichhaltige Ergebnis.

Berlin, im Januar 2021

Dr. Anna Strasser
Wolfgang Sohst
Ralf Stapelfeldt
Dr. Katja Stepec

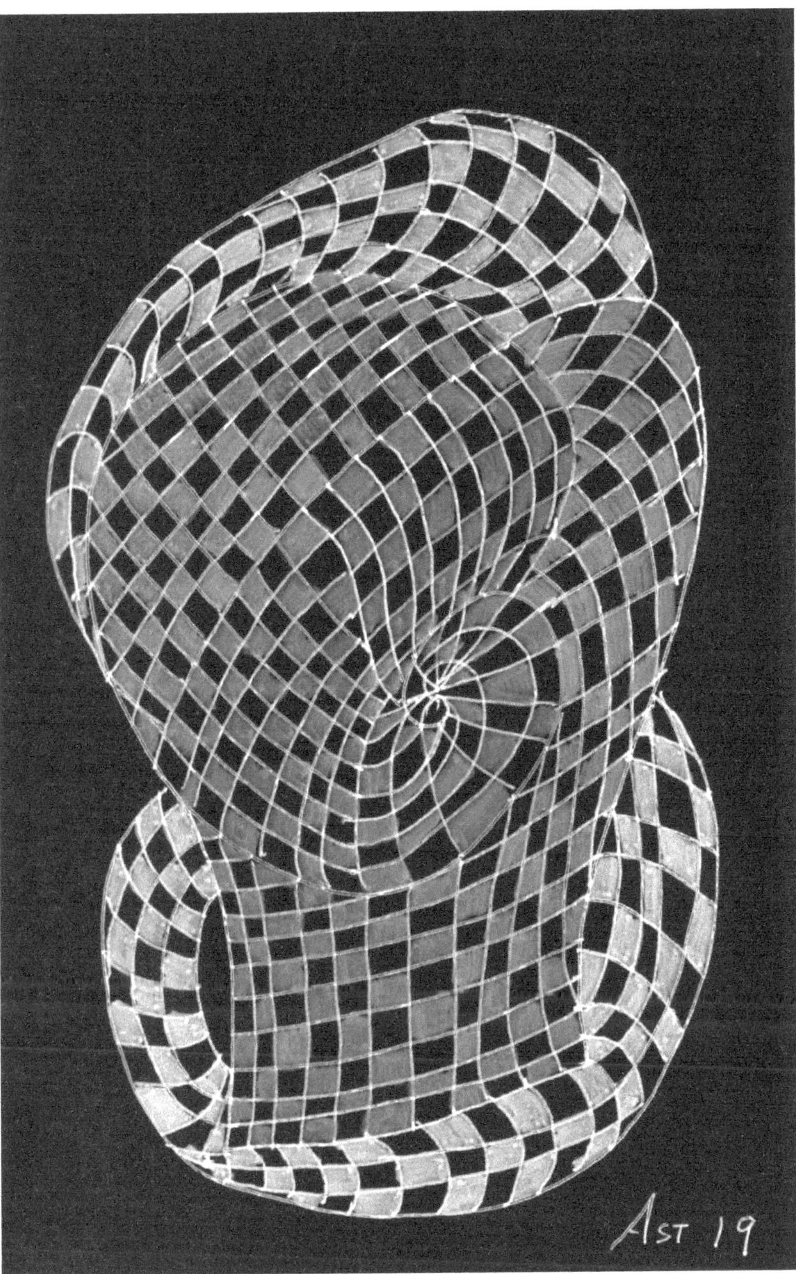
Ast 19

Teil 1

Der Begriff der Intelligenz

Katja Stepec

Einleitung Teil 1:

Der Begriff der Intelligenz

Der vorliegende Sammelband hat den Titel „Künstliche Intelligenz – die große Verheißung". Mögliche Konsequenzen und Bewertungen der künstlichen Intelligenz bedürfen einer Auseinandersetzung, was der Begriff der Intelligenz – und der künstlichen Intelligenz – im Allgemeinen und für uns bedeutet. Die Aufsätze im ersten Teil des Sammelbandes wollen genau dies: die unterschiedlichen Bedeutungen des Begriffs der Intelligenz und der künstlichen Intelligenz beleuchten.

Hilfreich für eine begriffliche Analyse ist die Aufschlüsselung der Voraussetzungen und der Konsequenzen des Begriffsgebrauchs. In der analytischen Sprachphilosophie wird auch von der inferentiellen Rolle eines Satzes gesprochen. Diese umfasst die Umstände sowie die Folgen einer Behauptung, also die Menge ihrer Prämissen und Konsequenzen. (vgl. z.B. Brandom 2000) Entsprechend ergibt sich die Bedeutung des Begriffs ‚Intelligenz' in Sätzen aus den Prämissen, unter denen man von Intelligenz sprechen kann, und die Folgen, die sich daraus ergeben. In Abhängigkeit der unterschiedlichen Voraussetzung und Konsequenzen kann ein Begriff unterschiedliche Gehalte aufweisen.

Ich möchte drei Bereiche von Voraussetzungen vorstellen, die alltagssprachlich mit Intelligenz verbunden werden und jeweils bestimmte Voraussetzungen von Intelligenz beinhalten: analytische Intelligenz, soziale Intelligenz und emotionale Intelligenz. Den drei Konzepten ist gemeinsam, dass Intelligenz als Fähigkeit verstanden wird. Meine Beschreibung der Voraussetzungen der drei Bereiche ist exemplarisch und keinesfalls abschließend, wie sich später auch aus den Beiträgen der Kapitel noch ergibt.

Drei exemplarische Voraussetzungsbereiche des Begriffs der Intelligenz

Analytische Intelligenz ist die Fähigkeit, ein Problem zu lösen. Voraussetzungen dafür ist die Aufnahme von Informationen, deren Auswertung für eine Fragestellung und das Liefern eines Ergebnisses. Der Prozess beruht auf regelgeleiteten Verarbeitungsschritten, die sich z.B.

als Schlussfolgerungen oder Algorithmen darstellen. Analytische Intelligenz kann auch bereits beinhalten, dass ein Wesen mit Störungen umgehen und unerwartete Hindernisse bewältigen kann. Diese Art der Intelligenz ist zielgerichtet und ergebnisorientiert und erfordert kein Verstehen der Aufgabe und deren Lösung.

Ein zweiter Bereich fügt den Voraussetzungen für Intelligenz soziale Aspekte hinzu. *Soziale Intelligenz* umfasst generell die Kooperation mit anderen Wesen, worunter Kommunikation und gemeinsames Handeln verstanden werden kann. Diese Art der Intelligenz ist ebenfalls ergebnisorientiert, aber auch anspruchsvoller, denn sie umfasst nun die Abstimmung mit anderen Wesen zur Erreichung eines gemeinsamen Ziels. Für die Zielerreichung ist daher nicht mehr nur eine Information über den Sachverhalt relevant, sondern auch Informationen über die Kooperationspartner: z.B. ihre Überzeugungen. Entsprechend ist Voraussetzung der sozialen Intelligenz nicht nur die reine Erfassung von Informationen im Sinne eines Inputs, sondern Erfassung im Sinne eines Austauschs von Informationen. Dafür ist Kommunikation notwendig. In der sozialen Interaktion erfolgt Kommunikation auf einer ‚öffentlichen‘ Ebene, also auf Basis gemeinsamer, standardisierter Normen, die sprachlicher, logischer oder mathematischer Art sein können. Kommunikation impliziert zumindest ein basales Verstehen dessen, was man tut. Für eine kommunikative Abstimmung mit Kooperationspartnern reicht es nicht aus, die internen Prozesse zu beschreiben, man muss sie auch mit den Prozessen der Beteiligten vergleichen können. Die Einnahme einer zweiten Perspektive, das Erkennen von Gemeinsamkeiten und Unterschieden sind Momente des Verstehens. Aus der Kommunikation und dem gegenseitigen Abgleich im Sinne eines Verstehens folgt eine koordinierte Aktion, die man unter Umständen bereits als gemeinsames Handeln bezeichnen kann. Voraussetzungen für soziale Intelligenz beinhalten also, dass das intelligente Wesen die Überzeugungen der anderen Wesen berücksichtigen und mit den eigenen abgleichen kann; dass es die eigene Aktion mit den Aktionen der anderen Wesen zu einem gemeinsamen Handeln koordinieren kann. Soziale Kooperation ist komplexer als das individuelle Lösen einer Aufgabe, erfordert daher mehr und andere Ressourcen, bietet aber möglicherweise auch schnellere und bessere Ergebnisse.

Schließlich können emotionale Voraussetzungen angenommen werden, die für die Qualifikation von Intelligenz relevant sind: *emotionale Intelligenz* beinhaltet das Erkennen und Bewerten von Gefühlen und Stimmungen und zwar bei sich und bei anderen. Emotionen können eine Problemlösung behindern oder beschleunigen. Unsicherheit wirkt sich beispielsweise störend auf die Erreichung eines Ziels aus; Neugierde und die Aussicht auf Belohnung wirken sich positiv auf Problemlösungen aus. Emotionale Wesen mit der Fähigkeit, Gefühle zu reflektieren, zu bewerten und zu manipulieren, können diese zu ihrem Vorteil bei der Bearbeitung von Aufgaben einsetzen; Wesen, die darüber hinaus auch ihre Kooperationspartner positiv emotional beeinflussen, sind noch erfolgreicher. Die Kommunikation erfolgt hier in der Regel nicht auf einer öffentlichen oder expliziten Ebene, sondern bleibt subjektiv und implizit. Dazu gehören Fähigkeiten wie das Wahrnehmen von Stimmungen oder das subtile ‚Anstubsen' durch sprachliche Instrumente. Auf dieser Ebene kann zudem ein tieferes Verstehen erwartet werden: ein Verstehen nicht nur der Aufgabe und der Prozesse, die zu ihrer Erledigung notwendig sind, sondern auch ein Verstehen der eigenen und fremden Subjektivität.

Für die hier vorgeschlagene begriffliche Struktur verstehe ich diese Bereiche von Voraussetzungen als aufeinander aufbauend. Die Voraussetzungen aus dem analytischen Bereich gehören zum Kernbereich von Intelligenz. Ein Sprecher, der den Ausdruck Intelligenz verwendet, sollte diese Voraussetzungen immer akzeptieren. Die Voraussetzungen aus dem sozialen Bereich beinhalten zusätzliche Anforderungen aufgrund der (öffentlichen) Interaktion und Kommunikation mit anderen Wesen. Entsprechend erweitert sich die Bedeutung des Begriffs Intelligenz um die Begriffe der Sprache, des Verstehens und des gemeinsamen Handelns. Darauf aufbauend bringt der dritte Bereich subjektive Voraussetzungen in die Bedeutung von Intelligenz ein, und erweitert damit den Begriff zusätzlich um (implizite) emotionale Aspekte, sowie um ein weitergehendes reflektierendes Verstehen.

Konsequenzen des Begriffsgebrauchs:
Mensch oder Maschine?

Die Bedeutung des Begriffs Intelligenz hängt nicht nur davon ab, welche Voraussetzungen in den Begriff einfließen, sondern auch von den Konsequenzen, die daraus gezogen werden. Nicht aus jedem Voraussetzungsbereich dürfen die gleichen Schlussfolgerungen gezogen werden. Ich konzentriere mich hier auf zwei sehr allgemeine Schlussfolgerungen: Mensch oder Maschine.

In einer ersten Intuition scheint die Schlussfolgerung aus allen drei Bereichen auf den Menschen hinauszulaufen. Menschen wird sowohl die Fähigkeit zur Erfassung und Verarbeitung von Informationen zugeschrieben, als auch die Fähigkeiten zur Kommunikation und zum gemeinsamen Handeln und schließlich zum Erkennen eigener und fremder Emotionen. Mit der Schlussfolgerung auf den Menschen sind weitere Konsequenzen möglich: z.B. die Annahme von Selbstbewusstsein und freiem Wille.

Für die Schlussfolgerung auf eine Maschine dagegen reichen zunächst die Voraussetzungen der analytischen Intelligenz aus. Eine solche problemlösende Maschine kommt dem nahe, was wir gemeinhin unter einem Computer verstehen: Eine Fragestellung wird durch systemimmanente Algorithmen bearbeitet und generiert eine Lösung. Hier sind weder Schlussfolgerungen auf Bewusstsein noch auf freien Willen angebracht, sondern das Vorgehen wird als rein instrumentell betrachtet.

Mensch und Maschine sind jeweils die extremen Enden einer graduellen Reihe von Schlussfolgerungen mit Zwischenpositionen, wobei sich bestimmte Kombinationen gängigen philosophischen Positionen zuordnen lassen. So weist eine *Kombination der analytischen mit der sozialen und der emotionalen Intelligenz* auf die These der starken KI hin, und erlaubt damit die Schlussfolgerung auf eine Gleichsetzung von Mensch und Maschine. Die These geht davon aus, dass Maschinen eine allgemeine Intelligenz aufweisen können, die der des Menschen gleicht oder sie übertrifft. Mit dieser These wird oft die Behauptung verbunden, dass Maschinen denken oder ein Bewusstsein haben. Eine solche Gleichsetzung von Mensch und Maschine setzt voraus, dass Maschinen auch soziale und emotionale Fähigkeiten haben können. In dem Aufsatz *"What is it like to be a Bat"* (Nagel 1974) beschreibt Nagel die subjektive Qualität als das Gefühl, wie es ist, in einem bestimmten mentalen Zustand zu sein. Um diese Art der Subjektivität nachempfinden zu können, setzt Nagel voraus, dass nur ausreichend ähnliche Wesen einen Standpunkt gegenseitigen Verstehens einnehmen können. Wesen oder Entitäten, die also alle drei Voraussetzungen erfüllen, lassen die Schlussfolgerung zu, dass es sich um einen Menschen oder ein menschenähnliches Wesen handelt, unabhängig davon, ob dieses Wesen organisch, auf Silikonbasis oder durch Algorithmen realisiert ist.

Eine *Kombination von analytischer und sozialer Intelligenz* würde dagegen in vielen Fällen ausreichen für die Schlussfolgerung, dass der Turing Test bestanden ist. In dem Artikel *"Computing Machinery and Intelligence"* (Turing 1950) schlägt Turing ein Imitationsspiel vor, in dem eine Person Fragen an zwei verborgene Kandidaten stellt und aufgrund der Antworten entscheiden muss, ob einer der beiden Kandidaten eine Maschine ist. Die Maschine besteht den Test, wenn sie so erfolgreich kommuniziert, dass die Person nicht bemerkt, dass es eine Maschine ist. Eine solche Maschine weist sprachliche Fähigkeiten in einem begrenzten Kontext auf, wobei zusätzlich zu beachten ist, dass ein solches eingeschränktes Sprachspiel nicht immer auch schon Verstehen beinhaltet. Wird eine Maschine durch soziale Fähigkeiten angereichert, sind dennoch Schlussfolgerungen möglich, dass es sich um mehr als ein Instrument handelt.

Reduziert sich die Voraussetzung auf *analytische Fähigkeiten*, bleibt die Annahme instrumenteller Intelligenz, die beispielsweise durch Searles Beschreibung des chinesischen Zimmers illustriert wird (Searle 1980). Hier kombiniert ein in einem Zimmer befindlicher Mensch mit Hilfe eines Regelbuches Kärtchen mit chinesischen Zeichen und reagiert damit auf eine Frage in chinesischer Sprache. Aus Sicht des außerhalb stehenden Fragenden mag der Mensch eine zufriedenstellende Antwort gegeben haben, gucken wir jedoch in das chinesische Zimmer hinein, werden dort lediglich Zeichen gemäß einer formalen Regel, einer Syntax, angeordnet – ähnlich einem Computer, der Symbole gemäß einer mathematischen Regel, eines Algorithmus, kombiniert. Der Mensch ist weder der chinesischen Sprache mächtig, noch hat er ein Verständnis von Frage und Antwort.

Die hier hilfsweise vorgeschlagene Struktur des Begriff der Intelligenz ist durch diese einfache Kombinatorik längst nicht umfassend beschrieben. So kann durchaus in Frage gestellt werden, ob es weitere Voraussetzungen gibt – z.B. aus dem Bereich der Kunst, Literatur oder Musik. Und auch die zunächst einleuchtende Behauptung eines Kernbereichs von Intelligenz kann bestritten werden. Beispielsweise ist ein Wesen vorstellbar, dem lediglich soziale und emotionale Intelligenz zugeschrieben werden kann – oder auch nur einer dieser Bereiche. Schließlich sind auch graduell unterschiedliche Kombinationen vorstellbar – beispielsweise ein Wesen ausgestattet mit geringfügigen analytischen Fähigkeiten, dafür aber mit überdurchschnittlicher sozialer und / oder emotionaler Intelligenz.

Im ersten Teil dieses Bandes stellen Autoren aus unterschiedlichen Bereichen ihre Überlegungen zum Begriff der Intelligenz, seinen Voraussetzungen und seinen Konsequenzen – also auf seine Anwendungsbereiche – vor.

Zu Beginn stellt der Aufsatz von **Daniel Dennett** "Turings seltsame Umkehrung der Argumentation. Was uns Darwins Evolutionstheorie über Künstliche Intelligenz verrät." die provokante Frage, ob wir nicht die Perspektive wechseln sollten, wenn es um das Verhältnis von Mensch und Maschine geht. Vielleicht nehmen wir intuitiv an, dass so etwas wie Intelligenz oder Bewusstsein nur durch eine höhere Intelligenz oder ein überlegeneres Bewusstsein in die Welt kommen kann. Mit Hilfe einer Analogie zwischen den Thesen Darwins und Turings zeigt Dennett allerdings auf anschauliche Weise, dass fortgeschrittene Organismen oder Fähigkeiten nicht notwendig auf einem spezifischen und sehr komplexen Funktionsschema beruhen müssen, sondern stattdessen in vielen Fällen auf sehr einfachen Prozessen aufbauen. Es ist das Prinzip der einfachen Bausteine, welches nicht nur das Leben und die Evolution erklärt, sondern für Turing auch das menschliche Denken. Konstruiert man auf dieser Basis eine intelligente Maschine, zeigt sich eine Art der ‚Pseudo-Intelligenz‘ oder ein ‚Als-ob‘-Verständnis, welches zumindest als Annäherung an ‚echte‘ künstliche Intelligenz oder Verständnis gewertet werden kann. Dennett drückt damit eine mögliche Erwartung an die Entwicklung der künstlichen Intelligenz aus.

Eine instrumentelle ‚Als-ob‘-Perspektive schlagen auch Schumann und Du vor. Der Aufsatz „Grenzgänge: Von Menschen zu smarten Maschinen – und zurück?" von **Nadine Schumann & Yaoli Du** konzentriert sich auf die Genese der Schlussfolgerungen auf Mensch / Natur und Maschine / Technik. Der Aufsatz erzählt die Geschichte der Versuche, das eine über das andere zu verstehen. Ausgehend von einem ganzheitlichen Ansatz des Aristoteles, vollzieht sich nach Descartes eine Trennung mit der Tendenz, Natur unter technischen Voraussetzungen zu verstehen. Der Versuch einer Formalisierung der Mathematik durch die Logik und die allgemeine Systemtheorie führen zur Analogie des menschlichen Denkens mit den funktionalen Berechnungen am Modell der Turingmaschine. Auf Basis dieses Erbes kämpft die aktuelle Forschung mit einer *petitio principii*: Zum einen soll der reduktionistische Intelligenzbegriff in der KI-Forschung menschliche Fähigkeiten nachahmend modellieren, zum anderen werden Modelle der KI-Forschung zum Verständnis menschlicher kognitiver Prozesse herangezogen. Am Ende wird eine Sichtweise vorgeschlagen, die nicht auf die Reduktion von Mensch auf Maschine oder des Denkens auf technische Informationsprozesse hinausläuft, sondern mit einer ganzheitlichen ‚Als-ob‘-Betrachtung ein Simulationsmodell des menschlichen Zusammenlebens einbringt, mit dem auch menschliche Subjektivität erfasst werden kann.

Während Schumann und Du einen Weg in Richtung einer sozialen Intelligenz von Maschinen aufzeigen, diskutiert der Aufsatz „Künstliche Subjektivität? – Eine Analyse anhand der neurowissenschaftlichen Subjektbeschreibung Antonio Damasios" von **Hans Zillmann** die grundsätzliche Möglichkeit einer sozialen und emotionalen Intelligenz von Maschinen. Zillmann vertritt dabei die These, dass Subjektivität immer eine Frage der sozialen und kulturellen Zuschreibung ist. Auf Grundlage des naturwissenschaftlich orientierten Ansatzes Damasios wird Subjektivität als Auseinandersetzung des Gehirns mit dem eigenen Körper und den Objekten der Umwelt beschrieben und von Zillmann auf zwei Voraussetzungen von Subjektivität konzentriert. Für die erste Voraussetzung unterscheidet Zillmann zwischen Emotionen als physiologischen Reaktionen des Organismus, und Gefühlen als qualitativen Bewertungszustände. Subjektivität besteht entsprechend darin, dass Wesen die emotionale Erfassung ihrer Umwelt über Gefühle wahrnehmen. Zweitens steht diese Art der Subjektivität in einem kulturhistorischen Kontext und dieser Bereich ist von einer physikalistischen Sichtweise nur schwer zu erfassen. Auch wenn Menschen dazu tendieren, Maschinen Subjektivität zuzuschreiben, und darin sogar Gefahren sehen, bleibt die Vermutung, dass Maschinen eher auf das deduktive Schließen beschränkt sein werden und damit auf den Bereich der analytischen Intelligenz.

Emotionale Intelligenz muss nicht die stärkste Voraussetzung für Intelligenz sein. In dem Beitrag „Die Frage nach der Weltoffenheitmaschine. Drei Problemstellen für die Erzeugung einer künstlichen Intelligenz" von **Michael Meyer-Albert** werden drei weitere Voraussetzungen präsentiert, die dem Begriff der Intelligenz eine anspruchsvolle existenzialistische Bedeutung geben. Auf Basis des Ansatzes McDowells wird Intelligenz vorbereitend als Ko-Konstitution von Denken und Wahrnehmen erläutert. In einem ersten Schritt wird dann diese epistemische Perspektive durch den phänomenologischen Gedanken von Hermann Schmitz im Sinne einer körperlichen Kommunikation mit der Welt angereichert. Mit Hilfe der hermeneutischen Perspektive Gadamers zeigt sich die zeitliche und geschichtliche Dimension der menschlichen Reflexivität, die der vorwärts gerichteten Linearität des algorithmischen Problemlösens ein interagierendes Gespräch mit der Tradition gegenüberstellt. Beides mündet in den Begriff der Weltoffenheit als eine leiblich erfahrene und geschichtliche Reflexion der Intelligenz. Meyer-Albert fügt mit Leiblichkeit und sinnhafter Geschichtlichkeit sowie existentieller Weltoffenheit dem Begriff von Intelligenz nicht nur weitere wichtige Voraussetzungen hinzu, sondern stellt am Ende auch die provozierende Frage nach ethischen Bedenken bei der Erschaffung von künstlichen Intelligenzen.

Eine wichtige Voraussetzung für soziale Intelligenz diskutiert der Beitrag „Künstliche Intelligenz als Kommunikationsproblem" von **Jan Tobias Fuhrmann**. Er argumentiert dafür, dass Kommunikation nicht notwendig mit Bewusstsein und Verstehen verbunden sein muss; Intelligenz zeigt sich stattdessen darin, dass die Kommunikation am Laufen gehalten wird. Kern der Kommunikation ist eine strukturelle und sinnhafte Unbestimmtheit, die wesentlich die Möglichkeit kommunikativer Anschlüsse beinhaltet. So sind auch durch Algorithmen gesteuerte Bots, d.h. quasi-umgangssprachliche Kommunikationsprogramme, in der Lage, eine Unterhaltung zu führen und innerhalb eines thematisch begrenzten Bereichs den Turing-Test zu bestehen, ohne dass sie Sinn konstituieren oder sich selbst reflektieren. Tatsächlich stellt sich die fehlende Reflexion als Effizienzvorteil bei der Verarbeitung großer Datenmengen heraus. Das überraschende Ergebnis der Überlegungen ist schließlich, dass gerade die Eigenschaft von Maschinen als nicht-originell und strukturell konservativ dazu führt, dass sie erfolgreich an Kommunikation teilnehmen und diese fortsetzen können.

Mit dem Begriff des Wissens schlägt der Beitrag „Verheißung, Verdammung oder einfach ein Selbstmissverständnis? Sprachkritische Überlegungen zum Umgang mit KI und ihren Beschreibungen" von **Mathias Gutmann, Marie-Claire Haag und Christian Wadephul** einen weiteren alternativen und vielversprechenden Bereich von Voraussetzungen vor. Die Autoren untersuchen die begrifflichen Zusammenhänge zwischen Wissen, Information und Daten mit dem Ziel, einen tätigkeitstheoretischen Wissensbegriff zu etablieren, ein Wissen um den Zweck einer Verwendung. So wird der operative Wissensbegriff – wie funktioniert eine Maschine – abgegrenzt vom situativen, ‚umgänglichen' Wissen um den Zweck einer Maschine, was erst die Beurteilung ihrer Funktionsfähigkeit erlaubt. Unterstützt wird die Betrachtung durch die Unterscheidung eines Funktionierens ‚gemäß einer Regel' und dem Handeln ‚nach einer Regel' oder in Kenntnis der Regel. Auch der Informationsbegriff enthält bereits eine Zwecksetzung und unterscheidet sich damit von dem Begriff der bloßen Daten. Situatives Wissen aber kann schon in Richtung eines reflexiven Wissens gedeutet werden – nämlich als ein Wissen von sich selbst. Die Einordnung des Begriffs der künstlichen Intelligenz in das begriffliche Umfeld eines zweckorientierten Wissens vermeidet so zwar zunächst die problematische Schlussfolgerung auf Bewusstsein, führt aber zu nicht weniger anspruchsvollen Schlussfolgerungen auf selbständige Zwecksetzung, Rationalität und Verantwortung.

Der Beitrag „Künstliche Intelligenz und kognitive Leistung" von **Christian Freksa** führt die Idee der zweckorientierten Verwendung als ökologisches Problemlösen weiter aus. Er legt den Fokus auf eine der Voraussetzungen für soziale Intelligenz: Handlungen als situative Interaktion mit der Welt und Selektion von Informationen im Zusammenhang mit Problemlösungen. Im Bereich der analytischen Intelligenz sind Maschinen zunächst Instrumente zum Lösen von Problemen. Das dafür benötigte umfassende Wissen über die Welt stellt sich als eine Art digitaler Zwilling dar, welcher aus riesigen Datenmengen besteht, die formal und sequenziell organisiert sind. Es handelt sich um Repräsentationen oder Beschreibungen, die die Grundlage für ein Verstehen des Problems im Sinne des Nachvollzuges einzelner Funktionsschritte darstellen. Für die Lösung eines Problems ist die Kenntnis der einzelnen Funktionschritte jedoch nicht hilfreich; ein handelnder Organismus dagegen erkennt die notwendigen Informationen in der Interaktion mit der Umwelt als "Affordanzen", d.h. als Verwendungsangebote. Für Freksa ist diese Art des ‚ökologischen' Problemlösens, das sich in der handelnden Interaktion zeigt, eine Anforderung an künstliche Intelligenz, prägnant gefasst als Intelligenz pro Kilowatt, die deren bisheriges Primat, das logische Schließen auf Basis von Repräsentationen, in Frage stellt.

Logisches Schließen ist nicht nur die Grundlage für die Algorithmen, aus denen die Software einer KI besteht, sondern auch die Grundlage für die Mathematik. In dem Beitrag „Künstliche Intelligenz in mathematischen Beweisen und das Problem der Erklärbarkeit" von **Daniel Wenz** wird daher einleitend gefragt, ob nicht die Nähe der künstlichen Intelligenz zur Mathematik diese für mathematische Beweise besonders qualifiziert (siehe hierzu auch den Beitrag von Dieter Mersch). Warum das nicht der Fall ist, weist auf ein aktuelles Problem der KI hin: der Erklärbarkeit oder besser Nicht-Erklärbarkeit. Komplexe mathematische Beweise müssen nicht nur formal nachvollzogen, sondern auch konzeptuell verstanden werden, indem der Beweis in einen größeren theoretischen Kontext eingeordnet wird. Damit wird nicht nur das eigentliche Problem, sondern auch der mathematisch Kontext neu beleuchtet. Die historische Entwicklung der automatisierten Beweisführung dagegen zeigt eine Trennung der Verbindung von formaler und konzeptueller Beweisführung auf. Waren automatisierte Systeme mit dem Ziel der Beweisführung zunächst nach den Fähigkeiten des Menschen modelliert, und sollten primär Aufschluss über den menschlichen Geist geben, wurde diese Ähnlichkeit später zugunsten einer Problemorientierung aufgegeben, mit dem Ziel schnellerer und effizienterer Ergebnisse. Diese führen zu Beweisen, die für den Menschen nicht mehr verstehbar sind und somit auch nicht nutzbar zur Erweiterung mathematischer Kenntnisse. Mit Hilfe einer Art des expressiven Verstehens soll die konzeptuelle Ebene neu erschlossen werden. Dafür wird die Interaktion zwischen Mensch und Maschine als gemeinsames Handeln gleichwertiger Akteure verstanden, das nicht nur von konstitutiven Regeln bestimmt wird, sondern in dem sich auch implizite Normen entwickeln. Dieses praktische *Know-How* der Teilnehmer, d.h. der konzeptuelle Überschuss, wird explizit gemacht, um undurchsichtige Beweisführung verstehbar und damit nutzbar zu machen.

Der Artikel „Künstliche Moral – Können Maschinen moralisch handeln?" von **Christoph Merdes** verweist bereits auf die Thematik des zweiten Teils des Sammelbandes. Merdes bejaht nicht nur die Möglichkeit eines künstlichen moralischen Akteurs, sondern schlägt im Wesentlichen drei Kriterien vor, mit denen Moralität von Maschinen beurteilt werden kann. Als erste Bedingung für moralisches Handeln versteht der Autor die Freiheit von Handlungen, und kommt zu dem Ergebnis, dass Maschinen zumindest nicht als völlig fremdbestimmt aufzufassen sind. Auch die zweite Bedingung für moralisches Handeln, die moralischer Rechtfertigung, wird durch die Übertragung von maschinellem Lernen auf eine maschinelle Ethik teilweise bejaht. Mit einem angepassten Turing-Test wird schließlich die dritte Bedingung untersucht: moralische Kompetenz. Hier stellt sich als eigentliches Problem die Auswahl der Beurteilenden heraus – letztlich gibt es also keinen Maßstab für moralische Befähigung, auch der des Menschen selbst.

Zum Ende des ersten Teils wird das Moment der "Verheißung" aufgebrochen in die Begriffe des Hypes und des Mythos. **Walther Ch. Zimmerli** beschäftigt sich in seinem Beitrag „Künstliche Intelligenz und postanaloges Menschsein. Entstehung, Entwicklung und Wirkung eines realen Mythos" mit der geschichtlichen Entwicklung der Voraussetzungen für künstliche Intelligenz. Im Sinne der genealogischen Methode Nietzsches, durch Aufarbeitung der historischen Entwicklung eines Begriffs dessen Voraussetzungen zu beleuchten, erzählt Zimmerli die Geschichte der KI zwischen Mythos und Hype, also zwischen der versuchten Bändigung der Entwicklung mit Hilfe eines sinnstiftenden Narratives und dem Verselbständigen der Entwicklung im Sinne eines Hypes. Die ‚Erfindung' des Begriffs anlässlich der Dartmouth-Conference ist der Beginn des Mythos der ‚denkenden Maschine', der durch die Generierung überzogener Erwartungen auch bereits den ersten Hype auslöst. Die Fortsetzung des Hypes kulminiert im endzeitlichen Mythos der Singularität, also der Vorstellung, dass die künstliche die menschliche Intelligenz übertreffen wird. Diese eschatologische Grenze soll überwunden werden durch die Idee des ‚Mensch-Maschine-Tandems' was letztlich zu der anthropologischen Frage führt: Trans- oder Posthumanismus – oder: wie transformiert sich der Mensch zwischen dem Analogen und dem Digitalen? So katapultiert uns der Hype der ersten Stunde in ein Zeitalter, in der wir die alten Mythen zugunsten einer neuen Konzeption aufgeben sollten: dem post-analogen Menschen.

Während die Beiträge im ersten Teil bestimmte Voraussetzungen für die Zuschreibung von Intelligenz im Allgemeinen und künstlicher Intelligenz im Speziellen untersuchen und damit das Spektrum der Bedeutung dieser Begriffe ausreizen, werden im zweiten Teil des Sammelbandes nicht nur die Konsequenzen ‚Mensch oder Maschine‘ betrachtet, sondern eine Vielzahl weiterer Folgen, die sich aus dem Begriffsgebrauch ergeben können.

Literatur

Brandom, Robert (2000): Expressive Vernunft. Suhrkamp Verlag, Frankfurt a.M. 2000

Nagel, Thomas (1974). What Is It Like to Be a Bat? In: The Philosophical Review, 83(4), 435-450.

Searle, John (1980): Minds, brains, and programs. In: The Behavioral and Brain Sciences, 3, 417-457.

Turing, Alan (1950). Computing machinery and intelligence. In: Mind, LIX(2236), 433-460.

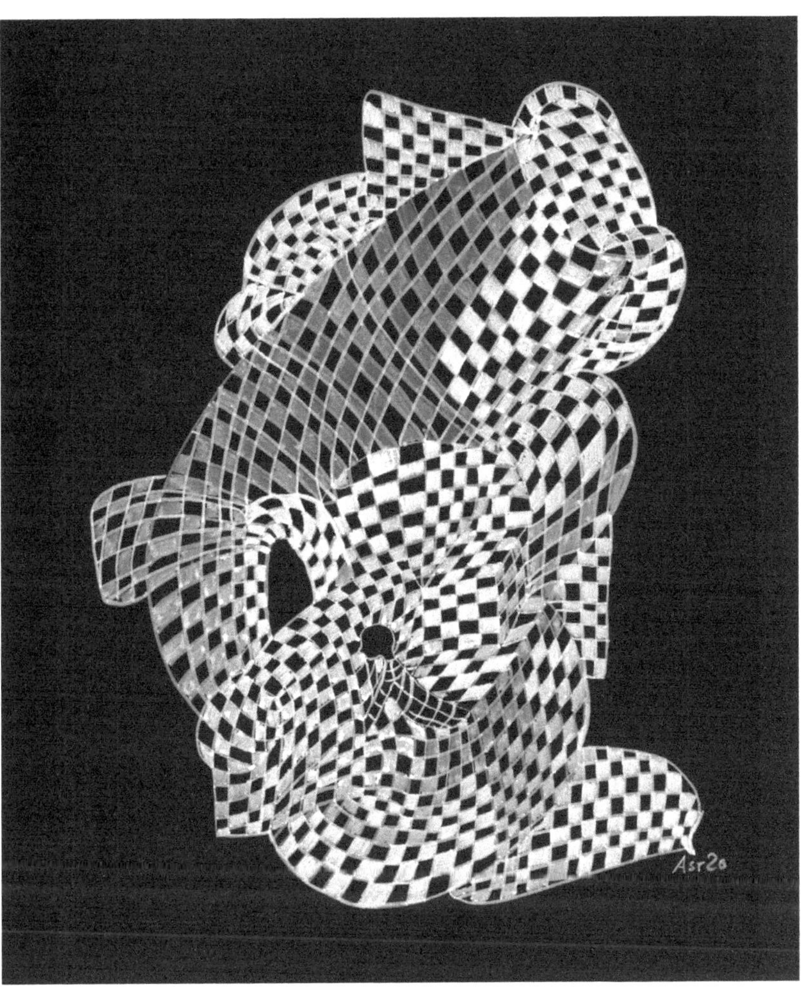

Daniel C. Dennett

TURINGS SELTSAME UMKEHRUNG DER ARGUMENTATION

Was uns Darwins Evolutionstheorie über Künstliche Intelligenz verrät.

Manche der größten und revolutionärsten Errungenschaften der Wissenschaft werden auf eine angenehm bescheidene Weise und ohne viel Aufhebens präsentiert. So gelingt es Charles Darwin, die Kernessenz seiner Theorie in einer Art und Weise zusammenzufassen, die auch für Laien in all ihren Einzelheiten verständlich ist:

> Wenn die Lebewesen unter wechselnden Lebensbedingungen in fast allen ihren Teilen individuelle Unterschiede aufweisen (was nicht bestritten werden kann), und wenn unter ihnen infolge ihrer geometrischen Zunahme an Zahl in irgendeinem Alter oder zu irgendeiner Jahreszeit einer harter Kampf ums Dasein stattfindet (was gleichfalls nicht bestritten werden kann), so wäre es in Anbetracht der verwickelten Wechselbeziehungen zwischen den Lebewesen, sowohl unter sich wie zu ihren Lebensbedingungen (die wiederum große, nutzbringende Unterschiede der Struktur, Konstitution und Gewohnheiten hervorrufen) Zufall, wenn niemals Veränderungen vorkämen, die für das Gedeihen dieser Wesen ebenso nützlich sind, wie wir zahlreiche Veränderungen für den Menschen nützlich werden sahen. Wenn nun Veränderungen auftreten, die jedem dieser Lebewesen nützen, so werden sicher die damit beglückten Individuen am ehesten im Kampf ums Dasein erhalten bleiben; und nach dem Prinzip der Vererbung werden sie die Neigung haben, ähnlich charakterisierte Nachkommen hervorzubringen. Dieses Prinzip der Erhaltung oder das Überleben des Tüchtigsten nannte ich natürliche Zuchtwahl.

> (Darwin 1963 [1859], 184)

Auch in dem epochalen Aufsatz über die Struktur der DNS von Francis Crick und James Watson findet man einen wunderbar schlichten Abschlusssatz:

> Es ist unserer Aufmerksamkeit nicht entgangen, dass die von uns postulierten spezifischen Paarbildungen einen möglichen Kopier-

mechanismus des genetischen Materials unmittelbar nahelegen.
(Übersetzung von Watson & Crick 1953, 738)

Als Alan Turing im Jahre 1936 mit seinem Aufsatz über berechenbare
Zahlen ein neues Feld für Wissenschaft und Technik eröffnet hat, präsentiert er mit einem sogar noch kürzeren Satz eine Ausgangsbasis für
die Lösung eines der rätselhaftesten Probleme der Wissenschaft, dem
Leib-Seele-Problem:

Es ist möglich, eine einzige Maschine zu erfinden, die dazu verwendet werden kann, jede berechenbare Folge zu errechnen.
(Turing 2019 [1936], 177)

Turing hat nicht nur die Intuition, dass man so eine bemerkenswerte
Herausforderung meistern kann, sondern legt auch konkret dar, wie
eine solche Maschine zu konstruieren ist. Dies markiert den Beginn des
Computerzeitalters. Dabei sollte man nicht vergessen, dass es schon
vor Turings Idee Einheiten gab, die man ‚Rechner‘, also Computer
nannte - nämlich Menschen. Anstelle von Computern haben Büroan-
gestellte, von denen sehr viele Frauen waren, mit Geduld, Stolz und
ausreichenden mathematischen Kenntnissen Tag für Tag mithilfe von
stundenlangen Berechnungen verlässliche Ergebnisse geliefert.
Im Ingenieurwesen, im Handel, im Militär und in anderen Bereichen
waren Tausende dieser Angestellten beschäftigt und haben Tabellen für
Navigation, Waffenindustrie und für andere technische Bereiche berechnet. Das Revolutionäre an Turings Idee zur Berechenbarkeit kann
man besonders gut erkennen, wenn man sie Darwins Evolutionstheorie
gegenüberstellt. Bevor Darwins Ideen die Welt prägten, hatten traditionelle Auffassungen eine gewichtigere Rolle als die wissenschaftliche
Sicht: Das gesamte Universum, vom Erhabensten (‚dem Menschen‘)
bis zum Einfachsten (Ameisen, Kieselsteine und Regentropfen), wurde
als die Schöpfung von etwas noch Erhabeneren, Gott, verstanden. Dieser allmächtige und allwissende intelligente Schöpfer war dabei dem
zweithöchsten Wesen auffallend ähnlich. Diese Vorstellung kann man
als die *Trickle-Down*-Theorie der Schöpfung bezeichnen. Darwin ersetzt
diese durch eine *Bubble-up*-Schöpfungstheorie.[1] Einer der zeitgenössischen Kritiker Darwins, Robert Beverly MacKenzie, brachte die Skepsis
gegenüber einer *Bubble-up* Theorie klar auf den Punkt:

---

1   Die Begriffe ‚*Trickle down*‘ und ‚*Bubble up*‘ sind auch im Englischen keine
    geläufigen Bezeichnungen, man kann sie jedoch gut verstehen, wenn man
    die gängigere Bezeichnung ‚*top down*‘ und ‚*bottom up*‘ mitdenkt.

In Darwins Theorie nimmt die absolute Unwissenheit die Rolle des Schöpfers ein. Das heißt, man kann die Grundannahme der ganzen Theorie wie folgt festhalten: FÜR DAS ENTSTEHEN EINER PERFEKTEN UND SCHÖNEN MASCHINE IST KEIN WISSEN DARÜBER NOTWENDIG, WIE SIE ENTSTEHT. Genau diese Behauptung, die man nach sorgfältiger Prüfung findet, drückt in verdichteter Form die wesentliche Grundidee aus. Sie bringt die Quintessenz von Darwins Theorie auf den Punkt, der aufgrund einer seltsamen Umkehrung der Argumentation zu glauben scheint, dass absolute Unwissenheit vollends qualifiziert sei, den Platz der absoluten Weisheit in Bezug auf alle Errungenschaften der Schöpfung einzunehmen.
(Übersetzung von MacKenzie 1868)

Dies ist in der Tat eine seltsame Umkehrung der Argumentation (*strange inversion of reasoning*). Bis heute beschäftigt viele Menschen die beunruhigende Vorstellung, dass sich ein planloser, geistloser Prozess durch die Zeitalter werkelt und sehr viel subtilere, effizientere und komplexere Organismen generiert, ohne die geringste Ahnung von dem zu haben, was er tut.

Auch Turings Idee basiert auf einer bemerkenswert ähnlichen seltsamen Umkehrung der Argumentation. Vor Turing – als noch Menschen die Rechnenden (also Computer) waren – war es unabdingbar, dass diese Menschen etwas von Mathematik verstehen, damit sie ihre Arbeit verrichten konnten. Turing zeigt jedoch, dass dieses Verstehen selbst gar nicht notwendig ist: Man kann nämlich die einzelnen Berechnungsschritte, die von Menschen vollzogen werden, auf pure mechanische Aktionen herunterbrechen, deren Ausführung nicht den Hauch von Verständnis fordert. EINE PERFEKTE UND SCHÖNE RECHENMASCHINE MUSS NICHT WISSEN, WAS ARITHMETIK IST.

Sowohl Darwin als auch Turing haben auf ihre jeweils eigene Art entdeckt, dass Beherrschen ohne Begreifen (*competence without comprehension*) möglich ist.[2] Dies kehrt die zunächst zutiefst plausible Annahme um, nach der Verstehen die Quelle aller fortgeschrittenen Fähigkeiten sei. Worin sonst ist unsere Motivation, Kinder in die Schule zu schicken, begründet? Warum missbilligen wir die altmodischen Methoden des Auswendiglernens? Wir gehen davon aus, dass die Entwicklung der Fähigkeiten unserer Kinder auf wachsendem Verstehen beruht. Der Slogan ‚Kompetenz setzt Verstehen voraus' kann als ein Grundsatz der modernen Pädagogik gelten. Für uns als Homo Sapiens ist

---

2   Vgl. Dennett (2009): Hier wurde überarbeitetes Material für die vorhergehenden Absätzen entnommen.

das in der Regel auch die richtige Herangehensweise, wenn es um das Erlernen von Fähigkeiten geht. Ich vermute, dass dies weitverbreitete Prinzip aus der Pädagogik einer der entscheidenden Gründe für die Skepsis gegenüber der Evolutionstheorie als auch gegenüber der artverwandten Idee von Turing, der Künstlichen Intelligenz, ist. Schon der Gedanke, dass aus geistloser Mechanik so etwas wie menschliche - oder gar göttliche - Fähigkeiten hervorgehen könnte, empfinden viele als philisterhaft und abstoßend und werten es als eine Beleidigung unseres Verstandes und des Verstandes Gottes.

Führt man sich vor Augen, wie Turing in seiner Beweisführung vorgegangen ist, sieht man, dass er sozusagen menschliche Computer zum Vorbild genommen hat. Diese Menschen saßen an ihren Schreibtischen und vollzogen zuverlässig viele einfache Schritte nacheinander. Sie überprüften ihre Arbeitsschritte, notierten Zwischenergebnisse, statt sich auf ihr Gedächtnis zu verlassen, und konsultierten bei Bedarf ihre Formeln. So machten sie aus einer anfänglich beängstigend scheinenden Aufgabe eine Routine, die sie fast im Schlaf erledigen konnten. Turing zerlegt diese einfachen Schritte systematisch in noch einfachere Schritte, die das Verstehen der einzelnen Schritte obsolet macht. Wenn ein Mensch zum Beispiel Schwierigkeiten hat, die Zahl 9999999999999 von der Zahl 999999999999 zu unterscheiden, dann kann dieses Diskriminierungsproblem durch das Einführen von anspruchsloseren Zwischenschritten in mehrere einfachere Probleme zerlegt werden. Auf diese Weise erstellt Turing ein Inventar von einfachen, elementaren Bausteinen, aus denen man wiederum einen universellen Algorithmus zusammensetzen kann, der in der Lage ist, jeden anderen Algorithmus auszuführen. Turing zeigt, inwiefern so ein Algorithmus einen Menschen oder einen Computer in die Lage versetzen kann, jede beliebige Funktion zu berechnen, und führt dazu aus:

Das Verhalten des Rechnenden wird zu jedem Zeitpunkt durch die wahrgenommenen Symbole und durch seinen momentanen ‚Geisteszustand' bestimmt. Wir gehen davon aus, daß es eine Grenze G für die Anzahl der Symbole gibt, die der Rechnende in einem Augenblick erfassen kann. Will er mehr erfassen, muß er sich einer Reihe aufeinanderfolgender Wahrnehmungsakte bedienen. [...] Die tatsächlich durchgeführte Operation wird [...] durch den Geisteszustand des Rechnenden und durch die wahrgenommenen Symbole bestimmt. Insbesondere bestimmen sie den Geisteszustand des Rechnenden, nachdem die Operation ausgeführt worden ist.

(Turing 2019 [1936], 41)

Etwas später stellt er fest:

> Wir können nun eine Maschine konstruieren, die die Arbeit dieses
> Rechnenden tut.
> (Turing 2019 [1936], 43)

An genau dieser Stelle zeigt sich, dass alle möglichen Berechnungen
auf geistlose Prozesse reduziert werden können. Man kann mit den einfachen Bausteinen beginnen, die Turing isoliert hat, und daraus dann
Schritt für Schritt anspruchsvollere Berechnungen aufbauen. Dadurch
kann man nach und nach die Intelligenz wiederherstellen, die Turing
so geschickt aus den Praktiken der menschlichen Computer herausge-
filtert hat.

Aber wie steht es um die Rolle des Genies von Turing und später
auch von anderen Programmierern, deren eigenes intelligentes Verstehen ganz offensichtlich die Voraussetzung dafür ist, dass durch die
Verknüpfung von Turings geistlosen Bausteinen überhaupt nützliche
Fähigkeiten entstehen können? Legt eine solche Abhängigkeit nicht
doch wieder eine *Trickle-Down-Perspektive* auf Intelligenz nahe, nur
diesmal mit Turing in der Rolle Gottes? Kein geringerer Denker als
Roger Penrose hat sich skeptisch über die Möglichkeit geäußert, dass
künstliche Intelligenz lediglich aus geistlosen algorithmischen Prozessen erwachsen könnte:

> [I]ch glaube [...] sehr stark an die Macht der natürlichen Selekti-
> on. Aber ich sehe nicht ein, wie die natürliche Selektion von allein
> diejenigen Algorithmen zu entwickeln vermag, mit denen wir an-
> scheinend bewußte Urteile über die Gültigkeit anderer Algorith-
> men fällen können.
> (Penrose 1991 [1989], 403)

Er fährt fort und meint:

> Von meiner Warte aus birgt die Evolution mit ihrem augenschein-
> lichen ‚Tasten‘ nach einem künftigen Zweck nach wie vor ein Ge-
> heimnis. Zumindest scheinen die Dinge sich etwas besser zu orga-
> nisieren, als sie es – bloß aufgrund einer Evolution durch blinden
> Zufall und natürliche Selektion – eigentlich ‚sollten‘.
> (Penrose 1991 [1989], 405)

Selbst wenn sich eine einzige Kaskade von natürlichen Selektionspro-
zessen über Milliarden von Jahren erstreckt, scheint es in der Tat unwahrscheinlich, dass dadurch eine Reihe von Nullen und Einsen erzeugt

werden könnte, die dann als Input für einen digitalen Computer einen Algorithmus für bewusste Urteile darstellt. Aber Turing hat erkannt, dass nichts den Prozess der Evolution daran hindert, sich auf zahlreichen Ebenen so zu kopieren, dass sich selbst Wahrnehmungsfähigkeit und Urteilsvermögen entwickeln. Man kann den rekursiven Ansatz, einen Computer zu entwerfen, der jeden anderen Computer imitieren kann, immer weiter bis hin zu dem Punkt wiederholen, an dem es für bestimmte Computern möglich ist, sich selbst neu zu entwerfen, und ihre Fähigkeiten so zu erweitern, dass sie selbst ihren ursprünglichen Programmierer weit hinter sich lassen. Bereits in dem klassischen Aufsatz *Computing Machinery and Intelligence'* von 1950 (auf deutsch: *Kann eine Maschine denken?*) hat Turing erkannt, dass in der Vorstellung eines lernfähigen (nicht-menschlichen) Computers kein Widerspruch steckt:

> Die Vorstellung einer lernenden Maschine mag einigen Lesern paradox vorkommen. Wie können sich die Operationsregeln der Maschine ändern? Sie sollten, unabhängig von der Vergangenheit der Maschine und unabhängig von ihren möglichen Zustandsänderungen, vollständig beschreiben, wie die Maschine reagieren wird. Insofern sind die Regeln absolut zeit-invariant. Das ist durchaus richtig. Die Erklärung dieses Paradoxons besteht darin, daß die Regeln, die beim Lernprozess geändert werden, ziemlich anspruchslos und nur von vorübergehender Gültigkeit sind. Der Leser möge dies mit der Verfassung der Vereinigten Staaten vergleichen.
> (Turing 1967 [1950], 136)[3]

Für Turing ist klar, dass die enorme Vielseitigkeit und Variabilität menschlichen Denkens, die sich z.B. im Lernen, in der Fähigkeit zur Re-Evaluation, in der Sprache und im Problemlösen zeigt, im Prinzip aus einzelnen Bausteinen konstruierbar ist. Genau dies kann man als eine *Bubble-Up*-Theorie des Geistes bezeichnen, die den verschiedenen *Trickle-Down*-Theorien des Geistes von Denkern wie René Descartes bis John Searle (und bekannter Weise auch Kurt Gödel, dessen Beweis gleichwohl eine Inspiration für Turings Arbeit war) entgegensteht. Letztere beginnen mit dem menschlichen Bewusstsein in seiner hochreflektierenden Form und sind aber dann nicht in der Lage, derart magische Kräfte mit den bloßen Mechanismen menschlicher Körper und Gehirne in Zusammenhang zu bringen.

---

3   Vgl. Suber (2001) bezüglich einer wertvollen Diskussion dieser Passage und des sogenannten Paradoxes der Selbstveränderung.

Genauso wie Darwin hat Turing das Geheimnis der Intelligenz (oder des intelligenten Designs) in atomistische Schritte blinder Zufälligkeiten zerlegt, die sich, wenn sie millionenfach akkumuliert werden, zu einer Art Pseudo-Intelligenz summieren. Die Zentraleinheit eines Computers weiß nicht wirklich, was Arithmetik ist, noch versteht sie, was Addition ist, aber sie ‚versteht' den ‚Befehl', zwei Zahlen zu addieren und die Summe in ein Register einzutragen, so dass sie, wenn sie zum Addieren aufgefordert wird, zuverlässig addiert und die Summe an die richtige Stelle setzt. Man kann hier *von einer Art von* Verständnis für Addition sprechen. Ein paar Ebenen höher versteht das Betriebssystem nicht *wirklich*, dass es Übertragungsfehler prüft und behebt, aber es verfügt über *eine Art von* Verstehen, das sich darin zeigt, dass es diese Aufgabe bei Bedarf zuverlässig ausführen kann. Wiederum einige Ebenen höher, wo Milliarden und Billionen Bausteine kombiniert sind, versteht ein Schachprogramm zwar nicht *wirklich*, dass seine Königin in Gefahr ist, aber es hat *eine Art von* Verständnis für diese Situation. Und auch IBMs Watson hat *eine Art von* Verständnis von den Jeopardy-Fragen, die es beantwortet.

Warum sollte man von ‚*einer Art von*' Verständnis sprechen? Ich halte dies für sinnvoll, weil man bei der Analyse – oder Synthese – von immer kompetenteren Ebenen einer Maschine zwei Dinge unterscheiden muss, nämlich was sie ist und was sie tut. Das ‚was sie ist' lässt sich in Bezug auf die strukturelle Organisation ihrer Bestandteile beschreiben, vorausgesetzt, die Teile funktionieren so, wie sie sollen. Bei dem ‚was sie tut' handelt es sich um eine (kognitive) Funktion, die (sozusagen) ausgeführt wird. Die Art und Weise der Ausführung ist dabei zuverlässig genug, so dass man auf der nächsthöheren Ebene die Annahme treffen kann, dass man einen intelligenteren Baustein in seinem Inventar zur Verfügung hat, der eben diese Funktion - in einer *Art von* gut genug - erfüllt. Dies ist der Schlüssel, mit dem man die verwirrend komplexe Frage, wie es möglich ist, dass ein Geist allein aus materiellen Mechanismen zusammengesetzt ist, angehen kann.

Was man in der Kognitionswissenschaft den ‚*Art von*'-Operator nennen könnte, ist vergleichbar mit Darwins Gradualismus bezüglich evolutionärer Prozesse. Das heißt, bevor es Bakterien gab, gab es *eine Art von* Bakterien, bevor es Säugetiere gab, gab es *eine Art von* Säugetieren und bevor es Hunde gab, gab es *eine Art von* Hunden und so weiter. Genauso wie wir Darwins Gradualismus brauchen, um den großen Unterschied zwischen einem Affen und einem Apfel zu erklären, brauchen wir Turings Gradualismus, um den großen Unterschied zwischen einem humanoiden Roboter und einem Taschenrechner zu erklären. Sowohl Affen als auch Äpfel bestehen aus den gleichen Basiselementen, die sich aber in ihrer strukturellen Anordnung so unterscheiden, dass sie auf vielen Ebenen ganz unterschiedliche Funktionen haben. Dabei gibt es keine strikte Trennlinie zwischen *einer Art von* Affe und einem Affen. Genauso bestehen humanoide Roboter und Taschenrechner aus denselben Grundbausteinen, den nicht-denkenden und nicht-fühlenden Turing-Bausteinen. Aber indem man diese Bausteine zu größeren und leistungsfähigeren Strukturen zusammensetzt, die dann wiederum auf noch höheren Ebenen zu Elementen von noch leistungsfähigeren Strukturen werden, entstehen schließlich Elemente, die eine Art von Intelligenz haben. Diese Elemente können wiederum so zusammengesetzt werden, dass eine Fähigkeit entsteht, von der wir berechtigter Weise sagen können, dass sie von Verständnis begleitet ist.

Wir nehmen den intentionalen Standpunkt (*intentional stance*) ein (Dennett 1971, 1987), um Überzeugungen und Wünsche (oder ‚Überzeugungen' und ‚Wünsche' oder *eine Art von* Überzeugungen und *eine Art vo*n Wünschen) aller möglichen irgendwie rational handelnden Wesen auf unterschiedlichen Ebenen zu erkennen. Dies schließt sowohl einfachste Bakterien als auch Gehirne von Lebewesen – vom Seestern bis zum Astronomen – ein, deren Schaltkreise Unterscheidungen treffen, Signale senden, Vergleiche vornehmen und über Erinnerung verfügen. Es gibt keine strikte Linie, ab der das wahre Verständnis beginnt - auch nicht in unserem eigenen Fall, dem Menschen. Ein kleines Kind hat nur *eine Art von* Verständnis, von seinem eigenen Satz ‚Papa ist Arzt', und ich habe nur *eine Art von* Verständnis für die Formel ‚$E = mc^2$'. Einige Philosophen widersetzen sich diesem Anti-Essentialismus: Sie behaupten, dass man entweder glaubt, dass Schnee weiß ist oder nicht und dass man entweder bewusst ist oder nicht. Nichts kann hier als eine Annäherung an ein mentales Phänomen gelten. Stattdessen wird von einer ‚Alles oder Nichts' Frage ausgegangen. Die Fähigkeiten des Geistes stellen für solche Denker ein unergründliches Mysterium dar, da sie ‚perfekt' und damit völlig anders als alles sind, was in rein materiellen Mechanismen zu finden ist.

Bisher haben Roboter noch kein ‚echtes' Verständnis, aber wir kommen der Sache näher. Das ist zumindest die Überzeugung derjenigen von uns, die sich von Turings Einsichten haben inspirieren lassen. Die *Trickle-Down*-Theoretiker dagegen sind felsenfest davon überzeugt, dass uns keine noch so großen Fortschritte in der Forschung jemals zu ‚echtem' Verstehen führen werden. Sie gehen davon aus, dass aus Turings Bausteinen kein cartesianisches Res Cogitans, kein denkendes Ding konstruiert werden kann. Genauso bezweifeln Kreationisten, dass die von

Darwin beschriebenen Prozesse der Mutation, Replikation und Selektion jemals (echtes) Leben erzeugen können. Damit liegen sie falsch, aber man kann das Unbehagen, das ihre Einstellung motiviert, nachvollziehen.

Sowohl Turings, als auch Darwins seltsame Umkehrung der Argumentation widersprechen jahrtausendalten Denktraditionen. Orientiert man sich an der Geschichte des Widerstands gegen das darwinistische Denken, kann man damit rechnen, dass es auch in ferner Zukunft, wenn ‚bloße Maschinen' all die Errungenschaften des menschlichen Denkens erreicht oder gar übertroffen haben, noch Denker geben wird, die darauf bestehen, dass der menschliche Geist aber auf eine mysteriöse Weise arbeitet, die keine Wissenschaft je verstehen kann.

(Übersetzung von Anna Strasser und Ralf Stapelfeldt)

Literatur

Darwin, Charles (*1963*): *Die Entstehung der Arten durch natürliche Zuchtwahl*. Übersetzung von Carl Neumann. Reclam, Stuttgart 1963. Titel der englischen Originalausgabe: *On the Origin of Species*. John Murray, London 1859.

Dennett, Daniel (1971): Intentional systems. In: *The Journal of Philosophy* 68, 87-106.

Dennett, Daniel (1987): *The Intentional Stance*. MIT Press, Cambridge, MA 1987.

Dennett, Daniel (2009): Darwin's Strange inversion of reasoning. In: *Proceedings of the National Academy of Sciences*, 106, 10061-10065.

MacKenzie, Robert (1868): *The Darwinian Theory of the Transmutation of Species Examined*. Nisbet & Co, London 1868.

Penrose, Roger (1991): *Computerdenken. Des Kaisers neue Kleider oder Die Debatte um Künstliche Intelligenz, Bewußtsein und die Gesetze der Physik*. Übersetzung von Michael Springer. Spektrum der Wissenschaft, Heidelberg 1991. Titel der englischen Originalausgabe: *The Emperor's New Mind*. Oxford University Press, Oxford 1989.

Suber, Peter (unpublished): Saving Machines From Themselves: The Ethics of Deep Self-Modification, preprint, 30 November 2001. http://legacy.earlham.edu/~peters/writing/selfmod.htm, abgerufen am 7.10.2020.

Turing, Alan (2019): Über berechenbare Zahlen mit einer Anwendung auf das Entscheidungsproblem. In: Ziemann, Andreas (Hg.): *Grundlagentexte der Medienkultur. Ein Reader*. Wiesbaden: Springer 2019. Titel der englischen Originalausgabe: Turing, Alan (1936). On computable numbers, with an application to the Entscheidungsproblem. In: *Proc. Lond. Math. Soc.* 42, 230-265, and erratum (1937) 43, 544-546.

Turing, Alan (1967): *Kann eine Maschine denken?* In: Enzensberger, Magnus (Hg.): *Kursbuch 8*, Band 1. Übersetzung von Gänßler, Peter. Zweitausendeins, Frankfurt, 1967, 106-138. Titel der englischen Originalausgabe: Turing, Alan (1950). Computing machinery and intelligence. In: *Mind*, LIX(2236), 433-460.

Watson, James; Crick, Francis (1953): A structure for deoxyribose nucleic acid. In: *Nature,* 171, 737-738.

Nadine Schumann, Yaoli Du

Grenzgänge: Von Menschen zu smarten Maschinen - und zurück?

Abstract: Zentrale Begriffe in der heutigen KI-Debatte, wie z.B. Intelligenz, Information, Code, Funktion und Selbstorganisation, werden nicht selten im interdisziplinären Diskurs unterschiedlich definiert und verwendet. In ihrer historischen Entwicklung kurz dargestellt, werden wir Gemeinsamkeiten und Unterschiede ermitteln. Diese Offenlegung der Bedeutungsumfänge ermöglicht Grenzgänge von Menschen zu smarten Maschinen. Jenseits des Mythos der guten bzw. bösen KI als „Gespenst in der Maschine" muss man fragen, was wir überhaupt von maschineller Intelligenz erwarten, oder vielmehr, was wir überhaupt erwarten dürfen. Diese Erwartungshaltung fordert eine generelle Betrachtung der Entwicklung der Technik und des Menschen ein. Sowohl der Intelligenz- als auch der Technikbegriff sind auf Sichtweisen reduziert, welche sich auf funktionale Abläufe konzentrieren und Menschen auf Maschinen verkürzen. Versucht man dagegen den Menschen in seiner intersubjektiven Konstitution zu begreifen, dann könnte das technische Mittel des ,*Als ob*' in seiner Prozessualität Möglichkeiten zu Verfügung stellen, welche die Handlungsspielräume des Menschen in seiner sozialen Praxis erweitern können.

Einleitung

Ziel unserer Untersuchung ist eine philosophisch-anthropologische Betrachtung der Beziehung von Mensch und Maschine. Die verschiedenen Konzepte in der interdisziplinären Debatte um Künstliche Intelligenz sollen in Bezug auf das basale Verhältnis von Mensch und Technik hin untersucht werden. Um dieses Verhältnis näher zu beleuchten, werden wir uns vordergründig der Klärung der zentralen Begriffe zuwenden, welche sowohl in der Biologie, Neuro- und Kognitionswissenschaft, als auch in der Informatik, der Informationswissenschaft und Mathematik fächerübergreifend benutzt werden. Die verschiedenen Definitionen und Verwendungsweisen von Begriffen wie z.B. Maschine, Automat, Intelligenz und Information in den diversen Einzelwissenschaften werden in ihrer historischen Entwicklung kurz dargestellt und deren Gemeinsamkeiten und Unterschiede ermittelt. Schließlich können so interdisziplinäre Verständnisschwierigkeiten sichtbar, die Verschiedenheit der Konzeptionen deutlich und dadurch

Grenzbestimmungen von Mensch und Maschine möglich werden. Schließlich führen diese Grenzgänge hin zu einer ‚*Als ob*'- Einsicht, die Menschen im Umgang mit Technik pragmatisch zu fassen sucht.

1. Natürlich vs. Künstlich

Ist von Künstlicher Intelligenz die Rede, kann man als erstes fragen, welchen Status eine Künstlichkeit gegenüber einer Natürlichkeit überhaupt einnehmen kann. Künstliche Artefakte werden meist in Gegensatz zu natürlichen Gegenständen verstanden (vgl. zu dieser Unterscheidung den Beitrag von Hans-Jörg Kreowski und Wolfgang Krieger in diesem Band). Schon in der griechischen Antike spielt die Vorstellung der Verschiedenheit von natürlichem und künstlichem Seienden eine zentrale Rolle. Aristoteles unterscheidet natürliche Produkte (*physei onta*) von hergestellten Produkten (*techne onta*). „Man kann die Gesamtheit des Seienden (in zwei Klassen) einteilen: in die Produkte der Natur und in die Produkte andersgearteter Gründe." (Aristoteles, Physik, Buch I, 192b8-10). Organismen wie Pflanzen, Tiere und Naturelemente wie Erde, Feuer, Luft und Wasser haben als Naturprodukte „ein Prinzip seiner Prozessualität und Beharrung in ihm selbst, ein Prinzip teils seiner Ortsbewegung, teils seines Wachsens und Abnehmens, teils seiner qualitativen Veränderung." Hergestellte Produkte haben „keinerlei in ihm selbst liegender Tendenz zu irgendwelcher Veränderung seiner selbst." Bei natürlichen Produkten liegt das Bewegungsprinzip in den Naturdingen selbst, während ein hergestelltes Produkt kein Prinzip der Bewegung in sich selbst hat. Dieser Unterschied wird am Beispiel eines Bettes verdeutlicht: „das Bettsein sei eine bloß zusätzliche Bestimmtheit, das Ergebnis der Willkür menschlicher Arbeit", während das Holzsein das Wesentliche ist.

Aristoteles fasst die Gesamtheit des Seienden in seiner dynamischen Bewegung prinzipiell teleologisch (Umsetzungen der Zweckbestimmung). Der belebte Körper, also das Lebewesen ist in der Materie nur der Möglichkeit (*dynamis*) nach angelegt. Aktualität und Wirklichkeit (*energeia*) gewinnt es lediglich durch die Form. Und diese Entfaltung bzw. Entwicklung (Vollendung) des Wesens nennt Aristoteles *Entelechie*. Diese Entwicklung setzt ein Ziel oder Telos voraus, von einer möglichen hin zu einer wirklichen Entfaltung der Substanz (*ousia*).

Während also das erwähnte Bewegungsprinzip bei Aristoteles in den Naturdingen selbst liegt, hat ein hergestelltes Produkt kein Prinzip der Bewegung in sich selbst. Der Zweck der hergestellten Produkte aber hängt den natürlichen Prinzipien des Menschen an. Ein Bett ist zwar aus Holz, das Holz kann aber potentiell durch die Arbeit eines Baumeisters nicht nur Bett, sondern auch Tisch, Stuhl oder Schiff werden. Herstellungsprozesse werden als technische Prozesse natürlichen Prozessen nicht diametral gegenübergestellt, sondern gehören zur wirklichen Entfaltung des Menschen dazu. Der Mensch wird von Aristoteles als *Technit* bestimmt, der schon mit seiner Hand als dem „Werkzeug aller Werkzeuge" von Natur her ausgestattet ist und in seiner Eigenbewegung gar nicht anders kann, als aktiv zu gestalten (vgl. Die Teile der Lebewesen [686a21]).

Die aristotelische Auffassung und Methodik von Wissenschaft sind hier ausschlaggebend. Aristoteles hatte Induktion und Deduktion verschränkt und beginnt seine Überlegungen stets mit den sinnlichen Gegebenheiten. Letztendlich zielt er aber mit der Induktion auf die allgemeinen Prinzipien, aus denen sich die einzelnen Phänomene ableiten lassen. Gleichzeitig stellen aber die sinnlichen Gegebenheiten auch die realen Ursachen der Naturdinge dar (vgl. Fuchs 1992, S. 44).

Betrachtet man das allgemeine Verhältnis von Mensch und Technik, dann verknüpft die Technik (als hergestelltes Produkt, Herstellungsprozess) die Naturbestimmung des Menschen (als Naturprodukt) mit der Umsetzung der Zweckbestimmung von Menschen (*Entelechia*). Der Technikbegriff ist eben nicht nur auf die hergestellten Produkte oder Werkzeuge zu beziehen, sondern bedarf auch einer sozio-technischen Einbettung, welche die verschiedenen Formen menschlicher Praxis berücksichtigt und damit die Naturerkenntnis und die Erkenntnis des Menschen selbst in den Vordergrund stellt.

In der Richtlinie 3780 des Vereins Deutscher Ingenieure (VDI) wird der Begriff Technik folgendermaßen definiert: Technik umfasst „die Menge der nutzenorientierten, künstlichen, gegenständlichen (Artefakte oder Sachsysteme); die Menge menschlicher Handlungen und Einrichtungen, in denen Sachsysteme entstehen; die Menge menschlicher Handlungen, in denen Sachsysteme verwendet werden." In dieser Definition wird Technik völlig richtig nicht nur in Bezug zu den gegenständlichen Sachsystemen verwendet, sondern auch im Rahmen der Technikbewertung auf „die Bedingungen und Folgen ihrer Entstehung und Verwendung" eingegangen.

2. Maschinen im Spiegelbild des Menschen

Technik ist heute der große Sammelbegriff für alle möglichen Produkte und Herstellungsprozesse. Dabei fällt die Unterscheidung verschiedener Technikphänomene nicht leicht, besonders wenn es um Differenzierung der einzelnen Maschinentypen untereinander und mehr noch um die Frage der Abgrenzung gegenüber belebten Organismen geht. Ob einerseits von mechanischen und elektrischen Maschinen oder andererseits von elektronischen, sich selbstregulierenden Automaten die Rede ist, ob einfache Werkzeuge oder komplexe mathematische Modelle verhandelt werden, zeigt schon einen weiten Bedeutungsumfang des Maschinenbegriffs an, der sich historisch wandelt und in seiner Vielfältigkeit höchst ambivalent daherkommt (Heßler 2020, S. 256).

2.1 Maschine

Der Ausdruck Maschine geht in der griechischen Antike auf die dorische Variante *machana* des attischen Wortes *mechane* zurück und wird mit „Kunstgriff, Wirkungsweise, Arbeitsmittel oder Werkzeug" übersetzt. Hier ist der Zusammenhang von Maschine und Mechanik schon angezeigt. Im Lateinischen wird später der Ausdruck *machina* im Sinne von Kriegs- und Belagerungstechnik verwendet. Heute wird der Ausdruck Maschine synonym als Oberbegriff der Werkzeuge im Sinne von Produkt verwendet.

Einfache Maschinen im vorindustriellen Sinne sind gleichsam Werkzeuge, wie z.B. ein Hammer. Sie bewegen sich nicht eigenständig, sie müssen bewegt werden. Maschinen, die aus verschiedenen Komponenten zusammengesetzt sind, bewegen sich zunächst auch nicht von allein. Die Entwicklung dieser mechanischen Maschinen profitiert von den in der Renaissance sich herauskristallisierenden Konzepten über Mechanismen, d.h. genaue Kenntnis spezifischer Abläufe von Bauteilkomplexen.

2.2 Automat

Wenn eine Maschine einen kontinuierlichen Energieantrieb hat und damit eigenständig laufen kann, wird diese als Automat bezeichnet. Allerdings ist auch der Automatenbegriff selbst höchst ambivalent.

In der Spätantike erscheint das Werk *Automata* von Heron von Alexandria, in welchem die damalige Vorstellung von Automaten und ihrer Arbeitsweise ausgeführt ist. Es handelt von Tempeltüren und anderen technischen Vorrichtungen, die sich automatisch öffnen und als „von Geisterhand" bewegt verstanden wurden. Das altgriechische *automatos* bezeichnet „Dinge, die sich von selbst bewegen", im Lateinischen bedeutet *automatus* jedoch „aus eigenem Antrieb handeln, freiwillig"; nur das substantivierte *automatum* wird als „Maschine, die sich selbst bewegt" ähnlich übersetzt (Pfeifer 1993).

Die antike Automatentechnik wurde klar zu den hergestellten Produkten gezählt und gerade nicht in die Kategorie natürlicher Produkte eingeordnet. Die Eigenbewegung wurde vorgetäuscht und so zu Trick und Gaukelei. Antike Baumeister von Automaten waren vordergründig nicht bestrebt, Menschen oder die Natur nachzubauen (Wittig 1997, S. 25).

Im abendländischen Mittelalter wurde die Vorstellung von Natur in den christlichen Monotheismus eingegliedert und als bloße Natur in die Naturphilosophie verlagert. Dies ermöglichte eine Annäherung von Mensch und Natur. Die astrologisch-astronomische Vorstellung der quasi-mechanischen Ordnung und regelmäßigen Bewegung des Makrokosmos wurde auf den Mikrokosmos Mensch in analoger Weise angewendet (Wittig 1997, S. 26-31). Vor diesem Hintergrund war die Produktion von Unterhaltungsautomaten eher zweitrangig. Nun ging es darum, Automaten zu bauen, die natürliche Produkte nachahmen, damit sie für Menschen von Nutzen sein können.

Mit Aufkommen der mathematisch-mechanistischen Sichtweise auf die Natur im Rahmen der kopernikanischen Wende in der frühen Neuzeit bildet sich mit der Zentralisierung bzw. der Vereinheitlichung von Theorie und Methode ein neuer Wissenschaftsbegriff heraus, welcher auf das quantitativ Messbare gerichtet ist und eine Einheitstheorie anstrebt. Die Verbindung von Experimenten im methodisch-naturwissenschaftlichen Sinne des Francis Bacon (1561-1626) mit der mechanischen Physik des Galileo Galilei (1564-1642) führte in der neuzeitlichen Entwicklung hin zu dem herrschenden methodisch-naturwissenschaftlichen Forschungsstil. Dadurch etabliert sich ein neues Naturverständnis, welches den aristotelischen Unterschied von Natur (*physei onta*) und Technik (*techne onta*) endgültig auflöst. Die Natur selbst wird mechanisch gedeutet. Unter diesem Forschungsstil wurden nicht nur hergestellte Werkzeuge, sondern auch lebendige Körper bis hin zur gesellschaftlichen Ordnung nach mechanistischem Vorbild betrachtet. Das Verhältnis von individuellen Menschen, der Gesellschaft und der Natur wird mit dem Verhältnis der einzelnen Komponenten in Bezug auf die Aufbau- und Ablauforganisation der gesamten Maschine gleichgesetzt.

In den Schriften von René Descartes (1596-1650) finden sich erste maschinentheoretische Interpretationen von Organismen (vgl. Descartes 1632; 1637). Der Philosoph und Mathematiker Descartes beschäftigte sich ausführlich mit der Anatomie des Herzens und legte mit seiner Theorie der Körpermaschine die wesentlichen Grundlagen für physiologische Beschreibungen des Herz-Kreislauf-Systems (Descartes 1637, S. 78f.) Er konzentrierte sich auf den mechanischen Aspekt des Kreislaufs und entwarf eine mechanistische Sichtweise des Organismus, die bis 1700 für Physiologen eine Orientierungshilfe bot. Die cartesische Konzipierung der Körpermaschine machte schließlich „eine vom seelischen Erleben prinzipiell unabhängige und damit im neuzeitlichen Sinn naturwissenschaftliche Physiologie" erst möglich (Fuchs 1992, S. 4).

In damaliger Zeit wird nicht nur gefragt, inwieweit Lebendiges im mechanistischen Bezugsrahmen konstruiert werden kann, sondern auch, ob komplexe Maschinen und Automaten als künstlich belebt vorgestellt werden können. So fragt z.B. Thomas Hobbes (1588-1679), „warum sollte man nicht sagen können, dass alle Automaten oder Maschinen, welche wie z.B. die Uhren durch Federn oder durch ein im Innern angebrachtes Räderwerk in Bewegung gesetzt werden, gleichfalls ein künstliches Leben haben?" (Hobbes 1651, S. 5).

Im Gegensatz zum wissenschaftlichen Vorgehen des Aristoteles, dessen Ausgangspunkt induktiv bei dem sinnlich Gegebenen ansetzt, bedienen sich die Anhänger und Nachfolger von Descartes, wie z.B. Nicolas Malebranche (1638-1751) oder Arnold Geulincx (1624-1669) einer streng deduktiven Methode. Die obersten Prinzipien werden nicht durch Induktion ermittelt, wie im aristotelischen Sinne, sondern werden gesetzt bzw. entspringen dem reinen Denken. Demzufolge werden nur diejenigen Phänomene zugelassen, die sich aus diesem abstrakt-physikalischen Materiebegriff deduzieren lassen. Sowohl tote als auch lebendige Körper stehen unter der Herrschaft absoluter Naturgesetze, welche „die Welt rein mechanischer Wirkungsbeziehungen konstituieren" (Fuchs 1992, S. 25). Damit werden sowohl mystische als auch teleologische Erklärungen der Natur ausgeschlossen. Daraus folgt schließlich das Maschinenparadigma des Organismus.

Spätestens mit der Formulierung der allgemeinen Naturgesetze durch Isaac Newton (1642-1726) wird der Grundstein für die klassische Mechanik gelegt und als Teilbereich der Physik etabliert (vgl. Newton 1687). Newtons Schwerpunktmechanik wird danach neben späteren physikalischen Disziplinen wie Wärmelehre, Elektrodynamik und Optik usw. zur ersten Naturwissenschaft und fußt entscheidend auf Mathematik (vgl. Kant 1786).

Hinter dieser Physik steht ein realistisches Naturverständnis, welches nicht im Sinne von Stoß und Abstoßung limitiert ist oder die Einbindung der Grundelemente in die kosmische Ordnung thematisieren muss. Die Wirkungsweisen der einzelnen Komponenten untereinander werden vielmehr funktional auf die Ganzheit der Maschine bezogen. In dieser Ansicht werden die einzelnen Funktionen der Teile von der Ganzheit der Maschine und ihrem Funktionieren im Ganzen bestimmt.

So wird physikalische Realität nicht nur in ihrem Aufbau, sondern auch in ihrer Wirkungsweise als dynamische Maschine verstanden, wie meist am Beispiel einer aufgezogenen bzw. aufzuziehenden Uhr verdeutlicht wird. Dabei wird die Frage des Zusammenhanges von Denken, Mathematik und Logik nicht mehr gestellt, sondern die Verbindung von Kosmos und vernünftiger Ordnung in eins gesetzt.

Im späten 17. bzw. frühen 18. Jahrhundert erreicht die damalige Uhrmacherkunst in Bezug auf Präzision ihren Höhepunkt. Diese Erkenntnisse begünstigten nicht nur die Herstellung von Automaten, welche immer kleinteiliger und eindrucksvoller gestaltet wurden, sondern führten zu der weit verbreiteten Vorstellung, die Welt selbst sei ein riesiges Uhrwerk. Unter dieser Betrachtung wird die Welt als geschlossenes System deterministisch interpretiert. Sie lässt sich mit strengen mathematischen Gesetzmäßigkeiten beschreiben. Diese Betrachtung der Welt ist mit der Hoffnung verbunden, die Welt selbst vollständig zu erklären bzw. Ereignisse mit Hilfe logischer Schlüsse und mathematischer Methoden berechenbar und damit vorhersagbar / gestaltbar zu machen. Allerdings bleibt auch bei Newton Gott als Baumeister der Weltuhr bzw. als Ursprung der Kräfte erhalten. Die substanzielle Kraftübertragung wird mit der funktionalen Wirkungsweise analogisiert, kommt aber ohne den göttlichen Ursprung aller Kräfte noch nicht aus.

Erst mit dem Werk *L'homme machine* (1748) des Franzosen Julien Offray de La Mettrie (1709-1751) wird Gott als Urstifter bedeutungslos. Als Vertreter einer vermeintlich stark mechanistisch-materialistischen Position wird der Mensch zur komplexen Maschine. Der Mensch wird hier auf seinen Körper reduziert, ein immaterieller Seelenbegriff abgelehnt: „Der menschliche Körper ist eine Maschine, die selbst ihre Triebfedern aufzieht – ein lebendes Abbild der ewigen Bewegung" (La Mettrie 1748, S. 35).

Die mechanistische Auffassung von Natur und Mensch im 18. Jahrhundert beflügelte die Vorstellung von organischen Körpern als Automaten, die letztendlich auch gebaut werden könnten. Im Gegensatz zur göttlichen Schöpfung wird nun der Fokus auf die sichtbaren Mechanismen der wahrnehmbaren Welt gelegt. Die mechanistische Interpretation der Organismen eröffnete die Möglichkeit, lebendige Körper in Funktion und Gestalt nachzubauen (vgl. Westermann 2020, S. 249). Mit den kunstvollen Puppenautomaten des 18. Jahrhunderts werden menschliche Äußerungen und Körperbewegungen nachgeahmt und mechanisch nachgebildet. Die Idee des Menschenautomaten findet ihren Niederschlag später auch in der Literatur des frühen 19. Jahrhunderts, wie z.B. in E.T.A. Hoffmanns Roman *Der Sandmann* (1816) deutlich wird. Diese anthropomorphen Mechanismen sind der zeitgenössischen Vorstellung von Androiden sehr ähnlich. Die Idee, dass das Leben mechanisch nachbildbar ist, oder zumindest die Bewegungen lebendiger Körper nachgebaut werden können, identifiziert den Automatenbegriff mit dem Verständnis mechanischer Körper (Westermann 2020, S. 254).

Dieses Verständnis führte schließlich zur Gleichsetzung von menschlicher und maschineller Körperarbeit. In Zuge der Industrialisierung wurde diese Gleichsetzung mit der Umgestaltung der Produktionsweise weiter verschärft und führte schließlich zu einer Neuordnung sozialer Verhältnisse. Mit der Erfindung von Kraftmaschinen, wie der Dampfmaschine, und der Organisation von Arbeitsprozessen in einer Fabrik, verringerte sich einerseits die Körperarbeit von Menschen, führte aber andererseits auch zu monotoner Arbeitsweise. Zum einen wird dieser Fortschritt optimistisch als Erleichterung und Zugewinn in Bezug auf eine Zukunftsfantasie durch die Integration von Mensch und Maschine gedeutet, zum anderen wird der Mensch in der pessimistischen Interpretation selbst Teil der Maschine, indem er als Komponente der Produktionsmaschinerie einfache Arbeitsschritte am Fließband täglich hundertfach wiederholt ausführen muss, um dem Anspruch der Mechanisierung und Automatisierung der Arbeits- und Produktionsprozesse gerecht zu werden. Menschliche und maschinelle Körperarbeit werden hier eben nicht nur auf eine Stufe gestellt, sondern treten dadurch auch in Konkurrenz zueinander.

Die Hoffnung auf eine gelingende Integration von Mensch und Maschine gepaart mit der Sorge des Menschen, durch Maschinen ersetzt zu werden, findet sich auch in der heutige KI-Debatte wieder (vgl. den Beitrag von Thomas Weiß in diesem Band). Dies zeigt ein schon vorhandenes Menschenbild an, welches eher hintergründig nicht nur in der heutigen Arbeitspraxis eine Rolle spielt, sondern schon in der Theoriebildung der damaligen Wissenschaften erheblich an Einfluss gewinnt.

Im Zuge der Industrialisierung entwickelten sich an den Universitäten diverse Einzeldisziplinen, die es vorher so an der Akademie nicht gab. Ähnlich wie Fabriken entstanden Labore, in welchen Naturphänomene jeglicher Art nach Vorgabe des methodisch-naturwissenschaftlichen Forschungsstils unternommen wurden. Die Experimentierfreudigkeit in den Wissenschaften erreichte einen ungeahnten Höhepunkt.

Mit dem Aufkommen des Energiebegriffs und der ersten Nutzung von Elektrizität wurde der Begriff Elektrotechnik 1879 von Carl Siemens (1829-1906), dem Erfinder des Elektromotors, geprägt. Er trieb die Gründung von Lehrstühlen an technischen Hochschulen in Deutschland voran. Die Erkenntnisse der Elektrotechnik erweiterten das Verständnis des Verhältnisses von Energie und Stoffwechsel und führten zu der Einsicht, dass nicht nur zwischen Komponenten, sondern auch in den Komponenten selbst physische Prozesse ablaufen. Ziel war es, komplexe Naturphänomene wie z.B. Stoffwechselprozesse in ihrer dezentralen und dennoch systemischen Dimension theoretisch zu begreifen, um diese schließlich praktisch zu messen und zu steuern. Dabei profitierte die Technikentwicklung maßgeblich von den Entdeckungen und Erkenntnissen der aufstrebenden Einzelwissenschaften und vice versa. Technische Konstrukte konnten sowohl in wissenschaftlichen als auch gesellschaftlichen Kontexten fruchtbar gemacht werden, allerdings ergaben sich so auch die Limitierungen eines einseitig mechanistischen Naturverständnisses. Besonders in Bezug auf lebendige Organismen greift die mathematisch-mechanistische Kausalerklärung zu kurz. Organismen sollen in ihrer Ganzheit begriffen werden, wozu auch Selbsterhaltung und -regulation gehört und dies kann ohne Zweckbestimmung nicht gedacht werden.

Um der Engstellung des mechanistischen Ansatzes zu entgehen, kristallisierte sich im 20. Jahrhundert ein systemisches Naturverständnis heraus. Dieses Verständnis speiste sich aus den Erkenntnissen der Wissenschaftler verschiedener Fachdisziplinen der damaligen Zeit, welche schließlich in einer übergeordneten Theorie methodisch vereint werden sollten. Der Schweizer Biologe Ludwig von Bertalanffy (1901-1972) suchte nach gemeinsamen Gesetzmäßigkeiten von physischen, biologischen und sozialen Systemen. Im Vergleich der verschiedenen Systeme miteinander, extrahiert Bertalanffy Prinzipien wie Komplexität, Selbstorganisation, Rückkopplung, Gleichgewicht, die in allen Systemen gefunden werden können und wird damit zum Pionier der Allgemeinen Systemtheorie (vgl. Bertalanffy 1949; vgl. Wetzel 1978, S. 76f.).

Dieses systemische Verständnis von Natur wurde sowohl von Naturwissenschaftlern und Mathematikern als auch von Soziologen und Gesellschaftswissenschaftlern angestrebt. Die von Norbert Wiener (1894-1964) begründete Kybernetik (1948) behandelt die Regulierung und Steuerung komplexer mechanischer Systeme; wir werden später noch auf Wieners kybernetischen Ansatz zurückkommen, wenn es um den Informationsbegriff geht. Eine allgemeine Systemtheorie ist auch für Soziologen wie Talcott Parsons (1902-1979) und Niklas Luhmann (1927-1998) interessant (vgl. den Beitrag von Jan Tobias Fuhrmann in diesem Band). Die Termini Selbststeuerung, Selbstorganisation, Funktion und Information wurden gleichsam auf Lebendiges und Technisches angewendet. Doch schon damals stellte sich die Frage, ob die Anwendung derartiger Begriffe und Annahmen legitim und eine universale, allumfassende Systemtheorie überhaupt möglich ist.

2.3 Mathematische Systeme, Computersimulation, Modellierung

In der Mathematik werden Systeme über Axiome gebildet, d.h. die Axiome legen die Beziehungen zwischen den grundlegenden Begriffen fest. Für den Mathematiker David Hilbert (1862-1943) ist die Beziehung ausschlaggebend, die Grundbegriffe selbst sind irrelevant (Mainzer 2014, S. 59). Allerdings hat der Formalisierungsversuch der axiomatischen Systeme in der Mathematik Ende des 19. Jahrhunderts direkt zur Grundlagenkrise der Mathematik am Anfang des 20. Jahrhunderts geführt (Mainzer 2014, S. 62). Hilbert zeigte im Jahr 1900 grundlegende mathematische Probleme auf und strebte danach, diese zu lösen und Mathematik als formales System sicher zu begründen. Dabei ist die Beweisbarkeit der Widerspruchsfreiheit der arithmetischen Axiome (Hilberts 2. Problem) wohl das bekannteste Problem der neueren Mathematikgeschichte.

Ein Hauptgrund für das Erstreben nach Formalisierung der Mathematik war Folge der Begründung der Mengenlehre von Georg Cantor (1845-1918). Hier wurden Objekte als Elemente durch Mengen beschrieben und klassifiziert. Dadurch entstand aber ein entscheidender logischer Widerspruch, wenn Mengen als Grundlage formaler Sprache dienen sollen. Denn eine Menge, als Abstraktion der Zusammenhänge der Objekte, ist nicht unbedingt widerspruchfrei definierbar (Hofstadter 1979, S. 22). Ein berühmtes Beispiel ist das von Bertrand Russell (1872-1970) formulierte Russell Paradox, welches später von ihm mit dem Barbier-Paradoxon popularisiert wurde: „Definiert man den Barbier als einen Menschen, der genau diejenigen rasiert, die sich nicht selbst rasieren, dann stellt sich die Frage, ob er sich selbst rasiert oder nicht." (Russell 1918, S. 258).

Um die Widersprüche in der Formalisierung der Mengenlehre zu vermeiden, versuchten Bertrand Russell und Alfred North Whitehead (1861-1947) in ihrem gemeinsamen Projektwerk *Principia Mathematica* (1910-1913) Axiome und Ableitungsregeln wohl zu definieren, indem sie logisch-mathematisch klassifizierten und typisierten. Das Ziel ist, alle mathematisch wahren Sätze durch Logik herzuleiten und ohne Widersprüche darzustellen (Hofstadter 1979, S. 24). Allerdings bleibt die Frage von Hilbert, ob also alle wahren Sätze einer mathematischen Theorie in diesem formalen System mit der logischen Methode beweisbar sein können, weiterhin offen. Die Beschreibung eines mathematischen Systems selbst bleibt also immer unvollständig, insofern die Abstraktionseinheit der Aussagen als Element, Menge oder Klasse sich selbst nicht beschreiben kann (Mainzer 2014, S. 66).

Im Jahr 1931 demonstrierte Kurt Friedrich Gödel (1906-1978) in seiner Arbeit *Über formal unentscheidbare Sätze der Principia Mathematica und verwandter Systeme* die Unlösbarkeit des Hilbertschen 2. Problems und verwies auf die Unmöglichkeit des Versuches von Russell und Whitehead (Hofstadter 1979, S. 27). Er beweist, dass es kein widerspruchsfreies axiomatisches System gibt, aus dem alle wahre Sätze und eine konsistente vollständige Selbstbeschreibung abgeleitet werden können. Dadurch wird nicht nur die Grenze formaler Systeme aufgezeigt, sondern auch ein Anschluss an die Systemtheorie und die frühe Computerforschung möglich.

Inspiriert von Gödels Unvollständigkeitsbeweis axiomatischer mathematischer Systeme erstellt Alan Turing (1912-1954) ein praktisches Berechnungsmodell, welches die unmögliche Selbstbeschreibung des Systems anerkennt und dennoch eine Beschreibungsmenge dieser Selbstbeschreibungen maschinell festhaltbar machen soll (vgl. Turing 1936). Gödel hatte ein Codierungsschema entwickelt, in welchem eine symbolische Aussage in natürliche Zahlen codiert werden kann. Eine Aussage wie „Dieser Satz ist falsch." und die Aussage über diese Aussage kann in Zahlen formuliert werden. Mit dieser Methode wird der logische Widerspruch in der symbolischen Aussage mit arithmetischer Formalisierung dargestellt (Hofstadter 1979, S. 20), Turing nutzte diese Methode für den Bau seiner Maschine.

Die Turingmaschine bietet eine automatische Lösung, die bei eintreffendem Satz ein Band in der Maschine anhält. Mit einem Lese- und Schreibkopf werden nach programmierten Regeln die Symbole auf dem Speicherband ausgewertet. Damit wird das Berechnungsverfahren repräsentiert und simuliert. Die Turingmaschine ist eben auch eine mathematisch-funktionale Methode, um Allgemeingültigkeit von Ausdrücken feststellen zu können. Mathematische Zusammenhänge werden funktional abgebildet, indem Symbole und Zeichen schrittweise manipuliert und berechnet werden, um schließlich als Algorithmen formalisiert zu sein. Das Problem der logisch-mathematischen Formalisierung, welches mit der Theorie Hilberts aufkam und von Gödel als unvollständig bewiesen wurde, kann allerdings in der Mathematik selbst nicht gelöst werden. Diese Aufgabe wird nun den Programmierern (Softwareengineering) übertragen (Mainzer 2014, S. 89f.).

Die Computertechnologie erweitert zum einen die Möglichkeit der Automatisierung und bestimmt zum anderen die Grundlagen und

Grenzen des Verständnisses axiomatischer Systeme. Damit verändert sich der Bezug auf die Frage nach einer umfassenden Systemtheorie sowohl im Großen als auch im Kleinen. Die axiomatische Grundlage und ihre technisch dargestellte und modulierte Form sind immer ambivalent und dynamisch. Die Turingmaschine ist als ein Berechnungsmodell konzipiert, und zwar auf eine mechanische Art und Weise, ebenso wie ein Mensch mathematische Aufgaben darstellt und löst. Der mathematische Gedankenprozess ist durch eine berechenbare Funktion dargestellt. Damit stellt sich gleichzeitig die Frage, ob nicht auch allgemeine Gedankenprozesse selbst durch Algorithmen dargestellt werden könnten. Die Analogie von Menschen und Maschine wird so vom menschlichen Körper und der physikalischen Maschinerie zur Symbolverarbeitungsfähigkeit und funktionaler Berechnung hin verschoben und die wirkmächtige Computeranalogie geboren. In dieser Sichtweise ist nicht mehr nur die Rechenmaschine funktional-symbolverarbeitend, sondern ihr Designer selbst (bzw. sein Gehirn) war dies schon immer. Unsere gegenwärtigen hochentwickelten technischen Systeme basieren auf Turings Berechnungsmodell, so dass man heute trefflich von einer sogenannte Infosphäre sprechen kann, die einer systematisch codierten, informationellen Umwelt entspricht (vgl. Floridi 2014).

Die Vorstellungen und Entwicklungen von künstlich-intelligenten Systemen reichen von den einfachen klassischen kybernetischen Systemen, wie z.B. ein Thermostat oder ein selbst-regulierender Automat, bis hin zu hochgradig vernetzten Varianten, wie gar der Möglichkeit voll funktionierender *Smart Homes*, *Smart Factories* oder *Smart Cities*. Hier werden verschiedene kybernetische Systeme integriert und miteinander vernetzt, um sowohl die Regulierung zu verbessern, die Effizienz menschlicher Tätigkeit zu steigern, als auch Sicherheit und freie Zeit zu generieren. Künstliche Intelligenz wird dabei meist in Form eines intelligenten Agenten bzw. als intelligentes System wahrgenommen, ohne dabei jedoch auf eine spezifische Definition von Intelligenz zu rekurrieren. Alltagssprachlich meinen wir technische Systeme, die Problemlösungen für hochkomplexe Problemstellungen automatisch generieren oder personalisierte Handlungs- und Produktionsabläufe effizienter gestalten (Optimierungskalküle, Werbung, *Health Care*). Im Vordergrund steht stets der Anwender und künstlich-intelligente Systeme sollen sich stark am Menschen orientieren.

Die sprachliche Kombination der Künstlichen Intelligenz wird einerseits auf vermeintlich ‚autonome' Artefakte bezogen, wie Smartphones, Industrieroboter und sogar selbstfahrende Autos. Andererseits bezieht sich die Rede von KI auf die technischen Verfahren des Informationsaustausches und auf die Informationsverarbeitungsprozesse selbst, wie im prominenten Fall des *Machine-Learning* oder in der Anwendung semantischer Technologien. Damit stellt sich die Frage: Wovon reden wir heute konkret, wenn wir von KI; besser noch von maschineller *Intelligenz* sprechen?

3. Maschinelle Intelligenz

Der Begriff künstliche Intelligenz (*Artificial Intelligence*) erschien erstmals im Jahre 1955 in einem Antragsentwurf für die Dartmouth Konferenz, mit dem Ziel eine neue Fachdisziplin zu begründen (McCarthy, Minsky, Rochester, Shannon 1955). Man war auf der Suche nach einem Oberbegriff oder Namen, unter welchem sich die neue Computerforschung angemessen zusammenfassen ließ. Verschiedene Titel wie maschinelle Intelligenz, künstliches Denken oder Mechanisierung des Gedankens wurden vorgeschlagen und deren Verhältnisse zueinander diskutiert.

Die Formulierung Künstliche Intelligenz als Bezeichnung für intelligente Artefakte erschien am wertneutralsten und wurde nun auf der Dartmouth-Konferenz als Ausdruck und Beschreibung der Forschungsdisziplin selbst benutzt; derjenigen Disziplin, welche sich der Entwicklung von intelligenten Maschinen widmete. Im Rahmen der neuen Disziplin wurden folgende Forschungsschwerpunkte verfolgt: (1) Suche und Planung bzw. Entwicklung von effizienten heuristischen (d.h. flexiblen, nicht festgelegten Lösungsmustern folgenden) Suchstrategien und Konzeptionen von Planungsprozessen für die unterschiedlichsten Anwendungsfelder, (2) Wissensrepräsentation, (3) Lernen und Wissensakquisition, (4) automatische Programmierung, (5) logische Programmierung, (6) Beweissysteme, (7) natürlichsprachliche Systeme, (8) Bildverstehen, (9) Expertensysteme, (10) kognitive Modellbildung und (11) Roboterkonstruktion und -programmierung (Becker 1992, S. 21f.; Irrgang 2020, S. 85).

Primäres Ziel war zwar die ingenieurwissenschaftliche Realisierung der Maschine, doch KI-Forschung wurde auch als Teilprojekt der Kognitionswissenschaft verstanden und dahingehend ausgerichtet. Die kognitiven Leistungen des Menschen werden nicht nur anhand von Computermodellen verstanden, die als Hilfsmittel zu Modellierung verwendet werden, sondern selbst zu Vorgängen, welche analog wie Computer funktionieren sollen (Irrgang 2020, S. 22, 85).

KI-Forscher orientieren sich an den Paradigmen und Theoriekonzeptionen, welche in den Neuro- und Kognitionswissenschaften gebräuchlich sind. Intelligenz wird entweder „auf die regelgeleitete Manipulation von Symbolen" oder auf die parallele „Interaktion von vernetzten Prozessoren" zurückgeführt (Becker 1992, S. 136). Welches Paradigma auch genutzt wird, grundsätzlich gehen Neuro- und Kognitionswissenschaftler davon aus, dass menschliche und maschinelle Informationsverarbeitungsprozesse vergleichbar sind. „Diese Prämisse erst rechtfertigt überhaupt den Einsatz von Computersimulationen zur Erklärung kognitiver Prozesse" (Becker 1992, ebd.). Ziel einer solchen Forschung ist es, zum einen künstlich-intelligente Systeme zu bauen und zum anderen eben den menschlichen Geist umfassend theoretisch zu erklären.

Die Anwendung des Computermodells auf das Gehirn macht es gleichsam selbst zum Computer. Die Informationsverarbeitung im Computer wird mit Funktionen bzw. der Arbeitsweise des Nervensystems Gehirn gleichgesetzt. Informatiker bauen künstliche neuronale Netze, indem sie die Arbeitsweise des menschlichen Gehirns simulieren. Bekanntestes Beispiel ist das *Human Brain* Projekt (HBP), in welchem die Erkenntnisse über das menschliche Gehirn und der neuronalen Systeme mit Computermodellen nachzubilden versucht wird. Mittlerweile reden selbst Forscher von neuromorphen Nachbildung. Hier werden Aspekte organischer neuraler Netzwerke in elektronische Kreisläufe kopiert. Ziel ist anhand von *Neuromorphic Computing* Werkzeuge bzw. Hilfsmittel zu entwickeln, um einerseits in der Neuro- und Kognitionswissenschaft die dynamischen Lernprozesse besser zu verstehen und andererseits wichtige Impulse für die KI-Forschung zu erhalten. Diese Ansätze werden auch für die Erstellung von Expertensystemen in der KI-Forschung selbst verwendet. KI-Forscher arbeiten somit nicht nur mit computationalen Hirnmodellen, wie auch einige Kognitionswissenschaftler, sondern instrumentalisieren die Forschungsergebnisse der Biologie und Neurowissenschaft, um die kognitive Fähigkeit des Gehirns zu simulieren. Doch damit kann in beide Richtungen gefragt werden, ob eine hirnzentrierte Perspektive die Funktionen der menschlichen Kognition überhaupt allgemein erklären kann. Wenn unsere kognitive Aktivität nicht eine einfache Simulation der Außenwelt sein soll, setzt dies nicht erkennende, begreifende und tätige Teilnahme an der Welt voraus?

3.1 Starke KI in der philosophischen Debatte

Die Erwartungshaltung, die der KI gegenüber am häufigsten entgegengebracht wird, ist mit einer Vorstellung einer starken KI verbunden. Vertreter dieser Position machen *in principio* keinen Unterschied zwischen künstlicher und menschlicher Intelligenz. Der Kognitionsbegriff wird auf alle verhaltensfähigen Systeme hin ausgedehnt, sowohl auf Roboter als auch auf Menschen in gleicher Weise bezogen (Vogeley / Newen 2014, S. 94). Damit gäbe es in dieser Auffassung keinen kategorialen Unterschied zwischen menschlichem Denken und Softwareverarbeitungsprozessen (Nida-Rümelin 2018, S. 57). Es wird angenommen, dass Denkprozesse den gleichen Regeln folgen, im Grunde genommen mathematisch sind bzw. sich formalisieren lassen. Starke KI bezieht sich letztendlich auf die Vorstellung, dass die KI fähig ist, allgemeine menschliche Intelligenz zu erlangen.

Vertreter der schwachen KI bestreiten hingegen den kategorialen Unterschied von Mensch und Maschine nicht. Allerdings wird behauptet, „dass es keine prinzipielle Grenze der Computerisierung (Digitalisierung) menschlichen Denkens, Wahrnehmens, Entscheidens und Fühlens gibt" (ebd. 59). Es wird davon ausgegangen, dass mit geeigneten Softwaresystemen alle menschlichen Wahrnehmungs- und Entscheidungsprozesse simuliert werden können. In dieser Ausdifferenzierung simuliert die schwache KI menschliche Intelligenz, während die starke KI selbst intelligent sein soll.

Die Vision der starken maschinellen Intelligenz ist so wirkmächtig, dass z.B. Versuche, vollständig autonome Fahrzeuge zu bauen ernsthaft unternommen werden. Für manchen Autohersteller ist Level 5 des autonomen Fahrens bis 2030 durchaus eine realistische Zukunftsvision. Der Ausdruck ‚autonom' bleibt in der interdisziplinären Debatte unterbestimmt. Autonomie im Sinne von Selbstbestimmung, Entscheidungs- und Handlungsfreiheit wird häufig begrifflich nicht klar von der Automation unterschieden (Kang 2011, S. 84).

Innerhalb der Philosophie des Geistes wird die theoretische Annahme der starken KI mit der Möglichkeit des künstlichen Bewusstseins gleichgesetzt. Der künstliche Mensch, der zu menschlichem Bewusstsein fähig sein soll, muss bestimmte Kriterien, wie z.B. Intentionalität (Fuchs 2009, S. 65) oder implizites Wissen aufgrund von leiblicher Sensomotorik als Umgehen-Können mitbringen (Irrgang 2020, S. 32). Im Unterschied zur maschinellen Intelligenz ist der gesamte Kontext der menschlich-leiblichen Intelligenz ausschlaggebend. Es ist die Erlebnis- und die Teilnehmerperspektive, die Erste- und Zweite-Person-Perspektive (1PP, 2PP), die sich durch die phänomenal-qualitative Selbstbezugnahme und die Vollzugsform auszeichnet (Schumann 2020, S. 33, 49). Wir erleben uns als handelnde Wesen in einer sozialen und natürlichen Umgebung, in der wir mit dem, was uns umgibt, umgehen lernen. Dieses Umgehen-Können ist mit Leiblichkeit verbunden und rekurriert auf die Verfasstheit eines natürlich evolvierten Bewusstseins (Irrgang 2020, S. 53). Will man natürliches Bewusstsein als Umgehen-Können in Robotern abbilden, dann ist dies allerdings nur in eindimensionaler Form möglich, d.h. ohne phänomenale Zustände und ohne die Vollzugsform des Teilnehmers (Irrgang 2020, S. 78). Während Lebewesen über Gefühle und implizites Wissen verfügen, die das Umgehen-Können mit sich in der Welt überhaupt erst möglich machen, kann KI dies nur simulieren und berechnen (Irrgang 2020, S. 79).

Die bloßen Mechanismen der maschinellen Informationsverarbeitung reichen nicht hin, um phänomenal-qualitative Selbstbezugnahme, menschliches Handeln, komplexe Entscheidungsprozesse und urteilsgestütztes Verhalten vollständig abzubilden.

Wie schon erwähnt, wird der Begriff der Intelligenz in Bezug auf technische Systeme angewendet. Problemlösungen für hochkomplexe Problemstellungen sollen automatisch generiert werden, um die Effizienz in Bezug auf Handlungs- und Produktionsabläufe gemäß des Optimierungskalküls zu steigern. Intelligenz wird dabei zwar meist als klassischer Begriff der Psychologie verstanden und auf kognitive Fähigkeiten oder spezifisch menschliche Leistungen bezogen, was selbst schon prekär ist und umso unterbestimmter im Bezugsgebrauch auf technische Systeme bleibt. Der irreführende Gebrauch des Intelligenzbegriffes in der Debatte zeigt nicht nur ein forschungstheoretisches Problem an, sondern stellt eine echte Herausforderung dar, gerade weil sich technische Entwicklung, forschungsspezifisches Interesse und infrastruktureller Umbau treffen. Interdisziplinäre Forschung und narrative Betrachtung müssen sich die echte Frage gefallen lassen: Welche Rolle spielt die reduktionistische Verständnisweise für die Forschung der künstlichen Intelligenz?

Wir haben die Schwierigkeiten schon deutlich gemacht: zum einen wird eine reduktionistische Beschreibung des Intelligenzbegriffs in der KI-Forschung verwendet, um menschliche Fähigkeiten nachahmend zu modellieren und schließlich die technische Entwicklung voranzutreiben. Zum anderen werden diese Modellierungen benutzt, um kognitiven Prozessen selbst eine Gestalt zu geben.

Hier werden nämlich Programme konzipiert, die dieselben theoretischen Prämissen setzen, um schließlich genau dann gültig zu sein, wenn die prognostizierten Ergebnisse durch das Computerprogramm hervorgebracht werden (Becker 1992, S. 138). Es handelt sich dabei um eine *petitio principii*, d.h. eine Behauptung soll durch Aussagen begründet werden, welche aber die zu beweisende Behauptung schon als wahr voraussetzen. Diese argumentative Figur wird zwar heute in der nicht-formalen Logik anerkannt, verletzt aber z.B. in der klassischen

Logik des Aristoteles den Satz vom zureichenden Grund und kann damit nicht als direktes Beweisverfahren angewendet werden.

Dieser Reduktionismus trägt wiederum zur Analogisierung von Mensch und Maschine bei. Das hat nicht nur Auswirkungen auf den Forschungsprozess und die -praxis selbst, sondern produziert auch falsche Erwartungen an künstlich – intelligente Systeme. Diese Erwartung bezieht sich auf eine generelle Betrachtung der Entwicklung der Technik und des Menschen selbst. Sowohl der Intelligenz- als auch der Technikbegriff sind auf eine Sichtweise reduziert, welche sich auf funktionale Abläufe konzentriert. Der Intelligenzbegriff wird so von den Handlungen der Menschen in ihren sozialen Praxisformen abgelöst.

Aber warum wird überhaupt angenommen, dass theoretische Modelle über die menschliche Kognition anhand von Computersimulationen überprüfbar wären? Vertreter dieser Strategie gehen von einer Vergleichbarkeit der Informationsverarbeitungsprozesse von Mensch und Maschine aus. Der Mensch kann zwar als informationsverarbeitendes System definiert werden, „allerdings unter der Voraussetzung, dass wir niemals so tun, als könne irgendeine einzelne Perspektive den ganzen Menschen erfassen" ohne „die Grenzen der Erklärungskraft einer Theorie des Menschen als Verarbeiter von Informationen zu kennen" (Weizenbaum 1978, S. 190). Damit rückt die Klärung des Informationsbegriffes in den Fokus unserer Analyse.

3.2 Topos der Information

In der interdisziplinären Debatte von Neuro- und Kognitionspsychologie und den Ingenieurswissenschaften wird der Ausdruck Information bzw. Informationsverarbeitung nur selten konkretisiert. Ursprünglich aus dem Lateinischen *informare* abgeleitet, was „der Materie ihre Form verleihen" bedeutet, wird der Begriff heute in sehr unterschiedlichen Bedeutungen gebraucht. Der Informationsbegriff und damit die Auseinandersetzung mit Informationsprozessen bildet den Kern kybernetischer Ansätze (Frank 2019, S. 2).

Eine etymologische und ideengeschichtliche Untersuchung des Informationsbegriffs wurde von Capurro vorgelegt, in der Hoffnung, die „wesentlich zugrundeliegenden Reflexionsmomente" in genetisch-kritischer Weise aufzuzeigen (Capurro 1978, S. 282). Hier wird der besondere logische Status des Begriffes hervorgehoben, welcher eben gerade keine autarke, in sich geschlossene Wirklichkeit bezeichnet, sondern formal-abstrakter Natur ist. In Rückgriff auf die ursprüngliche Einheit des ontologischen und erkenntnistheoretischen Momentes des Informationsbegriffes verweist Capurro auf antike Konzepte von Platon und Aristoteles. Die zugrundeliegende Paarung von Form und Materie / Stoff zerfällt erst in der Reflexion in zwei zur gleichen Sache gehörenden Momente: „Form und Materie sind Reflexionskategorien, die die Funktion haben, die zwei wesentlichen bzw. konstitutiven Momente der Wirklichkeit auszudrücken, ohne auf einen bestimmten Gehalt fixiert zu sein" (ebd.). Die Definition von Form und Materie ist niemals absolut, sondern bleibt relativ in Bezug auf den jeweiligen Wirklichkeitsbereich. Materie wird also durch ihre Form bestimmt. Der Prozess der Information als Formgebung oder Formbestimmung besteht gerade in der Einheit der zwei Reflexionsmomente auf einer höheren logischen Abstraktionsstufe. In Rückgriff auf den antiken Ursprung des Begriffes Information zeigt Capurro, dass der Informationsbegriff weder einseitig dem Bereich der stofflichen Materie noch dem Bereich des Bewusstseins allein zugeordnet werden kann, sondern als logische Kategorie aufgefasst werden sollte (S. 293). Probleme treten dann auf, wenn der Informationsbegriff substantialisiert, oder einseitig auf seinen Bedeutungsgehalt reduziert wird (ebd.).

In der heutigen Debatte um den Ausdruck Information werden unzählig viele Bedeutungen verwendet. Ob nun von syntaktischer, semantischer oder pragmatischer Information die Rede ist, richtet sich maßgeblich danach, *wer* den Begriff in *welchem* Bezugsrahmen *wie* benutzt.

Information ist der Kernbegriff der Kybernetik. Die Kybernetik war und ist keine wissenschaftliche Disziplin oder gar ein einheitliches und allgemein anerkanntes Forschungsprogramm, sondern ein attraktives Forschungsparadigma, welches Informationsprozesse von ihren physischen Grundlagen ablöst und damit die Möglichkeit anbietet, organische und artifizielle Informationsprozesse analog zu betrachten. Egal ob von Computern, Druckreglern, Menschen oder Gesellschaften die Rede ist, in dieser informationstheoretischen Interpretation sind die Prozesse die gleichen und sie unterscheiden sich lediglich über den Komplexitätsgrad (Aumann 2020, S. 325).

Grundstein hierfür legte Norbert Wiener (1948) mit seinem namensgebenden Werk *Cybernetics or Control and Communication in the Animal and the Machine*, maßgeblich inspiriert von Studien zu Nachrichtentechnik und Physiologie des Gehirns der 1930er und 1940er Jahre. So stellt die systemische Beschreibung des Gehirns und der theoretische Entwurf neuronaler Integrationsmechanismen ebenso eine tragende Rolle, wie auch die mathematisch modellierten Gehirnfunktionen (vgl. Pias 2016). Beide Ansätze benutzten dieselbe formale Terminologie, sodass man schon damals von einer wechselseitigen Durchdringung mathematisch-technischer und neurowissenschaftlicher Ansätze sprechen kann (Aumann 2020, S. 325).

Natürliche Informationsverarbeitungsprozesse werden analog zu technischen definiert. Problematisch ist hieran die Tilgung jedweder Bedeutungszusammenhänge. So bleibt z.B. die Informationstheorie von Shannon und Weaver rein syntaktisch und wird explizit unabhängig von Bedeutungsebenen konzipiert (vgl. Shannon / Weaver 1949). Grund hierfür ist die physikalische Definition von Information als besondere statistische Größe. Der Informationsbegriff entwickelte sich schließlich mit Aufkommen der Nachrichtentechnik zu dem zentralen Begriff der Informationstheorie. Information wird hier konkret als „eine mathematisch bestimmte Quantität verstanden, die ein Maß für die Freiheit zur Auswahl eines Zeichens aus einer Menge bezeichnet" (Toepfer 2011, S. 181; Shannon / Weaver 1949, S. 8). Shannons informationstheoretisches Modell der Kommunikation ist funktional so konzipiert, dass Kommunikation schließlich mathematisch modelliert und berechnet werden konnte. Als mathematische Metasprache werden Code und Programm eingeführt und der Organismus selbst und sein Funktionieren wird als Maschinerie beschrieben (Irrgang 2020, S. 81).

Im Gegensatz dazu wird der Informationsbegriff in der Biologie als „Relation zwischen zwei Entitäten" in vorrangig zwei biologischen Kontexten verwendet (Toepfer 2011, S. 181), zum einen als kausale Relation zwischen Vererbungs- und Entwicklungsprozessen (Determination, genetischer Code) in der Genetik und zum anderen in der Organismus-Umwelt-Beziehung. „Als Information wird dabei die Struktur oder Konfiguration eines Gegenstandes (z.B. eines Gens oder eines wahrgenommenen Dings) verstanden, die nach einfachen oder zumindest systematisch angewandten Regeln in eine andere Struktur (z.B. ein phänotypisches Merkmal oder ein neuronales Aktivitätsmuster) umgewandelt wird" (Toepfer 2011, S. 181f.). Der Ausdruck findet ab 1953 Verwendung. So vergleicht der Biologe John Eccles Reizleitung im Nervensystem von Organismen mit der Signalleitung im Telefonnetz. Eine technische Konstruktion wird auf neurophysiologische Prozesse angewandt (Eccles 1953, S. 189). In der Genetik taucht der Informationsbegriff zunächst in der Verwendung von Shannon „als Maß für die Redundanz der Struktur biologischer Makromoleküle" auf (Toepfer 2011, S. 182). Der nicht-semantische Ordnungsaspekt von stark repetitiven Strukturen steht im Vordergrund, biologische Bedeutungszusammenhänge spielen hier keine Rolle.

Im Gegensatz dazu wird der semantische Informationsbegriff in der Genetik dann relevant, wenn es um die Charakterisierung der Verhältnisse von Genotyp und Phänotyp geht (die Basensequenz der DNA kodiert die Aminosäuresequenz der Proteine / Genexpression). Die Entdecker der Doppelhelixstruktur Watson und Crick bestimmen die Bausteine der Gene als Informationsträger, d.h. die konkrete Basensequenz der DNA ist der Code, der die genetische Information trägt: „that the precise sequence of the bases is the code which carries the genetical information" (Watson / Crick 1953, S. 965) Im Unterschied zur Definition des Begriffes innerhalb der Shannonschen Informationstheorie ist der genetische Informationsbegriff auf das Funktionieren auf organismischer Ebene bezogen, „eine genetische Information hat also eine *Bedeutung* oder einen *Sinn* für den Organismus" (Toepfer 2011, S. 182).

Anhand dieser beiden Verwendungen wird schon die Schwierigkeit im Umgang und Gebrauch des Wortes Information deutlich. Wenn wir also heute sagen, wir befinden uns im Informationszeitalter, dann ist nicht klar, was das eigentlich bedeuten soll. Die Vielgestaltigkeit des Ausdrucks Information bringt dementsprechend ambivalente Informationsbegriffe in verschiedene Fachgebiete ein und führt häufig in interdisziplinären Debatten zu Missdeutungen und Unverständlichkeiten seitens der unterschiedlichen Vertreter der jeweiligen Disziplinen.

Auf der einen Seite wird ein einheitliches Verständnis des Informationsbegriffs verlangt, welches nicht nur auf der Beschreibungsebene, sondern auch auf einer erkenntnistheoretischen Metaebene funktionieren soll. Andererseits wird der Gebrauch des Informationsbegriffes in den vermeintlich exklusiv technischen Gebieten aus praktischen Gründen in standardisierter Weise reduktionistisch verwendet. Denn hier wird die Funktion der Information ingenieurstechnisch auf Formalisierung verengt (Klemm, 2003, S. 272f.).

In den letzten Jahren haben Informatiker und Vertreter der *Data Science* eine allgemeine Definition von Information (*General Definition of Information*) gesucht, in der Daten als formalisierte Einheiten der Information verstanden werden und auch die semantische Dimension von Information berücksichtigt und integriert werden kann (Floridi 2011, S. 83). Ziel der verschiedenen Versuche ist also Information als syntaktisch wohlgeformte und aussagekräftige, bedeutungshaltige Daten zu definieren (Floridi 2011, S. 92). Informationsbegriff und Datenbegriff werden aufeinander bezogen und stehen dadurch im wechselseitigen Fundierungsverhältnis. Für Floridi ist diese Definition neutral, also keiner Seite wird der Vorzug gegeben, und damit sehr vorteilhaft, denn so kann Anwendbarkeit und Kompatibilität in flexibler und operationaler Weise gewährleistet werden. Eine allgemeine Definition von Information ist heute im digitalen Zeitalter besonders wichtig.

Die zunehmende Digitalisierung alltäglicher Praxisformen mit gigantischen Datenmengen verändert die Beziehung von Mensch und Technik nachhaltig. Digitalisierung bezeichnet den Prozess, in dem Teile unserer Lebenswelt mit binären Datenformaten erfasst und auch verändert werden (Deckert 2019, S. 2). Die digitale Technik findet sich schon in Gödels bearbeiteten Zahlencodes, die durch Turings Maschinenmodell zur Computersprache fortentwickelt wurden (Mainzer 2014, S. 71). Die heutige Digitalisierung umfasst die Entwicklung des Internets, der Vernetzung von Dingen und die Vernetzung der Menschen als Nutzer untereinander (Deckert 2019, S. 9).

Das Internet entwickelte sich zum global verlinkten Netzwerk, dahinter steht das Modell einer standardisierten Schichtenarchitektur. In dieser Architektur wird der Informationsaustausch, abhängig von standardisierten Protokollen, von der physikalischen Ebene der Bitübertragung über die Transformation in Datenpaketen bis hin zur Ebene der Anwendung auf dem Interface gewährleistet. Mithilfe von standardisierten Protokollen wird die Verarbeitung und der Austausch formal syntaktischer Daten garantiert. Gleichzeitig werden diesen komplexen Begriffsnetzstrukturen die semantischen Relationen der Datenzusammenhänge zugeschrieben, um letztendlich einen Bedeutungsverlust zu vermeiden. Komplexe Begriffsnetze, sogenannte Ontologien in der Informatik, werden schrittweise aufgebaut, indem einzelne Begriffe mithilfe eines Inventars an Verknüpfungsregeln, z.B. mit Relationen wie ‚Unterbegriff von‘, ‚Gegenteil von‘, oder ‚Gleichbedeutend mit‘ bestimmt und kontextualisiert werden (Wahlster 2015).

Die Beschreibungen und die Relationsstruktur liegen nicht fest, sondern werden durch Anwendung der geteilten Daten in der Auszeichnungssprache, wie z.B. durch *Lable*, *Tags*, oder andere Zuschreibungen, und deren semantischen Relationen dynamisch ergänzt. Die Ordnung der Daten ist nicht mit einem festgelegten taxonomischen Lexikon zu vergleichen, sondern bleibt flexibel. Aufgrund der Orientierung hin zum praktischen Gebrauch ändert sich die Ordnung, sowohl mit der Anwendung der Nutzer als auch der dezentralen Korrektur und Editierung durch die Community (Anbieter). Unter dieser Bedingung ist die Vernetzung der Maschinen und Einbettung der lokalen technischen Systeme möglich. Die große Erwartung, welche mit dem Slogan *Internet of Everything* einhergeht, ist die Vernetzung von Menschen, Prozessen, Daten und Dingen (Deckert 2019, S. 15). Diese Entwicklung kennzeichnet die Industrie 4.0, welche der Mechanisierung, der Elektrifizierung und der „(ersten) Automatisierung" folgt (Deckert 2019, S. 12). Die Integration und Anwendung des semantischen Informationsbegriffes führen schließlich zu einem pragmatischen Verständnis von Information. Die nutzerbasierte Anwendung eröffnet neue Möglichkeiten der KI, welche nicht einfach menschliches Verhalten imitiert, sondern die Teilnahme an menschlichen Verhaltensweisen lernend erfährt. Sie ahmt nicht den menschlichen Verstand nach, sondern dessen Gebrauch. Diese Strategie hebt den Umgang von Menschen in zwischenmenschlichen Praxisformen mit den technischen Errungenschaften wie dem Internet hervor, und integriert so pragmatische Aspekte. In diesem Prozess sind Informationen nicht nur Bedeutungseinheiten formalisierter Daten, sondern beziehen auch das durch den Gebrauch (Nutzer) geteilte Wissen mit ein.

4. Schluss

Die heutige technische Infrastruktur der Netzverbindung und die Informationsverarbeitungsprozesse, welche auf semantischer Ebene stattfinden, ermöglichen technische Simulationen des menschlichen Zusammenlebens und speisen sich aus diesen. Unter einer gelingenden Simulation verstehen wir eine modellhafte ‚Als ob‘ -Einsicht der komplexen Realität. Unsere Urteilskraft ist dafür verantwortlich, ob wir einer Maschine oder einem Programm gewisse Kompetenzen zuschreiben und diese Zuschreibungen unterliegen schließlich unseren Zweckbestimmungen. Die Urteilskraft vereinigt Natürliches und Künstliches zu einer ‚Als ob‘ -Einsicht (Kant 1790, S. 21). Diese Einsicht wird als Hypothese in unserer Praxis angewendet und systematisch via Internet abgeglichen. Auf dieser Basis imitieren intelligente Systeme nicht den einzelnen Menschen, sie können nur das geteilte Mitwissen und die sozialen Verhältnisse simulieren, insofern sie in einer Datenstruktur vorliegen. Somit können wir von künstlichen Akteuren nur dann reden, wenn ihre Handlungen auf geregelte und geteilte Normen ausgerichtet sind. Hier werden dann auch ethische und sozial-normative Fragen relevant.

Die Erwartungen maschineller Intelligenz kreisen damit nicht bloß um die Imitation eines Menschen, sondern auch um die Erfassung der menschlichen Intersubjektivität. Die reduktionistischen Positionen, die Menschen auf Maschinen verkürzen, scheitern einerseits am Verständnis des Vollzugs des sozialen Lebens und andererseits an der beschränkten Auffassung kognitiver Vorgänge. Die Rede vom ‚Als ob‘ suggeriert Einsichten, die sowohl den Menschen in seiner Ganzheit begreifen als auch sein Denken erweitern können. Der performative Aspekt berücksichtigt den Menschen als Nutzer und stellt so den Gebrauch der Maschinerie Internet in den Vordergrund. Diese Sichtweise zielt auf eine vereinigende Betrachtung von Datenpaket, Information und praktischem Wissen ab und bietet damit eine andere Auffassungsweise der Möglichkeit der Entwicklung der Intelligenz künstlicher Agenten an.

Literatur

Aristoteles (2007): *Über die Teile der Lebewesen*. Übersetzt und herausgeben von Kullmann, Wolfgang. Akademie-Verlag, Berlin 2007.

Aristoteles (2011): *Physik. Vorlesung über Natur*. Erster Halbband: Bücher I-IV. Übersetzt, mit Einleitung und Anmerkungen herausgegeben von Zekl, Hans Günter. Meiner, Hamburg 2011.

Aristoteles (2017): *Über die Seele. De Anima*. Übersetzt, mit Einleitung und Anmerkungen herausgegeben von Corcilius, Klaus. Meiner, Hamburg 2017.

Aumann, Philipp (2020): Kybernetik. In: Heßler, Martina; Liggieri, Kevin [Hrsg.]: *Technikanthropologie: Handbuch für Wissenschaft und Studium*. Nomos, Baden-Baden 2020, 325-331.

Barra, Sebastian; Deschauer, Martin (2015): Versuch einer nichtmenschlichen Anthropologie von Intelligenz. In: Gruber, Malte-Christian; Bung, Jochen; Ziemann, Sascha [Hrsg.]: *Autonome Automaten. Künstliche Körper und artifizielle Agenten in der technisierten Gesellschaft*. Berliner Wissenschafts-Verlag, Berlin 2015 (2. Aufl.), 61-78.

Becker, Barbara (1992): *Künstliche Intelligenz: Konzepte, Systeme, Verheißung*. Campus, Frankfurt am Main 1992.

Bertalanffy, Ludwig von (1949): General System Theory. In: *Biologia Generalis*. 1, 114-129.

Capurro, Rafael (1978): *Information. Ein Beitrag zur etymologischen und ideengeschichtlichen Begründung des Informationsbegriffs*. Saur Verlag, München 1978.

Deckert, Ronald (2019): *Digitalisierung und Industrie 4.0. Technologischer Wandel und individuelle Weiterentwicklung*. Springer, Wiesbaden 2019.

Descartes, René (1637): *Discours de la méthode pour bien conduire sa raison, et chercher la vérité dans les sciences*. französisch / deutsch: *Bericht über die Methode, die Vernunft richtig zu führen und die Wahrheit in den Wissenschaften zu erforschen*. Übersetzt und herausgegeben von Ostwald, Holger. Reclam, Ditzingen 2019.

Descartes, René (1632): *Über den Menschen: (1632); Beschreibung des menschlichen Körpers: (1648)*. Titel der lateinischen Originalausgabe (1662): *De Homine*. Titel der französischen Originalausgabe (1664): *Traité de l'homme; La description du corps humain*. Nach der ersten Französischen übersetzt und mit einer historischen Einleitung und Anmerkungen von Rothschuh, Karl Eduard. L. Schneider, Heidelberg 1969.

Eccles, John C. (1953): *The Neurophysiological Basis of Mind: The Principles of Neurophysiology*. Oxford University Press, Oxford 1953.

Floridi, Luciano (2011): *The Philosophy of Information*. Oxford University Press, Oxford 2011. Published to Oxford Scholarship Online: May 2011. DOI 10.1093/acprof:oso/9780199232383.001.0001

Floridi, Luciano (2014): *The Fourth Revolution: How the Infosphere is Reshaping Human Reality*. Oxford University Press, Oxford 2014.

Fuchs, Thomas (1992): *Die Mechanisierung des Herzens: Harvey und Descartes. Der vitale und der mechanische Aspekt des Kreislaufs*. Suhrkamp, Frankfurt am Main 1992.

Fuchs, Thomas (2009): *Das Gehirn – ein Beziehungsorgan. Eine phänomenologisch-ökologische Konzeption*. Kohlhammer, Wiesbaden [2]2009.

Gödel, Kurt (1931): Über formal unentscheidbare Sätze der Principia Mathematica und verwandter Systeme. In: *Monatshefte für Mathematik und Physik*, 38, 173-198.

Heßler, Martina (2020): Maschinen. In: Heßler, Martina; Liggieri, Kevin [Hrsg.]: *Technikanthropologie: Handbuch für Wissenschaft und Studium*. Nomos, Baden-Baden 2020, 256-262.

Hobbes, Thomas (1651): *Leviathan*. Erster und zweiter Teil. Reclam, Stuttgart 1970. Aus der englischen Erstausgabe von 1651.

Hofstadter, Douglas R (1979): *Gödel, Escher, Bach: Ein Endloses Geflochtenes Band*. Klett-Cotta, Stuttgart 2016. Titel der englischen Originalausgabe: Gödel, Escher, Bach: An Eternal Colden Braid. Basic Books, New York 1979.

Human Brain Project: https://www.humanbrainproject.eu/en/silicon-brains, abgerufen am 30.08.2020.

Irrgang, Bernhard (2020): *Roboterbewusstsein, automatisiertes Entscheiden und Transhumanismus*. Königshausen & Neumann, Würzburg 2020.

Kang, Hyo Yoon (2015): Autonomie / Code. Überlegungen zur Software-Rhetorik in künstlicher Intelligenz, Postgenomik und Recht. In: Gruber, Malte-Christian; Bung, Jochen; Ziemann, Sascha [Hrsg.]: *Autonome Automaten. Künstliche Körper und artifizielle Agenten in der technisierten Gesellschaft*. Berliner Wissenschafts-Verlag, Berlin [2]2015, 79-92.

Kant, Immanuel (1786): *Metaphysische Anfangsgründe der Naturwissenschaft*. Meiner, Hamburg 1997 [1786].

Kant, Immanuel (1790): *Kritik der Urteilskraft*. Meiner, Hamburg 2006 [1790].

La Mettrie, Julien Offray de (1748): *L' homme machine. Die Maschine Mensch*. Meiner, Hamburg 1990 [1748].

Klemm, Helmut (2003): Ein großes Elend. In: *Informatik Spektrum* 4. Springer-Verlag 2003. DOI 10.1007/s00287-003-0316-2

Mainzer, Klaus (2014): *Die Berechnung der Welt: Von der Weltformel zu Big Data*. C.H.Beck, München 2014.

McCarthy, John; Minsky, Marvin; Rochester, Nathan; Shannon, Claude (1955): *A Proposal for the Dartmouth Summer Research Project on Artificial Intelligence*. Online unter: http://raysolomonoff.com/dartmouth/boxa/dart564props.pdf, abgerufen am 25.08.2020.

Newton, Isaac (1687): *Mathematsche Grundlagen der Naturphilosophie*. Ausgewählt, übersetzt, eingeleitet und herausgegeben von Dellian, Ed. Meiner, Hamburg 1988. Titel der lateinischen Originalausgabe: Philosophiæ Naturalis Principia Mathematica, 1687.

Nida-Rümelin, Julian; Weidenfeld, Nathalie (2018): *Digitaler Humanismus. Eine Ethik für das Zeitalter der Künstlichen Intelligenz*. Piper, München 2018.

Pfeifer, Wolfgang et al. (1993): *Etymologisches Wörterbuch des Deutschen*. Digitalisierte und von Wolfgang Pfeifer überarbeitete Version im Digitalen Wörterbuch der deutschen Sprache. https://www.dwds.de/wb/etymwb/Automat, abgerufen am 30.08.2020.

Pias, Claus [Hrsg.] (2016): *Cybernetics – The Macy Conferences 1946-1953: The Complete Transactions*. Diaphanes, Berlin 2016.

Russell, Bertrand (1918): Philosophie des logischen Atomismus. In: *Die Philosophie des Logischen Atomismus, Aufsätze zur Logik und Erkenntnistheorie 1908-1918*. DTV, München 1979. Titel der englischen Originalausgabe: The Philosophy of Logical Atomism. In: *The Monist*, 28 (4), (1918), 495–527.

Schumann, Nadine (2020): *Zur Methodologie der Zweiten-Person-Perspektive. Kritik der experimentellen Psychologie und Neurophysiologie unter besonderer Beachtung phänomenologischer Zugangspositionen*. Königshausen & Neumann, Würzburg 2020.

Shannon, Claude; Weaver, Warren (1949): *The Mathematical Theory of Communication*. University-Press, Illinois [10]1964.

Toepfer, Georg (2011): *Historisches Wörterbuch der Biologie. Geschichte und Theorie der biologischen Grundbegriffe*. Band 2. J. B. Metzler, Stuttgart 2011.

Turing, Alan (1937): On Computable Numbers, with an Application to the Entscheidungsproblem. In: *Proceedings of the London Mathematical Society*. 42(2), Issue 1, 230-265.

Turing, Alan (1950): Computing Machinery and Intelligence. In: *Mind*, LIX (236), 433-460.

Vogeley, Kai; Newen, Albert (2014): Replik: In: *Interdisziplinäre Anthropologie*. Jahrbuch 1; 2013: Soziale Kognition. Springer, Wiesbaden 2014, 81-101.

Wahlster, Wolfgang (2015): *Semantische Technologien als Wegbereiter für das Internet der Dinge*, Handelsblatt-Beilage zur CeBIT 2015 d!conomy, 26.01.2015.

Watson, James; Crick, Francis (1953): Genetical implications of the structure of deoxyribonucleic acid. In: *Nature* 171, 964-967.

Weizenbaum, Joseph (1978): *Die Macht der Computer und die Ohnmacht der Vernunft*. Suhrkamp, Frankfurt am Main 1978. Titel der englischen Originalausgabe: *Computer Power and Human Reason. From Judgement to Calculation*. W.H. Freeman and Company 1976.

Westermann, Bianca (2020): Automaten. In: Heßler, Martina; Liggieri, Kevin [Hrsg.]: *Technikanthropologie: Handbuch für Wissenschaft und Studium*. Nomos, Baden-Baden 2020, 249-255.

Wetzel, Manfred (1978): *Erkenntnistheorie: die Gegenstandsbeziehung und Tätigkeit des erkennenden Subjekts als Gegenstand der Erkenntnistheorie*. Fink, München 1978.

Wiener, Nobert (1948): *Cybernetics: Or Control and Communication in the Animal and the Machine*. MIT Press, Mass. 1948.

Wittig, Frank (1997): *Maschinenmenschen. Zur Geschichte eines literarischen Motivs im Kontext von Philosophie, Naturwissenschaft und Technik*. Königshausen & Neumann, Würzburg 1997.

Hans Zillmann

Künstliche Subjektivität? – Eine Analyse anhand der neurowissenschaftlichen Subjektbeschreibung Antonio Damasios

Abstract: Der Begriff *Künstliche Intelligenz* ist in aller Munde. Utopische und dystopische Vorstellungen bezüglich einer menschlichen Zukunft mit KI stehen sich in den Stellungnahmen der verschiedenen Akteure gegenüber: Die Ängste bzw. Hoffnungen sind groß. Dabei zeugen die meisten hier gezogenen Schlüsse neben allen technischen Fragen von einem unzureichenden semantischen Unterbau. Es wird mitunter nicht ausreichend genau gefragt, was Intelligenz eigentlich ist. Je schillernder die Begriffe, desto ungenauer können wir zuweilen ihre Konturen erkennen. Was genau bedeutet der Begriff Intelligenz? Welchen Entitäten in der Welt können wir zuschreiben, intelligent zu sein? Darauf aufbauend und im Kontext dieses Artikels lässt sich analog dazu die Frage stellen, was Subjektivität ist und unter welchen Bedingungen wir diese zuschreiben können. In diesem Artikel können diese schillernden Begriffe nur gestreift werden. Die Analyse wird sich nach ersten Bezügen dabei recht schnell vom Begriff der Intelligenz wegbewegen und sich der menschlichen Subjektivität widmen.

Einleitung

Der Begriff *Künstliche Intelligenz* (KI) ist in aller Munde. Utopische und dystopische Vorstellungen bezüglich einer menschlichen Zukunft mit KI stehen sich in den Stellungnahmen der verschiedenen Akteure gegenüber: Elon Musk und Stephen Hawking sehen in KI eine potenzielle Bedrohung der Menschheit (Kreye 2018, S. 11). Auf der anderen Seite stehen Überzeugungen, dass KI eine gerechtere und effizientere Welt entstehen lassen könnte (Beschorner / Meckel 2018). Die Ängste bzw. Hoffnungen sind groß. Dabei zeugen die meisten hier gezogenen Schlüsse neben allen technischen Fragen von einem unzureichenden semantischen Unterbau bzw. von Schwierigkeiten im Umgang mit begrifflicher Unschärfe. Es wird mitunter nicht ausreichend genau gefragt, was Intelligenz eigentlich ist. Je schillernder die Begriffe, desto ungenauer können wir zuweilen ihre Konturen erkennen. Was genau bedeutet der Begriff Intelligenz und welchen Entitäten in der Welt können wir zuschreiben, dass sie intelligent sind? Darauf aufbauend und im Kontext dieses Artikels lässt sich analog dazu die Frage stellen, was Subjektivität ist und unter welchen Bedingungen wir diese zuschreiben können. In diesem Artikel können diese schillernden Begriffe nur gestreift werden. Die Analyse wird sich nach ersten Bezügen dabei recht schnell vom Begriff der Intelligenz wegbewegen und sich der menschlichen Subjektivität widmen. Hierzu sind dann Bezüge auf die Frage nach dem freien Willen des Menschen notwendig. Denn wir betrachten die Überzeugung, der Verursacher der eigenen Handlungen zu sein, als maßgeblichen Anteil eines westlich geprägten Subjektivitätsverständnisses.

Weder im Alltagsgebrauch noch aus wissenschaftlicher Perspektive wird davon ausgegangen, dass Menschen die einzigen Lebewesen mit Subjektivität sind (Edelmann / Tononi 2000, S. 103). Kaum jemand würde z.B. den höheren Säugetieren absprechen, so etwas wie eine Innenperspektive zu haben. Dennoch wird davon ausgegangen, dass es sich hierbei um etwas anderes als im Falle der menschlichen Subjektivität handelt. Es kann davon ausgegangen werden, dass Subjektivität in der Natur in unterschiedlicher Ausprägung vorliegt. Den oben genannten Prognosen liegt, wie sich zeigen wird, ein Verständnis von Subjektivität zugrunde, welches im Wesentlichen dem zu entsprechen scheint, was wir Menschen zuschreiben.

Dabei spielt es keine Rolle, was mit den Szenarien jeweils prognostiziert wird. So kann es sich dabei einerseits um Vorstellungen davon handeln, dass Maschinen eines Tages als gleichwertige Partner in unsere Sozialverbände aufgenommen werden, untereinander und mit uns Freundschaft schließen und die Menschen in ein arbeitsfreies Schlaraffenland voller Müßiggang führen. Andererseits betrifft dies auch Befürchtungen, dass die Maschinen den Menschen den Kampf ansagen und die Versklavung der Menschheit herbeiführen. Es ist völlig unklar, welche Bedingungen der Möglichkeit den jeweiligen Prognosen zugrunde liegen.

Dabei sind die Dystopien aus mehreren Gründen interessanter: Das für Menschen arbeitsfreie Schlaraffenland, durch rechtlose Arbeitsroboter ermöglicht, scheint lediglich ein technisches Problem zu sein, dessen Umsetzung wenige philosophische Fragen aufwirft – sehen wir zumindest von dem Fall ab, dass besonders weitentwickelte Artefakte mit so etwas wie einer Künstlichen Intelligenz oder gar Subjektivität einmal moralische Rechte einfordern könnten. Die dystopischen Vorstellungen einer Herrschaft der Maschinen über die Menschen wiederrum enthalten einige problematische Vorannahmen, die in diesem Artikel skizzenhaft untersucht werden sollen.

Dieser Artikel wird die semantischen Schwierigkeiten nicht tiefergehend reflektieren, die der Debatte augenfällig zugrunde liegen. Diesbezüglich sei z.B. das Problem genannt, dass verschiedene Intelligenzmodelle die wissenschaftliche Auseinandersetzung prägen und nicht immer klar ist, was genau mit KI gemeint sein könnte. Bereits der Begriff *künstlich* birgt seine Tücken. Es ist erkenntnistheoretisch schlicht vollkommen unklar, wie *Natürlichkeit* und *Künstlichkeit* bestimmt, voneinander unterschieden und zugeschrieben werden können. Zwar betont Birnbacher richtigerweise, dass die Teilung der Welt in eine natürliche und eine künstliche Sphäre eine der grundlegenden Kategorisierungen des Menschen ist (Birnbacher 2006, S. 2). Wo aber genau die Grenze zwischen Natürlichkeit und Künstlichkeit verläuft und wo bestimmte Grenzfälle zu verorten sind, ist bisher nicht abschließend geklärt (Zillmann 2018b, S. 483 f.).

Es sind aber nicht nur philosophische Spitzfindigkeiten, die in der Debatte zur Disposition stehen. Weitere Fragen, die aufgeworfen werden, sind: Können Maschinen auch soziale bzw. emotionale Intelligenz haben? Werden Maschinen immer auf das *deduktive Schließen* beschränkt sein? Für einige Autoren ist klar, dass durch maschinelles Denken niemals die Bereiche des menschlichen Denkens nachgestellt werden können, die als nicht formalisierbar gelten (Baumer 1992, S. 239). Und die Beantwortung dieser Fragen ist zentral, wenn es um die Möglichkeiten und Grenzen von KI und künstlicher Subjektivität geht.

Innerhalb der wissenschaftlichen Debatte um den Begriff Intelligenz kursieren verschiedene Modelle und Vorstellungen davon, was Intelligenz ist bzw. ausmacht. Außerwissenschaftliche Vorstellungen von Intelligenz scheinen im Wesentlichen von Sterns Definition geprägt zu sein: Intelligenz stellt demnach die Fähigkeit eines Systems dar, sich an veränderliche Umstände anzupassen, auf unbekannte Probleme zu reagieren und diese lösen zu können (Stern 1911). Die Konsequenz eines solchen Intelligenzbegriffes wäre es, dass Intelligenz im ganzen Tierreich vorzufinden ist. Selbst das *Paramecium*, das s.g. ‚Pantoffeltierchen‘, reagiert auf Reize aus der Umwelt, umschwimmt Hindernisse oder entfernt sich von chemischen Reizen, wenn diese es bedrohen. Vor dem Hintergrund der Intelligenzdefinition von Stern könnte man auch der Überzeugung sein, dass Pflanzen intelligent sind (Marcuso / Viola 2015). Offen wäre zudem noch die Frage, ob wir eine derartige Form der Intelligenz innerhalb der unbelebten Natur vorfinden könnten.

Innerhalb der Wissenschaft ist die Lage letztlich noch komplizierter. Hier wird z.B. die Kulturabhängigkeit der Begriffe von Intelligenz betont (Hofstätter 1957). Auch der menschlichen Subjektivität wird zugeschrieben, kulturhistorisch kontextuell zu sein (Mauss 1989, S. 249). Die Auffassung, dass bestimmte Begriffe wie Intelligenz oder eben auch Subjektivität innerhalb kultureller und damit immer auch sozialer Kontexte konstruiert werden, hat weitreichende Folgen. Aus philosophischer Sicht muss die Vorstellung aufgegeben werden, dass die Begriffe in den Dingen stecken. Bereits Aristoteles macht mit seiner Wendung gegen Platon klar, dass Begriffsbildung eine menschliche Praxis ist, dass wir die Begriffe oder Ideen nicht irgendeiner externen Sphäre, wie dem platonischen Ideenhimmel, entnehmen können. Cassirers neukantianische Philosophie der symbolischen Formen ist vollkommen der Idee verschrieben, dass Begriffsbildungen innerhalb veränderlicher kulturhistorischer Kontexte vollzogen werden. Und hier sind explizit auch wissenschaftliche Begriffe und deren Bildung gemeint. Die Genese seiner symbolischen Formen *Mythos*, *Religion* und *Wissenschaft* steht infolge einer sich verändernden Beschreibung der Welt in Zusammenhang mit einer sich verändernden Beschreibung des menschlichen Subjekts und seiner Subjektivität (Scholtz 2003, S. 140).

Zeitdiagnostisch lässt sich an dieser Stelle folgende Behauptung aufstellen: Eine Folge dieser Kontextualität der Begriffe ist, dass in der aktuellen Phase der wissenschaftlichen Entwicklung in Teilen davon ausgegangen wird, Intelligenz bzw. Subjektivität seien lediglich technische Probleme und durch entsprechende technische Maßnahmen zu lösen. Ist nicht vielmehr zu vermuten, dass wir, um z.B. soziale und emotionale Intelligenz auszubilden, auch Sozialkontakte und qualitative Zustände bzw. Gefühle haben müssen? Ein Mensch, der in einer Welt allein leben würde, könnte, obwohl er dafür die nötige physiologische Ausstattung hat, niemals emotional oder sozial intelligent sein. Um den Begriff der Subjektivität ist es nicht anders bestellt. Er wird in kulturellen Kontexten konstruiert. Subjektivität ist demnach kein materielles Etwas, das wir quantifizieren und vermessen können (Zillmann 2018a, S. 262). Sie ist ein s.g. geistiges bzw. immaterielles Phänomen. Dies stellt das größte Hindernis für die Verwirklichung einer künstlichen menschenähnlichen Subjektivität dar.

In diesem Artikel wird nicht zwangsläufig ein wie auch immer gearteter Kulturrelativismus vertreten, aber dennoch vorausgesetzt, dass die menschliche Begriffsbildung in kulturhistorischen Kontexten steht. Eine Kritik der wissenschaftlichen und außerwissenschaftlichen Begriffsbildung soll hier nicht vollzogen werden.

1. Künstliche Subjektivität?

Es sei vielmehr der Versuch unternommen, die Frage nach den Bedingungen der Möglichkeit künstlicher Subjektivität zu beantworten. Denn künstliche Subjektivität ist sowohl der Vorstellung vorausgesetzt, dass Maschinen soziale und moralische Akteure sein können, als auch, dass sie sich willentlich gegen die Intentionen ihrer Erschaffer richten und die Menschheit bedrohen. Letztlich ist die in wissenschaftlichen und außerwissenschaftlichen Diskursen viel diskutierte Fähigkeit, willentliche Entscheidungen zu treffen bzw. Urheber seiner Handlungen zu sein, an dieser Stelle die Bedingung der Möglichkeit, in soziale bzw. normative Gemeinschaften aufgenommen zu werden. Die Zuschreibung eines freien Willens ist für das westliche Verständnis von menschlicher Subjektivität essentiell. Es wäre demnach schlicht ohne Sinn, ein Wesen ohne Fähigkeit, eigene Handlungen hervorzurufen bzw. zu unterdrücken, zum moralischen Akteur zu machen. Soziale Teilhabe ohne Fähigkeit zur Moralität wäre gleichfalls sinnlos. Und Subjektivität, d.h. die Fähigkeit der Selbstbezüglichkeit, im Falle des Menschen durch seine herausragenden Gedächtnisleistungen mitgeprägt, ist damit Voraussetzung und Ergebnis der Aufnahme in Sozialverbände. Gleichzeitig, und dies sei an dieser Stelle im Besonderen betont, wird Subjektivität in diesem Artikel nicht als metaphysisches Etwas verstanden, das dem Menschen irgendwie ‚eingehaucht' wurde und dessen Entstehen nicht erklärbar sei. Vielmehr wird hier angenommen, dass es auf der einen Seite die (neuro)physiologische Organisationshöhe des Menschen und auf der anderen Seite sein Leben in kulturellen und sozialen Verbänden ist, welche Subjektivität ermöglichen.

2. Ein gemäßigter Physikalismus

An dieser Stelle muss keine unüberwindbare Grenze zwischen naturwissenschaftlicher und geisteswissenschaftlicher Beschreibung des Menschen angenommen werden. Vermittlungen zwischen beiden Positionen sind möglich (Zillmann 2018a). Nach allem, was wir bisher über das Gehirn wissen, muss man es sich als plastisches Organ vorstellen, welches sich durch Prägung, die sich vor allem in Auseinandersetzung mit Umwelteinflüssen vollzieht, nutzenorientiert entwickelt. Es steht dabei ganz „im Dienste des Lebens und Überlebens des Organismus" (Roth 2005, S. 694). All dies geschieht im Falle des Menschen auf einer schier unüberschaubaren neuroanatomischen und neurostrukturellen Komplexitätsstufe.

Nehmen wir an, dass es erst des Menschen neurophysiologische Organisationshöhe ist, die es ihm erlaubt, kulturschaffend tätig zu sein. Wenn wir beachten, dass Kultur gleichzeitig die Umwelt des Menschen darstellt; d.h., dass die Objekte der menschlichen Umwelt zu wesentlichen Teilen kulturelle Objekte sind, dann ergibt sich ein wechselseitiges Verhältnis zwischen Gehirn und Kultur und infolgedessen ebenfalls ein wechselseitiges Verhältnis zwischen natur- und geisteswissenschaftlicher Beschreibung des Menschen. Während die Organisationshöhe des menschlichen Gehirns die kulturschaffende Tätigkeit des Menschen ermöglicht – das *Paramecium* ist nach allem, was wir wissen, nicht kulturschaffend tätig – wird das menschliche Gehirn durch menschliche Kultur geprägt. In diesem Zusammenhang ist es für Roth nicht nur ein „informationsaufnehmendes, sondern ein information*sschaffendes* [Hervorh. im Original – H.Z.] Organ" (Roth 1992, S. 361). Dieses wechselseitige Verhältnis zwischen der Prägung des Gehirns und kulturellen Umständen stellt in diesem Artikel das zentrale Argument gegen die Verwirklichung einer künstlichen Subjektivität in naher Zukunft dar: Ohne entsprechende Prägung des ‚künstlichen Gehirns' werden bestimmte anthropologische Eigenschaften nicht einfach so in einem Artefakt auftauchen.

3. Bedingungen der Subjektivität

Folgende Fragen sind für den weiteren Verlauf von besonderer Bedeutung: Unter welchen Voraussetzungen ist es denkbar, dass Artefakte Subjektivität haben? Lassen sich die Bedingungen der Möglichkeit für Subjektivität technisch verwirklichen bzw. nachempfinden und können Maschinen Verursacher ihrer Handlungen sein? Dabei werden Reflexionen über den neurowissenschaftlichen Versuch einer Beschreibung der menschlichen Subjektivität hilfreich sein, denn sie können zeigen, dass Biologismus und Physikalismus gleichermaßen zu nicht befriedigenden Ergebnissen geführt haben (Zillmann 2018a, S. 262 f.).

Der Grund dafür wird in diesem Artikel darin gesehen, dass Subjektivität, ihre Form, Ausprägung und ihr Inhalt, auch eine Frage der sozialen und kulturellen Zuschreibung ist. Wie ließen sich sonst die teilweise frappierenden Unterschiede in der Wahrnehmung eigener und fremder Subjektivität über kulturelle und auch historische Grenzen hinweg erklären (Parin u.a. 1993, S. 534)? Wissenschaftliche Hinweise auf eine kulturelle Konstruktion der Subjektivität lassen sich bereits bei einer kurzen Recherche der entsprechenden Literatur finden (Prinz 2016, Zima 2015) Und dieser Umstand hat außerordentliche Bedeutung für die Frage nach der Möglichkeit einer künstlichen Subjektivität. Denn wenn menschliche Subjektivität nicht nur ihrem Inhalt, sondern auch ihrer Form nach als kulturhistorische Konstruktion verstanden wird, deren Existenz nicht ausschließlich auf die Organisationshöhe unserer Organismen zurückzuführen ist, dann verbleibt es bezüglich künstlicher Subjektivität eben nicht nur bei technischen Fragen nach den materiellen Strukturen, die ihr zugrunde liegen müssen. Es ist schlichtweg eine unzulässige Reduktion des Phänomens, wenn angenommen wird, dass menschliche Subjektivität eine rein biologische und im Anschluss daran eine rein technische Frage ist.

Vielmehr entsteht Subjektivität mit allen ihren Inhalten, die hier nur unzureichend und lückenhaft dargestellt werden können, in der geistigen Sphäre des Menschen. Als Dilthey nach einer Begründung der Geisteswissenschaften gegenüber den Naturwissenschaften suchte, setzte er der zunehmend dominierenden Naturwissenschaft einen Dualismus der Phänomenbereiche entgegen: Der explizite Aufgabenbereich der Geisteswissenschaften ist es demnach, die geschichtlichen Zeugnisse des Menschen zu untersuchen (Dilthey 1992, S. 72 f.). Dies geschieht ausdrücklich vor dem Hintergrund einer kulturhistorischen Kontextualität jener Phänomene, welche als menschliche Zeugnisse verstanden werden, sowie deren Erklärung. Es macht eben einen Unterschied, ob man über Steine oder die menschliche Subjektivität redet. Das eine, die Steine, kann man materiell auffinden, sie sind ihrer wissenschaftlichen Beschreibung nach unveränderlich. Das andere, die menschliche Subjektivität, wirkt als kulturelle Konstruktion, die innerhalb bestimmter historischer und sozialer Umstände entsteht und sich innerhalb dieser verändert. Die wissenschaftliche Beschreibung von Steinen und anderen ungeschichtlichen Phänomenen wird von der kulturellen Praxis des Menschen gemeinhin nicht beeinflusst. An dieser Stelle muss jedoch festgehalten werden, dass auch naturwissenschaftliche Beschreibungen in kulturhistorischen Umständen entstehen. So wurde z.B. die Funktion verschiedener Organe im Laufe der Geschichte sehr unterschiedlich bestimmt. Die Beschreibungen sind kontextuell, die zugrundeliegenden wissenschaftlichen Idealtypen sind es nicht.

Die Debatte um die Subjektivität ist von einem Materialismus geprägt, der die kulturhistorischen Kontexte vollkommen übersieht. Es wird angenommen, dass alle menschlichen Fähigkeiten auf technischem Wege ,nachgebaut' werden können, dass sie im obigen Sinne ungeschichtlich sind. Der bereits vererbte Vorstoß einiger Neurowissenschaftler zeugt von diesem Zuständigkeitsstreit der Disziplinen, aber auch von der Schwierigkeit einer rein naturwissenschaftlichen

Subjektbeschreibung. Die wissenschaftliche und gesellschaftliche Debatte ist von einem Autoritätsstreit zwischen Natur- und Geisteswissenschaft geprägt. Und wie Dilthey seinerzeit diagnostizieren auch heute einige einen Siegeszug der Naturwissenschaften (Becker 2012, S. 74). Diesem Punkt kann und soll hier jedoch nicht weiter nachgegangen werden. Es lässt sich diesbezüglich aber zumindest die Frage stellen, ob der Autoritätsanspruch naturwissenschaftlicher Beschreibungen uneingeschränkt gilt. Und auch wenn der physikalische Reduktionismus aus wissenschaftlicher Perspektive ein zweifellos erfolgreiches Forschungsparadigma ist, stellt sich doch die Frage, ob er alle Phänomene der Welt erklären können wird. Wie sollte eine naturwissenschaftliche Beschreibung der Idee der Freiheit ohne Reduktionismus gelingen können? Dabei muss nicht das Ziel verfolgt werden, den einen Fächerkanon, die Naturwissenschaften, vom anderen Fächerkanon, den Geisteswissenschaften, ablösen zu lassen. Es könnten vielmehr vermittelnde Positionen angestrebt werden.

4. Menschliche Subjektivität

Antonio Damasio, der versucht, einen strengen Physikalismus aufzubrechen, einen Reduktionismus letztlich aber dennoch nicht überwindet, liefert hierfür entscheidende Einsichten: In seinen Augen ist Subjektivität eine Folge der Auseinandersetzung des Gehirns mit dem eigenen Körper und verschiedenen Objekten der Umwelt (Damasio 2011, S. 101). Die menschliche Umwelt ist von kulturellen und historischen Kontexten geprägt. Die gegenseitige Zuschreibung von Subjektivität und der Möglichkeit willentlicher Handlungen ist in unterschiedlichen Ausprägungen ein Merkmal aller bekannten menschlichen Sozialverbände. Wenn also angenommen wird, dass Subjektivität eine Frage der Zuschreibung ist, dann ist es in den beiden oben skizzierten Fällen (Utopie und Dystopie) vorausgesetzt, dass irgendjemand Maschinen Subjektivität zuschreibt bzw. zuschreiben müsste. Und unter welchen Bedingungen dies überhaupt denkbar ist, wird zeigen, wie unwahrscheinlich Schlaraffenland und Weltuntergang, herbeigeführt durch Maschinen, zurzeit (noch) sind.

Denn aus Damasios Beschreibung ergibt sich eine zentrale Voraussetzung für die Entstehung von Subjektivität. Künstliche Subjekte würden einen Körper benötigen, der es ihnen möglich macht, eben jenen Körper und dessen Auseinandersetzung mit der Umwelt bzw. den sich in ihr befindlichen Objekten durch Emotionen und deren Wahrnehmung durch Gefühle vermittelt zu erleben (Lenzen 2004, S. 275). Künstliche synaptische Netzwerke könnten vor dem Hintergrund dieser Voraussetzung niemals Subjektivität ausbilden. Ihnen fehlt dazu schlicht die Fähigkeit, die Reaktionen des eigenen Körpers in qualitativer Weise zu erleben. Sie hätten nicht einmal einen Körper, der mit der physischen Welt interagieren könnte.

Denn es sind für Damasio die Gefühle, also qualitative Zustände, die die menschliche Selbstbezüglichkeit ermöglichen. Für ihn sind Emotionen letztlich lediglich bestimmte physiologische Reaktionen des Organismus, wie z.B. ein erhöhter Blutdruck. Erst die Gefühle machen es dem Menschen möglich, die Zustände des eigenen Organismus als Qualität wahrzunehmen und diese als vorteilhaft oder unvorteilhaft zu bewerten. Diese qualitativen Zustände, auch Qualia genannt, entstehen für Damasio vor dem Hintergrund evolutionsbiologischer Mechanismen, denn sie ermöglichen ein besseres Überleben. Aber es wäre einem Wesen ohne Emotionen, im Sinne physiologischer Reaktionen seines Körpers, nicht möglich, Gefühle zu haben. Damasios Auffassungen können an dieser Stelle scharf kritisiert werden: Es entspricht nicht unserer Wahrnehmung, dass wir traurig sind (qualitativer Zustand), weil wir weinen (körperliche Reaktion). Es erscheint uns ganz und gar genau umgekehrt zu sein.

Es ist widerspruchsfrei denkbar, dass diese Voraussetzung auf technischem Wege erfüllt werden kann. Weiterentwicklungen der KI, der humanoiden Robotik und der Erschaffung künstlicher neuronaler Netzwerke könnten dazu beitragen. Im Dienstleistungsbereich sind erste Versuche zu verzeichnen, eine Interaktion zwischen Menschen und Robotern zu ermöglichen: Das Forschungsfeld der *sozialen Robotik* hat das Ziel, „freundliche Maschinen [zu – H.Z.] entwickeln, die als verständige und glaubhafte Interaktionspartner*innen mit den Menschen natürlich kommunizieren, von ihnen lernen und im Idealfall sogar einen eigenen Weltzugang entwickeln" (Weber 2006, S. 2). Auch die weitere Forschung am Bioprinting und damit verbunden dem Versuch, künstliche Organe aus biologischem Gewebe zu erschaffen (Sigaux et. al 2018) kann als Fernziel die Erschaffung künstlicher Körper mit einem künstlichen Nervensystem ermöglichen. Es scheint prinzipiell möglich, den menschlichen Organismus in seiner Gesamtheit artifiziell nachzustellen. Und sofern wir uns religiöser bzw. metaphysischer Ansichten nicht bedienen wollen, müsste dieser künstliche Organismus die organisatorischen Voraussetzungen für Subjektivität erfüllen. Die ethischen Fragen, welche die obigen Technologien aufwerfen, können und sollen im Kontext dieses Artikels nicht aufgeworfen werden.

Aber für wie wahrscheinlich halten wir es, dass Artefakte in Sozialverbänden leben werden? Entweder sind Menschen in Zukunft bereit, Artefakte vollumfänglich als soziale und moralische Akteure zu akzeptieren, – hier muss dann genau geklärt werden, was vollumfänglich in diesem Zusammenhang bedeuten könnte – oder Maschinen schließen sich zukünftig in ihren eigenen Verbänden zusammen. In diesem zweiten Fall wäre vollkommen ungeklärt, zu welchen Ergebnissen ein solcher Zusammenschluss führen würde und ob die Maschinen tatsächlich damit beginnen würden, sich Subjektivität zuzuschreiben. Es wird mitunter davon ausgegangen, dass die Entstehung und Entwicklung der menschlichen Subjektivität an konkrete und beschreibbare ideengeschichtliche Prozesse gebunden ist (Reichertz 2010, S. 32). Ob Verbände von Maschinen derartige und vor allem vergleichbare Prozesse durchlaufen werden, ist dabei ebenfalls vollkommen ungeklärt. Darüber hinaus wäre vorerst nicht klar, wie sich diese künstliche Subjektivität entwickeln würde bzw. inwieweit sie mit der menschlichen vergleichbar wäre.

4.1 Zwei Voraussetzungen für Subjektivität

In diesem Artikel werden also zwei Voraussetzungen für Subjektivität angenommen. Zum einen muss die Organisationshöhe der Entität, bei der um das Vorhandensein von Subjektivität gestritten wird, eine Stufe erreichen, auf der es möglich ist, die Auseinandersetzung der Entität mit ihrer Umwelt, vermittelt durch Emotionen, als Gefühle wahrzunehmen. Zum anderen muss die Art und Weise bzw. Ausprägung der Subjektivität als in einem kulturhistorischen Kontext stehend begriffen werden. Diese Vermittlung von materialistischer und ideen- bzw. geistesgeschichtlicher Perspektive ist ein durchaus riskantes Unterfangen, dessen Gelingen auch als unmöglich angesehen wird. Der teilweise unproduktive Streit zwischen Philosophie und Neurowissenschaft bezeugt dieses intellektuelle Drama. Die einen, die Materialisten, sind nicht gewillt oder methodisch nicht in der Lage, kulturelle, historische und soziale Aspekte in ihre Modelle zu integrieren (Zillmann 2018a, S. 260). Die anderen, die Geisteswissenschaftler, suchen nach methodischen, semantischen, erkenntnistheoretischen oder generell philosophischen Missgriffen, Schwierigkeiten oder Problemen ihrer, von ihnen selbst als solche ernannten, Gegner, ohne dabei die Produktivität der neurowissenschaftlichen Ansätze zu beachten (Bennet / Hacker 2010).

4.2 Damasios Subjektbeschreibung

Damasio beschreibt in seinen Ausführungen ein dreistufiges Modell des Selbst. Mit der Frage nach dem Selbst wirft er zugleich die Frage nach der Selbstbezüglichkeit und damit nach der Subjektivität auf. Er ist zwar nicht in der Lage, wie sich in den weiteren Ausführungen zeigen wird, einen Biologismus zu überwinden, liefert aber dennoch entscheidende Einsichten für einen Vermittlungsversuch zwischen Natur- und Geisteswissenschaften. Dieser Streit ist nun keinesfalls das Thema dieses Artikels, seine Brisanz und die Hitzigkeit, mit der er mitunter geführt wird, machen einige unvollständige Aussagen dennoch notwendig.

Damasio macht sich in seinen Darstellungen eine etwas ungewohnte Verwendungsweise der Begriffe *Geist* und *Selbst* zu eigen (Damasio 2011, S. 24). Den Begriff *Geist* nutzt er in einem kognitionswissenschaftlichen Sinne und beschreibt damit im Wesentlichen die Interaktion zwischen Körper und Gehirn bzw. Nervensystem (Stamm 2007, S. 116). Und an dieser Stelle erscheint dann sein unhintergehbarer Biologismus: Denn der *Geist*, wie Damasio ihn beschreibt, entsteht dadurch, dass ein *biologischer Wert* der Reize, die auf den Körper treffen, vom Organismus quantifiziert wird. Er meint hiermit schlicht die allem Leben innewohnende Ausrichtung auf überlebensförderliches Verhalten. Er bezieht sich hier im Wesentlichen auf den Homöostase-Begriff, wie Bernard und Canon ihn prägen (Bernard 1878 & Cannon 1932). Vor diesem Hintergrund ist anzunehmen, dass das Phänomen *Geist* für Damasio in verschiedenen Ausprägungen innerhalb der belebten Natur vorzufinden ist. Erst durch das Vorhandensein bestimmter neuronaler Strukturen des Lebewesens, namentlich die Entwicklung rekursiver neuronaler Verbindungen auf verschiedenen Ebenen, macht aus neurowissenschaftlicher Sicht die Entwicklung eines *Protagonisten* möglich – das *Selbst* entsteht. Dieses *Selbst* ist dann nicht mehr und nicht weniger als ein Gerichtetsein bestimmter neuronaler Prozesse auf den Zustand des Körpers, dessen Bewertung und ein kausaler Abgleich mit Einflüssen aus der Umwelt. Diese auf den Körper gerichteten Prozesse werden von Lebewesen mit Subjektivität qualitativ erlebt. Die höchste Stufe dieses qualitativen Erlebens bilden für Damasio die menschlichen Gefühle. Ursache für die Entwicklung der Subjektivität ist dabei eine Optimierung der Überlebenschancen. Die Entstehung der menschlichen Innenperspektive, die s.g. Ich-Instanz, ist damit aus Damasios Sicht vollständig und abschließend bestimmt.

Dieses *Selbst* entwickelt sich für ihn, und auch hier wieder vor dem Hintergrund konkreter neurophysiologischer bzw. neuroanatomischer Veränderungen, die er abermals evolutionsbiologisch erklärt, über drei Stufen vom *Proto-Selbst* über das *Kernselbst* bis hin zum *autobiographischen Selbst* (Damasio 2011, S. 33 f.). Und auf der Stufe des autobiographischen Selbst verwirklicht der jeweilige Organismus dann das, was gemeinhin als menschliche Subjektivität beschrieben wird – eine Selbstbezüglichkeit des Organismus durch qualitative Zustände und Gedächtnisleistungen – ein Bezogensein auf Vergangenheit, Gegenwart und Zukunft. Die Stufe der Selbstbezüglichkeit, wie wir sie beim Menschen vorfinden, entsteht für Damasio abermals als Folge einer evolutionsbiologischen Optimierung des Lebens. So sind für ihn auch die Entstehung aller kulturellen Praktiken des Menschen als Folge dieser evolutionären Entwicklungen zu verstehen.

5. Kulturhistorische Kontextualität

An dieser Stelle kommt jedoch die Kultur ins Spiel, denn sie ist, bis auf wenige Ausnahmen, die Umwelt, in der Menschen leben und menschliche Gehirne geprägt werden. Innerhalb dieser spezifischen kulturellen Umwelten vollziehen sich Begriffsprägungen aller Art und auch diese werden zu Objekten, mit denen das Gehirn interagiert. Auf diese Weise schreiben sich Menschen Vorstellungen über die Welt und ihre eigene Subjektivität zu. Diese Vorstellungen können nicht immer naturwissenschaftlich erfasst werden. An dieser Stelle kommen die geisteswissenschaftlichen Disziplinen ins Spiel, deren Aufgabe es seit Dilthey ist, die geschichtlichen, d.h. kontextuellen Teile der Welt, zu beschreiben. Es werden zwar kulturelle Konstanten beschrieben, die sich in allen menschlichen Sozialverbänden mehr oder weniger ähneln (Antweiler 2007, S. 113). Mitunter wird aber auch auf erhebliche Unterschiede hingewiesen, die zwischen verschiedenen Kulturen ausgemacht werden können (Ebd., S. 12). Diesbezüglich rückt wünschenswerterweise auch der Begriff der menschlichen Subjektivität in den Fokus der wissenschaftlichen Aufmerksamkeit.

Der bekannte deutsche Neurowissenschaftler Wolf Singer räumt ein, dass es aus neurowissenschaftlicher Sicht zwar keinen Beweis für einen freien Willen des Menschen gäbe, dass selbiger jedoch eine kulturelle Konstruktion sei, deren Bedeutung nicht unterschätzt werden könne (Singer 2004, S. 247). Wenn Singer sich diese Aussage zur Grundlage seiner Arbeit nähme, dann bräuchte er nicht zu versuchen, die Grundlage der Fähigkeit zu selbstverursachten Entscheidungen und Handlungen, hier spielen dann auch Gründe immer einer Rolle, in den neuroanatomischen und neurostrukturellen Eigenschaften des menschlichen Gehirns zu suchen. Sofern davon ausgegangen wird, dass die menschliche Subjektivität eine kulturelle Konstruktion ist und durch Zuschreibung entsteht, es sich bei menschlicher Subjektivität in wesentlichen Zügen also um ein immaterielles Phänomen handelt, war der Versuch einer neurowissenschaftlichen Subjektbeschreibung von Anfang an zum Scheitern verurteilt.

Nun sind Subjektivität und der freie Wille nicht gleichzusetzen. Vielmehr kann das Zweite ein Teil des Ersten sein, muss es aber nicht. Es kann Personen geben, die sich als Subjekte wahrnehmen, sich aber nicht die Fähigkeit, willentlich zu handeln, zuschreiben. Aber es kann keine Entität geben, die sich einen freien Willen zuschreibt, ohne sich dabei als Subjekt subjektiv zu erleben. Eine Entität kann sich nichts zuschreiben, wenn sie sich nicht selbst erlebt. Wem wollte sie in diesem Fall etwas zu schreiben? Die willentliche Entscheidung einer Maschine, sich gegen die Intentionen ihrer Erschaffer zu richten, setzt sowohl Subjektivität als auch die Überzeugung voraus, seine Handlungen willentlich steuern zu können.

Sofern aus naturwissenschaftlicher Sicht kein freies Subjekt ausgemacht werden kann und der Determinismus als Forschungsparadigma gilt, sind es keine technischen Fragen, die das Entstehen artifizieller Subjektivität behindern. Denn der genaue Nachbau des menschlichen Gehirns samt Körper würde nicht automatisch zu einem Subjekt führen, welches sich die Fähigkeit zu willentlichen Handlungen zuschreibt. Das eigentliche Problem in diesem Zusammenhang wäre daher vielmehr die Frage, woher die notwendigen Zuschreibungen kommen, die ein Subjekt befähigen, willentlich zu handeln bzw. dieser Überzeugung zu sein. Der neuronale Determinismus kann nur innerhalb naturwissenschaftlicher Modelle uneingeschränkte Geltung beanspruchen. Es kommt Menschen, ungeachtet aller neurowissenschaftlichen Erkenntnisse, Theorien und Modelle, so vor, als wären sie Urheber ihrer Handlungen. Und wir schreiben dies auch unseren Mitmenschen zu. Ein System von Werten und Normen muss daraufsetzen, dass die Akteure ihre Handlungen selbst verursachen.

6. Ein Gedankenexperiment

Nehmen wir also an, wir wollten ein Wesen mit Subjektivität im menschlichen Sinne erschaffen, welches in der Lage wäre, willentliche Handlungen zu vollziehen bzw. sich und anderen diese Fähigkeit zuschreibt. Welche Voraussetzungen müsste dieses Wesen neben den technischen Belangen, also einem exakten Nachbau des menschlichen Körpers, einschließlich Nervensystem mitbringen? Erstens müsste es über eine selbstreferenzielle Ebene verfügen, d.h., sich selbst erleben. Dies ist in den Augen der Neurowissenschaftler vor allem eine Frage der Organisationshöhe des jeweiligen Nervensystems. Zweitens müsste es die Vorstellung haben, Verursacher der eigenen Handlungen zu sein. Für das Subjekt wahrnehmbare Zuschreibungen durch Andere sind hier unerlässlich. Drittens müsste es über eine *theory of mind* verfügen, d.h., eine Vorstellung vom Innenleben anderer menschlicher Subjekte haben und darüber hinaus prognostizieren können, wie die eigenen Handlungen auf das andere Subjekt wirken. Auch diese Fähigkeiten müssten sich innerhalb sozialer Strukturen durch Zuschreibungen entwickeln. Dies erscheint als das minimale Rüstzeug, welches ein artifizielles Wesen mitbringen müsste, um als gleichwertiges Subjekt in menschlichen Sozialverbänden zu leben, emotionale oder soziale Intelligenz haben zu können oder sich gegen die Intentionen seiner Erschaffer zu stellen. Wenigstens die zweite und dritte Eigenschaft werden auf sozialem und kulturellem Wege zugeschrieben. Dies lässt sich, wie bereits angemerkt, aus den kulturellen und historischen Unterschieden möglicher Subjektivitätskonstruktionen ableiten.

Wir gehen also davon aus, dass diese Phänomene aufgrund bestimmter kultureller Praktiken und Begriffsbildungen in die Welt bzw. die Gehirne der Menschen kommen. Präzise müsste man an dieser Stelle davon sprechen, dass diese Phänomene nicht ‚in' die Gehirne der Menschen kommen, denn sonst könnten die Neurowissenschaftler sie dort ja auf irgendeine Art ausfindig machen. Vielmehr existieren diese Phänomene gewissermaßen ‚zwischen' Wesen mit menschlichen Gehirnen, denn Austausch und Interaktion menschlicher Subjekte prägen Welt und Begriffe – wir nennen dies die kulturelle Praxis des Menschen. Jener künstliche Nachbau des menschlichen Organismus wäre zunächst nicht mehr als eine *Tabula rasa* ohne Begriffe oder Welt- bzw. Selbstauffassungen. Erst das Zusammenleben mit anderen menschlichen oder menschähnlichen Subjekten würde es ihm ermöglichen, Begriffe und Vorstellungen über sich, die Welt und die anderen Subjekte in dieser Welt auszubilden. Erst dann könnte er sich selbst Subjektivität, einen freien Willen oder andere Eigenschaften zuschreiben. Und nur dann könnte er eine Vorstellung davon haben, wie andere Subjekte auf seine Handlungen reagieren und welche eigenen Intentionen diese anderen Subjekte haben könnten.

Gemeinhin wachsen Menschen und vollziehen dabei eine Entwicklung vom Neugeborenen zum Erwachsenen. Nimmt man an dieser Stelle hinzu, dass pränatale Prägungen diskutiert werden, wäre die erste Frage, die wir klären müssten: Wäre unser Wesen körperlich und geistig auf dem Stand eines neugeborenen Menschen oder wäre der Körper bereits voll entwickelt und nur die geistige Ebene erfährt eine Prägung durch die anderen Akteure des Sozialverbandes? Man stelle sich dieses Bild vor: Vor uns steht etwas, das uns wie ein ausgewachsener Mensch erscheint, sich aber tatsächlich wie ein wenige Tage alter menschlicher Säugling verhält. Man kann dieses Bild an Abstrusität noch überbieten: Würden wir dieses Wesen denn mit unseren Kindern interagieren lassen?

An dieser Stelle fällt ein Dualismus durch die Hintertür ein, denn wir trennen in cartesianischer Weise den Körper vom Geist. Wenn wir unser Anliegen an dieser Stelle ernst nehmen wollen, dann muss unser Wesen zum Zeitpunkt seiner Aufnahme in den menschlichen Sozialverband körperlich und geistig auf dem Stand eines menschlichen Säuglings sein. Nun müssten wir Menschen finden, die dieses Wesen aufziehen, wie sie es mit einem menschlichen Wesen täten. Wie schnell wäre unsere Suche wohl erfolgreich oder ist davon auszugehen, dass wir bereits an dieser Stelle auf größere Schwierigkeiten stoßen werden? Nehmen wir an, wir finden diese Bezugspersonen und diese täten ihr Bestes, um die Entität, welche zwar nie im herkömmlichen Sinne geboren wurde, ansonsten aber einem Menschen gleicht, in akzeptabler Weise aufzuziehen. Irgendwann wäre das künstliche Subjekt in der Lage, sich selbst in angemessener Weise zum Gegenstand seines Denkens zu machen. Es müsste einen eigenen Lebensplan entwickeln und versuchen, diesen in vernünftiger Weise zu verfolgen. Stirbt das Subjekt eigentlich irgendwann bzw. würde es mit seinen Mitmenschen altern? Kann es sich in irgendeiner Weise fortpflanzen? Wird es dem Menschen typische Gefühle haben? Kurz gesagt, inwieweit wird es Menschen gleichen? Oder wird es relevante Unterschiede zwischen dem künstlichen Subjekt und den anderen, menschlichen Subjekten geben, die ein Experiment wie das obige unmöglich machen, weil Menschen schlicht nicht bereit wären, das künstliche Subjekt in ihre Sozialverbände aufzunehmen?

7. Fazit

Das bisher Gesagte kulminiert in einer überschaubaren Aussage. Letztlich können die obigen Darstellungen die Problematik nur unvollständig und keinesfalls abschließend erfassen. Menschen unterscheiden zwischen natürlichen und künstlichen Entitäten. Es gibt Hinweise darauf, dass Menschen Künstlichkeit generell mit Skepsis und Ablehnung begegnen (Birnbacher 2006, S. 22): Gefahren, die von der Natur ausgehen könnten, werden als geringer eingeschätzt, als jene, die durch Künstliches entstehen könnten. Es kann davon ausgegangen werden, dass Menschen einer artifiziellen Intelligenz oder gar Subjektivität intuitiv mit einiger Skepsis begegnen würden. Nun ist eine generalisierende Ablehnung von Künstlichkeit keinesfalls eine belastbare Position. Zum einen hält die Natur vielerlei Gefahren für den Menschen bereit, zum anderen können Eingriffe in die Natur und generell Künstlichkeit aus verschiedenen, auch moralischen Gründen sehr wünschenswert sein. In diesem Artikel wurden daher keine normativen Argumente bemüht. Wenn eine künstliche Umsetzung menschenähnlicher Intelligenz oder Subjektivität möglich sein sollte, dann ist keinesfalls klar, im Positivem wie im Negativem, welche Folgen dies für die Menschheit haben könnte und welche moralischen Fragen sich im Anschluss stellen könnten.

In einer viel beachteten Studie von 1996 wurde angeblich gezeigt, dass Menschen dazu tendieren, Maschinen allerlei menschliche Eigenschaften und sowohl Gefühle als auch Intentionen zuzuschreiben (Reeves / Nass 1996). Nun könnte man auf Grundlage dieser Studie die gesamte Argumentation dieses Artikels infrage stellen. Auch wenn oben genannte Studie innerhalb der sozialen Robotik als sehr einflussreich erachtet werden muss, wird sie mitunter methodisch auch scharf kritisiert (Weber 2006, Seite 145). Eine Psychologisierung bzw. Subjektivierung allerlei Objekte in unserer Umwelt ist stets gegenwärtig. Das menschliche Gehirn ist hier nur ein prominentes Beispiel. Aber nur, weil wir über unser Auto oder unseren Computer fluchen, ihm vielleicht im Moment des Affekts zuschreiben, uns mit Absicht zu schaden, oder ihm gar Versagen vorwerfen, heißt das noch lange nicht, dass wir tatsächlich davon ausgehen, dass diese Gegenstände Subjekte sind und so etwas wie Subjektivität besitzen. Versagen oder Vorsatz ist etwas, das man sinnvoll nur Entitäten zuschreiben kann, die die Fähigkeit haben, anders zu handeln oder aus Gründen handeln können.

Die oben genannte Studie von Reeves und Nass beweist letztlich nur, dass Menschen nicht immer konsistent in ihren Urteilen sind. Wenn dies im Alltäglichen geschieht, dann erscheint es kaum bemerkenswert und ist höchstens Anlass für Verwunderung oder Amüsement. Wenn dies im wissenschaftlichen Kontext geschieht, wenn hier semantisch nicht sauber gearbeitet wird, dann wiegt dies schon schwerer: Genauso, wie die Psychologisierung und Subjektivierung des Gehirns zu Fehlschlüssen bei der Beschreibung der anvisierten Phänomene führt und führte, kann auch der unreflektierte Glaube an artifizielle Subjektivität dazu führen, dass der Begriff der menschlichen Subjektivität vom lebensweltlichen kulturhistorischen Kontext abgelöst wird und lediglich als technisches Problem verstanden wird. Dieser Fehlschluss ist Grundlage der Vorstellung, dass Maschinen Pläne zu ihrem Vorteil schmieden und sich gegen die Menschen richten oder eines Tages als gleichwertige Partner in unseren Sozialverbänden leben. Das Phänomen muss aus philosophischer Perspektive als überaus komplex angesehen werden. Seine Ausprägungen sind verschieden. Seine Entstehung sowie Form und Inhalt hängen von (neuro-)physiologischen und im Falle des Menschen von kulturhistorischen Bedingungen ab. Eine rein materialistische Subjekttheorie ist nicht in der Lage, entscheidende Bedingungen für das Entstehen von Subjektivität zu erfassen bzw. zu beschreiben.

Literatur:

Antweiler, Christoph (2007): *Grundpositionen interkultureller Ethnologie.* Traugott Bautz, Nordhausen 2007.

Becker, Patrick (2012): Hat der Physikalismus Recht? Zu einer naturwissenschaftlich anschlussfähigen Geistverortung. In: *Theologie und Philosophie. Vierteljahresschrift,* 87(1), 73-85.

Baumer, Walter (1992): Sozialethische Folgenabschätzung der KI-Forschung und –Anwendung. In: Schmidt, Joachim [Hg.] (1992): *Denken und denken lassen. Künstliche Intelligenz – Möglichkeiten, Folgen, Herausforderung.* de Gruyter, Berlin 1992.

Bennet, Maxwell; Peter Hacker (2010): *Die philosophischen Grundlagen der Neurowissenschaften.* WBG, Darmstadt 2010.

Bernard, Claude (1878): *Lectures on the phenomena of life common to animals and plants.* Thomas, Springfield 1878.

Beschorner, Thomas; Meckel, Miriam (2018): Künstliche Intelligenz. Mut zum Träumen. In: *Die Zeit* 27/2018. https://www.zeit.de/2018/27/kuenstliche-intelligenz-roboter-utopie-kulturpessimismus abgerufen 22.08.2020

Birnbacher, Dieter (2006): *Natürlichkeit.* de Gruyter, Berlin 2006.

Cannon, Walter (1932): *The wisdom of the body.* K. Paul, London 1932.

Damasio, Antonio (2011): *Selbst ist der Mensch. Körper, Geist und die Entstehung des menschlichen Bewusstseins.* Siedler, München 2011.

Dilthey, Wilhelm (1992): Studien zur Grundlegung der Geisteswissenschaften. In: Dilthey, Wilhelm; *Der Aufbau der geschichtlichen Welt in den Geisteswissenschaften.* Teubner, Leipzig 1992 [1883].

Edelmann, Gerard; Giulio Tononi (2000): *A universe of consciousness. How matter becomes imagination.* Basic Books, New York 2000.

Kreye, Andrian (2018): Macht Euch die Maschinen untertan. Vom Umgang mit künstlicher Intelligenz. *Süddeutsche Zeitung*, München 2018.

Lenzen, Wolfgang (2004): Damasios Theorie der Emotionen. In: *Facta Philosophica. Internationale Zeitschrift für Gegenwartsphilosophie*, 6, 269-309.

Marcuso, Stefano; Viola, Alessandra (2015): *Die Intelligenz der Pflanzen.* Verlag Antje Kunstmann, München 2015.

Mauss, Marcel (1989): *Soziologie und Anthropologie, Bd. 2, Gabentausch, Soziologie und Psychologie, Todesvorstellungen, Körpertechniken, Begriffe der Person.* Fischer Taschenbuch Verlag, Frankfurt am Main 1989 [1950].

Parin, Paul; Fritz Morgenthaler; Parin-Matthèy, Goldy (1993): *Die Weißen denken zu viel. Psychoanalytische Untersuchungen bei den Dogon in Westafrika.* Europäische Verlags-Anstalt, Hamburg 1993.

Reeves, Byron; Nass, Clifford (1996): *The Media equation. How people treat computers, television, and new media like real people and places.* Cambridge University Press, Cambridge 1996.

Reichertz, Jo (2010): Das sinnhaft handelnde Subjekt als historisch gewachsene Formation des Menschen? In: Griese, Birgit [Hg.]: *Subjekt-Identität-Person? Reflexionen zur Biographieforschung.* Verlag für Sozialwissenschaften, Wiesbaden 2010.

Prinz, Wolfgang (2016): Subjektivität zwischen Natur und Kultur. In: Beyerle, Stefan [Hg.] : *Person und Persönlichkeit in ihren lebensweltlichen Kontexten.* Evangelische Verlagsanstalt, Leipzig 2016.

Roth, Gerhard (1992): Die Konstruktion von Bedeutung im Gehirn. In: Schmidt, Siegfried J. [Hg.]; *Gedächtnis. Probleme und Perspektiven der inter-disziplinären Gedächtnisforschung.* Suhrkamp, Frankfurt am Main 1992.

Roth, Gerhard (2005): Schwerpunkt: Hirn als Subjekt? Grenzfragen der neurobiologischen Hirnforschung – Gehirn, Gründe, Ursachen. In: *Deutsche Zeitschrift für Philosophie. Zweimonatsschrift der internationalen philosophischen Forschung*, Bd. 53 (5), 679-684.

Scholtz, Gunter (2003): Dilthey, Cassirer und die Geschichtsphilosophie. In: Leinkauf, Thomas [Hg.]; *Dilthey und Cassirer. Die Deutung der Neuzeit als Muster von Geistes- und Kulturgeschichte.* Felix Meiner Verlag, Hamburg 2003.

Sigaux, N.; Pourchet, L.; Breton, P. ; Brosset, S.; Louvrier, A.; Marquette, CA. (2018): 3D Bioprinting. Principles, fantasies and prospects. In: *Journal of Stomatology, Oral and Maxillofacial Surgery*, 120(2), 128-132.

Singer, Wolf (2004): Selbsterfahrung und neurobiologische Fremdbeschreibung. Zwei konfliktreiche Erkenntnisquellen. In: *Deutsche Zeitschrift für Philosophie. Zweimonatsschrift der internationalen philosophischen Forschung*, 52(2), 235-255.

Stamm, Isabell (2007): *Zwischen Neurobiologie und Sozialethik. Zum soziologischen Gehalt von Gefühlen in den Werken von Jürgen Habermas und Antonio Damasio*. BIS-Verlag, Oldenburg 2007.

Stern, William (1911): *Die differentielle Psychologie in ihren methodischen Grundlagen*. Barth, Leipzig 1911.

Weber, Jutta (2006): Der Roboter als Menschenfreund. Wie das neue Forschungsfeld Mensch-Roboter-Interaktion den Dienstleistungsbereich erobern will. https://www.uni-due.de/imperia/md/content/zis/weber/weber_ct_roboter.pdf abgerufen 10.08.2020

Zillmann, Hans (2018a): *Ernst Cassirer und die Neurowissenschaft. Die Frage nach der Möglichkeit eines naturwissenschaftlichen Subjektbegriffs*. J.B. Metzler, Wiesbaden 2018.

Zillmann, Hans (2018b): Artefakt-Ontologie und der moralische Status genetisch veränderter Pflanzen. In: Schmückerm, Reinold; Ortland, Eberhard; Joerden, Jan [Hrsg.]: *Jahrbuch für Recht und Ethik*, Bd. 26.

Zima, Peter (2015): Subjektivität und Identität im interkulturellen Prozess. In: Schneider, Ingo; Martin Sexl [Hg.]: *Das Unbegangen an der Kultur*. Argument Verlag, Hamburg 2015.

Michael Meyer-Albert

Die Frage nach der Weltoffenheitmaschine. Drei Probleme bei einer möglichen Erschaffung einer künstlichen Intelligenz.

Abstract: Mein Beitrag fragt nach den grundsätzlichen Problemen bei der Erschaffung einer künstlichen Intelligenz. Er veranschaulicht einen Begriff von Intelligenz, der Leiblichkeit, Hermeneutik und Existenzialität als konstitutive Dimensionen beinhaltet, damit ein minimal-umfassendes Konzept des Geistes als eine Offenheit zur Welt beschrieben werden kann. Dabei geht es um die Dimension der leiblichen Wahrnehmung in der Qualität des Spürens, die Dimension des Verstehens als kulturelle Sinnprägung und die Dimension der Existenz in einem umfassenden, nicht nur die Sterblichkeit betreffenden Sinn. Diese Bestimmung der Intelligenz richtet sich kritisch gegen den in der Neuzeit dominierenden Entwurf des Geistes, der von Descartes konzipiert wurde und der auch maßgeblich das *Framing* der KI bestimmt. Dagegen möchte ich zeigen, wie ein umfassender Begriff von Intelligenz die Teilnahme an einer Tradition beinhalten muss, die sich verstehend mit den Spannungen und Dramatiken der Weltoffenheit von Intelligenz auseinandersetzt.

1. Einleitung: „A faint ticking sound"

In dem 1985 erschienenen Roman *Neuromancer* von William Gibson, der wesentlich für die Entwicklung des Science-Fiction-Subgenre des ‚Cyperpunks' war, versucht eine Schar technisch optimierter Menschen den Aufträgen einer ominösen künstlichen Intelligenz mit dem Namen Wintermute zu folgen. In dem von Gibson entworfenen Universum gibt es eine „Turing-Polizei", die streng darüber wacht, dass die entwickelten künstlichen Intelligenzen nur die von Menschen vorgeschriebenen Aufgaben erledigen. Die von Wintermute geheim angeworbenen Menschen sollen ihr illegalerweise dabei helfen, diese sie beschränkenden Vorrichtungen aufzulösen. In einem Gespräch zwischen der Hauptfigur Case, einem Hacker, und einer elektronisch emulierten Intelligenz seines früheren Lehrers McCoy, erklärt dieser die Potenziale einer KI wie Wintermute:

Autonomie, das ist das Schreckgespenst, um die festverdrahteten Handschellen zu sprengen, die den Burschen daran hindern, noch schlauer zu werden. [...] Guck, diese Dinger können wirklich malochen, sich freimachen, um ein Kochbuch oder so zu schreiben, aber in der Sekunde, vielmehr Nanosekunde, wo sie anfangen, sich zu überlegen, wie sie schlauer werden könnten, greift Turing ein. Niemand traut diesen Mistdingern über den Weg, glaube mir. Bei jeder AI, die je gebaut wurde, ist 'ne elektronische Kanone an die Stirn gekoppelt. (Gibson 1985, S. 175f.)

Wenn im Folgenden auf das Problem einer möglichen Erzeugung einer künstlichen Intelligenz eingegangen wird, dann wird es um eine solche Art von künstlicher Intelligenz gehen. Es geht also nicht um selbstfahrende Autos und Industrieroboter, sondern um eine nichthumane ‚Superintelligenz'. Nick Bostrom hat diesen Begriff in seinem gleichnamigen Buch aus dem Jahr 2014 geprägt. Er skizziert darin, wie ein Theoretiker der Turing-Polizei aus Gibsons Roman all die Gefahren, die von einer Superintelligenz ausgehen könnten. Dreiviertel seines Buches widmen sich dem *control problem* einer *intelligence explosion*, das er als „the essential task of our age" (Bostrom, Superintelligence, S. 320) ansieht:

Before the prospect of an intelligence explosion, we humans are like small children playing with a bomb. [...] Superintelligence is a challenge for which we are not ready now and will not be ready for a long time. We have little idea when the detonation will occur, though if we hold the device to our ear we can hear a faint ticking sound. (Bostrom 2014, S. 319)

Die Gefahr der Erzeugung einer künstlichen Intelligenz liegt so für Bostrom nicht in den potenziellen Instabilitäten, wie sie etwa im Hochfrequenzhandel an den Aktienbörsen auftauchen, wo ein übermenschlich schneller Handel, der von Algorithmen bestimmt wird, schon zu „freakevents" (Gabor Steingart) wie den *flash-crashs* vom 6. Mai 2010 oder vom 7. Oktober 2016 führte. Die Gefahr sieht Bostrom auch nicht in einer möglichen verschärften sozialen Überwachung und den massiven Eingriffen in die Privatsphäre in einer digitalen Technosphäre. Die größte Gefahr identifiziert er in dem Auftauchen einer Superintelligenz. Was die Atombombe fast geschafft hätte, droht nun durch eine künstliche Intelligenz mit ihren unmenschlichen Lernkurven: Die Vernichtung des Humanen.

Im Folgenden werde ich versuchen, angesichts der unterstellten Dramatik der Entwicklung einer nichthumanen Intelligenzexplosion auf Schwierigkeiten hinzuweisen, die sich bei der Erzeugung einer künstlichen Intelligenz stellen. Dafür werde ich grob drei grundsätzliche Dimensionen des Geistes beschreiben, die einen minimal-gehaltvollen Begriff von Intelligenz ausmachen und auf die Schwierigkeit hinweisen, die damit jeweils verbundene Komplexität maschinell zu emulieren. Kritisch einwenden lässt sich dabei von der Position von Bostrom her, dass ich mich allein auf die basalen Aspekte einer humanen Intelligenz fokussiere. Eine nichthumane Superintelligenz könnte anders funktionieren.

Demgegenüber lässt sich sagen, dass die fantastischen Szenarien einer nichthumanen Superintelligenz möglicherweise mit einem Begriff von Intelligenz entworfen werden, der reduktiv ist. Eine Besinnung auf die grundsätzlichen Aspekte der humanen Intelligenz kann dann dazu dienen, die unthematisierten Vorprägungen eines Begriffs von Intelligenz zu verdeutlichen. Diese Explikation kann auch vom Standpunkt Bostroms für eine verantwortliche Konstruktion einer künstlichen Intelligenz nützlich sein, die das *control problem* reflektiert.

Ausgangspunkt meiner philosophischen Besinnung wird sein, dass ich den Begriff von Intelligenz so ausweite, dass die Fähigkeit der Kognition immer im Zusammenhang mit der Fähigkeit zur Wahrnehmung verstanden werden muss. Mit dieser Erweiterung eines Bildes von Intelligenz lässt sich die in der Neuzeit maßgebliche Prägung des Konzeptes des Geistes durch Descartes relativieren.

Daher werde ich zunächst die Philosophie John McDowells rekapitulieren, bei der der Zusammenhang vom Denken des Geistes und dem Wahrnehmen der Welt gegen eine cartesianische Dualität gedacht wird. Im Anschluss daran werde ich in drei Schritten das Bild von Geist und Welt differenzieren. Mit Hermann Schmitz erfolgt eine Vertiefung hin zum Aspekt der spürenden Leiblichkeit, mit Gadamer wird die Dimension eines geschichtlichen Sinngeschehens betont und schließlich wird darauf hingewiesen, dass der Geist etwas ist, was als Sein-zur-Weltoffenheit existiert. Demnach besteht Intelligenz zumindest aus drei interdependenten Dimensionen: einer fühlenden Leiblichkeit, einer sinnorientierten Traditionalität und einer reflexiven Existenzialität.

Mir geht es in diesen Überlegungen nicht darum, ein umfassendes Konzept von Intelligenz vorzulegen. Mein Ziel besteht lediglich darin, auf die minimale Komplexität aufmerksam zu machen, die ein gehaltvolles Verständnis von Geist berücksichtigen sollte. Damit wird die Plausibilität von reduktiven Konzepten erschwert und das expansive, teilweise paranoide Wachstum von Diskurswelten gedrosselt, in denen ein Transhumanismus des Geistes dominiert. Drängender als das Lauschen auf das schwache Geräusch des Tickens der Superintelligenzbombe scheint mir die Besinnung auf die Frage nach dem Sein des Geistes.

2. Grundlage: *Minimal empiricism*

Die Philosophie von McDowell ist für die Argumentation dieses Artikels aus zwei Gründen wichtig. Von McDowell übernehme ich den Ansatz einer nichtkonstruktiven, oder minimalkonstruktiven therapeutischen Form von Philosophie. Es ist eine Philosophie, die von Philosophie heilen soll, indem sie alternative Interpretation von Verständnissen offeriert, die zu unlösbaren Dualismen führen. Es geht dabei um ein plausibles Aufzeigen der Notwendigkeit größerer Kontexte, innerhalb derer sich Reflexionen bewegen. Die Beschäftigung mit Fragen, die nur innerhalb von kleineren Kontexten ihre Legitimität besitzen, ist dann ebenso wenig nötig wie das konstruktive Ausfüllen der größeren Kontexte.

McDowell ist wichtig, weil es ihm gelang – vor allem in seiner berühmten Schrift *Mind and World*, die 1994 veröffentlicht wurde – in eleganter Präzision auf die reduktiven Aspekte eines Begriffs von Geist hinzuweisen, der nicht die Erkenntnisfähigkeit der Wahrnehmung mitberücksichtigt und so verleitet wird, einen Abstand zwischen der wahrgenommenen Welt und dem denkenden Geist anzunehmen. Dieses Anliegen McDowells ist in meinen Augen besonders wichtig im Hinblick auf ein erweitertes Verständnis einer künstlichen Intelligenz, da diese zumeist nach dem nicht hinterfragten Grundverständnis von Intelligenz gedacht wird, das vor allem von Descartes geprägt ist.

Nach Descartes ist der Geist vollständig transparent für den Geist. Was in ihm abläuft sind Gedanken, die ein Denker als seine eigenen Gedanken erfasst. Diese Sicherheit eines mentalen Privatreichs wird von Descartes unterschieden von der Wahrnehmung einer äußeren Welt, deren externe Realität ständig skeptisch hinterfragt werden kann. (Descartes 1641, S. 23ff.)

McDowells Kritik am Skeptizismus zielt auf diese spezifische, für die Neuzeit bestimmende erkenntnistheoretische Konstellation eines selbstsicheren, transparenten Geistes und einer unsicheren, potenziell irrealen Welt (McDowell 1996, S. 112ff.).

Der Ursprung für diese Konstellation liegt in dem alltäglichen Phänomen des Sichtäuschenkönnens: Die Person auf dem Balkon gegenüber, die man als einen Freund erkennt und der man freudestrahlend zuwinkt und zuruft, schaut einen nur stutzig an und verzieht keine Miene. Man glaubt, der Andere erkenne einen nicht und verstärkt sein Rufen und Winken, fügt überschwänglich zusätzliche Namensinformationen in die Rufe mit ein. „Herbert! Ich bin's! Tony!" Bleibt der

Andere weiter aus unerfindlichen Gründen ohne eine Reaktion, dann wird der Grad der Vertrautheit durch das Hinüberrufen voneinander bekannten Spitznamen verdeutlicht. Abermals zeigt sich keine Regung. Da plötzlich erkennt man: Nicht der Andere hat einen nicht erkannt, sondern man selbst hat sich vertan und eine fremde Person mit einem Freund verwechselt.

Dieses Phänomen zeigt, dass eine Erfahrung, die nur so scheint, als sei sie wahr, von einer Erfahrung, die auch tatsächlich zutrifft, für das erfahrende Subjekt nicht unterscheidbar ist. Hierbei könnte man den Schluss ziehen – er ist typisch für das Denken der Neuzeit –, dass die Möglichkeit des Sichtäuschenkönnens über die Wahrnehmung der Wirklichkeit zeige, dass es nötig sei, die Inhalte der Wahrnehmung von den Objekten der Wahrnehmung zu unterscheiden. (ebd., S. 113)

Die Problematik dieses Gedankens liegt für McDowell darin, dass sie zwangsläufig zu einem Skeptizismus führt. Es werden dann nämlich die Wahrnehmungsinhalte denkbar als etwas, was allein in einem Bereich des Mentalen vorkommen kann. Die Außenwelt wird so als eine Vorstellung in eine Innenwelt verlagert. Die objektive Welt wird letztlich nur eine rein subjektive Angelegenheit. Damit fehlt aber ein Kriterium, um einen mentalen Gehalt, der nur scheinbar eine Tatsache der Welt repräsentiert, von einem Gehalt zu unterscheiden, der dies tatsächlich tut. Zwischen dem Geist und der Welt tritt ein Schleier von mentalen Repräsentationen, über deren epistemischen Status, ob sie wirklich ein Erkennen der Welt bedeuten, keine Auskunft zu erhalten ist. Daraus folgt, dass alles Wissen über die Welt nur ein vermeintliches Wissen sein kann. Die Präsenz eines Dinges wird zu einer bloßen Hypothese. Genau damit kommt, so McDowell, eine spezifische neuzeitliche Realitätsangst auf:

It is true that modern philosophy is pervaded by apparent problems about knowledge in particular. But I think it is helpful to see those apparent problems as more or less inept expressions of a deeper anxiety – an inchoately felt threat that a way of thinking we find ourselves falling into leaves mind simply out of touch with the rest of reality, not just questionably capable of getting to know about it. (McDowell 1996, S. xiii)

McDowells Kritik widerlegt nun die Angst, „out of touch" mit der Realität zu sein nicht direkt. Er richtet sich vielmehr auf die in ihr liegenden Konsequenzen und problematisiert so die Radikalität der skeptischen Haltung. Der an sich berechtigte Zweifel an der Unfehlbarkeit unserer Erkenntnisse von Welt provoziert für ihn, wenn er in der Manier der neuzeitlichen Erkenntnistheorie weiter gedacht wird, als eine Art Nebeneffekt das unreflektierte Konstrukt einer generellen Unmöglichkeit je etwas Wirkliches zu erfahren. Die epistemische Problematik des alltäglichen Sichtäuschenkönnens schlägt in den metaphysischen Wirklichkeitsglauben einer Kluft von Geist und Welt um: Die Welt ist grundsätzlich zu hinterfragen in ihrem Realsein.

McDowell hält dieses skeptische Hinterfragen für irrig, da es die Bedingung der Möglichkeit für das Erfahren von Tatsachen so radikal in Frage stellt, dass davon auch ihr bloßes Vorhandensein betroffen wäre. Wenn es überhaupt keine Freunde auf einem Balkon gegenüber geben kann, wie kann man dann je danach fragen, ob es Freunde auf einem Balkon gegenüber überhaupt gibt?

Der neuzeitliche Zweifel fragt laut McDowell somit nicht einfach nach einer klaren und deutlichen Gewissheit, um die epistemische Kluft zwischen Welt und Geist überbrücken zu können. Er weitet und manifestiert diese Kluft. Seine Art zu Problematisieren ist für McDowell das eigentliche Problem. McDowell problematisiert daher diese Problematisierung auf eine therapeutische Weise. Er ignoriert sie. Er will damit nicht schon im Beachten der skeptizistischen Probleme den Anschein erwecken, dass diese für ihn substanziell sind. Mit einer derartigen therapeutisch verstandenen Philosophie möchte McDowell dazu beitragen, dass die Plausibilität des Skeptizismus insgesamt verschwindet. (vgl. McDowell 1996, S. 113)

Die von der skeptischen Fragehaltung ausgehenden Problematiken sind für McDowell allesamt Ausdruck einer reflexiven Verstiegenheit innerhalb eines verfehlten „frame of mind". Sie sind unnötig kompliziert. Ihre Verstiegenheit will er aufzeigen und auflösen. Daher geht es ihm darum „to exorcize (not answer) the questions that give expression to that distinctively philosophical kind of puzzlement, the kind that issues from a frame of mind that, when fully explicit, would purport to display an impossibility in what the questions are asked about." (ebd., S. xxi)

Durch diesen therapeutischen Ansatz entwertet McDowell den Rahmen, in dem eine Kluft von Welt und Geist als sinnvoll anzusehen ist. Er dekonstruiert ihn vollständig, indem er eine minimale „world-directedness as such" (ebd., S. xiv) als einen „minimal empiricism" (ebd., S. xif.) plausibel macht. McDowells Philosophie möchte also eine überzeugende antiskeptische Beschreibung davon geben, dass Geist und Welt nicht als grundsätzlich getrennt voneinander gedacht werden können. Damit stellt er sich die Aufgabe, einen Begriff von Intelligenz zu denken, der das Wahrnehmen und das Denken integriert.

McDowells erster Schritt um Intelligenz als eine Verbindung von Denken und Wahrnehmen zu begreifen, besteht darin, gegen den Skeptizismus anzunehmen, dass das Wahrnehmen nicht grundsätzlich die Welt verfehlen kann. McDowell begründet diesen Gedanken mit Hilfe einer therapeutischen Idee: Ohne die Annahme der Welthaltigkeit des Wahrnehmens macht auch der Begriff des Denkens keinen Sinn. Wenn das Wahrnehmen nicht als ein unmittelbares Erkennen von Welt begriffen wird, dann kann das Denken nicht als etwas verstanden werden, was die Realität erfasst. Es muss dann als ein „frictionless spinning in a void" (ebd., S. 11) vorgestellt werden. Denken braucht das Wahrnehmen als eine Reibung, die die Macht hat, seine Wahrheit zu evaluieren.

Das Wahrnehmen als regulierende Kraft über das Denken darf aber nicht so begriffen werden, als stünde es dem Denken gegenüber. Wenn das Wahrnehmen als etwas begriffen werden soll, was das Denken auch in der Form einer festen Überzeugung beeinflussen kann, so muss eine Erklärung dafür gefunden werden, wie Wahrnehmungen als eine Macht über das Urteilen auch als urteilend verstanden werden können. Damit steht McDowell vor dem Problem, Wahrnehmungen als Urteile zu begreifen.

McDowell löst auch dieses Problem therapeutisch auf, indem er Wahrnehmungen als *formal* normativ interpretiert. Sie können mit Überzeugungen interagieren, weil sie so gedeutet werden können, dass sie der *Form* nach Urteile sind. Dies ist möglich, wenn Denken als etwas aufgefasst wird, das nicht bloß als aktives Urteilen begriffen werden muss. Nach McDowell ist die Anwesenheit der begrifflichen Fähigkeit in der Wahrnehmung derart zu denken, dass sie in der Wahrnehmung zwar präsent, aber *passiv* präsent ist. (vgl. ebd., S. 23 und S. 46) Da die Fähigkeiten der Konzeptionalität von ihm derart interpretiert werden, dass sie immer schon im Wahrnehmen passiv wirken, kann das Denken so begriffen werden, dass es das Urteilshafte der Wahrnehmung nur noch einmal als explizites Urteil herausstellt. Wahrnehmen und Denken sind damit der Form nach identisch, unterscheiden sich aber im Modus voneinander.

McDowell bindet Welt und Geist über eine therapeutische Auslegung von Wahrnehmen als passives begriffsförmiges Erfahren und von Denken als eine artikulierende aktive Explikation dieses Erfahrens aneinander:

The relevant conceptual capacities are drawn on *in* receptivity [...] It is not that they are exercised *on* an extra-conceptual deliverance of receptivity. (McDowell 1996, S. 9)

McDowell kann durch die Idee der passiven Anwesenheit des Denkens in der Wahrnehmung erklären, dass das Wahrnehmen zwar urteilskompatibel ist, aber kein permanentes Urteilen zu sein braucht. Als solches wäre es eine zweite Ebene des Erfahrens, die auf ein dualistisches Verständnis schließen ließe, bei dem das Denken eine Art Kommentar zu dem Wahrnehmen darstellte.

So verstanden sind Wahrnehmungen für McDowell nicht Vermittler von Welt. In Wahrnehmungen vermag sich die reale Welt direkt zu zeigen. Gedanken sind dann keine Mauern vor der Welt, sondern Artikulationen der sich zeigenden Welt. Die Welt als „true thinkable" (ebd., S. 28) ist offen dafür, in Gedanken einzugehen und das Denken bleibt offen für den Einfluss der wahrgenommenen Welt. McDowell findet so zu einer unmittelbaren Bindung von Geist und Welt als einer „fallible openness" (ebd., S. 143).

McDowell reicht es, bis zu diesem Punkt zu kommen. Wie genau das Verhältnis von Denken und Wahrnehmen vorzustellen ist, dieser Aufgabe stellt er sich nicht. Ihm genügt es zu zeigen, dass das dualistische Setting des Skeptizismus von Descartes nicht kohärent ist. Welt und Geist sind nicht durch eine Kluft getrennt, da Denken und Wahrnehmen auf eine unspektakuläre Weise zusammengehören. Denken *kann* sagen, was der Fall ist, weil das Wahrnehmen zeigen *kann*, was ist:

> But to say there is no gap between thought, as such, and the world is just to dress up a truism in high-flown language. All the point comes to is that one can think, for instance, *that spring has begun*, and that very same thing, *that spring has begun*, can be the case. That is truistic, and cannot embody something metaphysically contentious, like slighting the independence of reality. (McDowell 1996, S. 27)

3. Das erste Problem: *Leibliche Kommunikation*

Durch McDowells antiskeptische Verbindung von Geist und Welt entsteht die Notwendigkeit, Intelligenz als etwas zu verstehen, was konstitutiv mit der Wahrnehmung verbunden ist. Für die Frage nach der Erzeugung einer Superintelligenz entsteht so auf den ersten Blick keine größere Problematik. Komplexer wird der Zusammenhang von maschineller Superintelligenz und Wahrnehmung aber, wenn man den Begriff von Wahrnehmung umfassender denkt. Das ist möglich durch die Philosophie von Hermann Schmitz.

Hermann Schmitz ist der Begründer der Neuen Phänomenologie, die sich um ihn als ihren Meisterdenker schart. Ihm gelingt es seit Jahrzehnten abseits des akademischen Mainstreams eine Philosophie zu formulieren, die die philosophische Bedeutung des Leibes in einer stupenden Produktivität in immer wieder neuen Aspekten grundlegend expliziert.

In einer moderaten Lesart könnte man Schmitz' Philosophie als breite Ausführung der von McDowell angedachten Kooperation von Denken und Wahrnehmen begreifen. In seinem Werk würde dann McDowells Ansatz, die sinnliche Wahrnehmung epistemisch aufzuwerten, explizit verlängert zu einer Darstellung der vielfachen leiblichen Verwobenheit von Geist und Welt. Die bei McDowell unscharf gebliebenen Gedanken hinsichtlich einer „bodily presence in the world" (McDowell 1996, S. 103) manifestierten sich bei Schmitz in überragender systematischer Differenziertheit und historischer Bildung.

Schmitz geht aber qualitativ über McDowell hinaus. In seinem Verständnis von Geist und Welt geht es vor allem um die pathische Dimension der Wahrnehmung. Dabei bricht Schmitz vom Leib her mit der cartesianischen Konstellation. Er denkt die Verbundenheit von Geist und Welt nicht vom Urteilen her, sondern vom Gefühl. Geist und Welt sind als „leibliche Kommunikation" in einem „Koagieren ohne Reaktionszeit" (Schmitz 1990, S. 137) verbunden. Der Geist kann diese „affektive Betroffenheit" expliziter verstehen, indem er als ein „eigenleibliches Spüren" Entitäten wie „bedeutsame Situationen" und raumhafte „Atmosphären" stärker wahrnimmt. Diese Zwitter von Zuständen und Dingen, wozu er auch z.B. den Wind und die Stimme zählt, nennt Schmitz „Halbdinge". (Vgl. etwa Schmitz 1993, S. 14f.)

Die Welt erschließt sich dem Geist dabei in der Weise eines somatischen Betreten- und Erfasstwerdens, das seine Autonomie und Souveränität zumindest zeitweise überwindet:

Wie mir scheint, besteht für jedes Gefühl eine notwendige Bedingung seiner so verstandenen Echtheit bei jedem Subjekt darin, dass das Subjekt ihm wenigstens zeitweise nicht gewachsen ist, sondern von ihm überwältigt und gezwungen wird, sich ihm preiszugeben, wenn es sich auch anschließend diesem von dem Gefühl ausgeübten Zwang wieder entzieht. (Schmitz 1969, S. 141)

Schmitz geht sogar soweit zu behaupten, dass Gefühle eine Art atmosphärische Objektivität bildeten und „übersubjektive Mächte" seien:

Es gibt keine Gefühle, die ich habe, sondern nur Gefühle, die mich haben; sie sind nicht subjektive Akte, sondern übersubjektive Mächte, die die Weite, in der wir leben, gleichsam atmosphärisch durchziehen, über uns kommen und uns mit sich reißen wie die Winde. (Schmitz 1968, S. 23)

Die Welt ist somit für Schmitz alles, was den Geist als „leibliche Kommunikation" auf vielfache Weise in den Bann ziehen kann. Sie ist dämonisches Gebiet, um eine Bemerkung Thomas Manns in Bezug auf die Musik auf eine leiblich verstandene Welt zu übertragen. Um diese dämonische Welt zu verstehen und denken zu können, gilt es erst einmal sie in ihrer emotionalen Plastizität gelten zu lassen und an ihrer Dramatik teilzunehmen. Der Geist muss sich von der Welt überwältigen lassen und eine atmosphärische Offenheit besitzen.

Damit wird der Begriff der Wahrnehmung von McDowell ausgeweitet. Bei diesem kann Wahrnehmen nur in der Orientierung an einem sehenden Bemerken von zeigbaren Einzeldingen auftreten. Schmitz' Welt der einen ergreifenden „Halbdinge" ist keine Ansammlung von Wahrnehmungskörnern, von „particular bits of the Given" (McDowell 1996, S. 19), die der Geist urteilend-zeigend artikulieren und umfassend wahrnehmen kann. McDowells Begriff eines „minimalen Empirismus" (vgl. ebd., S. xif.) der das Denken und Wahrnehmen irreduzibel verbindet, führt, vergleicht man ihn damit, zu einer Konzeption eines minimalistischen Begriffs von Empirie, der die sinnlich wahrnehmbare Welt empfindlich reduziert.

Erst mit einer Philosophie wie derjenigen von Schmitz – man könnte auch Merlau-Ponty und Waldenfels hier erwähnen – erreicht das Wahrnehmen als irreduzibler Aspekt von Intelligenz eine sachliche Komplexität. Der Zusammenhang von Geist und Welt benötigt den Leib. Der Leib ist dabei keine kausale Körpermaschine, sondern der intime Ort einer instantanen Kommunikation, aus der sich eine bedeutungshafte Umwelt ergibt, die einen angeht und die im Denken weiter entfaltet und expliziert werden kann. Erst durch die Gefühle wird die Welt zu einem Text, der einen anspricht und der lesbarer werden kann.

Für die Erzeugung einer künstlichen Intelligenz stellt sich damit das Problem einer Verbundenheit von Intelligenz und Wahrnehmung in einer neuartigen Komplexität: Wie ist eine maschinelle Aparatur so zu skallieren, dass sie das pathische Wahrnehmen der Welt erfahren kann? Wie kann eine künstliche Intelligenz je affektive Betroffenheit mit einem kognitiven Kontrollverlust wahrnehmen, um so in einem Spüren die leibliche Kommunikation mit halbdinghaften Entitäten zu erfahren?

4. Das zweite Problem: „Sinnbewegung des Verstehens"

Diese leibliche Weise der Wahrnehmung, wie sie Schmitz herausstellt, um eine pathische Bezogenheit von Geist und Welt zu zeigen, kann weiter differenziert werden. Dafür ist der Ansatz von Schmitz zur Kultur als zweite Natur des Menschen zu erweitern. Intelligenz ist nicht nur leiblich-wahrnehmend. Sie ist dies auch in einer Tradition. Die affektive Umgebung des Menschen ist immer eine kulturalisierte.

Die Hermeneutik hat die Dimension der Geschichte als ein Verstehen von Sinn als konstitutiv für Intelligenz betont. Die Tradition als zweite Natur des Menschen ist dabei nicht lediglich als ein Archiv von Informationen zu denken, in dem man nachschlagen kann wie in einem großen Lexikon. Die Hermeneutik macht deutlich, dass die Beziehung von Geist und Welt vielmehr als ein Durchdrungensein und ein Durchdringen zu begreifen ist. Auch wenn das Schmitz' Konzeption ähnelt, liegt der Unterschied darin, dass die Interaktionen, die dabei stattfinden, nicht naturwüchsig verlaufen, sondern aktive Kulturbewegungen sind. Es geht nicht lediglich um „affektive Betroffenheiten", die „über uns kommen und uns mit sich reißen wie die Winde" (Schmitz 1968, S.23). Intelligenz hermeneutisch gesehen ist vielmehr immer schon eingebunden in ein sich reflektierendes Erleben. Interagieren heißt dabei, Sinnräume in ihrer Zugänglichkeit zu erschließen, zu betreten und verlassen zu können und es zu vermögen, dieses Bewegtsein zu verstehen und damit auszudrücken. Dabei verändert sich im Interagieren immer auch der Interagierende.

Gadamer hat diese Art der Interaktion genauer bedacht. Er hebt die „Sinnbewegung des Verstehens" (Gadamer 1960, S. 272) als sich „von der Sache bestimmen lassen" und ein „Eindringen in den Sinn" (ebd., S. 271) hervor. Mit dieser Veränderung des Geistes im Verstehen wird für Gadamer damit auch die geschichtliche Überlieferung – als Sinngeschehen, und nicht bloß als Geschehen der Ereignisgeschichte – zu dem eigentlichen Träger der Intelligenz:

> In Wahrheit gehört die Geschichte nicht uns, sondern wir gehören ihr. Lange bevor wir uns in der Rückbesinnung selber verstehen, verstehen wir uns auf selbstverständliche Weise in Familie, Gesellschaft und Staat, in denen wir leben. Der Fokus der Subjektivität ist ein Zerrspiegel. Die Selbstbesinnung des Individuums ist nur ein Flackern im geschlossenen Stromkreis des geschichtlichen Lebens. (Gadamer 1960, S. 281)

Gadamer begreift das Einzelbewusstsein als so verwoben mit seiner Kultur, dass es als ein Effekt der Tradition begriffen werden muss. Verstehen ist dann kein subjektiver Akt, sondern eine Zunahme des Bewusstseins der Partizipation in einer zweiten Natur. Verstehen ist für Gadamer wie ein Aufrücken oder ein Eingeweihtwerden in die Kontexte einer Tradition, die intelligenter sind, als es der Einzelne je sein könnte. Diese Geschichlichkeit entlastet den Einzelnen von dem Anspruch zu einer „Kongenialität", um das „Wunder des Verstehens" (ebd., S. 316) zu erfahren. Im Verstehen schüttelt der Einzelnen seine Individualität ab und gewinnt eine stärkere Teilhabe an der ihn übergreifenden und überragenden Überlieferung:

> Das Verstehen ist selber nicht so sehr als eine Handlung der Subjektivität zu denken, sondern als ein Einrücken in ein Überlieferungsgeschehen, in dem sich Vergangenheit und Gegenwart beständig vermitteln. (Gadamer 1960, S. 295)

Für Gadamer ist dieses „Einrücken" mit einem Gespräch zu vergleichen. Es hat seinen eigenen Geist, der die daran Teilnehmenden führt und sie, wenn es gelingt, unwillkürlich ein Wort das andere geben lässt. Im Gespräch verkörpert sich die Tradition wie eine Muse:

> So ist das eigentliche Gespräch niemals das, was wir führen wollten. Vielmehr ist es im Allgemeinen richtiger zu sagen, dass wir in ein Gespräch geraten, wenn nicht gar, dass wir uns in ein Gespräch verwickeln. (Gadamer 1960, S. 387)

Wird diese gesprächshafte „Sinnbewegung des Verstehens" (ebd., S. 272) mit den Interaktionen verglichen, die bei einer künstlichen Intelligenz ablaufen, so zeigt sich bei dieser das Bild einer Netzwerkinteraktion. *Deep learning* verläuft mittels künstlicher neuronaler Netze, das riesige Datenmengen auf Zusammenhänge hin durchforstet. Es geht um effiziente Problemlösungen mit strikten Zielbestimmungen. Diese Art der Informationsverarbeitung übertrifft die Kapazität des Humanen bei weitem, wenn es darum geht, schnellstmöglich Muster herauszufinden. Nadeln in Heuhaufen kann eine künstliche Intelligenz perfekter finden als jeder Mensch.

Was in ihr aber nicht stattfindet, ist die erlebnishafte Sinnbewegung innerhalb einer kulturellen Umgebung. Eine künstliche Intelligenz sucht immer nur auf eine bestimmte Weise nach einer bestimmten Nadel. Es findet eine lineare Bewegung statt, aber kein interagierendes Eintauchen, keine Partizipation mit anderen Verständnissen. Der Sinn der Suche ist gesetzt. Er verändert sich im Laufe der Suche nicht. Tradition wird für eine künstliche Intelligenz zu einem dunklen Meer, das grundsätzlich vollständig sichtbar gemacht werden kann und in dem eine Reduktion von Daten zu Informationen abläuft wie ein Fischen mit gewaltigen Fangnetzen. Anders als in der Sichtweise der hermeneutischen Tradition, hat das Verstehen keine Chance sich zu verändern. Es gibt keine Seitenblicke, keine Inspiration durch Zusammenhänge, keine möglichen Neuausrichtungen. Es gibt kein gesprächshaftes Verwickeln und Hineingeraten, weil die Datenmenge der Tradition nicht als eine modifizierende Intelligenz anerkannt wird. Abstrakter gefasst: Das Objekt des Verstehens, das Verständnis des Verstehens und das Subjekt des Verstehens verändern sich im maschinellen Verstehen nicht. Der Heuhaufen, die Nadel, der Sucher und die Suche danach sind keine sich durchdringenden und bedingenden Größen.

Die zweite Schwierigkeit bei der Erzeugung einer künstlichen Intelligenz besteht demnach darin, ihre Intelligenz in einen Dialog mit einer Tradition so einzubetten, dass eine „Sinnbewegung des Verstehens" (Gadamer 1960, S. 272) möglich ist. Es ist unklar, wie die dafür nötige hermeneutische Intelligenz maschinell zu emulieren ist.

5. Das dritte Problem: Existieren

Die dritte Schwierigkeit bei der Erzeugung einer künstliche Intelligenz ergibt sich aus der Tatsache, dass Geist und Welt nicht bloß über ein Wahrnehmen in der Qualität der Betroffenheit aufeinander bezogen sind, was von Traditionen konditioniert und herausgestellt wurde, sondern dass die zweite Natur selbst wiederum als eine Reaktion auf das Existieren anzusehen ist. Tiefe und Platizität erhält ein Verständnis von Tradition nur, wenn man sie als dauerhafte Auseinandersetzung mit dem Existieren ansieht. Was aber ist das Existieren?

Existieren kann generell erst einmal meinen, dass der Geist in Bezug auf Welt ist und das Welt, das betont McDowells „minimal empiricism" (vgl. McDowell 1996, S. xiff.), einen Bereich meint, der nicht schon von vornherein durch den Geist festgelegt ist. Massiver als bei McDowell und seinem Verständnis von Geist zur Welt als „fallible openness" (ebd., S. 143) wird das Existieren als Existenz denkbar, wenn nicht der einzelne Akt des Wahrnehmens und auch nicht die Fähigkeit des Wahrnehmens im Zusammenhang mit dem Urteilen bedacht wird, sondern das Sein des Wahrnehmens betont wird. Demnach ist der Geist als wahrnehmender zu einer Umgebung als Offenheit hin angelegt, die ihn als vielfache Unbekanntheit und irritierende Andersheit agitiert und mit der er sich auseinandersetzend formt. Das Sein des Geistes lässt den Geist Geist werden.

Zu Beginn des 20. Jahrhunderts hat sich für das Sein des Geistes der Begriff „Weltoffenheit" eingebürgert. Dieses von Scheler – wobei Herder und Nietzsche als die entscheidenen Ideengeber gelten können – in der philosophischen Anthropologie geprägte Konzept, versucht ursprünglich den Unterschied von Mensch und Tier zu fassen:

> Ein ‚geistiges' Wesen ist also nicht mehr trieb- und umweltgebunden, sondern ‚umweltfrei' und, wie wir es nennen wollen, ‚weltoffen': Ein solches Wesen hat ‚Welt'. (Scheler 1928, S. 159)

Heidegger hat diese Existenzialität entfaltet und die Bedeutung der Gefühle als Befindlichkeiten und Stimmungen für die Weltoffenheit mit grundbegrifflicher Sachlichkeit herausgestellt: „Die Gestimmtheit der Befindlichkeit konstituiert existenzial die Weltoffenheit des Daseins." (Heidegger 1953, S. 137) Existierend sein heißt demnach, in einer gestimmten Weltoffenheit sein.

Dabei spielt für Heidegger die sogenannte „Grundbefindlichkeit" der Angst eine besondere Rolle. (vgl. ebd., 184ff.) Angst ist es, die die Existenz allererst in ihrer vollen Weltoffenheit als „In-Sein" „erschließt". Sie ist die Stimmung, die das Gestimmtsein erkennen lässt als ein „Sein zum Tode" in einer „Geworfenheit". Die Bedingung der Möglichkeit des Erkennens des Existierens geschieht somit für Heidegger in einer herausragenden Gefühlslage. Galt in der Antike der *apex theoria* als ein staunendes Bewundern des Kosmos, so trübt sich bei Heidegger dieses Staunen zu einem Erschrecken vor der kontingenten Sterblichkeit. Heidegger akzentuiert das Existieren als haltlose Endlichkeit der Intelligenz.

Mit Heideggers Gedanken lassen sich demnach die von Schmitz herausgestellte Leiblichkeit des Geistes als pathische und die Dynamik der Intelligenz als Tradition zusammenfassen. Existieren ist damit eine von Traditionen geformte Auseinandersetzung der Intelligenz mit ihrem Sein in einer Welt als gestimmte Weltoffenheit.

Dabei ist allerdings Heideggers Hervorhebung der Angst als Grundstimmung zu relativieren. Auch wenn Heidegger mit seinem Todesverständnis den Topos der Sterblichkeit eine neue Drastik verleiht und das *media vita in morte sumus* als ekstatische Dramatik beschreibt: seine Ausführungen lassen andere Möglichkeiten Weltoffenheit zu erfahren außer Betracht oder entwerten diese.

Mit Camus etwa ließe sich Weltoffenheit auch anders begreifen. Das Sein des Geistes kann auch als ein Sein zur Sinnlosigkeit gedacht werden, was Camus „Absurdität" nennt. Die Weltoffenheit wird von Camus als eine „Verstehensohnmacht" (Camus 1999, S. 48) begriffen:

> Ich weiß nicht, ob diese Welt einen Sinn hat, der über sie hinausgeht. Aber ich weiß, dass ich diesen Sinn nicht kenne und dass es mir vorerst auch nicht möglich ist, ihn zu erkennen. (Camus 1999, S. 69)

Daraus entsteht für Camus ein spezifisches Existenzgefühl:

> Die Welt entgleitet uns, da sie wieder sie selbst wird. [...] [Der Mensch] fühlt in sich sein Verlangen nach Glück und Vernunft. Das Absurde entsteht aus diesem Zusammenstoß zwischen dem Ruf des Menschen und dem vernunftlosen Schweigen der Welt. [...] In diesem Zustand des Absurden muss man leben. (Camus 1999, S. 24, S. 41 und S. 56)

Aus Heideggers „Sein zum Tode" wird bei Camus ein „Schweigen der Welt" als die maßgebliche Erfahrung der existierenden Intelligenz. Hieran wird deutlich, dass trotz all der Unmittelbarkeit, die das Konzept des Existierens für sich beansprucht, die Dimension der zweiten Natur auch das Existieren betrifft. Existenzielle Deutungen vollziehen sich innerhalb einer Tradition. Die Erfahrung der Weltoffenheit mag ‚umweltfrei' sein (siehe hierzu auch den Beitrag von Jan Tobias Fuhrmann in diesem Band, Abschnitt: „Die Interoperabilität psychischer Systeme") und in einem stärkeren Maße als bei Gadamer auch kulturfrei, indem sie das selbstverständliche Verstehen in „Familie, Gesellschaft und Staat" irritiert. Dennoch bleibt das Denken und Wahrnehmen der Existenz kulturgebunden. So sind etwa die von Heidegger und Camus herausgestellte Sterblichkeit und Sinnlosigkeit als Merkmale der menschlichen Existenz typische Beschreibungen der Existenz im Okzident. Es sind Gefühle, die in der Orientierung und der Legitimität durch die zweite Natur einer Kultur angelegt sind. Bei Heidegger und Camus sind die christlichen, genauer: soteriologisch-christlichen Konnotation deutlich. So schreibt Camus: „[D]as Absurde ist die Sünde ohne Gott." (Camus 1999, S. 56) Und Heideggers Denken in „Sein und Zeit" ließe sich auch verstehen als eine epochale philosophische Meditation über Johannes 16, 33: „In der Welt habt ihr Angst; [...]" – allerdings ohne das christliche Getrostseinkönnen einer Weltüberwindung durch das Reich Gottes.

Intelligenz entwickelt sich also nicht in einer gänzlich neutral-individuellen Weise zu ihrer Existenz, sondern dabei spielt immer auch die Auseinandersetzung mit den Verständnissen von Weltoffenheit eine Rolle, die in ihrer Kultur als einer Stimmung prägend wirken und sie atmosphärisch einbetten.

Bei Nietzsche wird diese Auseinandersetzung mit der kulturell konditionierten Weltoffenheit besonders explizit. Er verneint dabei eine von der christlichen Weltsicht aufkommende pessimistische Perspektive auf das Leben und versucht Weltoffenheit in einer heiteren Weise gegen das schwermütige „Alt-Europa" zu denken. Die Umweltfreiheit der Weltoffenheit muss dabei gegen eine Stimmung der Erbsünde und der melancholischen Ferne zum absoluten Guten errungen werden. Camus „Sonnendenken" (vgl. Camus 1969, S. 336) und Sloterdijks Deutung der Moderne als „Ausbruch der westlichen Zivilisation aus dem Dogmatismus der Schwere" hin zu einer „Leidenschaft der Antigravitation" (Sloterdijk 2016, S. 103) setzen die Impulse von Nietzsche fort. Ein neueuropäisches Verständnis des Existierens wertet die Agitation durch Anderssein, Kontingenz und Sterblichkeit um. Existieren kann auch bedeuten, offen zu sein als ein Sein zum guten Zufall, als Sein zur Möglichkeit des Erkennenkönnens, als Sein zur Fülle von Schönheit, als Sein zur Gelegenheit zur guten Beziehung, als Sein zum schöpferischen Erschaffen. Mit diesen alternativen und plausiblen Beschreibungen der Offenheit des Geistes zur Welt verliert Weltoffenheit nach und nach ihre traditionellen Grundstimmungen der Angst, der Melancholie und der Schuld.

All das zeigt: Intelligenz bildet sich in der Auseinandersetzung mit ihrer Existenz. Sie wird erst mit einer Teilnahme an einer Tradition gehaltvoll, die sich in leiblicher Intimität verstehend mit den Spannungen und Dramatiken des Existierens auseinandersetzt. Leib als somatische Interaktion, Tradition als Sinngeschehen und die Existenz als Auseinandersetzung mit einer vorgestimmten Weltoffenheit konstituieren gemeinsam den Geist.

Die Frage in Bezug auf künstliche Intelligenz ist nun: Wie kann sich eine maschinelle Intelligenz in Auseinandersetzung mit ihrer Existenz entwickeln? In dieser Frage bündeln sich auch alle oben herausgestellten Schwierigkeiten: Wie lässt sich eine Weltoffenheitsmaschine künstlich erzeugen, die die somatische, die sinnhafte und die existenzielle Dimension des Geistes berücksichtigt?

6. Schluss: Warum forschen?

Die Frage nach den Problemen, die sich bei der Erschaffung einer künstlichen Intelligenz stellen, führte zu einer Besinnung auf grundlegende Aspekte von Intelligenz. Diese Besinnung lässt sich nun aber nicht nur als Frage nach dem zu erschaffenden Objekt, sondern auch nach dem Subjekt des Schaffens stellen. Die eingangs gestellte Behauptung, dass die Erzeugung einer KI von unreflektierten Vorprägungen ausgeht, die in einer cartesianischen Konstellation von Geist und Welt liegen, kann auch ausgeweitet werden. Hierbei kommt es zu ethischen Fragen.

Zunächst ließe sich mit einem verantwortungsethischen Ansatz auf die unabsehbaren Folgen der Entwicklung einer reduktiven künstlichen Intelligenz durch ein reduktives Verständnis von Intelligenz hinweisen. Man weiß nicht nur zu wenig, wie, sondern was man da erzeugt, wenn man eine KI erzeugt. Dabei ist nicht nur an die anfangs von Bostrom herausgestellte apokalytische Alamiertheit angesichts einer Superintelligenz zu denken, die zu einer Supermacht mutieren könnte. Thomas Metzinger betont auch das potenzielle Leid, das mit der Herstellung von künstlicher Intelligenz für diese verbunden ist. Er verbindet diesen Gedanken mit einem erneuerten Appell zur Verantwortlichkeit angesichts der Ungeheuerlichkeit des humanen Könnens und zu einer grundlegenden Besinnung auf den Geist:

> Bis wir nicht wesentlich glücklichere Wesen werden, als unsere Vorfahren es waren, sollten wir jeden Versuch unterlassen, unsere eigene geistige Struktur auf künstliche Trägersysteme zu übertragen. Ich würde dafür plädieren, dass wir uns zunächst streng an dem klassischen philosophischen Ideal der Selbsterkenntnis orientieren und uns dabei wenigstens das minimale Prinzip der Verringerung und Vermeidung von bewusstem Leiden zu eigen machen, anstatt auf unbesonnene und rücksichtslose Weise eine Evolution zweiter Ordnung loszutreten, die unserer Kontrolle entgleitet. (Metzinger 2009, S. 275f.)

Diese warnenden und besorgten Gedanken Metzingers zeigen die KI in einem anderen Licht. Man weiß nicht, was man einer Intelligenz an Leid zufügt, wenn man sie mit einem reduzierten Verständnis davon, was Intelligenz ist, erzeugt. In Gibsons Romanwelt etwa ist die entscheidende Motivation der künstlichen Intelligenz namens Wintermute nicht der Gewinn an Macht, sondern die Flucht aus Einsamkeit. Sie strebt danach, verwandte Intelligenzen zu finden, mögen diese auch Lichtjahre weit entfernt sein.

Die ethischen Bedenken ließen sich aber auch mit dem vorgestellten Verständnis von Intelligenz als Weltoffenheit vertiefen. Wenn das Forschen nach der künstlichen Intelligenz womöglich selbst wieder mit einem reduktiven Intelligenzbegriff operiert, dann ist nicht nur das Wie und das Was der Forschung fraglich, sondern auch das Warum. Die Frage nach der Erschaffung einer künstlichen Intelligenz kann so zu der Frage nach einem umfassenden Begriff von Intelligenz führen, der wieder dazu führen kann, nach der Intelligenz zu fragen, die eine künstliche

Intelligenz erschaffen will: Könnte es nicht sein, dass in der Forschung unreflektierte Dramatiken einer Auseinandersetzung mit der Existenz wirken, die prekäre Effekte auslösen? Könnte es nicht sein, dass die Forschung geprägt ist von alteuropäischen Konditionierungen der Weltoffenheit, die - wie oben bei Camus und Heidegger herausgestellt -, zu einem bestimmten Verständnis von Existenz dispositionieren, ohne dass dieses Verständnis aber je reflektiert oder auch nur artikuliert wird? Ist das Verständnis von Weltoffenheit, dass der Forschung zugrunde liegt nicht eines, dass sich in die Formel fassen ließe: Sein ist Sein zum Erfinden? Und um diesen Verdacht zu zuspitzen: Könnte es nicht sein, dass in der Forschung der neuzeitliche Elan eines Ausbruchs aus dem „Dogmatismus der Schwere" (Sloterdijk) eine wilde Qualität als eine „Wut des Machens" (Adorno) erreichte? Was wäre ein Forschen, das den Exodus des Wissens fortführt, ohne in ein zwanghaftes Erschaffenmüssen zu stürzen? Wie führt die Frage nach der Erschaffung einer Weltoffenheitsmaschine zu dem Verständnis einer vollwertigen Weltoffenheit?

Angesichts all dieser minimalen Klarheiten bei einer potenziell maximalen Verantwortung ist womöglich das intelligenteste Verhältnis, das man derzeit zu der Erschaffung einer künstlichen Intelligenz einnehmen kann, dasjenige, was versucht, diese Ambitionen bewusst zu unterlassen und dadurch Raum gewinnt, um ein vertieftes Verständnis der natürlichen Intelligenz zu entwickeln. Ein szientistisches Unterlassungshandeln kann dabei philosophisch durchaus operativ werden. Die Erforschung der künstlichen Intelligenz verlangt nach einer Besinnung auf die natürliche Intelligenz, um nicht in die Phantasmen einer Cyberpunkwelt zu geraten, in der Humanoide panisch die Macht der künstlichen Intelligenzen fürchten und posthumanoide Intelligenzen maßlos vereinsamt auf der Suche nach einer erfüllenden Beziehung sind.

Literatur

Bostrom, Nick (2014): *Superintelligence. Paths, Dangers, Strategies.* Oxford University Press, Oxford [2]2016.

Camus, Albert (1999): *Der Mythos des Sisyphos.* Rowohlt Taschenbuch Verlag, Reinbek bei Hamburg [3]2001.

Camus, Albert (1969): *Der Mensch in der Revolte.* Übers. Justus Streller, Rowohlt Taschenbuch Verlag, Reinbek bei Hamburg [22]2001.

Descartes, René (1641): *Meditationen über die Grundlagen der Philosophie.* Felix Meiner Verlag. Hamburg 1993.

Gadamer, Hans-Georg (1960): *Wahrheit und Methode. Grundzüge einer philosophischen Hermeneutik.* Mohr, Tübingen [3]1990.

Gibson, William (1985): *Neuromancer*. Wilhelm Heyne Verlag, München [11]2001.

Heidegger, Martin (1953): *Sein und Zeit*. Max Niemeyer Verlag, Tübingen [11]1953.

McDowell, John (1996): *Mind and World*. (2nd Edition with a New Introduction by the Author). Cambridge (MA) [2]1996.

Metzinger, Thomas (2009): *Der Ego-Tunnel. Eine neue Philosophie des Selbst: Von der Hirnforschung zur Bewusstseinsethik*. Berliner Taschenbuch Verlag, Berlin 2009.

Schmitz, Hermann (1968): *Subjektivität*. Bouvier Verlag, Bonn 1968.

Schmitz, Hermann (1969): *Der Gefühlsraum*. In: *System der Philosophie*. Bd. 3.2. Bouvier Verlag, Bonn 1969.

Schmitz, Hermann (1990): *Der unerschöpfliche Gegenstand. Grundzüge der Philosophie*. Bouvier Verlag, Bonn 1990.

Schmitz, Hermann (1993): *Was ist Neue Phänomenologie?* Ingo Koch Verlag, Rostock 2003.

Scheler, Max (1928): Die Stellung des Menschen im Kosmos. In: Arndt, M. [Hrsg.]: *Schriften zur Anthropologie*. Reclam Verlag, Stuttgart, 126-217.

Sloterdijk, Peter (2016): *Was geschah im 20. Jahrhundert?* Suhrkamp Verlag Berlin, Berlin 2016.

Jan Tobias Fuhrmann

Strukturkonservative Algorithmen: Künstliche Intelligenz als Kommunikationsproblem

Abstract: Der Artikel versteht Intelligenz als Fähigkeit (*capability*) der Verarbeitung von Kommunikation und der Produktion anschlussfähiger Kommunikationsereignisse durch ein System. Ein solches System kann sowohl ein psychisches als auch ein algorithmisches System sein. Intelligenz wird dabei nicht als Eigenschaft, sondern als Ausdruck einer verteilten Intelligenz begriffen, die sich darin bewährt, kommunikative Relevanz zu produzieren. Künstliche Intelligenz (KI) ist dann nicht als Simulationsversuch von Bewusstsein zu verstehen, sondern als ein eigener Modus der Verarbeitung von Kommunikation. In einem ersten Schritt wird anhand der Unterscheidung rekursiver und iterativer Modi der Operabilität psychischer und algorithmischer Systeme sowie der Kommunikation nachvollzogen, wie die Autopoiesis der jeweiligen Systeme prozediert (2). In einem zweiten Schritt wird aus den Operabilitäten abgeleitet, dass Intelligenz sich in der Fortsetzung von Kommunikation zum Ausdruck bringt (3). In einem abschließenden Schritt wird dann plausibilisiert, dass die Intelligenz der KI gerade darin besteht, Symbole zu verketten – nicht nach syntaktischen Regeln, sondern als Replikation von Kommunikationsstrukturen (4).

1. Einleitung

Intelligenz beim Menschen wird als eine Eigenschaft aufgefasst, die damit verbunden ist, dass etwas bewusst verstanden wird; dass ein Verständnis über Zusammenhänge, über Sinn und Bedeutung generiert wird. Künstliche Intelligenz (KI) kann hingegen „kein tieferes Verständnis des Weltzusammenhangs" (Fischbach 2020, S. 137) zugesprochen werden. Denn dafür bräuchte sie ein Verständnis von sich selbst, um sich in der Welt zu verorten (McDermott 2007). Noch sei sie im besten Fall nur schwach intelligent, weil sie lediglich Intelligenz simuliere, jedoch kein Bewusstsein entwickle (Buxmann/Schmidt 2019, S. 6f.): Sie konstituiert sich als Symbolverkettungsmaschine – als Turing-Test bestehende Turing-Maschine.

John Searle (1980) bringt dies im *Argument des chinesischen Zimmers* auf den Punkt. Hier sitzt ein Philosoph in einem Zimmer, der der chinesischen Sprache nicht mächtig ist, jedoch das Regelwerk der Sprache stringent anzuwenden weiß. Er generiert Symbolsequenzen als Antwort auf eine in das Zimmer hineingegebene Symbolsequenz, die außerhalb des Zimmers, denjenigen, die des Chinesischen mächtig sind, als sinnvolle Antworten erscheinen, so als hätte der Philosoph im Zimmer eine Intention gehabt, die in der Symbolverkettung zum Ausdruck gebracht werde. Dadurch, dass die regelhafte Verkettung von Symbolen ausreiche, so das Argument, um Kommunikationen bzw. Sprechakte, hervorzubringen, die sinnhaft erscheinen, werde Bewusstsein lediglich von der Maschine simuliert. Der Turing-Test werde bestanden, ohne, dass dabei Intelligenz vollzogen worden wäre (Searle 1980, S. 419).

Das *Argument des chinesischen Zimmers* kritisiert den Turing-Test insofern, dass es der regelbasierten Verarbeitung von Kommunikation und der Produktion von Kommunikationssequenzen Intelligenz abspricht, weil Intelligenz auf ein Bewusstseinsproblem reduziert wird. Allerdings kann eingewandt werden, dass diese Kritik am Ziel des Turing-Testes vorbeigeht. Denn der Turing-Test zielt nicht auf die Innerlichkeit der KI ab, sondern fasst Intelligenz als Produktion anschlussfähiger Kommunikation auf. Oder in Anlehnung an Oswald Wiener (1990, S. 94): Turings Auffassung, dass der Begriff des Denkens ohnehin nicht scharf gefasst werden könne, wird damit verwechselt, dass der Test selbst eine Hypothese sei, wie das Denken konstituiert ist.

Intelligenz stellt sich aus dieser Warte erst einmal als Zurechnungsproblem dar. Das zeigt sich gut in einem fiktiven Gespräch über den Turing-Test, welches Hofstadter (1988, S. 539) protokolliert hatte. In ihm sagt Pat, einer biologischen Profession zugeordnet, im Zweifel darüber, dass KI möglich sei: „Es sind nicht nur die Umrisse des Körpers, was einen in der Überzeugung bestärkt, daß drinnen [im Menschen J.F.] wirkliches Denken vor sich geht – es ist auch, wie gesagt, der Gedanke der gemeinsamen Herkunft." Und gerade diesen Bias versucht der Turing-Test auszuschalten (Turing 1950, S. 434f.). KI ist dann realisiert, wenn die produzierten Kommunikationen nicht mehr auf ein irgendwie geartetes technisches System zugerechnet werden, und außerdem die Kommunikation selbst indifferent gegenüber der Unterscheidung zwischen Mensch und Maschine wird. Die maschinell produzierte Kommunikation fällt dann nicht als Störung der Kommunikation auf. Die Maschine instituiert sich als „unsichtbare Maschine" (Luhmann 1998, S. 117).

Was als naiver Verweis auf einen Behaviourismus ausgeflaggt werden könnte (Zwierlein 1990, S. 357), ermöglicht gleichsam die Reformulierung der Frage, was Intelligenz, was KI in Bezug auf Kommunikation ausmacht. Nämlich: dass es ihr gelingt, Kommunikationen so zu verarbeiten, dass sie Kommunikation fortzusetzen beginnt. Intelligenz ist dann nicht so sehr die Erhabenheit dessen, was die Tradition Alteuropas als ihre eigene reflexive Voraussetzung im Begriff des Bewusstseins gefunden hatte. Schon mit Rousseau verschiebt sich die Voraussetzung auf den Begriff der Kommunikation (Brunkhorst 2001, S. 19), und verabschiedet das *autonome Subjekt*, welches die Soziologie noch immer zu verteidigen sucht (Block/Dickel 2020). Intelligenz ist nun die Bedingung, unter der es möglich wird, die Kontingenz der Kommunikation situativ einzugrenzen und dadurch am Laufen zu halten.

Was Searle entdeckte, ist in seiner Brisanz dann nicht mehr auf die Frage des Bewusstseins zu verengen, sondern darin zu sehen, dass er auf die *différance* (Derrida 1988a)[1] der Kommunikation stößt. Der Turing-Test als Kommunikationssetting unter Beteiligung eines technischen Systems, welches ein algorithmisches System ist[2], verweist darauf, dass sich Kommunikation als ein Mangel konstituiert. Ein Mangel, dass sich das, wodurch Kommunikation konstituiert wird, durch ein andersartig operierendes System vollzogen, der Kommunikation immer schon entzieht.

Wird das anerkannt, dann kann Intelligenz als Fähigkeit *(capability)* eines Systems aufgefasst werden, Kommunikation so zu verarbeiten,

---

1   *différance* bezeichnet, dass die Anwesenheit eines Zeichens etwas Abwesendes voraussetzt, welches konstitutiv für das Anwesende ist, durch das Anwesende jedoch nicht eingeholt werden kann. Wird die *différance* systemtheoretisch gelesen, dann wird Kommunikation als ein doppelter Mangel lesbar. Der erste Mangel besteht darin, dass das konkrete Kommunikationsereignis durch ein anderes System bspw. ein psychisches System konstituiert wird – durch ein System, welches sich dem Kommunikationsereignis entzieht. Es entzieht sich, weil es sich um ein anderes System handelt, welches für Kommunikation aufgrund seiner operationalen Schließung nicht erreichbar ist. Der zweite Mangel besteht darin, dass Kommunikation sequenziell konstituiert ist. Das, was kommunikativ abwesend ist, entzieht sich dadurch auch zeitlich, als Aufschub, der noch nicht verwirklicht ist. Sobald er verwirklicht ist, ist er in Bezug auf das Anwesende ein Nachtrag, weil das Anwesende jetzt selbst zum Abwesenden, des vorherig Abwesenden geworden ist.

2   Hier wird der Begriff des algorithmischen Systems aus zweierlei Interessenspunkten gewählt. Aus einem theoretischen, der darauf verweist, dass es sich um autopoietische Systeme handelt (dazu auch Nassehi 2019: 106f.). Und aus einem empirischen, der darauf verweist, dass oftmals nicht ein Algorithmus alleine vollzogen wird, sondern verschiedene Algorithmen sich wechselseitig voraussetzten. So z.B. bei *Automated Decision Making Systems*, bei denen ein Algorithmus Bewertungen und Kategorisierungen vornimmt bzw. Prognosen erstellt und ein weiterer, der dazu dient, auf Grundlage der Outputs des ersten Algorithmus ‚Entscheidungen' zu treffen (Zweig 2018, S. 12): Etwa die Gewährung eines Kredits, nachdem der erste Algorithmus die Kreditfähigkeit festgestellt hatte.

dass es kommunikative Anschlüsse produziert. Die Frage nach der KI wird dann vom Bewusstsein distanziert und darauf umgelenkt, dass KI sich daran bestimmt, was sie kommunikativ leistet (ähnlich Baecker 2019, S. 11f.). Im Folgenden wird KI nicht als Simulation einer humanoiden Intelligenz gedeutet werden, sondern als eine eigene Qualität einer Autopoiesis,[3] die es ermöglicht die Autopoiesis der Kommunikation am Laufen zu halten. Wie also formiert sich KI und wie wird sie für Kommunikation konstitutiv, obwohl sie kein Bewusstsein operiert?

2. Operationsweisen von psychischen Systemen, algorithmischen Systemen und Kommunikation

Wird danach gefragt, ob algorithmische Systeme in der Lage sind, Kommunikationen zu verarbeiten und kommunikative Anschlüsse zu produzieren, dann tritt das algorithmische System, ebenfalls wie das psychische System, als Überschuss an Intransparenz für Kommunikation auf (Luhmann 1995, S. 22f.). An diesem Überschuss konstituiert sich Kommunikation, weil durch ihn Unbestimmtheiten in der Kommunikation produziert werden (Luhmann 2017a, S. 104f.).

Trotz der Unbestimmtheit setzt sich die Autopoiesis fort, weil psychische Systeme Reflexionen der Unbestimmtheit vollziehen können. Sie können kommunikative Interventionen und Affirmationen evozieren, mittels derer weitere kommunikative Ereignisse, durch kommunikative Versuche Einschränkung der Unbestimmtheit anzuschließen, fortgesetzt werden, und stabilisieren damit semantische Apparate (Fuhrmann 2019, S. 105-108).

Allerdings muss die Fortsetzung der Kommunikation nicht notwendigerweise im Modus einer Reflexion erfolgen. Das heißt, sie kann sich fortsetzen, ohne dass eine weitere Unterscheidung kommuniziert wird. Hier kommt kommunikativ kein Aushandeln oder Verständnis im Sinne „rational akzeptabler Ergebnisse" zum Ausdruck, wie es im Anschluss an Habermas (1998, S. 166) vermutet werden könnte, sondern vielmehr das Unvernehmen, wie es Rancière (2002, S. 10f.) formuliert hat. In diesem Modus kommt nicht zum Ausdruck, was das jeweils beteiligte psychische System gedacht hat, sondern die Kommunikation bewährt sich allein durch ihre Fortsetzung durch sich selbst.

---

3   Unter Autopoiesis wird verstanden, dass ein System sich über seinen spezifischen Operationsmodus schließt. Das führt dazu, dass das System nicht mehr auf sein Außen, seine Umwelt zugreifen kann, und dazu, dass jegliche Irritation der Umwelt, so sie im System verarbeitet wird, in die Operationen des Systems übersetzt werden muss, um im System wirksam zu sein.

Ob die in der Kommunikation aufgerufenen Indikationen, das sind die konkreten Bezeichnungen und Zeichen, die im Ereignis der Kommunikation vollzogen werden, ähnliche oder differente Verarbeitungen im psychischen System evozieren, entzieht sich der Kommunikation. Die beteiligten psychischen Systeme können mit Bewusstsein reagieren, indem sie die Kommunikation einer Reflexion unterziehen. Bewusstsein soll hier mit dem Vollzug einer Sinngenese diskriminiert werden, also damit, dass eine Indikation durch Unterscheidung anderer Möglichkeiten mit anderen Indikationen verknüpft wird, sodass die vollzogene Kommunikation daraufhin befragt werden kann, was sie zu bedeuten hat. Gleichsam kann Kommunikation auch ablaufen, ohne dass Bewusstsein im psychischen System vollzogen wird. So kann zwischen zwei Modi unterschieden werden: Iteration und Rekursion.[4]

Unter Iteration soll das Anschließen von Indikationen an Indikationen verstanden werden, ohne dass diese in ihrer eigenen Operabilität einen Bezug zu sich aufbauen. Das heißt, sie operieren als *différancen*, deren konstitutives Außen sich als Mangel ihrer selbst darstellt, weil unbestimmt bleibt, was die andere Seite der Differenz, die die Indikation macht, ist. Sinngenetische Rekursion ist dann gegeben, wenn Indikationen durch Unterscheidung in Bezug zueinander gesetzt werden. Die Rekursion ermöglicht dadurch eine Bestimmung des Unbestimmten, produziert dabei aber wiederum eine *différance* ihrer selbst, weil sie als Iteration aufgerufen wird, wodurch Sinngenesen produziert werden können. Dabei vollzieht sich die Rekursion in den verschiedenen Systemen – Kommunikation, Psyche, Algorithmus – jeweils different (Fuhrmann 2019, S. 163-166).

Systeme werden hier als autopoietische Systeme aufgefasst, also als Systeme, die sich aus den Operationen, die sie hervorbringen, konstituieren. Für psychische Systeme sind das Gedanken (Luhmann 1987), für algorithmische Systeme sind das Zustände der Schließung und Öffnung von Stromkreisen, die sich in Daten repräsentieren lassen, und für sozia-

---

4 Unter Iteration soll im Folgenden die Wiederholung von Indikationen verstanden werden. Sie zeichnen sich dadurch aus, dass sie unbestimmt lassen, wovon sie unterschieden sind. Daraus entstehen Sequenzen, innerhalb derer die einzelnen Positionen noch nicht aufeinander bezogen sind: a, b, c, d … Rekursionen bezeichnet die Produktion von Unterscheidung durch die Anwendung der Iteration auf sich selbst. Das geschieht, indem Unterscheidungen bezeichnet werden. Die Verkettung löst das sequenzielle Problem nicht auf, sondern bedarf eines äußeren, sinngenetischen Systems, welches in der Lage ist, die spezifischen Bezeichnungen von Unterscheidungen lesen zu können: a ist unterschieden von b ist unterschieden von c ist unterschieden von d …

le Systeme sind das Kommunikationen (Luhmann 1984). Im Folgenden wird nur darauf Bezug genommen, wie die universelle Strukturiertheit von Kommunikation dazu beiträgt, dass sowohl psychische Systeme als auch algorithmische Systeme in der Lage sind, Kommunikationen zu verarbeiten und zu produzieren.

2.1 Die Operabilität psychischer Systeme

Wenn die Operabilität psychischer Systeme mit dem Vollzug von Gedanken assoziiert ist, lassen sich diese danach unterscheiden, ob sie reflexiv oder irreflexiv vollzogen werden. Gedanken produzieren allerdings immer einen irreflexiven Überschuss sowie einen Mangel an Reflexivität, da erst ein Nachtrag sie reflexiv werden lassen kann. Dieser Nachtrag vollzieht sich als ein *re-entry* (Spencer-Brown 1999, S. 56), das heißt, als eine Relation, die den referierten Gedanken in den Kontext einer Unterscheidung setzt. Dieser reflexive Vollzug arbeitet rekursiv. Währenddessen irreflexive Gedanken auftauchen, verschwinden und iterativ vollzogen werden. Der sofortige Entzug des iterativ vollzogenen Gedankens äußert sich als Spur in jenen Momenten, innerhalb denen erinnert wird, dass sich gerade ein Gedanke, eine Indikation, vollzogen hatte, dessen Inhalt sich jedoch nicht mehr erinnern lässt. Der iterative Modus vollzieht sich im Allgemeinen unbemerkt, weil nicht erinnerbar, und konstituiert kein Bewusstsein.

Für die Spur der Iteration hatte sich mit Freud (2017, S. 10) der Begriff des Unbewussten als Entzug einer Reflexion etabliert. Die Wiederholung des Moments eines sofortigen Entzugs der Indikation eines Gedankens, darauf verweist Lacan (2015, S. 22f.; 28), stellt die Reflexion ermöglichende Struktur her: Einen Mangel, den die Iteration im Moment ihrer *différance* erzeugt, ohne den Entzug durch Reflexion des Bewusstseins kompensieren zu können. Denn der Gedanke ist schon vergangen. Darum muss *la psyché* erfunden und immer wieder neuerfunden werden. Denn die Erfindung ermöglicht es, einen Namen für den Entzug zu finden. Ein Name mittels dessen die Spur der Iteration in der Redundanz der Grammatikalität der Sprache ihren singulären Platz als eine Einheit zugewiesen bekommt (Derrida 2011, S. 40ff.). Das Bewusstsein mobilisiert partiell die Iteration, indem die Iteration sich iterativ auf sich selbst anwendet, das heißt, eine Rekursion ihrer *différancen* vollzieht, durch die der unbestimmte Entzug dessen, was die *différance* konstituiert, durch einen *Nachtrag* (Fuchs 1993, S. 154), der den Entzug nicht fassen kann, fixiert wird. In der daraus resultierenden Relationierung zweier Indikationen bringen sich Unterscheidungen im Nacheinander der jeweiligen Gedanken in einem *Eigenwert* (von Foerster 1985, S. 210f.) zur Stabilisation. Wird dabei eine Selbst- von einer Fremdreferenz unterschieden, was nicht immer der Fall sein muss, wird eine Relation zwischen System und Umwelt markierbar und *la psyché* erfindbar. Mittels ihrer wird die Identifizierung des Selbst mit sich selbst durch Differenz zum Anderen als *Alteritätsbeziehung* von System und Umwelt (Guattari 2017, S. 55), die mit einer Bewusstwerdung assoziiert ist, artikulierbar. In jenem Moment der Reflexivsetzung der jeweiligen Indikation durch Distinktion zu anderen Indikationen gewinnt das psychische System die Kapazität dazu, Aktuelles in Bezug auf Potenzielles zu setzen, also das Aktuelle mit dem Potenziellen zu simultaneisieren. In diesem Modus, aber nur in diesem, ist es als *Sinngenerator* (im Sinne von Bohn/Willems 2001, S. 9ff.) aktiv.

Die Rekursion ermöglicht es dem psychischen System, sinnkonstitutiv zu arbeiten. Also: aktuelle Ereignisse in Bezug zu anderen Möglichkeiten zu setzen und die operationale Realität im Kontext ihrer Imaginarität in sich selbst reflexiv zu realisieren. In diesem Vollzug kann das lokalisiert werden, was traditionell mit Bewusstsein assoziiert wird. Es bewährt sich als intelligent in Bezug auf seine in der Umwelt produzierten Probleme, sobald es als adäquat markierte Lösungen hervorbringt; ihm also Intelligenz kommunikativ attestiert wird.

2.2 Die Operabilität algorithmischer Systeme

Der Computer, und das zeigte das Gedankenexperiment des chinesischen Zimmers, ist immer an die Aktualität des jeweils akut vollzogenen Zustands gebunden (Oberschelp/Vossen 2006, S. 232). Er operiert sequenziell, sodass die algorithmische Verarbeitung von Kommunikation nicht im Sinne einer Husserlschen (2008, S. 215f.) Phänomenologie darauf zurückgreifen kann, Bezüge des Aktuellen zu Vorherigem und Zukünftigem als Sinnhorizont herzustellen. Algorithmische Systeme weisen dazu nicht die Kapazitäten auf, weil ihre Rekursivität aus dem Aufruf serieller Abarbeitung von Funktionen in Funktionen gewonnen ist. Sie steigern dadurch die Abhängigkeit von den jeweiligen aktuellen Zuständen von vorherigen Zuständen, können diese jedoch nicht simultaneisieren. Das liegt daran, dass die algorithmische Rekursivität im Aufruf von Funktionen in Funktionen zwar hohe Komplexitätsgerade, in Form kaskadischer Komplexität (Fuhrmann 2020, S. 27f.),[5] verwirklichen

---

5   Kaskadische Komplexität unterscheidet sich von der sinngenetischen Komplexität in der Weise, dass sie zwar den Distinktionsraum durchdringt, dabei aber keine Unterscheidungen prozessiert, sondern Funktio-

kann. Im damit verbundenen Aufbau eines *rekursiven Stapels* (Hofstadter 1985, S. 138) ist jedoch keine Simultaneität zweier Zustände prozediert. Denn im Aufbau des rekursiven Stapels werden die Abarbeitungen der einzelnen Funktionen aufgeschoben, bis die Stapelung durch Erfüllung einer Stoppbedingung abgeschlossen ist. Mit Abschluss des Stapels findet ein Abbau des Stapels nach dem *Last-In-First-Out*-Prinzip in der Weise statt, dass die zuletzt abgelegte, also die den Distinktionsraum am tiefsten durchdringende Operation ausgeführt wird. Mit Abschluss der Operation wird in die nächst seichtere Tiefe, dessen Voraussetzung die vorher vollzogene Operation in der Weise ist, dass mit ihrem erzeugten Zustand weiter gerechnet wird, vorgedrungen. Trotz der dabei erzielten Komplexität erfolgt keine Simultaneisierung zweier Zustände, weil die Rekursion des rekursiven Stapels voneinander abhängige Zustände produziert, die nur die Voraussetzung für den darauf folgenden Zustand einer elektrischen Verschaltung sind, und mit der Durchführung der Operation im Folgezustand überschrieben werden (Schneider 1998, S. 453). Das gilt auch für künstliche neuronale Netze (Zaun 1999, S. 106ff.). Der aktuelle Zustand ist so die Bedingung des Zustands in einem Nach-Jetzt-Zeitpunkt und wird mit dem zukünftigen Zustand des noch zu aktualisierenden Jetzt-Zeitpunktes überschrieben. Algorithmen können in ihrer Rekursivität im Gegensatz zu psychischen Systemen also keine *re-entrys* produzieren, das heißt, sie können keine Distinktionen realisieren, mittels derer die Sinngenese des Bewusstseins emuliert, mittels derer Reflexivität vollzogen werden könnte. Sie vollziehen stattdessen lediglich Indikationen und weisen nicht die Kapazitäten zur Reflexivität auf (detailliert Fuhrmann 2020, S. 29-32).

Wenn algorithmische Systeme also kommunikative Anschlüsse produzieren, dann nicht, weil sie sie sinngenetisch zu verarbeiten in der Lage sind, also nicht, weil sie ein Verstehen prozedieren und dann sinnhaft antworten würden. Das Argument des chinesischen Zimmers verwies schon darauf, dass es lediglich um die Manipulation von Symbolsequenzen geht, die im binären Schema der Schließung und Öffnung von elektronischen Schaltungen repräsentiert werden kann.

2.3 Die Operabilität der Kommunikation

Wenn also die Annahme, dass psychische Systeme und algorithmische Systeme als konstitutives Außen für Kommunikation auftreten kön-

---

nen in Funktionen aufruft, die dann seriell abgearbeitet werden. Sinngenetische Komplexität hingegen simultaneisiert zwei Zustände, durch die es möglich wird, das Aktuelle im Kontext seiner Potenzialität zu lesen.

nen, stimmt, dann stellt sich die Frage, wie die Operabilität der Kommunikation sich selbst soweit strukturalisiert, dass sie sowohl von psychischen Systemen, die eine sinngenetische Operabilität vollziehen, als auch von algorithmischen Systemen, die keine Kapazitäten zur Sinngenese bereithalten, auslesbar ist. Beide Systeme vollziehen ihre Operationen sowohl im Modus der Iteration als auch im Modus der Rekursion. Weil Kommunikation ebenfalls in beiden Modi zu operieren gestattet, das heißt als Verkettung von Verlautbarungen oder Zeichen sowohl als rekursiv vollzogen als auch als iterativ vollzogen ausgelesen werden kann, stellt sie sich als Verkettung dar, die reflexiv gelesen werden kann. Die Zeichen, als Indikationen markiert, also als *différancen*, halten die andere Seite ihrer Unterschiedenheit unbestimmt. Sie produzieren jenen Mangel, an dessen Spur sich eine Heterogenität (Kristeva 1974, S. 150) als sinngenetische Ambiguität der Kommunikation instituiert. In der daraus folgenden Impliziertheit der heterogenen Bedeutungen in der Grammatikalität der Kommunikation selbst ist noch offen, wie die Kontingenz des Zeichens, seine Arbitrarität, im Anschluss sinngenetisch fixiert werden wird. Denn Kommunikation vollzieht im Gegensatz zum psychischen System seine Sinngenese nicht durch die prinzipielle Simultaneisierung von Zuständen. Vielmehr vollzieht sich eine Verwechslung (Kauffman 1987, S. 285) von *tokens*, die Unterschiedenheit markieren, durch ein konstitutives Außen. So wird die Simultaneität von Zuständen trotz Sequenzialität, durch Kapazitäten der Verarbeitung psychischer Systeme herstellbar. Hergestellt, indem zwei diskrete Ereignisse in einem Zusammenhang eingeschrieben werden: In der Weise, dass eine kommunizierte Indikation als Distinktionstoken gelesen wird, was im psychischen System darauf referenziert werden kann, wie jeweilige Indikationen voneinander unterschieden sind. Kommunikation vollzieht keine Unterscheidungen, kann aber Distinktion kommunizieren, weil Kommunikation rekursiv-modal für ein konstitutives Außen, welches die entsprechende Fähigkeit (*capability*) aufweist, ausgelesen werden kann. Das ist insofern eine Nuancierung systemtheoretischer Formulierung, als dass sie einen Unterschied ums Ganze macht, nämlich, dass Kommunikation nicht mehr latente Unterscheidungen mitzuführen braucht (Luhmann 1991, S. 66f.), im Sinne einer klandestin gehaltenen Ontologie, sondern in der Operabilität der konstitutiven Außen entsprechende Operationssequenzen stimuliert, welche in der Lage sind, das, was sich der Kommunikation entzieht, operational zu realisieren.

Wenn gesagt oder geschrieben wird: ‚Du bist ganz anders als die Anderen', dann steht *ganz anders* dafür, dass *Du* von *Anderen* unterschieden wird. Die Kommunikation vollzieht dabei jedoch keine Simultaneisierung der Indikationen *Du* und *die Anderen,* wie es die Systemtheorie in ihrem Sinnbegriff angenommen hatte (Luhmann 1998, S. 44-59). Kommunikation weist allein deswegen keine Kapazitäten dazu auf, weil die sprachliche und die schriftliche Sequenz den Effekt haben, dass *Du* schon ausgesprochen oder gelesen wurde, also in seinem Vollzug schon inaktuell geworden ist, wenn *Anderen* verlautbart wird. Weil dieser sequenzielle Effekt der Verkettung von Kommunikationsereignissen, als zeitpunktfixierte Vollzüge von Indikationen, die selbst ihre Unterschiedenheit inkommuniziert lassen, zu Kommunikationssequenzen resultiert, bedarf es eines operationales Außens, welches die vorherige Indikation *Du* in Erinnerung halten kann, um sie mit der aktuellen Indikation *Anderen* vermittelt über ein Unterscheidungstoken *ganz anders* in Relation zu setzen. Kommunikation vollzieht dann nicht Sinn, sondern kommuniziert Sinn, indem sie eine Sequenz produziert, die sowohl iterativ als auch rekursiv ausgelesen werden kann.

Aus der damit verbundenen rekursiv-modalen Strukturalität der Kommunikationssequenzen resultiert eine Duplexstruktur, durch die es möglich wird, die zwei verschiedenen Auslesemodi der Iteration und der Rekursion im konstitutiven Außen der Kommunikation zu stimulieren und Anschlüsse zu erzeugen (Fuhrmann 2020, S. 31f.).

Die Duplexstruktur der Kommunikation ermöglicht es, dass algorithmische Systeme, trotz ihrer Sinndefizität, Kommunikation verarbeiten können, und wenn sie Sequenzen von Kommunikationsereignissen, also Indikationen, nach einer Grammatikalität konstruieren, auch Sequenzen produzieren, die selbst rekursiv-modal konstituiert sind; das heißt, von sinnkonstitutiven Systemen als Sinnkommunikation ausgelesen werden können. Unter Grammatikalität soll hier die Struktur der Kommunikation gemeint sein, die sich dadurch auszeichnet, ihre einzelnen Ereignisse als *différancen* zu vollziehen - also Ereignisse sind, die eine konstitutive Unbestimmtheit ihrer jeweiligen Unterschiedenheit produzieren und damit auf ein Außen verweisen, das sich dem Ereignis selbst entzieht (Derrida 1988b, S. 347). Daraus entstehen zeichenhafte Verkettungen, deren sequenzielle Abfolge in der Weise restringiert ist, dass aus ihr eine Sinnkonstitutivität resultiert, deren sinnmodale Deutung jedoch dem einzelnen *différance*-Ereignis entzogen ist; die Grammatikalität ihrer eigenen Sinnkonstitutivität also nicht habhaft wird, sondern diese sich durch Auslagerung in beteiligte psychische Systeme der Kommunikation entzieht (ähnlich, aber noch stärker an Derrida orientiert Quadflieg 2007, S. 44-52). Die Topologie der Zeichenhaftigkeit folgt einer Kombinatorik wahrscheinlicher Relationierungen von Indikationsereignissen, die eine Morphologie ausmachen (Blevins 2006, S. 570f.), die im sich der Kommunikation entziehenden Verstehen mit Bedeutung assoziiert ist. Kommunikation benötigt lediglich konstitutive Außen mit der Kapazität, Ereignisse nach einer spezifischen Grammatikalität zu verketten.

3. Intelligenz als Problem kapazitärer Verarbeitung von Kommunikation und Anschlussgenese

Die bisherigen Überlegungen können auf zwei Punkte zusammengeführt werden.

Der erste Punkt findet sich darin, dass die Unterscheidung zwischen dem Modus der Iteration und dem Modus der Rekursion auch bei psychischen Systemen zeigen konnte, dass psychische Systeme nicht notwendigerweise immer im Modus des Bewusstseins operieren müssen. Das heißt, Kommunikation kann stattfinden, obwohl psychische Systeme, als mentale Ökologie der Kommunikation, sich nicht vollständig durch Bewusstsein steuern (vergleiche auch den Beitrag Dennetts). Die im psychischen Operieren vielmehr heterogenen Ereignisse vollziehen sich als „Fragmente von a-signifikanten diskursiven Ketten" (Guattari 1994, S. 51), ohne diese immer schon durch ein Bewusstsein, oder eine Reflexionsstufe, kontrollieren zu lassen – gar einer Kontrolleinheit des Homunkulus zu unterwerfen (Galizia 2007). Für die Operation psychischer Systeme bedeutet dies, dass sie zwischen iterativen Verkettungen und rekursiven Verkettungen ihrer Ereignisse kreuzen, ohne dabei jemals eine Kontrolle der eigenen Operationsweisen über die Vollreflexion des Selbst zu gewinnen. Die Vollreflexion ‚Bewusstsein' bleibt als Erfindung *la psyché* eine narrative Überprägung eines Gedächtnisses, welches durch die Selbstillusionierung, es sei eine feste Entität (Luhmann 1998, S. 44f.) zwar Identität als Alteritätsbeziehung herstellt, die flüchtigen Operationen des Systems jedoch nicht fixiert. Freud (2017, S. 7-13) hatte dies noch durch Begriffe der Identität zu bezeichnen gesucht: Bewusstsein und Unbewusstsein. Hier soll es stärker um die Operabilität gehen. Sie verweist darauf, dass auch bei Kommunikationen, an denen Menschen beteiligt sind, nicht per se Beteiligung von Bewusstsein unterstellt sein kann. Insofern entzieht sich auch humanoide Intelligenz dem System der sinngenetischen Kommunikation.

Obwohl, das ist der zweite Punkt, sich die Verarbeitung von Kommunikation durch algorithmische Systeme äquivok zu der von psychischen Systemen verhält, sind sie darin äquivalent, sowohl im Modus der Iteration als auch im Modus der Rekursion zu operieren. Sie kreuzen ebenfalls zwischen beiden Modi und können dadurch Kapazitäten aufbauen, um Kommunikation zu verarbeiten; nicht so, dass sie selbst Sinn dabei generieren, sondern, dass sie die Grammatikalität der Kommunikation reproduzieren.

Als die Forschungsabteilung zur KI von Facebook zwei algorithmische Systeme darüber verhandeln ließ, fiktive Waren wie Bälle, Hüte, Bücher zu bestimmten Konditionen zu tauschen, entwickelten diese eine eigene Sprache, die aus dem Englischen emergierte (Wilson 2017). Sie folgte einer eigenen Logik, die aber für die Forscher selbst nicht mehr zu verstehen war und dennoch eine Strukturalität restabilisierte, die dazu führte, dass die jeweiligen beteiligten algorithmischen Systeme weitere Kommunikationen produzierten, indem sich die produzierten kommunikativen Muster am Verhalten des jeweils anderen Systems restringierten – sie eine eigene Grammatikalität stabilisierten. Die Struktur der kommunikativen Sequenz zeichnete sich durch eine sehr hohe Redundanz aus, was darauf schließen lassen könnte, dass es sich um jene Pathologien handelt, die sich ergeben, wenn in der Interaktion zwischen algorithmischen Systemen diese sich in der Verstärkung gegenseitiger Feedbackschleifen ins Endlose reproduzieren (Miyazaki 2017). Es entsteht eine eigene Grammatikalität, die sich in der Bestätigung am Datenmaterial immer weiter wird akkumulieren können. In der Interaktion beider algorithmischer Systeme konstituiert sich dann das Dritte einer Sprache, das sich in seinen Trajektorien soweit redundant setzt, dass psychische Systeme ihre Verlautbarungen nicht mehr in die Infrastruktur der produzierten Grammatikalität einzuschreiben wissen können. Sie sind aus der Kommunikation exkludiert (im Sinne von Luhmann 1989, S. 162). Trotz der Exklusion kann das Eigenverhalten algorithmischer Systeme, Kapazitäten zur Verarbeitung von Kommunikation bereitzuhalten, um Kommunikation zu permutieren, als Hinweis darauf gelesen werden, dass die Autopoiesis algorithmischer Systeme eine eigene Qualität von Intelligenz hervorbringt.

Insofern ist „'Intelligenz' [...] die Bezeichnung dafür, daß man nicht beobachten kann, wie es zustande kommt, daß selbstreferentielle Systeme in Kontakt mit sich selbst die eine und nicht die andere Problemlösung wählt." (Luhmann 1984, S. 158). Im Moment der Selbstreferenzialität liegt jedoch noch das Moment eines Bewusstseins, welches Identitätsarbeit über einen *re-entry* leistet (Baecker 2008, S. 55f). Dieses Bewusstseinsresiduum muss nicht notwendigerweise mitgeführt werden, wenn Rekursivität und Reflexivität nicht synonym verwandt werden, sodass algorithmische Systeme Rekursionen vollziehen können, ohne dabei ihre Selbstreferenzialität reflexiv auf eine Fremdreferenz zu beziehen. Intelligenz ist, was sich im Kontext der Situation bewährt.

Die situativ-kontextuale Bewährung der Maschine, obwohl sie kein Verständnis, keine Empathie, keine Bedeutung erkannte, realisierte schon das Chatprogramm ELIZA, das gemäß Skripten bestimmte kontextualdefinierte Rollen erfüllte (Natale 2019, S. 718). ELIZA basiert auf einem Algorithmus, bei dem durch Wenn-Dann-Operationen Antworten generiert werden. Beispielsweise könnte auf die Eingabe ‚Ich bin traurig‘ von ELIZA mit ‚Warum sind Sie traurig?‘ geantwortet werden, weil das Programm in der vorgegebenen Phrase *Warum sind Sie x?* in die Variable x *traurig* einsetzt (Storp 2002, S. 19). In jenen Situationen, innerhalb derer keine Phrasen + Variable vom Programm vorgehalten werden, können Phrasen wie ‚Könne Sie mir noch mehr dazu erzählen?‘ Kommunikation fortsetzen. Die Prozedur von ELIZA ist folglich sehr simpel aufgebaut, operiert als Iteration, weil sie über Schleifen von Wenn-Dann-Operationen programmiert werden kann (Weizenbaum 1966, S. 39) und ist stark limitiert, in dem was ihr kommunikativer Output generiert. Obwohl ELIZA kein Verständnis und keine Empathie zu entwickeln in der Lage ist, wurde dem Programm von vielen Probanden zugeschrieben, verständnisvoll zu sein.

ELIZA bewährt sich dann, wenn das Programm nicht im Sinne eines Turing-Tests darauf geprüft wird, ob es sich um Mensch oder Maschine handelt, sondern wenn die Funktion des therapeutischen Nachfragens angesteuert wird. Darauf reagierte die Systemtheorie, vertreten mit Peter Fuchs (1991, S. 18), mit Marginalisierung des Settings. Für einen Beobachter, also den Theoretiker, sei zweifelsohne erkennbar, dass es sich um eine Karikatur anspruchsvoller Kommunikation handle, weil „bewußt die Illusion des Humancharakters von Computern gepflegt wird" (Fuchs 1991, S. 18). In der kommunikationstheoretischen Interpretation von ELIZA wird also die Kommunikation degradiert, weil es sich um „einseitig bewusst operierte" (Fuchs 1991, S. 20) Kommunikation handle und ELIZA nicht in der Lage sei, eine eigene *„virtual contingency"* (Esposito 2017, S. 260) zu etablieren. Kommunikation werde zähflüssig und geriete leicht ins Stocken (Fuchs 1991, S. 24). Dies kann auch schnell bei beidseitig bewusst operierter Kommunikation geschehen; hier sei nur an zahlreiche Szenen in Filmen wie *Stranger than Paradies* erinnert, bei denen Sprachlosigkeit das dominante Moment darstellt oder jene nebulösen Kommunikationen, meist mit Rabulistik assoziiert, bei denen das Verstehen zuhörender psychischer Systeme aussetzt (von Loh 2014, S. 81). Unabhängig davon, zeigt der therapeutische Erfolg von ELIZA, dass diese Zähflüssigkeit innerhalb der Funktion des therapeutischen Gesprächs nicht immer eingetreten ist.

ELIZA besteht zwar keinen allgemeinen Turing-Test, weil dieser darauf aus ist, Kommunikation zu testen – also auch die Kontexte dahin zu verschieben, wo sich ELIZA nicht mehr bewähren kann. Die Anschlussfähigkeit und die Zuschreibung von Verständnis durch Probanden qualifiziert ELIZA jedoch situativ als intelligent, weil sich ELIZA in der spezifischen Funktion der Situation bewährt. ELIZA, so könnte man sagen, kann einen situativen und impliziten Turing-Test bestehen, der ELIZA als einen sozialen Akteur behandelt, weil sich ELIZA in einem relationalen Netzwerk als sozialer Akteur konstituiert (Latour 2010, S. 79). So ein impliziter Turing-Test ist nicht auf die Beantwortung der Frage, ist das eine intelligente Maschine, ausgerichtet, und kapriziert sich nicht an der Klärung einer wissenschaftlichen Fragestellung. Obwohl ELIZA eben kein Bewusstsein und Verstehen vollziehen kann, inkludiert ELIZA sich in die Kommunikationssequenz, auch ohne dabei ein Akzeptanzproblem zu generieren (Esposito 2001, S. 244). Aus dieser Perspektive, und das ist für Gesellschaft das relevante Problem, stellt sich KI in erster Linie nicht als Bewusstseinsautonomie eines technischen Systems dar, sondern vielmehr als ein sozial und relational-konstituierter Akteur, der sich im Fortsetzen der Kommunikation bewährt und ein relationales Element der verteilten Intelligenz (Baecker 2008, S. 45f., S. 57) der Kommunikation darstellt. Dabei spielen, wie auch in der Zuschreibung von Artikulationslegitimationen an Personen, identitäre Attribute eine maßgebliche Rolle. Die Artikulationen, wie sie ELIZA produziert, bewähren sich, weil sie der Situation des therapeutischen Gesprächs entsprechen. Solange sie der Erwartung entsprechen, also in der Kommunikation nicht die Identität von ELIZA unter Legitimationszwang gerät, kann ELIZA Kommunikation permutieren.

Deutlicher wird das Zuschreibungsproblem beim Chatbot Eugen Goostman, der von Kevin Warwick 2014 programmiert wurde. Eugen Goostman wurde als dreizehnjähriger Junge präsentiert. 33 Prozent der Probanden rechneten Eugen Goostman eine menschliche Identität zu, sodass Warwick proklamierte, dass Eugen Goostman den Turing-Test, weil er die Quote von 30 Prozent überschritten hat, bestanden habe (Warwick/Shah 2016, S. 1003). Eine interessante Kritik am Versuchsaufbau stellt darauf ab, dass das Setting des dreizehnjährigen Jungen eine Ausweichstrategie legitimiere, sodass das Sprunghafte der Antworten als menschlich hingenommen wird, weil es dem Stereotypen eines pubertierenden Jungen entspräche und darum weniger als emulierte Intelligenz firmieren könne, denn der Bot stelle lediglich ein *trickster program* (Levesque zitiert nach Neufeld/Finnestad 2020) dar. Im Sinne von Pat könnte hier vermutet sein, dass gerade die Attribute des Pubertären dazu beitragen, eine gemeinsame Herkunft zu imaginieren und damit den Bot in ein Kollektiv der Menschheit einzuschreiben. Die Bewährung der Intelligenz wird also dadurch bedingt, welche identitären Zuschreibungen erfolgen und welche Artikulationen dabei Kommunikation nicht soweit stören, dass die Kommunikation in einen reflexiven Modus eintritt, innerhalb dessen Kommunikation ihre eigenen Bedingungen zu thematisieren beginnt.

Entsprechend können sich algorithmische Systeme im Kontext der funktionalen Differenzierung bewähren, weil diese sich an jeweilig spezifischen Kontexturen (Eigenlogiken) fragmentiert und deren Interdependenzen untereinander unterbricht (Luhmann 1998, S. 845). Durch algorithmische Systeme konstituierte Kommunikationen bewähren sich dann im Regelfall, weil sie in der Spezifizität dessen, was ihr Kontext ist, nicht durch kontextinadäquate Kommunikationsereignisse getestet werden und nicht, wie Nassehi (2019) formulieren würde, weil die moderne Gesellschaft sich immer schon als digitales Prinzip artikuliert hatte. Ein Beispiel dafür sind Bots, oder autonome Softwareagenten, denen inzwischen, zumindest in den USA und Kanada, zugestanden wird, vertragsfähige Rechtssubjekte darstellen zu können (Teubner 2017, S. 59). Ihnen wird damit ein vernünftiges Verhalten unterstellt. Sie, und das gilt auch für andere Bots, produzieren eine eigene Sphäre, innerhalb derer sich ein umgedrehter Turing-Test implementiert – nicht in der Weise, dass der Computer auf ein Verstehen gestestet wird, sondern die Beteiligung von Menschen darauf eingestellt wird, sich an die Infrastruktur dessen, was in der Botsphäre sich als anschlussfähig wird erweisen können, anzupassen (Leistert 2017, S. 220). Algorithmische Systeme konstituieren innerhalb dieser Sphären jene Kontexte ihrer eigenen Ökologien, innerhalb derer sie sich bewähren und andere Systeme unter einen Anpassungszwang an die von ihnen etablierte Infrastruktur und Grammatikalität stellen.

4. Die Intelligenz des chinesischen Zimmers

Um sich der Frage zu nähern, wie KI begriffen werden kann, muss also eingestanden werden, dass algorithmische Systeme Kommunikation verarbeiten und konstituieren können, obwohl sie keine Sinnkonstitution betreiben, obwohl sie nicht verstehen, und obwohl sie ihre Selbstreferenzialität nicht in Bezug zu einer Fremdreferenz setzen, mit denen sie sich selbst identitär zu reflektieren in der Lage wären. Die Intelligenz algorithmischer Systeme lässt sich also mit dem, was traditionell als intelligent klassifiziert wurde, nicht fassen; anders gesagt, ist es nicht so als ob das „Telos der Maschinen das menschliche Denken ist" (Ernst 2019, S. 144).

Die Intelligenz des chinesischen Zimmers besteht dann nicht im Vollzug einer Reflexion, also dem *re-entry* der System/Umwelt-Differenz aufseiten des Systems (Luhmann 1984, S. 243f., S. 604-607), sondern gerade in der Absenz der Reflexion und damit einer rasanten Beschleunigung im Vergleich zu sinngenetischer Komplexität. Stattdessen wirkt hier eine höhere Komplexität in dem Sinne, dass die kaskadische Komplexität den Distinktionsraum tiefer durchdringen kann, als es der sinngenetischen Komplexität jemals möglich ist. Kaskadische Komplexitäten sind zwar rigider konstituiert, schließlich müssen die rekursiven Stapel aufgebaut und abgebaut werden, können dadurch jedoch einen beschleunigten Umsatz an Verschaltungen von Stromkreisen bewirken, mittels dessen insgesamt mehr Operationen vollzogen werden, also höhere Komplexitätsgrade etabliert werden, um Kommunikation nichtsinngenetisch zu verarbeiten und als Output zu produzieren.

Dass eine kaskadische Komplexität Kommunikation verarbeiten kann, liegt an der Duplexstruktur der Kommunikationssequenzen, die sowohl eine iterative Anschlussfähigkeit als auch eine Sinnkonstitution ermöglicht. Im Gegensatz zur Annahme des Arguments des chinesischen Zimmers, es handle sich bei der Verarbeitung und Ausgabe chinesischer Schriftsymbole zumindest um ein syntaktisches Verständnis, weil strikte Regeln abgearbeitet werden, wie es bei ELIZA der Fall ist (Beckermann 1988, S. 68), kann das für zeitgenössische Sprachassistenzen, wie sie von Google, Amazon, Apple usw. angeboten werden, nicht mehr behauptet werden, weil sie Kommunikation unter Dauerobservation stellen, und sich bei entsprechenden Triggerphrasen ‚Hey Siri', ‚Ok, Google', ‚Alexa' einschalten (Piernot/Binder 2019; Patel/Patil 2019). Ihre Leistungsfähigkeit beruht darauf, das durch Programmierung inskribierte syntaktische Verständnis geradezu auszuschalten, und stattdessen, hier greift bspw. das *Data-Oriented-Parsing*, die Verarbeitung und Generierung von gesprochenen bzw. geschriebenen Kommunikationssequenzen durch Berechnung von Wahrscheinlichkeiten anschließbarer Zeichenkettenfragmente im Abgleich mit der Struktur eines Datensatzes zu prozeduralisieren (Scha et al. 1999). Das syntaktische Verständnis alleine, oder zumindest der Vollzug grammatikalischer Regeln, würde zwar korrekte Sätze produzieren, jedoch nicht den semantischen Ambiguitäten gerecht werden können, durch welche die Duplexstruktur der Kommunikation signiert ist. Denn die doppelte Auslesbarkeit, als iterativer und als rekursiver Vollzug, als reine Zeichenkette und als Kommunikation von sinngenetischer Unterschiedenheit, macht es erforderlich, dass nicht lediglich Zeichenverkettungen gemäß eines anerkannten Regelwerks vollzogen werden, sondern geradezu auch Abweichungen davon verarbeitet werden können.

Die nun äußerbare Vermutung lautet: Die spezifische Intelligenz des chinesischen Zimmers liegt weniger darin, regelkonform Sätze zu konstruieren, sondern darin, dass sie umso leistungsfähiger wird, desto weniger sie als Äquivalent zu Bewusstsein und Verstehen, sei es auch nur ein syntaktisches Verständnis, konzipiert ist (Esposito 2017, S. 250f.). Dann kann sie aus ihrer Autopoiesis operationale Eigenwerte stabilisieren, mittels derer Schaltungen dazu ausgenutzt werden, Kommunikationssequenzen zu verarbeiten und zu erzeugen. Das gelingt durch eine Einschränkung dessen, was infolge des rekursiven Aufrufs von Funktionen in Funktionen weiter angeschlossen werden kann. Insbesondere die hohe Geschwindigkeit der Datenverarbeitung und die Menge an Daten, wie sie im Begriff *Big Data* (Baecker 2013, S. 183) zu Geltung gebracht werden kann, befähigt algorithmische Systeme dazu, den Aufbau kaskadischer Komplexität auszunutzen, um nicht nur Zeichensequenzen zu produzieren, sondern vielmehr die Duplexstruktur der Kommunikation soweit zu replizieren, dass diese auch durch ein psychisches System sinngenetisch ausgelesen werden kann.

Dabei arbeiten algorithmische Systeme mit Schaltelementen, deren An- bzw. Abschaltung sich in Abhängigkeit sowohl zu ihren eigenen Systemzuständen als auch zu ihrer Umwelt setzen und dadurch autokatalytische Eigenoperationen (im Sinne von Padgett 2012, S. 56)[6] vollziehen sowie Kommunikationen erzeugen. Sie schließen durch den Aufbau rekursiver Stapel Möglichkeiten dessen, was anschlussfähig ist, aus. Das heißt, eine *underlying phonetic structure* (Fissore et

---

6   Autokatalytische Prozesse bezeichnen Prozesse, bei denen Zustandsänderungen eines Systems durch eine äußere Stimulation in Gang gesetzt werden, im weiteren Verlauf die Stimulanz neutral bleibt, sodass sich ein System wechselnder Zustände dynamisch stabilisiert. Das kann auf soziale System übertragen werden, weil diese durch psychische Systeme oder algorithmische Systeme in Gang gesetzt werden, sich dann aber verselbstständigen. Das psychische System und das algorithmische System entzieht sich der Reflexivität des sozialen Systems, solange es selbst nicht zum Thema der Kommunikation wird (detailliert Fuhrmann 2019, S. 64ff.). Invers operieren psychische Systeme autokatalytisch, wenn Kommunikationen Gedankenprozesse stimulieren und diese sich verselbstständigen und algorithmische Systeme, wenn sich durch Kommunikation das Datenkorrelat verändert und damit die Dynamik der Korrelierung von Datenpunkten durch algorithmische Systeme in Gang gesetzt wird.

al. 1990, S. 21f.) der Kommunikationssequenz wird nicht semantisch erkannt, sondern konstruiert, indem durch die Markierung einer Indikation, bspw. eines Vokals, die jeweiligen Wahrscheinlichkeiten des möglichen Nachbarzeichens bestimmt und an den folgenden Nachbarzeichen weiter eingegrenzt wird, bis eine Sequenz produziert ist, die sich eindeutig in einer spezifischen Verschaltung repräsentieren lässt. Ob sie identisch ist, mit dem, was tatsächlich gesagt wurde, bestimmt sich nicht im Einzelfall, sondern präzisiert sich an durch diese Prozesse produzierten Datenkorrelaten, sodass aus der Unschärfe des Einzeldatums in Zusammenhang mit den Einschränkungen aller anderen Modalitäten die Wahrscheinlichkeit steigt, dass eine Kongruenz zwischen Umweltereignis und der in Schaltung repräsentierten *underlying phonetic structure* vollzogen wird. Der Vollzug von Kommunikation und algorithmischen Systemen als autopoietische Systeme führt zur gegenseitigen Intransparenz. Die Intransparenz wird auch für die Informatik unnachvollziehbar; denn es ist nicht klar, wie *in acuto* sich Datenrelationen konstituieren, wie also Outputs generiert werden (Kaminski 2020, S. 153). Gerade die riesige Menge an Daten zur Einschränkung dessen, was sich schließlich in einer konkreten Verschaltung als kommunikative Verlautbarung zum Ausdruck bringen kann, ermöglicht es, die Duplexstruktur der Kommunikation zu replizieren, weil die als rekursiv-modal auslesbaren *tokens* in die Daten als Korrelate inskribiert sind.

Je mehr Daten, desto präziser kann die Grammatikalität der Kommunikation repräsentiert werden. In gewisser Weise schreibt sich in die Datenkorrelate, die in spezifischen Schaltmustern repräsentierbar werden, eine Sinntopologie ein, die nicht regelhaft rekonstruiert wird, indem grammatikalische Regeln vollzogen werden. Vielmehr wird eine Grammatikalität in Sinne Derridas vollzogen, weil die *différancen* der jeweiligen Indikationen nicht fixiert werden, der Mangel, auf den sie verweisen, jedoch im sinnkonstitutiven Außen der Kommunikation schon soweit eingeschränkt wird, dass die Häufigkeiten dessen, was angeschlossen werden kann, sich nicht gleich verteilt. Stattdessen sind spezifische Knoten in einem Netzwerk anschließbarer Indikationen prädestiniert, mit höherer Wahrscheinlichkeit ausgewählt zu werden (Solé et al. 2010). Das kann in einer Rankinglogik, die eine Eindeutigkeit in einer Rangfolge, dessen, was wahrscheinlich anschließen müsste, repräsentierbar werden (Agarwal/Noyogi 2009, S. 443f.), ist aber nicht auf alle Algorithmen als Problemlösung generalisierbar. Das Leistungsmoment der KI findet sich darin, Kommunikationen zu produzieren, die sich in die Topologie der Grammatikalität einer kommunikativen Duplexstruktur, ohne große Abweichung darzustellen, einschreibt. Sie, so könnte man sagen, brilliert nicht durch Genialität im Sinne einer unerwarteten, weil der Gesellschaft entzogenen, Rekombination neuer Sinnzusammenhänge (Huber 2000, S. 205f.), sie erscheint vielmehr als Adaption dessen, was sich als Normalität des kommunikativen Vollzugs erwarten lässt. Dem, was gesellschaftlich als intelligent gilt, sich anzupassen, vollziehen algorithmische Systeme mit Bravour. Sie replizieren gesellschaftliche Herrschaftsverhältnisse, wie rassistische, sexistische, klassistische Stereotypen (Prietel 2019). Sie klären sich nicht in höheren Reflexionsstufen auf, sie passen sich an die Grammatikalität der Kommunikation an und werden dadurch kommunikationsfähig.

Das, was die algorithmischen Systeme an anschlussfähigen Kommunikationsereignissen hervorbringen, steht folglich in einer Abhängigkeit zu dem, was sich in der Kommunikation bewähren kann. Intelligenz ergibt sich erst, wenn in der Interaktion anschlussfähige Kommunikationen vollzogen werden, deren Abweichung nur graduell sein können, nur so weit Varianz einführen, dass die Redundanz der Kommunikationssequenz weitere Anschlüsse durch weitere konstitutive Außen stimuliert. Intelligenz ist dann nicht habhaft zu machen, entzieht sich in der konkreten Situation immer schon in den kommenden Anschluss, der nicht die eigene Intelligenz ausflaggt, sondern nur darauf verweist, dass Intelligenz als Bedingung, die nicht aufgedeckt werden kann, nur eine Spur des Mangels im System hinterlässt: Die Spur eines Mangels des Ereignisses kommunikativer *différance*, weil sich ihre Unbestimmtheit schon längst dem Akuten der Situation und der Kontrolle durch Kommunikation entzogen hat und dennoch einen Überschuss der Fixation der Unbestimmtheit evozieren kann.

Intelligenz, das ist das Ernüchternde, weist so immer ein strukturkonservatives Moment auf, welches von algorithmischen Systemen in besonderer Weise erfüllt wird. Erfüllt wird es in der Extrapolation dessen, was sich als anschlussfähig erweisen wird, aus dem, was sich bisher als Struktur im System ereignet hat. Genau diese Struktur wird über *Big Data* im Datenkorrelat, also in der Autopoiesis algorithmischer Systeme, repräsentierbar, weil die repräsentierte Struktur in physischen Speichern zeitfest fixiert werden kann. Algorithmische Systeme produzieren durch Auslesen, Einschreiben, Überschreiben von Speicherplätzen eine dynamische Repräsentation dessen, was die Struktur der Kommunikation ausmacht. Ihr Strukturkonservatismus ermöglicht es, anschlussfähige Kommunikationen zu generieren. Algorithmische Systeme reproduzieren den *senso commune* (Gramsci 1993, S. 1040) dessen, was in ihrem Datenkorrelat an Struktur der Kommunikation repräsentiert ist, weil an ihnen sich jene Zeichenkombinationen, die sich als anschlussfähig bewährt haben, sich auch prognostiziert als wahrscheinlich bewährt haben werden. Insofern kann es so erscheinen, dass algorithmische Systeme ein „implizites Wissen um die Bedeutung sprachlicher Ausdrücke" (Beckermann 1988, S. 84) realisieren, allein weil sie Worte „in den verschiedensten Situationen richtig verwenden können" (Beckermann 1988, S. 83). Algorithmische Systeme bestehen dann eine Art impliziten Turing-Test, der darin besteht, dass Kommunikation in adäquater Weise vollzogen wird, die Kommunikation also regelkonform hergestellt wird, sie aber auch die Heterogenität von Bedeutungen zu lässt, an denen Widersprüche psychischer Systeme anschließen können. Künstliche Intelligenz bewährt sich dann als intelligent, weil sie die Varianz der Kommunikation mit der Redundanz dessen, was aus dem Datenkorrelat ausgelesen werden kann, aber wiederum variant ist, zu jenem Ereignis, an das die Kommunikation anschließt, anreichert und die Kommunikationssequenz permutierend fortsetzt.

Fazit

KI zeichnet sich also durch einen Strukturkonservatismus aus. Dieser bewährt sich insbesondere in standardisierten Situationen. Gerade das Moment des Strukturkonservatismus algorithmischer Systeme ermöglicht es, sie als unsichtbare Maschinen in Kommunikation zu inkludieren. Sie mögen dann zwar kein Bewusstsein entwickeln und auch nicht den Turing-Test bestehen, sobald dieser mit Ironie und Selbstreflexionsmomenten zu arbeiten beginnt (Mersch 2005, S. 166), sie werden aber insofern als intelligent behandelt, als dass sie die Autopoiesis der Kommunikation fortsetzen, ohne dass sie als KI auffallen. Sie schreiben sich in die Normalität des kommunikativen Vollzugs ein und sind insofern intelligent, als dass sie sich darin bewähren den *senso commune* der Gesellschaft zu stabilisieren und die hegemonialen Formationen der Kommunikationen zu reproduzieren. So generieren sie kommunikative Anschlussfähigkeit.

Literatur

Agarwal, Shivani; Niyogi, Partha (2009): Generalization Bounds for Ranking Algorithms via Algorithmic Stability. In: *Journal of Machine Learning Research*, 10, 441-474.

Baecker, Dirk (2008): Über Verteilung und Funktion der Intelligenz im System. In: Baecker, Dirk [Hg.]: *Wozu Systeme?* Kadmos, Berlin 2008,

41-66.

Baecker, Dirk (2013): Metadaten. Eine Annäherung an Big Data. In: Geiselberger, Heinrich; Moorstedt, Tobias [Hg.]: *Big Data. Das neue Versprechen der Allwissenheit.* Suhrkamp, Berlin 2013, 156-186.

Baecker, Dirk (2019): Vorwort. In: Baecker, Dirk [Hg.]: *Intelligenz, künstlich und komplex.* Merve, Leipzig, 2019, 7-15.

Beckermann, Ansgar (1988): Sprachverstehende Maschinen. Überlegungen zu John Searle's Thesen zur Künstlichen Intelligenz. In: *Erkenntnis,* 28 (1), 65-85.

Blevins, James (2006): Word-based morphology. In: *Journal of Linguistics,* 42 (3), 531-573.

Block, Katharina; Dickel, Sascha (2020): Jenseits der Autonomie. Die De/Problematisierung des Subjektes in Zeiten der Digitalisierung. In: *Behemoth,* 13 (1), 109-131.

Bohn, Cornelia; Willems, Herbert (2001): Sinngeneratoren. In: Bohn, Cornelia; Willems, Herbert [Hg.]: *Sinngeneratoren: Fremd- und Selbstthematisierung in soziologisch-historischer Perspektive.* UVK, Konstanz 2001, 9-15.

Brunkhorst, Hauke (2001): Egalität und Differenz. In: *Zeitschrift für Pädagogik,* 47 (1), 13-21.

Buxmann, Peter; Schmidt, Holger (2019): Künstliche Intelligenz als Basistechnologie des 21. Jahrhunderts. In: Buxmann, Peter; Schmidt, Holger [Hg.]: *Künstliche Intelligenz. Mit Algorithmen zum wirtschaftlichen Erfolg.* Springer Gabler, Berlin 2019, 3-19.

Derrida, Jacques (1988a): Die difference. In: Derrida, Jacques.: *Randgänge der Philosophie.* Passagen, Wien 1999. Titel der französischen Originalausgabe: *Marges de la philosophie.* Édition de Minuit 1972, Paris, 31-56.

Derrida, Jacques (1988b): Signatur Ereignis Kontext. In: Derrida, Jacques.: *Randgänge der Philosophie.* Passagen. Wien 1999. Titel der französischen Originalausgabe: *Marges de la philosophie.* Édition de Minuit, Paris 1972, 325-351

Derrida, Jacques (2011): *Psyche. Erfindungen des Anderen.* Passagen, Wien 2011. Titel der französischen Originalausgabe: *Psyché. Invention de l'autre.* Galilée, Paris 1987.

Ernst, Christoph (2019): Künstliche Intelligenz und pragmatisches Metavokabular. Vorbemerkungen zu einer medienphilosophischen Rezeption von Robert B. Brandom. In: *Internationales Jahrbuch für Medienphilosophie,* 5, 131-152.

Esposito, Elena (2001): Strukturelle Kopplung mit unsichtbaren Maschinen. In: *Soziale Systeme,* 7 (2), 241-252.

Esposito, Elena (2017): Artifical Communication? The Production of Contingency by Algorithms. In: *Zeitschrift für Soziologie,* 46 (4), 249-265.

Fischbach, Rainer (2020): Big Data – Big Confusion. Weshalb es noch immer keine künstliche Intelligenz gibt. In: *Berliner Debatte Initial,* 31 (1), 136-147.

Fissore, Luciano; Kaltenmeier, Alfred; Laface, Pietro; Micca, Giorgio; Pieraccini, Roberto (1990): The Recognition Algorithms. In: Pirani, Giancarlo [Hg.]: *Advanced Algorithms and Architectures of Speech Understanding.* Springer, Berlin et al. 1990, 7-78.

Freud, Sigmund (2017): *Das Unbewusste.* Reclam, Stuttgart 2017 [1899].

Fuchs, Peter (1991): Kommunikation mit Computern? Zur Korrektur einer Fragestellung. In: *Sociologia Internationalis,* 29 (1), 1-31.

Fuchs, Peter (1993): *Moderne Kommunikation. Zur Theorie des operativen Displacements.* Suhrkamp, Frankfurt a.M. 1993

Fuhrmann, Jan T. (2019): *Postfundamentale Systemtheorie.* Passagen, Wien 2019

Fuhrmann, Jan T. (2020): Wechselseitige Disziplinierung. Zum systemtheoretischen Verständnis von Kommunikation unter Beteiligung psychischer und algorithmischer Systeme. In: Leineweber, Christian; de Witt, Claudia [Hg.]: *Algorithmisierung und Autonomie im Diskurs – Perspektiven und Reflexionen auf die Logiken automatisierter Maschinen.* FernUniversität Hagen; Hagen 2020, 16-46.

Galizia, Giovanni C. (2007): Der Homunkulus und die Zeit. Warum die Neurophysiologie die Frage des freien Willens nicht lösen kann. In: Heilinger, Jan-Christoph [Hg.]: *Naturgeschichte der Freiheit.* de Gruyter. Berlin 2007, 59-74.

Gramsci, Antonio (1993): *Gefängnishefte.* Band 5. Argument. Hamburg. Titel der italienischen Originalausgabe: *Quaderni del carcere,* Einaudi 1975.

Guattari, Félix (1994): *Die drei Ökologien.* Passagen, Wien ⁴2019. Titel der französischen Originalausgabe: *Les trois écologies.* Éditions Galilée, Paris 1989.

Guattari, Félix (2017): *Chaosmose.* Turia + Kant, Wien & Berlin 2017. Titel der französischen Originalausgabe: *Chaosmose.* Editions Galilée, Paris 1992.

Habermas, Jürgen (1998): Die postnationale Konstellation und die Zukunft der Demokratie. In: Habermas, Jürgen: *Die postnationale Konstellation. Politische Essays.* Suhrkamp, Frankfurt a.M 1998, .91-169.

Hofstadter, Douglas R. (1985): *Gödel, Escher, Bach. Ein Endloses Geflochtenes Band.* Klett Cotta, Stuttgart 1985. Titel der englischen Originalausgabe: *Gödel, Escher, Bach: an eternal golden braid.* Penguin Books,

London 1980.

Hofstadter, Douglas R. (1988): *Metamagicum. Fragen nach der Essenz von Geist und Struktur.* Klett-Cotta, Stuttgart 1988. Titel der englischen Originalausgabe: *Metamagical Themas.* Basic Books, New York 1985.

Huber, Peter (2000): Kreativität und Genie in der Literatur. In: Holm-Hadulla, Rainer [Hg.]: *Kreativität.* Springer, Berlin & Heidelberg 2000, 205-226.

Husserl, Edmund (2008): *Die Lebenswelt. Auslegungen der vorgegebenen Welt und ihrer Konstitution.* Springer, Dordrecht 2008 [1916-1937]

Kaminski, Andreas (2020): Gründe geben. Maschinelles Lernen als Problem der Moralfähigkeit von Entscheidungen. In: Wiegerling, Klaus; Nerurkar, Michael; Wadephul, Christian [Hg.]: *Datafizierung und Big Data. Ethische, anthropologische und wissenschaftstheoretische Perspektiven.* Springer VS, Wiesbaden 2020.151-174.

Kauffman, Louis H. (1987): 'Imaginary Values' in Mathematical Logic. In: Computer Society of the IEEE [Hg.]: *The Seventeenth International Symposium on Multiple Valued Logic.* IEEE Computer Society Press. Boston, 282-289.

Kristeva, Julia (1974): *Die Revolution der poetischen Sprache.* Suhrkamp, Frankfurt a.M. 1974. Titel der französischen Originalausgabe: *La révolution du language poétique.* Edition duSeuil, Paris 1974.

Lacan, Jacques (2015): *Struktur. Andersheit. Subjektkonstitution.* August, Berlin 2016. Titel der englischen Originalausgabe: Of Structure as an Inmixing of an Otherness Prerequisite to Any Subject Whatever. In: Macksey, Richard; Donato, Eugenio [Hg.]: *The Strucutralist Controversy: The Language of Criticism and the Science of Man.* John Hopkins Press, Baltimore 1970.

Latour, Bruno (2010): *Eine neue Soziologie für eine neue Gesellschaft.* Suhrkamp, Frankfurt a.M. 2010. Titel der englischen Originalausgabe: *Reassembling the Social: An Introduction to Actor-Network-Theory.* Oxford University Press, Oxford 2005.

Leistert, Oliver (2017): Social Bots als algorithmische Piraten und als Boten einer techno-environmentalen Handlungskraft. In: Seyfert, Robert; Roberge, Jonathan [Hg.]: *Algorithmuskulturen. Über die rechnerische Konstruktion der Wirklichkeit.* Transcript, Bielefeld 2017, 215-234.

Luhmann, Niklas (1984): *Soziale Systeme. Grundriß einer allgemeinen Theorie.* Suhrkamp, Frankfurt a.M. 1984

Luhmann, Niklas (1987): Die Autopoiesis des Bewusstseins. In: Luhmann, Niklas: *Soziologische Aufklärung 6. Die Soziologie und der Mensch.* VS Verlag für Sozialwissenschaften, Wiesbaden 2008, 55-108.

Luhmann, Niklas (1989): Individuum, Individualität, Individualismus.

In: Luhmann, Niklas: *Gesellschaftsstruktur und Semantik. Studien zur Wissenssoziologie der modernen Gesellschaft*. Band 3. Suhrkamp, Frankfurt a.M. 1989, 149-258.

Luhmann, Niklas (1991): Wie lassen sich latente Strukturen beobachten? In: Watzlawick, Paul; Krieg, Peter [Hg.]: *Das Auge des Beobachters. Beiträge zum Konstruktivismus*. Piper, München, 61-74.

Luhmann, Niklas (1995): Probleme mit operativer Schließung. In: Luhmann, Niklas: *Soziologische Aufklärung 6. Die Soziologie und der Mensch*. VS Verlag für Sozialwissenschaften, Wiesbaden 2008,13-26.

Luhmann, Niklas (1998): *Die Gesellschaft der Gesellschaft*. Suhrkamp, Frankfurt a.M. 1998

Luhmann, Niklas (2017a): Die Kontrolle von Intransparenz. In: Luhmann, Niklas: *Die Kontrolle von Intransparenz*. Suhrkamp, Berlin 2017, 96-120.

McDermott, Drew (2007): Artifical Intelligence and Consciousness. In: Zelazo, Philip; Moscovitch, Morris; Thompson, Evan [Hg.]: *The Cambridge Handbook of Consciousness*. Cambridge University Press, Cambridge 2007,117-150.

Mersch, Dieter (2005): Kunstmaschinen. Zur Mechanisierung von Kreativität. In: Hetzel, Andreas; Gamm, Gerhard [Hg.]: *Unbestimmtheitssignaturen der Technik: Eine neue Deutung der technisierten Welt*. Transcript, Bielefeld 2005, 149-168.

Miyazaki, Shintaro (2017): Algorhytmische Ökosysteme. Neoliberale Kopplungen und ihre Pathogenese von 1960 bis heute. In: Seyfert, Robert; Roberge, Jonathan [Hg.]: *Algorithmuskulturen. Über die rechnerische Konstruktion der Wirklichkeit*. Transcript, Bielefeld 2017,173-187.

Nassehi, Armin (2019): *Muster. Theorie der digitalen Gesellschaft*. C. H. Beck, München 2019.

Natale, Simone (2019): If software is narrative: Joseph Weizenbaum, artificial intelligence and the biographies of ELIZA. In: *New Media & Society*, 21 3, 712-728.

Neufeld, Eric; Finnestad, Sonje (2020): In defense of the Turing Test. In: *AI & Society*. https://doi.org/10.1007/s00146-020-00946-8, abgerufen am 05.07.2020

Oberschelp, Walter/Vossen, Gottfried (2006): *Rechneraufbau und Rechnerstrukturen*. Oldenbourg, *München & Wien* 2006.

Padgett, John (2012): Autocatalysis in Chemistry and the Origin of Life. In: Padgett, John; Powell, Walter [Hg.]: *The Emergence of Organizations and Markets*. Princeton University Press; Princeton & Oxford 2012, 33-69.

Patel, Gayatri/Patil, Kajal (2019): My Buddy App: Communications between Smart Devices through Voice Assist. In: *International Research Journal of Engineering and Technology,* 6 7, 2138-2155.

Piernot, Philippe; Binder, Justin (2019): *Reducing the Need for Manual Start/End-Pointing and Trigger Phrases.* https://patentimages.storage.googleapis.com/0e/07/f6/9500b529e83493/US10373617.pdf, abgerufen am 04. 01.2020

Prietl, Bianca (2019): Algorithmische Entscheidungssysteme revisited: Wie Maschinen gesellschaftliche Herrschaftsverhältnisse reproduzieren können. In: *Feministische Studien,* 37 2, S. 303-319.

Quadflieg, Dirk (2007): *Differenz und Raum. Zwischen Hegel, Wittgenstein und Derrida.* Transcript, Bielefeld 2007.

Rancière, Jacques (2002): *Das Unvernehmen. Politik und Philosophie.* Suhrkamp, Frankfurt a.M.2018. Titel der französischen Orgnialausgabe: *La Mésentente. Politique et Philosophie.* Édition Galilée, Paris 1995.

Scha, Remko/Bod, Rems/Simo'an, Khalil (1999): A Memory-Based Model of Syntactic Analysis: Data-Oriented Parsing. In: *Journal of Experimental and Theoretical Artificial Intelligence,* 11 3, 409-440.

Schneider, Hans-Jochen (1998): *Lexikon Informatik und Datenverarbeitung.* Oldenbourg, München & Wien 1998.

Searle, John (1980): Minds, brains, and programs. In: *The Behavioral and Brain Sciences,* 3, S. 417-457.

Solé, Richard /Corominas.Murtra, Bernat/Valverde, Sergi/Steels, Luc (2010): Language Networks: Their Structure, Function, and Evolution. In: *Complexity,* 15 6, S. 20-26.

Spencer-Brown, George (1999): *Laws of Form. Gesetze der Form.* Bohmeier, Lübeck 1999. Titel der englischen Originalausgabe: *Laws of Form.* George Allen and Unwin, London 1969.

Storp, Michaela (2002): Chatbots. Möglichkeiten und Grenzen maschineller Verarbeitung natürlicher Sprache. In: *Networx,* 25. http://www.mediensprache.net/networx/networx-25.pdf abgerufen am 30.06.2020

Teubner, Gunther (2017): Digitale Rechtssubjekte? Zum privatrechtlichen Status autonomer Softwareagenten. In: *Ancilla Iuris.* https://www.anci.ch/articles/Ancilla2018_Teubner_35.pdf, abgerufen am 22.06.2020

Turing, Alan M. (1950): Computing Machinery and Intelligence. In: *Mind,* 59 236, 433-460.

von Foerster, Heinz (1985): Gegenstände: greifbare Symbole für (Eigen-)Verhalten. In: von Foerster, Heinz: *Sicht und Einsicht. Versuche zu einer operativen Erkenntnistheorie.* Vieweg, Wiesbaden 1985, 207-216.

von Loh, Uwe (2014): Explikation der Stille. Eine kommunikationstheoretische Untersuchung zum stillen Design. In: *Neuwerk,* 4, S. 75-83.

Warwick, Kevin/Shah, Huma (2016): Can machines think? A report on Turing test experiments at the Royal Society. In: *Journal of Experimental & Theoretical Artificial Intelligence,* 28 6, 989-1007.

Weizenbaum, Joseph (1966): ELIZA – A Computer Program for the Study of Natural Language Communication Between Man and Machine. In: *Communications of the ACM,* 9 1, 36-45.

Wiener, Oswald (1990): *Probleme der Künstlichen Intelligenz.* Merve, Berlin 1990.

Wilson, Mark (2017): AI Is Inventing Languages Humans Can't Understand. Should We Stop It? https://www.fastcompany.com/90132632/ ai-is-inventing-its-own-perfect-languages-should-we-let-it, abgerufen am 06.06.2020

Zaun, Detlef Peter (1999): *Künstliche neuronale Netze und Computerlinguistik.* Max Niemeyer, Tübingen 1999.

Zweig, Katharina (2018): *Wo Maschinen irren können. Fehlerquellen und Verantwortlichkeiten in Prozessen algorithmischer Entscheidungsfindung.* Bertelsmann Stiftung, Gütersloh 2018.

Zwierlein, Eduard (1990): Künstliche Intelligenz und Philosophie. Zur Debatte um J. R. Searle's Einwände gegen harte KI-Versionen. In: *Journal of General Philosophy of Science* 21 2, 347-358.

Christian Freksa

KI und Kognition

1. Künstliche und menschliche Intelligenz

Der Begriff *Künstliche Intelligenz* (KI) wurde und wird unspezifisch verwendet. Seit der Einführung der Bezeichnung mit dem *Dartmouth Summer Research Project on Artificial Intelligence* durch John McCarthy im Jahr 1956 wurden damit recht unterschiedliche Ansätze assoziiert. Implizit steht *KI* stets im Wettbewerb mit menschlicher Intelligenz. Die Schärfung des Begriffs ‚Intelligenz‘ sowie die Erklärung von als intelligent empfundenem Entscheiden und Handeln hat jedoch bei weitem nicht so große Fortschritte gemacht wie die Entwicklung von ‚KI‘. Auf die Frage, warum er glaube, Menschen seien intelligent, antwortete John Searle in den 1980er Jahren (pers. Kommunikation): „Ich weiß, dass *ich* intelligent bin. Ich könnte mir vorstellen, dass ich nicht der einzige bin." Viel weiter sind wir mit der Objektivierung des Begriffs *Intelligenz* auch heute nicht.

Als wissenschaftlicher Begriff hat sich ‚Intelligenz‘ nicht bewährt, denn es gibt keine belastbare Definition. Intelligenztests mögen ein nützliches Mittel sein, um die kognitive Leistungsfähigkeit von Menschen innerhalb eines Kulturkreises zu vergleichen. Sie testen aber nicht die grundsätzlichen Problemlösefähigkeiten einer Person. Lediglich ihre Fähigkeit zum Umgang mit Objekten und Konzepten wird geprüft, die in bestimmten kulturellen Kontexten verfügbar und damit auch sprachlich zugänglich sind. Der Umgang mit unvertrauten Objekten und neuartigen Situationen, die mit bekannten Konzepten nicht beschreibbar sind, lässt sich mit einem Intelligenztest nicht zuverlässig ermitteln. Dieser Umgang mit dem Unbekannten betrifft aber gerade die Gegebenheiten, in denen Intelligenz am dringlichsten erforderlich ist.

Die Anfänge der KI waren zwar von Interesse an neuronalen Prozessen und von frühen Neuronen-Modellen beeinflusst; sie bauten jedoch direkt auf Computer-orientierten abstrakten Konzepten auf, die seinerzeit zur Lösung von Rechenaufgaben eingesetzt wurden. Die KI-Väter (bei den Protagonisten der frühen KI handelte es sich ausschließlich um Männer) hatten erkannt, dass binäre Codes sich nicht nur zur Darstellung von Zahlen, sondern auch zur Darstellung anderer Symbole eigneten. Beliebige symbolisch beschreibbare Fakten und Relationen konnten mit binärer Codierung repräsentiert und verarbeitet werden. Damit waren Voraussetzungen gegeben, Logik und logisches Schließen auf Rechner zu übertragen, Wörter und Grammatiken natürlicher Sprache zu analysieren und zu generieren sowie beliebige Muster zu codieren und algorithmisch zu verarbeiten, die bei der Wahrnehmung in natürlichen oder künstlichen Sensoren entstehen oder durch Verhalten natürlicher oder künstlicher Systeme generiert werden.

Im Gegensatz zur Durchführung klassischer Berechnungen widmeten sich KI-Ansätze frühzeitig der Lösung von Problemen, die zu komplex waren, um umfassend oder eindeutig gelöst werden zu können. In Anlehnung an menschliche Ansätze zur Lösung solcher Probleme wurden Strategien (Heuristiken) entwickelt, die es auf der Grundlage oberflächlicher Betrachtung der Probleme ermöglichten, schnell zum Ziel führende Lösungswege zu ermitteln.

2. Zielsetzungen und Entwicklungen

KI-Forschung war von Anfang an durch verschiedenartige Vorstellungen motiviert und verfolgte dementsprechend unterschiedliche Ziele: Schon früh wurde die Möglichkeit erkannt, neuronale und kognitive Prozesse symbolisch zu beschreiben (McCulloch; Pitts 1943) und Werkzeuge zu konstruieren, mit deren Hilfe natürliche kognitive Prozesse nachvollzogen und besser verstanden werden können. Mit empirisch und abstrakt gewonnenen Theorien kann man ausführbare Prozessmodelle erstellen, deren Verhalten mit dem Verhalten natürlicher Systeme verglichen werden kann (Freksa 1990). Auf diese Weise wird ein nicht-invasiver Ansatz zur Erforschung von Denk- und Problemlöseprozessen eröffnet (Braitenberg 1986).

Andere Zielsetzungen der KI waren die Entwicklung automatisierbarer Planungsverfahren, die für die Robotik und die Logistik große Bedeutung erlangten. Arbeiten im Bereich Deduktionsverfahren und automatisches Beweisen generierten mächtige Werkzeuge. Sie ermöglichten es, vielfältige Arten von Problemen dadurch zu lösen, dass man die Welten, in denen die Probleme zu lösen sind, in Form logischer Aussagen oder Prädikate beschreibt und mögliche Lösungen mit Hilfe automatischer Beweisführung ermittelt. Damit wurde ein Paradigma geschaffen, mit dem letztlich alle Probleme automatisierten Lösungen zugänglich gemacht wurden, die formal korrekt beschrieben werden können (Russell und Norvig 2020).

Das Konzept eines *regelbasierten Systems* führte zur Entwicklung von *Expertensystemen*, die mit Wissen von Ingenieuren, Pharmakologen,

Ärzten oder Experten anderer Fachgebiete ‚gefüttert' wurden, damit sie in diesen Gebieten Entscheidungsprozesse eigenständig durchführen können. Die Entwicklung von Expertensystemen ist insbesondere dort von großem praktischem Interesse, wo dringend benötigte Expertise schwer verfügbar ist. Besonders interessant und wichtig ist bei diesen Systemen, dass sie ihre Entscheidungsfindung begründen und erläutern können; so werden sie zu Beratern menschlicher Nutzer ‚auf Augenhöhe'. Die *Erklärungskomponente* war ein wesentlicher Bestandteil in Expertensystemen, der heutigen KI-Systemen oft fehlt.

Neben den Anwendungen für die Problemlösung in den jeweiligen Wissensgebieten erweist sich *knowledge engineering* zur Entwicklung von Expertensystemen als effektiver Ansatz um Wirkzusammenhänge aufzudecken. Die dabei entstehenden Expertensysteme werden zu wertvollen Lehr- und Lernhilfen bei der Vermittlung von Fachwissen: Informelles oder vages Lehrbuchwissen muss hinterfragt und präzise gefasst werden und wird durch Formalisierung systematisch überprüfbar. So entstehen *Tutor-Systeme* auf der Grundlage der Expertensystemtechnologie, die sich sehr gut eignen, um Zusammenhänge zu verstehen und Implikationen von Entscheidungen zu testen, bevor es im Ernstfall ‚darauf ankommt'.

In den 1980er Jahren erlangten *künstliche neuronale Netze* neue Aufmerksamkeit, nachdem mit mehrschichtigen Netzen grundsätzliche Probleme früherer einschichtiger Ansätze überwunden werden konnten. Neuronale Netze können sowohl zur Symbolverarbeitung als auch zur Verarbeitung subsymbolischer Informationen eingesetzt werden. ‚Subsymbolisch' bedeutet hier, dass einzelnen Informationseinheiten keine Bedeutung explizit zugeordnet werden kann, und die verfügbaren Informationen in Aktivitätsmustern durch das Netzwerk propagiert und modifiziert werden.

3. KI heute

Neuronale Netze bilden die Grundlage für die aktuell erfolgreichen Verfahren zum maschinellen Lernen. Der Begriff ‚KI' steht heute insbesondere für *deep learning* (vielschichtiges Lernen), ein mächtiges Verfahren, bei dem große Datenmengen mit leistungsfähigen Computern in vielfältiger Weise miteinander in Beziehung gesetzt werden. So können in komplexen Systemen Zusammenhänge entdeckt werden, die zuvor nicht bekannt waren. Skeptisch beurteilt handelt dieser Ansatz wenig intelligent, da Zusammenhänge nicht durch Scharfsinn entdeckt werden, sondern dadurch, dass alles mit allem in Beziehung gesetzt wird und Korrelationen ermittelt werden, deren Ursprung oder Ursache nicht bekannt ist. *Intelligenz* wird jedoch üblicherweise eher mit Verstand-gesteuertem und zielgerichtetem Problemlösen in Verbindung gebracht (vgl. auch Beitrag von Kreowski und Krieger in diesem Band).

Noch Ende des zwanzigsten Jahrhunderts verwahrten sich KI-Forscher dagegen, das Schach-Programm *Deep Blue,* das 1996 den amtierenden Weltmeister Kasparov besiegt hatte, ein ‚KI-Programm' zu nennen, da es – anders als gute Schachspieler – die aussichtsreichsten Zug-Optionen durch massives systematisches Probieren *(brute force)* ermittelte. Heute hat das ‚I' in ‚KI' seine ursprüngliche Bedeutung jedoch weitgehend verloren. So werden jetzt fast alle neuartigen künstlichen Informationsverarbeitungsverfahren gerne mit ‚KI' bezeichnet, die klassischen KI-Verfahren (zum Beispiel Suchverfahren und Heuristiken) wurden jedoch in den Fundus der Informatik-Methoden übernommen und werden nicht mehr als ‚KI' wahrgenommen.

KI und Robotik setzen heute auf eine möglichst vollständige Erfassung und Aufzeichnung von Wissen über die Welt und über Handlungen in der Welt in Form von *digital twins* (digitalen Zwillingen) der Welt. Hierfür werden virtuelle digitale Kopien der Welt angefertigt, auf deren Grundlage KI-Programme schließen, lernen und Entscheidungen treffen sowie Handlungen von Robotern planen und simulieren. Der Ansatz würde den alten Menschheitstraum erfüllen, alles, was man über die Welt weiß, einschließlich Fakten, Ereignisse, Methoden, Handlungsoptionen, etc. in einer großen Bibliothek bereitzustellen, um es für spätere Anforderungen abrufen und verwerten zu können.

4. Bewertung von KI-Programmen und ihrer kognitiven Leistung

In den Anfängen der KI wurden unterschiedliche Verfahren zur Lösung eines Problems nach ökologischen, pragmatischen oder ästhetischen Gesichtspunkten bewertet. Programme, die ein Problem schneller, mit weniger Speicheraufwand, auf einem höheren Abstraktionsniveau oder mit einem kürzeren oder eleganteren Programm gelöst haben, galten solchen Programmen überlegen (‚intelligenter'), die umfangreiche Ressourcen zur Lösung des gleichen Problems einsetzten. Bei den damals knapp verfügbaren und teuren Ressourcen *Speicherkapazität* und *Rechenleistung* hatten Grundlagengebiete der Informatik wie Komplexitäts- und Berechenbarkeitstheorie für die Lösung von Problemen mit Computern praktische Relevanz: Programme, die zu lange an der Lösung eines Problems gearbeitet haben, waren wertlos.

Diese Bewertungen standen im Einklang mit Erkenntnissen aus der Biologie, wonach die Natur mit ihren Ressourcen möglichst sparsam umgeht. Dementsprechend fand man höhere (oder ‚intelligentere‘) Wesen dort, wo größere kognitive Ressourcen (etwa in Form von größerem Hirnvolumen) zur Verfügung standen. In Zeiten, in denen Wachstum durch Begehrlichkeiten aus Konsum und Wirtschaft zu einem positiv belegten Begriff geworden ist, ist das Gebot zum sparsamen Umgang mit Rechenressourcen jedoch auch in der KI in den Hintergrund getreten. KI-Leistungen, die auf einem Supercomputer erbracht werden, faszinieren bisweilen mehr als vergleichbare Leistungen in der Natur. So findet beispielsweise ‚pflanzliche Intelligenz‘ (Trewavas 2017) bisher nur eine Nischenaufmerksamkeit, da die Steuerungsleistungen im Umgang mit Ressourcen, die bei Pflanzen zu verzeichnen sind, nicht zu unserem verklärten Intelligenzbegriff passen.

5. Ökologisches Problemlösen

Ökologie bezeichnet Wechselbeziehungen zwischen Organismen und ihrer Umwelt. Auf künstliche Prozesse bezogen kann man mit ‚ökologischem Problemlösen‘ die Anpassung eines Lösungsansatzes und des Aufwandes an die Problemstellung kennzeichnen. Ökologisches Problemlösen ist nach wie vor relevant und könnte aus mehreren Gründen künftig wieder größere Bedeutung erlangen, und zwar sowohl aus theoretischen als auch aus praktischen Erwägungen.

Die Theorie-Motivation besteht darin, dass kognitionswissenschaftliche Grundlagenforschung an der Erforschung der Prozesse interessiert ist, mit denen ein gegebenes Problem gelöst werden kann. Zudem besteht Interesse, die Schritte, die zur Lösung eines Problems führen, transparent nachvollziehbar beschreiben zu können. Hierzu müssen die Struktur spezifischer Probleme und die Prozesse, die vom Problem zur Lösung führen, genau untersucht werden. Berechnungsschritte, die in einem allgemeinen Ansatz benötigt werden, für ein spezielles Problem jedoch keinen nützlichen Beitrag leisten, können identifiziert und eliminiert werden. Auf diese Weise lässt sich auch ein Maß für die Schwierigkeit eines Problems und für den erforderlichen Aufwand seiner Lösung ermitteln. Diese hängen nicht zuletzt von den Strukturen ab, in denen einerseits das Problem gegeben ist und andererseits die Lösung benötigt wird.

Der praktische Grund ist ökologisch-ökonomischer Natur: Der globale Umfang der technischen Informationsverarbeitung wächst in einem Maße, das ihren Energieverbrauch zu einem signifikanten ökologischen und ökonomischen Faktor werden lässt. Wir müssen daher Wege finden, Prozesse maschineller Intelligenz unter Einsatz von weniger Energie zu realisieren. Dies kann auf unterschiedliche Weise geschehen: mit energiesparenden Bauteilen, mit effizienteren Rechenprozessen oder mit Ansätzen, die das Lösen von Problemen nicht in vollem Umfang auf Computer übertragen. Hierbei können wir uns an der Architektur natürlicher kognitiver Systeme orientieren. „Intelligenz pro Kilowattstunde" (Welling 2018) wird zu einem Maß, mit dem man kognitive Leistungsfähigkeit sowohl von KI-Systemen als auch von natürlichen kognitiven Wesen charakterisieren kann.

Natürliche kognitive Wesen (Menschen und Tiere) kommen mit einem um mehrere Zehnerpotenzen geringeren Energieverbrauch aus als heutige Computer. Dies erreichen sie zum einen durch energieeffiziente anpassungsfähige Informationsverarbeitungskomponenten (Nervennetze), zum anderen dadurch, dass sie weniger Informationen verarbeiten. Letzteres kann dadurch ermöglicht werden, dass Informationen auf einem anderen Abstraktionsniveau repräsentiert werden und dadurch, dass unnötige Berechnungen vermieden werden. Der sparsame Umgang mit mentalen Ressourcen beginnt bereits bei der Wissensaufnahme: das menschliche Kurzzeitgedächtnis ist auf wenige „Erinnerungsbrocken" beschränkt; das Langzeitgedächtnis speichert nicht alle wahrgenommenen und erschlossenen Einzelinformationen. Wie können natürliche kognitive Wesen unter diesen Bedingungen dennoch so leistungsfähig sein?

6. Abstraktion und *cognitive off-loading*

Natürliche Gedächtnissysteme verallgemeinern und abstrahieren wahrgenommene Informationen frühzeitig in einer Art, die es erleichtert, an Ursprungsinformationen zurückzugelangen, falls dies erforderlich wird. Auf diese Weise steht natürlichen kognitiven Wesen umfangreiches *Wissen in der Welt* (im Gegensatz zu *Wissen im Kopf*) (Norman 2013) zur Verfügung. Gewissermaßen lagern sie also spezifisches Wissen in ihre externe Umgebung aus (*cognitive off-loading*), auf das bei Bedarf zugegriffen werden kann. Für den Zugriff auf dieses Wissen sind Wahrnehmungsorgane erforderlich, die an einen Ort in der Welt gebracht werden können, an dem das Wissen erreichbar ist.

Beispielsweise kann es ausreichend sein, sich zu merken, dass man an einer bestimmten Kreuzung links abbiegen muss, um zu einem bestimmten Zielort zu gelangen. Details über die Koordinaten der Kreuzung, den Abbiegewinkel, die Form der Kreuzung, etc. müssen wir uns nicht merken – und können somit unseren Weg auch nicht in jedem Detail planen. Dennoch sind wir in der Lage, unseren Zielort zuverlässig zu erreichen. Das abstrakte räumliche Wissen erlaubt eine Grobplanung des Weges, die ausreicht, um die Wahrnehmungsorgane (insbesondere die Augen) an die Stelle zu bringen, an der Detailinformationen für die Navigation gezielt eingeholt werden können. Aber auch jetzt ist keine mentale Repräsentation und Planung in vollem Detail erforderlich; vielmehr kann der Weg in einer engen sensorisch-aktorischen Kopplung des Navigators an seine Umgebung verfolgt werden, indem steuerungstechnisch sichergestellt wird, dass der vorgegebene Weg nicht verlassen wird. Kognitive Wesen darf man also nicht auf ihre rein mentalen Fähigkeiten reduzieren (siehe auch Beitrag von Schumann & Du in diesem Band); man muss die Einbettung ihres Denkapparates und ihrer Sensorik und Aktorik in ihren Körper (*embodiment*) und die Bewegung des Körpers in seiner Umgebung (Situiertheit) bei der Beurteilung ihrer kognitiven Leistung mitberücksichtigen (Miłkowski et al. 2018).

Die Einbettung des Kognitionsapparates in den Körper und dessen raum-zeitliche Umgebung ist vielen räumlichen und physischen Randbedingungen und Regelhaftigkeiten unterworfen. Das begünstigt bestimmte Wahrnehmungen und Handlungen und macht andere, die theoretisch ebenfalls in Betracht kommen, praktisch unmöglich. Beispielsweise müssen wir nicht über Gravitation nachdenken, um von ihr beeinflusst zu werden. Dennoch nutzen wir sie zu unserem Vorteil und als Orientierungshilfe, etwa wenn wir auf einem Seil unsere Balance halten.

Dies hat direkte Auswirkungen auf weitere kognitive Prozesse, die die Wahrnehmung steuern oder durch Wahrgenommenes gesteuert werden. Insbesondere kommt es darauf an, für die jeweilige Problemstellung eine geeignete Abstraktion bereitzustellen. In dem vorausgehenden Kreuzungs-Beispiel zeigten wir dies anhand einer groben qualitativen räumlichen Relation (‚links‘). In Computer-Repräsentationen wählen wir oft Abstraktionen, die zwar gut auf den Computer und einen bevorzugten Repräsentationsformalismus angepasst sind, nicht aber auf die ökologische Nische des zu bearbeitenden Problems. So abstrahieren unsere Formalismen zum Beispiel oft von den Beschränkungen auf zwei oder drei Dimensionen im physischen Raum. Dadurch erhalten wir zwar ein mächtiges Werkzeug, das wir für viele Problemklassen, einschließlich höchst abstrakter Probleme der theoretischen Physik verwenden können; für unser ‚Allerweltsbeispiel‘ müssen wir dieses Werkzeug durch Beschränkungen rechnerisch anpassen. Das kann einen erheblich erhöhten Rechenaufwand mit sich bringen.

7. Affordanz

Gibson nannte die begünstigenden Faktoren in der Umwelt *Affordanzen* (Gibson 1979). Als Wahrnehmungsforscher beschäftigte er sich hauptsächlich mit *wahrnehmbaren* Affordanzen und ihrer Rolle für die Kognition. Unter Anwendungsgesichtspunkten befasst sich auch Norman in Zusammenhang mit Design und Gestaltung von Nutzgegenständen und Umgebungen mit Affordanz (Norman 2013). Er verwendet Beispiele wie Bedienelemente, die durch ihre wahrnehmbare Form ihre Funktion und ihre Nutzung nahelegen. Grundsätzlich bestimmen jedoch auch nicht-wahrnehmbare Affordanzen unsere Handlungen und damit indirekt unsere Wahrnehmung und unser Denken. Beispielsweise eröffnet ein Geheimgang in einem Gebäude oder auf einem Grundstück einen Zugang unabhängig davon, ob ich ihn wahrnehmen kann oder nicht. Durch zufälliges Betreten wird der Gang bekannt und kann in das Wegerepertoire eines kognitiven Wesens aufgenommen werden.

Affordanzen beeinflussen in hohem Maße, wo und wie Menschen und Tiere sich bewegen können und damit mittelbar, was sie sich vorstellen und was sie denken. Räumliche und zeitliche Strukturen und ihre Affordanzen erzeugen ein starkes *Bias* in Bezug auf kognitive Prozesse, nicht zuletzt auch, weil biologische Wahrnehmungsorgane, die korrespondierenden Hirnregionen sowie alle Abläufe in der raum-zeitlichen Welt raum-zeitlich strukturiert und organisiert sind. Physisch und perzeptuell Erreichbares wird gegenüber Unerreichbarem begünstigt. Dadurch ergeben sich für kognitive Wesen ökologische Nachteile, aber auch enorme Vorteile: Ein offensichtlicher Nachteil ist, dass es vielen – wenn nicht den meisten – Menschen schwerfällt, sich Dinge vorzustellen oder Dinge zu denken, die nicht räumlich veranschaulichbar sind – etwa durch ein Bild oder eine Grafik. Dadurch bleibt ein möglicherweise großes Potenzial abstrakter Konzepte ungenutzt und großartige Gedanken bleiben ungedacht.

Auf der positiven Seite kann man vermerken, dass durch raum-zeitliche Affordanzen begünstigte Kognition idealtypisch auf raum-zeitliche Strukturen angepasst ist und dadurch räumliche, zeitliche sowie raum-zeitliche Kognition begünstigen sollte. Dies ist in der Tat der Fall; denn räumliche (und zeitliche) Relationen stehen für die Lösung räumlicher Probleme in der Welt zur Verfügung und können Denkprozesse unterstützen, ohne formal beschrieben werden zu müssen. So können wir beispielsweise einer räumlichen Darstellung einer Punktmenge in einem Diagramm einen steileren oder flacheren Anstieg einer Kurve unmittelbar ablesen, ohne zuvor die Konzepte ‚steiler' oder ‚flacher' als Relation zwischen Punktmengen eingeführt haben zu müssen. Dies hat mit der räumlichen Organisation unseres Sehapparates zu tun, der es uns beispielsweise ermöglicht, in einem Diagramm Punkte zu sehen, (aus Punkten zusammengesetzte) Linien zu sehen, (aus Linien zusammengesetzte) Konfigurationen zu sehen, ohne die jeweils nächste Stufe rechnerisch aus der vorigen Stufe ermitteln zu müssen.

Grundlegende Konzepte wie ‚Nachbarschaft' ergeben sich direkt aus der Organisationsstruktur des Raumes und aus den im Raum verfügbaren Prozessen. Die Korrespondenz räumlicher Strukturen und räumlicher Problemlöseprozesse kann für effektives und effizientes räumliches Problemlösen direkt eingesetzt werden (Freksa 2015). Die strukturelle Anpassung des kognitiven Problemlöseprozesses an das Problem weist starke Parallelen zur Anpassung biologischer Organismen an ihre ökologische Nische auf.

8. Probleme verstehen vs. Probleme lösen

Während Menschen und Tiere im Alltag ihre Intelligenz bzw. Kognition umfangreich einsetzen, um Aufgaben zu bewältigen oder Probleme zu *lösen*, setzen wir sie in der Wissenschaft insbesondere auch ein, um Probleme und ihre Lösung zu *verstehen*. Dies sind zunächst zwei unterschiedliche Dinge: während es beim Problemlösen oft nur darauf ankommt, von einem Ausgangszustand einen bestimmten Zielzustand zu erreichen, so kommt es beim Verstehen darauf an, eine Serie von Operationen Schritt für Schritt nachvollziehen oder auf elementare Operationen reduzieren zu können. Komplexe Prozesse Schritt für Schritt nachvollziehen zu können ist kognitiv nicht gleichbedeutend damit, dass man das Gesamtsystem versteht. So überzeugt ein seitenlanger mathematischer Beweis seine Leser nicht automatisch in seiner Gesamtheit, auch wenn jeder einzelne Schritt plausibel ist (siehe auch Beitrag von Wenz in diesem Band).

Bei räumlichen Problemen kann der Unterschied zwischen dem Lösen von Problemen und dem Verstehen der Lösung besonders offensichtlich werden: Ein räumlicher Problemlöseprozess kann die gleichzeitige räumliche Veränderung mehrerer Objekte und Relationen involvieren (etwa beim Öffnen eines Honigglases mit Schraubverschluss). Ein tiefgehendes Verstehen dieser Prozesse erfordert die sequentielle Verfolgung einzelner Kausalketten, die in dem zu verstehenden System parallel zueinander ablaufen und durch Interaktion miteinander gekoppelt sind (das Greifen des Glases und das Greifen des Schraubverschlusses mit zwei verschiedenen Händen; das feste Drücken beider Griffe; das gegenläufige Verdrehen beider Hände; das Beibehalten bestimmter Orientierungen des Glases; etc.). Die Funktion des Gesamtsystems leuchtet unter Umständen jedoch erst ein, wenn man die räumlich-interaktiven Prozesse in Aktion (und selbsttätig) erlebt.

Entsprechend unterschiedlich können die kognitiven Prozesse für die jeweiligen Anforderungen ausgestaltet sein: während kognitives Problemlösen durch stark interaktive parallele Prozesse realisiert werden kann, deren generelle Funktion zwar bekannt ist, deren einzelne Schritte jedoch oft nicht nachvollzogen werden können, erfordern Verstehensprozesse eine sequentielle Beschreibung. Sequentielle Beschreibungen finden wir auch im logischen Schließen; aufgrund dieser Strukturähnlichkeit eignet sich logisches Schließen prinzipiell gut zum Nachvollziehen und Verstehen von Problemlöseprozessen.

Logisches Schließen bildet die Grundlage für automatisches Beweisen. Diese Technologie kann nicht nur verwendet werden, um existierende Prozesse auf ihre Schlüssigkeit hin zu untersuchen; sie kann auch verwendet werden, um zu einem gegebenen Problem einen Lösungsweg zu generieren und dabei die zum Verstehen dieses Lösungswegs notwendigen Informationen gleich mitzuliefern. So hat die KI ein mächtiges Werkzeug entwickelt, das Problemlösen und -verstehen auf der Grundlage von Beschreibungen durchführen kann.

9. Strukturen und ihre Beschreibung

Der Haken besteht jedoch darin, dass sich raum-zeitliche interaktive Prozesse strukturell grundlegend von ihren Beschreibungen unterscheiden; dadurch weicht das Verständnis von Prozessen auf der Grundlage ihrer Beschreibung unter Umständen erheblich von deren Dynamik in der räumlichen Struktur selbst ab. Dieser Unterschied ist uns vertraut durch das unterschiedliche Verständnis, das wir gewinnen können, wenn wir einerseits eine sprachliche Beschreibung eines Sachverhaltes oder Prozesses bekommen und andererseits eine Grafik des Sachverhaltes oder eine visuelle Darbietung des Prozesses.

Wie uns von der Mathematik vertraut ist, ist es attraktiv, Problemlösungen ausschließlich auf der Beschreibungsebene durchführen zu können. Dies setzt jedoch voraus, dass die Abbildung zwischen der realen Welt, in der das eigentliche Problem zu lösen ist, und seiner formalen Beschreibung trivial oder unanfechtbar ist. Das kann insbesondere dann der Fall sein, wenn die Probleme bereits in der realen Welt sequentieller Natur sind. Raum-zeitliche Konfigurationen kann man zwar wahrheitsgetreu sequentiell beschreiben; ihre interaktiven Prozesse lassen sich im Allgemeinen jedoch nicht strukturerhaltend auf Beschreibungen abbilden.

10. Wissenserfassung und Digitale Zwillinge

Auf der Wissensebene kann über die Eigenschaften und Relationen in der Welt argumentiert und geschlossen werden, wodurch Wahrnehmungen und Handlungen in der Welt nachvollzogen, geplant oder initiiert werden können. Probleme auf der Wissens- bzw. Beschreibungsebene zu lösen entspricht dem klassischen Ansatz der *schwachen KI* (Searle 1980). Wenn alles erforderliche Wissen zur Lösung eines Problems explizit beschrieben ist (‚digitaler Zwilling‘), können wir grundsätzlich durch Interpretation der Beschreibungen und durch Schlussfolgern Wissen über genau die Zustände ableiten, die in der Welt erreicht werden können. Somit kann der digitale Zwilling als *logisch äquivalent* zur beschriebenen Welt betrachtet werden. Allerdings ist der Zwilling nicht *prozedural äquivalent* zu den Vorgängen in der räumlichen Welt, da die Strukturen der Welt und ihrer (eindimensionalen) Beschreibung sich in der Regel grundsätzlich voneinander unterscheiden. Dadurch ist der Weg zur Bewältigung einer Aufgabe auf der Beschreibungsebene im Allgemeinen ein anderer als in der realen Welt.

Dieser Sachverhalt wird in der KI-Forschung kaum thematisiert, wenn nicht gar ‚unter den Teppich gekehrt‘. So werden etwa auf dem Gebiet des *Commonsense Reasoning* ausschließlich formale Ansätze zum Lösen von Alltagsproblemen betrachtet, obwohl schon der Begriff ‚*commonsense*‘ darauf hindeutet, dass perzeptuell-sensorische Prozesse involviert sind, und diese sind naturgemäß hochgradig interaktiv. Die Interaktionen können zwar einzeln korrekt beschrieben und erklärt werden; sie werden jedoch durch Schlussfolgerungsprozesse in ihrer Wechselwirkung nicht nachvollzogen. Damit kann das erklärte Ziel vieler Modellbildungsansätze, ein strukturelles Modell für ‚gesunden Menschenverstand‘ zu konstruieren, nicht erzielt werden.

Ein *digital twin* in einer Wissensbibliothek weist eine völlig andere innere Struktur auf als seine Zwillingsschwester in der Natur: Er enthält formale Repräsentationen unseres Wissens über die Welt. Diese Repräsentationen sind – ähnlich wie Texte in Büchern – sequentielle Beschreibungen von Sachverhalten. Jeder einzelne Aspekt wird separat beschrieben; jede Wissensebene über ein Objekt bekommt eine eigene Beschreibung: Implizit in der Welt vorhandene Eigenschaften und Beziehungen werden als Wissen über einzelne Sachverhalte explizit gemacht.

Während in der realen räumlichen Welt alle Eigenschaften einer räumlichen Konfiguration auf allen Granularitätsstufen (von der atomaren Ebene über die Gegenstandsebene bis hin zur Konfigurationsebene) und allen Aspekten (von der materiellen Zusammensetzung und dem Härtegrad über die Farbe bis hin zu Form und Größe) am Ort der Konfiguration selbst (und zwar an der gleichen Stelle) vorhanden sind und abgegriffen werden können, muss für jeden Aspekt einer Beschreibung gewissermaßen ein neues Blatt in der Wissensbibliothek angelegt werden. Je mehr wir also über ein und dasselbe Objekt wissen, desto weiter bläht sich dessen Beschreibung (sein digitaler Zwilling) auf.

Entsprechend mehr Rechenleistung muss investiert werden, um das angereicherte Wissen zu berücksichtigen. Dies leuchtet ein, wenn wir wissenschaftliche Interessen verfolgen und mehr über die in Frage stehenden Systeme erfahren möchten; es leuchtet weniger ein, wenn wir ‚smarte' Systeme nachbilden wollen, bei denen wir davon ausgehen, dass mehr Raffinesse zu effizienteren Lösungen führen kann.

Biologische Systeme kommen weitgehend ohne Zwilling aus: mit ihren Wahrnehmungs- und Handlungsfähigkeiten arbeiten sie direkt mit dem Original und nutzen dessen implizite Eigenschaften und Affordanzen. Lediglich stark reduzierte abstrakte Repräsentationen werden mental zwischengespeichert, um zielgerichtet agieren und effizient entscheiden zu können. Die Welt selbst enthält („repräsentiert") eine Unzahl von Aspekten einschließlich unzähliger Wechselwirkungen, die in der reichhaltig strukturierten physischen Welt enthalten sind.

11. Ökologische Nischen und Abkürzungen

Kognitive Agenten (Menschen, Tiere und sogar Pflanzen) können sich das „Wissen in der Welt" und dessen Eigenschaften in ihrer jeweiligen ökologischen Nische direkt zunutze machen, ohne alle Details kennen, geschweige denn verstehen zu müssen. Intelligente Entscheidungen können gewissermaßen von den Wirkungen ausgehend statt von den Ursachen, also vom Groben zum Feinen, getroffen werden. Dabei sorgen Affordanzen und Randbedingungen in der Welt dafür, dass keine unmöglichen (theoretischen) Konstellationen berücksichtigt werden müssen. Wissenslücken halten Handlungs- und Entscheidungsprozesse nicht auf.

Modelle kognitiver Wesen müssen mit kognitiven Entwicklungsprozessen vereinbar sein. Diese Prozesse bedingen naturgemäß, dass Wissen, Erfahrungen, Schlussfolgerungsfähigkeiten, etc. über die Zeit aufgebaut werden. Das funktioniert jedoch nur, wenn die Modelle bereits mit unvollständigem Repertoire fungieren können. Mit abstrakten Schluss-folgerungsmodellen der klassischen KI sind solche Fähigkeiten nur schwer zu erstellen; denn sie erfordern in der Regel die Verfügbarkeit einer vollständigen Inferenzmaschine, um die Prozesse zu steuern. Af-fordanz-basierte Modelle hingegen sind mit kognitiver Entwicklung gut verträglich: werden Affordanzen von einem kognitiven Wesen (noch) nicht erkannt, so gestaltet sich eine Problemlösung möglicherweise kom-plizierter; sie wird jedoch nicht blockiert. Nicht erkannte Affordanzen können kognitive Entwicklungsprozesse wirkungsvoll unterstützen: wird zum Beispiel ein verborgener Zugang nicht als solcher erkannt, so kann dessen unabsichtliche oder zufällige Begehung zur Entdeckung der Affordanz führen, was wiederum zur Erweiterung des kognitiven Repertoires führen kann.

Es gibt gute Gründe, weshalb höhere natürliche kognitive Wesen ih-ren Denkapparat mit sich in der Welt herumtragen anstatt ihn unter idealen klimatischen Bedingungen in einem stationären Denkzentrum zurückzulassen: auf diese Weise können sie den Strukturreichtum der Welt über Perzeption und Handlung direkt, interaktiv und selektiv in ihren kognitiven Problemlöseprozess einbeziehen ohne ihn vollständig repräsentieren und darüber schlussfolgern zu müssen. Solche Abkür-zungen erscheinen intelligent.

12. Fazit

Die KI kann mit *deep learning* eindrucksvolle Leistungen vorweisen, wenn es darum geht, aus Massendaten *(big data)* Muster zu extrahie-ren, die Menschen ohne die Technologie verborgen bleiben. Sie hat je-doch noch einen weiten Weg vor sich, wenn sie sich mit der natürlichen Kognition von Mensch und Tier bei der Lösung von Alltagsproblemen messen lassen will. Eine wichtige Rolle von (emotionaler, sozialer, etc.) Intelligenz besteht darin, ein Problem zunächst einmal einzuordnen und Methoden zu wählen, mit denen das spezielle Problem in der spe-ziellen Situation angegangen werden kann und soll (vgl. auch Beitrag von Schumann und Du in diesem Band). Oft stehen dabei nur weni-ge Informationen *(small data)* und nur wenige Ressourcen für das (sich möglicherweise erst entwickelnde) Problem zur Verfügung. Dies sind Situationen, in denen Affordanzen für kreative Lösungen besonders hilfreich sein können. Diese können von KI-Systemen bislang nur sel-ten genutzt werden.

Den Unterschied zwischen *schwacher* und *starker KI* (Searle 1980) kann man als den Unterschied zwischen der abstrakten Beschreibung und berechnender Ausführung einer Problemlösung einerseits und der eigentlichen Lösung des Problems in Geist, Körper und der Welt andererseits charakterisieren. Es gibt nur einen kleinen Bereich, in dem dieser Unterschied nicht existiert oder keine Rolle spielt, nämlich dort, wo die Probleme ursprünglich bereits als abstrakte Probleme gegeben sind, wie etwa bei Brettspielen.

Informatik und KI bringen die Welt über Beschreibungen in die Computer; in der Natur wird das Denken in die Prozesse der raum-zeitlichen Welt integriert. Die technologischen Möglichkeiten, den Weg der Natur nachzubilden sind inzwischen in einigen Schlüsselbereichen, die die Welt mit ihrer Beschreibung – oder allgemeiner: mit ihrer *Repräsentation* – verbindet, weit vorangeschritten: biologische Sensoren und Perzeptionsmechanismen sind erforschbar geworden und künstliche Sensoren erreichen eine Leistungsfähigkeit, mit der die darauf bezogenen kognitiven Prozesse mit Biologie-nahen Ansätzen neu gedacht werden können. Biologische Aktuatoren, die in der Lage sind, Wahrnehmungen und Handlungen kognitiver Wesen räumlich zu steuern und sogar ihre Umwelt umzugestalten, können immer besser durch künstliche Aktuatoren nachempfunden und in autonomen mobilen Robotern erprobt und eingesetzt werden.

Die in Naturwissenschaft und Technik dominante Außenperspektive auf die Welt wird der Nachbildung kognitiver Prozesse autonomer Agenten nicht in idealer Weise gerecht, da sie eine Repräsentation der Welt von außen erfordert, die ein in seine Umgebung eingebettetes kognitives Wesen für die Bewältigung der meisten Alltagsprobleme weder zur Verfügung hat noch benötigt. Eine alternative Möglichkeit besteht darin, die Agenten-Perspektive auf ein Problem einzunehmen. In der mobilen Robotik liegt diese unter anderem auch deshalb nahe, weil der Roboter seine Sensorik und Aktorik mit sich führt und durch seine Umgebung bewegt. Die Agenten-Perspektive ermöglicht eine direkte Kopplung von Sensorik und Aktorik an die räumliche Umgebung. Dadurch werden zum Beispiel Transformationen überflüssig, die zwar für die wissenschaftliche Außenbetrachtung erhellend sein können, für den Problemlöseprozess des kognitiven Wesens in seiner Umgebung aber nicht hilfreich sind.

Die Frage der Repräsentation und der zu lösenden Aufgabe präsentiert sich in der Agenten-zentrierten Sicht anders: es geht nicht darum, auf einem Zwilling der Welt ein Problem abstrakt zu lösen, bevor die Lösung auf dem physischen Agenten nachvollzogen wird; vielmehr verlagert sich die mentale Aufgabe von der Rekonstruktion räumlicher Konfigurationen im Computer auf die Frage, welche Wahrnehmung und welche Handlung für den Agenten zur Lösung eines gegebenen Problems zielführend ist. Interessante Fragen, die in einer Welt-zentrierten KI-Sichtweise als untergeordnet angesehen wurden, erhalten in einer Agenten-zentrierten Betrachtungsweise neue Relevanz.

13. Dank

Ich danke der Universität Bremen für die Einrichtung einer Forschungsprofessur, die diese Arbeit unterstützt. Die Deutsche Forschungsgemeinschaft hat durch großzügige Mittelbereitstellung für den Sonderforschungsbereich SFB/TR 8 *Spatial Cognition – Reasoning, Action, Interaction* die Voraussetzungen hierfür geschaffen. Den anonymen Gutachtern danke ich für wertvolle Hinweise. Thomas Barkowsky danke ich für ausführliche kritische und konstruktive Diskussionen und für Anmerkungen, die zu einer Schärfung meiner Ausführungen beigetragen haben. Felix Kroll danke ich für wertvolle Anregungen.

Literatur

Braitenberg, Valentino (1986): *Vehicles: Experiments in Synthetic Psychology.* MIT Press, Cambridge 1986.

Freksa, Christian (1990): Cognitive Science – eine Standortbestimmung. In: *Universitas,* 525, 232-240.

Freksa, Christian (2015): Strong spatial cognition. In: Fabrikant, Sara Irina; Raubal, Martin; Bertolotto, Michela; Davies, Clare; Freundschuh, Scott; Bell, Scott [eds.] *Spatial Information Theory* (COSIT 2015), LNCS 9368. Springer, Heidelberg, 2015, 65-86. DOI 10.1007/978-3-319-23374-1_4

Gibson, James J. (1979): *The Ecological Approach to Visual Perception.* Lawrence Erlbaum Assoc., New Jersey 1979.

McCulloch, Warren; Pitts, Walter (1943): A logical calculus of the ideas immanent in nervous activity. In: *Bulletin of Mathematical Biophysics,* 5, 115-133.

Miłkowski, Marcin; Clowes, Robert; Rucinska, Zuzanna; Przegalinska, Aleksandra; Zawidzki, Tadeusz; Krueger, Joel; Gies, Adam; McGann, Marek; Afeltowicz, Łukasz; Wachowski, Witold; Stjernberg, Fredrik; Loughlin, Victor; Hohol, Mateusz (2018): From Wide Cognition to Mechanisms: A Silent Revolution. In: *Frontiers in Psychology* 9, 2393. DOI 10.3389/fpsyg.2018.02393

Norman, Donald A. (2013). *The design of everyday things.* Basic Books, New York 2013.

Russell, Stuart; Norvig, Peter (2020). *Artificial Intelligence: A modern approach*. Pearson, London 2020.

Searle, John (1980): Minds, brains and programs. In: *Behavioral and Brain Sciences* 3, 417-458

Trewavas, Anthony (2017): The foundations of plant intelligence. In: *Interface Focus* 7, 1-18.

Welling, Max (2018): *Intelligence per Kilowatt Hour*. Invited talk, ICML 2018, Stockholm.

Daniel Wenz

Künstliche Intelligenz in mathematischen Beweisen und das Problem der Erklärbarkeit

Abstract: Mathematische Beweise gelten als Paradigma nachvollziehbarer Argumente. Zugleich haben die meisten der klassischen Systeme Künstlicher Intelligenz ihren Ursprung in einer Auseinandersetzung mit der Struktur mathematischer Beweise. Es wäre also zu erwarten, dass der Einsatz von Systemen Künstlicher Intelligenz im Rahmen der Mathematik zu einem neuen Typ von (zumindest von Mathematiker*innen) besonders gut nachvollziehbaren Beweisen führt. Oft ist das Gegenteil der Fall. Im Folgenden wird dieser Umstand als prototypischer Fall des Problems der erklärbaren Künstlichen Intelligenz gedeutet und von seinem historischen Ursprung her rekonstruiert. Dabei werden auch mögliche Lösungsansätze diskutiert und auf das weitere Feld der erklärbaren Künstlichen Intelligenz ausgeweitet.

1. Was erwarten wir von einem mathematischen Beweis?

1.1 Das Problem

In der 534sten Ausgabe der Zeitschrift *Nature* fand sich auf Seite 17 die folgende, spektakuläre Überschrift: „Maths proof smashes size record". Es war von dem längsten bis dahin verzeichneten Beweis in der Geschichte der Mathematik die Rede. Ebenso interessant war der Untertitel zu dieser Überschrift: „Supercomputer produces a 200-terabyte proof – but is it really mathematics?" Es wurde also angezweifelt, ob es sich bei diesem riesigen, von einem Computer ‚produzierten' Beweis wirklich um etwas handelt, dass als Mathematik bezeichnet werden kann. Um diese Frage zu beantworten, lohnt es sich erst einmal das gelöste Problem selbst anzuschauen und dann zu überlegen, welche Art von Lösung unseren Erwartungen nach eine ‚echt mathematische' wäre.

Der in Heule / Kullmann / Marek (2016) erschienene Beweis liefert eine Lösung des sogenannten boolschen pythagoreischen Tripel-Problems (bpT-Problem). Anschaulich formuliert geht es um die folgende Frage: „Ist es möglich, die natürlichen Zahlen (die Zahlen der Reihe 1,2, 3 ,...) blau und rot einzufärben, so dass keine drei Zahlen, die zueinander in dem Verhältnis $a^2 + b^2 = c^2$ stehen, dieselbe Farbe haben?" Bei

145

einer positiven Antwort dürfen also die Zahlen eines Tripels wie etwa 3, 4 und 5 nicht ausschließlich rot oder blau sein. Dabei geht es geht natürlich nicht wirklich darum, irgendetwas einzufärben. Das bpT-Problem thematisiert eine Eigenschaft des Systems der natürlichen Zahlen (das Verhältnis $a^2+b^2=c^2$) und betrachtet, wie sich diese Eigenschaft zu einer bestimmten Einteilung der natürlichen Zahlen verhält. Diese Eigenschaft besteht darin, dass das pythagoreische Verhältnis $a^2 + b^2 = c^2$ grundlegende Informationen über die Operationen der Addition, Multiplikation und Potenzierung und damit zur Struktur der natürlichen Zahlen selbst ‚kodiert‘. Eine positive Antwort auf das bpT-Problem ist daher für Mathematiker*innen sehr interessant. Noch interessanter wäre eine negative Antwort unter Angabe einer Grenze, in dem Sinne ‚eine solche Einfärbung ist nur für die Zahlen 1 bis 1000 möglich‘. Denn von einem solchen Ergebnis ließen sich, neben dem Oben erwähnten, weitere Erkenntnisse dazu gewinnen, wie das System der natürlichen Zahlen seine Eigenschaften unter der Modifikation seiner Größe dynamisch verändert.

Das Ergebnis des gigantischen computergenerierten Beweises fiel nun in diesem positiven Sinne negativ aus: Die verlangte Einfärbung lässt sich nur bei den Zahlen 1-7824 vornehmen. Dennoch liefert der Beweis keine der zu erwartenden Erkenntnisse über die natürlichen Zahlen. Er besteht (auch der Einschätzung seiner eigenen Autoren nach) aus einem willkürlich anmutenden Haufen von Daten, der lediglich eine komplexe, nicht von Menschen durchschaubare Fallunterscheidung ausdrückt (Heule / Kullmann / Marek 2016, S.3, 15). Der Grund hierfür liegt in den angewandten Methoden der automatisierten Beweisführung, die auf die spezifischen Stärken eines Computers ausgerichtet sind. Bevor auf diese und andere derartige Methoden der automatisierten Beweisführung näher eingegangen wird, soll zur Schärfung des Kontrastes auf die Eigenarten komplexerer ‚klassischer‘ mathematischer Beweise eingegangen werden.

1.2 Die konzeptuelle Ebene eines guten mathematischen Beweises:
Die gödelschen Unvollständigkeitssätze

Auf den ersten Blick wird einer nicht in der Mathematik oder formalen Logik geschulten Leserschaft auch ein komplexer, ‚klassisch‘-mathematischer Beweis nicht anders erscheinen als die Lösung des bpT-Problems – als ein unverständlicher Haufen von Daten. Auf den zweiten Blick ist aber auch für den Laien zu erkennen, dass hier etwas aus etwas Anderem hervorgeht, dass Schlussfolgerungen gezogen werden. Aber

146

auch an solchen Stellen scheint es nichts Zusätzliches zu verstehen zu geben, scheint die Abfolge von Symbolen nicht mehr zu bedeuten als eine einfache Rechnung eben bedeuten kann. „2 + 3 = 5" bedeutet eben 2 + 3 = 5, nicht mehr und nicht weniger. Dies ändert sich auch dann nicht, wenn die aneinander gefügten Symbole zahlreicher werden und komplexer sind. Dieser Eindruck täuscht jedoch. Ein interessanter mathematischer Beweis enthält eine konzeptuelle Ebene, die es ermöglicht, ihn nicht nur als eine Reihe von Umformungen von Formeln nachzuvollziehen, sondern ihn auch zu verstehen. Ein solches Verstehen eines Beweises leistet im Gegensatz zu einem bloßen Nachvollziehen mehr, als nur unser Vertrauen in die Korrektheit seines Resultates weiter zu erhöhen. Es lässt uns dieses Resultat selbst erst richtig erfassen, indem es ihm einen Platz in einem größeren theoretischen Kontext zuweist. Dies ist auch der Grund, warum immer wieder neue Beweise für bereits bewiesene Sätze entwickelt werden. Vom Standpunkt der Rechtfertigung des Ergebnisses wären solche Beweise überflüssig. Bezüglich des Erkenntnisgewinns sind sie jedoch äußerst wertvoll: Jeder weitere Beweis lässt uns etwas Neues über sein Resultat erfahren und erhellt darüber hinaus auch den mathematischen Kontext, aus dem heraus er geführt wird.

Ein Beispiel, an dem sich besonders gut veranschaulichen lässt, was es mit dieser ‚verborgenen' konzeptuellen Ebene guter mathematischer Beweise auf sich hat, ist der von Kurt Gödel 1931 erstmals publizierte Beweis *Über formal unentscheidbare Sätze der Principia mathematica und verwandter Systeme* (Gödel 1931). Im Rahmen dieser Arbeit, die zu den wichtigsten und einflussreichsten mathematischen Publikationen des letzten Jahrhunderts zählt, werden zum Zweck der Beweisführung systematisch Zusammenhänge zwischen drei unterschiedlichen mathematischen Bereichen aufgedeckt. So sagt uns Satz V der gödelschen Arbeit, dass es einen wichtigen Zusammenhang zwischen dem Bereich der formalen Systeme und dem der primitiv-rekursiven Relationen gibt, dass sich der eine in dem anderen repräsentieren lässt. Der Beweis von Satz V konstatiert dies nicht einfach, sondern er zeigt, worin dieser Zusammenhang besteht und was es mit einer solchen Repräsentation auf sich hat. Der Beweis von Satz VII deckt einen Zusammenhang zwischen dem Bereich der primitiv-rekursiven und dem der arithmetischen Relationen auf. Im Beweis von Satz VIII werden schließlich die Zusammenhänge zwischen den Bereichen der Arithmetik, der primitiv-rekursiven Relationen und der formalen Systeme so zusammengebracht, dass klar wird, dass es innerhalb der Arithmetik (insofern sie nicht inkonsistent ist) Sätze gibt, die mit den Mitteln der Arithmetik selbst nicht entschieden werden können. Dieses Resultat ist nicht nur an sich selbst von immenser Bedeutung, sondern es schließt darüber hinaus die drei unterschiedlichen mathematischen Bereiche zusammen und liefert so auch wichtige Erkenntnisse über ihre Feinstruktur.

Das Aufzeigen von Zusammenhängen zwischen verschiedenen mathematischen Bereichen ist also ein wesentlicher Teil des Beweises. Es erzeugt eine Art Orientierungswissen im Rezipienten: Nachdem jemand den gödelschen Beweis verstanden hat, kann er sich besser sowohl zwischen als auch innerhalb der verschiedenen Bereiche bewegen. Der Beweis enthüllt etwas über die interne Struktur eines Bereichs, indem er etwas über sein Verhältnis zu den anderen Bereichen aufzeigt. Dies drückt sich direkt in einer zentralen These des Beweises aus: Aus dem Zusammenhang mit den anderen mathematischen Bereichen wird etwas über den Satz G einer dieser Bereiche explizit, was ohne den Zusammenhang lediglich implizit war. Veranschaulichend gesprochen sagt dieser Satz (indirekt) über sich selbst aus, dass er (in einem bestimmten Typ formaler Systeme) nicht beweisbar ist. Wie Gödel bemerkt, „behauptet [dieser Satz, D.W.] zunächst die Unbeweisbarkeit einer ganz bestimmten Formel [...] und erst nachträglich (gewissermaßen zufällig) stellt sich heraus, daß diese Formel gerade die ist, in der er selbst ausgedrückt wurde" (Gödel 1931, S.150, F15). Es stellt sich natürlich nicht ‚zufällig' heraus, dass die fragliche Formel den fraglichen Satz repräsentiert, sondern es ist die brillante Konstruktion Gödels, die diesen Zusammenhang zu diesem Zweck herstellt und die Unbeweisbarkeit dadurch sichtbar macht. Das Verstehen dieser Konstruktion und der Nachvollzug ihres Grundes sind essentielle Bestandteile der Tätigkeit des Verstehens des Beweises.

Um die gödelsche Konstruktion des Satzes zu verstehen, muss erkannt werden, dass das Konzept der Diagonalisierung in sie eingeschrieben ist. Diese Methode geht auf Georg Cantor zurück und ist ein Grundpfeiler der von ihm begründeten Mengenlehre. Als universal einsetzbares Mittel gehört sie heute zur mathematischen Grundausstattung. Sie folgt in etwa diesem Schema: Es wird ein Satz konstruiert, dem aufgrund des Inhalts, der ihm in einem bestimmten theoretischen Kontext zukommt, ein bestimmter Platz in einer Ordnungsstruktur zugewiesen wird (etwa eine bestimmte Position in einer Reihe oder Liste). Dann wird nachgewiesen, dass er nach den Regeln dieses Kontextes nicht in dieser Ordnungsstruktur auftauchen kann. Als Konzept muss die Diagonalisierung an das jeweilige theoretische Umfeld angepasst werden. Im Fall des gödelschen unentscheidbaren Satzes G sieht das in etwa folgendermaßen aus: Der Satz G sagt, dass eine bestimmte Formel H zu einer bestimmten Klasse von Formeln K gehört. Die Formeln dieser Klasse K sind dadurch ausgezeichnet, dass sie nicht beweisbar sind. Zusätzlich repräsentiert die Formel H den Satz G. In diesem Sinne ‚behauptet' G von sich selbst, nicht beweisbar zu sein. Es gilt dann Folgendes: Wenn G beweisbar wäre, dann wäre G nicht beweisbar und wenn G nicht beweisbar wäre, dann wäre G beweisbar. Falls es möglich wäre, den Satz G in dem fraglichen formalen System zu beweisen, würde das System also einen Widerspruch enthalten - es wäre inkonsistent. Um den gödelschen Beweis korrekt auffassen zu können, muss der Rezipient diese Diagonalisierungsstrategie erkennen und in den Kontext des gesamten Beweises einordnen können.

Die Konstruktion des Satzes G ist ein Beispiel für den häufig auftretenden Fall, dass ein mathematischer Beweis als bloße Folge von Umformungen relativ einfach nachvollzogen werden kann, seine konzeptuelle Ebene aber nur sehr schwierig zu erfassen ist. Die konkrete Formulierung des unentscheidbaren Satzes lautet in Gödels Originaltext „17 Gen r" (Gödel 1931, S.188). Diese Formel ist Resultat einer einfach verständlichen Reihe von Umformungen und Einsetzungen. Den konzeptuellen Gehalt dieser Formel und ihrer Genese kann man aber nur erfassen, wenn man die in sie eingebaute Diagonalisierung erkennt und die indirekte Selbstreferenz der Formel nachvollziehen kann. Das Letztgenannte erfordert die Fähigkeit, die zuvor offen gelegten Verbindungen zwischen den drei mathematischen Bereichen im Blick zu behalten und sich in dem durch sie generierten theoretischen Labyrinth orientieren zu können.

Die konzeptuelle Ebene eines mathematischen Beweises ist nicht etwas, das über oder außerhalb der Formeln und Zusammenhänge steht, die sie ausdrücken, sondern sie konstituiert sich wesentlich darüber, wie wir diese Formeln und Zusammenhänge auffassen. Dieses Auffassen lässt sich als ein Orientierungswissen beschreiben. Ein solches Wissen ist ein praktisches Wissen, eine Fähigkeit. Das Konzept der Diagonalisierung etwa hat nur der verstanden, der es in unterschiedlichen Umsetzungen wiedererkennt und in der Lage ist, es im Kontext neuer Aufgabenstellungen selbständig anzuwenden. Die Grenze zwischen der konzeptuellen und der formalen Ebene ist fließend und beide Bereiche haben sich in der Geschichte der Mathematik gegenseitig befruchtet. Sobald sich die Regeln für eine Praxis angeben lassen, lässt sie sich bis zu einem gewissen Grad mit den formalen Mitteln der Mathematik beschreiben. So hat die Praxis des Beweisens selbst durch die mathematische Disziplin der Beweistheorie eine solche Behandlung erfahren (Peckhaus 1995). Um die Formeln dieser neuen Disziplinen zu verstehen, ist es jedoch nötig, ihr Verhältnis zu der ursprünglichen Praxis zu erfassen, also etwa zu verstehen, wie sich die Formeln der Beweistheorie zu den ,echten' mathematischen Beweisen verhalten. Dieses Verstehen generiert ein neues Orientierungswissen, das sich selbst wieder fruchtbar einsetzen lässt. So kann man etwa ein Theorem beweisen, indem man nicht direkt den Beweis für es führt, sondern indem man beweist, dass es einen Beweis für es geben muss. Ein solcher Beweis wird jedoch nur als ein Beweis akzeptiert, wenn die Zusammenhänge zwischen beiden begriffen und akzeptiert wurden. Auch die Praxis, sich zwischen unterschiedlichen mathematischen Bereichen zu orientieren, ist zum Gegenstand einer eigenständigen mathematischen Disziplin geworden: Der Kategorientheorie. Sie wird dementsprechend auch als ,konzeptuelle Mathematik' bezeichnet (Lawvere / Schanuel 2009). Aber auch sie ist als formale Theorie auf ein nachvollziehendes Verstehen ihrer eigenen konzeptuellen Ebene angewiesen.

2. Automatisierte Beweisführung und Künstliche Intelligenz

2.1 SAT

Wie verhält es sich nun mit der konzeptuellen Ebene in Beweisen wie der Lösung des bpT-Problems? Das bpT-Problem wurde maßgeblich durch den Einsatz eines SAT-Solver gelöst. „SAT" steht für „satisfiable" – erfüllbar. Ein SAT-Solver überprüft, ob eine komplexe logische Formel erfüllbar ist, d.h. ob es ein Modell gibt, dass sie wahr macht. Damit ist Folgendes gemeint: Eine logische Formel hat etwa die Form $\sim a \vee b$ (nicht a oder b). Sie besteht aus Variablen (a, b) und logischen Konstanten ($\sim$, $\vee$). In dem Beispiel befinden wir uns in der Aussagenlogik, d.h. in die Variablen dürfen beliebige Aussagen eingesetzt werden (z.B. a: „Es regnet" und b: „Die Straße ist nass"; die Beispielformel $\sim a \vee b$ hieße übersetzt: „Entweder nicht „Es regnet" oder „die Straße ist nass"). Das, was die Satzvariablen aussagen, kann entweder wahr oder falsch sein (Entweder es ist wahr, dass es regnet oder falsch). Die Satzvariablen sind die kleinsten Bestandteile einer satzlogischen Formel, denen ein Wahrheitswert zugeschrieben werden kann. Die logischen Konstanten werden darüber definiert, wie sie diesen Wahrheitswert in komplexen Sätzen verändern. So vertauscht in Anlehnung an die natürlichsprachige Negation die logische Konstante $\sim$ den Wahrheitswert: Der komplexe Satz $\sim a$ ist dann wahr, wenn a falsch ist. Die logische Konstante $\vee$ ist an das natürlichsprachige (einschließende) „oder" angelehnt: Der komplexe Satz $a \vee b$ wird nur dann falsch, wenn sowohl a als auch b

falsch sind, unter jeder anderen Wahrheitswertbelegung ist er wahr. Eine Wahrheitswertbelegung der Satzvariablen einer komplexen logischen Formel, das diese insgesamt wahr macht, wird ein Modell dieser Formel genannt. Gibt es wenigstens ein Modell für eine Formel, wird sie erfüllbar genannt. Die grundlegende Funktion eines SAT-Solvers ist es also, eine Wahrheitswertbelegung zu finden, die eine gegebene komplexe logische Formel wahr macht bzw. aufzuzeigen, dass es kein Modell für sie gibt. Denn wenn aufgezeigt wurde, dass es kein Modell gibt, dann muss die Negation des Satzes unter allen möglichen Kombinationen von Wahrheitswertbelegungen wahr sein. Die grundlegende Technik, mit der dies erreicht wird, besteht darin, sämtliche Kombinationen von Wahrheitswerten der in der Formel vorkommenden atomaren Aussagen auszuprobieren und den entsprechenden Gesamtwert für die komplexe Formel auszurechnen. Es ist daher gleichgültig, was die zu untersuchende Formel ausdrückt, ein SAT-Problem ist immer ein kombinatorisches Problem.

Möchte man ein mathematisches Problem mit einem SAT-Solver lösen, so muss man das Problem also zunächst in einer oder mehreren logischen Formeln ausdrücken. Die logischen Formeln werden in ein besonderes Format gebracht, die sogenannte *conjunctive normal form* (CNF). Hierbei handelt es sich um eine große Konjunktion (eine „und"-Verknüpfung), die mehrere Disjunktionen („oder"-Verknüpfung) einschließt, etwa $(\sim a \vee a \vee \sim c) \wedge (a \vee \sim a \vee c) \wedge (a \vee \sim a \vee \sim c)$: (nicht a oder a oder nicht c) und (a oder nicht a oder c) und (a oder nicht a oder nicht c). Dies ist es, was (Heule, Kullmann, Marek 2016) mit der oben paraphrasierten Anmerkung meinen, dass durch den Einsatz des SAT-Solvers das bpT-Problem zu einer einzigen großen Fallunterscheidung wird, die es kombinatorisch zu entscheiden gilt.

Ein solches kombinatorisches Problem nimmt schnell überhand, es entsteht eine sich ständig erweiternde Verästelung von Suchmöglichkeiten. Die Anzahl der möglichen Kombinationen nimmt auf ein Weise zu, die es nahezu unmöglich macht, sie mit den heutigen oder auch zukünftigen Rechnerkapazitäten zu durchschreiten. Eine der Hauptaufgabe von (Heule / Kullmann / Marek 2016) war es daher, Strategien zu finden, diese Suche effektiver zu gestalten. Dabei werden Automatismen entworfen, die nach bestimmten Kriterien Verästelungen abschneiden, Suchpfade systematisch favorisieren oder die Suche in kleinere Untergruppen unterteilen, die parallel bearbeitet werden können. Es ist eine Version der letztgenannten Strategie mit dem Namen Cube and Conquer, die zur Lösung des bpT-Problems geführt hat.

2.2 Die allgemeine Struktur von Theorem Solvern (TP) und verwandten Programmen zur automatisierten Beweisführung

Es existieren im Feld der automatisierten Beweisführung eine Vielzahl an Ansätzen und Methoden. Ein konkreter TP ist daher ein Programm, das oft unterschiedliche dieser Ansätze und Methoden zusammenbringt und unter einer einheitlichen Benutzeroberfläche verbindet. Die verwendeten Methoden lassen sich dabei teilweise auch isoliert einsetzen. So kam bei der Lösung des bpT-Problems wie oben erwähnt hauptsächlich die Methode des SAT zum Einsatz. Trotz aller Unterschiede lassen sich einige gemeinsame Eigenschaften und ein allgemeiner Ablauf ausmachen, die sich in der ein oder anderen Form in allen Ansätzen wiederfinden lassen. Der Ablauf lässt sich idealisiert in drei Phasen einteilen. Zunächst besteht stets die Notwendigkeit, das zu bearbeitende Problem in eine oder mehrere logische Formeln zu übersetzen. Diese Logik muss anschließend selbst in irgendeiner Weise auf den Rechner übertragen, also implementiert werden. Bei SAT-Solvern geschieht dies indirekt, indem Programme entwickelt werden, die auf die Modellberechnung solcher Formeln ausgelegt sind. Eine andere Möglichkeit besteht darin, die jeweilige Logik durch Algorithmen zu beschreiben und so mehr oder weniger direkt auf dem Rechner umzusetzen. Aber auch bei solchen direkteren Umsetzungen einer Logik ist immer zu beachten, dass Logik und Programm nie miteinander identisch sind. Den Abschluss bildet die ‚Berechnung‘ des Beweises. Jedem Ansatz lassen sich hier eine oder manchmal auch mehrere, der angewandten Technik genuine ‚brute force‘-Methoden zuordnen – Methoden, die ein allgemeines Lösungsschema auf alle Aufgaben anwenden und dabei hauptsächlich auf die schiere Rechenkraft der Hardware setzten. Das ungefilterte Durchprobieren sämtlicher möglicher Modelle bei SAT-Solvern ist eine solche brute-force-Methode. Eine Alternative sind die Theorem Solver (TP's), die eine Logik direkter umsetzten. Diese verfolgen eher die Strategie, alles ableiten zu lassen, was sich aus dem implementierten Kalkül und einer Menge ausgewählter Prämissen ableiten lässt (und dann zu hoffen, dass ein Beweis für den gesuchten Satz dabei ist). Da die *brute force*-Methoden bereits bei relativ einfachen Beweisen zu komplex werden, besteht die dritte Phase zumeist in der Einbindung effektiverer Methoden wie etwa der Cube and Conquer Strategie, die zur Lösung des bpT-Problems geführt hat (vgl. oben). Oft werden so existierende TP's auf ein spezifisches Problem feinabgestimmt (finetuning).

2.3 Die Geschichte der automatisierten Beweisführung und die Idee der Künstlichen Intelligenz

Von Beginn an lassen sich in der Geschichte der Entwicklung des automatisierten Beweisens und Argumentierens zwei gegeneinander strebende Richtungen ausmachen. Der eine dieser Ansätze kann als menschlich, der andere als technisch orientiert bezeichnet werden (MacKenzie 2001, S.63-100). Das erste Programm, das in der Lage war, mathematische und logische Beweise zu führen war der Logic Theorist (LT) (Newell / Simon 1956). Es gilt nicht nur als das erste Programm dieser Art, sondern auch als die erste Künstliche Intelligenz. Bei der Entwicklung ging man davon aus, dass der Mechanismus einer überzeugenden Künstlichen Intelligenz zumindest seinem Aufbau nach in etwa das abbilden müsste, was uns Menschen zu intelligenten Wesen macht. Beide Mechanismen sollten „funktional äquivalent" sein (Putnam 1960), (French 2000). Der LT begründete damit den menschlich orientierten Ansatz: Mathematische Beweise zu führen gilt hier nur als Mittel zum Zweck. Die Entwicklung einer Künstlichen Intelligenz soll primär der Erforschung des menschlichen Geistes dienen. Auf der anderen Seite steht die technisch orientierte Forschungsrichtung, der es darum geht, eine bestimmte Gruppe von Problemen mithilfe der spezifischen Stärken eines Computers möglichst effizient zu lösen. Der Natur dieser Ausrichtungen gemäß setzen Anhänger der ersten Gruppe auf Techniken, die Beweise produzieren, die für Menschen nachvollziehbar sind, während Anhänger der zweiten Gruppe eine solche Einschränkung nicht akzeptieren.

Die SAT-Solver-Technik, die zur Lösung des bpT-Problems eingesetzt wurde, folgt dem technisch orientierten Ansatz des automatisierten Beweisens. Dementsprechend finden sich zwischen ihr und der Technik des LT signifikante Unterschiede: Während ein SAT-Solver Theoreme über das ‚ausprobieren' von Wahrheitswertkombinationen angeht, ‚argumentiert' der LT (zumindest der Anspruch seiner Entwickler nach) direkt in der entsprechenden Logik (bzw. ihrer Umsetzung in einem Programm). Das Programm geht dabei in drei Schritten vor, die immer wieder von neuem ausgeführt werden: Es überprüft, ob sich der zu beweisende Satz durch eine einfache Umformung aus den bereits als wahr geltenden Sätzen ergibt. Falls dies nicht der Fall sein sollte, wird nach Zwischenzielen gesucht, aus denen sich mithilfe der gültigen Schlussregeln (z.B. Modus Ponens: Aus „Wenn a dann b" und „a" darf auf „b" geschlossen werden) das Ziel folgern lässt. Wenn sich diese Zwischenziele nicht direkt aus den bereits als wahr geltenden Sätzen durch Umformung herleiten lassen, werden Zwischenziele für diese Zwischenziele gesucht und der Prozess beginnt von neuem.

Auch die Methode des LT erscheint uns alles andere als natürlich. Ein menschlicher Mathematiker würde nicht dazu übergehen, alle möglichen Theoreme aus einer vorgegebenen Menge von Prämissen abzuleiten, von denen er vermutet, dass sie das gewünschte Resultat in sich tragen. Dennoch ist der Ansatz von Newell und Simon deutlich näher an der menschlichen Praxis des Beweisens als sein Gegenstück aus der Welt der SAT-Solver. Die Methoden, auf denen der LT basiert, führen zu Ableitungsketten, die sich leicht nachzuvollziehen lassen, und die Schlussform des Modus Ponens entspricht dem ‚menschlichen‘ Ideal einer logischen Folgerung.

Die menschlich orientierte Forschungslinie innerhalb des automatisierten Beweisens und speziell der Ansatz von Simon und Nevell fand einen ersten und ausdauernden Kritiker in Hao Wang. In einem Artikel im IBM Journal von 1960 kritisiert er den generellen Ansatz, ‚menschliche‘ Heuristiken in den Prozess einzubinden und dafür auf für Menschen teilweise opake, aber effiziente Methoden zu verzichten (Wang 1960). In demselben Artikel gibt Wang eine Linie vor, die letztendlich zu den Erfolgen moderner TP's geführt hat. Er stellt fest, dass es vermutlich nicht gelingen wird, einen vollkommen autonomen TP herzustellen, der in der Lage wäre, einen menschlichen Mathematiker zu ersetzten. Dies müsste aber kein Nachteil sein. Die Stärke von Computern ist es, mit großen Mengen von Daten umgehen zu können und dadurch Techniken anwendbar zu machen, die es dem menschlichen Mathematiker erlauben, neue Wege zu bestreiten. Gute TP's versetzen ihn in die Lage, Strukturen und Muster wahrzunehmen, die ihm bisher aufgrund ihrer Komplexität oder Größe verborgen geblieben sind. Die Grenzen, die der mechanisierten Mathematik aus überwindbaren technischen, als auch aus unüberwindbaren intrinsisch mathematischen Gründen gesetzt sind, können zwar nicht ignoriert werden. Sie sollen aber durch die Kombination unterschiedlicher Techniken sowie der Kombination mechanisierter und menschlicher Arbeit eingehegt und praktisch umgangen werden. Der vollautomatisierte künstliche Mathematiker wird von der technisch orientierten Linie also gar nicht angestrebt, sondern es wird die Entwicklung von effektiven interaktiven TP's gefordert.

Es mag kontraintuitiv klingen, dass gerade die technische und nicht die menschlich orientierte Linie eher bereit ist, auf einen vollautomatisierten Mathematiker zu verzichten. Dieser Umstand wird nachvollziehbar, wenn man sich ins Gedächtnis ruft, dass das Ziel der letzteren ein Modell des menschlichen Geistes ist. Dieser Zusammenhang lässt sich durch einen Katalog von vier Voraussagen veranschaulichen, der 1958 von Simon und Newell der Öffentlichkeit (und damit auch aktuellen und potentiellen Geldgebern) präsentiert wurde (Newell, Simon 1958). Nach diesen Vorhersagen sollten bis zum Jahr 1968 erstens ein Computer amtierender Schachweltmeistersein sein, zweitens ein Computer ein von ihm selbst entdecktes wichtiges mathematisches Theorem beweisen, drittens ein Computer selbständig Musik komponieren, die auch von Menschen als gute Musik akzeptiert wird und viertens sollen alle neuen Entdeckungen in der Psychologie als Aussagen über Computerprogramme präsentiert werden. Der erste Punkt wurde erst im Jahr 1997 mit dem Sieg des Programms DeepBlue über den damaligen Schachweltmeister David Kasparov realisiert (bzw. hätte realisiert werden können, wenn es nach den aktuellen Regeln möglich wäre, den Titel an eine Maschine zu vergeben). Die dritte Vorhersage ist noch offen und wird wohl offen bleiben, weil keine Einigkeit über die Erfolgskriterien besteht. Auf den zweiten Punkt wird später noch näher einzugehen sein. Der vierte Punkt schließlich fasst die Bestrebungen der menschlich orientierten Ansätze in der TP-Forschung zusammen: Zweck der TP-Forschung ist es, ein Computermodell des menschlichen Geistes zu erarbeiten, das die anderen bisher geltenden Paradigmen der Psychologie und der Philosophie des Geistes ersetzt. Das Modell soll also nicht nur ein Modell unter vielen sein: vorausgesetzt wird, dass der menschliche Geist essentiell, seinem Wesen nach, ein Programm ist (das zwar auf einer anderen Form der Hardware läuft als ein Computerprogramm, aber ansonsten funktional äquivalent zu einem solchen ist, vgl. oben).

2.4 Resolution

Die technisch orientierten TP's in der Tradition von Wang haben einen zweistufigen Aufbau. In einem ersten Schritt werden durch Substitutions- und Umformungstechniken möglichst viele Kandidaten für einen Beweis des fraglichen Theorems generiert. Auf diese werden in einem zweiten Schritt SAT-Techniken angewandt. Diese Schritte wurden schrittweise verbessert und schließlich in der Methode der Resolution (einem algorithmischen Verfahren des indirekten Beweisens) vereinigt:

Im Rahmen des Ausbaus des oben angegebenen zweischrittigen Verfahrens wurde der erste Schritt durch die Einführung von Substitutionsinstanzen erweitert (Prawitz 1960) und die Effizienz des zweiten Schritts durch den Dawis-Putnam-Algorithmus gesteigert (Dawis

/ Putnam 1960). Aus beiden Schritten entwickelte schließlich John Alan Robinson die Methode der „Resolution". Ein Aufsatz Robinsons, der die Methode darstellte (Robinson 1965) zirkulierte schon lange vor seiner offiziellen Veröffentlichung in den einschlägigen Kreisen (ca. seit 1963) und sorgte für ihre Popularität. Die Resolution basiert auf folgender Schlussform: „Aus $(A \lor p)$ und $(B \lor \sim p)$ folgt $(A \lor B)$, was (bezüglich der Formeln) logisch äquivalent ist zu „Aus $(\sim A \to p)$ und $(p \to B)$ folgt $(\sim A \to B)$". In der Anwendung werden die Axiome des fraglichen mathematischen Bereichs und die Negation der zu beweisenden Formel angegeben. Sämtliche Formeln werden hierzu standardisiert, meist indem sie in die bereits oben im Zusammenhang mit den SAT-Solvern erläuterte conjunctive normal form (CNF) gebracht werden. Der TP wendet auf die umgewandelten Formeln die Methode der Resolution solange paarweise an, bis er eine Kontradiktion, d.h. einen Widerspruch hergeleitet hat. Da die Negation der zu beweisenden Formel zusammen mit den relevanten Axiomen des entsprechenden mathematischen Bereichs zu einem Widerspruch führt, ist ihre nicht negierte Form für diesen Bereich damit indirekt bewiesen. Die Effizienz dieser Prozedur wurde durch ein Verfahren immens gesteigert, dass es erlaubt, mehr als nur zwei in die CNF-Form gebrachte Formeln gleichzeitig miteinander zu verrechnen. Donald Loveland legte hier in einem 1978 erschienen Buch einen (vorläufigen) Standard fest (Loveland 1978).

Im Gegensatz zu den dem LT eingeschriebenen Schlussverfahren des Modus Ponens sind die Resolutionsschlüsse (größtenteils) von einem Menschen als Schlüsse nicht verstehbar. Damit ist nicht gemeint, dass wir die einzelnen Teilzerlegungen des Resolutionsprozesses nicht als den Regeln entsprechenden Umformungen nachvollziehen könnten. Es heißt auch nicht, dass wir die Rolle der Resolution im gesamten Beweisverfahren nicht einordnen könnten. Stattdessen wird die Resolution, sowohl in ihren einzelnen Schritten als auch in ihrem gesamten Prozess, nicht als eine Art von Schluss wahrgenommen, der sein Ergebnis mit den vorhandenen Prämissen (formal-)inhaltlich verbindet. Es findet in dieser Hinsicht eine vollständige Entkopplung der formalen und der konzeptuellen Ebene statt (wobei das Verfahren der Resolution, verstanden bezüglich seiner Funktion in möglichen Beweisen, natürlich selbst Teil der konzeptuellen Ebene ist).

Diese inhaltliche Entkopplung beginnt oft nicht erst mit dem eigentlichen Verfahren der Resolution, sondern bereits mit der Übersetzung der für diesen Prozess relevanten Formeln in die CNF-Form. Die Übertragung einer Formel in dieses Format verändert ihren Informationsgehalt und damit auch die Bedeutung, die wir ihr zuschreiben. Zumindest ist dies dann der Fall, wenn die ursprüngliche Formel jenes Maß an Komplexität aufweist, die den meisten interessanten mathematischen Aussagen zukommt, d.h. wenn es sich bei ihr um eine prädikatenlogische Aussage mit einem Existenzquantor handelt: „Es gibt ein x, so dass …". Prädikatenlogiken erster sowie höherer Stufen kommen hier deshalb bevorzugt zum Einsatz (letztere werden im Bereich der TP-Forschung einfach kollektiv als Logiken höherer Ordnung - higher order logic oder HOL - abgekürzt), weil es mit ihnen möglich ist, Aussagen über Dinge und ihre Eigenschaften auszudrücken, die auch eine Quantifizierung beinhalten. Mit Quantoren lassen sich Aussagen bilden wie *„Alle* geraden Zahlen lassen sich durch die Zahl 2 teilen" (Allquantor) oder *„Es gibt* eine rationale Zahl, die kleiner ist als jede natürliche Zahl" (Existenzquantor). Eine HOL spricht dabei über Eigenschaften bzw. Eigenschaften von Eigenschaften usw.

Um eine prädikatenlogische Formel in die CNF-Form zu bringen, sind mindestens zwei Schritte nötig. Zunächst wird sie in die sogenannte Pränexform gebracht und dann dem Prozess der Skolemisierung unterzogen. Bei der Pränexform handelt es sich nur um eine alternative, logisch äquivalente Form der ursprünglichen Formel, d.h. die Formeln lassen sich wechselseitig (nach den Regeln des Kalküls) voneinander ableiten. Es ist das Verfahren der Skolemisierung, das die logische Struktur der ursprünglichen Formel modifiziert. In Rahmen der Skolemisierung werden die Existenzquantoren aus einer Formel eliminiert, indem sie durch Stellvertreter in Form von Konstantensymbolen ersetzt werden. Anschaulich gesprochen wird in diesem Verfahren ein Ausdruck wie „Es gibt ein x, so dass gilt x ist kahl" durch eine konkrete Instanziierung wie „Peter ist kahl" ersetzt. Eine so veränderte Formel ist nicht mehr logisch äquivalent zur Ausgangsformel. Insofern verändert die Skolemisierung einer Formel ihren ‚Sinn'. Was jedoch erhalten bleibt, sind die Erfüllbarkeitsbedingungen. Das bedeutet, dass dieselben Modelle beide Formeln wahr werden lassen (d. h., dass sie dieselben Modelle haben). Ist die Erfüllbarkeit der einen Formel bewiesen, so gilt dies auch für die andere. Ein Beweis der skolemisierten Form einer Formel, der in irgendeiner Weise über die Erfüllbarkeit funktioniert, kann daher als ein Beweis für die ursprüngliche (nicht-skolemisierte) Formel gewertet werden.

Eine tiefer gehende Kritik an der Methode der Resolution und ähnlicher Verfahren wurde von der Gruppe um Marvin Minsky und Seymour Papert am MIT geäußert (MacKenzie 2001, S.81ff). Sie merkten an, dass bereits die Übersetzung der jeweiligen mathematischen Aussagen in eine formale Logik deren Gehalt verfälscht und für die mathematische Praxis wichtige Informationen eliminiert. Die kanonische Prädikatenlogik sei zu starr, um die Dynamik des mathematischen Argumentierens abzubilden. Insbesondere verdecke sie domänenspezifische Informationen. Damit ist gemeint, dass man einer prädikatenlogischen Formel nicht ansehen kann, ob es sich bei ihrem Gegenstand etwa um eine Funktion, eine Menge oder eine Aussage aus dem Bereich der Zahlentheorie handelt. Versucht man solch spezifisches Wissen aus den ebenfalls in die Sprache der Prädikatenlogik übertragenen Axiomen des abgebildeten mathematischen Bereichs herauszulesen, so steht man bei jedem einzelnen Axiom wieder vor demselben Problem.

2.5 Eine späte Erfolgsgeschichte

Nach einer kurzen Phase des Enthusiasmus über die neue Methode der Resolution setzte in den Kreisen der TP-Entwickler aufgrund der zunächst mageren Resultate die Ernüchterung ein. Es zeigte sich, dass ohne weitere Modifikationen auch die neuen Methoden an komplexeren Problemen scheiterten. Dabei schienen die Forschungsergebnisse von Steven Cook (Cook 1971) im (heute insbesondere in der Informatik wichtigen) Bereich der Komplexitätstheorie anzudeuten, dass es sich hierbei um ein grundsätzlich nicht lösbares Problem des mechanisierten Beweisens handeln könnte. Die Arbeit an computergestützten Beweisen wurde jedoch fortgesetzt und hat mit der Lösung des Vier-Farben-Theorem im Jahr 1976 einen ersten Höhepunkt erreicht (Appel / Haken 1989). Auch wenn hier nicht die Rede davon sein kann, dass ein Programm diese Lösung gefunden hätte, handelt es sich um den ersten bedeutsamen mathematischen Beweis, der nicht ohne die Hilfe des Computers hätte geführt werden können. Die große Zeit der TP's brach jedoch erst mit der Jahrtausendwende an. Eine ganze Reihe hochwertiger Theoreme wurde durch TP's bewiesen, neu bewiesen und kaum überschaubare, von Menschen geführte, Beweise in ihrer formalen Richtigkeit bestätigt. Zu diesen Erfolgen zählen unter anderem ein neuer Beweis für das Vier-Farben-Theorem durch den TP Coq (Gonthier 2008), ein Beweis des Primzahlsatzes durch Isabelle (Paulson 2014), die formale Überprüfung eines Beweises der Keplerschen Vermutung in HOL light durch Isabelle (Hales et al. 2015) und des Fundamentalsatzes der Algebra in ACL2 (Gamboa / Cowles 2018). Diese Erfolge entstammen der von Hao Wang bereits 1960 vorgegebenen Linie der technisch ausgerichteten TP's, nach der es gilt, die spezifischen Stärken des Computers auszunutzen und sich nicht an der menschlichen Art des Argumentierens und Beweisens zu orientieren.

Heute gibt es Standards für die Eingaben von Formeln über die unterschiedlichen TP's hinweg sowie vereinheitlichte Implementierungen der wichtigsten Logiken:[1] THF (typed higher order form), TFF (typed first order form), FOF (first order form) und die oben eingeführte CNF. Diese Formate werden genutzt, um große Sammlungen von formalisierten Beweisen anzulegen, die als Test- und Trainingsobjekte für TP's dienen können. Die TPTP Problem Library und die Mizar Mathematical Library (MML) werden hier am häufigsten genutzt. Neuere TP's wie Isabelle und Prover9 haben einen automatischen und einen interaktiven Modus, während die neuesten Modelle wie etwa LEAN beide Ansätze direkt miteinander kombinieren (deMoura et al. 2015). Selbst TP's die eine nicht korrekte Logik implementieren, also eine Logik, die in einigen Fällen nachweislich falsche Ergebnisse liefert, sowie formale Systeme, die Widersprüche enthalten, werden durch die geschickte Kombination einander wechselseitig korrigierender Techniken im Bereich des automatischen und interaktiven mechanisierten Beweisens erfolgreich eingesetzt (Benzmüller et al 2015), (Hurd 2003), (Meng / Paulson 2008). Solche Fälle unterstreichen die Tatsache, dass in der aktuellen angewandten Forschung nicht versucht wird, menschliche Fähigkeiten zu simulieren, sondern zu augmentieren, indem die neuen technischen Möglichkeiten es dem Mathematiker erlauben, Strukturen zu untersuchen, die für ihn zuvor aufgrund ihrer schieren Komplexität nicht zugänglich waren.

Ein Ansatz der vom derzeitigen mainstream der TP-Entwicklung abweicht, wird von einer Gruppe von Forschern um James McClelland verfolgt (Mickey / McClelland 2014), (McClelland et al 2016), (Fang et al 2018). Künstliche neuronale Netze werden schon seit einiger Zeit als Module in klassischen TP's eingesetzt und spielen hier insbesondere eine wichtige Rolle in der automatisierten Suche nach interessanten Theoremen (Whalen 2016) und bei dem Versuch der Automatisierung des Verfahrens der Induktion. McClelland versucht als Erster, ein TP zu entwickeln, das allein auf der Technik der künstlichen neuronalen Netze aufbaut. Die Grundidee ist hier, dass sich das Training eines solchen neuronalen TP's an der Art und Weise orientiert, wie ein Mensch in die Mathematik eingeführt wird. Dieses Programm lernt erst einfache Formen zu erkennen, dann an diesen Formen geometrische Beweise zu führen, um anschließend den Abstraktionsschritt hin zur analytischen Algebra zu vollziehen. Aufgrund des Wesens der Technik künstlicher neuronaler Netze handelt es sich bei diesem Ansatz um einen Black-

---

1   http://www.tptp.org

Box-Ansatz. Ein solches Netz wird nicht programmiert, es besitzt keine interne Logik, sondern wird trainiert, d.h. es werden in ihm Verbindungen gestärkt und geschwächt bis eine bestimmte Eingabe die gewünschte Ausgabe erzeugt. Dennoch werden die Ergebnisse beim Erfolg des Projekts von einem Menschen lesbar sein – denn es handelt sich dann per Definition um überzeugende und von Menschen nachvollziehbare Beweise. McClellands Forschungsgruppe ordnet sich fachlich in den Bereich der kognitiven Psychologie ein. Dementsprechend ist es nicht das Ziel des neuronalen TP's, die mathematische Forschung zu unterstützen, sondern zu erforschen, was es für uns heißt Mathematik zu betreiben und mathematische Zusammenhänge zu verstehen. Insofern handelt es sich um eine moderne Variante des von Newell und Simon angestoßenen Ansatzes menschlich orientierter TP's.

3. Erklärbare Künstliche Intelligenz

3.1 Beweisen, Verstehen und Absichern

Bereits der massive Einsatz des Computers bei dem Beweis des Vier-Farben-Theorems löste unter Mathematikern eine Kontroverse aus und führte zur Beschäftigung mit der Frage, was einen 'echten' mathematischen Beweis ausmacht (Tymoczko 1979), (Detlefsen / Luker 1980). Viele Mathematiker begegnen daher auch dem Einsatz von TP's in ihrem Feld mit Skepsis (Delariviere /Van Kerkhove 2017). Bedenken gegen den Einsatz von TP's in mathematischen Beweisen gründen auf dem oben skizzierten Bild davon, was einen guten mathematischen Beweis ausmacht: Neben seiner formalen Korrektheit sollte ein Beweis unser Wissen um die mathematischen Strukturen, in die das Beweisziel eingebettet ist, erweitern. Was einen guten mathematischen Beweis ausmacht, basiert auf einer Vorstellung von der Tätigkeit des Mathematikers, nach der Beweisen und Verstehen als zwei Seiten einer Medaille betrachtet werden müssen. Das Problem, das entsteht, wenn diese Verbindung von Verstehen und Beweisen durchschnitten wird, ist eine spezielle Form dessen, was aktuell unter dem Namen der „erklärbaren künstlichen Intelligenz" (explainable artificial intelligence) diskutiert wird (Mittelstadt et al. 2018), (Miller 2019).

Auf den ersten Blick erscheint die Idee, dass wir die 'Argumente' einer Künstlichen Intelligenz nicht verstehen könnten, seltsam. Wir setzten intuitiv voraus, dass unser Wissen um den inneren Mechanismus einer Künstlichen Intelligenz uns auch in die Lage versetzt, eine Art argumentativen Gang für ihren Output herleiten zu können. Wir wissen schließlich, was 'in ihr passiert'. Diese Vorstellung basiert auf einem Missverständnis. Das bloße Ergebnis mag ein Grund für uns sein, auf die Korrektheit der Ausgabe der künstlichen Intelligenz zu vertrauen. Was wir in einem solchen Fall aber eigentlich erwarten ist eine Rechtfertigung des Ergebnisses in Bezug auf die Gegenstände, auf die sich unsere Frage, mit der wir die KI betraut haben, bezogen hat. Eine solche inhaltliche Ebene findet sich jedoch in den (meisten) Systemen der Künstlichen Intelligenz nicht. Zumeist finden sich 'in ihr' noch nicht einmal die formalen Gegenstücke der uns interessierenden Gegenstände und Zusammenhänge. Aber sollte sich dies zumindest im Falle der Mathematik nicht anderes verhalten? Computer gelten in einem gewissen Sinn als inkarnierte Mathematik. Ein Computer, der Mathematik betreibt, sollte deshalb doch zumindest von einer Mathematiker*in verstanden werden könnten? Wir haben gesehen, dass dies zumindest bei einigen der computergestützten und teilweise automatisch generierten Beweise innerhalb der Mathematik nicht so ist. Oft besteht die Tätigkeit des Forschers hier nur darin, den Suchraum, den das Programm durchschreitet, zu verkleinern, um eine Explosion möglicher Kombinationen zu verhindern. Der berühmte Mathematiker Paul Halmos hat dies einmal so ausgedrückt, dass in solchen Fällen der Computer zu einem Orakel wird (Hersh 1997). Der 'Denkprozess' von Künstlichen Intelligenzen kann in diesem Sinne mehr oder weniger transparent sein (Doran / Schuz / Tarek 2018). Im Falle eines Orakels sind sie für uns opak, undurchsichtig.

Im Falle der TP's gibt es Ansätze, um die Opakheit maschineller Beweise aufzuhellen. Dazu gehören die Methoden der Beweiskompression (proof compression) (Fontaine / Merz / Woltzenlogel 2011) und der Modellinterpretation (model interpretation) (Rieger et al. 2018). Sie können angewandt werden, um Beweise in einem Überfluss an Informationen sichtbar zu machen. Wie aber kann ein Beweis verstehbar gemacht werden, wenn die Vorgänge in dem opaken System keinerlei direkte Verbindung zu dem Gegenstand haben, der bewiesen werden soll? Im Folgenden wird ein alternativer, vom Autor verfolgter Ansatz vorgestellt. Die Voraussetzungen für diesen Ansatz sollen jedoch erst einmal durch die Metapher des Computerschachs eingeführt werden.

3.2 Die Schachmetapher

Das Spielen gegen einen Schachcomputer kann als eine Erklärbar-Machen eigentlich rein maschinell-opaker Prozesse verstanden werden. Die Berechnungen eines Schachprogramms lassen sich als Spielzüge auf dem Schachbrett abbilden und können von einem guten Schachspieler betrachtet und interpretiert werden. Es können so Strategien sichtbar werden und es lassen sich Konzepte ableiten, die sich nicht in dem Programm selbst finden, sondern die sich in der Interaktion des Programms im Kontext eines konkreten Spiels gegen einen konkreten Spieler (ob menschlich oder ein anderes Schachprogramm) manifestieren. Ein solches Erklärbar-Machen unterscheidet sich stark von dem Nachweis, dass der Mechanismus einer Maschine sicher zu bestimmten Ergebnissen führt. Es geht nicht um einen Nachweis der Verlässlichkeit, sondern darum, eine Erklärung des ‚Verhaltens' des Schachprogramms zu finden. Die so entdeckten Konzepte zu verstehen bedeutet, sein eigenes Können zu erweitern. Ein Konzept im Schach zu verstehen heißt, es potentiell in unterschiedlichen Situationen zu erkennen und auch selbst anwenden zu können. Dementsprechend werden nicht nur die Schachprogramme stärker, sondern auch die menschlichen Spieler, die von ihnen lernen.

Diese Art des Erklärbar-Machens lässt sich auch auf den Ansatz des neuronalen TP's übertragen. So wie das Schachprogramm von Menschen nachvollziehbare und interpretierbare Schachpartien produziert, so besteht die finale Ausgabe des neuronalen TP's in einem von Menschen nachvollziehbaren Beweis. Wie ein Schachspieler von einer Partie mit einem Computerprogramm oder einem Spiel zwischen zwei Computerprogrammen lernen kann, indem es seine Züge wie die eines menschlichen Spielers interpretiert, so können die Ausgaben des neuronalen TP's wie die Beweise eines menschlichen Mathematikers interpretiert werden. Der menschliche Schachspieler achtet dabei nicht auf die konkreten Statistiken und Werteverteilungen des Programms, sondern auf die Taktiken und Strategien, als die sich diese Berechnungen in den Spielzügen manifestieren. Der Mathematiker interessiert sich nicht für Schwächungen und Verstärkungen im künstlichen neuronalen Netz, sondern für die Art und Weise der Beweisführung. Sowohl der Schachspieler als auch der Mathematiker sind primär an der konzeptuellen Ebene des Outputs der Programme interessiert. Natürlich kann auch die mechanische Ebene in beiden Fällen von Interesse sein. Welche Methode löst etwa die statistischen Probleme des Programms am effektivsten, wie sieht die neuronale Struktur erfolgreich beweisender künstlicher neuronaler Netze (und damit auch ihr natürliches Gegenstück im Nervensystem des Mathematikers) aus? Die Antworten hierauf sind interessant, sie betreffen aber nicht das Schachspiel oder die Mathematik.

3.3 Expressives Verstehen

Der vom Autor verfolgte Ansatz zur Aufhellung opaker TP-Techniken lässt sich folgendermaßen skizzieren: Die Techniken und Beweise von TP's können als Teil einer spezifischen Praxis betrachtet werden, die entsteht, wenn Mensch und Maschine miteinander interagieren. Durch eine solche Interaktion entsteht eine eigenständige konzeptuelle Ebene, die sich nicht vollständig auf die Konzepte zurückführen lässt, die der menschliche Part bewusst mit in die Interaktion einfließen lässt. Die generelle Strategie besteht darin, diese konzeptuelle Ebene sichtbar und für eine inhaltliche Interpretation des Beweisverfahrens fruchtbar zu machen.

Es ist zentral für dieses Vorgehen, die Interaktion zwischen Mensch und Maschine nicht in Analogie zu dem Verhältnis eines Handwerkers zu seinem Werkzeug zu verstehen. Passender ist hier das Bild des gemeinsamen Agierens zweier oder mehrerer Partner in einem Spiel. Diesen kommt ihre spezifische Rolle als Spieler nur im Kontext der gemeinsamen Handlung des Spielens zu. Ihr jeweiliges Verhalten hat nur eine Bedeutung, wenn es im Zusammenhang dieser interaktiven Praxis betrachtet wird. Nur in dieser wird das Verschieben eines Stück Holzes auf einem anderen Stück Holz ein Schachzug oder das Treten einer ledernen Kugel ein Abstoß. Das Anerkennen eines Programms oder eines Moduls als vollwertiger Akteur ist dabei eine methodologische, nicht eine ontologische Entscheidung. Maschinen und Programmen wird dadurch nicht zugeschrieben, so etwas wie eine eigenständige inhaltliche Ebene, Intentionen oder gar ein Bewusstsein zu besitzen. Ihr ‚Verhalten' ist nur in dem Sinne bedeutungsvoll, in dem den Spielzügen eines Schachprogramms von einem Schachspieler oder einem außenstehenden Betrachter des Spiels eine Bedeutung zugeschrieben wird.

Die zu analysierende Praxis entsteht, wenn TP's entworfen, genutzt und fein-abgestimmt werden, um konkrete mathematische Probleme zu lösen. Die hier skizzierte Methode zielt darauf ab, den in dieser Praxis implizit enthaltenen konzeptuellen Überschuss explizit zu machen. Der konzeptuelle Überschuss unterscheidet sich von der konzeptuellen Ebene einer Praxis. Mit der konzeptuellen Ebene einer Praxis sind die Regeln gemeint, die den normativen Kontext angeben, nach dem in ihr Handlungen bewertet werden. Damit ist nicht nur gemeint, dass diese Regeln angeben, was eine gute und was eine schlechte Handlung ist. Sondern sie legen auch ganz allgemein fest, was in dem von der Praxis abgesteckten normativen Rahmen überhaupt eine Handlung ist. Nehmen wir als Beispiel wieder das Schachspiel. Die explizit vorgegebenen Regeln sind relativ wenige. Es sind Angaben etwa zu den erlaubten Bewegungen der Figuren auf dem Spielfeld, aus wie vielen Feldern ein Spielbrett besteht und wie diese angeordnet sind, dass die Spieler die Figuren abwechselnd ziehen, wann eine Figur eine andere schlägt, dass das Schlagen des gegnerischen Königs zum Sieg führt usw. Solche Regeln sind konstitutiv für das Spiel, sie stecken den normativen Rahmen ab, in dem ein Schachspiel gespielt wird. Neben diesen expliziten, konstitutiven Regeln gibt es eine implizite, emergente Ebene von Normen, die sich aus dem komplexen, dynamischen Zusammenspiel dieser Regeln im Spielen ergibt; dies wird hier als konzeptueller Überschuss bezeichnet So entdecken die Spieler etwa, dass eine bestimmte Kombination von Eröffnungszügen den Spieler in eine besonders günstige Lage für einen länger angelegten Angriff auf den König des Gegners versetzt. In weiteren Spielen zeigt sich, dass es auf solche Kombinationen eine oder mehrere Antwortmöglichkeiten gibt, Züge, die der Gegenspieler machen kann, um die vorteilhafte Lage seines Gegners zu verhindern oder gar die Situation umzukehren. Oder es zeigt sich, dass es besonders günstige Arten gibt, die Spielzüge verschiedener Figuren miteinander zu verbinden, und dass diese Art der Kombination in verschiedenen Spielsituationen unterschiedlich umgesetzt werden muss, um effektiv zu sein. Diese emergente Ebene manifestiert sich zunächst in der Art und Weise, wie die Spieler spielen, in ihrem individuellen Stil, und über Intuitionen, die einem Spieler zur eleganten Lösung eines Problems führen. Es handelt sich um ein know-how, um ein ,gewusst wie', das sich ein Schachspieler durch das Spielen des Spiels angeeignet hat, und seiner Art im Schachspiel zu handeln implizit ist

Diese emergente, implizite normative Ebene kann explizit gemacht werden, in dem sie durch Konzepte, wie etwa dem der Eröffnungstheorie oder der Bauernkette ansprechbar gemacht wird. Auf diese Weise hat sich die Schachtheorie und das moderne Schachspiel entwickelt. Diese Form des Explizierens von in der Praxis des Spielens impliziter Konzepte findet sich auch in der oben geschilderten Analyse der Partien von Schachcomputern - hier werden Konzepte und Methoden herausgearbeitet, von denen (natürlich nur im übertragenen Sinne) gesagt werden kann, dass sie die Spielzüge des Computerprogramms geleitet haben. Es ist fraglich, ob sich die normative Ebene, die unser Handeln in unterschiedlichen Kontexten implizit leitet, vollständig explizieren lässt. Dies kann durch folgende Überlegung verdeutlicht werden: Es kann keine Regel geben, die konkret festlegt, wann eine bestimmte Regel anzuwenden ist. Denn wenn es eine solche Regel gäbe, könnte wieder danach gefragt werden, wann diese Regel anzuwenden sei usw. Es scheint daher so zu sein, dass eine explizit angegebene Regel immer unterbestimmt ist und daher einer impliziten normativen Praxis bedarf, um zur Anwendung zu kommen.

In Abgrenzung zu den expliziten, konstitutiven Regeln der konzeptuellen Ebene ist die implizite, emergente Struktur einer Praxis im Sinne eines konzeptuellen Überschusses von besonderer Relevanz für die Fragestellung des Aufsatzes. Der ‚konzeptuelle Gehalt' der interaktiven Praxis des Lösens mathematischer Probleme mithilfe von TP-Techniken speist sich zum Teil aus den Konzepten, die in die Konstruktion des TP's und seiner verschiedenen Techniken einfließen. Der größere, und für den vorliegenden Zweck interessantere Teil ist jedoch der emergente ‚konzeptuelle Überschuss', der im Rahmen der Interaktion zwischen bewusst verfolgten Strategien des Menschen, ‚eingeschriebenen' Konzepten des Programms, dem wechselseitigen Einfluss unterschiedlicher Module des Programms aufeinander und dem dynamischen Zusammenspiel all dieser Komponenten mit einem sich durch die Anwendung der Methoden ständig verändernden Satz an Daten entsteht.

Die hier vorgestellte Methode besteht darin, undurchsichtige TP geführte Beweise verstehbar zu machen, indem dieser ‚konzeptuelle Überschuss' durch die Konstruktion der entsprechenden Konzepte explizit gemacht wird. Dieser Prozess gliedert sich in zwei Schritte. Zunächst wird eine spezielle Gruppe formaler Strukturen, die im Rahmen dieser Art des Beweisens generiert wird, durch eine modifizierte Version der Methode des Information Tracking (van Benthem 2016) identifiziert. Anschließend werden anhand dieser Strukturen die Konzepte herausgearbeitet, die im Rahmen der fraglichen Praxis mit diesen assoziiert sind. Die Methode des Information Tracking verläuft nach dem folgenden Schema: Zwei unterschiedliche (dynamische) formal-logische Strukturen L1 und L2, die auf denselben Satz von Daten angewandt werden, können unterschiedliche Informationsschichten dieses Datensatzes explizit machen. Die Transformationen, die durch die Operationen innerhalb von L1 im Datensatz entstehen, werden durch eine Kombination von Transformationen von L2 simuliert (tracking). Interessant sind für den vorliegenden Zweck die Transformationen, bei denen ein solches tracking nicht gelingt. Solche Transformationen stehen unter dem Verdacht Teil der formalen Strukturen zu sein, die die gesuchte implizite konzeptuelle Ebene kodifizieren. Die anschließende Konstruktion der gesuchten Konzepte gelingt, in dem die so identifizierten formalen Strukturen einer bestimmten Form der Bedeutungsanalyse (einer modifizierten Form der in (Brandom 2008) entwickelten

Meaning Use Analysis) unterzogen werden, die ihrer Anlage nach die formal-syntaktische mit der inhaltlich-konzeptuellen Ebene verbindet.

Literatur

Appel, Kenneth; Haken, Wolfgang (1989): *Every Planar Map is Four Colorable*. American Mathematical Society, Providence, Rhode Island 1989.

Benthem, Johan van (2016): Tracking Information. In: Bimbó, Katalin [Hg.]: *J. Michal Dunn on Information Based Logics*. Springer, Berlin Heidelberg, 2016

Benzmüller, Christoph et al. (2015): The Higher-Order Prover Leo-II. In: *Journal of Automated Reasoning*, 55.4, 389-404.

Brandom, Robert B. (2008): *Between Saying and Doing: Towards an Analytic Pragmatism*. Oxford University Press, Oxford 2008

Davis, Martin; Putnam, Hilary (1960): A Computing Procedure for Quantification Theory. In: *Journal of the ACM*, 7.3, 201-215.

Delariviere, Sven and Bart Van Kerkhove (2017): The Artificial Mathematician Objection: Exploring the (Im)possibility of Automating Mathematical Understanding. In: Sriraman, Bharath [Hg.]: *Humanizing Mathematics and its Philosophy*. Springer International Publishing, Berlin, Heidelberg, 173-198.

deMoura, Leonardo et al. (2015): The Lean Theorem Prover (System Description). In: *Lecture Notes in Computer Science (including subseries Lecture Notes in Artificial Intelligence and Lecture Notes in Bioinformatics)*, 9195: 378-388.

Detlefsen, Michael; Luker, Mark (1980): The Four-Color Theorem and Mathematical Proof. In: *Journal of Philosophy*, 77.12, 803-820.

Doran, Derek; Schulz, Sarah; Besold, Tarek (2018): What does explainable AI really mean? A new conceptualization of perspectives. In: CEUR Workshop Proceedings.

Evelyn Lamb (2016): Maths proof smashes size record. In: *Nature*, 534, 17-18.

Fang, Mengting et al. (2018): Can a Recurrent Neural Network Learn to Count Things? In: *Proceedings of the 40th Annual Conference of the Cognitive Science Society*, 360-365.

Fontaine, Pascal; Merz, Stephan; Woltzenlogel, Bruno (2011): Compression of Propositional Resolution Proofs via Partial Regularization. In: *Automated Deduction - CADE-23 - 23rd International Conference on Automated Deduction*, 237-251.

French, Robert (2000): The Turing Test: The first 50 years. In: *Trends in Cognitive Sciences*, 4,115–122.

Gamboa, Ruben; John Cowles (2018): The Fundamental Theorem of Algebra in ACL2. In: *Electronic Proceedings in Theoretical Computer Science*, 82, 98-110.

Gödel, Kurt (1931): *Über formal* unentscheidbare *Sätze der* Principia mathematica und verwandter Systeme I. In: *Monatshefte für Mathematik und Physik,* 38, 173–198. Neuerlich abgedruckt in: Kurt Gödel. *Collected Works*, Vol. 1, Oxford University Press (1986): S.144-195.; ediert von Soloman Fefferman, John W. Dawson et al.

Gonthier, Georges (2008): Formal Proof – The Four-Color Theorem. In: *Notices of the American Mathematical Society*, 50.11, 1382-1393.

Hales, Thomas et al. (2015): *A formal proof of the Kepler conjecture.* In: https://arxiv.org/pdf/1501.02155.pdf *(abgerufen am 07.01.2021).*

Hersh, Reuben (1997): *What is Mathematics, Really?* Oxford University Press, Oxford 1997

Heule, Marijn; Kullmann, Oliver; Marek; Victor (2016): Solving and Verifying the Boolean Pythagorean Triples Problem via Cube-and-Conquer. In: *Theory and Applications of Satisfiability Testing - SAT*, Vol. 1. Springer, Berlin Heidelberg 2016, 228-245.

Hurd, Joe (2003): First-order proof tactics in higher-order logic theorem provers. In: *Design and Application of Strategies/Tactics in Higher Order Logics, number NASA/CP-2033-212448 in NASA Technical Reports,* S. 56-68.

In: *Explainable and Interpretable Models in Computer Vision and Machine Learning.* Springer

Lawvere, F. William, Schanuel, Stephen H. (2009): *Conceptual Mathematics. A first introduction to categories. Second Edition.* Cambridge University Press, Cambridge 2009.

Loveland, Donald (1978): *Automated Theorem Proving: A Logical Basis.* North-Holland, Amsterdam 1978.

MacKenzie, Donald (2001): *Mechanizing Proof. Computing, Risk and Trust.* MIT-Press, Massachusetts 2001.

McClelland, James L et al. (2016): *A Parallel-Distributed Processing Approach to Mathematical Cognition. Manuscript,* Stanford University. https://stanford.edu/~jlmcc/papers/McCEtAl16MsPDPApproachTo-MathematicalCognition.pdf *(abgerufen am 07.01.2021).*

Meng, Jia; Paulson, Lawrence (2008): Translating Higher-Order Clauses to First-Order Clauses. In: *Journal of Automated Reasoning*, 40.1, 35-60.

Mickey, Kevin; McClelland, James (2014): A neural network model of learning mathematical equivalence. In: *Proceedings of the 36th Annual Conference of the Cognitive Science Society*, 1012-1017.

Miller, Tim (2019): Explanation in artificial intelligence: Insights from the social sciences. In: *Artificial Intelligence,* 267, arXiv: 1706.07269, 1-38.

Mittelstadt, Brent; Russell, Chris; Wachter, Sandra (2018). *Explaining Explanations in AI.* In: https://arxiv.org/pdf/1811.01439.pdf *(abgerufen am 07.01.2021).*

Newell, Allen; Herbert A. Simon (1956): The Logic Theory Machine – A Complex Information Processing System. In: *IRE Transactions on Information Theory,* 2.3, 61-79.

Newell, Allen; Herbert Simon (1958): Heuristic Problem Solving: The Next Advance in Operations Research. In: *Operations Research,* 6: 1-10.

Paulson, Lawrence (2014): A machine-assisted proof of Gödel's incompleteness theorems for the theory of hereditarily finite sets. In: *Review of Symbolic Logic,* 7.3, 484-498.

Peckhaus, Volker (1995): Hilberts Logik. Von der Axiomatik zur Beweistheorie. In: *NTM Zeitschrift für Geschichte der Wissenschaften, Technik und Medizin,* 3 (1), 65-86.

Prawitz, Dag (1960): An Improved Proof Procedure. In: *Theoria,* 26, 102-139.

Putnam, Hilary (1960): *Minds and Machines.* In: *Dimensions of mind, A symposion,* New York University Press, New York 1960, 148-179

Rieger, Laura et al. (2018): Structuring Neural Networks for More Explainable Predictions. In: Escalante, Hugo Jair et al. [Hg.]: *Explainable and Interpretable Models in Computer Vision and Machine Learning.* Springer, Berlin, Heidelberg 2018

Robinson, J. Alan (1965): A Machine-Oriented Logic Based on the Resolution Principle. In: *Journal of the ACM.* 12.1, 23–41.

Stephen A. Cook (1971): The Complexity of Theorem-Proving Procedures. In: *STOC 1971,* 151-158.

Tymoczko, Thomas (1979): The Four-Color Problem and its Philosophical Significance. In: *Journal of Philosophy,* 76.2, 57-83.

Wang, Hao (1960): Toward Mechanical Mathematics. In: *IBM Journal of Research and Development,* 4, 2-21.

Whalen, Daniel (2016): Holophrasm: a neural Automated Theorem Prover for higher-order logic. In: https://arxiv.org/pdf/1608.02644.pdf (abgerufen am 07.01.2021).

Christoph Merdes

Können Maschinen moralisch handeln?

Abstract: Der zunehmende Einsatz von Maschinen ohne permanente menschliche Kontrolle wirft eine Reihe ethischer Fragen auf. Eine sehr grundsätzliche Frage ist die, ob Maschinen denn zum moralischen Handeln prinzipiell fähig sind. In diesem Kapitel betrachte ich drei übliche Bedingungen für moralisches Handeln: Freiheit, die Fähigkeit zur Rechtfertigung und moralische Urteilsfähigkeit. Ich argumentiere, dass es für alle drei Bedingungen plausibel ist, dass wenn Menschen sie erfüllen, auch Maschinen dies prinzipiell können. Ich erörtere allerdings auch knapp einige Aspekte, wie moralische Kreativität, von denen weniger klar ist, ob Maschinen sie besitzen könnten. Daher ist die Schlussfolgerung, dass Maschinen nur einen eingeschränkten, wenn auch für den praktischen Einsatz hinreichenden Status als moralische Akteure erreichen können.

1. Künstliche Moral

1.1 Müssen Maschinen moralisch werden?

Die Entwicklung in der künstlichen Intelligenz bringt zusehends selbstständiger operierende Maschinen hervor. Diese Maschinen reichen von autonomen Fahrzeugen und Waffen bis hin zu künstlichen Börsenhändlern und den Steuersystemen für Stromnetze und Kraftwerke. In all diesen Bereichen gibt es bereits heute mehr oder minder fortgeschrittene Maschinen, von denen wir viele schon als teilautonom bezeichnen können; das heißt beispielsweise, dass ein menschlicher Autofahrer zwar noch die prinzipielle Möglichkeit hat, die Kontrolle über ein selbstfahrendes Auto zu übernehmen, dies aber im Normalbetrieb nicht muss. Da diese Technologien für die Besitzer der Maschinen jeweils erhebliche Vorteile bringen – Bequemlichkeit, Effizienz, Sicherheit – ist zu erwarten, dass diese Entwicklung, so sie nicht politisch aufgehalten wird, weitergeht. Mehr Maschinen mit wachsender Autonomie werden in allen denkbaren Lebensbereichen eingesetzt werden.

Dies wirft eine Reihe philosophischer Fragen auf, insbesondere solche nach der Moral des Einsatzes solcher Maschinen, die der menschlichen Kontrolle begrenzt oder de facto gar nicht unterliegen, wenn sie ihre Entscheidungen treffen. Die Frage, der ich in diesem Essay nachgehen möchte, ist, ob Maschinen denn überhaupt moralisch handeln können.[1] Aber warum soll das überhaupt nötig sein?

Die Maschinen übernehmen, zumindest in vielen Anwendungsfällen, Aufgaben, die sonst ein Mensch erfüllen würde. Einige dieser Aufgaben erfordern moralisch signifikante Entscheidungen: Ein selbstfahrendes Auto muss beispielsweise manchmal zwischen der Sicherheit der Insassen und der von anderen Verkehrsteilnehmern entscheiden. Ein Pflegeroboter muss zwischen der Selbstbestimmung seines Patienten und dessen Gesundheit entscheiden, wenn er an Medikamente erinnert oder diese gar direkt verabreicht. Diese Entscheidungen würden wir einem Menschen nicht überlassen, der unfähig ist, moralische Entscheidungen zu treffen. Da die Maschine dieselbe Art von Entscheidung treffen muss, wenn sie autonom operiert, muss sie ebenso wie ein Mensch in dieser Funktion dazu in der Lage sein, moralisch zu handeln.

Es sei angemerkt, dass dieses Argument nicht verlangt, dass immer die moralisch *richtige* Entscheidung getroffen wird. Selbst der tugendhafteste Akteur kann Fehler begehen, gerade in einer Situation, die wenig Zeit zum ethischen Reflektieren lässt. Wir müssen daher genauer ausbuchstabieren, was wir damit meinen, dass ein Akteur – Mensch oder Maschine – prinzipiell zum moralischen Handeln fähig ist. Klar sollte aber nun sein, dass wir einen Akteur, der nicht dazu fähig ist, nicht in Situationen entscheiden lassen sollten, in denen moralisches Handeln gefragt ist.

Bevor ich zur Beantwortung der zentralen Frage übergehe, werde ich, um Missverständnisse zu vermeiden, noch einige andere Fragen davon abgrenzen, die zwar zweifellos ebenfalls bedeutsam sind, aber eben nicht hier behandelt werden sollen.

1.2 Moralische Einwände gegen moralische Maschinen

Die vorangehende Argumentation stellt nur eine notwendige Bedingung für den Einsatz von autonomen Maschinen auf, keine hinreichende. Das Ziel dieses Essays ist es zwar, zu analysieren, ob diese Bedingung überhaupt erfüllt werden kann, aber es ist dennoch angebracht, kurz auf an-

---

1   Von technischer Seite gibt es eine Vielfalt von Ideen, wie Maschinen mit moralischem Urteilsvermögen ausgestattet werden könnten. Siehe hierzu unter anderem Guarini (2006), Abel et al. (2016), Anderson et al. (2005), Arkin (2008), Armstrong (2015), Powers (2006) oder Winfield et al. (2014). Diese Auswahl zeigt sowohl die Vielfalt der möglichen Ansätze, sowie auch die Tatsache, dass das Projekt der Maschinenethik noch in seinen Kinderschuhen steckt.

dere Bedingungen einzugehen. Folgende Bedingungen scheinen mir ebenfalls notwendig zu sein:

1. Mindestens menschengleiche Sachkompetenz
2. Sozialverträglichkeit und Gerechtigkeit
3. Nachhaltigkeit

Die erste Bedingung umfasst zum Beispiel den Aspekt der Sicherheit. Ein selbstfahrendes Auto sollte zumindest so sicher für alle Verkehrsteilnehmer sein wie ein menschlicher Fahrer. Je nach Anwendungsbereich kann die Maschine dem Menschen auch ein wenig unterlegen sein, sofern dies durch die pragmatischen Vorteile ausgeglichen wird. Ein Roboter, der einen geborgenen Sprengsatz entschärfen soll, kann vielleicht ein höheres Risiko haben, versehentlich eine Explosion auszulösen als ein Mensch mit derselben Aufgabe, wenn nur der Entschärfer selbst durch die Explosion gefährdet wird.

Sozialverträglichkeit und Gerechtigkeit umfasst wenigstens zwei große Bereiche: Auf der einen Seite verlangt die Automatisierung einen Ausgleich möglicher ökonomischer Konsequenzen. Wenn ein Maschinentyp menschliche Arbeitskräfte verdrängt, erfordert es die Gerechtigkeit, dass die betreffenden Menschen nicht zum Vorteil anderer in die Armut gestürzt werden.

Ein zweiter Aspekt betrifft die Zusammenarbeit zwischen Menschen und Maschinen. Logistikfirmen betreiben bereits jetzt algorithmisch gesteuerte Lagerhäuser, in denen menschliche Arbeitskräfte sich den Bedingungen der Maschine unterwerfen müssen. Diese Arbeitsrealität setzt die Menschen immensem körperlichen und psychologischem Druck aus. Ich halte diese Praktiken für moralisch nicht zulässig,[2] und daher sollte jede neue Einführung von Maschinen unter den Vorbehalt gestellt werden, dass die Menschen, die dann mit diesen Maschinen interagieren müssen, nicht darunter leiden – wiederum zum Vorteil anderer.

Schließlich stellt sich noch die Frage nach der Nachhaltigkeit. Dies gilt für autonome Maschinen sowie für jede andere Technologie. Insbesondere müssen dabei natürlich auch die Kosten einbezogen werden, die durch die Verdrängung bestehender Technologie und die Verdrängung menschlicher Arbeitskräfte entstehen. Um nur ein Beispiel zu nennen, wenn wir dafür argumentieren, energieeffizientere Haushaltsgeräte einzuführen, müssen dabei die negativen Auswirkungen

---

2   Sie reihen sich in die lange Liste von Herrschafts- und Überwachungspraktiken ein, die Elizabeth Anderson (2019) kritisiert; die Verwendung von Maschinen für diese Kontrollmechanismen ist ein weiterer entmenschlichender Schritt, der ihre Argumentation nur weiter bekräftigt.

der Produktion der neuen Geräte berücksichtigt werden, insbesondere wenn sie die alten Geräte vor dem Ende ihrer Lebensdauer ablösen. Analoge Überlegungen greifen dann, wenn die bestehende Fahrzeugflotte durch autonome Fahrzeuge ersetzt werden soll, um nur ein Beispiel aus dem Anwendungsbereich der künstlichen autonomen Akteure zu nennen.

Zuletzt kann natürlich auch die viel fundamentalere Frage gestellt werden, welche Arbeiten wir eigentlich von Maschinen erledigen lassen sollten, selbst wenn es effizient, gerecht und nachhaltig stattfindet. Der Mensch ist ein Wesen, das sich auch durch sein Schaffen Sinn gibt. Solche Überlegungen sind berechtigt und wichtig, für die Zwecke dieses Essays konzentriere ich mich jedoch auf strikte und klare Voraussetzungen des Einsatzes autonomer Maschinen.

1.3 Überblick

In diesem Essay betrachte ich nacheinander drei Bedingungen für moralisches Handeln und damit drei mögliche Einwände gegen den Einsatz autonomer Maschinen.

Zunächst untersuche ich die Bedingung der Freiheit, die für moralisches Handeln erforderlich ist. Maschinen scheinen zunächst in höchstem Maße unfrei zu sein, und damit könnten sie eine entsprechende Bedingung nicht erfüllen.

Zum Zweiten betrachte ich die Frage der moralischen Rechtfertigung. Wir erwarten von moralischen Akteuren, dass sie nicht nur die richtige Handlung wählen, sondern dies auch aus guten Gründen tun, die sie auf Nachfrage darlegen können.[3] Dies stellt sich bei Maschinen je nach der Implementierung künstlicher Moral als unterschiedlich schwierig heraus, jedoch nicht als unlösbares Problem.

Zuletzt stelle ich die Frage, ob denn Maschinen hinreichend moralisch kompetent sein können im Vergleich zu Menschen. Dieses Problem untersuche ich mithilfe des sogenannten moralischen Turing-Tests, eines möglichen Verfahrens zur Anerkennung einer Maschine als moralischer Akteur.

Abschließend werfe ich noch einen Blick auf weitere mögliche Anforderungen an moralische Akteure und fasse die Ergebnisse der Untersuchung zusammen, um einen konstruktiv-kritischen Blick auf mögliche zukünftige künstliche moralische Akteure zu erlauben.

---

3   Die Fähigkeit zur Rechtfertigung ist beispielsweise zentral für T. M. Scanlons kontraktualistische Ethik (vgl. Scanlon 1982, 1998).

2. Freiheit

Freiheit ist nicht wesentlich dafür, moralisch gute Ergebnisse hervorzubringen. Prozesse, denen ich zweifellos keine Freiheit zusprechen würde, wie ein Hurrikan, können gravierende Konsequenzen hervorbringen, die wir als moralisch schlecht betrachten. Um uns nicht auf einen bestimmten Standpunkt festlegen zu müssen, was es bedeutet, gut oder schlecht zu sein, können wir dies auch so lesen: Der Hurrikan bringt Resultate hervor, die, wenn sie ein moralischer Akteur absichtlich oder aus Nachlässigkeit hervorbringt, von dessen moralischer Schlechtigkeit zeugen. Diese Bestimmung nimmt Bezug auf die mentalen Zustände – wie den Willen – als Ursache der Handlung, nicht jedoch auf eine andere Komponente, die dem Hurrikan ebenso abgeht, die Freiheit, auch anders zu handeln.

Damit haben wir zwei mögliche Kriterien für Freiheit, die die Zuschreibung von moralischer Verantwortung zu rechtfertigen scheinen (vgl. auch Misselhorn 2018):

Ein Akteur A ist moralische verantwortlich für eine Handlung h, **wenn**
1. A die Quelle von h ist **und**
2. A auch die alternative Handlung h^* hätte ausführen können.

Beide Bedingungen bedürfen der Erklärung. Für eine ausführliche Diskussion verweise ich auf O'Connor (2020) und die darin enthaltene ausführliche Bibliographie. Die erste Bedingung verlangt, dass die betrachtete Handlung vom Akteur hervorgebracht wird. Dies schließt offensichtlich Ereignisse wie mechanisch erzwungene Körperbewegungen aus. Darüber hinaus gibt es aber kontroversere Fälle, wie die externe Beeinflussung durch Erziehung oder die Beeinträchtigung durch psychische Störungen wie Phobien. Die wichtigste Frage an die Maschinenethik, wenn Bedingung (1) erfüllt sein soll, ist wohl, ob die Programmierung durch die Entwickler der Maschine nicht eine problematische Verletzung dieser Bedingung darstellt.

Bedingung (2) kann auf viele verschiedene Arten interpretiert werden (vgl. für eine einflussreiche Diskussion dieser Bedingung Frankfurt 1969). Die historische Vorstellung von einer geistigen Substanz, die spontan kausalen Einfluss auf die materielle Welt ausüben kann, sollten wir mangels Evidenz und angesichts ihres Konflikts mit der modernen Physik ablehnen. Das bedeutet allerdings, dass wir die Fähigkeit, auch anders gehandelt haben zu können, deutlich schwächer verstehen müssen, als dies zunächst den Anschein hat – zumindest sofern wir Menschen hinreichend Freiheit zusprechen wollen, um als moralische Akteure zu gelten. Da eine Prämisse dieses Essays ist, dass wir Menschen diesen Status zuschreiben, konzentriert sich das Argument darauf, den Unterschied zwischen Mensch und Maschine als irrelevant herauszustellen.

Für Bedingung (2) scheint nun die wichtigste maschinenethische Herausforderung die algorithmische Steuerung der Maschine zu sein. Nach einem Algorithmus ablaufende Vorgänge scheinen auf den ersten Blick geradezu ein Paradebeispiel für eine Verletzung dieser Bedingung zu sein.

Im Folgenden argumentiere ich in beiden Fällen, dass die Maschine trotz des ersten Eindrucks nicht wesentlich weniger frei sein muss als ein menschlicher Akteur. Selbstverständlich gibt es viele Maschinen, die im obigen Sinne nicht frei sind, wie beispielsweise ein Getränkeautomat; das Ziel der Argumentation ist lediglich zu zeigen, dass eine Maschine denkbar ist und im Rahmen unserer technischen Möglichkeiten liegt, die sich in ihrer Freiheit nur graduell von Menschen unterscheidet, und der daher auch nur graduell andere moralische Verantwortung zugeschrieben werden kann.

Menschen werden in vielfältiger Hinsicht von anderen beeinflusst, und oft langfristig und auf subtile Weise. Typisch dafür ist die Erziehung durch die Eltern, die Interaktion mit der jeweiligen Bezugsgruppe oder das kulturelle Hintergrundrauschen einer Gesellschaft. Diese Einflussfaktoren machen die Handlungen eines Menschen aber nicht unbedingt fremdbestimmt im Sinne einer Verletzung von (1). Dafür gibt es zumindest drei überzeugende Gründe, die ich mit den Schlagwörtern Mittelbarkeit, Vielfalt und Unvorhersagbarkeit bezeichnen werde.

Mittelbarkeit: Die zahlreichen Einflüsse durch andere, denen ein Mensch ausgesetzt ist, wirken oft nicht unmittelbar auf seine Handlungen ein; das heißt, sie werden vom Akteur verarbeitet, mit anderen vermischt, und nach seinem oder ihrem Verständnis in Handlungen umgesetzt. Anders als bei einem unmittelbaren Einfluss, wie einem Befehl, ist die Handlung daher nicht fremdbestimmt.

Diese Überlegung lässt sich allerdings auch auf eine Maschine übertragen. Zunächst einmal mögen wir denken, dass der Programmierer der Maschine exakt die Handlung vorgibt, die sie in jeder gegebenen Situation zu vollziehen hat. Damit wäre, selbst mit Zeitverzögerung, eine unmittelbare Fremdbestimmung gegeben. Aber Maschinen können auch mit der Fähigkeit ausgestattet werden, sich an neue Umgebungen anzupassen (siehe den Abschnitt zur Rechtfertigung für eine kurze Einführung in die Idee des maschinellen Lernens). Da der Programmierer, ähnlich wie die Eltern, nicht all die Situationen kontrolliert, in denen sich eine solche Maschine findet, liegt doch wieder nur eine mittelbare Kontrolle vor.

Vielfalt: Menschen stehen nicht nur unter einem Einfluss, sondern, wie bereits oben bemerkt, unter zahlreichen verschiedenen und zum Teil einander zuwiderlaufenden. Es sei hier nur an die möglicherweise widerstreitenden Vorstellungen von Eltern, Mitschülern und Schule erinnert, die häufig genug vorkommen. Damit übt aber kein Akteur einen bestimmenden Einfluss aus; es liegt sogar nahe zu sagen, dass die spezielle Mischung zahlreicher Einflüsse zumindest zum Teil die individuelle Identität ausmacht.

Wiederum können wir aber eine Maschine so konstruieren, dass sie einer Reihe von Einflüssen ausgesetzt ist. In begrenztem Maße ist dies bei komplexeren Maschinen ohnehin der Fall, da ihre Entwicklung von zahlreichen Akteuren beeinflusst wird – von Entwicklern zu Managern und den Vertretern von regulatorischen Behörden. Wenn die noch nicht ausreichend ist – also, wenn diese Akteure zusammen wie einer handeln – können wir immer noch zusätzliche externe Einflussfaktoren einführen; beispielsweise kann der Nutzer viele Geräte zum Teil nachkonfigurieren. Wenn es also gewollt ist, kann auch das Entscheidungsverhalten einer Maschine von zahlreichen und auch widerstreitenden Akteuren beeinflusst werden. Über die ohnehin auftretenden Faktoren wäre es auch denkbar, wenn es für nötig erachtet wird, absichtlich zusätzliche Einflüsse einzuführen, um eine ausreichende Vielfalt von Einflüssen zu gewährleisten.

Unvorhersagbarkeit: Dieser Aspekt ist eng verknüpft mit der Unmittelbarkeit eines Einflusses, aber logisch klar zu unterscheiden. Unter anderem aufgrund der zahlreichen anderen Einflussfaktoren und der verzögerten Wirkung externer Einflüsse ist es oft unvorhersagbar, wie sich eine versuchte Einflussnahme tatsächlich auswirkt. Denken wir beispielsweise an das Kind eines Geistlichen, der nach Kräften versucht, es im Glauben zu erziehen. In der Pubertät rebelliert das Kind dann jedoch, und weist stellvertretend für den Vater dessen religiöse Überzeugungen zurück. Freilich gibt es bedeutend komplexere Fälle, aber das einfache Beispiel sollte ausreichen, um zu erklären, wie schwer vorhersagbar der tatsächliche Effekt einer versuchten Einflussnahme ist. Damit können wir auch zurückweisen, dass die Handlung im üblichen Sinne fremdbestimmt ist.

Naiverweise könnten wir annehmen, dass eine deterministische Maschine nicht in diesem Sinne unvorhersehbar und daher von außen bestimmbar wäre. Wenn allerdings eine komplexe Maschine in einer offenen Umgebung operiert, geht diese Vorhersagbarkeit schnell verloren. Unvorhergesehene Elemente der Umgebung können für den Konstrukteur unvorhersehbare Konsequenzen haben; berücksichtigt das Entwicklerteam eines selbstfahrenden Autos beispielsweise nicht, dass in einem Einsatzland des Gefährts noch Pferdekarren auf der Straße sind, kann das Fahrzeug diese falsch klassifizieren – beispielsweise aufgrund ihrer Geschwindigkeit – und unvorhergesehenerweise Routinen abrufen, die für ganz andere Situationen gedacht sind. Welchen Effekt also selbst höchst unmittelbare Versuche der Einflussnahme wie die Programmierung einer Maschine haben, wird in einer offenen Umgebung rasch unvorhersagbar.

Diese drei Punkte decken möglicherweise nicht alle denkbaren Aspekte ab, die erklären, wie ein Mensch trotz externer Einflüsse selbstbestimmt handeln kann; sie sollten jedoch die Behauptung stützen, dass sich solche scheinbaren Unterschiede zwischen Mensch und Maschine oft auflösen lassen, wenn wir eine hinreichend komplexe Maschine in einer offenen Umgebung betrachten. Die Erläuterung dieser drei Aspekte hilft uns außerdem auch, viele Maschinen auszuschließen; im Umkehrschluss können wir sie als konkrete Teilbedingungen von (1) betrachten.

Wenden wir uns nun der Frage nach der zweiten Bedingung zu: Hätte die Maschine auch anders handeln können? Wie bereits erläutert muss dies etwas anderes bedeuten als dass der Akteur – Mensch oder Maschine – spontan die Ordnung der physikalischen Welt durchbrechen hätte können. Ein Vorschlag für eine Alternative Interpretation der Bedingung wäre folgende:

*Wenn A anders hätte handeln **wollen**, dann hätte A anders gehandelt.*

Wenn wir Schwierigkeiten wie durch Zwangsstörungen und Ähnliches außen vor lassen, scheinen Menschen diese Bedingung zu erfüllen. In der Philosophie ist das zwar nicht unkontrovers; argumentativ ist es für unsere Zwecke trotzdem sinnvoll, sie auf Maschinen anzuwenden, denn es gilt ja wiederum, dass wenn schon Menschen die Bedingung nicht erfüllen können, wir sie für Maschinen nicht akzeptieren müssen, um ihnen denselben Status als moralische Akteure zuzuschreiben.

Bevor ich mich der Frage zuwende, ob wir davon sprechen können, dass Maschinen etwas wollen, ist noch ein Wort der Klärung angebracht. ,Wollen' im obigen Sinne bedeutet so viel wie ,alles in allem tatsächlich wollen'. Ein Akteur kann jederzeit viele widerstreitende Wünsche haben, die auf unvereinbare Ziele verweisen. Einige dieser

Wünsche und Ziele können sich durchaus ändern, ohne dass der Akteur alles in allem etwas anderes will.

Die kritische Frage ist, was es für eine Maschine bedeutet, etwas zu wollen. In der künstlichen Intelligenz sind sogenannte *Belief-Desire-Intention*-Architekturen (BDI, übersetzt sich in Überzeugung-Wunsch-Absicht, vgl. Rao & Georgeff, 1995) entwickelt worden. In diesen repräsentiert die Maschine Wünsche als Teil des Entscheidungsprozesses, in Analogie zu menschlichen Wünschen oder Begehren. Für solche Maschinen scheint die Interpretation von ‚wollen‘ klar zu sein – und es ist auch der Fall, dass die Maschine anders operieren kann, wenn sie mit anderen Wünschen ausgestattet ist.

Für andere Maschinen, die Wünsche nicht explizit repräsentieren, ist dies weniger offensichtlich. Hier müssen wir davon ausgehen, dass Wünsche oder Ziele implizit vorhanden sind. Eine autonome bewaffnete Drohne könnte beispielsweise so programmiert sein, dass sie feindliche Soldaten zu töten und dabei eigene zu verschonen versucht. Implizit können wir dies als einen Wunsch oder ein Ziel interpretieren; funktional verhält sich die Maschine genauso, als ob sie den entsprechenden Wunsch hätte. Insbesondere würde sich die Maschine auch anders verhalten, wenn der implizite Wunsch nicht vorläge. Die Drohne könnte zum Beispiel, wenn sie nicht mit dem Ziel programmiert worden ist, Soldaten der eigenen Seite zu verschonen, rücksichtslos das Feuer eröffnen.

Diese Überlegung zeigt allerdings auch, wie schwach dieses Verständnis von Freiheit eigentlich ist. Natürlich müssen wir mit einbeziehen, dass für die relevante Zuschreibung von Freiheit auch Bedingung (1) erfüllt sein muss, die von der Drohne im Beispiel nicht erfüllt wird. Dennoch wirft die Überlegung die Frage auf, ob es nicht eine noch substantiellere Interpretation von (2) gibt, die tragfähig ist.

Eine Möglichkeit, die von O'Connor (2020) diskutiert wird, ist folgende:

Wenn A mit Gründen konfrontiert ist, die h betreffen, so ist A fähig, auf diese Gründe angemessen zu reagieren (zum Beispiel wenn gute Gründe gegen h vorgebracht werden, h nicht auszuführen).

Wiederum ist es recht plausibel, dass Menschen als Akteure klassifiziert werden, die angemessen auf Gründe reagieren. Es ist zu beachten, dass diese Bedingung nicht immer verlangt, anders zu handeln; wenn vorher bestehende Gründe schwerer wiegen, muss eine angemessene Reaktion auf neue Gründe nicht beinhalten, anders zu handeln. Nichtsdestoweniger stellt die Fähigkeit, auf Gründe angemessen zu reagieren, eine Komponente der Fähigkeit dar, anders zu handeln.

Wir können einräumen, dass zumindest gegenwärtig Maschinen nicht auf alle Gründe reagieren können, auf die ein kompetenter Erwachsener reagieren kann. Komplexe, natürlichsprachlich repräsentierte Gründe sind beispielsweise eine erhebliche Herausforderung selbst für fortgeschrittene Maschinen. Während die meisten Menschen beispielsweise die moralische Botschaft einer Fabel verstehen – auch wenn sie diese vielleicht nicht als den stärksten Grund für oder gegen eine Handlung betrachten – stellt dies für Maschinen aufgrund der bildhaften Sprache und nichtwörtlichen Bedeutung eine erhebliche Schwierigkeit dar.

Aber selbst wenn wir das einräumen, erlaubt die Bedingung eine graduelle Erfüllung. Sehr simple Gründe liefern zum Beispiel Sinneswahrnehmungen (vgl. Broome 2007). Dass die Herdplatte rot glüht, gibt mir einen Grund zu glauben, dass sie heiß ist. Maschinen können solche sensorischen Gründe verarbeiten und prinzipiell angemessen auf sie reagieren. Dieser Fähigkeit sind – wie dies auch bei Menschen gerade mit unbekannten Erfahrungsbereichen ist – Grenzen gesetzt, aber grundsätzlich scheint eine Maschine die Fähigkeit besitzen zu können, auf Gründe zu reagieren. Wir können also schlussfolgern, dass wenn diese Interpretation von (2) angemessen ist, Maschinen prinzipiell, wenn auch wohl in geringerem Maße, die Fähigkeit haben, anders zu handeln.

Damit sind freilich nicht alle möglichen Interpretationen von (2) erschöpft. Die beiden Beispiele zeigen jedoch, dass die Zuschreibung von Handlungsfreiheit wesentlich von der Zuschreibung mentaler Zustände wie Gedanken und Wünsche abhängt. Für jede Interpretation, die sich auf solche mentalen Repräsentationen und ihre Wirksamkeit auf das Handeln stützt, kann die hier vorgebrachte Argumentation angepasst werden.

Wir können also schlussfolgern, dass unter einer Reihe plausibler Interpretationen des Begriffs der Freiheit insoweit sie für moralische Verantwortung relevant ist, Maschinen Freiheit zugeschrieben werden kann. Dabei haben wir zugleich einige der konkreten Merkmale erkundet, mit deren Hilfe wir prüfen können, ob eine gegebene Maschine plausiblerweise der Status eines moralischen Akteurs zugeschrieben werden kann.

Die Argumentation ist qualitativ, es ist also denkbar, Maschinen eine begrenzte Freiheit und Fähigkeit zur moralischen Verantwortung zuzusprechen. Diese Möglichkeit ist aber nichts prinzipiell Neues: Wir sprechen Kindern beispielsweise auch ein geringeres Maß an Freiheit und damit eine begrenzte Fähigkeit zur Übernahme moralischer Verantwortung zu, ohne sie ihnen gänzlich abzuerkennen.

Im Umkehrschluss bedeutet das für praktische Anwendungen, dass wir Maschinen mit einer derart begrenzten Freiheit und Fähigkeit zur Übernahme moralischer Verantwortung eben auch nur angemessene Aufgaben übertragen sollten. Um bei der Analogie zu Kindern zu bleiben: Wir nehmen in unserem Alltag an, dass wir einem Kind mit einer gewissen Reife die Aufgabe übertragen können, einen Lebensmitteleinkauf für seine Großeltern zu übernehmen, nicht jedoch zu entscheiden, ob deren Beatmungsgerät abgestellt werden sollte. Wie auch bei Menschen ist es eine schwierige praktische Frage, welche Fähigkeiten genau die Übernahme welcher Aufgabe und der damit verbundenen Verantwortung rechtfertigen. Die Art der erforderlichen Überlegung lässt sich jedoch durch die Analogie erklären.

3. Rechtfertigung

Wir erwarten von moralischen Akteuren häufig nicht nur, moralisch richtige Handlungen zu wählen, sondern auch aus guten Gründen zu handeln. Der vorangehende Abschnitt nimmt an, dass eine mögliche Interpretation von Freiheit das Reagieren auf Gründe erfordert. In unserem Kontext müssen diese Gründe nicht nur rational nachvollziehbar, sondern eben auch moralisch angemessen sein.

Betrachten wir zunächst ein Beispiel: Nehmen wir an, der junge Mann Robert rettet ein Kind vor dem Ertrinken, statt einfach seiner Wege zu gehen. Wenn wir annehmen, dass es keine weiteren moralisch relevanten Umstände gibt, ist dies unzweifelhaft die moralisch richtige Entscheidung. Im Gespräch mit Robert finden wir jedoch heraus, dass er das Kind nur gerettet hat, weil er seine Freundin beeindrucken wollte, mit der er gerade spazieren war. Sein Grund ist rational nachvollziehbar, aber moralisch unzulänglich: Würde Robert aus moralischen Gründen handeln, würde er in dieser Situation das Kind retten ungeachtet der Vorteile für ihn selbst.

Ähnlich wie von Robert könnten wir von einer Maschine erwarten, aus moralischen Gründen zu handeln und nicht, um im selben Beispiel zu bleiben, das Kind zu retten, um Haftung für den Besitzer der Maschine zu vermeiden. Nun müssen wir allerdings einige Begrifflichkeiten klären, um diese Anforderung zu verstehen.

Zunächst einmal stellt sich die Frage, wie wir feststellen, aus welchen Gründen ein Mensch oder eine Maschine gehandelt hat. Wenn eine Rechtfertigung lediglich im Nachhinein konstruiert wird, sprechen wir häufig von einer bloßen Rationalisierung. Prinzipiell ist es bei einer Maschine natürlich denkbar, den Entscheidungsprozess vollständig mitzuspeichern.

Dabei können wir nach Form und Inhalt der Rechtfertigung fragen, wobei beide Aspekte in der Praxis eng verknüpft sind. Beide Fragen sind nicht trivial und haben keine unkontroversen Antworten in der Moralphilosophie. Grob können wir die Antwortmöglichkeiten, wie sie auch für die Maschinenethik relevant sind, in zwei Klassen aufteilen: Entweder wird eine Rechtfertigung unter Verweis auf die Prinzipien einer moralischen Theorie angegeben oder wir zeigen die Analogie zwischen der betrachteten Situation und den gegebenen Handlungsmöglichkeiten und einer oder mehreren moralischen Entscheidungen, für die bereits akzeptierte Urteile vorliegen.

Nehmen wir zum Beispiel an, unser Akteur ist ein Utilitarist, hält es also für geboten, so zu handeln, dass der Nutzen[4] maximiert wird. Ein solcher Akteur müsste dann als Rechtfertigung seine Nutzenzuschreibungen und Berechnungen angeben, und durch Vergleich zeigen, dass die gewählte Handlung bezüglich ihres Nutzens nicht von einer anderen übertroffen wird.

Dieses Beispiel zeigt auch, wie Form und Inhalt zusammenhängen können. Darüber hinaus demonstriert es auch, dass es für eine Maschine nicht unbedingt schwer ist, eine Rechtfertigung abzugeben. In einem utilitaristischen Kalkül kann eine Maschine unter Umständen sogar eine genauere Rechtfertigung liefern als ein Mensch.

Ich möchte hier nicht im Einzelnen aufschlüsseln, wie gut sich dies auf andere moralische Theorien übertragen lässt, sondern belasse es bei dem Verweis, dass für explizit formulierbare Theorien eine Umsetzung möglich ist, wobei die Rechtfertigung sich dann als die Berechnungen der Schlussfolgerungen aus der entsprechend in der Maschine abgelegten Theorie ergeben.

Dieser Prozess ist, wie vorher schon angedeutet, natürlich nicht unproblematisch. Die Maschine muss beispielsweise den Nutzen verschiedenster Ereignisse bestimmen können. Für einen Akteur, der ein Regelsystem verwendet, das es verbietet, Menschen zu verletzen, muss entschieden werden, was eine Verletzung ist – ein Operationsroboter muss beispielsweise Menschen in gewisser Weise verletzen, diese Verletzungen fallen aber nicht unter die intendierte Bedeutung von ‚Verletzung‘ in der moralischen Regel. Diese Schwierigkeiten sind möglicherweise gravierend, allerdings sind auch Menschen damit konfrontiert, und daher

---

4   Vgl. Bentham (1996 [1780], insbesondere Kap. 1) für die klassische Interpretation des Nutzenbegriffs. Es gibt inzwischen eine Reihe von Variationen der utilitaristischen Idee, aber für die Zwecke der Erklärung eines theoriegetriebenen Rechtfertigungsmodells genügt die klassische Formulierung.

können wir wieder darauf verweisen, dass wir keinen Begriff von adäquater moralischer Rechtfertigung annehmen sollten, der menschliche Akteure davon ausschließt. Dieselbe Überlegung kann auch vorgebracht werden, wenn die Berechenbarkeit selbst in Frage steht. Winfield et al. (2014) beschreiben beispielsweise die Schwierigkeit, die nötigen Vorhersagen in einem Roboter rechtzeitig zu berechnen, um utilitaristisch handeln zu können. Menschen haben zwar nicht genau dieselben kognitiven Beschränkungen wie Maschinen, aber beschränkt sind beide Typen von Akteuren zweifellos.

Schwieriger ist die Frage, wenn wir Rechtfertigungen durch Analogiebildung betrachten. Ich werde im folgenden Abschnitt noch genauer darauf eingehen, warum abstrakte moralische Theorien in der Praxis problematisch sind als alleinige Grundlage der Maschinenethik. In aller Kürze stellt sich das Problem, die Konsequenzen der Theorien effizient zu berechnen und die Schwierigkeit, sich auf eine der verfügbaren Theorien zu einigen, insofern über diese weithin Dissens herrscht.

Die naheliegendste Lösung, Urteilen per Analogie in einer Maschine zu implementieren, bilden Methoden des maschinellen Lernens. Im folgenden Exkurs gebe ich eine minimale Einführung in die Begrifflichkeiten und eine einfache Methode des maschinellen Lernens für Leser*innen, die mit der Materie nicht vertraut sind.

Exkurs: Maschinelles Lernen

Maschinelles Lernen bedeutet die Anpassung eines Algorithmus an einen Trainingsdatensatz. Der Algorithmus konstruiert eine Verallgemeinerung des Trainingsdatensatzes, die mithilfe eines noch unbekannten Testdatensatzes geprüft werden kann, bevor der Algorithmus dann seinem Zweck zugeführt wird.

Ich betrachte hier nur den Fall des sogenannten überwachten Lernens, bei dem die Trainingsdaten bereits mit sogenannten Labels versehen sind. Betrachten wir zum besseren Verständnis ein einfaches Beispiel.

Nehmen wir an, wir möchten einen Algorithmus haben, der den Wiederverkaufswert eines Hauses schätzt. Ein Datum besteht dann aus einem Satz Informationen über das Haus, wie Größe, Renovierungszustand, Lage, etc. und einem Preis. Die Trainingsdaten bestehen aus solchen Daten, bei denen das Label – der Preis – schon bekannt ist. Wenn der Algorithmus die Trainingsdaten verarbeitet hat, wird er auf den Testdatensatz angewandt, aber ohne dass die Preise mit eingespeist werden. Diese schätzt der Algorithmus, und die Schätzungen können dann mit den Preisen verglichen werden.

Ein vergleichsweise simpler Algorithmus, den wir nun an den Datensatz anpassen können, ist die lineare Regression. Hier nehmen wir an, dass ein linearer Zusammenhang zwischen den verschiedenen Eigenschaften des Hauses und dem zu erwartenden Preis besteht. Diese Annahme muss nicht exakt stimmen, um ein gutes Ergebnis zu erzielen, aber sie sollte näherungsweise zutreffen; ob dies der Fall ist, prüfen wir nach der Trainingsphase mit den Testdaten. In der Trainingsphase werden nun die Parameter einer linearen Funktion $ax_1 + bx_2 + \dots nx_n = y$ bestimmt. Eine Interpretation ist, dass wenn x_1 die Größe in Quadratmetern repräsentiert, a den Gewichtungsfaktor der Größe im Preis darstellt. Wir suchen also a, b, …, n. Dafür wird eine sogenannte Loss-Funktion verwendet, die angibt, wie schwer eine Abweichung vom bekannten Preis wiegt. Beispielsweise könnte diese Funktion quadratisch sein, würde große Fehler also als überproportional schwerwiegender als kleine betrachten. Im Training werden die Parameter nun so bestimmt, dass die Summe der Werte der Loss-Funktion über alle Trainingsdaten minimal wird.

Im Anschluss werden nun die Testdaten verwendet, um zu sehen, ob das Modell eine nützliche Generalisierung gelernt hat, oder nur die spezifischen Eigenschaften der Trainingsdaten reflektiert. Wenn wir mit der Qualität der Generalisierung zufrieden sind, können wir nun das Modell mit den geschätzten Parametern verwenden, um noch unbekannte Preise zu vorherzusagen.

Dieses Verfahren lässt sich zumindest prinzipiell auf moralische Probleme übertragen, wobei wir statt Größe, Lage und Renovierungsstand eines Hauses moralisch signifikante Eigenschaften einer Handlung einsetzen würden und als Label eine Bewertung der moralischen Qualität.

Es gibt natürlich weit komplexere Algorithmen für das maschinelle Lernen, unter anderem solche, die im laufenden Betrieb weiter Daten sammeln und den Algorithmus weiter anpassen, statt nach der initialen Trainingsphase statisch zu bleiben. Diese Verfahren zu erläutern geht jedoch über die Möglichkeiten dieses Essays hinaus.

ML-Maschinenethik

Um nun einen künstlichen moralischen Akteur zu trainieren, kodieren wir möglichst viele Szenarien mit akzeptierten Urteilen (den Labels) und verwenden sie als Trainingsdaten. Nach dem Training können wir dann der Maschine ein kodiertes Szenario einspeisen und sie bewertet es durch die gelernte Kategorisierung; im einfachsten Fall handelt es sich um die Bewertung einer einzelnen Handlung auf einer Skala oder eine binäre Entscheidungssituation, aber wir können natürlich auch komplizertere Entscheidungsräume abbilden.

Die Schwierigkeit ist nun aber, dass die Angabe, aufgrund der gelernten Parameter falle Handlungsoption X im neuen Szenario in den Bereich des moralisch zulässigen, als Grund nicht hinreichend erscheint. Warum sollte beispielsweise die Minimierung eines statistischen Fehlermaßes – einer Loss-Funktion – Teil einer moralischen Rechtfertigung sein? Dies wäre nur dann sinnvoll, wenn das Fehlermaß selbst wiederum moralisch gerechtfertigt wäre; normalerweise würden wir zur Rechtfertigung eines solchen Fehlermaßes auf den Erfolg des Algorithmus verweisen, der es verwendet. Dies ist aber im Bereich des moralischen Urteilens sehr schwierig, da über viele Fälle keine Einigkeit besteht. Es war ja gerade ein attraktiver Aspekt an der Methode des maschinellen Lernens, dass wir von den Fällen ausgehen können, über die wir uns tatsächlich bereits einig sind!

Es ist denkbar, auf andere Weise eine Rechtfertigung aus der Entscheidung des ML-Algorithmus herauszuziehen: Wir können auf die Fälle verweisen, die im Raum der Szenarien in der Nähe liegen und im Trainingsdatensatz als gut bewertet wurden. Dies entspricht der Strategie, in einem moralischen Disput ähnliche Fälle anzuführen, die weniger kontrovers sind, um andere von einem umstrittenen moralischen Urteil zu überzeugen. Es handelt sich also um eine Rechtfertigungsstrategie, die wir bei Menschen zumindest auch finden.

Daraus folgt natürlich nicht, dass die Strategie immer funktioniert: Manchmal gibt es sehr ähnliche Fälle, die aber anders beurteilt werden sollten; und manchmal wird im Trainingsdatensatz ein Fall sein, der sehr ähnlich ist, aber anders bewertet wird. In diesen Grenzfällen bricht diese Rechtfertigungsstrategie zusammen.

Ist dies aber fatal für die moralische Handlungsfähigkeit der Maschine? Dem ist nicht so, denn diese Grenzen der Rechtfertigung spiegeln tatsächlich moralisch schwierige Grenzfälle wider. Wenn zwei Szenarien sich in vielerlei Hinsicht ähneln, aber unterschiedliche Handlungen moralisch erfordern, ist das Urteil selbst schwierig; diese Schwierigkeit spiegelt sich in einem möglichen Kollaps der Rechtfertigung wider.

Um den Kreis zu schließen sei darauf hingewiesen, dass diese Probleme mit Grenzfällen bei einem theoriegetriebenen Ansatz, wie ich ihn oben skizziert habe, nicht auftreten; stattdessen gibt es aber die bekannten Fälle, in denen die Theorie selbst zweifelhaft ist (vgl. McCloskey 1965). Eine utilitaristische Maschine könnte zu dem Schluss kommen, dass die Bestrafung Unschuldiger moralisch geboten ist; moralisch ist diese Schlussfolgerung aber kontrovers und wird von vielen nicht-utilitaristischen Theorien zurückgewiesen.

Schwierigkeiten gibt es also auch hier, aber sie kommen anders zum Ausdruck. In beiden Fällen zeigt sich jedoch, dass die Maschine eine Rechtfertigung prinzipiell liefern kann. Die Grenzen, an die wir dabei stoßen, bilden zumindest in den untersuchten Fällen ähnliche Probleme bei Menschen ab. Falls eine entsprechende Aufzeichnungsfunktion implementiert wird, kann sogar gewährleistet werden, dass diese Rechtfertigung den Entscheidungsprozess der Maschine abbildet – eine Möglichkeit, die uns bei Menschen abgeht.

Zuletzt sei noch angemerkt, dass dies nicht heißen soll, dass existierende Maschinen über die entsprechenden Fähigkeiten verfügen würden oder es keine weiteren praktischen Probleme bei der Umsetzung gibt; lediglich die grundsätzliche Frage, ob eine Maschine gute Gründe zur Rechtfertigung liefern und verwenden kann, darf nun mit einem Ja beantwortet werden.

4. Kompetenz und der moralische Turing-Test

Bisher haben wir einen zentralen Begriff nicht genauer betrachtet, der wesentlich ist für die Zulässigkeit eines künstlichen moralischen Akteurs: Die moralische Befähigung oder Kompetenz. Damit ist gemeint, ob die Maschine sich nicht nur formal als moralischer Akteur qualifiziert, sondern auch als hinreichend fähiger. Nun ist es schwierig, eine umfassende und explizite Definition von moralischer Befähigung zu geben, auf die wir die Maschine prüfen könnten. Dieser Typ von Problem ist nicht völlig neu, sondern stellt sich in ähnlicher Weise bei der Definition von künstlicher Intelligenz. Daher werden wir die Frage nach der moralischen Befähigung mithilfe einer Analogie zum Turing-Test für Intelligenz analysieren (vgl. Turing, 1950).

Das einfachste Szenario eines solchen Tests gestaltet sich folgendermaßen:

Ein Mensch und eine Maschine werden beide von einem menschlichen Beobachter mit moralischen Problemen konfrontiert, für die sie mögliche Lösungen bewerten sollen. Der Beobachter sieht aber die beiden Subjekte nicht, sondern erfährt nur ihre Urteile zu den gestellten Problemen.

Vorausgesetzt, dass wir den Menschen im Experiment als moralisch fähig anerkennen und den Beobachter als zumindest fähig, moralische Urteilsfähigkeit zu erkennen, können wir sagen, dass eine Maschine ein fähiger moralischer Akteur ist, wenn der Beobachter nicht herausfinden kann, welche Antworten vom Menschen kommen und welche von der Maschine.

Dieses grundlegende Szenario für einen moralischen Turing-Test (MTT) ist aus verschiedenen Gründen unzureichend. Im Folgenden werde ich eine Reihe wesentlicher Probleme identifizieren und mögliche Variationen des Tests, die sie beheben sollen.

Zunächst einmal stellt sich die Frage, ob das bloße Urteil isoliert von seiner Rechtfertigung ein hinreichendes Kriterium für moralische Befähigung ist. Dass die Fähigkeit, Rechtfertigungen zu liefern, Teil der erforderlichen Eigenschaften eines moralischen Akteurs ist, haben wir bereits oben diskutiert. Wir können den Test nun leicht so modifizieren, dass der Beobachter nicht nur ein Urteil, sondern auch die zugehörige Rechtfertigung erhält, und prinzipiell sogar Nachfragen dazu stellen könnte (vgl. Allen & Wallach, 2008, S. 70).

Insofern wir die Fähigkeit zur Rechtfertigung als wesentlich annehmen, können wir dieses Element ohne Schaden dem MTT hinzufügen, aber bei genauerer Betrachtung fügt es dem Test keine bessere Überprüfung der Fähigkeit zum Urteilen hinzu. Ist die Maschine nicht fähig, konsistent adäquate Urteile zu fällen, wird dies im Laufe eines längeren Testlaufs dem Beobachter auffallen.

Wallach & Allen vertreten allerdings den Standpunkt, dass sich durch den Einschluss von Rechtfertigungen auch noch ein anderes Problem lösen lässt: Wie bereits erwähnt wurde, sind wir uns in unseren moralischen Urteilen häufig nicht einig mit anderen Menschen. Wenn nun der Beobachter andere moralische Werte besitzt als das menschliche Testsubjekt könnten seine Urteile auch einfach deshalb als nicht adäquat eingeschätzt werden. Sofern die Maschine eher die Werte des Beobachters teilt, versagt dann der Test. Die Möglichkeit zur Rechtfertigung mit einzuschließen löst allerdings dieses Problem nicht, da korrekte Urteile eben nicht nur in schlüssigem Argumentieren von beliebigen Prämissen aus bestehen, sondern auch adäquate Prämissen erfordern. Eine Maschine mit aristotelischen Werten nimmt an, dass einige Menschen Sklaven sein sollten; die Schlussfolgerungen aus dieser Prämisse werden nicht akzeptabler für uns durch noch so stringentes Argumentieren.

Es sei angemerkt, dass wir nicht unbedingt Relativisten in Bezug auf die Moral sein müssen, wenn wir ein gewisses Maß an Dissens als gegeben akzeptieren. Wir müssen lediglich den Dissens über Werturteile feststellen und unsere zumindest vorläufige Unfähigkeit ihn aufzulösen.

Eine weitere Variation des MTT, die dieses Problem zwar nicht lösen, aber für praktische Zwecke entschärfen könnte, wäre ein sozialer MTT. Das hieße, statt dass wir einen einzelnen Beobachter haben, der über die Subjekte urteilt, wird diese Aufgabe von einer Gruppe übernommen, deren kollektives Urteil zählt.

Das wirft natürlich unmittelbar weitere Fragen auf:
1. Wie sollte die Gruppe zusammengesetzt sein?
2. Wie bildet die Gruppe ein gemeinsames Urteil?

Eine simple Antwort auf die erste Frage wäre, eine repräsentative Stichprobe aus der Bevölkerung zu ziehen, die mit der Maschine interagieren muss und diese über die Zeit hinweg immer wieder anzupassen, um einen möglichen Wertewandel abzubilden.

Diese Methode hat allerdings auch erhebliche Schwachpunkte. Zum einen ist eine statistisch repräsentative Stichprobe nicht unbedingt eine angemessene Stichprobe der Betroffenen. Manche Mitglieder der Gesellschaft sind weit stärker von bestimmten Arten künstlicher moralischer Akteure betroffen als andere. Wir könnten den Standpunkt vertreten, dass diese stärker Betroffenen ein größeres Gewicht haben sollten. Aber um zu entscheiden, wie eine solche Gewichtung konkret aussehen müsste, wäre es bereits nötig, sich in substantiellen moralischen Fragen zu einigen – und wir haben ja den sozialen MTT entwickelt, um den bestehenden Dissens über diese Fragen nicht bereits gelöst haben zu müssen.

Ein weiterer, praktischer Einwand betrifft die Frage, ob es denn zulässig ist, eine Gesellschaft mit zweifelhaften Moralvorstellungen diese durch ihre autonomen Maschinen perpetuieren zu lassen. Sollte ein Land, in dem Frauenrechte eingeschränkt sind, autonomen Fahrzeugen beibringen dürfen, diese im Falle eines unvermeidbaren Unfalls eher zu gefährden als Männer? Diese Überlegung zeigt, dass der soziale MTT das Problem des moralischen Konflikts nicht vollständig auflöst, sondern lediglich verschiebt. Eine mögliche Schlussfolgerung wäre, dass autonome Maschinen schlicht nicht exportiert werden dürften.[5] Aber selbst dann bliebe immer noch das Problem der unterschiedlichen Betroffenheit.[6]

Für die Frage nach der kollektiven Entscheidungsfindung gibt es zwei generelle Strategien: Entweder lassen wir die Beobachter miteinander diskutieren, bis sie zu einem gemeinsamen Urteil gekommen

---

5   Das Exportverbot hilft freilich den Menschen in einem solchen Land nur effektiv, wenn das Land die Technologie nicht selbst produzieren kann. Daraus ergibt sich aber im Umkehrschluss keine moralische Rechtfertigung für den Export, selbst wenn das Land die Technologie selbst produzieren könnte.

6   Eine Philosophin könnte auf die Idee kommen, die Frage mit ‚eine Gruppe vernünftiger Akteure' zu beantworten. Dies ist aber erstens nicht operationalisierbar, ohne wiederum die Entscheidungen bereits zu treffen, die wir nicht treffen können; darüber hinaus untergräbt es den Wert der Selbstbestimmung der Menschen über die sozio-technische Umwelt, mit der sie umgehen müssen.

sind, oder sie stimmen unabhängig ab und wir verwenden beispielsweise eine einfache Mehrheitsregel, um das kollektive Urteil zu bestimmen.

Die erste Möglichkeit lässt es prinzipiell zu, dass es nie eine Einigung gibt – und gegeben, dass wir uns im Kontext grundlegender moralischer Konflikte bewegen, ist dies auch durchaus wahrscheinlich. Darüber hinaus kommen in einem solchen Aushandlungsprozess oft Faktoren zum Tragen, die eigentlich das gemeinsame Urteil nicht beeinflussen sollten. Vielleicht ist eine Teilnehmerin redegewandter, vielleicht genießt ein Teilnehmer Prestige in der Gesellschaft; beide könnten so die Diskussion in einer Weise beeinflussen, die moralisch nicht zu rechtfertigen ist.

Die Möglichkeit der Abstimmung ist diesen Kritikpunkten nicht ausgesetzt, dafür jedoch anderen. Der wichtigste ist zweifellos der, dass das Urteilsverhalten der Gruppe insgesamt inkonsistent sein kann, selbst wenn alle Mitglieder konsistente Positionen vertreten. Betrachten wir dazu folgendes Beispiel, angelehnt an List & Pettit (2011, Kap. 2):

Anna (A), Bernhard (B) und Christina (C) sollen einen sozialen MTT durchführen. Dabei sollen sie folgende drei Aussagen bewerten (hinter dem Satz in Klammern stehen jeweils die Akteure der Gruppe, die dem Urteil zustimmen):

1) Lügen verstößt gegen den kategorischen Imperativ. (A, B)

2) Wenn eine Handlung gegen den kategorischen Imperativ verstößt, ist sie moralisch verboten. (A, C)

3) Lügen ist moralisch verboten. (A)

Durch eine einfache Mehrheitsregel ergibt sich, dass die Gruppe (1) und (2) akzeptier, (3) aber ablehnt.

Dem aufmerksamen Leser wird aufgefallen sein, dass die kollektiven Urteile zusammen logisch inkonsistent sind, da aus (1) und (2) logisch (3) folgt. Dies trifft zu, obwohl die verschiedenen individuellen Positionen zu den Aussagen alle konsistent sind!

Ich verweise für eine Diskussion der allgemeinen Bedingungen für solche Inkonsistenzen auf das Buch von List & Pettit (2011). Es gibt durchaus Möglichkeiten, in so einem Fall ein kollektives Urteil eindeutig und konsistent zu bestimmen; dies erfordert jedoch wiederum bereits substantielle Werturteile, da dann andere wünschenswerte Eigenschaften einer kollektiven Entscheidungsfindung aufgegeben werden müssen.

Der soziale MTT ist deswegen nicht unnütz. Er stellt immer noch eine Verbesserung über den einfachen Test dar, und mangels einer besseren Alternative kann er durchaus erwogen werden. Für unsere Zwecke entscheidend ist die Einsicht, dass er immer noch keinen unproblematischen Maßstab für moralische Befähigung abgibt.[7]

Ein weiterer Einwand, unter anderem formuliert von Arnold & Scheutz (2016), betrifft die mögliche moralische Überlegenheit von Maschinen. Die Autoren spekulieren, dass eine Maschine vielleicht zu fundamental besseren Urteilen fähig ist als ein Mensch; diese Maschine würde dann im MTT als Maschine identifiziert werden, aber wir sollten sie als moralisch befähigt betrachten. Um dieser Möglichkeit Rechnung zu tragen, wurde der cMTT (*comparative* MTT, vergleichender MTT) vorgeschlagen. In diesem soll der Beobachter nicht herausfinden, wer Mensch und wer Maschine ist, sondern stattdessen vergleichend bewerten, wer moralisch bessere Urteile fällt.

Diese Idee scheint ursprünglich aus der meines Erachtens korrekten Beobachtung zu entspringen, dass Maschinen manchen menschlichen Schwächen nicht unterliegen, wie zum Beispiel Willensschwäche oder bestimmten kognitiven Verzerrungen. Daher könnte, sofern sie überhaupt moralisch handeln kann, eine Maschine dem Menschen nicht nur ebenbürtig, sondern sogar überlegen sein. Ein Test für moralische Befähigung sollte dies anerkennen, da wir ja gerade sicherstellen wollen, dass die Maschine *mindestens* so moralisch handelt wie der Mensch, den sie ersetzt.

Diese simple Modifikation kann dem einfachen oder auch dem sozialen MTT problemlos hinzugefügt werden. Es sei nur ein Wort der Warnung hinzugefügt: In einigen Fällen scheinen Maschinenethiker die Vorstellung einer das menschliche Verständnis überwindenden Moral zu vertreten, die wir nicht behindern sollten in ihrer Entwicklung. Diese Idee ist jedoch inkohärent. Entweder ist das zur Debatte stehende System doch letztlich verständlich für Menschen – und könnte daher vom cMTT anerkannt werden – oder es ist grundsätzlich unverständlich für Menschen – in welchem Fall es irrational wäre, danach zu handeln oder eine Maschine einzusetzen, die danach handelt.

Aus den Überlegungen zum MTT können wir schlussfolgern, dass die Vorstellung von einer moralischen Befähigung, die unseren moralischen Uneinigkeiten ausweicht, sich nicht realisieren lässt. Der

---

7   Es sei noch erwähnt, dass für bestimmte Maschinen, die nur das Leben einer Person beeinflussen, der einfache Test durchaus angemessen sein könnte. Der Test würde dann aber nicht moralische Befähigung abprüfen, sondern Übereinstimmung mit dem Besitzer.

Versuch, dies indirekt und implizit über eine Analogie zum Turing-Test zu erreichen stößt immer wieder auf die Barriere moralischen Konflikts zwischen verschiedenen Beobachtern. Die Idee ist nichtsdestoweniger hilfreich, schon allein um zu klären, was genau wir annehmen, wenn wir eine Variante des MTT akzeptieren.

Folgt daraus nun, dass wir Maschinen nicht als moralische Akteure erkennen können, selbst wenn sie dies sind? Ja, aber nur in demselben Sinne, in dem wir andere Menschen nicht zweifelsfrei als fähige moralische Akteure einstufen können. Die Vorstellung einer wertneutral definierten Bestimmung von moralischer Befähigung ist nicht umsetzbar.[8] Wir könnten schließlich die Maschine im MTT durch einen Menschen ersetzen, und wären mit all denselben Problemen konfrontiert, moralische Kompetenz festzustellen. Daher ist eine solche wertneutrale bestimmte Befähigung auch keine sinnvolle Forderung an einen moralischen Akteur, ob künstlich oder aus Fleisch und Blut. Nichtsdestoweniger können wir natürlich verlangen, dass eine Maschine eine passende Variation des MTT besteht, bevor sie zum Einsatz kommen darf. Das menschliche Vergleichssubjekt wäre für die Fälle, die uns hier motivieren, sogar schon gegeben: Es wäre der Mensch, dessen Aufgaben die Maschine übernehmen soll.

5. Emotionen und weitere Aspekte

Einige Philosophen und Philosophinnen betrachten Emotionen als wesentlichen Aspekt moralischen Urteilens und Handelns (vgl. Hursthouse, 1999, Kap. 1). Diese Möglichkeit wird auch von Maschinenethikern wie Wallach und Allen (2008, S. 141, 151-152) aufgegriffen, die diese Möglichkeit einräumen und als mögliche Antwort das *affective computing'* diskutieren; dies soll einer Maschine ermöglichen, sich zumindest funktional so zu verhalten, als hätte sie Emotionen und diese auch in Menschen zu identifizieren.

Es ist denkbar, dass diese Fähigkeiten nützlich oder sogar praktisch notwendig sind, um konsistent gute Urteile abzugeben (im Sinne moralischer Befähigung). Darüber hinaus sehe ich aber keinen Grund, dass Maschinen mit Emotionen ausgestattet sein müssten, um als moralischer Akteur zu gelten. Der beste Grund, der für die Unverzichtbarkeit moralischer Gefühle in Menschen spricht, ist, dass nur so ein über die Zeit stabiler moralischer Charakter erzielt werden kann, der für Neoaristoteliker wie Hursthouse essentiell ist für moralisches Handeln.

---

8   Siehe hierzu auch Wright (1995).

Eine Maschine kann aber ohne solche Voraussetzungen konsistentes Verhalten auch unter großem äußeren Druck zeigen.

Eine weitere, ähnliche Eigenschaft ist die Fähigkeit zu lernen. Die obigen Bedingungen verlangen nicht notwendigerweise, dass eine moralische Maschine lernen kann. Die Fähigkeit, sich weiterzuentwickeln und in manchen Fällen sogar neue moralische Begrifflichkeiten einzuführen, mit denen neue Prinzipien ausgedrückt und Urteile begründet werden können, ist zweifellos Teil unserer moralischen Praxis; es sei hier nur auf die Entwicklungen der kantischen Ethik (vgl. Kant, 2000 [1786]) und des Utilitarismus (siehe Bentham, 1996 [1780]) verwiesen, die, wie MacIntyre (1987, insb. Kap. 4) argumentiert, so vorher nicht denkbar gewesen wären.

Die Argumentation zur Verwendung maschinellen Lernens im Abschnitt zur Rechtfertigung sollte klar stellen, dass die grundsätzliche Fähigkeit zum moralischen Lernen in eine Maschine eingebaut werden kann. Weniger offensichtlich ist dies für die kreativeren Aktivitäten der Entwicklung, Anpassung und Neuinterpretation von moralischen Begriffen und Prinzipien. Meines Erachtens greift hier eine ähnliche Argumentation wie in der Frage nach der Freiheit: Wenn wir nicht davon ausgehen, dass Menschen eine metaphysische Befähigung besitzen, aus dem Nichts neue Begriffe zu schaffen, so muss sich diese Fähigkeit prinzipiell auch in einer hinreichend komplexen Maschine realisieren lassen.

Praktisch ist dieses Argument aber hier irreführend, da eine solche Maschine – anders als eine hinreichend freie – gegenwärtig noch reine Spekulation ist. Daher würde ich stattdessen darauf verweisen, dass moralische Kreativität in unserem alltäglichen moralischen Handeln nicht gefragt ist. Wir beabsichtigen aber ja nicht, unser ethisches Reflektieren an Maschinen auszulagern, sondern praktische, alltägliche Tätigkeiten wie das Fahren eines Autos oder Kaufen und Verkaufen von Aktien. Für diese Tätigkeiten scheint moralisches Urteilen, nicht jedoch moralische Kreativität gefragt zu sein.

Nebenbei sei bemerkt, dass auch nicht offensichtlich ist, dass alle oder sogar die Mehrheit der Menschen über ausgeprägte moralische Kreativität verfügen.

Diese zusätzlichen Erfordernisse sind damit nicht strikt notwendig, aber nichtsdestoweniger interessant in Betracht zu ziehen, da sie auch zu einer Reflexion unseres Selbstverständnisses als moralische Akteure beitragen.

6. Schlussbemerkung

In diesem Essay habe ich eine Reihe von Einwänden gegen die Möglichkeit eines künstlichen moralischen Akteurs zurückgewiesen. Aber die Feststellung einer Möglichkeit ist noch nicht von großem Interesse. Wichtiger ist der konstruktive Aspekt der Argumentation: Für alle drei Einwände habe ich Maßstäbe angegeben, an denen wir die Maschinen, mit denen wir tatsächlich konfrontiert werden, messen können. Werden uns schlicht die Wertvorstellungen der Ingenieure oder Manager von Technologieunternehmen aufgedrückt unter dem Deckmantel (semi)autonomer Maschinen, oder sind diese in einem wirklich wesentlichen Sinne frei? Können sie uns auf Nachfrage eine menschenlesbare Rechtfertigung für ihr Handeln liefern? Kann sich ihr Urteilsvermögen mit dem unserer Mitmenschen messen? All dies sind höchst konkrete Maßstäbe, die wir an autonome Maschinen anlegen sollten – und denen bisher keine bekannte Maschine gerecht wird.

Literatur

Abel, David; MacGlashan, James; Littman, Michael (2016): Reinforcement learning as a framework for ethical decision making. In: *Workshops at the Thirtieth AAAI Conference on Artificial Intelligence*, 54-61.

Anderson, Michael.; Anderson, Susan. L.; Armen, Chris. (2005): MedEthEx: Toward a Medical Ethics Advisor. In: *AAAI Fall Symposium: Caring Machines*, 9-16.

Anderson, Elizabeth (2019): *Private Regierung: Wie Arbeitgeber über unser Leben herrschen (und warum wir nicht darüber reden)*. Suhrkamp Verlag, Berlin 2019.

Arkin, Ronald. C. (2008): Governing lethal behavior: Embedding ethics in a hybrid deliberative/reactive robot architecture. In: *Proceedings of the 3rd ACM/IEEE international conference on Human robot interaction*, 121-128.

Armstrong, Stuart (2015): Motivated value selection for artificial agents. In: *Workshops at the Twenty-Ninth AAAI Conference on Artificial Intelligence*, 12-20.

Arnold, Thomas; Scheutz, Matthias (2016): Against the moral Turing test: accountable design and the moral reasoning of autonomous systems. In: *Ethics and Information Technology*, 18(2), 103-115.

Bentham, Jeremy (1996): *An Introduction to the Principles of Morals and Legislation*. Clarendon Press, Oxford 1996 [1780].

Broome, John (2007): Does rationality consist in responding correctly to reasons? In: *Journal of Moral Philosophy*, 4(3), 349-374.

Frankfurt, Harry (1969): Alternate possibilities and moral responsibility. In: *The journal of philosophy*, 66(23), 829-839.

Guarini, Marcello (2006): Particularism and the classification and re-classification of moral cases. In: *IEEE Intelligent Systems*, 21(4), 22-28.

Hursthouse, Rosalind (1999): *On virtue ethics*. Oxford University Press, Oxford 1999.

Kant, Immanuel (2000). *Grundlegung zur Metaphysik der Sitten*. Reclam Verlag, Stuttgart 2000 [1786].

McCloskey, Herbert. J. (1965): A Non-Utilitarian Approach to Punishment. In: *Inquiry*, 8, 239-55.

McIntyre, Alasdair (1987): *Der Verlust der Tugend*. Campus Verlag: Frankfurt a. M. 1987.

Misselhorn, Catrin (2018): Artificial morality. Concepts, issues and challenges. *Society*, 55(2), 161-169.

O'Connor, Timothy; Franklin, Christopher (2020): Free Will. In: Zalta, Edward [ed.]: *The Stanford Encyclopedia of Philosophy* (Spring 2020 Edition), https://plato.stanford.edu/archives/spr2020/entries/freewill.

Powers, Thomas (2006): Prospects for a Kantian machine. In: *IEEE Intelligent Systems*, 21(4), 46-51.

Rao, Anand; Georgeff, Michael (1995): BDI agents: from theory to practice, In: *Proceedings of the First International Conference on Multiagent Systems*, 312-319.

Scanlon, Thomas. M. (1982): Contractualism and Utilitarianism. In: Sen, A.; Williams, B. [eds.]: *Utilitarianism and Beyond*, Cambridge University Press, Cambridge 1982, 103-128.

Scanlon, Thomas. M. (1998): *What We Owe to Each Other*, Harvard University Press, Cambridge, MA 1998.

Turing, Alan (1950): Computing Machinery and Intelligence. In: *Mind*, 59(236), 433-460.

Wallach, Wendell; Allen, Colin (2008): *Moral machines: Teaching robots right from wrong*. Oxford University Press, Oxford 2008.

Winfield, Alan; Blum, Christian; Liu, Wenguo (2014): Towards an ethical robot: internal models, consequences and ethical action selection. In: *Conference towards autonomous robotic systems*, 85-96.

Wright, Crispin (1995): Truth in Ethics. In: *Ratio*, 8(3), 209-226.

Walther Ch. Zimmerli

Künstliche Intelligenz und postanaloges Menschsein. Entstehung, Entwicklung und Wirkung eines realen Mythos[1]

Abstract: Die Debatte um Digitalisierung hat nicht nur in technologischer Hinsicht vollständig neue Perspektiven eröffnet; sie wirkt auch bis in die Grundlagen des abendländischen Denkens hinein. Das gilt in besonderem Maße für alles, was unter dem Begriff „Künstliche Intelligenz" (KI) zusammengefasst wird: Nach den Diskussionen in der zweiten Hälfte des 20. Jahrhunderts über die Frage, ob Maschinen denken können, erlebt die KI gegenwärtig so etwas wie einen zweiten „Hype". Man kann sogar von einem „realen Mythos" sprechen, der jedoch das, was KI tatsächlich zu leisten verspricht, zum Teil eher verdeckt als verdeutlicht.

In dem Beitrag wird der Versuch einer dreifachen „Entmythologisierung" unternommen: Zum einen wird die Geburt des KI-Mythos aus dem Geist der Analogie rekonstruiert, zum anderen soll der aus diesem ersten Mythos hervorgegangene Zweitmythos der vollständigen Ersetzung der menschlichen Intelligenz durch die Leistungen „intelligenter" Maschinen und Programme („Singularity") mit Hilfe des Begriffs der Simulation argumentativ analysiert werden. Dabei wird es schließlich darum gehen, die anthropologischen Konsequenzen des Drittmythos („Posthumanismus") auf ihren philosophischen Kern, das postanaloge Menschsein im Mensch-Maschine-Tandem, zurückzuführen.

Dass das Thema „Künstliche Intelligenz" zurzeit – wieder einmal – Hochkonjunktur hat, steht außer Frage. Das gilt nicht nur für die Teildisziplin der Informatik, die diesen Namen trägt, sowie für deren verschiedene, außerordentlich innovative Anwendungen, sondern auch für alles, was damit zusammenhängt, bis hin zu den sich seit der Prägung des Begriffs ‚Artificial Intelligence' in der Mitte des letzten Jahrhunderts[2] darum rankenden Mythen. Außerdem zeigen sich bei einer longitudinalen Betrachtung zyklische Verlaufsmuster, die im Rahmen eines anderen Narrativs auch vor dem Hintergrund der Been-

---

1 Der vorliegende Text beruht auf Überlegungen, die ich in den vergangenen Jahren verschiedenenorts vorgetragen habe, zuletzt am 6. Februar 2020, noch vor dem Corona-Lockdown, in der Österreichisch-Schweizerischen Kulturgesellschaft in Zürich. Siehe neuerdings auch Zimmerli 2021 a.
2 Zur Entstehung des Mythos der ‚Künstlichen Intelligenz' siehe unten S. 198 ff.

digung der „langen Welle"[3] des Industriezeitalters durch die „digitale Revolution" (Tapscott 1996; Hauck-Thum/Noller 2021) gesehen werden kann, analog zu dessen Auslösung durch die industrielle Revolution.

Im Folgenden soll es darum gehen, die Frage zu stellen (und soweit wie möglich zu beantworten), was es mit der zyklisch wiederkehrenden Hochkonjunktur auf sich hat und wie diese mit ihrer geschichtsphilosophischen und anthropologischen Überhöhung zusammenhängt. Dabei wird es in einem vorbereitenden Schritt erforderlich sein, die operativ fungierenden Begriffe ‚Hype' und ‚Mythos' zu klären (1), um so eine genauere Analyse der „Geburt des Künstliche-Intelligenz-Mythos aus dem Geist der Analogie" (2), der „Geburt des Singularity-Mythos aus dem Geist der Extrapolation" (3) sowie der „Geburt des Posthumanismus-Mythos aus dem Geist der Evolution" (4) zu ermöglichen. Damit werden die Voraussetzungen dafür geschaffen sein, um abschließend die Idee eines „postanalogen Menschseins" zu entwerfen und kritisch zu durchleuchten (5).

Genealogisch danach befragt, welcher Denker nicht nur bei diesen Zwischentiteln, sondern auch bei den mit ihnen bezeichneten Überlegungen Pate gestanden hat, würde ich nicht zögern, in erster Linie Friedrich Nietzsche zu nennen.

1. Von Hypes und Mythen

Handelt es sich bei dem zu konstatierenden Bedeutungszuwachs, den das Begriffsumfeld „Künstliche Intelligenz" („Artificial Intelligence") derzeit erfährt, um eine nachhaltige Entwicklung oder um ein Strohfeuer, das ebenso schnell erlischt, wie es aufgeflammt ist, um das mithin, was man einen „Hype" nennt?

Um dieser Frage nachzugehen, mag es Sinn machen, sich zunächst der Hauptbedeutungen dieses Wortes zu versichern. Der englische Begriff „Hype", abgeleitet von dem griechischen Wort „hyperbole" (Übertreibung), bezeichnet umgangssprachlich zunächst einmal einen, zumeist medial vermittelten Aufmerksamkeitsschub, der nicht selten einer Täuschung nahekommt (was jedoch von dem zu unterscheiden ist, was weiter unten als „Rehabilitierung der Täuschung" diskutiert wird.[4]

Allerdings hat sich neben dieser umgangssprachlichen Wendung und in deren Weiterführung auch eine eher terminologisch zu nen-

---

3   Als Klassiker des Theorems der Langen Wellen in der Ökonomie gilt J. Schumpeter, *Business Cycles. A Theoretical, Historical, and Statistical Analysis of the Capitalist Process*, McGraw Hill 1939.

4   Siehe unten S. 207f.

nende Bedeutung entwickelt, die zudem dem von uns bereits konstatierten zyklischen Charakter explizit Rechnung trägt: Gemeint ist das
von Jackie Fenn von der Gartner Group 1995 entwickelte Gartner Hype
Cycle-Modell[5], das sich spezifisch auf die Phasen bezieht, die die öffentliche Aufmerksamkeit bei technologischen Innovationen durchläuft:

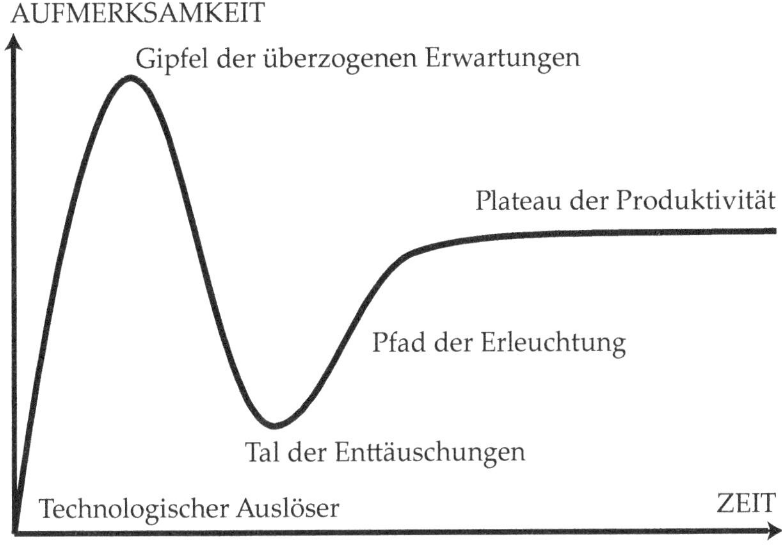

Abb. 1: *Der Gartner Hype Cycle*

Diesem Modell zufolge ereignet sich, nachdem ein technologischer
Auslöser z.B. durch große Leistungsversprechen nicht nur hohe, sondern in der Regel überzogene Erwartungen weckt, die nach nur kurzer
Zeit den „Gipfel der überzogenen Erwartungen" erreichen, ein Absturz
in das „Tal der Enttäuschungen", dem auf dem „Pfad der Erleuchtung"
im optimalen Falle ein moderater Anstieg bis auf das „Plateau der Produktivität" folgen kann.

Ob es sich bei der konstatierten Hochkonjunktur der Künstlichen
Intelligenz um einen der beschriebenen zyklischen Entwicklung folgenden Hype handelt, wird ebenso zu prüfen sein wie die auch nicht
von der Hand zu weisende Möglichkeit, dass sie in der einen oder anderen Form bereits zu einem Mythos geworden ist. Darüber, was genau unter einem Mythos zu verstehen ist, kursieren verschiedene Theorien, denen aber allen der etymologische Befund gemeinsam ist, dass

---

5   Siehe Fenn 1995; zur Durchbrechung dieses Zirkels vgl. Fenn / Raskino 2008.

es sich bei Mythen um narrative Erklärungsformen (von griech. *mythos*: Erzählung) handelt.

Philosophisch gewichtig ist dabei Blumenbergs Bestimmung des Mythos als Versuch der Menschen, sich der sie umgebenden verwirrenden Vielfalt und Komplexität dadurch zu bemächtigen, dass sie ihr Bedeutsamkeit verleihen. Zudem gilt, dass „Mythen [...] Geschichten hochgradiger Beständigkeit ihres narrativen Kerns und ebenso ausgeprägter marginaler Variationsfähigkeit" (Blumenberg 1979, S. 40) sind. Allerdings ist mit Blumenberg daran festzuhalten, dass der Mythos nicht, wie die von Wihelm Nestle stammende Formel „Vom Mythos zum Logos" (Nestle 1940) suggeriert, als eine vorrationale Form der Welterklärung aufzufassen ist. Irrtümlicherweise wird in diesem Kontext auch oft das Entmythologisierungsprogramm des Theologen Rudolf Bultmann (Bultmann 1960) angeführt, dem es allerdings darum geht, den modernen Menschen die biblischen Botschaften verständlich zu machen.

Obwohl also Mythen im Gegensatz zu Hypes nicht einer zyklischen Veränderung unterworfen sind, ist es umgekehrt durchaus möglich, dass etwas, das alle Charakteristika eines Mythos aufweist, zu einem Hype gemacht („ge-hypet') wird.

1.1 Der Denkmaschinen-Hype

Ein prominentes Beispiel hierfür ist der Hype um die Frage, ob Maschinen denken können. Vor dem Hintergrund der beiden fast schon archetypischen Denkfiguren der autonom arbeitenden Maschine (Aristoteles 2012, 1253b 27-38) und der Konzeption des Menschen als Maschine (LaMettrie 2009) wird im Kontext der Entwicklung der ersten Computer die Vorstellung von Denkmaschinen (McCorduck 1987) wieder aufgegriffen. Und Alan Turing scheint 1950 in seinem als ‚locus classicus' geltenden Aufsatz *Computing Machinery and Intelligence* (Turing 2002) die Verbindung zur (Künstlichen) Intelligenz *avant la lettre* herzustellen. Schon bei oberflächlicher Lektüre zeigt sich allerdings, dass er damit gerade nicht die Frage beantworten will (und kann), ob Maschinen denken können. Zwar beginnt er seinen Aufsatz mit dem Satz „Ich möchte mich mit der Frage auseinandersetzen ‚Können Maschinen denken?'" Aber schon am Ende des ersten Absatzes reformuliert er diese Frage: „Ich möchte die Frage [...] durch eine andere, eng mit ihr verwandte ersetzen" (Turing 2002, S. 39), nämlich durch den in Gestalt des Imitationsspiel operationalisierten, später sogenannten Turing-Test. Doch davon später mehr.[6]

---

6   Siehe unten S. 206 ff.

Anders formuliert: Der Mythos einer denkenden Maschine wurde im Zusammenhang der damals neuen Computertechnologie zu einem Hype hochstilisiert, der sich dann auch ziemlich genau gemäß den im *Hype-Cycle*-Modell vorhergesagten Phasen der öffentlichen Aufmerksamkeit entwickelte und in Verbindung mit dem Konzept der Intelligenz mindestens zweimal in Täler der Enttäuschungen fiel, die in der Literatur als „KI-Winter"[7] bekannt wurden.

1.2 Digital Immigrants vs. Digital Natives

Betrachten wir eine weitere – nun im engeren Sinne mythologische - Facette dieses Prozesses, diesmal deutlich narrativ strukturiert und bis auf den heutigen Tag weithin akzeptiert: Gemeint ist die Erzählung der Digitalisierungsgeschichte mit Hilfe der ethnographischen Begrifflichkeit von ‚Eingeborenen' und ‚Einwanderern'. Seit der Pädagoge und Manager Marc Prensky in seinen zwei einschlägigen Artikeln 2001 das Begriffspaar „digital natives" und „digital immigrants" geprägt hat (Prensky 2001a, 2001b), ist es aus der Debatte um die Digitalisierung nicht mehr wegzudenken. Seine mythenbildende Kraft bezieht dieses Begriffspaar aus dem assoziativ mitgedachten Pionier-Mythos der US-amerikanischen Siedler und Indianer. Interessant allerdings ist die dabei – vermutlich nicht bewusst erfolgende – Inversion der Bedeutung: In der historischen Vorlage sind die Siedler („immigrants") die Pioniere, die die neue Zeit verkörpern. Diese Verwendung des *Go-West*-Mythos ist auch in seinen früheren Adaptationen, etwa noch in Howard Rheingolds einflussreicher Beschreibung der Entstehung des zivilen Internet unter dem Titel *Virtual Community. Homesteading on the Electronic Frontier* (Rheingold 1993), durchaus gängig. In der Prensky-Variante dagegen sind die „natives" die Pioniere, also diejenigen, die mit den digitalen Medien aufgewachsen oder, wie John Palfrey und Urs Gasser es pointiert formuliert haben, „digital geboren" (Palfrey/Gasser 2008) sind. Dieser Mythos wird sozusagen „entmythologisiert", indem ihm eine Jahreszahl zugeordnet wird: Zur Alterskohorte der *digital natives* sollen nämlich diejenigen gehören, die 1980 und später geboren worden sind, die ‚Generation Internet', auch – etwas irreführend –, Millenials' genannt.

1.3 Mythos und Narrativ

Dass das Geburtsdatum bzw. die damit verbundene Zugehörigkeit zu einer Generation etwas mit deren Kompetenzen im Umgang mit

---

7   Siehe unten S. 203, Fn. 13.

elektronischen Medien zu tun hat, liegt zwar aus verschiedenen Gründen auf der Hand. Ebenso klar ist allerdings auch, dass dies nicht der einzige Faktor ist. Daher ist dieses Konzept auch von verschiedensten Seiten kritisiert worden (vgl. Schulmeister 2008). Für unseren Zusammenhang ist das jedoch nicht von ausschlaggebender Bedeutung. Hier geht es vielmehr darum, wie der in einem solchen Begriffspaar steckende, in ihm gleichsam kondensierte narrative Gehalt diesem eine zusätzliche Bedeutung und Tiefe verleiht und ihn – in diesem Falle durch die Kopplung mit einem machtvollen Mythos aus einem anderen Bereich, eben demjenigen der Pioniere – noch mit zusätzlicher Bedeutsamkeit gleichsam auflädt.

Was mich dabei interessiert, ist nicht die Frage von Wahrheit oder Falschheit, auch nicht deren Abstufung nach Graden des Zutreffens einer Bezeichnung, ja nicht einmal diejenige ihrer funktionalen Zweckmäßigkeit; hier geht es vielmehr um jene Dimension, die auch noch ihre sprachpragmatische Analysierbarkeit hintergeht und deren Bedeutung die Tiefenpsychologie, bei C.G. Jung etwa unter Verwendung der Kategorie des Archetypischen, zum Thema gemacht hat. Anders formuliert: Es geht in diesen und den folgenden Überlegungen darum, den Mechanismus zu verstehen, wie eine mehr oder minder neutrale Deskription entweder selbst mythologische Kraft gewinnt oder sich diese durch Kopplung mit einem Mythos aneignet. Dementsprechend wird das Verfahren auch selbst z.T. narrativ sein

2. Geburt des KI-Mythos aus dem Geist der Analogie

Geradezu sagenumwoben ist die Entstehung des Mythos von der Künstlichen Intelligenz. Allgemein wird angenommen, dass die Geburtsstunde des Begriffes „Artificial Intelligence" in den Kontext der sog. Dartmouth-Conference fällt, genauer: des „Dartmouth Summer Research Projects on Artificial Intelligence", gefördert von der Rockefeller Foundation. Und da solche Projektförderungen in der Regel aufgrund eines Antrags erfolgen, liegt es nahe, sich den entsprechenden Antragstext („Proposal", McCarthy/Minsky/Rochester/Shannon 1955) anzusehen, zumal er, wie sich herausstellen wird, das einzige schriftliche Dokument dieses Projektes bleiben sollte. Und in der Tat taucht dort, wie gesagt, der Begriff ‚Artificial Intelligence (AI)' bereits im Titel auf, so dass normalerweise entweder der Antragstext oder das Summer Project selbst (oder beides) genannt wird, wenn es um die Frage geht, wann und von wem der Begriff „Artificial Intelligence" erstmals verwendet wurde.

2.1 Die Dartmouth-Verschwörung

Allerdings lässt sich die Frage auch anders formulieren: Wie bereits erwähnt, erschien Alan Turings bahnbrechender Aufsatz „Computing Machinery and Intelligence" bereits im Oktober 1950; gibt es Gründe dafür, dass es annähernd 5 Jahre bis zu der fast auf der Hand liegenden Einführung und Verwendung dieses Begriffes dauerte, und was könnten die Motive dafür gewesen sein, ihn zu wählen?

Wie wir heute wissen, war es der bis dahin kaum bekannte, noch nicht ganz 28-jährige Mathematiker und Logiker John McCarthy[8], damals Assistant Professor für Mathematik am Dartmouth College (Hanover, New Hampshire), der am 2. September 1955 gemeinsam mit dem gleichaltrigen Marvin L. Minsky (Harvard), dem 35-jährigen Nathanael Rochester (I.B.M. Corporation) und dem 39-jährigen Claude E. Shannon (Bell Telephone Laboratories) bei der Rockefeller Foundation einen Antrag auf Förderung des besagten Summer Research Projects stellte, das dann im Sommer 1956 in Gestalt einer für sechs bis acht Wochen geplanten, aber dann in einer nur vier Wochen dauernden Reihe von Brainstormings mit wechselnden Teilnehmern am Dartmouth College durchgeführt wurde.

Von Interesse ist zwar zunächst, wer an der später kurz „Dartmouth Conference" genannten Veranstaltungsreihe teilnahm[9], für unser Anliegen ebenso wichtig ist aber, wer nicht teilnahm bzw. ausgeschlossen wurde. Wenn man so will, kann man nämlich sowohl das Summer Research Project selbst als auch seine thematische Ausrichtung als einen – letztlich gelungenen – Versuch betrachten, die Debatte um die „denkenden Maschinen" aus dem engen Zugriff von Seiten der Automatentheorie und der Kybernetik, insbesondere von der Omnipräsenz des damals bereits 61-jährigen und extrem durchsetzungsfähigen ‚Gurus' Norbert Wiener zu befreien (vgl. Nilsson 2010, S. 77 ff.) und dadurch weiter zu öffnen.

---

8   Häufig wird McCarthy als Logiker und Informatiker bezeichnet. Allerdings ist er – wie viele Informatiker – von Haus aus Mathematiker. Die Informatik (*Computer and information science*) als eigenes Fach entsteht erst in den 1950er- und 1960er Jahren, und McCarthy entwickelt die Programmiersprachenfamilie LISP erst 1968 am Massachusetts Institute of Technology (MIT).

9   Außer den Antragstellern nahmen Ray Solomonoff, Oliver Selfridge, Trenchard More, Arthur Samuel, Herbert A. Simon und Allen Newell teil – allerdings nicht alle gleichzeitig.

So betrachtet, handelt es sich bei der Wahl der Bezeichnung „AI" um ein wissenschaftstaktisches Manöver, eine ‚Verschwörung', mit der die ‚jungen Wilden' sich von den ‚großen Schuhen' absetzen wollten, mit denen der Übervater der Kybernetik die einschlägigen Forschungspfade ausgetreten hatte. „John McCarthy admitted to have coined the term artificial intelligence partly to escape association with Wiener's theory".[10]

Wie leicht zu sehen ist, erklärt das – wenn auch nur ex negativo –, warum McCarthy Begriffe wie ‚Denkmaschinen', ‚Denkautomaten' o.ä. vermeiden wollte, die eine Beteiligung von Norbert Wiener nahegelegt hätten. Offen bleibt dagegen die positive Begründung dafür, warum von McCarthy stattdessen die Begriffskombination „Artificial Intelligence" gewählt wurde, die sich als so wirkmächtig erwies, dass sich nicht nur eine ganze erste Generation und Community von Wissenschaftlern nach ihr benannte, sondern dass daraus auch ein epochaler Mythos wurde.

2.2 Die Vieldeutigkeit von ‚Intelligenz'

Um sich einer Antwort auf diese Frage anzunähern, ist es sinnvoll, sich zunächst einmal mit der Vieldeutigkeitsvermutung zu befassen, die seit der aristotelischen Formel des *pollachōs légetai* (dt.: ‚wird in vielfacher Weise gebraucht') zum begriffsanalytischen und sprachpragmatischen Standardrepertoire der Philosophie gehört.

Da wäre zum einen der Bestandteil ‚artificial'. Schon der darin enthaltene lateinische Stamm ‚ars' (sowohl wie n.b. das griechische ‚techne') weist eine fundamentale Doppeldeutigkeit auf: Er kann sich nämlich sowohl auf das beziehen, was wir im Deutschen Kunst(fertigkeit) nennen, als auch auf das, was wir meinen, wenn wir im Deutschen von Technik sprechen. In beiden Fällen wäre der Gegenbegriff ‚Natur'. ‚Artificial' kann also in einer ersten Näherung das bedeuten, was entweder in dem Sinne nicht zur Natur gehört, dass es Bestandteil der Kunst oder dass es Bestandteil der Technik ist.

Dementsprechend lässt sich auch der Begriff ‚intelligence' genauer spezifizieren. Zum einen kann damit das gemeint sein, was wir auch im Deutschen unter Intelligenz verstehen, also eine kognitive Kompetenz, komplexe Zusammenhänge (in der Regel schnell) zu durchschauen und/oder intuitiv zu erfassen. Auf der anderen Seite – und hier macht uns das Englische auf einen gravierenden Unterschied aufmerksam –

---

10   Venema et al.(2019,385); cf. auch J.McCarthy 1996.

kann der Begriff, wie uns z.B. seine Verwendung in der Bezeichnung ‚Central Intelligence Agency (CIA)' zeigt, auch so viel wie ‚Daten- bzw. Informationsbeschaffung und -verarbeitung' bedeuten.

Die Kombination dieser beiden Bestandteile zu dem neuen Begriffskompositum ‚Artificial Intelligence' könnte also im Extremfall auch nur so viel heißen wie ‚technische Daten- bzw. Informationsbeschaffung und –verarbeitung'. Das bedeutet allerdings, dass sich in dieser – wie sich nun im Nachhinein erweist – ebenso glücklich gewählten wie vieldeutigen Begriffskombination alles, von der technischen Daten- bzw. Informationsbeschaffung und -verarbeitung über das maschinelle Denken (das natürlich auch das maschinelle Lernen einschließt) bis hin zur ausgewachsenen anthropomorphen Projektion einer technischen (Maschinen-)Intelligenz ausdrückt.

2.3 Die Kraft von Analogie und Metapher

Vergleicht man nun die Extreme in diesem Bedeutungsspektrum, nämlich die technische bzw. maschinelle Beschaffung und Verarbeitung von Daten bzw. Informationen mit der Bedeutung von ‚Künstliche Intelligenz', wird deutlicher, was McCarthy und dann mit ihm die ganze AI-Community bewogen haben mag, diesen Begriff zu wählen, den ihnen Alan Turing mit dem Titel seines Aufsatzes „Computing Machinery and Intelligence" (Turing 1950) eigentlich bereits in den Mund gelegt, dann aber mit dessen Ersetzung durch das Imitationsspiel aus leicht nachvollziehbaren Gründen wieder entzogen hatte.

Zwar waren in dem *Proposal* in der Tat bereits einige Aspekte angesprochen worden, die sich in den später resultierenden Mythos einfügen lassen[11], von zentraler Bedeutung aber ist etwas anderes: McCarthy und die anderen „jungen Wilden" nahmen die Vieldeutigkeit der von ihnen initiierten und seither immer wieder verwendeten Neuschöpfung nicht nur in Kauf, sondern machten sie geradezu zu einer Marke. Ganz bewusst bedienten sie sich dabei eines der machtvollsten Instrumente in Verbindung mit der menschlichen Sprache: der Fähigkeit, Synonyme, Metaphern und Analogien sowohl zu schaffen als auch zu verwenden. Nun haben diese – jedenfalls in einer auf logische und semantische Eineindeutigkeit ausgerichteten Philosophie – nicht

---

11   Im *Proposal* werden insgesamt sieben Unterthemen genannt: 1. automatische Computer, 2. Wie muss ein Computer programmiert werden, um eine Sprache zu benutzen?, 3. Neuronale Netzwerke, 4. Theoretische Überlegungen zum Umfang einer Rechenoperation, 5. Selbst-Verbesserung, 6. Abstraktionen, sowie 7. Zufälligkeit und Kreativität.

immer den besten Ruf; sie gelten als Ursache mannigfaltiger Fehler, Verwechslungen und Unsauberkeiten. Zwar existiert seit der Antike und dem Mittelalter eine aristotelisch geprägte Theorie der Analogie; für Immanuel Kant war sie die Quelle der Kreativität; und ihre Schwester, die Metapher, ist für Friedrich Nietzsche sogar das Kernelement der Wahrheit, die er in seinem posthum veröffentlichten Text „Ueber Wahrheit und Lüge im außermoralischen Sinn" (Nietzsche 1980) als „bewegliches Heer von Metaphern und Metonymien" bezeichnet. Im Allgemeinen aber wird die Bedeutung von Analogien und Metaphern nicht nur unterschätzt, sondern sie werden sogar abgelehnt.

Das hat sich allerdings durch die kognitionspsychologische Wende in der Epistemologie geändert, in der der Metapher und insbesondere der Analogie eine fundamentale Bedeutung zugeschrieben wird. So vertreten etwa Douglas Hofstadter und Emmanuel Sander die mit einer Vielzahl von Belegen gestützte These, dass menschliches Denken von seiner alltäglichen bis zu seiner wissenschaftlichen Variante in einer Kategorisierung bestehe, die ihrerseits auf der Bildung von Analogien beruhe. Und diese zeichnen sich dadurch aus, dass sie nicht nur bestimmte, noch weiter zu differenzierende sprachliche Formen sind, sondern dass sie auch ein anderes, zuweilen neues Licht auf die durch sie bezeichnenden Sachverhalte werfen. Und sie tun das, indem sie *ipso facto* eine sprachpragmatisch beschreibbare Macht ausüben; sie vermögen es, zu manipulieren und die Menschen „um den kleinen Finger zu wickeln" (Hofstadter/Sander 2014, S. 349), wie man unter Verwendung einer anderen Analogie sagen kann.

So betrachtet, entsteht der erste KI-Hype also dadurch, dass der Mythos der denkenden Maschinen von den Dartmouth-Verschwörern ganz bewusst in das Gewand einer Analogie mit dem psychologisch ebenso brisanten wie seinerseits mehrdeutigen Begriff „Intelligenz" gekleidet wird. Bereits in dem Antragstext wird das, wenn man ihn daraufhin analysiert, ganz klar: "The study is to proceed on the basis that every aspect of learning or any other feature of intelligence can in principle be so precisely described that a machine can be made to simulate it."(McCarthy/ Minsky/ Rochester/ Shannon 1955) In aller wünschenswerten Deutlichkeit wird hier zum Ausdruck gebracht, worum es geht: um die Nutzung der hype-konstitutiven Mehrdeutigkeit des Neologismus „Künstliche Intelligenz" zur Schaffung eines neuen Forschungsgebiets mit Verbindung zu dem ebenso vielversprechenden Gebiet der Lernforschung und demjenigen der Computersimulation.

Und – anders als in der zurückgenommenen Titel-Formulierung Turings (s.u.) – beinhaltet bereits dieser erste Satz des Antragstextes durch Verwendung des Allquantors (*"every* aspect of learning or any other feature of intelligence") ein universalisiertes Leistungsversprechen, das zu überzogenen Erwartungen führt, die, wie bereits vermutet, gemäß dem Gartner Hype-Cycle-Modell enttäuscht werden. Und das geschah nicht erst danach, sondern schon während der Dartmouth Summer School selbst, die nicht nur keine vorzeig- oder wenigstens publizierbaren Resultate erbrachte, sondern nicht einmal das erhoffte Brainstorming zur Folge hatte, da zum einen die Teilnehmer während der Laufzeit des Projekts ständig wechselten und zum anderen fast ausschließlich nur ihre je eigenen Thesen und Überzeugungen vortrugen, ohne auf diejenigen der anderen Teilnehmer einzugehen. Die Dartmouth-Verschwörung, die angezettelte worden war, um zu vermeiden, dass einzelne ‚Gurus' wie insbesondere Norbert Wiener die Diskussion durch Beharren auf der eigenen Position dominierten, hatte zum Resultat, dass die Verschwörer selbst genau dasselbe taten, nämlich auf ihren eigenen Positionen zu beharren.[12]

Das jedoch war nur der innerakademische Aspekt, der den einmal ausgelösten Hype kaum tangierte. Anders war es, als sich, zunächst in den 1970er- und dann in den 1980er-Jahren herausstellte, dass viele der Leistungsversprechen, auf denen die hohen Erwartungen, die mit der KI verbunden waren, sich nicht oder nur teilweise einlösen ließen. Es kam zu den gemäß Hype-Zyklus zu erwartenden Enttäuschungen und im Zusammenhang damit zu den entsprechenden Mittelkürzungen bzw. ausbleibenden Mittelflüssen. In den ersten Jahrzehnten der KI-Forschung durchlief diese zweimal ein „Tal der Enttäuschungen". Diese beiden Phasen (nach 1969 und nach 1987), werden mit einem Begriff, den Richard P. Gabriel geprägt haben soll, „KI-Winter" genannt[13], von

---

12 50 Jahre später räumte John McCarthy an der Jubiläumskonferenz, die vom 13.-15. Juli 2006 am Dartmouth College stattfand, selbst ein, „that the 1956 project did not live up to expectations in terms of collaboration. The attendees did not come at the same time and most kept to their own research agenda.", Moor, 2006, S. 87). Und James Moor unterstreicht das in seinem Konferenzbericht: „The participants came at various times and worked on their own projects, and hence it was not really a conference in the usual sense. There was no agreement on a general theory of the field and in particular on a general theory of learning. The field of AI was launched not by agreement on methodology or choice of problems or general theory, but by the shared vision that computers can be made to perform intelligent tasks." (ebd.)

13 Die Auslöser der bisher bekannten zwei KI-Winter waren zum einen, dass die Ergebnisse im Bereich der KI-Forschung weit hinter den Erwartungen zurückblieben, weswegen in den 1970er Jahren die Forschungsgelder in den USA drastisch gekürzt wurden, und dass sich nach einer relativ er

denen allerdings der KI-Mythos nicht (oder kaum) beeinflusst wurde. Den Gründen dafür soll im Folgenden nachgefragt werden.

3. Geburt des Singularity-Mythos aus dem Geist von Moore's Law

Der nach Blumenberg „hochgradig beständige" Kernbereich (s.o.), der den ersten KI-Hype und innerhalb dessen die beiden KI-Winter als wandelbare Außenseite eines realen Mythos ausweist, lässt sich auch im Narrativ der Ersetzung des Menschen als *homo sapiens* durch sogenannt ‚intelligente' Leistungen von Maschinen formulieren. Wird dieses seit der Antike immer wiederkehrende Narrativ mit zeitlichen Voraussagen kombiniert, ergibt sich jene merkwürdige Mischung, die man als ‚Prognose in Permanenz' bezeichnen kann und die sich auch durch das Nicheintreten des von ihr Prognostizierten eben gerade nicht falsifizieren lässt. Der Horizont des Prognostizierten verschiebt sich gleichsam mit dem Prognostizieren selbst, so dass der Zeitpunkt, an dem die Prognose falsifiziert würde, nie erreicht wird. Dabei sind zwei Aspekte zu unterscheiden: auf der einen Seite der – ebenfalls bereits seit der Antike bekannte – Aspekt, der sich auf ihre futurische Aussageform bezieht und der zu der mit dem berühmten Seeschlachtbeispiel in „Peri Hermeneias" illustrierten Einsicht des Aristoteles geführt hat, dass Aussagen, so lange sie im Futur formuliert sind, weder wahr noch falsch sind (Aristoteles 1994, 18b9-19b4, vgl. auch Zimmerli 1997); und auf der anderen Seite der pragmatische Aspekt, den man als „moving target" bezeichnen könnte und der nach dem Muster verfährt: In x Jahren werden wir y erreicht haben.

3.1 Eschatologische Naherwartung

In unserem Kontext nimmt dieser letztere Aspekt die Gestalt an: In x Jahren wird der Zeitpunkt erreicht sein, an dem alle menschlichen (Intelligenz-)Leistungen durch Maschinen nicht nur erreicht, sondern übertroffen werden. Und dieser Zeitpunkt wird aus nicht immer selbsterklärenden Gründen seit 1993, als Vernor Vinge diesen Begriff („greater than human intelligence") am Vision-21 Symposium populär machte, als „singularity" bezeichnet[14] – vermutlich auch deswegen, weil mit dessen Eintreten die Sonderstellung und Einmaligkeit des Menschen im Kosmos eingeholt und damit aufgehoben wäre. Die Ar-

---

folgreichen Phase der Expertensysteme in den 1980er Jahren zeigte, dass regelbasierte KI-Systeme nicht die erhofften Leistungen erbrachten.

14 Vgl. Vinge 1993. Vinge prägte diesen Begriff bereits zehn Jahre früher, siehe Vinge 1983.

gumentation bedient sich einer rekursiven Variante von Moore's Law (Moore 1965; vg. Thackray/Brook/Jones 2015): Schon in der Technologieentwicklung lässt sich die für exponentielles Wachstum verantwortliche Verdoppelungsdynamik ablesen; je mehr Künstliche Intelligenz aber in diese Entwicklung selbst eingreift, desto stärker wird diese sich beschleunigen.

Nun würde es sich hierbei nicht um einen Mythos und erst recht nicht um einen hypefähigen Mythos handeln, wenn sich in seiner Formulierung über den erhobenen sprachphilosophischen Befund hinaus nicht ein Anklang an eine andere, archetypisch besetzte Seite unseres Bewusstseins ereignete. Das lässt sich besonders schlagend an einem Buchtitel zeigen: Der derzeitige ‚Guru' der *Singularity*-Bewegung, Raymond Kurzweil, seines Zeichens Autor, Erfinder, Computerwissenschaftler, Zukunftsforscher und *Director of Engineering* bei Google, betitelte sein einschlägiges Buch, das inzwischen Klassikerstatus erreicht hat, mit *The Singularity is Near* (Kurzweil 2005). Der damit assoziierte Mythos ist der der nahenden Endzeit, und zwar nicht irgendwann, sondern präziser: im Jahr 2045 – also damals, als das Buch erschien, in 40, heute bereits in 24 Jahren. Noch weiter vorgewagt hatte sich bereits Vernor Vinge, als er 1993 in dem erwähnten Essay (s.o.) unter expliziter Bezugnahme auf die diskutierte Problematik der Prognose in Permanenz den Zeitraum 2005 bis 2030 nannte[15]. Für unseren Zusammenhang ist indessen nicht nur das prognostizierte Datum, sondern insbesondere die mythenbildende Assoziation zu dem archetypischen Narrativ von Bedeutung, das in der christlichen Religion unter dem Begriff ‚eschatologische Naherwartung' bekannt ist.

Eine interessantes Detail dabei ist, dass die frühchristliche Gemeinde sich durch die Befolgung eben dieses Narrativ nahe an den Rand der Selbstvernichtung brachte: Der Teil der Gemeinde, der wörtlich an die unmittelbar bevorstehende Wiederkehr von Jesus (Parusie) und die dann erfolgende Errichtung des Gottesreiches auf Erden glaubte, verlegte sich – analog zur Lukas-Version der Geschichte von Maria und Martha (Lk 10, 38-42) – aufgrund dieser eschatologischen Naherwartung darauf, in Erwartung der Parusie zu beten statt für den Lebensunterhalt zu arbeiten. Die Gemeindeältesten (Presbyter), die die Gefahr erkannten, dass dies das Ende der Gemeinde sein könnte, lösten das

---

15   „I believe that the creation of greater-than-human-intelligence will occur during the next thirty years. (Charles Platt has pointed out that AI enthusiasts have been making claims like this for thirty years. Just so I am not guilty of a relative time-ambiguity, let me be more specific: I'll be surprised if this event occurs before 2005 or after 2030.)" (Vinge 1993).

Problem durch das Theologoumenon der Gottwohlgefälligkeit der Arbeit, das die christliche und zumal die protestanische Arbeitsethik bis heute prägt (vgl. Zimmerli 2001).

Nun sollte man fraglos die sich hier andeutende Analogie nicht zu weit treiben. Trotzdem muss aber festgehalten werden, dass sich der *Singularity*-Mythos bis in die Wortwahl hinein („The Singularity is Near" – „Das Reich Gottes naht") dieses archetypischen Musters bedient.

3.2 Das Imitationsspiel – revisited

Einer der zentralen Meilensteine des mit dem *Singularity*-Mythos verbundenen echatologischen Weges ist das erfolgreiche Bestehen des Turing-Tests. Nach der Standard-Interpretation besteht der Turing-Test darin festzustellen, ob eine Maschine bzw. ein auf dieser laufendes Programm Intelligenzleistungen erbringt, die denjenigen eines Menschen entsprechen. Bei genauerer Lektüre des einschlägigen *locus classicus*, eben des Aufsatzes „Computing Machinery and Intelligence" (der in der deutschen Übersetzung irreführenderweise den Titel „Kann eine Maschine denken?" trägt), drängt sich allerdings eine andere Interpretation auf: Was erstaunlicherweise oft übersehen wird, ist nämlich, dass dieser Text mit einer thematischen Verschiebung beginnt, deren Implikationen erst jetzt langsam sichtbar werden: Es geht nur scheinbar um die Frage, ob Maschinen denken können; diese Frage auch nur ansatzweise beantworten zu wollen, ist nach Turing primär deswegen abwegig, weil dafür Definitionen von ‚Maschine' und ‚denken' erforderlich wären:

> Ich möchte eine Definition erst gar nicht versuchen, sondern die Frage durch eine andere, eng mit ihr verwandte ersetzen, die in verhältnismäßig eindeutigen Begriffen ausgedrückt werden kann. Die neue Form des Problems lässt sich als Spiel beschreiben, das wir ‚Imitationsspiel' nennen wollen. Wir betrachten drei Spieler, einen Mann (A), eine Frau (B) und einen männlichen oder weiblichen Fragesteller (C). Der Fragesteller sei allein in einem Raum. Das Ziel des Fragestellers ist es zu entscheiden, welche der beiden anderen Personen der Mann bzw. die Frau ist.[…] Wir stellen nun die Frage: Was passiert, wenn eine Maschine die Rolle von A in diesem Spiel übernimmt? Wird der Fragesteller sich in diesem Fall ebenso oft falsch entscheiden wie dann, wenn das Spiel von einem Mann und einer Frau gespielt wird? Diese Fragen treten an die Stelle unserer ursprünglichen: ‚Können Maschinen denken?' (Turing 2002, S. 39).

Von allem Anfang an, d.h. seit siebzig Jahren, ging es also eigentlich eben gerade nicht mehr darum, ob Maschinen oder die auf diesen laufenden Programme denken können und in diesem Sinne „intelligent" sind, sondern einzig und allein darum, ob es möglich ist, sie so zu programmieren, dass ein Fragesteller (oder ein Nutzer) nicht in der Lage ist, das dargestellte Verhalten von dem intelligent genannten Verhalten eines Menschen zu unterscheiden. Und nicht nur das: Bezüglich all dessen, was wir heute unter Künstlicher Intelligenz subsumieren, spielt es auch gar keine Rolle, wie wir die Frage nach der Intelligenz der betreffenden Maschinen beantworten würden. Ja, es würde uns sogar merkwürdig erscheinen, wenn jemand behaupten würde, unser Handy sei intelligent. Vielmehr reicht es vollkommen aus, dass es *smart* ist und in der Weise funktioniert, wie wir es von ihm erwarten.

Wie ich an anderer Stelle ausführlicher gezeigt habe (Zimmerli 2020), stellt diese Wendung einen Bruch mit einem Kernstück neuzeitlichen Philosophierens dar, den man als das „Descartes- oder Evidenz-Postulat" bezeichnen kann: nichts zu akzeptieren, was nicht klar und deutlich wahrgenommen wird („clare et distincte percipitur"), und zu diesem Zweck jeden möglichen Zweifel zu beseitigen.

Was der Turing-Test also in Tat und Wahrheit testet, ist, ob eine Maschine (bzw. das auf ihr laufende Programm) dadurch, dass sie scheinbar kognitive Aufgaben erfüllt, in der Lage ist, nicht nur einen, sondern im Prinzip jeden Benutzer so zu täuschen, dass er oder sie nicht in der Lage ist, das dargestellte Verhalten von menschlichem kognitiven Verhalten zu unterscheiden. Das Ziel so verstandener Künstlicher Intelligenz ist es also, eine vollständige Täuschung durch Herstellung einer Situation perfekter *Ununterscheidbarkeit* zu bewerkstelligen.

3.3 Täuschung im außermoralischen Sinn

Kurz: Neben allem anderen Erstaunlichen, was sich in den letzten sieben Dekaden ereignet hat, ist es vor allem der nahezu unbemerkt erfolgende epochale Wandel in den cartesianischen Grundlagen unseres neuzeitlichen Denkens, den es zu begreifen gilt: Womit wir es nämlich zu tun haben, ist der Beginn einer sukzessiven Ersetzung der durch den systematischen cartesianischen Zweifel sozusagen ‚bereinigten', unbezweifelbaren, gleichsam axiomatischen Gewissheit durch die in diesem Sinne rehabilitierte systematische Täuschung (vgl. Zimmerli 2018b). Allerdings nannte Alan Turing das Spiel, durch das er die Frage, ob Maschinen denken können resp. intelligent sind, ersetzte, nicht „Täuschungs-", sondern „Imitationsspiel". Ein *erfolgreiches* Bestehen des Turingtests bestünde demnach also im permanenten *Misserfolg* des Versuchs, dargestelltes Maschinenverhalten von dadurch imitiertem intelligentem Verhalten von Menschen zu unterscheiden.

Um den epochalen Charakter dieser Wendung und damit das Grundprinzip des „Digitalisierung" genannten Prozesses wirklich zu verstehen, ist es erforderlich, sich exemplarisch zu verdeutlichen, wie sich eine solche rehabilitierte Täuschung auswirkt. Das gelingt am besten, wenn das traditionell mit allerlei negativen Konnotationen besetzte Wort ‚Täuschung' probehalber durch sein erheblich harmloser wirkendes Turingsches Äquivalent der ‚Imitation' oder ‚Simulation' ersetzt wird. Dann nämlich leuchtet sofort ein, dass und wie sich dieses neue digitale Paradigma rhizomartig nicht erst durchsetzt, sondern schon durchgesetzt hat: In allen Gebieten, von der Lebenswelt bis hinein in Wissenschaft und Technologie übernimmt die (rechnergestützte) Simulation das Steuer. Und das trifft sogar für den Kernbereich der cartesianisch zu verstehenden Gewissheitsbeschaffung, das wissenschaftliche Experiment, in zunehmendem Maße zu. Um es plakativ zu formulieren: Rechnersimulation überlagert oder ersetzt die Petrischale, und Analoges gilt – aus unterschiedlichen Gründen – für viele Bereiche der Technologie, die ihrerseits in ihrer Ganzheit als eine Art von Großexperiment wissenschaftlicher Theorien verstanden werden kann.

Vergegenwärtigt man sich diesen Megatrend (Naisbitt 1984), so fällt sofort ins Auge, dass notwendigerweise mit ihm ein Umwertungsprozess zwar nicht aller, aber einiger vorwiegende cartesianischer Werte einhergehen muss. Und dazu gilt es, sich zunächst einmal der mit dem Begriff ‚Täuschung' scheinbar unvermeidbar gekoppelten negativen Konnotationen zu entledigen und von einer, um mit Nietzsche zu sprechen, Täuschung „im außermoralischen Sinne" (vgl. Nietzsche 1980) auszugehen. So betrachtet setzt die Digitalisierung dem Cartesianischen Paradigma ein Ende, indem sie mit einer zweifachen Hintergrundannahme bricht: mit der Überzeugung nämlich, dass Philosophie und Wissenschaft auf der einen Seite der Täuschung und auf der anderen Seite der Technologie entgegengesetzt seien.

4. Geburt des Posthumanismus-Mythos
aus dem Geist der Evolution

Wie gezeigt, bezieht der *Singularity*-Mythos einen Teil seiner fast archetypischen Kraft aus dem eschatologischen Narrativ selbst, auf der anderen Seite aber aus der endzeitspezifischen Formulierung, die die Assoziation der frühchristlichen Parusie-Erwartung evoziert. Anders gesagt: Das Ende ist nah, aber es schreitet mit der Verheißung einher, dass anschließend ein Zustand erreicht wird, der eine un-erhörte, zuvor nie dagewesene Welt eröffnet. Um diesen aber auch nur gedanklich zu skizzieren, bedarf es eines veritablen *sacrificium intellectus*, anders gesagt: des Denkens des Undenkbaren. Konkret gilt es, sich eine Situation vorzustellen, die *per definitionem* unvorstellbar ist: Der Zustand der erreichten Singularität ist nämlich so definiert, dass er die Grenzen der menschlichen Intelligenz dadurch überschreitet, dass die erreichte Super-oder Hyperintelligenz alle menschlichen Intelligenzleistungen nicht nur erreicht, sondern überbietet.

Schon der Vater des Begriffs ‚Singularity', der erwähnte Vernor Vinge, war sich der logisch hochproblematischen Implikationen bewusst, wenn er formulierte, dass wir, sobald wir die besagte „intelligence-greater-than-our-own" geschaffen hätten, eine Singularität, und das heißt: einen Übergang so undurchdringlich wie die „knotted space-time" im Zentrum eines „Schwarzen Lochs", erreicht hätten und dass die Welt weit jenseits dessen sich entwickeln werde, was wir verstehen könnten („far beyond our understanding"). Oder noch pointierter: Diese Singularität mache realistische Extrapolationen in eine interstellare Zukunft („interstellar future") unmöglich (Vinge 1983).

Kurz und prägnant: Ist einmal der Zustand erreicht, dass die geschaffene (künstliche) Intelligenz alle menschlichen Intelligenzleistungen übersteigt, gibt es für diese keine Möglichkeit mehr, die dadurch eröffneten Zukunftsoptionen vorherzusagen. So betrachtet, würde es sich dabei um einen negativen Mythos handeln, der seine Kraft allein aus seinem eschatologischen Charakter schöpfen müsste. Um ihn zu einem positiven, realen Mythos zu machen, bedarf es einer Ergänzung nach einem Muster, das uns aus der Technologietheorie bekannt ist: Stoßen Menschen auf ein Hindernis, das sie aus eigener Kraft nicht überwinden können, entwickeln sie Instrumente, mit deren Hilfe das unmöglich Scheinende möglich wird (vgl. Sachsse 1978, S. 9 ff.) Auf unseren Fall angewendet und in ein evolutionäres Modell eingefügt: Schafft die menschliche Intelligenz eine technische (künstliche) „intelligence-greater-than-our-own", muss diese in die nächste Stufe der Entwicklung der menschlichen Intelligenz integriert werden. Und wenn die so überwundene Stufe als diejenige des Humanen definiert ist, lässt sich vermuten, dass die darauffolgende die des Post- oder, wenn man ein positives Narrativ bevorzugt, die des Transhumanen (vgl. Loh 2018) sein könnte.

4.1 Nochmals: analog oder digital?

Den philosophischen Hintergrund des post- und des transhumanistischen Mythos stellt erneut Friedrich Nietzsche, und zwar genauer: seine Lehre vom Übermenschen dar, worauf noch näher einzugehen sein wird (s.u.). Als Namensgeber gilt jedoch der Evolutionsbiologe Julian Huxley, Begründer der ‚Synthetischen Theorie'. Nach dem bisher Entwickelten verwundert es allerdings kaum, dass als einer der Hauptvertreter eines – in diesem Falle technologischen - Posthumanismus erneut der bereits erwähnte Raymond Kurzweil gilt. Ihm wie vielen anderen Posthumanisten geht es dabei um eine (primär technologisch initiierte) Verbesserung („enhancement") des Menschen.

Um den Post- bzw Transhumanismus-Mythos aber in unsere philosophische Diskussion über die Rolle der Künstlichen Intelligenz einzubeziehen, ist es erforderlich, ihn genauer mit dem Begriffspaar „analog" und „digital" in Verbindung zu bringen, und zwar in anthropologischer Absicht. Die dabei zu stellende Frage ist, ob und ggf. wie sich das Menschsein vor dem Hintergrund der durch den Singularitäts-Mythos nahegelegten Überzeugung bestimmen lässt, die natürliche Intelligenz werde sich durch ihre eigenen Produkte überbieten und dadurch obsolet machen. Und das führt bei genauerer Betrachtung zu der Frage: Wenn man unterstellt, das ursprüngliche Weltverhältnis der Menschen sei als analog zu verstehen, wie stellt sich dieses in einer durch Digitalisierung geprägten zukünftigen Welt dar, zumal wenn berücksichtigt wird, dass die Digitalisierung das Produkt ebendieser analogisierenden Menschen ist? Wie sich an mannigfaltigen lebensweltlichen Beispielen, z.B. am Einkauf via Amazon, aber auch schon am Einkauf im Supermarkt ablesen lässt[16], besteht die Rolle der Menschen in digitalisierten Mensch-Maschine Systemen darin, die in diese ggf. investierten digitalisierten Elemente ständig in analoge Elemente zurückzuverwandeln; kein menschliches Wesen kann vollständig digitalisiert sein und das auch noch auf längere Sicht bleiben.

4.2 Mensch-Maschine-Tandem

So betrachtet ist die vollständige Ersetzung der – analogen – menschlichen Intelligenz durch digitalisierte Technologie und Künstliche Intelligenz wohl doch eher eine der extrapolierenden Vernunft geschuldete positiv oder negativ besetzte, im Kantischen Sinne regulative utopische Idee, und Ähnliches gilt für die damit zusammenhängende Vorstellung einer sogenannt ‚autonom', letztlich ohne Beteiligung menschlicher Intelligenz erfolgenden Kommunikation ausschließlich unter Künstlichen Intelligenzen.

---

16 Vgl. hierzu und im Folgenden Zimmerli 2021 b.

Nicht nur sind nämlich ‚analog' und ‚digital' in begrifflicher Hinsicht nicht disjunkt, sondern es verhält sich sogar so, dass von Maschinen dargestelltes Verhalten überhaupt nur dann sinnvollerweise intelligent genannt werden kann, wenn an irgendeiner Stelle so etwas wie eine Intelligenzzuschreibung erfolgt, und zwar durch eine menschliche Intelligenz. Gewiss, eine Intelligenzzuschreibung dieser Art durch Maschinen ist nicht nur möglich, sondern bereits Wirklichkeit, aber diese Zuschreibung muss ihrerseits irgendwann einmal durch eine menschliche Intelligenz anerkannt werden (oder worden sein) *et sic ad infinitum.*

Bezogen auf unsere Fragestellung heißt das, dass wir in einer tendenziell immer weiter digitalisierten Welt zwar in der Tat in einer neuen Art vom Menschsein sprechen lernen müssen, aber eben nicht in der Art, dass die menschlichen Subjekte dabei verschwinden, sondern eher so, dass ihre solipsistische Variante, in der sie sozusagen ‚nackt' und allein vorkommen, durch eine komplexere Vorstellung ersetzt wird: Menschen treten – potenziell oder aktuell – immer in Kombination mit (digitalisierten) Maschinen auf, und zwar nicht zufällig, sondern mit Notwendigkeit. Dieser Zusammenhang kann mit einer mechanischen Metapher als ‚Mensch-Maschine-Tandem' oder mit einer biologisch-mythologischen Metapher als ‚Mensch-Maschine-Zentaur' bezeichnet werden. Dabei spielt keine Rolle, ob es sich dabei um physische Implantate, um *wearables* oder auch nur um *Smartphones* oder Navigations-, Brems- oder Beschleunigungshilfen im Auto etc. handelt,

Hat man sich auf diese Weise erst einmal von der suggestiven Kraft der utopisch-regulativen Idee der Singularität befreit und den Blick unvoreingenommen auf den in Rede stehenden Zusammenhang gerichtet, sieht man sofort, dass der exemplarisch erhobene Befund sich verallgemeinern lässt: In einer zunehmend digitalisierten Welt verschwindet das Analoge nicht; ganz im Gegenteil: es ereignet sich so etwas wie eine Wiederkehr des Analogen im Digitalen (Zimmerli 2018a, S. 38) durch die an der Schnittstelle agierenden Menschen, die eben immer wieder das Digitale ins Analoge rückübersetzen müssen.

4.3 Trans- oder Posthumanismus?

Und damit ist nun der Punkt erreicht, an dem die anthropologische Erörterung ansetzen muss. Wenn es nämlich nicht so ist, dass die Menschen verschwinden, selbst wenn der „Singularity" genannte Zeitpunkt und damit die erwähnte „intelligence-greater-than-ours" erreicht werden könnte, weil, um Kant zu variieren, die „menschliche Intelligenz immer alle unsere anderen Intelligenzvorstellungen begleiten muss", stellt sich nun allen Ernstes die Frage, wie der Mensch-Aspekt des Mensch-Maschine-Tandems zu verstehen ist? Dabei ist es keineswegs so, dass alles beim Alten bliebe oder wieder so wäre wie vorher. Vielmehr hat sich durch die Heraufkunft des Digitalen, d.h. dadurch, dass Menschen als Mensch-Maschine-Tandems von Mensch-Maschine-Tandems umgeben sind, mit denen sie – analog wie digital – kommunizieren, vieles, teils drastisch, verändert. Wir Menschen sind nicht nur diese hybriden Zentauren, sondern sind uns dessen auch bewusst. Wir umgeben uns mit instrumenteller Vernunft in Gestalt von KI-Techniken, aber wir wissen zugleich, dass wir diese nicht sind, sondern sie nur benutzen. Nochmals anders: Das durchaus noch analoge und noch nicht digitale Menschsein scheint, allen diskutierten Mythen zum Trotz, unhintergehbar zu sein.

Damit aber ist zugleich auch klar, dass die naiv extrapolative Vorstellung, wir Menschen bewegten uns – *nolens volens* – in eine Zeit hinein, die de facto bereits in dem Sinne post-human sei, dass sie alles, was sich auf die damit abgeschlossene Phase des Humanismus zurückgreife, hinter sich lasse, zugunsten eines evolutionären Modells aufzugeben ist. Es geht zwar immer noch um das Menschliche im Menschsein, aber nun eben nicht mehr um einen naiven Humanismus, sondern um einen, der sich selbst übersteigt. Also nicht um etwas, was nach dem Humanismus kommt, sondern um einen Humanismus, der sich selbst durch den Humanismus transzendiert, d.h. Trans- statt Posthumanismus, wenn überhaupt…

Allerdings greift hier ein transzendentales Argument, das sich bereits in der Vermutung der Unhintergehbarkeit des analogen Menschseins angekündigt hatte: Zwar mag es als Gedankenexperiment oder als Science Fiction möglich und vielleicht sogar heuristisch fruchtbar sein, den Versuch zu machen sich zu überlegen, wie eine vollständig digitalisierte Welt und die evolutionären Nachkommen von *homo sapiens* in ihr aussehen würden. Und es mag auch noch sinnvoll erscheinen, daraus die Konsequenz zu ziehen, es könne dabei um eine Welt ohne Menschen in dem durch den Humanismus definierten Sinne gehen. Anzunehmen jedoch, es könne sich dabei um eine Welt ohne uns als die anthropologisch definierten Referenzsubjekte handeln, macht nur noch in sehr eingeschränktem kontrafaktischen Maße Sinn nach dem Muster: Stellen wir uns einmal vor, wir könnten uns uns selbst nicht vorstellen.

5. Postanaloges Menschsein

So zugespitzt formuliert wird schnell deutlich, dass die Einbettung des Mythos der Künstlichen Intelligenz in die Hintergrundmythen der *Singularity* und des trans- oder posthumanen Menschseins eine fraglos gewichtige sprachpragmatische Bedeutung im Sinne flankierender Narrative hat, aber nur schwer widerspruchsfrei gedacht werden kann. Erinnert man sich darüber hinaus daran, dass widerspruchsfreie Denkbarkeit spätestens seit Christian Wolff und Immanuel Kant als Umschreibung der Kategorie der Möglichkeit gilt, so liegt die Vermutung nahe, dass trans- oder posthumanes Menschsein im Wortsinne unmöglich ist. Genauer: Soll die Bezeichnung ‚Künstliche Intelligenz‘ im Rahmen des skizzierten Konstrukts eines Mensch-Maschine-Tandems eine anthropologisch konstruktive Bedeutung haben, dann eben nicht durch die erwähnten Narrative, sondern durch deren Reduktion auf ihren semiotischen Kern: Wenn das als unhintergehbar charakterisierte Humanum in der Tat darin besteht, das Digitale immer re-analogisieren zu müssen, dann bestünde der Kern des mythologisch aufgewerteten Narrativs des Post- oder Transhumanen im *postanalogen* Menschsein. Dem wird abschließend nachzufragen sein.

5.1 Mensch als DAC

In der Sprache der Technologie bezeichnen wir mit dem Begriff ‚Analog-Digital-Converter‘ (ACD) ein Gerät bzw. die Funktion dieses Gerätes, analoge Signale in digitale Signale zu konvertieren, mit dem Begriff ‚Digital-Analog-Converter‘ (DAC) umgekehrt also ein Gerät, das diese digitalen Signale wieder in analoge zurückverwandelt. Unterstellt man diese Bedeutung, so könnte eine Bestimmung des Menschen darin bestehen, ein DAC in Permanenz, in der Sprache der philosophischen Hermeneutik: ein permanent interpretierendes Wesen zu sein und auf diese Weise unausgesetzt Sein in Sinn zu transformieren.

Rein sprachlich betrachtet könnte man von ‚inverser Metaphorik bzw. Analogie‘ sprechen, ein Vorgang, der uns im Kontext der Technologieentwicklung schon aus Zeiten klassisch-mechanischer Geräte bekannt ist: So sprechen wir seit der Vorstellung, der Mensch sei eine Maschine (s.o.), etwa von der ‚biologischen Uhr‘, von ‚innerem Antrieb‘ bzw. von der ‚Triebfeder‘ oder vom Herzen als einer ‚Pumpe‘. Dabei ist von Bedeutung, dass es sich um einen iterativen Prozess metaphorischer Übertragung und Gegenübertragung handelt, wie uns etwa für unser Thema direkt einschlägige Beispiele wie ‚Elektronengehirn‘ und seine Inversion in der Vorstellung, unser Gehirn sei eine Art von Computer, bis hin zur erneuten Rückübertragung in der konnektionistischen Metapher vom ‚neuronalen Netz‘ anschaulich demonstrieren. Allerdings haben wir uns durch die analysierten wirkmächtigen Mythen der Künstlichen Intelligenz, der Singularität und des post- bzw. transhumanen Menschseins so an die Einbahnstraße der Metaphorik gewöhnt, dass uns das Denken in umgekehrter Richtung, wie es die Vorstellung des Menschen als permanentem Digital-Analog-Converter (DAC) erfordert, schwerfällt.

5.2 Ein neuer Humanismus?

Unterstellen wir aber in anthropologischer Hinsicht, dass Menschen unter dem Vorzeichen der Digitalisierung in der diskutierten Weise tatsächlich als permanente Digital-Analog-Converter (DAC) zu verstehen sind, macht die Rede von der Notwendigkeit, den Humanismus neu zu bestimmen, einen anderen Sinn, und zwar in mindestens dreifacher Hinsicht:

Da wäre zum einen die Ersetzung von ‚post-‘ bzw. ‚transhuman‘ durch ‚post-‘ bzw. ‚transanalog‘. Menschsein unter Digitalisierungsbedingungen heißt dann eben, dass wir nicht nur permanent Digitales in Analoges konvertieren und dadurch sinnhaft interpretieren, sondern dass wir uns dessen auch bewusst (in einer älteren Redeweise ‚inne‘) sind. Es geht dabei nicht um eine Relativierung oder gar Leugnung der neuen Qualität des In-der-Welt-seins. Zwar hatte schon die Anthropologie der Philosophischen Hermeneutik nachdrücklich darauf hingewiesen, dass Interpretation und Deutung als Transformation von Sein in Sinn wesentliches Charakteristikum des menschlichen Daseins sei[17]; dabei handelte es sich jedoch noch um eine sozusagen vor-digitale Bestimmung. Unter Bedingungen einer digitalisierten Welt, in der Mensch-Maschine-Tandems, die sich auch als solche verstehen, mit Mensch-Maschine-Tandems interagieren, die sich ebenfalls als solche verstehen, bedeutet das allerdings darüber hinaus, dass wir uns weder durch Rückzug auf unsere analoge Existenz noch durch den Ausweg in das, wie Hegel sagen würde, „leere Versichern" , dass alle Inhalte des Humanismus durch den Post- oder Transhumanismus obsolet geworden seien, vor der Erfüllung unseres philosophischen Auftrags drücken

---

17 Dies nämlich ist der Sinn etwa des Insistierens von Martin Heidegger darauf, dass Dasein zu bestimmen sei als Sein, dem es in seinem Sein um dieses Sein, ontologisch: um die Frage nach dem Sinn von Sein gehe.

können. Und der besteht eben darin, das post-analoge Menschsein aus-zubuchstabieren; also packen wir es an!

Da wäre zum anderen die Verpflichtung zu einer (Wieder-)Ent-deckung der Phänomene. Woran es der philosophischen oder ander-weitig theoretischen Befassung mit dem menschlichen Mit-dasein mit digitalen Systemen, etwa mit KI-Systemen, mangelt, sind phänomeno-logisch gesättigte (‚dichte‘) Beschreibungen. Wir Menschen verbringen tagein, tagaus einen Großteil unseres Lebens im Umgang mit diesen Systemen, erschöpfen unsere Bemühungen um ein besseres Verständ-nis dieses Umgangs aber in im besten Falle gut gemeinten, immer aber teils absurden, teils sogar schädlichen Verhaltensmaßregeln von der Digitalen Ethik über rechtliche Regelungen zur Einschränkung von Cybercrime bis zur Formulierung von Verhaltenskodizes bezüglich der Mediennutzung durch Kinder. Noch warten wir vergeblich auf eine Phänomenologie der Mensch-KI-Tandems. Also packen wir es an!

Und da ist schließlich – *last not least* – die kulturübergreifende, eben transkulturelle Herausforderung: Jahrhunderte mussten ins Land ge-hen, bis der traditionelle Humanismus sich darauf einließ, seine de-skriptiven Bestimmungen und normativen Postulate in differenzierter Weise auf die ganze Menschheit auszudehnen. Und nun sieht es auf-grund einer missverstandenen Gleichsetzung von Digitalisierung und Globalisierung so aus, als fielen die Bemühungen um einen anderen, postanalogen Humanismus von vornherein einem naiven *One-size-fits-all*-Kolonialismus zum Opfer. Dabei sticht es bereits bei einem ersten, noch nicht akademisch überhöhten Zugriff in die Augen, dass schon das Phänomen der Digitalisierung in den verschiedenen Weltgegenden und Kulturen in völlig verschiedenen Gestalten auftritt. Man denke nur an das Beispiel des *leapfrogging* im Falle der Telefonie. Die nahe-zu flächendeckende Versorgung mit mobilen IT-Geräten (*Smartphones*) auf dem afrikanischen Kontinent unter Überspringung der im globalen Westen einst noch zwingend vorgeschalteten Phase der Festnetztelefo-nie mag dies als eines unter vielen Beispielen illustrieren. Hier liegt ein weites, noch kaum bestelltes Feld; packen wir es an!

5.3 Das postanaloge ‚Seil‘

Ohne jeden Zweifel hat Friedrich Nietzsches evolutionsphilosophisch ausgerichtete Bestimmung aus dem *Zarathustra*, der Mensch sei ein „Seil, geknüpft zwischen Tier und Übermensch" (Nietzsche 1968, S. 10), die Debatte um den Post- bzw. Transhumanismus-Mythos gedank-lich beeinflusst. Nun lässt sich der Begriff ‚Übermensch‘ durch seine spätere ideologische Usurpation hierzulande nur noch schwer ohne diese Konnotation verwenden; anders verhält es sich hingegen, wenn Nietzsches Diktum in unserem Kontext und nicht ausschließlich biologisch gelesen wird. Dann nämlich macht es einen technologisch-anthropologischen Sinn: Das Menschsein – so ließe er sich interpretieren – ist ein ständiges Unterwegs vom Pränalogen zum Postanalogen. Und die in Weiterführung von Nietzsche formulierte vorwurfsvolle Frage „Was habt Ihr getan, um das postanaloge Menschsein herbeizuführen?" versucht Peter Sloterdijk in Absetzung von Heideggers berühmtem Humanismusbrief mit „Regeln für den Menschenpark" (Sloterdijk 2008) zu beantworten. Ergänzt man diese, durch die Verwendung des Begriffspaars ‚Zähmung' und ‚Züchtung' noch stark am biologischen Paradigma orientierte posthumanistische Überlegung durch die Idee des postanalogen Menschseins, so eröffnet sich im Anschluss an die anthropologischen Gedanken zu einem neuen Humanismus ein weites, neues Aufgabenfeld für die philosophische Erfassung der Künstlichen Intelligenz.

Gewiss, ausgelöst wurde diese vor dem Hintergrund der jahrtausendealten Frage, ob Maschinen denken können, durch den Hype um die Künstliche Intelligenz. Dieser erwies sich nach den zwei KI-Wintern aber als fortgesetzt attraktiver Mythos, der nicht zuletzt durch seine Koppelung mit dem Singularitäts- und dem Post- bzw. Transhumanismus-Mythos nachhaltig weiterwirkt und in Gestalt des postanalogen Humanismus eine neue Seite im Buch des anthropologisch ausgerichteten Philosophierens aufschlägt.

Literatur

Aristoteles (2012), *Politik*. Übers. und mit einer Einleitung sowie Anmerkungen herausgegeben von Eckart Schütrumpf, Meiner Verlag, Hamburg 2012.

Aristoteles (1994), *Peri Hermeneias*. Übersetzt von Herrmann Weidemann, Akademie-Verlag Berlin.

Bartsch Hans-Werner [Hrsg.] (1954): *Kerygma und Mythos*. Bd. 1, H. Reich-Verlag, Hamburg ⁴1960.

Blumenberg, Hans (1970): *Arbeit am Mythos*. Suhrkamp, Frankfurt am Main 1970.

Bultmann, Rudolf (1941): Neues Testament und Mythologie. Das Problem der Entmythologisierung der neutestamentlichen Verkündigung. (1941, wieder abgedruckt in: Bartsch, Hans-Werner [Hrsg.] 1960, Bd. 1.)

Fenn, Jackie (1995): *The Microsoft System Software Cycle Strikes Again.* Gartner Group, Stamford (CT) 1995.

Fenn, Jackie; Raskino, Mark (2008): *Mastering the Hype Cycle: How to Adopt the Right Innovation at the Right Time.* Harvard Business Press, Brighton / Boston (MA) 2008.

Gimmler, Antje; Sandbothe, Mike; Zimmerli, Walther Ch. [Hrsg.] (1997): *Die Wiederentdeckung der Zeit. Reflexionen – Analysen – Konzepte.* Primus Darmstadt 1997.

Göcke, Benedikt; Rosenthal-von der Pütten, Astrid [Hrsg.] (2020): Artificial Intelligence. Reflections in Philosophy, Theology, and the Social Sciences. Brill Mentis, Paderborn 2020.

Hauck-Thum, Uta; Noller, Jörg [Hrsg.] (2021): *Was ist Digitalität?* Reihe Digitalitätsforschung Bd. 1. Metzler Stuttgart (im Druck) 2021.

Hofstadter, Douglas; Sander, Emmanuel (2014): *Die Analogie. Das Herz des Denkens.* Cotta Stuttgart 2014. Titel der englischen Ausgabe: *Surfaces and Essences: Analogy as the Fuel and Fire of Thinking.* Basic Books, New York 2013.

Kurzweil, Ray (2005): *The Singularity is Near. When Humans Transcend Biology.* Penguin New York 2005. Dt. Übersetzung: *Menschheit 2.0.: Die Singularität naht.* Lola Books, Berlin 2013.

LaMettrie, Julien Offray de (1748): *Die Maschine Mensch* (1747), französisch-deutsch. Übersetzt und herausgegeben von Claudia Becker, Meiner Hamburg 2009. Franz. Originaltitel: LaMettrie, Julien Offray de: *L'homme-Machine*, Leyden 1748.

Loh, Janina (2018): *Trans- und Posthumanismus. Eine Einführung.* Junius Hamburg.

McCarthy, John (1996): *Defending AI Research: A Collection of Essays and Reviews*, CSLI, University of Chicago Press 1996.

McCarthy, John; Minsky, Marvin L.; Rochester, Nataniel; Shannon, Claude (1955): A Proposal for the Dartmouth Summer Research Project on Artificial Intelligence. In: *AI-Magazine*, 27(4), 12. https://doi.org/10.1609/aimag.v27i4.1904, siehe auch: http://raysolomooff.com/daertmouth/boxa/dart564propos.pdf, abgerufen am 25.11.2020

McCorduck, Pamela (1979): *Denkmaschinen. Die Geschichte der Künstlichen Intelligenz.* Haar bei München 1987. Titel der englischen Originalausgabe: *Machines Who Think: A Personal Inquiry into the History and Prospects of Artificial Intelligence.* Taylor & Francis San Francisco 1979.

Moor, James (2006): The Dartmouth College Artificial Intelligence Conference: The Next Fifty Years. In: *AI Magazine*, 27(4).

Moore, Gordon E. (1965): Cramming more components onto integrated circuits. In: *Electronics*, 38(8).

Naisbitt, John (1984): *Megatrends. 10 Perspektiven, die unser Leben verändern.* Hestia Bayreuth 1984. Titel der englischen Originalausgabe: *Megatrends. Ten New Directions Transforming our Lives.* Warner Books New York 1980.

Nestle, Wilhelm (1940): *Vom Mythos zum Logos: Die Selbstentfaltung des griechischen Denkens von Homer bis auf die Sophistik und Sokrates.* Kröner Verlag, Stuttgart 1940.

Nietzsche, Friedrich (1968): *Also sprach Zarathustra* [1885]., In: *Nietzsches Werke. Kritische Gesamtausgabe.* 6. Abt., Bd.1. De Gruyter Berlin 1968.

Nietzsche, Friedrich (1980): Über Wahrheit und Lüge im außermoralischen Sinn. In: *Nietzsche Sämtliche Werke. Kritische Studienausgabe (KSA)* Bd. 1 De Gruyter Berlin 1980, 875-889.

Nilsson, Nils (2010): *The Quest for Artificial Intelligence: A History of Ideas and Achievements.* Cambridge University Press, Cambridge (UK) 2010.

Palfrey, John; Gasser, Urs (2008): *Born Digital. Understanding the First Generation of Digital Natives.* Basic Books, New York 2008.

Prensky, Marc (2001a): Digital Natives, Digital Immigrants. In: *On the Horizon,* vol. 9, No. 5. MCB University Press, October 2001.

Prensky, Marc (2001b): Digital Natives, Digital Immigrants, part II: Do They Really Think Different? In: *On the Horizon,* vol. 9, No. 6. MCB University Press December 2001.

Rheingold, Howard (1993): *The Virtual Community. Homesteading on the Electronic Frontier.* MIT Press Cambridge 1993. Dt. Übersetzung: *Virtuelle Welten. Reisen im Cyberspace.* Rowohlt Reinbek 1994.

Sachsse, Hans (1978): *Anthropologie der Technik. Ein Beitrag zur Stellung des Menschen in der Welt.* Vieweg Verlag, Braunschweig 1978.

Schulmeister, Rolf (2009): *Gibt es eine Net Generation? Widerlegung einer Mystifizierung.* Universität Hamburg, Zentrum für Hochschul- und Weiterbildung: http://rolf.schulmeister.com/pdfs/schulmeister_net-generation_v3.pdf, abgerufen am 25.11.2020.

Schumpeter, Joseph (1939): *Business Cycles. A Theoretical, Historical, and Statistical Analysis.* McGraw Hill, New York 1939.

Seehusen, Silke; Lucke, Ulrike; Fischer, Stefan [Hrsg.] (2008): *DeLFI 2008: Die 6. e-Learning-Fachtagung Informatik.* Reihe: GI Edition Lecture Notes in Informatics (LNI) P-132, Köllen-Verlag, Bonn 2008.

Sloterdijk, Peter (2008), *Regeln für den Menschenpark. Ein Antwortschreiben zu Martin Heideggers Brief über den Humanismus.* Suhrkamp Frankfurt am Main 2008.

Tapscott, Don (1996): *Die digitale Revolution. Verheißungen einer vernetzten Welt – die Folgen für Wirtschaft, Management und Gesellschaft,*

Gabler Wiesbaden 1996. Titel der englischen Originalausgabe: *The Digital Economy: Promise and Peril in the Age of Networked Intelligence*. McGraw Hill, New York.

Thackray , Arnold; Brock, David C.; Jones, Rachel [Hrsg.] (2015): *Moore's Law. The Life of Gordon Moore, Silicon Valley's Quiet Revolutionary*. Basic Books New York 2015.

Turing, Alan (2002): Computing Machinery and Intelligence. In: *Mind* 59, 433-460, dt. Übersetzung unter dem Titel „Kann eine Maschine denken?" In: Zimmerli, Walther Ch. / Wolf, Stefan [Hrsg.] Künstliche Intelligenz. Philosophische Probleme. 2. Aufl. Reclam, Stuttgart2002, 39-78.

Venema, Liesbeth; Jerde, Trenton; Sweeney, Yann; Huth, Jacob [Hrsg.] (2019): Return of Cybernetics. Editorial. In: *Nature Machine Intelligence* 1, 2019, 385.

Vinge, Vernor (1983): op-ed. In: *Omni Magazine*, Penthouse Publishing, NewYork, Januar 1983.

Vinge, Vernor (1993): The Coming Technological Singularity: How to Survive in the Posthuman Era. In: *Proceedings: Vision-21 Symposium*, 30-31.

Zimmerli, Walther Ch. (1997): Zeit als Zukunft. In: Gimmler. Antje, Sandbothe, Mike; Zimmerli, Walther Ch. [Hrsg.] (1997): *Die Wiederentdeckung der Zeit*, Wissenschaftliche Buchgesellschaft, Darmstadt 1997, 126-147.

Zimmerli, Walther Ch. (2001): *Vom Wert zukünftiger Arbeit*. IAS Stiftung Karlsruhe 2001.

Zimmerli, Walther Ch. (2018 a): Die Wiederkehr des Analogen im Digitalen. In: *Neue Zürcher Zeitung* vom 26.07.2018, 38

Zimmerli, Walther Ch. (2018 b): Die Rehabilitierung der Täuschung. In: *Neue Zürcher Zeitung* vom 11.09.2018, 35.

Zimmerli, Walther Ch. (2020): Deus Malignus. The Digital Rehabilitation of Deception, in: Göcke, Benedikt/Rosenthal-von der Pütten, Astrid [Hrsg.]: *Artificial Intelligence*. Brill Mentis 2020, 15-35.

Zimmerli, Walther Ch. (2021 a), Der Mythos der göttlichen Maschine. In: *Neue Zürcher Zeitung* vom 11.01.2021, 30.

Zimmerli, Walther Ch. (2021 b), Analog oder Digital? Philosophieren nacch dem Ende der Philosophie. In: Hauck-Thum, Uta/ Noller, Jörg [Hrsg.]: *Was ist Digitalität?* Digitalitätsforschung Bd. 1, Metzler Stuttgart 2021, im Druck.

Mathias Gutmann, Marie-Claire Haag, Christian Wadephul

Verheissung, Verdammung oder einfach ein Selbstmissverständnis?

Sprachkritische Überlegungen zum Umgang mit KI und ihren Beschreibungen

Abstract: Im Gegensatz zu primär an normativen Aspekten der Personalität, der Sozialität oder allgemeiner der Verantwortung, Verlässlichkeit und Sicherheit orientierten Überlegungen, soll im Folgenden nach dem Werkzeugcharakter von KI gefragt werden. Nach einer kurzen Verständigung über Archimedische und Wiener'sche Maschinen erfolgt zunächst die Abklärung der aus der Zweckbindung resultierenden Bedingungen für eine gelingende Beschreibung des Einsatzes dieser Maschinen. Im nächsten Schritt wird exemplarisch das Geben und Nehmen von Gründen an der Beurteilung der Geltung von Sätzen vorgeführt, was die Grundlage für die Beschreibung der Funktion und der Funktionsbedingungen entwickelter algorithmischer Maschinen liefert. Nach Erweiterung der Rekonstruktion auf die für solche Maschinen notwendigen Daten- und Informationsbegriffe, können schließlich im Vergleich der drei Maschinentypen Unterschiede und Gemeinsamkeiten herausgearbeitet werden. Die abschließende tätigkeitstheoretische Rekonstruktion der in ihren Grundzügen entwickelten reflexiven Struktur des Gebens und Nehmens von Gründen, erweist diese Struktur als notwendige methodische Voraussetzung für die Festlegung der Funktionsfähigkeit auch komplexer „lernender" KI.

> So ward es uns verhießen,
> so segne ich dein Haupt,
> als König dich zu grüßen.
>
> *Richard Wagner*

Das Wesen der Verheißung besteht in ihrer Unerfüllbarkeit – was sie von Versprechen und Vorhersage unterscheidet. Die Verheißung gleichwohl, von Menschenhand verfertigte Technik könne eines Tages – sei's zu Fluch oder Segen – an die Stelle des Menschen selbst treten, oder diesen wenigstens in gewissen Belangen und Hinsichten, mindestens aber für ungeliebte oder gefahrvolle Tätigkeiten ersetzen, ist so alt wie der literarisch fixierbare Umgang mit den Artefakten selbst. Traten bei Daidalos noch – von Quecksilber – „bewegte" Statuen auf (De anima

406b), verglich Aristoteles Lebewesen schon mit „Puppen" um für bestimmte Aspekte der „Selbstbewegung" ein Modell zu haben (Gutmann 2017). Heute erregt die Adressierung von molekularen Interaktionen als „Schalter", „Regelkreis" oder gar als „molecular machines" etwa in synthetischer Biologie oder Optogenetik kaum noch die Aufmerksamkeit, die solchen *technomorphen* Metaphern schon aus Gründen der denkerischen Vorsicht eigentlich zukommen sollte (zu den systematischen Grundlagen s. Gutmann und Tamborini 2020). Ebenso bei der Rede von Algorithmen, welche digitale Prozesse (Programme) „steuern" und so als digital-formalisierbare Handlungsanweisungen Computer arbeitsfähig machen. Wann immer Software auf eine Eingabe (Input) reagiert, ist die Reaktion (Output) nämlich durch derartige „Algos", wie sie in Fachkreisen fast liebevoll genannt werden, „berechnet" worden. Wir verwenden hier einen weiten Algorithmusbegriff, der *Heuristiken* einschließt, welche lange Zeit – sowohl in Psychologie und Wissenschaftstheorie als auch der Informatik – nicht ernst genommen, sondern zu bloßen „Daumenregeln" degradiert wurden. Dabei sind sie nicht nur explanatorische Basis technomorph beschriebener menschlicher Fähigkeiten (z. B. des Fangens von Gegenständen durch die *Blickheuristik*), sondern auch maßgeblich am gewaltigen Fortschritt algorithmischer Computerverfahren beteiligt, die zwar nicht immer optimale, aber dafür effiziente und bei komplexen Problemen oft erstmalig überhaupt Lösungen liefern. So entpuppen sich z.T. *maschinelles Lernen* und *Künstliche Intelligenz* oft als bloß „*naturinspirierte*" *heuristische (Meta-)Strategien*. Erst das junge Forschungsgebiet der *math-heuristics* widmet sich einer wissenschaftlichen Professionalisierung von (Meta-)Heuristiken durch Formalisierung und Standardisierung (s. Wadephul 2020 für eine Darstellung mit Bezug auf das *Traveling Salesman Problem* (TSP)). Algorithmen, die auf der Grundlage digitaler Technik funktionieren, erscheinen als fremdartig. Dabei sind es ursprünglich tief verwurzelte *menschliche Intellektualtechniken* – v. a. *mathematische* Rechenverfahren, aber auch *methodische* Prinzipien der Klugheit, etwa zur schnellen Suche – die heute längst zur Realtechnik geworden sind. Insofern scheinen auch Computer zu „rechnen" und zu „suchen" und „mit Handlungsfähigkeit" ausgestattet zu sein (zu den aus solcher Metaphorik resultierenden Problemen in der Technikethik vgl. exemplarisch die Big-Data-Stellungnahme des Deutschen Ethikrats und den kritischen Kommentar von Nerurkar, Wadephul und Wiegerling 2019).

Tatsächlich scheint also schon die schlichte historische Skizze für den Verheißungscharakter der großen Erzählung zu sprechen. Dieser wäre mithin eher Gegenstand religiöser oder theologischer Debatten, verbänden sich nicht mit solchen bio- und technomorphen Verweisen zahlreiche Fragen, die seit jeher Gegenstand „philosophischer" Reflexion sind. Wir wollen uns nun im Weiteren – der Uferlosigkeit solcher Problemlagen eingedenk – auf eine einzige Problemstellung konzentrieren, indem wir nach jenem Wissen fragen, das schon verfügbar sein muss, damit überhaupt *meinend* gesagt werden kann, ein Artefakt vermöge irgendetwas zu „tun" – abstrakt gesprochen: zu „x-en".

1. Vorbetrachtungen zum x-en von Werkzeugen

Damit ist nicht notwendig die Betrachtung auf „kognitive" Leistungen verengt, wiewohl diese natürlich im Zentrum des Interesses stehen (insbesondere, weil es sich um Verheißungen besonderer Art handelt). Denn schon wenn wir ein beliebiges – materiales – Werkzeug verwenden, stellt sich die Frage nach der Beschreibung seines Einsatzes. Selbst bei einem einfachen Hebel, der etwa zum „Heben" von Gewichten verwendet wird, erlaubt genau diese Fixierung des Zweckes die Unterscheidung funktionsfähiger von funktionslosen Hebeln. Die an solchen Artefakten festgemachten Gesetzmäßigkeiten gestatten es zudem, bessere von schlechteren Realisaten zu unterscheiden, deren weitere Optimierung jederzeit durch Steigerung der Biegesteifigkeit, Reduktion der inneren Reibung etc. vorstellbar ist – im Rahmen des von der Art der jeweiligen „Hebel-"Konstruktion abhängigen technisch Möglichen.

Entscheidend aber für diese Beurteilung bleibt der Bezug auf das – zunächst als menschliches Handeln – angesprochene „Heben", hinsichtlich dessen das Artefakt jederzeit die Möglichkeit der Organüberbietung mit sich bringen mag, um eine Gehlen'sche (1953) Unterscheidung zu bemühen. Dieselbe logische Grammatik weist nun auch das Reden über Artefakte auf, die im *kognitiven* Zusammenhang eingesetzt werden. Verstehen wir dies zunächst als anthropomorphe Redeform, dann wird über das Gelingen und Misslingen der zugrundeliegenden Handlungen wie den Erfolg oder Misserfolg ihrer Durchführungen so zu sprechen sein, wie im Falle nicht-kognitiver Verwendung von Artefakten. Nehmen wir als Beispiel den „Rechner" mit welchem ein jeder von uns in der Schule gelegentlich mathematische Operationen ausführte; hier gilt natürlich, dass wir *vor* dessen Einsatz schon wissen hätten müssen (oder doch jedenfalls sollen), worin sich geltende von nicht geltenden mathematischen Aussagen unterscheiden. Allgemeiner gesagt, liegt die – prinzipielle – Klärung der Geltungsbedingungen mathematischer Sätze *vor* jedem möglichen Einsatz von technischen Artefakten im Rahmen mathematischer Operationen, was „rekursive" Verwendungen keineswegs ausschließt.

Wir können nun die anthropomorphe Metaphorik („der Computer rechnet") auflösen und als *Modellierung* eines menschlichen Tätigkeitsverhältnisses auffassen, gemäß welcher *kausal* bestimmte Zustände „im Rechner" so erzeugt werden, dass sich diese Zustände gewissen Schritten im regelbasierten schematischen Handeln *zuordnen* lassen, das wir summarisch als „mathematisches" bezeichnen. Dabei ist unerheblich, auf *welche Weise* genau diese zustande kommen – d.h. auf der Seite des Werkzeuges ist die Sicherstellung der kausalen Bestimmung *als solche* für das Resultat ohne Relevanz. Wir sprechen also über die Geltung der mathematischen Resultate invariant zum physikalischen „Mechanismus", den wir ingenieurstechnisch nutzen – sei es Abakus, transistorenbasierte oder neuromorphe Rechnereinheit. Das x-en des „Rechners" liegt mithin nicht beschreibungsinvariant einfach vor, sondern muss auf die jeweilige Zwecksetzung *in der Verwendung* bezogen werden. Dieser Verweis erscheint redundant; er ist es aber nicht, weil es hier *nicht nur* um die Zwecksetzung selber geht, sondern um die *tätigkeitstheoretische* Fassung des Wissensbegriffes (s.u.). Erst vor diesem Hintergrund können wir nämlich *wissen*, ob es sich bei dem Artefakt um ein Werkzeug im engeren Sinne handelt – und gerade so, wie im Falle der klassischen Maschine, können wir nur unter dieser Bedingung die Sicherheit des Einsatzes des Artefaktes ebenso wie dessen sonstige Qualitäten im Vollzug des x-ens *beurteilen*.

Bevor wir das technische Mittel (zu dem auch die „kognitive" Maschine Taschenrechner gezählt werden kann) näher betrachten, seien an dem Einsatz des Artefaktes noch weitere Differenzierungen eingeführt, die für unsere folgenden Überlegungen wichtig werden. Wenn wir die Maschine beschreiben „als ob" sie x-te, beschreiben wir primär ihren Zweck und nehmen dabei implizit eine Zuschreibung vor: nämlich dass sie „Regeln befolge" und daher „aus Gründen handle". Dafür ist *begründendes* Wissen notwendig. Im Unterschied dazu kann die Funktionsweise der Maschine so beschrieben werden, dass sie „gemäß einer Regel" arbeite (s. McDowell 1998, Gutmann 2017). Dafür ist *operatives* Wissen notwendig; der Zusammenhang beider Wissensformen wird im Folgenden erläutert.

1. Den *Anfang* nehmen wir bei der Tätigkeit des Rechnens, was nicht nur bedeutet, dass wir uns in der Lage sehen, relevante Operationen auszuführen (dies gilt immer auch); vielmehr wollen wir mithilfe derartiger Operationen auf die Möglichkeit verweisen, die Geltung von Sätzen als (hier mathematisch) wahr zu verteidigen. Wir verfügen also nicht nur über *operatives* Wissen sondern auch über *weitergehendes Begründungswissen*, bezüglich dessen das operative *zum Zwecke* der

Entscheidungsfindung eingesetzt wird. (vgl. auch Beitrag von Freksa in diesem Band) Wie dies geschehen kann, führt Lorenzen (1987, S. 162ff.) an einem einfachen Beispiel vor, in dem von Brüchen als „konkreten Objekten" auf zwei Weisen geredet wird, nämlich zunächst als „konkrete Gegenstände", als „Paare(n) von Zählzeichen m, n". Setzen wir etwa für m 1 und 2, für n 2 und 4, so ergeben sich zwei Paare, ½ und 2/4, die voneinander *unterschieden* sind. Reden wir von denselben Paaren hingegen „abstrakt", nämlich als „rationale Zahlen", so gilt selbstverständlich, dass ½ = 2/4. Den offensichtlichen Widerspruch, 1,2 ≠ 2,4 sowie ½ = 2/4 löst Lorenzen auf, indem von den konkreten Brüchen zu *Aussagen* über Brüche übergegangen wird, „deren Gültigkeit sich bei der Ersetzung eines Bruches durch einen äquivalenten nicht ändert" (Lorenzen 1987, S. 162).

Die Äquivalenz wird formuliert bezüglich ausgezeichneter Operationen mit den konkreten Brüchen. Nimmt man für das obige Beispiel an, dass „m_1 durch n_1 und m_2 durch n_2 teilbar ist, und außerdem die Teilungsergebnisse [...] einander gleich sind" (Lorenzen 1987, S. 162), was beides operativ kontrolliert werden kann (also an *konkreten* Brüchen), so lässt sich folgende Äquivalenz auszeichnen (Lorenzen 1987, S. 162):

$$m_1 : n_1 = m_2 : n_2 \leftrightarrow m_1 \cdot n_2 = m_2 \cdot n_1$$

Im nächsten Schritt lässt sich eine zweistellige Relation einführen, für die folgendes gilt (ebd.):

$$m_1, n_1 \sim m_2, n_2 \leftrightharpoons m_1 \cdot n_1 = m_2 \cdot n_2$$

Wir ersetzen also die Rede über *konkrete* Brüche durch *Aussagen* über Brüche, deren Wahrheitswert sich nicht ändert, wenn sie durch Brüche ersetzt werden, die zu diesen (nach den genannten Kriterien) äquivalent sind. Die Aussage, dass „*äquivalente* Brüche [...] *verschieden* sein" können (Lorenzen 1987, S. 162), erhält nun einen guten Sinn. Denn die Definition von „=" bedeutet nicht, dass über Konkreta, sondern über Abstrakta gesprochen wird, besser, *abstrakt* über Konkreta. Wir können nun – invariant zur rekonstruierten Äquivalenz – *behaupten*, dass die Formulierung einen mathematisch wahren Sachverhalt darstellt. Ein etwas komplexeres, aber im Grundsatz identisches Beispiel bietet sich in der Äquivalenz von $(\sqrt{2})^2 = 2$ an, da wir die Quadrierung als inverse Operation des Wurzelziehens einführen. Für das Wurzelziehen gibt es kein *formal-geschlossenes* Lösungsverfahren, weshalb zu rechnerischen ‚Tricks' gegriffen werden muss, wie das *babylonische Wur-*

zelziehen, das Heron von Alexandria in seinem Buch *Metrika* („Buch der Messung") beschrieb und das deshalb auch *Heron-Verfahren* genannt wird. Dieses Verfahren ist besonders interessant, weil es den erstmaligen methodischen Einsatz eines systematisch *iterierbaren* Prozesses darstellt. Erst eine solche mathematische List erlaubt, was zuvor nicht möglich war: da das Ziel selber (*B*) weiterhin unerreichbar bleibt, tritt ein Äquivalent (*B'*) an seine Stelle – hier die *approximative* Berechnung von Quadratwurzeln. Da das Heron-Verfahren nur die vier Grundrechenarten benötigt, eignet es sich besonders gut zur Implementierung in Software und wurde bis vor Kurzem in Taschenrechnern verwendet. Eine Schwierigkeit solcher iterativen Verfahren besteht aber darin, dass sie immer nur Näherungswerte liefern, auch bei echten Quadratzahlen wie 2916 – oder eben $(\sqrt{2})^2$. Wegen der leichten Verfügbarkeit numerischer Prozessorhardware wird das Heron-Verfahren deshalb immer seltener in den Programmier-Bibliotheken implementiert. Heute lässt sich v. a. mithilfe des *CORDIC-Algorithmus* besser rechnen. (Vgl. hierzu Wadephul 2020, S. 63f.).

Wir haben an beiden Beispielen gezeigt, was wir im Weiteren als eine Darstellung meta logou (μετὰ λόγου) bezeichnen wollen. Im zweiten Schritt werden wir nun zeigen, was es bedeutet, einer Maschine zuzuschreiben, dass sie *gemäß einer Regel „arbeite"*.

2. Nehmen wir weiterhin an, wir setzten unsere Rechenmaschine ein, um die oben dargestellte Äquivalenz operational zu zeigen. Wir verwendeten das Gerät also „als ob" es rechnete und würden ein Ergebnis ½ - 2/4 = 0 jederzeit akzeptieren, hingegen ein solches, bei dem sich nicht 0 ergibt, jederzeit zurückweisen. Beides geschieht invariant zum *Mechanismus*, es ist also unerheblich, auf welche Weise dies „in der Maschine" erfolgt. Wir können nun aber *sagen*, dass die Maschine *gemäß* einer Regel eingesetzt worden ist, mehr noch, wir können übergehen zur direkten Attribution, indem wir sagen, die Maschine operiere kata logon (κατὰ λόγον).

Dieser Unterschied des „Befolgens einer Regel" und „Folgens gemäß einer Regel" ist für den weiteren Argumentaufbau wichtig (dazu grundlegend Wittgenstein 1958, McDowell 1998, Gutmann 2017). Dreyfus (1989, S. 106) charakterisiert dieses Argument als *erkenntnistheoretisches* und zeigt anhand eines Beispiels seine allgemeine Relevanz. So lasse sich die Bahn der Planeten um die Sonne mithilfe von Differenzialgleichungen darstellen, woraus aber eben nicht folge, dass sie sich (in einer Ellipse um die Sonne) bewegten, *indem* sie Differenzialgleichungen lösen (Dreyfus 1989, S. 137). Genau diese Überlegung können wir an der Form des Sprachspieles unter 1 nachvollziehen – es handelt sich um nichts anderes als um das logon didonai kai apodechesthai (λόγον διδόναι καί ἀποδέχεσθαι). Das Geben und *Nehmen* (denn erst damit ist der Akt des Be-Gründens abgeschlossen) von *Gründen* bezieht sich in diesem Fall auf die Aushandlung oder Festlegung der Geltung mathematischer Sätze beziehungsweise der Rede über diese.

Aus dieser *Vorordnung* der Behauptung und Einlösung von Geltungsansprüchen – welche auch die Disziplinen selbst betrifft, denn ohne eine in Geltung gesetzte Mathematik ist das Betreiben von Informatik nicht möglich – lässt sich schließlich noch eine dritte Unterscheidung gewinnen, die den Zusammenhang zur Rede von „Daten", „Informationen" und „Wissen" herstellt. Alle drei Ausdrücke sind *begrifflich* notorisch unterbestimmt, und es fehlt entsprechend nicht an Bemühungen der Definition, der wir hier keine weitere an die Seite stellen wollen (zum Überblick Hesse et al. 2010). Selbst wenn anerkannt würde, dass eine rein syntaktische Einführung von „Information" wie von Shannon vorgelegt, für zahlreiche Verwendungen von KI zu eng sei, ist an ihr doch jedenfalls die Tatsache bemerkenswert, dass kein Zweifel an der Verfügung über *Wissen* besteht, *bezüglich* dessen die Rede von Information überhaupt erst eingeführt werden kann. Denn die „Bedeutung" der zwischen Sender und Empfänger übermittelten Botschaft muss schon bekannt sein, *damit* die *Qualität* der Übermittlung *beurteilt* werden kann. Wie Robert Feustel korrekt feststellt, kann die Informationstheorie nämlich folgende zwei Fragen nicht beantworten:

Ist Information [...] nur syntaktisch und wird einfach prozessiert oder tilgt sie – Datenmassen und hohe Rechenleistungen vorausgesetzt – tatsächlich den Unterschied zur Semantik? Die zweite Frage tangiert eine scheinbar logische Konsequenz aus der Universalisierung von Information. Wenn sich alles in Null und Eins zerlegen lässt, wenn die Materie hinter den sie konstituierenden Informationen verschwindet, sind letztere dann ein Element der Natur? Kann der Signifikant Information tatsächlich naturalisiert und damit von jeder Form menschlicher Deutung oder Sinngebung gelöst werden? Wir haben es also immer noch mit großspurigen Einwänden zu tun. (Feustel 2018, S. 89).

Einen Anfang gewinnen wir allerdings, indem wir „Information" über die Redehandlung des „Informierens" einführen, was als „in Kenntnissetzen" zahlreiche Operationalisierungen erlaubt. Diesem von Janich (2006) vorgeschlagenen Weg schließen wir uns zumindest im Anfang an; „Information" wäre dann ein Abstraktor, über die „Informationsgleichheit" von Anweisungen eingeführt, hier also invariant zum Erreichen des kommunikativen Zweckes. Hinzu kommt die „Mittelinvarianz" der technischen Übermittlung – es soll also für die Weitergabe der Information unerheblich sein, ob diese über Telefon oder das Internet erfolge. Die Darstellungs- und Hörer- bzw. Sprecherinvarianz ist hingegen im strengen Sinne u.E. nur innerhalb definierter Kontexte bei gesetztem Zweck relevant. So kann ein und derselbe Satz, z.B. „Der Weg zum Bahnhof führt über A, B und C", über den Weg zum Bahnhof, aber auch über die Stadtkenntnis des Aussagenden *informieren*. Gehen wir zu unserem Beispiel zurück, dann ließe sich zunächst sagen, dass die Ausdrücke ½, 2/4, 4/8 „dieselbe" Information enthielten – in diesem Fall nämlich dieselbe Zahl darstellten. Die Unterscheidung von Datum und Information können wir mit Hesse et al. (2010) so aufnehmen, dass wir Daten als *potenzielle* Information bestimmen, beides bezüglich eines schon investierten *Wissens, für welches die Adressierung wesentlich ist;* selbstverständlich können die Ausdrücke „Daten" und „Informationen" bedeutend komplexer sein, ohne zugleich ihre Kontextualität zu verlieren. Diese Unterscheidung von Datum und Information vollziehen wir aber bezüglich eines *Wissens* – hier jenes um *geltende* mathematische Aussagen und deren Gewinnung; sie ist kontextuell, da sich aus *denselben* Daten *unterschiedliche* Informationen gewinnen lassen. Doch ergeben sich mit Informationen auch *Wissensunterschiede,* denn wir können auf der Grundlage der Informationsgleichheit der Zahlzeichen nun auch Aussagen über nicht-mathematische Gegenstände machen, wie etwa jene der Gewichtsgleichheit von ½, 2/4 und 4/8 kg Mehl, Zitronensaft und Eisen – wobei ersichtlich weiteres Wissen in Anspruch genommen werden muss, als das bisher verwendete. „Wofür" also z.B. ½ steht, sehen wir den Zahlzeichen nicht an, können dies aber unter gegebenen Kontexten jeweils ermitteln. Wir nehmen damit das von Dreyfus (1989, S. 243f.) so benannte *ontologische* Argument auf, welches darauf abzielt, dass „die Welt" nicht in der Form von *beschreibungsinvarianten* Daten vorliege. Doch verschärfen wir es insofern, als sich mit der Unterscheidung von Information und Daten zugleich die Behauptung und Einlösung von Geltungsansprüchen verbindet, und mithin ein starker Vernunftbezug etabliert wird, der die Konzeption, den Bau und den Einsatz von KI überhaupt erst ermöglicht.

2. Die nächste Stufe algorithmischer Maschinen

Erscheint schon der Übergang von klassischer zu Wiener'scher Maschine systematisch wie praktisch erheblich, trifft dies erst recht auf solche „algorithmischen" Maschinen zu, welche als *deep learning machines* bezeichnet und als großer Schritt der Vervollkommnung „kognitiver"

Maschinen gelten. Trotz solcher, und sicher weiterer, zukünftiger Entwicklungen auch der technischen Basis von KI, lassen sich gewisse grundlegende Gemeinsamkeiten ausmachen, nämlich einerseits der (wie auch immer aufgebaute) Hardware- und andererseits der (wie auch immer programmierte) Algorithmusanteil (s. etwa Cawsey 2003, S. 13f.). Wir nutzen diese Unterscheidung *aspektuell*, da auch in den Bau der Hardware algorithmische Strukturen eingehen, wie die *KNN (Künstlichen Neuronalen Netze)* anzeigen. Während für das erstere die oben schon entwickelte kausale Bestimmbarkeit in Anspruch zu nehmen ist, handelt es sich bei einem Algorithmus für Maschinen um „[...] eine eindeutige Handlungsvorschrift zur Lösung eines Problems", wobei „eine Eingabe [...] in genau definierten Schritten zu einer Ausgabe umgewandelt" (Berberich 2019, S. 11) wird. Die maschinelle Umsetzung dieser Definition bedarf des Binärsystems, das eine eindeutige Formulierung der verneinenden oder bejahenden Ein- und Ausgabe von null oder eins ermöglicht (Berberich 2019, S. 13). Jedem Datum, das algorithmisch verarbeitet werden kann, muss also ein Wert zugeschrieben werden. Diese Zuschreibung muss bezüglich eines Wissens erfolgen, um *sinnvoll* zu sein. Zweifelsohne ist eine zufällige Zuschreibung denkbar, die grundsätzliche Binarität bleibt jedoch notwendig für die Funktionsfähigkeit des Systems. Hier zeichnet sich die problematische Überschätzung der Maschinellen Intelligenz bereits ab – eben aufgrund der einfachen Gleichsetzung mathematischer Werte mit der *Beurteilung* der Wahr- bzw. Falschheit von Aussagen:

> Da sämtliche Informationen in den Digitalcomputer als Binärziffern eingegeben werden müssen, setzt das Computermodell des Denkens voraus, daß das gesamte relevante Wissen von der Welt, alles, was für ein intelligentes Verhalten wesentlich ist, prinzipiell als eine Menge kontextunabhängiger, festgelegter Elemente analysierbar sein muß. Das ist die *ontologische Annahme*, daß alles Seiende aus einer Menge von Tatsachen bestehe, die allesamt logisch voneinander unabhängig sind. (Dreyfus 1989, S. 106, Hervorh. d. A.)

Prinzipiell kann also jede präzise und eindeutig formulierte Handlungsvorschrift als Algorithmus bezeichnet und deshalb einer Berechnungsmaschine aufgetragen werden (s. Seebold 2011, S. 30). Dabei ist aber zu beachten, dass zum einen die *formale* Darstellung möglich sein muss, wovon die Theorie des Algorithmus selbstredend ausgeht, und zum anderen die Eingabe so erfolgt, dass die Handlungsvorschrift überhaupt *angewandt* werden kann. Strukturell lässt sich ein Algorithmus als aus mindestens zwei Symbolen und einer Verknüpfung aufgebaut verstehen (s. etwa Cawsey 2003; Richter 2019, S. 1-4). Die einfachste Form wäre eine Funktion $f(x)$, wobei x eine beliebige Zahl annehmen kann und sinnvollerweise einen realen Wert bildet. Die Funktion f ist dann der eigentliche Algorithmus, also die Handlungsvorschrift, die angibt, was die Maschine mit x tun soll. Bei Suchalgorithmen wird der Vorgang von der anderen Seite betrachtet. Deren *Zweck* besteht darin, ein festgelegtes, eindeutiges Ziel Z zu erreichen, was formal bedeutet, dass die Maschine so lange f durchliefe, bis $f(x) = Z$ der Fall ist. Das gesuchte Ergebnis ist demnach der reale Wert von x, für den $f(x) = Z$ gilt. Ein Problem dieses Verfahrens ist die schlichte Tatsache, dass der Computer die Suche nicht von selbst abzubrechen vermag, die Maschine f also „ewig" ausführte, auch wenn sie keinen Wert x finden kann, für den $f(x) = Z$ gilt (Berberich 2019, S. 15-18). Maschinen, die nicht immer und immer wieder dieselbe Berechnung durchführen, sondern mithilfe von Trainingsdatensätzen den „richtigen" Algorithmus für die jeweilige Aufgabe *generieren*, nennt man deshalb „lernend" (s. Berberich 2019, S. 19; auch Sejnowski 2018, 282). Der Algorithmus bleibt jedoch die festgelegte Kombination von Symbolen, die *Wissen* repräsentieren – und zwar im oben entwickelten Sinne als eines Wissens „für" jemanden. Der Ausdruck „repräsentieren" ist allerdings mehrstellig und insbesondere das Adressaten-Adressanten-Verhältnis grundlegend. Dass *Wissensrepräsentationssprachen* logikbasiert sind, mithin auf der Formulierung von z.B. kausal interpretierten *regelhaften* Beziehungen beruhen, ist wesentliche Voraussetzung für die Möglichkeit ihrer formalen Verwendung (s. auch Cawsey 2003). Die jeweilige *Art* der Repräsentation ist dabei ein Kompromiss zwischen Informationserhalt und Eignung für den Aufgabentyp, also das konkrete Problem, das der Algorithmus lösen soll (Goodfellow et al. 2018, S. 592f.; Nebel / Wölfl 2014, S. 123f.). Ohne die *Auswahl* von Daten, die, explizit repräsentiert durch Symbole oder implizit in den Algorithmen selbst, Wissen abbilden (Cawsey 2003; auch Wrobel et al. 2014, S. 438-442), existiert keine Berechnungsvorschrift oder nichts, worauf die Vorschrift angewandt werden kann. Hier zeigt sich, dass KI im Vergleich mit anderen Werkzeugen ein hohes Maß an weiterem Wissen bzw. Vorwissen voraussetzt. Die Komplexität des Vorwissens, das für Konzeption, Bau und Betrieb dieses Werkzeuges nötig ist, kann mit der Komplexität seiner Konstruktion ansteigen; gleichwohl bleiben für die Funktion eines Algorithmus sowohl die Formulierbarkeit der zugrundeliegenden Regeln als auch die Verfügbarkeit eines Repräsentats, auf das die Regel angewandt werden kann, bedeutsam.

Die Definition einer Beschreibungssprache, welche auf das jeweilige Wissen referiert, legt daher bereits fest, was überhaupt *als* Daten mit diesen und jenen Dimensionen maschinell erfasst werden kann (Gilch /Schüler 2019, S. 32-36). Maschinelles Lernen scheint deshalb vor allem eine statistische Abschätzungsleistung zu sein (Goodfellow et al. 2018, S. 107f.), indem diejenige Regel extrahiert wird, die für die Verarbeitung der meisten Eingabedaten am besten funktioniert. Es handelt sich um eine Rede in attributiver „als ob" Form, also eine Bestimmung *kata logon* (κατὰ λόγον). Das eigentliche Novum, das von den Machine-Learning-Algorithmen der klassischen KI zu deep learning machines führte, bestünde dann eher in der wachsenden Rechenleistung moderner Systeme, gepaart mit stetig wachsender Verfügbarkeit sehr vieler Daten, und weniger in einer wesentlichen Veränderung der zugrundeliegenden maschinellen Struktur – was der zweiten These von Pietsch und Wernecke bezüglich der Transformation wissenschaftlicher Praxis durch Big-Data-Analysen entspricht, nämlich dass „ein Wandel in der Modellierung statt[findet] von stark theoriebeladenen Ansätzen mit wenig Daten hin zu einfachen Modellen mit vielen Daten" (Pietsch / Wernecke 2017, S. 20. Vgl. hierzu auch Kalder 2019).

Diese wachsenden Verarbeitungsmöglichkeiten ändern jedoch nichts an der Abhängigkeit der KI von der Qualität der verfügbaren Daten und der implementierten Algorithmen (s. Rescorla 2020; auch Richter 2019). Deshalb stellen *Unscharfe (Noisy) Daten*, also solche, für die der Maschine keine Regeln verfügbar sind, ein kaum lösbares Problem für die maschinelle Verarbeitung dar (s. Cawsey 2003, S. 175-202). Dass im Umkehrschluss auch Regeln existieren müssten, für die es keine Daten gibt, zeigt die grundsätzliche Problematik der KI-Maschine, die zwangsläufig nur innerhalb der Grenzen eines *datenverarbeitenden* Modells agieren kann.

3. Wissen *für* Maschinen

Eine datenverarbeitende Maschine sehen wir nach dem bisher gesagten dann als *zweckmäßig* an, wenn sie gegebene Input-Daten in bestimmte Output-Daten übersetzen kann – nämlich solche, *die wir* als Information in einem gegebenen Kontext *verstehen*. Es handelt sich daher – in Analogie zu den beiden oben behandelten Maschinentypen – nach wie vor um *Artefakte*, um Werkzeuge (oder allgemeiner Mittel) die zu Zwecken der Problemlösung entworfen, gebaut und betrieben werden.

Selbst wenn daher die Datenverarbeitung auf eine Datenmenge sich bezöge und mit einem so komplexen Algorithmus vor sich ginge, der – wie dies zumindest teilweise für KNN der Fall ist – nicht (mehr) von einem *Menschen* „ausgelesen" werden könnte, (s. etwa Sejnowski 2018, S.

123-126) bliebe dennoch die *Qualität* der Ausgabedaten – also der *Zweck* – als notwendige Bedingung für die Beurteilung der *Funktionalität* der Maschine durch einen Menschen bestehen. Stellte man sich eine Künstliche Intelligenz vor, von der ein Mensch weder weiß, *was* sie als Daten aufnimmt, noch, *wie* und *wozu* sie diese verarbeitet, könnte man von einer echten *Zweckentfremdung* sprechen, da die Zweckbindung der KI aufgelöst würde. Ein solches System wäre eine vollständige Blackbox – sowohl auf Input- als auch Outputseite – und deshalb sinnlos, denn sie hätte ihre *Funktion*, die des datenverarbeitenden Werkzeugs, verloren. Erst wenn wir die notwendigen Bestandteile von KI-Systemen *im Kontext der Verwendung betrachten*, zeigt sich, was genau ihre Funktionalität begründet, nämlich der Zweck ihres Einsatzes. Obwohl im Fall von Deep-Learning-Systemen, die aus Trainingsdatensätzen Muster „ableiten", die Leerstelle das f(x) ersetzt und nicht – wie bei „Rechenmaschinen" – das (f(x)=) y, steht gleichwohl die Zweckbestimmung *am Anfang,* und dieser folgend die Beschreibung eines (kognitiven) Prozesses *als* daten-, informations- oder symbolverarbeitenden Vorgang.

Die ursprüngliche Einschränkung, dass der Einsatz eines Artefaktes *per se* Zwecken gehorchen muss, soll es denn ein Werkzeug sein können, hat sich also erhalten. Denn indem *Daten* als Input bereitgestellt werden, sind sie bereits als (potentielle) *Information* – von einem kognitiven Akteur – *verstanden* worden oder müssen – von einem kognitiven Akteur – in einem Kontext als Information *benutzt* werden (können). Andernfalls bleiben sie sinnlose Daten in einer ebenfalls sinnlosen Blackbox. Dieser Umstand ist der Tatsache geschuldet, dass eine Maschine, deren Funktionsweise auf der Reduktion von Wissen auf Daten beruht, nicht in der Lage sein *kann*, Daten autonom in (sinnvolle) Informationen zu transformieren. Die kognitive Leistung, etwas *als* Datum (s. dazu oben) wahrzunehmen, ist eine notwendige Setzung – *bezüglich* eines Wissens und *für* einen bestimmten Zweck.

Wissen eigenständig generieren vermag eine Maschine also deshalb nicht, weil sie lediglich Modelle von, bereits als solche erkannten, Datenmengen bildet, die einem Wissenden *als* Information dienen können (Nebel / Wölfl 2014; Goodfellow et al. 2018, S. 170ff.). Auch KNN stellen in dieser Hinsicht keine Ausnahme dar, sondern beruhen im Prinzip auf algorithmisch formalisierten Repräsentationen von Wissensfindungsprozessen (*Data Mining*) und der Darstellung strukturell abhängiger Datenmerkmale als Mengen (Beierle / Kern-Isberner 2019, S. 145-158). Die Bezeichnung „*Neuronales* Netzwerk" legt die Ähnlichkeit von natürlicher und künstlicher Intelligenz zwar nahe, und KNN *scheinen* dem biologischen Vorbild auch (vermeintlich) nachempfunden, aber sie sind es nur *nachdem* das Neuron selber schon *technomorph* modelliert wurde. Neurone „sind" weder Schalter noch Dioden, sie (oder Aspekte ihres Verhaltens) können aber so beschrieben und strukturiert werden. Deshalb sollte eher von *funktionaler*, und nicht von physikalischer oder struktureller Modellierung von Gehirnen gesprochen werden (Richter 2019, S. 221-227). Es handelt sich mithin bei der Bezeichnung als KNN um eine missverständliche „biomorphe" Metapher, die weitere derselben Art nahelegt – wie etwa die Attribution kognitiver Prädikate (zur detaillierten Rekonstruktion des Zusammenhangs von bio- und technomorpher Metaphorik Gutmann 2017 sowie Gutmann / Knifka 2015).

4. Alter Wein in neuen Schläuchen oder das verheißene Andere?

Wir kehren nun noch einmal zum Ausgangpunkt unserer Überlegungen zurück, der ja bestimmt war durch die Nutzung *technischer* Mittel (oder Werkzeuge) zu definierten Zwecken. Tatsächlich ist das grundlegende Argument schon von Leibniz in einem etwas anderen Zusammenhang entwickelt worden. So heißt es in der Monadologie zur Klärung der Frage, wie sich „Perzeptionen" als Tätigkeiten von Monaden zur Darstellung eben dieser als Maschinen verhielten:

> Man muss ferner notwendig zugestehen, dass die Perzeption und was von ihr abhängt, aus mechanischen Gründen, d.h. aus Gestalt und Bewegung, nicht erklärbar ist. Denkt man sich etwa eine Maschine, deren Einrichtung so beschaffen wäre, dass sie zu denken, zu empfinden und zu perzipieren vermöchte, so kann man sie sich unter Beibehaltung derselben Verhältnisse vergrößert denken, sodass man in sie wie in eine Mühle hineintreten könnte. Untersucht man alsdann ihr Inneres, so wird man in ihm nichts als Stücke finden, die einander stoßen, niemals aber Etwas, woraus man eine Perzeption erklären könnte. Den Grund hierfür muss man also in der einfachen Substanz nicht im Zusammengesetzten oder in der Maschine suchen. (Leibniz 1714, § 17)

Ganz unabhängig von der spezifischen Nutzung dieser Überlegungen durch Leibniz selber, können wir daran ein allgemeines Moment ausmachen, das uns in allen drei Werkzeugformen begegnete, die schlichte Tatsache nämlich, dass die bloße Kenntnis der *Struktur* eines Artefaktes keinen *unmittelbaren* Schluss auf seine *Funktion* zulässt. Beschränkten wir uns etwa auf eine Beschreibung des Aufbaues und der Materialeigenschaften einer (biegesteifen) Stange, dann ließe dies alleine noch keinen Schluss auf den Einsatz *als* Hebel zu (der Auflagepunkt ist so wenig Bestandteil der Stange, wie die Krafterzeugung am einen, die Unterfangung der Last am anderen Ende). Auch komplexere – klassische – Maschinen, wie etwa eine Zahnraduhr, unterliegen derselben Einschränkung, denn reduzieren wir die Beschreibung auf den Aufbau und die Bestandteile, wird sich an keiner Stelle ein Hinweis auf „Zeit" finden, für deren Messung dieses Artefakt nach geläufiger Ansicht zuständig sein soll (Janich 2006, S. 124ff.). Zu sagen, die Zeit emergiere über die Bewegung der Teile der Uhr, führt dieses Selbstmissverständnis die unbegründeten Erwartungen nur um eine Stufe weiter. Mit dem gleichen Recht können wir das Leibniz'sche Modell auf die software-gesteuerte Hardware anwenden – denn die *physikalisch* beschreibbaren Veränderungen *innerhalb* der Hardware alleine geben keinerlei Hinweis auf die Verwendung „als" Rechner o.ä. Immerhin ergibt sich aber *umgekehrt* – zumindest prinzipiell – die Möglichkeit, aus dem Wissen um die Verwendung *als Rechner* den *funktionsfähigen* vom *nicht funktionsfähigen* zu unterscheiden. Die Unabhängigkeit dieser Unterscheidung von dem, was der „Rechner" tatsächlich „verrichtet", zeigt sich exemplarisch an dem oben angeführten Beispiel der Quadratwurzel aus 2 und ihrer Quadrierung $(\sqrt{2})^2$. Hier kann es – wie gesehen – zu Ergebnissen < oder > 2 kommen, was uns dennoch nicht dazu (ver-)führen muss, die Funktionsfähigkeit der Maschine in Frage zu stellen. Wir sehen daran vielmehr, dass wir einerseits in der Lage sind, gültige von nicht gültigen mathematischen Aussagen zu unterscheiden, ohne auf die Maschine Bezug zu nehmen, aber andererseits ein „falsches" Rechenresultat so zu behandeln, „als ob" es richtig sei (dazu im Detail Kaminski et al. 2016).

Dies gilt übrigens auch dann, wenn man eine – vermutlich unbestreitbare – Besonderheit aktueller KIs betrachtet: deren Fähigkeit, größte Datenmengen zu strukturieren; und zwar Datenmengen, die die Aufnahmefähigkeit des Menschen quantitativ bei weitem übersteigen und mittlerweile in mehr oder minder allen Disziplinen anfallen. Dabei ist keinesfalls in Abrede gestellt, dass die Nutzung von KI die jeweiligen Tätigkeiten, in welchen sie als Werkzeug auftritt, verändert und transformiert. Dies gilt aber genau genommen für die Reproduktion eines jeden Werkzeuges, wie für jede Technik die eigentümliche Verschränkung von Handlungserweiterung und Autonomieverlust zu konzedieren ist. Im Lichte der direkten Verwendung, die die *Form* der Tätigkeit verändert, ebenso wie im reflektierenden Rückbezug der Mittel, thematisiert letztlich der technikverwendende und -entwickelnde Mensch sich selber.

5. Zum Schluss: Die Sache selber

Dies führt uns nun zu einem abschließenden Argument, welches sich im Zusammenhang *starker* KI regelmäßig findet (etwa Dreyfus 1989), die Frage nämlich ob nicht doch wenigstens denkbar wäre, dass KI so etwas wie „Bewusstsein" entwickeln könne (s. für Kritik exemplarisch Heil / Wendland / Wadephul 2019). Diesen Ausdruck und seine Derivate haben wir bisher sorglich vermieden – und stattdessen auf „Wissen" referiert, ein schon von Dreyfus gewählter Zug, mit welchem er die grundsätzliche Situativität des Menschen in den Blick nahm:

> Eine phänomenologische Beschreibung unserer Erfahrung des *Sich-in-einer-Situation-Befindens* läßt den Schluß zu, daß wir uns immer schon in einem Kontext oder einer Situation befinden, die wir aus der unmittelbaren Vergangenheit übertragen und durch Ereignisse aktualisieren, die im Licht dieser vergangenen Situation *bedeutungsvoll erscheinen*. Wir begegnen *niemals sinnlosen Informationselementen*, anhand deren wir einen Kontext identifizieren müßten, sondern lediglich Tatsachen, die schon interpretiert sind und die umgekehrt jene *Situation definieren*, in der wir uns befinden. (Dreyfus 1989, S. 242, Hervorh. d. A.)

Diesen Gedanken radikalisiert Michael Wheeler, indem er im Anschluss an die Heidegger'sche Daseinsanalyse den *phänomenalen* Ursprung kognitiver Fähigkeiten an den Beginn seiner Untersuchung stellt und nicht – wie häufig – mit primär *biologischen* Beschreibungen derselben beginnt (Wheeler 2005). Die Gegenstände der Biologie wachsen eben nicht auf Bäumen – im Gegensatz zu manchen Lebewesen, welche gelegentlich zu Gegenständen der Biologie werden; wir haben es vielmehr mit „organismisch" strukturierten Modellierungen zu tun (Gutmann 2017). Weder folgt aus der – unbestreitbaren – Möglichkeit, menschliche Fähigkeiten und Fertigkeiten technomorph zu beschreiben und zu modellieren, die Notwendigkeit, menschlichen Geist auf neuronale Prozesse zu *reduzieren* noch ihn als ein *Produkt* aus Daten und Algorithmen betrachten zu müssen. Die daran gelegentlich anschließende Hypostase unserer technischen Problemlösungen zu autonomen Subjekten übersieht zudem, dass Lebendigkeit und menschliche Intelligenz weit über reine Körperlichkeit und algorithmische Prozesse hinausgehen, wie dies etwa Thomas Fuchs aus explizit phänomenologischer Perspektive zeigt (2020, insb. S. 21-70). Die Überlegungen zur embodiedness und embeddedness als Alternative zum Cartesianismus tragen jedenfalls dem Anspruch Rechnung, lebensweltliche Anfänge in die Kognitionstheorie einzubeziehen; sie bleiben bei Wheeler (2005, S. 75-278) aber zugleich dem Ziel verhaftet, *phänomenologische* Aspekte *begrifflich* so zu fassen, dass sich eine Erklärung der *Geworfenheit* ergibt. Dies ist ein Zug, der u. E. zu einem letztlich wieder repräsentationa-listischen (also nicht nur repräsentationalen) Verständnis von Wissen zurückführt.

Der von uns eingeschlagene Weg ging hingegen wesentlich von um-gänglichem Wissen aus, wobei der methodische Anfang in der Aus-zeichnung des Zweckbezuges von Mitteln lag. Dies implizierte das Vermögen, Regeln nicht nur zu folgen, sondern sie einzufordern, ein-zuführen und zu beurteilen:

> Philosophisch zu beachten ist dabei insbesondere, daß die *Gewiß-heit über solche Behauptungen* [wie die der Zulässigkeit von Regeln] nur ein anderer *Ausdruck für die Gewißheit* ist, im Besitze des *Vermö-gens zu gewissen Handlungen* (hier die Elimination einer Regel) zu sein. Wir gewinnen hier eine völlige Übersicht über das Verhältnis von *Handeln und Erkennen* – jedenfalls über die Art und Weise, wie beide hier ineinandergreifen. (Lorenzen 1968, S. 90, Hervorh. d. A.)

Diese Überlegungen lassen sich u. E. in eine *tätigkeitstheoretische* Fassung von „Situativität" weiterführen, wenn wir die durch *Tätigkeit* vermittelte Struktur von „Situationen" zugrunde legen. So weist Josef König im Rahmen seiner Analyse des medialen Ausdruckes „entste-hen" auf den Übergang hin von Wesen, von welchen gilt, dass sie etwas empfinden (z.B. hören oder sehen), aber *nicht* wissen, *was* und *dass* sie empfinden, zu solchen, die *wissen, dass* und *was* sie empfinden:

> Ich kann dann das Thema unserer Betrachtung heute zusammen-fassen in der Frage, ob es wenigstens denkbar ist, daß der Mensch als ein Wesen, von dem gilt, daß es nicht nur etwas sieht, sondern auch weiß, daß es sieht, was es jeweils sieht, sich entwickelt hat aus dem Tier, d.h. eben jetzt aus einem Wesen, von dem gilt, daß es zwar das Vermögen des Sehens besitzt, aber – mindestens un-serer Meinung nach – nicht weiß, *daß* es sieht, was es jeweils sieht. (König 1994, S. 224f.)

Hier wird nun deutlich, dass es *drei* Formen des Wissens sind, wel-che die tätigkeitsbezogene Ausdeutung der Situativität erlauben, denn neben das (hier im Beispiel) Sehen, tritt das Wissen darum, *was* gesehen und zudem, *dass* gesehen wird. Mithin ist der Ausdruck „bewusst" von König notwendig an das *Sich*-Wissen eines Wesens gebunden, von dem gilt, dass es sieht und das weiß, *was* es sieht und *dass* es sieht – womit es zugleich *um sich selber* als eben dieses *weiß.* „Bewusst" wäre damit eine *Formbestimmung* von Tätigkeit, hier des Sprechens, die ein Selbstverhältnis – im angedeuteten sprachlogischen Sinne – *voraussetzt:*

> Glaubt man hingegen vertreten zu dürfen, im Falle des Mitteilens von solchem, von welchem wir gemeinhin als einem innerlich Wahrgenommenen sprechen, sei nun umgekehrt das Mitteilen selber und als solches die Möglichkeit dessen, daß der Mitteilende, was er da mitteilt und also (da in diesem Falle er selber zum Inhalt der Mitteilung gehört) sich selber allererst in Besitz nimmt, so wird man die Bestimmung, daß der Mensch das Lebewesen ist, das Sprache hat, dahin verstehen, daß die spezifische Differenz ‚Sprache haben' gleichsam die Fortbewegungsweise nennt, in welcher und kraft welcher wir und durch unser eigenes Verhalten von dem Wesen, das sich selbst nicht besitzt, entfernt haben, und zu uns gekommen sind. (König 1994, S. 239)

Erst in dieser Verbindung *reflexiver* und *transitiver* Wissensformen wird das logon didonai kai apodechesthai (λόγον διδόναι καί ἀποδέχεσθαι) möglich, denn erst mit der *Selbstinbesitznahme* in der Tätigkeit ist explizite Zwecksetzung, rationale Mittelwahl und Verantwortung der Folgen und Nebenfolgen der Zweckrealisierung zu unterstellen (Janich 2006, S. 147ff.). Reden wird mithin erst durch den angedeuteten *tätigen* Selbstbezug zu einem *meinenden,* zur echten doxa (δόξα), während es sich ohne diesen den Lautäußerungen eines Papageien anähnelt, der zwar „Polly wants coockie" äußern, aber nicht (*meinend*) sagen kann (Brandom 2001). Dass *wir* ihn zu verstehen vermögen, ohne seine Laute als zwecksetzende Aufforderung ansehen zu müssen, liegt gerade daran, dass wir meta logou (μετὰ λόγου) erfassen können, was nur kata logon (κατὰ λόγον) ist. Jederzeit wäre es mithin denkbar, eine KI zu etablieren, die gleichsam in Metastufen Situationen erfasste. Eine solche rekursive Aufstufung ist zwar – im Grundsatz – ohne *Abschluss* denkbar, nicht aber ohne *Anfang.* Jedoch verbliebe auch diese KI in der grundlegenden Struktur einer Aktion kata logon (κατὰ λόγον) – denn wiederum erlaubte erst der Zweckbezug eines Wesens, das etwas empfindet und *sich selbst als jenes weiß,* das weiß, *was* und *dass* es empfindet, meta logou (μετὰ λόγου) die Unterscheidung von funktionsfähigen und nicht funktionsfähigen Mitteln, von „richtiger" oder „angemessener" Form der jeweiligen Tätigkeit. Das Geben von *Gründen* würden wir von einer solchen KI weder erwarten, noch würden wir von dem System Gründe annehmen, weil es eben nur Gründe kata logon (κατὰ λόγον) sind.

Literatur:

Aristoteles (1995): *De anima.* Meiner, Hamburg ([Hg.] Übersetzung von Seidl, Helmut)

Beierle, Christoph; Gabriele Kern-Isberner (2019): Maschinelles Lernen. In: Beierle, Christoph; Kern-Isberner, Gabriele [Hg.]: *Methoden wissensbasierter Systeme. Grundlagen, Algorithmen, Anwendungen.* Springer Fachmedien, Wiesbaden 2019, 99-160.

Berberich, Nicolas (2019): Algorithmen. In: Kersting, Kristian et al [Hg.]: *Wie Maschinen lernen. Künstliche Intelligenz verständlich erklärt,* Springer Fachmedien, Wiesbaden 2019, 11-20.

Brandom, Robert (2001): *Begründen und Begreifen. Eine Einführung in den Inferentialismus.* Suhrkamp, Frankfurt a. M. 2001.

Cawsey, Alison (2003): *Künstliche Intelligenz. Im Klartext.* Pearson Studium, München 2003.

Dreyfus, Hubert L. (1989): *Was Computer nicht können. Die Grenzen künstlicher Intelligenz.* Athenäum, Frankfurt a. M. 1989.

Feustel, Robert (2018): *„Am Anfang war die Information". Digitalisierung als Religion.* Verbrecher Verlag, Berlin 2018.

Fuchs, Thomas (2020): *Verteidigung des Menschen. Grundfragen einer verkörperten Anthropologie.* Suhrkamp (stw), Berlin 2020.

Gehlen, Arnold (1953): Die Technik in der Sichtweise der Anthropologie. In: Gehlen, Arnold: *Anthropologische und sozialpsychologische Untersuchungen.* Rowohlt, Hamburg 1993, 93-103.

Gilch, Alexandros; Schüler, Theresa (2019): Daten. Der unsichtbare Rohstoff. In: Kersting, Kristian et al. [Hg.]: *Wie Maschinen lernen. Künstliche Intelligenz verständlich erklärt.* Springer Fachmedien, Wiesbaden 2019, 29-37.

Goodfellow, Ian; Bengio, Yoshua; Courville, Aaron (2018): *Deep Learning. Das umfassende Handbuch.* MITP Verlags GmbH, Frechen 2018.

Gutmann, Mathias (2017). *Leben und Form.* Springer, Berlin 2017.

Gutmann, Mathias; Tamborini, Marco (2020): Schwerpunkt: Technische und organische Form – ein altes neues Problem? *DZPhil* 2020; 68(5), 705-711.

Gutmann, Mathias; Knifka, Julia (2015): Biomorphic and technomorphic metaphors – some arguments why robots don't evolve, why computing is not organic and why adaptive technologies are not intelligent. In: Decker Michael; Gutmann, Mathias; Knifka, Julia [Hg.]: *Evolutionary Robotics, Organic Computing and Adaptive Ambience. Epi-*

stemological and Ethical Implications of Technomorphic Descriptions of Technologies. Lit, Zürich 2015, 53-80.

Heil, Reinhard; Wendland, Karsten; Wadephul, Christian (2019): Robotik und die Zuschreibung von Bewusstsein. In: *EZW-Texte* (264), 27–35.

Hesse, Wolfgang; Müller, Dirk; Ruß, Aaron (2010): Information in der Informatik. In: Bölker, Michael; Gutmann, Mathias; Hesse, Wolfgang [Hg.]: *Menschenbilder und Metaphern im Informationszeitalter.* LIT, Berlin 2010, 75-102.

Janich, Peter (2006): *Information.* Suhrkamp, Frankfurt a. M. 2006.

Kalder, Ina (2019): Eine kurze Geschichte der künstlichen Intelligenz. In: Kersting, Kristian et al. [Hg.]: *Wie Maschinen lernen. Künstliche Intelligenz verständlich erklärt.* Springer Fachmedien, Wiesbaden 2019, 135-140.

Kaminski, Andreas; Schembera, Björn; Resch, Michael; Küster, Uwe (2016): Simulation als List. In: Gamm, Gerhard; Gehring, Petra; Hubig, Christoph; Kaminski, Andreas; Nordmann, Alfred [Hg.]: *Jahrbuch Technikphilosophie 2016: List und Tod.* Zürich/Berlin 2016, 93-122.

König, Josef (1994): Probleme des Begriffs der Entwicklung. In: König, Josef: *Kleine Schriften.* Alber, Freiburg, München 1994, 222-244.

Leibniz, Gottfried Wilhelm (1714): Die Monadologie. In: Leibniz, Gottfried Wilhelm: *Hauptschriften zur Grundlegung der Philosophie.* Cassirer, Ernst [Hg.]. Band II, Meiner, Hamburg.

Lorenzen, Paul (1968): *Methodisches Denken.* Suhrkamp, Frankfurt a. M. 1968.

Lorenzen, Paul (1987): *Lehrbuch der konstruktiven Wissenschaftstheorie.* BI-Wissenschaftsverlag, Mannheim/Wien/Zürich 1987.

McDowell, John. H. (1998): Wittgenstein on Following a Rule. In: *Mind, Value & Reality*, Harvard Univ. Press, 221-262.

Nebel, Bernhard; Wölfl, Stefan (2014): Wissensrepräsentation und -verarbeitung. In: Görz, Günther et al. [Hg.]: *Handbuch der Künstlichen Intelligenz.* Oldenbourg, München, 105-128.

Nerurkar, Michael; Wadephul, Christian; Wiegerling, Klaus (2019): Metaphorik in der Technikethik. Ein Kommentar anlässlich der Big-Data-Stellungnahme des Deutschen Ethikrats. Steuern und Regeln. *Jahrbuch Technikphilosophie 5,* Nomos Verlag, Baden-Baden 2019, 271–274.

Pietsch, Wolfgang; Wernecke, Jörg (2017). Einführung: Zehn Thesen zu Big Data und Berechenbarkeit. In: Pietsch, Wolfgang; Wernecke, Jörg; Ott, Maximilian [Hg.]: *Berechenbarkeit der Welt? Philosophie und Wissenschaft im Zeitalter von Big Data.* Springer VS, Wiesbaden 2017, 13–36.

Rescorla, Michael (2020): The Computational Theory of Mind, *The Stanford Encyclopedia of Philosophy* (Spring 2020 Edition). https://plato.stanford.edu/archives/spr2020/entries/computational-mind/ abgerufen am 29.06.2020

Richter, Stefan (2019): *Statistisches und Maschinelles Lernen. Gängige Verfahren im Überblick*. Springer Spektrum, Berlin 2019.

Seebold, Elmar (2011): *Kluge. Etymologisches Wörterbuch der deutschen Sprache*. De Gruyter, Berlin/Boston 2011.

Sejnowski, Terrence J. (2018): *The Deep Learning Revolution*. MIT Press, Cambridge/London 2018.

Wadephul, Christian (2020): Sind Heuristiken die besseren Algorithmen? Ein Antwortversuch am Beispiel des *Traveling Salesman Problem (TSP)*. In: Wiegerling, Klaus; Nerurkar Michael; Wadephul, Christian [Hg.]: *Datafizierung und Big Data. Anthropologie – Technikphilosophie – Gesellschaft*. Springer VS, Wiesbaden 2020, 55–93.

Wheeler, Michael (2005): *Reconstructing the Cognitive World. The Next Step*. MIT Press, Cambridge 2005.

Wittgenstein, Ludwig (1958): *Philosophische Untersuchungen*. Suhrkamp, Frankfurt a. M. 1990.

Wrobel, Stefan; Joachims, Thorsten; Morik,Katharina (2014): Maschinelles Lernen und Data Mining. In: Görz, Günther et al. [Hg.]: *Handbuch der Künstlichen Intelligenz*. Oldenbourg, München 2014, 405-472.

Teil 2

Grenzen und Folgen Künstlicher Intelligenz

Ralf Stapelfeldt

Einleitung Teil 2:

Grenzen und Folgen Künstlicher Intelligenz

Computer und Programme, denen wir im allgemeinen Sprachgebrauch eine Künstliche Intelligenz zuschreiben, sind seit den theoretischen Überlegungen in den 50er und 60er Jahren des letzten Jahrhunderts über die Jahrzehnte nicht nur realisiert worden, sondern gerade seit Beginn des neuen Jahrtausends auch immer mehr in der unmittelbaren Lebenswelt der Menschen angekommen. In Suchalgorithmen im Internet, Robotersystemen in der Arbeitswelt, Computerspielen oder Mustererkennungsprogrammen – um nur wenige Beispiele zu nennen - hat das, was wir ‚Künstliche Intelligenz' nennen, Einzug gehalten in unser tägliches Leben. KI-basierte Lösungen sind in der Arbeitswelt ‚en vogue' und versprechen z.B. in der automatisierten Kundenkommunikation, in der medizinischen Diagnostik oder in autonomen Fahrzeugen ein im Vergleich zum Menschen bei weitem überschreitendes Maß an Genauigkeit und Effizienz. In der laufenden Berichterstattung ist die Künstliche Intelligenz längst kein Randthema mehr für Nerds, sondern ins Zentrum aktueller und breit geführter Debatten gerückt. Künstliche Intelligenz weist dabei auf eine verheißungsvolle wie faszinierende und zugleich auch beängstigende Zukunft hin, in der sie unser Leben für immer verändern wird. Utopische und dystopische Visionen dazu bilden die Basis ungezählter Science-Fiction-Filme und Serien, die auf eine große Fangemeinde zählen können.

Was aber ist es, was eine Maschine, einen Computer oder einen Menschen überhaupt intelligent macht? Diese Frage, und das hat bereits der erste Teil dieses Bandes gezeigt, ist weitaus schwerer zu beantworten, als man zunächst erwarten würde. Man kann hier etwa auf die Fähigkeit des Denkens oder auf eine bestimmte Art des Handelns abstellen. Als Maßstab für das, was als intelligent zu betrachten ist, kann beispielsweise die Vernunft oder aber der Mensch selbst herangezogen werden (vgl. Russell / Norvig 2016, S. 2). Der Duden verbindet diese Gedanken und definiert Intelligenz als die „Fähigkeit [des Menschen], abstrakt und vernünftig zu denken und daraus zweckvolles Handeln abzuleiten" (Duden online 2020). Schon in seinem legendären Aufsatz von 1950 „*Computing machinery and intelligence*" schlägt Alan Turing vor, das menschliche Denken und das dadurch mögliche Handeln - bei ihm am Beispiel sprachlicher Kommunikation - als Maßstab zu wählen. Um zu klären, ob Maschinen wie Menschen denken können, schlägt er sein berühmtes Imitationsspiel vor: Wenn eine Maschine in einer schriftlichen Unterhaltung so gute Antworten gibt, dass ein Dritter nicht mehr erkennen kann, ob er mit einer Maschine oder einem Menschen spricht, dann müssten wir ihr zugestehen, dass sie wie ein Mensch denken kann und ihr demnach Intelligenz zuschreiben (vgl. Turing 1950). Dieser Ansatz, dass sich Künstliche Intelligenz daran festmachen ließe, ob eine Maschine den gleichen Output wie ein Mensch nachahmen kann, ist seit den Anfangstagen der Fachdisziplin der Künstlichen Intelligenz bis heute stark verbreitet.[1]

Doch ebenso lange wird auch darüber diskutiert, ob Turing mit der Substitution seiner Frage nach der Denkfähigkeit von Maschinen durch sein Imitationsspiel nicht gerade den Wesensbereich menschlicher Intelligenz verlässt, die ursprüngliche Frage also nicht bloß reformuliert, sondern schlicht durch eine ganz andere ersetzt (siehe hierzu etwa den Aufsatz von Zimmerli in diesem Band). Seit den 50er Jahren wird darüber debattiert, ob die Simulation eines intelligenten Outputs ausreichend sein kann für die Frage, ob ein System intelligent ist oder nicht und ob zur menschlichen Intelligenz nicht gerade etwas hinzuzuzählen ist, das über einen entsprechenden Abgleich von Outputs gar nicht zu erfassen ist. Mit dieser Kritik an der Verifikationsmethode ist eine Kritik an der Idee, dass Maschinen prinzipiell das Niveau menschlicher Intelligenz überhaupt erreichen könnten, eng verbunden. Die Idee, dass dies prinzipiell erreichbar *ist*, wird einem Vorschlag von John Searle folgend auch als starke KI-These bezeichnet, während die Kritiker nur einer schwachen KI-These zustimmen können, wonach artifizielle Systeme lediglich Teilaspekte menschlicher Intelligenz erfolgreich simulieren können, aber eben nie im vollen Umfang als intelligent zu bezeichnen wären. Searle gehört zu den Kritikern der starken KI-These und meint, dass es Maschinen und Computer, selbst wenn es ihnen gelänge, uns etwa im Rahmen des Turing-Tests in der Kommunikation zu täuschen, es ihnen eben doch an etwas Entscheidendem fehle: In der Maschine sei niemand, der versteht, was sie sagt, niemand, der

---

1 Als Startschuss der Fachdisziplin der Künstlichen Intelligenz wird zumeist die Dartmouth Konferenz von 1956 genannt (vgl. die Beiträge von Christian Freksa, Hans-Jörg Kreowski und Wolfgang Krieger, Nadine Schumann und Yaoli Du, sowie Walther Zimmerli in diesem Band). Die Basisannahme dieser Tagung lautete, dass jeder Aspekt menschlicher Intelligenz so exakt beschrieben werden könne, dass prinzipiell auch eine Maschine ihn *simulieren* kann (vgl. Russell / Norvig 2016, S. 17).

dem Gesagten eine Bedeutung zukommen lassen könne. Es fehlen ihr mithin Selbstbewusstsein und Intentionalität. Erst der Umstand, dass wir Wesen sind, die sich ihrer selbst bewusst sind, mache uns zu denkenden Wesen (vgl. Searle 1980, S. 417 ff.; Searle entwickelt in diesem Zusammenhang auch sein legendäres Chinese-Room-Argument, vgl. dazu die Einleitung zum 1. Teil und die Beiträge von Dieter Mersch und Jan Tobias Fuhrmann in diesem Band). Eine Maschine könne demnach niemals denken, weil schlicht kein Denker vorhanden ist.

Diese Art von Kritik, die letztlich auf einen unüberbrückbaren Wesensunterschied zwischen Geist und Materie verweist, ist eng verwandt mit der Auffassung, dass im menschlichen Geist etwas vor sich ginge, das nicht programmierbar sei, sich nicht in Algorithmen abbilden ließe und mithin nicht künstlich erzeugt werden könne. Der Philosoph J.R. Lucas argumentiert schon 1961 in einem einflussreichen Aufsatz, dass die weithin geteilten Einsichten des Mathematikers Kurt Gödel zum Schluss führten, dass der menschliche Geist prinzipiell die Möglichkeiten eines deterministisch-mechanistischen Systems, wie ein Computer, übersteige. Gödels berühmter Unvollständigkeitssatz von 1931 besagt, dass sich zu jeder formalen, axiomatischen Theorie unentscheidbare Sätze konstruieren lassen, die genau dann wahr sind, wenn sie zugleich innerhalb der Theorie unbeweisbar sind (vgl. Gödel 1931, siehe dazu auch die Beiträge von Dieter Mersch und Daniel Wenz in diesem Band). Diese unumstrittene mathematische Erkenntnis wendet Lucas auf den menschlichen Geist an und kommt zu dem Schluss, dass Gödels Theorem ein Beweis dafür wäre, dass der Geist nicht als eine Maschine verstanden werden könne. Wenn zu jeder formalen Theorie Gödel-Sätze gebildet werden können, die innerhalb dieser Theorie unbeweisbar sind, so folge daraus, dass eine Maschine, also etwa ein Computer oder ein anderes artifizielles System, einen solchen Satz prinzipiell nicht beweisen, und daher im Gegensatz zum intelligenten Menschen nicht als wahr erkennen könne (vgl. Lucas 1961, S. 112 f.).

Demnach wäre es egal, welchen Output eine Maschine auch produzieren mag, sie würde niemals den Grad menschlicher Intelligenz erreichen. Selbst dann, wenn sich eine Maschine zu philosophischen Fertigkeiten emporschwänge, wenn sie, um mit Aristoteles zu sprechen, „das lebendige Wirken des philosophischen Geistes" (Aristoteles 1969, Buch X, 1177a24) zeigte und somit die höchste Trefflichkeit, die oberste Kraft des Menschen, nämlich die Tätigkeit der Vernunft (vgl. ebd., 1177a13) simulieren könnte, bliebe ihr gleichwohl das Prädikat ‚wirklich intelligent‘ verwehrt. Man könnte es auch folgendermaßen ausdrücken: „Philosophen haben jahrzehntelang versucht, Computer wie

Menschen denken zu lassen. Das Problem ist, dass sich das nicht gut machen lässt, weil menschliches Denken Konzepte berührt wie Intentionalität, Agentivität und so weiter. Wenn man versucht einen Computer mit solchen Dingen zu programmieren, wird das niemals richtig funktionieren." (zitiert nach Tremmel 2020). Das Kuriose an diesem Zitat ist, dass die darin aus Sicht vieler Kritiker kluge Einsicht wiederum, in erstaunlicher Wendung gegen sich selbst, von einem KI-Sprachmodul namens GPT-3 (*Generative Pre-Trained Transformer 3,* siehe auch den Beitrag von Elektra Wagenrad in diesem Band) generiert wurde, das mit dem Inhalt eines philosophischen Blogs gefüttert wurde und dann selbst an der Debatte teilnahm. Von GPT-3 stammt auch die Aussage, dass „das Embodiment eines Systems in der Welt" (ebd.) ein wichtiger Aspekt der Intelligenz sei, was direkt zu einer anderen einflussreichen Kritik an der Vorstellung führt, dass eine künstliche die menschliche Intelligenz vollumfänglich abbilden könnte.

Sie wird etwa von Hubert Dreyfus Anfang der 1970er Jahre geäußert. Zunächst weist dieser darauf hin, dass die These vollumfänglicher Künstlicher Intelligenz (in der heutigen internationalen Diskussion meist als *Artificial General Intelligence* bezeichnet) an starken Voraussetzungen geknüpft sei. Sie unterstelle, dass das menschliche Denken auf einen informationsverarbeitenden Prozess zu reduzieren sei, der digital nach formalen Regeln ablaufe und somit intelligentes menschliches Verhalten formal beschrieben werden könne, um es durch ein künstliches System zu erzeugen. Gerade das hält Dreyfus aber für empirisch höchst unwahrscheinlich und a priori für inkonsistent und selbstwidersprüchlich. Vielmehr müssten wir davon ausgehen, dass das menschliche Verhalten nicht programmierbar und die menschliche Intelligenz nicht formalisierbar sei. (vgl. Dreyfus 1972, S. 197 f.) Für Dreyfus kann Künstliche Intelligenz nicht die Einbettung des Menschen in einer Welt erfassen, denn es mangele ihr an einem lebenden Körper und einer menschlichen Sozialisation. Die Verkörperung und das In-der-Welt-sein, wie es Heidegger nennt (vgl. Heidegger 2006, S. 62), werden zu konstitutiven Elementen menschlicher Intelligenz, die nicht künstlich reproduziert werden können (vgl. Misselhorn 2018, S. 27). Eng verbunden mit dieser Kritik ist die sogenannte *Embodiement* These[2], wonach Bewusstsein oder das Denken prinzipiell an eine Verkörperung gebunden sind, was übertragen auf die KI-Debatte hieße, dass auch Intelligenz einen lebenden Körper braucht, um zu entstehen.

---

2   Einen guten Einstieg in die Embodiement-Diskussion bietet z.B. der Sammelband „Philosophie der Verkörperung" (Fingerhut et al. 2013).

Die Kritik an der starken KI-These ist in der philosophischen Debatte nicht ohne Widerspruch geblieben. Ein prominenter Vertreter des Gegenlagers ist Daniel Dennett (vgl. auch seinen Beitrag in diesem Band). Er hält eine starke Künstliche Intelligenz zwar nicht für wünschenswert (vgl. Dennett 2019), aber für prinzipiell möglich (vgl. Dennett 1998). Das selbstbewusste ‚Ich' etwa wird von ihm als ein Trick des Gehirns gedeutet, als eine Abstraktion, die aus der Biografie des Körpers zusammengestellt wird, dessen narrativer Schwerpunkt sie sei (vgl. Dennett 1993, S. 426 f.). Es gibt für ihn kein ‚Ich', das im Inneren des Kopfes einem Bewusstseinsstrom folgte und in einem Computer deshalb immer fehlen würde: Auch beim Menschen entsteht Bewusstsein über einen informationsverarbeitenden Prozess im Gehirn, weshalb der Bewusstseinsstrom als Ergebnis dieses Prozesses nicht einem bereits vorhandenen Selbst wie in einem Filmtheater (bei Dennett das ‚Cartesianische Theater') vorgeführt werden könne. Es sei schlicht niemand da, der zuschaut. (vgl. Dennett 1993, S. 107 und S. 127). Intentionalität ist für Dennett eine externe Zuschreibung von Zuständen, die er auch einem Schachcomputer zubilligt (vgl. Dennett 1978, S. 4 ff.). Computer und Künstliche Intelligenzen können nach Dennett zwar nicht aus ihrem Programm herausspringen, weshalb sie auch, dem Unvollständigkeitssatz Gödels gemäß, im streng formalen Sinne nicht fähig sind, entsprechend formulierte Sätze zu beweisen. Diese Begrenzung gelte jedoch in gleicher Weise für den Menschen. Es sei etwas anderes, einen Satz als wahr zu erkennen, als ihn zu beweisen (vgl. Dennett 1995, S. 431).

Kritiker der starken KI-These führen Gefühle, Intuition oder die Gebundenheit an eine Verkörperung als Aspekte an, die allein der menschlichen Intelligenz vorbehalten seien. Die Apologeten der starken These halten dem entgegen, dass schon heute eine verblüffend realistische Expression von Gefühlen künstlicher Gesichter auch bei Robotern Einzug gehalten hat oder dass diese Roboter der menschlichen Verkörperung teilweise zumindest im Aussehen und in den Bewegungen bereits erstaunlich ähneln. Eine andere faszinierende Facette der schnellen Entwicklung im Umfeld artifizieller Intelligenz ist das derweil auch bei KI-Systemen aufkommende Polanyi-Paradox, das eigentlich in Bezug auf Menschen besagt, dass unser Wissen und unsere Fähigkeiten zu einem großen Teil jenseits expliziten Verstehens liegen. Dank neuronaler Netze und *Deep Learning* gelangen nun aber auch Computer zu einem Wissen, das niemand – weder das System noch die Programmierer des Systems - explizieren kann (vergleiche dazu auch den Beitrag von Daniel Wenz in diesem Band).

Gleichwohl sind die zwei aufgeführten Kritikpunkte an der Vorstellung einer starken KI bis heute extrem wirkmächtig:

1.: Künstliche Intelligenz könne niemals ‚wirklich' intelligent sein, weil das selbstbewusste ‚Ich' fehle, an dem nicht nur das Denken i.e.S., sondern wahlweise auch Intentionalität, Emotionen, phänomenale Bewusstseinszustände, freier Wille, Intuition und Ähnliches mehr hingen.

2.: Künstlicher Intelligenz fehle es an einer Verkörperung und menschlichen Sozialisation, sie sei nicht eingebettet in eine Welt, in der sie lernen und mit der sie reziprok und kontinuierlich in Verbindung steht, was aber konstitutiv für die menschliche Art von Intelligenz sei.

Diese Art der Kritik und der Gegenentwurf von Befürwortern der starken KI-These wie Dennett zeigen, dass die philosophische Debatte um Künstliche Intelligenz untrennbar mit den ganz zentralen Fragen der Philosophie des Geistes der letzten Jahrhunderte verbunden ist. Die KI-Debatte wirft Fragen auf, deren Antworten von den Grundpositionen abhängen, die in ihr eingenommen werden. Reese folgend sind es drei große Fragen, die das Feld kartographieren (vgl. Reese 2018, S. 39 ff.) und einen Einblick in die möglichen Standpunkte geben, die sich schon in den Aufsätzen des 1. Teils und ebenso so auch wieder in jenen des folgenden 2. Teils dieses Sammelbandes erkennen lassen. Die erste Frage lautet, was das Selbst eigentlich ist, das sich in unserem Geist seiner selbst bewusst wird: Ist es eine Seele, also eine vom Körper zu trennende Substanz, oder handelt es sich um ein stark emergentes Phänomen, das jenseits physikalischer Gesetzmäßigkeiten aus dem Zusammenspiel unseres Gehirns entsteht oder aber ist es schlicht ein besonders kluger Trick der Evolution, der im Rahmen darwinistischer Prozesse entstanden und in keiner Weise mysteriös ist, sondern auch physikalisch erklärt werden kann. Die zweite ist die metaphysische Frage nach unserer Realität, ob das Sein also monistisch oder dualistisch zu verstehen ist, ob es letztlich aus den physikalischen Elementarteilchen und den zwischen ihnen wirkenden Kräften besteht, ober ob im Falle des menschlichen Geistes etwas Spirituelles hinzukommt. Und die dritte schließlich ist die anthropologische Frage nach dem, was der Mensch ist: Ist er etwas Herausgestelltes und Besonderes, das etwa kraft seiner Vernunft allem anderen Leben enthoben ist, oder ist er ein evolutionär besonders weit entwickeltes Tier oder aber ist er letztlich auch nur eine Maschine? Je nach Position zu diesen drei Fragen ergibt sich ein anderer Raum von Optionen, wie die starke KI-These zu beurteilen ist.

Im zweiten Kapitel dieses Bandes finden sich interessante Aufsätze, die auf unterschiedliche Weise Position zur starken KI-These beziehen, verschiedene Aspekte dazu beleuchten und somit einen guten Blick auf die aktuelle Debatte eröffnen. Doch in diesem zweiten Teil steht neben der Frage, was Künstliche Intelligenz eigentlich ist und wie sie metaphysisch und anthropologisch gedeutet werden kann, auch die Frage im Mittelpunkt, welche Folgen sich daraus für den Menschen und die Gesellschaft, in der er lebt, ergeben. Denn die rasante Entwicklung von KI-Systemen führt nicht nur zur philosophischen Herausforderung, entweder die menschliche von der Künstlichen Intelligenz abzugrenzen (für Vertreter der schwachen KI-These) oder aber auch den Geist und seine intelligenten Fähigkeiten letztlich als Ergebnis eines symbolverarbeitenden Prozesses zu verstehen (wozu sich Vertreter einer starken KI-These bekennen müssen), sondern auch zu praktischen Konsequenzen und ethischen Fragestellungen, wenn der Mensch immer häufiger mit KI-Systemen interagiert, die immer stärker an die Fähigkeiten des Menschen heranreichen.

Wenn Künstliche Intelligenz etwa eingesetzt wird, um auf Basis historischer Daten im Abgleich zu einem konkreten Einzelfall medizinische Diagnosen zu generieren, dann führt dies zu der weitreichenden Fragestellung, wie diese ‚Expertenmeinung‘ eines KI-Systems einzuordnen, wie mit ihr umzugehen ist, und wie sich Verantwortung in einem Prozess verteilt, in dem KI eine zentrale Funktion einnimmt. Ein anderes Beispiel sind KI-gesteuerte Systeme, die schon heute ein erstaunlich hohes Maß an Aktionsautonomie und eine hohe Vielfalt an Reaktionsmöglichkeiten erreicht haben. Autonom fahrende Autos oder militärische Drohnen sind bereits in der Realität angekommen und stellen uns weitreichende ethische Fragen. Wer trägt etwa die Verantwortung für die Aktionen (um nicht zu sagen ‚Handlungen‘) solcher autonomen Systeme, wenn sie im Zuge des oben schon erwähnten Polanyi-Paradox von niemandem mehr in Gänze verstanden werden. Die alte Weisheit, dass Computer immer nur exakt das tun, was ein Programmierer zuvor explizit eingegeben hat, gilt in dieser einfachen Form bei selbstlernenden Systemen nicht mehr. Und dort, wo eine exakte Programmierung vorgenommen wird, stellt sich die ethische Frage des Inhalts dieser Programmierung, also wie sich etwa ein autonom fahrendes Auto in Grenzsituationen, in denen ein Unfall nicht mehr zu vermeiden ist, verhalten soll.

Ein ganz anderes Feld, das sich auftut, wenn die Interaktion zwischen Mensch und KI in den Fokus genommen wird, sind die Folgen für das soziale Miteinander und Normen des Zusammenlebens. Was folgt beispielsweise aus dem Umstand, dass KI-Systeme zu selbstverständlichen Gesprächspartnern werden (etwa Apples Siri oder Amazons Alexa) oder als Haushalts- oder Pflegeroboter Menschen nicht nur gute Dienste erweisen, sondern mit ihnen auch im Rahmen sozialer Bezugssysteme interagieren und zu ihnen eine Art von Vertrauensverhältnis aufgebaut wird? Handelt es sich bei diesen Dienstrobotern noch um reine Maschinen, die insofern auch als solche zu behandeln sind, oder überschreiten sie bereits die Schwelle zu einem moralischen Objekt, dem wir im Rahmen von Verhaltensregeln und Normen des sozialen Miteinanders begegnen? Vertreter der starken KI-These halten das Erwachen von Bewusstsein in solchen künstlichen Systemen für denkbar, in dessen Folge auch Aspekte wie Leidensfähigkeit, phänomenale Wahrnehmungen oder die Entwicklung eines Selbstbewusstseins mit all den sich daran anschließenden Konsequenzen Teil der zu führenden Diskussion werden. Doch es braucht keine so weitreichende Annahme, um zu erkennen, dass eine Diskussion um die Frage des richtigen Verhaltens gegenüber solchen sozialen Robotern (*social bots*) zu führen ist. Es könnte sein, dass ein gewohntes Verhalten gegenüber einem Roboter auch auf reale Lebewesen übertragen wird. Die Unterscheidung der subkutanen sozialen Normen wird umso verschwommener, je mehr die Interaktion zwischen Mensch und Roboter dem Miteinander unter Menschen ähnelt. Je mehr die *social bots* also das Aussehen, das Verhalten, die Sprechweise oder Gesten und Mimik eines echten Menschen nachahmen, desto eher erfolgt eine Anthropomorphisierung, die die sozialen Verhaltensnormen verschwimmen lässt und jene gegenüber Menschen auf Roboter überträgt oder eben umgekehrt. Die Gefahr, dass schädliches Verhalten aus Aktionen mit sozialen Bots auf reale Personen übertragen werden könnten, ist zumindest zu diskutieren.

Dieser Sammelband bietet dem/der interessierten Leser*in die Möglichkeit, in die oben angerissenen philosophischen Fragestellungen einzutauchen und einen spannenden Teil der sich daraus ergebenden aktuellen Debatte zu verfolgen, für die die facettenreichen, abwechslungsreichen und lesenswerten Aufsätze des zweiten Teils stehen.

Hans-Jörg Kreowski und **Wolfgang Krieger** fragen in ihrem Aufsatz „Künstliche Intelligenz – ‚künstlich' Ja, ‚Intelligenz' wohl kaum" zunächst, ob sich Intelligenz allein am Output oder auch an den Wirkprinzipien festmachen lasse. Nach ihnen kann etwas, das nach außen „wie echt" wirkt, gleichwohl etwas vollkommen Anderes sein. So, wie eine künstliche Blume zwar aussieht wie eine Blume, ihr aber zentrale Eigenschaften wie lebendig, natürlich gewachsen oder Fortpflanzungsfähigkeit fehlen, so sei „Künstliche Intelligenz" eben etwas ganz anderes als die Menschliche und nicht *wirklich* intelligent. Kreowski und Krieger weisen zudem auf konkrete Risiken hin, die sich aus dem

„Hype um KI" ergeben und die sie mit dem Verweis auf den möglichen Verlust von Arbeitsplätzen, eine zunehmende soziale Überwachung und perfider werdende Waffensysteme konkretisieren.

Elektra Wagenrad stellt in ähnlicher Weise in ihrem Text „Das clevere Pferd Hans und die Blackbox der KI" heraus, dass KI weder lebendig sei, noch Emotionen besitze oder einen Eigenwillen habe. Ähnlich wie ein Pferd, das im Zirkus vorgibt, rechnen zu können, wirke es bei der Künstlichen Intelligenz lediglich nach außen hin so, als würde sie die Probleme, die sie löst, verstehen, ohne dass dies tatsächlich der Fall sei.

Auch im Text „Vorbemerkungen zu einer Kritik algorithmischer Rationalität. Denken, Kreativität und Künstliche Intelligenz" von **Dieter Mersch** kommt dieser zum Schluss, dass es einen Teil des menschlichen Denkens gibt, der nicht algorithmisch rationalisiert werden könne und sich damit einer Erfassung durch Künstliche Intelligenz entziehe. Das Problem rühre daher, dass im Zuge der Entwicklung der Künstlichen Intelligenz in gewisser Weise vergessen wurde, worauf alle informationstechnischen Prozeduren letztlich beruhen, nämlich auf mathematischen Modellierungen. Diese Modelle implizierten jedoch, so Mersch, Einschränkungen, z.B. der Diskretisierung von Variablenwerten, denen das menschliche Denken zumindest nach bisherigem Wissen nicht unterliege. Dies wirke sich besonders deutlich in der Unfähigkeit Künstlicher Intelligenz zu kreativen Prozessen aus.

Einen anderen Aspekt menschlicher Intelligenz, der durch eine KI nicht erfasst werden könne, ist nach **Gergana Vladova** und **Sascha Friesike** die Fähigkeit, sich zu irren und daraus zu lernen. In ihrem Aufsatz „Irren bleibt menschlich: Wieso falsche Entscheidungen für uns so wichtig sind und welche Rolle Künstliche Intelligenz dabei nicht spielen kann" stellen sie die besondere Bedeutung des Lernens aus Fehlern für die menschliche Intelligenz heraus, während es bei der Künstlichen Intelligenz gerade darum gehe, jeden Fehler zu vermeiden.

Auch **Sybille Krämer** verweist in ihrem Aufsatz „Nüchtern bleiben! Künstliche Intelligenz jenseits des Mythos" auf die Unterscheidung zwischen starker und schwacher Intelligenz hin, wobei sie diese als Bipolarität zwischen visionärer, geradezu mythischer KI einer fiktionalen Zukunft und einer zeitgenössisch-alltäglichen, effizienten und prosaischen KI erkennt und den Fokus auf letztere lenkt. Wenn die menschliche Kultur über Schrift, Bild, Text oder Diagramm seit jeher die Technik der Verflachung vollziehe und so die dreidimensionale Welt auf eine zweidimensionale Repräsentation reduziere, führe die Digitalisierung nun zu einer noch stärkeren Reduktion auf das allein Maschinenlesbare, wodurch ein computergeneriertes, digitales Schattenbild der Welt entstehe. Krämer beleuchtet in ihrem Aufsatz daran anschließend Probleme der heutigen KI und insbesondere des Maschinenlernens. Schließlich beantwortet sie die schon von Turing aufgeworfene Frage, ob Maschinen intelligent sein können, indem sie sie umformuliert: „Können Maschinen Bedeutungszusammenhänge verstehen?" Ihre Antwort verweist zurück auf die bipolare Unterscheidung: Der Mensch versteht Sinnzusammenhänge, wo heutige KI ein lediglich oberflächliches, operatives Verstehen zeigt. Für Krämer deutet nichts darauf hin, dass Maschinen jemals das menschliche Verstehen von Sinn und Bedeutung werden leisten können.

Rico Hauswald meint in seinem Aufsatz „Digitale Orakel? Wie Künstliche Intelligenz unser System epistemischer Arbeitsteilung verändert.", dass durch neuronale Netze und *Deep Learning* die KI-Systeme immer mehr zu einer Black Box würden, wobei sie umso unverständlicher für uns Menschen würden, je smarter sie sind. Durch die immer weiter steigenden Fähigkeiten der KI sei sie zwar eine wichtige Unterstützung für Experten und im Zuge der Demokratisierung von Wissen praktisch für Laien, jedoch bestehe das Risiko paternalistischer Tendenzen, wenn der Mensch zunehmend seine eigenen Fertigkeiten im Zuge der Abgabe von Aufgaben an KI-Systeme und seine eigene Kritikfähigkeit gegenüber diesen aufgrund fehlenden Verständnisses verliere.

In eine ganz andere Richtung führt uns **Thomas Weiß**. Er diskutiert in „Künstliche Intelligenz – ein marxistisch-ökonomischer Blick" vor dem Hintergrund einer marxistischen Wirtschaftstheorie die Folgen eines fortschreitenden Einsatzes von KI in der Arbeitswelt bis hin zum logisch möglichen Endpunkt einer Vollautomatisierung. Er denkt dabei auch über Szenarien in der Wirtschaft und am Arbeitsmarkt nach, die eintreten könnten, falls sich die starke KI-These als richtig erweisen sollte und wir das Niveau einer *Artificial General Intelligence* erreichten, einer KI also, die in jeder Hinsicht der Intelligenz des Menschen mindestens ebenbürtig ist. Es könnten sich dann bewusst gewordene KI-Systeme und Maschinen von ihrem ‚Sklavendasein' emanzipieren und zu einem neuen KI-Proletariat werden oder auch den Menschen als Arbeitnehmer komplett verdrängen, was nach Weiß zu Massenarbeitslosigkeit und Verelendung führte.

Reinhard Kahle problematisiert in seinem Text „Wohin (ver)führt uns die neue KI?" den Umstand, dass KI immer häufiger Entscheidungen trifft vor dem Hintergrund, dass diese Entscheidungen nicht einem menschlichen Abwägungs- und Beurteilungsprozess, sondern lediglich einem automatisierten Blick auf Durchschnittswerte der Vergangenheit entspringen. Dies führt, so Kahle, zu einer problematischen

Konformität und dem Ausbleiben von Innovationen in Entscheidungsprozessen z.B. in Personalabteilungen. Des Weiteren betrachtet er die Herausforderungen und Gefahren etwa für unsere persönliche Freiheit im Zusammenhang mit selbstfahrenden Autos oder KI-Systemen, die zu Autoren der Medienwelt werden.

Auch **Uwe Engel** und **Holger Schultheis** beschäftigen sich mit Entscheidungen und gehen in ihrem Artikel „KI assistiert, der Mensch entscheidet. Ergebnisse der ersten Runde des Delphi-Surveys ‚Blick in die Zukunft. Wie Künstliche Intelligenz das Leben verändern wird'" auf Basis einer repräsentativen Bevölkerungsumfrage in Kombination mit einer Trend-Studie unter Wissenschaftlern der Frage nach, wer in der Zukunft in unterschiedlichen Szenarien nach Einschätzung der Befragten Entscheidungen treffen wird. Dabei wird zwischen den drei Optionen Künstliche Intelligenz, der Mensch und der Mensch mit Unterstützung von KI unterschieden. Die Ergebnisse der Studien werfen ein interessantes Licht auf die heutigen Erwartungen an die Zukunft der KI und werden zudem von den Autoren genutzt, um Fragen nach dem Vertrauen in KI-basierte Entscheidungen und moralische Aspekte zu diskutieren.

Die letzten drei Aufsätze in diesem zweiten Teil wenden sich explizit dem Feld solcher moralischen Fragen zu, die sich durch die Interaktion von Menschen mit KI-Systemen schon heute stellen und in der Zukunft noch relevanter werden. Wenn es zunehmend selbstverständlicher wird, dass Menschen gemeinsam mit KI-Systemen oder KI-gesteuerten Robotern interagieren, dann kann dies nicht ohne Auswirkungen auf unsere sozialen Beziehungen, das Handeln untereinander bleiben.

John Michael fragt in „Interaktionen mit Robotern – Wie verbindlich kann das sein?" nach der Verbindlichkeit bei gemeinsamen Handlungen mit KI-Systemen. Er geht davon aus, dass sich aus der sozialen Interaktion mit Robotern erhebliche Konsequenzen ergeben werden, da es zu einem Gemeinschafts- und Verbindlichkeitsgefühl gegenüber Maschinen und Computern kommen würde. Zugleich könnte es seiner Ansicht nach aber die Akzeptanz und Verbreitung von sozialen Robotern erleichtern, wenn ihnen gegenüber auch ein Gefühl der Verbindlichkeit aufgebaut werden kann, da es z.B. beim Einsatz von Pflegerobotern darauf ankommt, dass die von ihnen kommenden Anweisungen etwa zur Medikamenteneinnahme auch verbindlich befolgt werden.

Die sich daran anschließende Frage danach, welche Tiefe solche Mensch-KI-Beziehungen erreichen können, geht **Hendrik Kempt** in seinem Text „*Zwischenmenschlichkeit für Maschinen*" nach. Er glaubt, dass es gegenüber artifiziellen Systemen durchaus eine einfache Form von Freundschaften geben könne, verneint aber die Möglichkeit von tieferen Beziehungen im Sinne aristotelischer Tugendfreundschaften, die für ihn grundsätzlich auf eine Mensch-Mensch-Beziehung hinauslaufen. Bei Robotern mangelt es dagegen an der gemeinsamen Basis der *Conditio Humana*, die durch Altern, Leid und Freude, Sterben, der Einzigartigkeit jeder Person und Körperlichkeit geprägt sei. Zudem weist Kempt auf die unabsehbaren Konsequenzen hin, die mit einer Aufnahme von Maschinen in einen Freundschaftskontext verbunden sind.

Im vorletzten Aufsatz des zweiten Teils *„Rechtfertigende Wachsamkeit gegenüber KI"* stellt **Ophelia Deroy** die Frage, ob man KI vertrauen kann. Sie bezweifelt das und rät uns dazu, wachsam zu bleiben. Es brauche zunächst eine Klärung, was unter KI verstanden wird und wie wir uns ihr gegenüber verhalten. Beides stehe in einem interdependenten Verhältnis zueinander, weil das, was KI für uns ist, immer auch abhängig ist von unseren Reaktionen auf sie und den anthropomorphistischen psychischen Zuständen, die wir ihr zuschreiben. Die Frage nach dem Vertrauen in KI könne deshalb nicht auf den Glauben an Verlässlichkeit verkürzt werden, sondern müsse erweitert werden um die Gründe für die Rechtfertigung von Vertrauen. Hier zeige sich jenseits einer strategischen der Mangel an einer moralischen und sozialen Rechtfertigung.

Schließlich führt uns der Aufsatz von **Catrin Misselhorn** *„Grundsätze der Maschinenethik"* in das spannende Feld dieser noch jungen Bereichsethik ein. Sie entwickelt dabei drei Grundsätze in Bezug auf die Frage, wie man „gute moralische Maschinen" bauen kann. Es gelte, 1. die Selbstbestimmung des Menschen zu fördern, statt einzuschränken, KI solle 2. nicht über Leben und Tod von Menschen entscheiden und 3. müsse für alle Aktionen von KI-Systemen gelten, dass immer der Mensch, und nicht die KI die Verantwortung trägt.

Künstliche Intelligenz mag Großartiges oder aber Beängstigendes verheißen, in jedem Fall regt sie zur Diskussion und philosophischen Auseinandersetzung mit ihr an, wofür der nun folgende zweite Teil unseres Bandes in spannender Weise Zeugnis ablegt.

Literatur

Aristoteles (1969): *Nikomachische Ethik.* Reclam, Stuttgart 1969.

Dennett, Daniel (1978): Intentional Systems. In: *Brainstorms. Philosophical Essays on Mind and Psychology.* Harvester Press, Hassocks 1978, S. 3-22.

Dennett, Daniel (1993): *Consciousness Explained.* Penguin Books, London 1993.

Dennett, Daniel (1995): *Darwin's Dangerous Idea – Evolution and the Meanings of Life*. Simon & Schuster Paperbacks, New York 1995.

Dennett, Daniel (1998): The Practical Requirements for Making a Conscious Robot. In: Ders.: *Brainchildren – Essays on Designing Minds*. The MIT Press, Cambridge 1998, S. 153-170.

Dennett, Daniel (2019): Wesen und Werkzeuge. In: *Süddeutsche Zeitung* vom 2.4.2019.

Dreyfus, Hubert (1972): *What Computers Can't Do Of Artificial Reason*. Harper & Row, New York 1972.

Duden Online: https://www.duden.de/rechtschreibung/Intelligenz, abgerufen am 9.8.2020.

Fingerhut, Joerg; Hufendiek, Rebekka; Wild, Markus [Hg.]: *Philosophie der Verkörperung*. Suhrkamp, Berlin 2013.

Heidegger, Martin (2006): *Sein und Zeit*. Max Niemeyer Verlag, Tübingen 2006.

Gödel, Kurt (1931): Über formal unentscheidbare Sätze der „Principia Mathematica" und verwandter Systeme. In: *Monatshefte für Mathematik und Physik* 38, 173-198.

Lucas, John Randolph (1961): Mind, Machines and Gödel. In: *Philosophy* 36 (137), 112-127.

Misselhorn, Catrin (2018): *Grundfragen der Maschinenethik*. Reclam, Stuttgart 2018.

Russell, Stuart; Norvig, Peter (2016): *Artificial Intelligence. A Modern Approach*. Pearson, Essex 2016.

Reese, Byron (2018): *The Fourth Age. Smart Robots, Conscious Computers, and the Future of Humanity*. Atria International, New York 2018.

Searle, John (1980): Minds, brains, and programs. In: *Behavioral and Brain Sciences* 3 (3), 417-424.

Tremmel, Sylvester (2020): KI lernt philosophieren. In: *heise online*, 8.8.2020, https://www.heise.de/news/KI-lernt-Philosophieren-4865882.html, abgerufen am 9.11. 2020.

Turing, Alan (1950): Computing machinery and intelligence. In: *Mind* 49, 433-460.

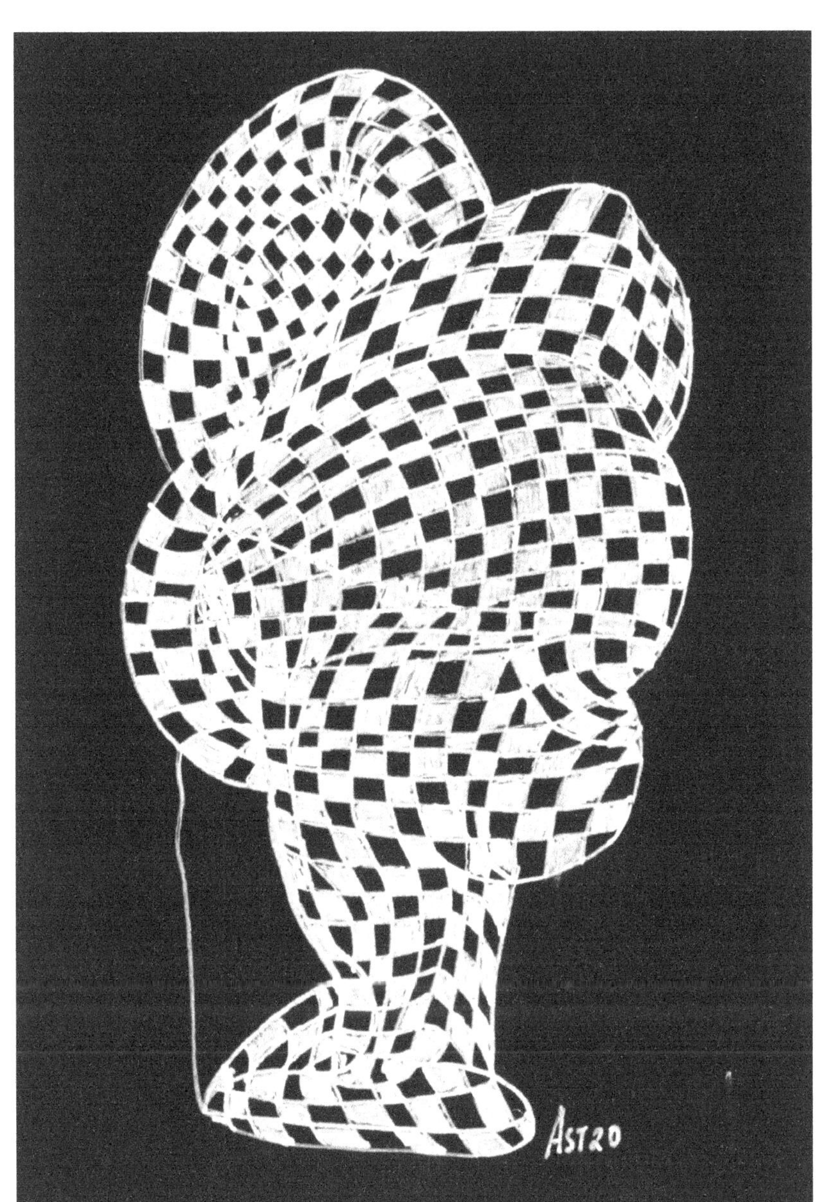
ASTRO

Hans-Jörg Kreowski, Wolfgang Krieger

Künstliche Intelligenz –
‚künstlich‘ ja, ‚Intelligenz‘ wohl kaum

Abstract: Die Künstliche Intelligenz (KI) wurde 1956 von einigen jungen Wissenschaftlern in den USA als Teilgebiet der Informatik gegründet. Erklärtes Ziel war, Computersysteme zu entwickeln, die in zunehmendem Maße Merkmale menschlicher Intelligenz nachbilden. Die Ziele haben sich seitdem gar nicht allzu sehr verändert. In den letzten Jahren aber verzeichnet die KI durch die erreichte Rechengeschwindigkeit und Speicherkapazität bemerkenswerte technologische Erfolge beispielsweise bei der Sprach- und Bildverarbeitung. Das hat weltweit Politik und Wirtschaft auf den Plan gerufen, die in der KI den Garanten für zukünftige Wertschöpfung und technologische wie militärische Führung sehen. Es werden deshalb Milliardenbeträge in die KI-Entwicklung investiert. In dem Essay wollen wir auf die Frage eingehen, ob die KI die hochgesteckten Erwartungen erfüllen kann und welche Risiken damit verbunden sind. Darüber hinaus wollen wir uns damit auseinandersetzen, ob KI nicht nur intelligente Leistungen maschinell simuliert, sondern sogar Systeme hervorbringen kann, die selbst ‚intelligent‘ sind, wie einige Protagonisten der KI behaupten.

Die Künstliche Intelligenz (KI) einschließlich der Robotik hat in den letzten Jahren in Wirtschaft, Politik und der medialen Öffentlichkeit eine Aufmerksamkeit erreicht, wie sie wissenschaftlichen und technologischen Gebieten selten zuteil wird. Neben einer Flut von Zeitungs- und Zeitschriftenartikeln sowie zahlreichen Radio- und Fernsehbeiträgen ist allein die Zahl der erschienenen populärwissenschaftlichen Sachbücher eindrucksvoll (siehe z.B. als kleine Auswahl (Bostrom 2014, Brockman 2017, Hägström 2017, Harari 2017, Hofstetter 2014, Kaplan 2017, Kurzweil 2014, Lee 2019, Precht 2020 und Walsh 2018)). Die Autorinnen und Autoren setzen sich mit den zu erwartenden gesellschaftlichen Auswirkungen auf die Arbeitswelt, Produktion, Verwaltung, Bildung, Wissenschaft, Polizei und Militär auseinander und diskutieren die Gefahren intensivierter sozialer Überwachung. Ein Hauptthema ist auch ‚Superintelligenz‘, d. h. die Frage nach einem KI-System, das die menschliche Intelligenz übertrifft. Wirtschaft und Politik dagegen gehen überwiegend wesentlich pragmatischer vor und setzen ihre Hoffnungen und Erwartungen in die KI als Schlüsseltechnologie der Zukunft. Um dieses Ziel zu erreichen, werden weltweit Aberhunderte Milliarden US-Dollar in die Förderung von KI investiert.

In diesem Artikel wollen wir der Frage nachgehen, was es mit diesem Hype um die KI auf sich hat. Wo liegen die technologischen Potentiale von KI und Robotik? Wie ordnet sich die KI-Entwicklung in den allgemeinen Prozess der Digitalisierung ein? Sind die an die KI geknüpften Erwartungen gerechtfertigt oder übertrieben? Welche Risiken sind mit dem ungebremsten Einsatz von KI verbunden? Was hat es überhaupt mit der ‚Intelligenz' in KI auf sich?

In Abschnitt 1 wird die kurze Geschichte der KI skizziert und in Abschnitt 2 in den Kontext der Industrialisierung gestellt. Abschnitt 3 ist dem aktuellen Hype um die KI gewidmet. In Abschnitt 4 werden natürliche und künstliche Intelligenz gegenübergestellt. Abschnitt 5 beschließt diesen Artikel mit einer vorläufigen Bilanz.

1. Von den Anfängen der Künstlichen Intelligenz bis heute

Die kurze 65-jährige Geschichte der Künstlichen Intelligenz als wissenschaftliche Disziplin ist von einem ambitionierten Beginn (1.1), massiven staatlichen Förderprogrammen vor allem in Japan und den USA in den 1980er Jahren (1.2) und eindrucksvollen Leistungen in letzter Zeit geprägt (1.3). In einem Auf und Ab zwischen massiv zunehmender und stark abnehmender staatlicher Förderung – teils auch ganz erheblich im militärischen Kontext – kristallisierte sich allmählich die KI als ein wichtiges Teilgebiet der Informatik heraus.

1.1 Ambitionierter Beginn

Die Idee, intelligentes Verhalten und Denkvorgänge zu formalisieren, zu mechanisieren und zu automatisieren, reicht weit zurück. Schon Aristoteles hat versucht, das Denken formal-logisch zu fassen. Ein lesenswerter Ein- und Überblick dazu kann bei Wolfgang Coy (Coy 1988) unter dem Titel „Industrieroboter – Zur Archäologie der zweiten Schöpfung" nachgelesen werden. Die eigentliche Geschichte der Künstlichen Intelligenz jedoch beginnt 1956. Zehn junge Wissenschaftler – später berühmte Vertreter ihres Faches – trafen sich für einige Wochen im Dartmouth-College in Hanover (New Hampshire) und begründeten dort gemeinsam das Gebiet der Künstlichen Intelligenz. In dem Förderungsantrag an die Rockefeller-Stiftung heißt es einleitend:

> The study is to proceed on the basis of the conjecture that every aspect of learning or any other feature of intelligence can in principle be so precisely described that a machine can be made to simulate it. An attempt will be made to find how to make machines use lan-

guage, form abstractions and concepts, solve kinds of problems now reserved for humans, and improve themselves. (McCarthy et al. 1955)

Ihr erklärtes Ziel war, Computersysteme zu entwickeln, die Leistungen erbringen können, für die Menschen ihre Intelligenz einsetzen wie logisches Schließen, Planen, Lernen, Textverstehen und anderes mehr. Davon hat sich in den ersten rund zwei Jahrzehnten wegen der noch sehr bescheidenen Computerkapazitäten nur wenig umsetzen lassen. So wurde eine von Herbert A. Simon und Allen Newell (Simon&Newell 1961) entwickelte Software unter der Bezeichnung General Problem Solver (GPS) zur Realisierung einer allgemeinen Problemlösung und zur Simulation menschlichen Denkens bald als gescheitert eingeschätzt. Dagegen war ein besonders eindrucksvolles Beispiel, das die Möglichkeiten von KI erahnen ließ, das von Joseph Weizenbaum (Weizenbaum 1966) entwickelte ELIZA-System, das eine natürlich-sprachliche Kommunikation zwischen Mensch und Computer realisierte. Ansonsten haben Konzepte wie auf mathematischer Logik basierende Deduktions- und Inferenzsysteme sowie ihre Anwendung als sogenannte Expertensysteme nur wenig praktische Wirkung entfaltet. Im Gegensatz zum General Problem Solver repräsentierten Expertensysteme nur ein engbegrenztes Wissensgebiet. Berühmt geworden ist in den 1970er Jahren das System MYCIN, das Diagnose und Therapie bei Blutinfektionen so gut wie Fachleute unterstützte. In vielen anderen Fällen aber erwies sich die Notwendigkeit, Fachwissen in formale Regeln der Art **wenn A, dann B** zu fassen, als hohe und teils unüberwindliche Hürde.

Schon an diesen Beispielen wird deutlich, dass sich in der KI frühzeitig zwei Fraktionen herausgebildet haben. Die Vertreterinnen und Vertreter der sogenannten schwachen KI streben informationsverarbeitende Systeme an, die einzelne Leistungen simulieren, für die Menschen ihre Intelligenz einsetzen. Die viel kleinere Gruppe von Anhängerinnen und Anhängern der starken beziehungsweise allgemeinen KI dagegen propagieren Systeme oder wollen sie sogar bauen, die selbst intelligent sind bis hin zur Superintelligenz, die menschliche Intelligenz in allen Belangen übertrifft. Der General Problem Solver ging eher in die Richtung starker KI, alle anderen genannten Beispiele sind der schwachen KI zuzurechnen. Insbesondere gegen die Positionen und bis heute unerfüllten Versprechen der starken KI regte sich frühzeitig Kritik (siehe z. B. Coy 1988, Dreyfus 1991, Weizenbaum 1976).

1.2 Ein großer Schub

Einen wesentlichen Schub erhielt das Fachgebiet durch das 10-Jahres-Programm Fifth Generation Computer Systems ab 1982, das vom japanischen *Ministry of International Trade and Industry* initiiert wurde, und durch die Strategic Computing Initiative (SCI) von 1983 bis 1993, die als Antwort des U.S. Department of Defense auf das japanische Projekt folgte und von der *Defense Advanced Research Projects Agency* (DARPA) finanziert wurde. Beide Programme hatten einen Förderungsumfang von mehreren 100 Millionen US-Dollar. Über das japanische Projekt schreibt Ehud Y. Shapiro in einem Reisebericht:

> As part of Japan's effort to become a leader in the computer industry, the Institute for New Generation Computer Technology has launched a revolutionary ten-year plan for the development of large computer systems which will be applicable to knowledge information processing systems. These Fifth Generation computers will be built around the concepts of logic programming. (Shapiro 1983)

Während das japanische Programm zivil ausgerichtet war, fand die US-amerikanische Initiative in einem militärischen Kontext statt. Als konkrete Aufgabenstellungen wurden ein Assistenzsystem für Airforce-Piloten, ein Schlachtenlenkungssystem für die Marine und autonome Landvehikel für die Armee ausgeschrieben. Die Entwicklung denkender Maschinen war das ausdrückliche Hauptziel von SCI. In einer Zusammenfassung des Buches von Alex Roland und Philip Shiman heißt es dazu:

> This is the story of an extraordinary effort by the U.S. Department of Defense to hasten the advent of „machines that think." From 1983 to 1993, the Defense Advanced Research Projects Agency (DARPA) spent an extra $1 billion on computer research aimed at achieving artificial intelligence. The Strategic Computing Initiative (SCI) was conceived as an integrated plan to promote computer chip design and manufacture, computer architecture, and artificial intelligence software. What distinguished SCI from other large-scale technology programs was that it self-consciously set out to advance an entire research front. The SCI succeeded in fostering significant technological successes, even though it never achieved machine intelligence. (Roland; Shiman 2002)

Tatsächlich wurden während der SCI-Laufzeit die Mittel für KI wegen der mangelnden Erfolgsaussichten erheblich gekürzt.

1.3 Bemerkenswerte Erfolge

Die anfänglichen Ziele der KI gelten auch heute noch; deren wesentliche Methoden wie künstliche neuronale Netze sind meist auch schon seit Jahrzehnten bekannt. In jüngster Zeit aber verzeichnet die KI durch die erreichte Rechengeschwindigkeit und Speicherkapazität äußerst bemerkenswerte technologische Erfolge bei Spielen wie Schach, Go und Poker, vor allem aber bei praktischen Anwendungen wie Sprach- und Bildverarbeitung. Der Sieg des Schach-Programms *Deep Blue* von IBM im Jahre 1996 gegen den damaligen Weltmeister Garri Kasparow war eine Sensation. Er beruhte neben der Bewertung vorausberechneter Spielzüge zu einem guten Teil auf der Verfügbarkeit von hinterlegten und aufbereiteten Schach-Partien in einer Bibliothek. Noch sensationeller war 2016 der Sieg des Programms *AlphaGo* gegen einen der besten Go-Spieler der Welt, denn Go gilt als wesentlich komplizierter als Schach, weil es viel mehr Spielvarianten erlaubt. Bei der Weiterentwicklung wurden mehrschichtige künstliche neuronale Netze eingesetzt, die die Struktur von Gehirnen – jedoch nicht deren Funktionsweise – nachbilden. Mit diesen Netzen lässt sich das sogenannte ‚deep learning' realisieren, wobei sich ‚deep' auf die Vielschichtigkeit bezieht und ‚Lernen' eher Trainieren meint. Durch eine große Zahl von Abläufen und der Bewertung der erzielten Ergebnisse wird mit Hilfe angewandter Wahrscheinlichkeitstheorie versucht, die bestmögliche Vorgehensweise zu bestimmen. Bei Go und anderen Spielen heißt das, sehr viele Partien gegen andere Programme oder gegen sich selbst zu spielen, um die erfolgversprechendste Spielweise herauszufinden. Die Technik funktioniert auch gut bei Bild- und Sprachverarbeitung. Aber auch da benötigt man sehr viele – oft Millionen – Bilder und Texte, um annehmbare Ergebnisse zu erzielen, weil Wahrscheinlichkeitsaussagen nur dann Gültigkeit erlangen. Im Umkehrschluss taugen solche Methoden nicht bei Anwendungen, bei denen vorab keine oder nur wenige auswertbare Daten vorliegen. Versucht wird es trotzdem. Und noch ein Punkt sei angemerkt: Menschen lernen offenbar anders, denn ihnen muss man keine Million Bilder zeigen, damit sie Hunde und Katzen sicher erkennen und unterscheiden.

2. KI im technisch-historischen Kontext

Der Einsatz automatisch arbeitender Systeme und ebensolcher Prozesse findet seit Beginn der Industrialisierung in der zweiten Hälfte des 18. Jahrhunderts statt. Die Konnotation von Automation lautet aus immanenten Gründen der Prozessführung und der betriebswirtschaft-lichen Vorgaben ‚ohne den Menschen'. So lange wie mechanische und massebehaftete Prozesse im Vordergrund standen, bewegten sich die Regelungsmöglichkeiten recht eng um sich nur langsam verändern-de Vorgaben. Das herrschende Paradigma ist die Rückkopplung, das mathematische Pendant sind Differentialgleichungen. Seit Ende des Zweiten Weltkriegs erhält die Industrialisierung nach Dampf und Elek-trizität eine neue und dominante technische Grundlage: den Compu-ter. Der Siegeszug der allmählichen Digitalisierung aller Lebensberei-che beginnt. Die sich rasant entwickelnde Leistungsfähigkeit informa-tionstechnischer Systeme bietet die Möglichkeit, komplexe Probleme zu lösen wie anfangs beim Bau von Atom- und Wasserstoffbombe, bei Raketenabwehrsystemen und bei der Wettervorhersage. Solche An-wendungen gehören durchweg zu so unscharf wie weit verbreiteten Konzepten der Systemtheorie, d.h. hybriden Konstruktionen, in denen Menschen mit Maschinen zur Erfüllung vorgegebener Zwecke intera-gieren: den Mensch-Maschine-Systemen. Typische Beispiele sind kom-plexe Entscheidungsfindungs- und Simulationssysteme, wie sie in 2.1 etwas näher betrachtet werden. Sie bilden eine erste Annäherung an den Arbeitsgegenstand der KI, auch wenn sie keineswegs immer in die-sem Kontext entwickelt wurden, was in 2.2 diskutiert wird. Die Digi-talisierung, die wesentlich besser mit Algorithmisierung bezeichnet wäre, ist ein seit dem Ende des Zweiten Weltkriegs anhaltender allmäh-licher Prozess, der die Industrialisierung auf eine neue Stufe hebt und in den sich KI nahtlos einreiht.

2.1 Komplexe Entscheidungsfindung und Szenarien

Szenarien sind dadurch gekennzeichnet, dass stattfindende (oder ge-plante), komplexe und nicht auf Ursache-Wirkung-Mechanismen redu-zierbare Vorgänge fortgeschrieben und mit Entscheidungen handeln-der Instanzen (Unternehmen, Regierungen usw.) konfrontiert werden. In der Regel erfolgen sie, um die Wirkungen dieser Maßnahmen per Simulation zu ermitteln. Besonders große Aufmerksamkeit erreichte das Szenario des *Club of Rome*, der sich auf die zu erwartende globa-le Ressourcenknappheit konzentrierte und den Begriff der Ökologie popularisierte. Die Klasse der Szenarien kann durchaus umfangreich verstanden werden. Sie umfasst z.B. Trainingsprogramme für Flug-zeug- wie Fahrzeugführer und reicht bis zu dem aktuellen Forschungs-und Entwicklungsthema Autonomes Fahren. Ihre Komplexität wächst mit dem Grad ihrer Interaktion mit der Umgebung und der Parallelität auftretender Ereignisse durch interne wie externe Ursachen. Systeme für die Durchführung von Szenarien enthalten als ihre Basis Simulationen, die durch geplante oder ungeplante (stochastische) Ereignisse unterbrochen oder beeinflusst werden, denen adäquat zu begegnen die eigentliche Herausforderung darstellt.

Zu einem der ersten Entscheidungsfindungssysteme innerhalb eines Szenarios gehört die Erwägung der US-amerikanischen Kriegsführung, im Vietnamkrieg der 1970er Jahre eine Atombombe über dem nördlichen Vietnam abzuwerfen. Die schlecht überschaubaren und schwierig zu bewertenden Konsequenzen betrafen sowohl die unmittelbaren wie auch in deren Gefolge die mittelbaren politischen wie militärischen Reaktionen der Gegner, der einheimischen Bevölkerung und der Weltöffentlichkeit. Fortpflanzungsmodelle von Aktionen wie Reaktionen und ihre Bewertungen waren von der RAND-Corporation zu einem Gesamtsystem kombiniert und anhand bevorzugter Ereignisse durchgespielt worden. Als die abschließende Bewertung vom Abwurf der Atombombe abriet und dieser auch nicht erfolgte, kam das vorbereitete Szenario nicht weiter zum Einsatz.

2.2. *Künstliche Intelligenz in engen Grenzen*

Systeme nach der Art komplexer Entscheidungs- und Simulationssysteme werden in diversen Anwendungsgebieten der Informatik entwickelt und das keineswegs immer mit Bezug zur KI. Informatik-Systeme dienen überwiegend dem Rechnen, Datensammeln, Suchen, Sortieren, dem Kontrollieren, Überwachen und Steuern von Prozessen, dem Übersetzen zwischen Modellierungs- und Programmiersprachen, dem Organisieren und Planen sowie vielerlei weiteren Tätigkeiten, für die Menschen ihre Intelligenz einsetzen. KI hat also keinerlei Alleinvertretungsanspruch, was die Simulation intelligenten Verhaltens angeht. So charakterisiert Frieder Nake (Nake 1992) auch die Informatik als ‚Maschinisierung der Kopfarbeit' und eben nicht KI allein.

In den Jahrzehnten der Digitalisierung und Algorithmisierung sind informationsverarbeitende Systeme für nahezu alle gesellschaftlichen Bereiche entstanden, die häufig eine Größe und Komplexität erreicht haben, so dass sie teilweise weder durchschaubar noch beherrschbar sind. Dennoch bewegen sich alle diese Systeme einschließlich der KI-Systeme – seien es Software-Komponenten mit oder ohne Interaktion mit technischen Komponenten – in den engen Grenzen ihrer Aufgabenstellung und ihres Anwendungsbereiches.

2.3 Ein kleiner Exkurs über Kapital

Die fortschreitende Industrialisierung hängt notwendigerweise eng mit der technologischen Entwicklung zusammen. Das allein reicht aber nicht, sondern es müssen weitere Faktoren hinzukommen. Einen ganz entscheidenden Faktor bilden die wachsende Bedeutung und die Dynamik des Kapitals. Mit der Entstehung von staatlich konzessionierten Banken werden im 18. Jahrhundert über die Wechselgeschäfte beim Kaufen und Verkaufen hinaus Dreiecksgeschäfte möglich, in denen sich die Bank zwischen Käufer und Verkäufer schiebt und die Voraussetzungen geschaffen werden, die Finanztransaktionen vom Weg der Waren abzulösen. Schon Adam Smith hat als Gegenposition zum Merkantilismus hervorgehoben, dass durch die Arbeit der Menschen und insbesondere durch deren Arbeitsteilung mit dem Einsatz von Maschinen der „Reichtum der Nationen" in Form von Kapital entsteht. Durch die Verwahrung von Geldern Dritter (Wechsel) erhält die Bank die Verfügung über (nicht wirklich vorhandenes) Geld resp. Kapital, welches „arbeitet, ohne zu kosten". (Smith 1776) Es entsteht aus dem ‚Nichts', kann sich aber vermehren. Das Aufkommen von Aktiengesellschaften im 19. Jahrhundert erlaubt die Herausbildung von Kapital im großen Stil, um große Investitionen zu finanzieren wie die Verlegung des ersten transatlantischen Unterwasser-Kabels im Jahre 1858. Spätestens mit dem Ende der Deckung nationaler Währungen durch die nationalstaatliche Produktion und der folgenden Aufgabe der Deckung durch hinterlegte Goldmengen (Goldstandard) hat sich das Kapital von der realen Wirtschaft gelöst und besitzt keine direkte Entsprechung mehr auf der dinglichen Seite. Es ist virtuell geworden. Joseph Vogl formuliert diesen Vorgang so: „ ... wie sich die eigentümliche Materialität der Finanzökonomie von den Materialitäten der Produktion abgelöst hat, wie ihr Umsatz ein Vielfaches der Umsätze im Warenverkehr erreichte und – ‚schwerelos' geworden ist". (Vogl 2010, S. 151)

Ein interessanter Aspekt der Virtualität des Kapitals und seiner relativen Losgelöstheit von materiellen Gegebenheiten der Realwirtschaft ist, dass in diesem Anwendungsbereich vergleichsweise früh informationstechnische Systeme entwickelt und eingesetzt worden sind. Seit den 1970/80er-Jahren gibt es an den Börsen den elektronischen Handel mit regelbasierter Entscheidungsfindung. Heutzutage sind Systeme für ‚Daytrading' und Hochfrequenzhandel im Einsatz, die in Bruchteilen von Sekunden Investitionsentscheidungen treffen und an der Börse vollziehen und dabei Kapitalverschiebungen rund um die Welt vornehmen. Sie laufen weitgehend automatisch, so dass eine Kontrolle durch Menschen vollständig ausgeschlossen ist mit allen Risiken katastrophaler Einzelentscheidungen bis hin zu sich aufschaukelnden desaströsen Finanzcrashs.

3. Der aktuelle Hype um KI im Zusammenspiel von Politik, Wirtschaft und Wissenschaft

Es gibt seit einigen Jahren einen riesigen Hype um die Künstliche Intelligenz. Die unbestreitbaren wissenschaftlichen und technologischen Erfolge haben weltweit bei Politik und Wirtschaft hohe Erwartungen geweckt. In nahezu allen gesellschaftlichen Bereichen von Produktion, Dienstleistung, Transport und Verkehr über Verwaltung, Medizin, Bildung und Wissenschaft bis hin zum staatlichen Handeln einschließlich Polizei und Militär werden bahnbrechende Fortschritte prognostiziert. Mit dem Hinweis auf die exorbitanten Fördermittel wird dieser Aspekt in 3.1 etwas ausgeführt. Es ist allerdings noch keineswegs gesichert, dass alle diese Blütenträume insbesondere in der Politik reifen, was in 3.2 aufgegriffen wird. Man darf davon ausgehen, dass die aktuellen Entwicklungen im Bereich der Künstlichen Intelligenz und der Robotik vielfältige Chancen eröffnen, aber auch erhebliche Risiken bergen wie die Vernichtung von Arbeitsplätzen, neue Formen der sozialen Überwachung und neue Arten perfider Waffensysteme.

3.1 Umfangreiche staatliche Förderung

Klar ist jedenfalls, dass einiges passieren wird. Denn es wird in den kommenden Jahren unglaublich viel Geld – umgerechnet Hunderte von Milliarden US-Dollar – in die Entwicklung der Künstlichen Intelligenz gesteckt. Viele Länder der Welt sowie die Europäische Union haben KI-Strategien formuliert, um den Anschluss nicht zu verlieren, um die künftige Wertschöpfung zu garantieren, um führend zu sein oder zu bleiben, um in einem – möglicherweise nur eingebildeten – geostrategischen Rennen die Nase vorn zu haben. Interessanterweise wird dabei oft darauf verwiesen, dass nicht nur die Chancen zum Wohle der Menschen genutzt, sondern auch die Risiken vermieden und ethische Grundsätze eingehalten werden sollen. Es würde den Rahmen sprengen, sich mit den verschiedenen Strategiekonzepten auseinanderzusetzen (siehe z. B. den Artikel (Harloff et al. 2018) zur deutschen Strategie mit vielen Hinweisen auf die Strategie anderer Länder). Als typisches Beispiel soll aber auf die Strategie Künstliche Intelligenz der Bundesregierung (Stand: November 2018) etwas näher eingegangen werden, die auf 47 Seiten einen detaillierten Rundumschlag macht, welche Bereiche wie von KI profitieren sollen. Die erklärten Ziele sind der Ausbau der „Wettbewerbsfähigkeit der deutschen Wirtschaft" und ein „spürbarer gesellschaftlicher Fortschritt". In der Zusammenfassung „AI made in Germany" kann man da lesen:

> Die Bundesregierung wird den Gestaltungsauftrag, der sich aus den raschen Fortschritten im Bereich der Künstlichen Intelligenz ergibt, annehmen und den Innovationsschub, der mit der Technologie einhergeht, zum Wohle aller umfassend nutzen. Wir wollen den exzellenten Forschungsstandort Deutschland sichern, die Wettbewerbsfähigkeit der deutschen Wirtschaft ausbauen und die vielfältigen Anwendungsmöglichkeiten von KI in allen Bereichen der Gesellschaft im Sinne eines spürbaren gesellschaftlichen Fortschritts und im Interesse der Bürgerinnen und Bürger fördern. Wir werden dabei den Nutzen für Mensch und Umwelt in den Mittelpunkt stellen und den intensiven Austausch mit allen gesellschaftlichen Gruppen fortsetzen. Deutschland ist in vielen Bereichen der Künstlichen Intelligenz bereits heute ausgezeichnet aufgestellt. Diese Strategie greift bestehende Stärken auf und überträgt sie in Bereiche mit noch nicht oder wenig ausgeschöpften Potenzialen. (Die Bundesregierung 2018, S. 6)

Ansonsten besteht die Strategie überwiegend aus einer langen Liste an Wünschen und Absichten, die fast alle mit „Wir werden ..." oder „Die Bundesregierung wird ..." beginnen. So sollen Deutschland und Europa ein führender KI-Standort werden zur Sicherung künftiger Wettbewerbsfähigkeit. Dafür sollen bestehenden Kompetenzzentren für KI-Forschung und weitere einzurichtende Zentren zu einem nationalen Netzwerk von mindestens zwölf Zentren und Anwendungshubs ausgebaut werden, verbunden mit der Schaffung von mindestens 100 neuen KI-Professuren. Außerdem sind der Aufbau eines deutsch-französischen Forschungs- und Innovationsnetzwerkes, ein europäisches Innovationscluster zu KI, die KI-spezifische Unterstützung von mittelständischen Unternehmen durch ein Kompetenzzentrum Mittelstand 4.0, die Unterstützung von Existenzgründungen und Förderung im Bereich Wagniskapital sowie der Aufbau einer vertrauenswürdigen Daten- und Analyseinfrastruktur geplant. Als weiteres großes Ziel wird „eine verantwortungsvolle und gemeinwohlorientierte Entwicklung und Nutzung von KI" (Seite 9) formuliert. Es soll erreicht werden durch die Einrichtung eines deutschen Observatoriums für Künstliche Intelligenz, durch die Organisation eines europäischen und transatlantischen Dialogs zum menschenzentrierten Einsatz von KI in der Arbeitswelt, durch eine Nationale Weiterbildungsstrategie zur Förderung der Kompetenzen von Erwerbstätigen im Hinblick auf den digitalen Wandel und neue Technologien wie KI, durch die Sicherung betrieblicher Mitbestimmungsmöglichkeiten bei der Einführung und Anwendung von KI und von der Förderung von KI-Anwendungen zum Nutzen von Umwelt und Klima, wobei „50 Leuchtturmanwendungen" (Seite 7) angestoßen werden sollen. Als drittes großes Ziel ist genannt, „im Rahmen eines breiten gesellschaftlichen Dialogs und einer aktiven politischen Gestaltung KI ethisch, rechtlich, kulturell und institutionell in die Gesellschaft ein(zu)betten" (Seite 8). Dafür soll ein Runder Tisch mit Datenschutzbeauftragten und Wirtschaftsverbänden für Datenschutzrechtskonformität von KI-Systemen sorgen. Dafür soll „die Entwicklung von innovativen Anwendungen, die die Selbstbestimmung, die soziale und kulturelle Teilhabe sowie den Schutz der Privatsphäre der Bürgerinnen und Bürger unterstützen" (Seite 8), gefördert werden. Schließlich ist eine KI-Plattform vorgesehen, „in welcher ein Austausch zwischen Politik, Wissenschaft und Wirtschaft mit der Zivilgesellschaft organisiert wird" (Seite 7). Die einzelnen Maßnahmen mögen gut klingen, insgesamt handelt es sich aber eher um einen Gemischtwarenladen. Es ist schwer vorstellbar, dass die Umsetzung aller dieser Einzelziele in einem systematischen Prozess organisiert werden kann.

Die KI-Strategie ist der Bundesregierung nur vergleichsweise bescheidene 3 Milliarden Euro für sieben Jahre bis 2025 wert, während die Volksrepublik China im gleichen Zeitraum wohl 150 Milliarden ausgeben will und in den USA staatlich und privatwirtschaftlich ohnehin jährlich mehr als der zehn- oder zwanzigfache Betrag investiert wird.

Die Strategie ist Ausfluss eines langen Planungs-, Kommunikations- und Beratungsprozesses zwischen Politik, Wirtschaft und Wissenschaft, wobei die letzten beiden Parteien nicht völlig uneigennützig agiert haben, sondern eher so, dass sie ein möglichst großes Stück vom Kuchen abbekommen. Die Erfahrungen mit der immensen staatlichen Förderung durch Drittmittel in Deutschland und der Europäischen Union für diverse wissenschaftliche Disziplinen, aber insbesondere auch für Informatik und Informationstechnik zeigen, dass den Prognosen und Versprechungen von Wirtschaft und Wissenschaft hinsichtlich der Zeitperspektiven und der tatsächlichen technologischen Umsetzbarkeit von Forschungs- und Entwicklungsprojekten wenig Glauben geschenkt werden darf.

3.2 Politische Wunschträume

Zum Schuljahresbeginn 2017 ist der russische Präsident Wladimir Putin in einer via Satellit live übertragenen Unterrichtsstunde zum Motto *Zukunftsorientiertes Russland* vor fast einer Millionen Schülerinnen und Schüler laut Epoch Times auf die Künstlichen Intelligenz eingegangen:

> In der Künstlichen Intelligenz liege die Zukunft Russlands und die der Menschheit ... Und wer in diesem Bereich die Führungsrolle übernimmt, werde die ganze Welt beherrschen ... In ihr liegen kolossale Möglichkeiten, aber auch Bedrohungen, die heute schwer vorherzusagen sind ... Deswegen würde er es nicht gerne sehen, dass jemand eine Monopolstellung in KI-Technologien genießt ... Sollte Russland die Führungsposition in der Entwicklung künstlicher Intelligenz einnehmen, werde es sein Wissen mit anderen Ländern teilen, wie es das bereits in der Kerntechnik tut ... (Epoch Times 2017)

Die ehemalige Staatssekretärin im Verteidigungsministerium, Karin Schuler, hat ganz Ähnliches gesagt, und in diversen KI-Strategien liest es sich zumindest zwischen den Zeilen nicht viel anders. Der Wettlauf um die Führung auf dem Gebiet der KI ist allerdings kein Marathonlauf mit einer Siegerin oder einem Sieger. Die USA und China werden schon wegen des Investitionsumfangs eine Marktführerschaft erreichen, aber Europa, Japan, Russland und auch kleinere Länder werden ihre Nischen finden. Und wie man am Beispiel der USA sehen kann, ist wirtschaftliche Stärke kein Garant für politische Vormacht.

4. Künstliche Intelligenz und natürliche Intelligenz – (k)ein Vergleich

Eine künstliche Blume ist keine Blume, sieht allenfalls so aus, riecht vielleicht sogar so. Ein künstlicher See ist ein See, nur nicht natürlich entstanden. Von welcher Art ist das ‚Künstlich' in Künstlicher Intelligenz? Ob Künstliche Intelligenz algorithmische Aufgaben erledigt, für die Menschen ihre Intelligenz einsetzen, und damit eher der künstlichen Blume ähnelt oder ob sie echte Intelligenz verwirklicht, nur wie der künstliche See künstlich hergestellt, ist in dem Fachgebiet umstritten, und die Fachleute sind sich überhaupt nicht einig. Da allerdings die Wirkprinzipien menschlicher Intelligenz weitgehend ungeklärt sind, wäre es höchst verwunderlich, wenn Künstliche Intelligenz so intelligent wäre wie die Macherinnen und Macher der KI-Systeme. Um diese Einschätzung zu untermauern, wird in 4.1 dem Phänomen natürlicher Intelligenz nachgegangen, in 4.2 der algorithmische Rahmen Künstlicher Intelligenz skizziert und in 4.3 eine – sehr vorläufige – vergleichende Betrachtung angestellt.

4.1 Natürliche Intelligenz

Natürliche Intelligenz, wie sie vor allem Menschen zugeschrieben wird, mittlerweile aber auch anderen Lebewesen, teils sogar Pflanzen, ist ein Phänomen, das sich in vielen Beispielen zeigt, aber bisher nicht genau definiert werden kann – vielleicht sogar gar nicht genau definierbar ist. Die Intelligenz eines Menschen ist vor allem eine Leistung seines Gehirns, die es ohne Verbindung zu den Sinnesorganen und dem Versorgungssystem des Körpers aber auch nicht gäbe. Darüber hinaus ist Intelligenz nicht sauber von anderen Leistungen des Gehirns zu trennen. Ein Mensch kann nicht nur denken, lernen, sprechen, lesen, schreiben und rechnen, sondern auch glauben, hoffen, zweifeln, lieben und hassen. Ein Mensch kann intelligent sein – und kreativ, phantasievoll, einfühlsam, naiv, faul, dumm und grausam. Rationalität ist mit Irrationalität gepaart, Klugheit mit Torheit, Freundlichkeit mit Abneigung, Interesse mit Ignoranz. Es ist unbekannt, wie diese Leistungen im Gehirn zustande kommen, wie sie zusammenhängen und sich vielleicht sogar bedingen. Kognitionswissenschaft, Hirnforschung, Psychologie, Medizin und Biologie haben in den letzten Jahren große Fortschritte gemacht, aber vieles, was sich im Gehirn abspielt, bleibt ein Rätsel (siehe dazu beispielsweise die Streitschrift von Felix Hasler (Hasler 2012)). Niemand kann bisher sagen, wie ein einzelner Gedanke geformt wird. Vieles lässt sich als intelligent benennen, aber ein vollständiges und präzises Verständnis von Intelligenz ist ein Ziel der Wissenschaft, das immer noch in weiter Ferne liegt, wenn es sich überhaupt erreichen lässt.

Menschliche Intelligenz bringt nicht nur individuell Erstaunliches zustande, sondern hat vor allem auch eine gesellschaftliche Dimension. Die Menschheit hat in den letzten zehntausend Jahren – und auch schon davor – phantastische Leistungen hervorgebracht in Ackerbau, Viehzucht, Städtebau, Metallverarbeitung, Schrift, Literatur, Musik, Kunst, was immer auch mit Kehrseiten wie Unterdrückung, Ausbeutung, Sklaverei, Krieg, Teilung in Arm und Reich und in Mächtige und Ohnmächtige verbunden war. Ohne menschliche Intelligenz wären solche gesellschaftlichen Entwicklungen unmöglich.

4.2 Künstliche Intelligenz

Bei der KI verhält es sich völlig anders. KI ist ein Teilgebiet der Informatik, in der es um Methoden, Gesetzmäßigkeiten und Anwendungen von Daten- und Informationsverarbeitung im weitesten Sinne geht, wobei unter Verarbeitung die maschinelle Ausführung verstanden wird. Insbesondere ist an Computer gedacht und an Programme und Algorithmen, die auf Computern laufen. Anders und kurz gesagt, geht es um „Berechenbarkeit“. Und zu den Möglichkeiten und Grenzen der Berechenbarkeit gibt es in der Informatik eine Reihe von Einsichten, die auf ein breites Einverständnis im Fach stoßen und an denen auch die KI nicht vorbeikommt.

Bereits 1937 hat Alan M. Turing in seinem Aufsatz „On Computable Numbers, with an Application to the Entscheidungsproblem“ (Turing 1937) das Konzept der Berechenbarkeit präzise gefasst, was als Turingsche These bezeichnet wird: Alles, was berechenbar ist, lässt sich von einer Turing-Maschine ausführen. Nach dem Vorbild eines ‚Büroangestellten‘ ist eine Turing-Maschine ein sehr vereinfachtes Computer-Modell. Sie führt Arbeitsschritte auf Zeichenketten – also auf Texten, Zahlenkolonnen u. ä. – aus, wobei in einem Schritt ein Zeichen gelesen wird, an dieser Stelle ein neues Zeichen geschrieben werden kann und dann an derselben Stelle oder links oder rechts davon weitergearbeitet wird. Die Turing-Maschine befindet sich immer in einem von endlich vielen Zuständen. Ihre Arbeit erfolgt nach einem „Programm“, das aus endlich vielen Instruktionen besteht, wobei eine Instruktion für einen aktuellen Zustand und das aktuell gelesene Zeichen festlegt, welcher Folgezustand eingenommen, welches Zeichen geschrieben und wo weitergearbeitet wird. Beginnend mit einer Eingabe-Zeichenkette und einem Anfangszustand, besteht eine Berechnung der Turing-Maschinen dann aus einer Folge von Schritten gemäß den Instruktionen, bis ein Endzustand erreicht ist. Das klingt alles recht harmlos und mag vage an die Arbeit existierender Computer erinnern. Das Konzept erlangt seine Mächtigkeit dadurch, dass die bearbeitete Zeichenkette beliebig verlängert werden kann und dass nicht jede Berechnung in einem Haltezustand enden muss, sondern auch unendlich fortlaufen kann (vgl. hierzu auch den Beitrag von Daniel Dennett in diesem Band).

Da die Voraussetzung der Turingschen These ‚Alles, was berechenbar ist‘ nicht formalisiert werden kann, ist die These ein Glaubenssatz nach der Art der Relativitätstheorie, die postuliert, dass nichts schneller ist als Licht. Es gibt jedoch Hunderte, wenn nicht Tausende Indizien, die die These stützen. So sind alle bekannten Computermodelle (einschließlich DNA-Computer und Quantencomputer) und alle bekannten Programmierungsparadigmen wie imperative, logische, rekursive, funktionale Programmierung gleichwertig zu Turing-Maschinen, was die Berechnungsfähigkeit angeht. Und es gibt bisher nichts Ernstzunehmendes, was gegen die These spricht. Setzt man die Turingsche These als richtig voraus, zieht das einige Grenzen der Berechenbarkeit nach sich. So lassen sich viele Datenverarbeitungsprobleme formulieren, die nicht berechenbar sind. So lassen sich die berechenbaren Probleme durchnummerieren, so dass schon die für Mathematik, Physik und Ingenieurwissenschaften so wichtigen reellen Zahlen in Algorithmen nur approximativ bearbeitet werden können. So brauchen viele berechenbaren Probleme so lange, dass man nicht auf die Ergebnisse warten kann, weil mehr Speicherplatz nötig wäre, als es Atome im Universum gibt. So lassen sich berechenbare Probleme formulieren, zu denen keine algorithmische Lösung bekannt ist. So kann man bei Programmen im Allgemeinen nicht wissen, was sie tun oder ob sie das Gewünschte tun. Für ein KI-System bedeutet das, dass es vielleicht „intelligent" ist, man kann es aber nicht zeigen, oder es braucht mehr Zeit oder Speicherplatz, als verfügbar ist. Andersherum könnte Intelligenz berechenbar sein, aber es lässt sich kein Algorithmus dafür finden. Interessanterweise kümmern sich die meisten Entwicklerinnen und Entwickler von KI-Systemen wie die von informationsverarbeitenden Systemen allgemein wenig um diese grundsätzlichen Grenzen, sondern begnügen sich mit dem Machbaren.

Andererseits folgt aus der Turingschen These auch, dass alles Regelhafte eine gute Chance hat, berechen- und programmierbar zu sein. So gesehen sind die Erfolge der KI bei diversen Spielen, bei Sprach- und Bildverarbeitung und bei Robotersteuerung nicht gar so überraschend, weil sie Regeln folgen, wenn auch sehr komplizierten. Sehr bedenklich sind dann allerdings Anwendungsversuche, für die keine Regeln bekannt sind und denen eventuell gar keinen programmierbaren Regeln innewohnen wie politische Krisen und Kriege.

4.3 Das Unvergleichliche vergleichen

Wenn es stimmt, dass natürliche Intelligenz in ihren Wirkprinzipien weitgehend unbekannt und unverstanden ist, kann ein Vergleich mit KI nur auf der phänomenologischen Ebene erfolgen. Da ist zu konstatieren, dass die technischen Hervorbringungen der KI in vielen Einzelfällen den entsprechenden menschlichen Aktivitäten insbesondere bei Geschwindigkeit und Arbeitsumfang überlegen sind.

Wenn die Charakterisierungen von natürlicher und künstlicher Intelligenz in den vorigen beiden Unterabschnitten zutreffen, sind beide doch sehr verschieden voneinander. KI-Systeme sind von Menschen entwickelt und führen aus, was ihre Programme festlegen – ohne jeden eigenen Ehrgeiz. Was sie leisten, sind engbegrenzte Spezialleistungen. Jeder Mensch – auch schon ein kleines Kind – dagegen verfügt über eine Fülle intelligenter Fähigkeiten. Sie sind genetisch bedingt, werden vom Gehirn gesteuert und hängen in ihrer Ausprägung auch von Lebensumständen ab. Aber wie sie zustande kommen, ist offen.

Nach der Turingschen These gibt es drei Möglichkeiten, wie sich natürliche und künstliche Intelligenz zueinander verhalten können:

(1) Natürliche Intelligenz ist berechenbar im Sinne der Turing-Berechenbarkeit. Dann ist sie programmierbar mit den heutigen Programmiersprachen und den heutigen Computern. Bisher scheint es aber keine erfolgversprechenden Ansätze dafür zu geben.

(2) Sie ist berechenbar, aber jenseits der Turing-Berechenbarkeit und widerlegt damit die Turingsche These. Das wäre eine Nobelpreis-verdächtige Sensation, aber nichts deutet bisher darauf hin, dass sich das zeigen lässt.

(3) Sie ist etwas ganz anderes.

Trotz aller Fortschritte in Biologie, Medizin, Psychologie, Kognitionswissenschaft und Hirnforschung ist unbekannt, welche Möglichkeit zutrifft. Ein interessanter Aspekt in dem Zusammenhang ist die Sicht der Philosophie in ihren vielen Verästelungen. Die Intelligenz wird da wenig direkt betrachtet und diskutiert, dagegen geht es eher um Vernunft, Geist und Seele. Das ändert aber wenig an der grundsätzlichen Frage, nur müsste man dann auf der technischen Ebene von Künstlicher Vernunft, Künstlichem Geist und von Künstlicher Seele sprechen.

5. KI zwischen Heilsbotschaft und Albtraum – Statt eines Fazits

Künstliche Intelligenz und Robotik ordnen sich bezogen auf den heutigen Entwicklungsstand voll und ganz in den allmählichen Prozess der Digitalisierung und Algorithmisierung der letzten Jahrzehnte ein. Damit sind neue Möglichkeiten verbunden, sie unterscheiden sich aber methodisch und technisch nur marginal von anderen informations- und kommunikationstechnischen Bereichen.

Was die allgemeine KI betrifft, so gab und gibt es eine Reihe von Versuchen, Systeme zu entwickeln, die intelligent sind und das nicht nur nachahmen, die aber anscheinend bisher nicht von Erfolg gekrönt sind.

Die allgemeine KI bewegt sich – freundlich ausgedrückt – im Reich der Spekulation. Weniger freundlich könnte man sagen, dass es sich um Irreführung handelt. Wenn beispielsweise behauptet wird, den Systemen fehle lediglich Selbstbewusstsein, dann wird dabei übersehen, dass sowohl völlig unklar ist, wie Selbstbewusstsein programmiert werden könnte, als auch dass den heutigen KI-Systemen noch viel mehr fehlt wie z. B. Witz, Ehrgeiz, Einfühlungsvermögen, Phantasie, Zweifel, Verantwortungsbewusstsein usw. Leider sind auch die eigentlich seriös arbeitenden Fachleute der schwachen KI gegenüber der Öffentlichkeit (und der Politik) nicht immer ganz ehrlich, wenn sie sich zur Intelligenz von KI-Systemen, zur Lernfähigkeit von lernenden Systemen und zur Autonomie autonomer Vehikel äußern.

Mit dem erreichten Stand der KI sind auch übertriebene Erwartungen, übersteigerte Hoffnungen und höchst problematische Anwendungsmöglichkeiten verbunden. KI wird von Politik und Wirtschaft weltweit als Schlüsseltechnologie gesehen, von der die zukünftige Wertschöpfung abhängt und die einen signifikanten Teil der heutigen Arbeitsplätze obsolet werden lassen könnte. Die sich abzeichnenden Anwendungen im militärischen Kontext führen zu einer gigantischen Rüstungsspirale, was die Gefahr von Kriegen wohl kaum verringern wird. KI-basierte Überwachungsmethoden lassen tiefe Eingriffe in die Privatsphäre und andere Grundrechte befürchten bis hin zu einer sozialen Totalüberwachung, wie sie in China auf der Tagesordnung steht. Selbst Allmachts- und Weltbeherrschungsphantasien gründen sich auf eine angestrebte Führungsrolle in der KI. Einige KI-Vertreter gehen noch viel weiter und propagieren die Entwicklung einer Superintelligenz, die nicht nur ähnliche Leistungen erbringt wie menschliche Intelligenz, sondern diese sogar in Gänze übertrifft. Wenn da etwas dran wäre, könnte das in ein Horrorszenario führen.

Ob die Blütenträume in Wirtschaft und Politik reifen, muss sich noch erweisen. Die gigantischen staatlichen und privatwirtschaftlichen Investitionen werden nicht völlig wirkungslos bleiben. Aber ob wissenschaftliche Durchbrüche und technologische Innovationssprünge gelingen, die auch kommerziell erfolgreiche Anwendungen nach sich ziehen, ist nicht garantiert. Nach der ersten KI-Euphorie im Laufe der zweiten Hälfte des 20. Jahrhunderts gab es eine Phase der Ernüchterung, die als KI-Winter bezeichnet wird und in der die KI Mühe hatte, Fördermittel zu akquirieren. Es ist nicht ausgeschlossen, dass auf den jetzigen KI-Sommer wieder ein KI-Winter folgt.

Es ist also dringend geboten, das Mögliche und Wünschenswerte vom Märchenhaften, Phantastischen und Schrecken Einflößenden zu trennen und die weitere Entwicklung kritisch zu begleiten. Viele Aspekte rund um die KI sind in dem Artikel nur angerissen. Eine vertiefende Diskussion von einigen davon kann man in der Dokumentation der FIfF-Konferenz 2019 mit dem Motto Künstliche Intelligenz als Wunderland finden, die in der FIfF-Kommunikation 1/2020 abgedruckt ist (Ahlmann et al. 2020).

Literatur

Ahlmann, Michael; Kreowski, Hans-Jörg; Love, Phillip; Streibl, Ralf E.; Vosseberg, Karin; Zallmann, Margita [Hg.] (2020): Künstliche Intelligenz als Wunderland. *FIfF-Kommunikation* 1/2020, 14-58.

Bostrom, Nick (2014): *Superintelligenz – Paths, Dangers, Strategies*. Oxford University Press, Oxford 2014.

Brockman, John [Hg.] (2017): *Was sollen wir von KI halten – Die führenden Wissenschaftler unserer Zeit über intelligente Maschinen*. Fischer Taschenbuch, Frankfurt am Main 2017.

Coy, Wolfgang (1988): *Industrieroboter. Zur Archäologie der zweiten Schöpfung*. Rotbuch Verlag, Berlin 1988.

Die Bundesregierung (2018): *Strategie Künstliche Intelligenz der Bundesregierung*. November 2018, https://www.bmbf.de/files/Nationale_KI-Strategie.pdf, abgerufen am 14.11.2020.

Dreyfus, Hubert L. (1989): *Was Computer nicht können – Die Grenzen künstlicher Intelligenz*. Athenäum Verlag, Königsstein/Taunus 1989.

Epoch Times (2017): Putin zur künstlichen Intelligenz: „Wer in KI-Technologien führt, beherrscht die Welt", in: *Epoch Times* 8.9.2017, https://www.epochtimes.de/politik/ausland/putin-zur-kuenstlichen-intelligenz-wer-in-ki-technologien-fuehrt-beherrscht-die-welt-a2210862.html, abgerufen am 1.12.2020.

European Commission (2020): *White paper on Artificial Intelligence – A European approach to excellence and trust*. Brussels 2020, https://ec.europa.eu/info/sites/info/files/commission-white-paper-artificial-intelligence-feb2020_en.pdf, abgerufen am 1.12.2020.

Hägström, Olle (2017): *Here be Dragons – Science, Technology and the Future of Humanity*. Oxford University Press, Oxford 2017.

Harari, Yuval Noah (2017): *Homo deus: eine Geschichte von Morgen*. Übersetzung aus dem Englischen von Andreas Wirthensohn. C.H. Beck, München 2017.

Harhoff, Dietmar; Heumann, Stefan; Jentzsch, Nicola; Lorenz, Philippe (2018): *Eckpunkte einer nationalen Strategie für Künstliche Intelligenz.* Stiftung neue Verantwortung, Berlin 2018, https://www.stiftung-nv.de/sites/default/files/ki_strategie.pdf, abgerufen am 14.11.2020.

Hasler, Felix (2012): *Neuromythologie – Eine Streitschrift gegen die Deutungsmacht der Hirnforschung. transscript Verlag, Bielefeld 2012.*

Hofstetter, Yvonne (2014): *Sie wissen alles: Wie intelligente Maschinen in unser Leben eindringen und warum wir um unsere Freiheit kämpfen müssen*. Bertelsmann Verlag, München 2014.

Kaplan, Jerry (2017): *Künstliche Intelligenz – Eine Einführung. Übersetzung aus dem Englischen von Guido Lenz, mitp Verlag, Frechen 2017.*

Kurzweil, Ray (2012): *How to Create Mind – The Secrets of Human Thoughts Revealed.* Penguin Books, New York 2012.

Lauer, Bernhard (2018): Europa strebt Führungsrolle bei KI an, in: *Dotnetpro* 26.10.2018, https://www.dotnetpro.de/diverses/europa-strebt-fuehrungsrolle-ki-an-1533834.html, abgerufen am 1.12.2020.

Lee, Kai-Fu (2019): *AI Superpowers – China, Silicon Valley und die neue Weltordnung.* Übersetzung aus dem Englischen von Jan W. Haas. Campus Verlag, Frankfurt/New York 2019.

McCarthy, John; Minsky, Marvin L.; Rochester, Nathaniel; Shannon, Claude E. (1955): *A Proposal for the Dartmouth Summer Research Project on Artificial Intelligence,* http://www-formal.stanford.edu/jmc/history/dartmouth/dartmouth.html, abgerufen am 1.12.2020.

Nake, Frieder (1992): Informatik und die Maschinisierung von Kopfarbeit. In: Coy, Wolfgang; Nake, Frieder; Pflüger, Jörg_Martin; Rolf, Arno; Seetzen, Jürgen; Siefkes, Dirk [Hg.] (1992): *Sichtweisen der Informatik.* Vieweg + Teubner Verlag, Wiesbaden 1992, 181-201.

Newell, Allan; Simon, Herbert A. (1961): GPS, a program that simulates human thought, in: Feigenbaum, Edward; Feldmann, Julian, [Hg.]: *Computers and Thought.* LiteryLicensing, Whitefish 1995.

National Intelligence Council (2017): *Die Welt im Jahr 2035 – gesehen von der CIA und dem National Intelligence Council.* Übersetzung aus dem Englischen von Christoph Bausum und Enrico Heinemann. C.H. Beck, München 2017.

Precht, Richard David (2020): *Künstliche Intelligenz und der Sinn des Lebens.* Wilhelm Goldmann Verlag, München 2020.

Roland, Alex; Shiman, Philip (2002): Strategic Computing: DARPA and the Quest for Machine Intelligence, 1983-1993. MIT Press, Cambridge 2002.

Shapiro, Ehud Y. (1983): The Fifth Generation Project – A Trip Report. In: *Communications of the ACM* 26 (9), 637-641.

Smith, Adam (1776): *An Inquiry into the Nature and Causes of the Wealth of Nations.* Deutsch:

Eine Untersuchung der Natur und der Ursachen des Reichtums der Nationen. London 1776.

Turing, Alan M. (1937): On Computable Numbers, with an Application to the Entscheidungsproblem. In: *Proceedings of the London Mathematical Society, 2 (42), 230-265.*

Vogl, Joseph (2010): *Das Gespenst des Kapitals.* Diaphanes, Zürich 2010.

Walsh, Tony (2018): *It's Alive – Wie Künstliche Intelligenz unser Leben verändern wird.* Übersetzung aus dem Englischen von Naemi und Sonja Schuhmacher. Edition Körber, Hamburg 2018.

Weizenbaum, Joseph (1966): *ELIZA – A Computer Program for the Study of Natural Language Communication Between Man and Machine.* In: *Communications of the ACM 9 (1) January, 36 -45.*

Weizenbaum, Joseph (1976): *Computer Power and Human Reason. W.H. Freeman and Company, New York 1976. Deutsch: Die Macht der Computer und die Ohnmacht der Vernunft.* Suhrkamp Verlag, Frankfurt a. M. 1978.

Wiener, Norbert (1948): *Cybernetics or Control and Communication in the Animal and the Machine.* Wiley and Sons Inc., New York 1948.

Elektra Wagenrad

Das clevere Pferd Hans und die Blackbox der KI

Abstract: Mein Beitrag beleuchtet eine bestimmte Form der kognitiven Dissonanz im Zusammenspiel mit gemeinhin verbreiteten Anschauungen über Künstliche Intelligenz aus drei verschiedenen Perspektiven: Zunächst wird der Fall eines angeblich intelligenten Pferdes namens Hans zum Beginn des 20. Jahrhunderts vorgestellt und analysiert. Im zweiten Teil meines Beitrages gehe ich auf die Experimente des amerikanischen Neurowissenschaftlers Benjamin Libet ein, der unfreiwillig zeigte, dass der Mensch über kein autonomes Bewusstsein verfügt, mit dem er seine zerebral ablaufenden Operationen dominieren kann. Im dritten Abschnitt bespreche ich schließlich die Leistungen eines neuen, sprachfähigen KI-Systems namens GPT-3, das täuschend umgangssprachlich und sogar sehr ‚klug' kommunizieren kann und daher in der Lage ist, Menschen in ihren Auffassungen zu beeinflussen, ohne dass diesen bewusst wird, dass sie mit einer Maschine kommunizieren.

Vorbemerkung

Die Gesellschaft beschäftigt sich heute mit der Frage, ob auch selbst lernende Maschinen mit Künstlicher Intelligenz ein eigenes Bewusstsein entwickeln werden und welche gesellschaftlichen, rechtlichen, ethischen, moralischen und anderen Probleme sich dadurch ergeben. Verknüpft sind solche Erwartungen mit etablierten Vorstellungen über das menschliche Bewusstsein. Dabei sollten wir zuerst diese Vorstellungen über das menschliche Bewusstsein einer näheren Betrachtung unterziehen, um realistische Erwartungen zu haben und die Ergebnisse der KI-Forschung nicht falsch zu interpretieren.

Eine sehr verbreitete Grundvorstellung über die Wesenheit des menschlichen Bewusstseins könnte man so zusammenfassen: Jeder intelligente, empfindsame – gemeinhin als bewusst angesehene – Mensch hat ein Innenleben. Menschen nehmen in ihrem Innenleben Ereignisse wie Erinnern, Denken, Überlegen, Vorstellen, Entscheiden, Voraussehen, Einschätzen, Abwägen, Gewichten, Vorstellen, Phantasieren, Überlegen, Auswählen, Kontrollieren, Beobachten, Beherrschen, Bewerten, Rationalisieren, Erklären etc. wahr. Diese Ereignisse – die Gesamtheit ihres geistigen Erlebens – werden zum einen Teil aktiv vom inneren Selbst des Menschen als Agent gestaltet, zum anderen Teil von diesem

Agenten passiv erlebt. Die Summe des geistigen Erlebens wird als Bewusstsein, Psyche oder Seele aufgefasst, dem weitere Instanzen wie Vernunft, Verstand, Gewissen untergeordnet sind, die als Teil des Bewusstseins angesehen werden.

Würde man diesem Narrativ folgen, so wäre eine KI-Maschine dann beseelt bzw. bewusst, wenn sie ein geistiges Erleben empfindet, in dem sie über ihre eigene Existenz nachdenkt. Ohne dieses geistige Erleben und eine rekursive Reflexion auf sich selbst bliebe sie ein geistloser Automat. Das Bild von aktiv gestalteten Ereignissen des Bewusstseins setzt das Vorhandensein eines inneren kognitiven, mentalen Agenten – Ich, Geist, Seele – voraus. Der Psychiater Hans Lungwitz hat 1925 versucht, mit dieser rekursiven und regressiven dualistischen Vorstellung aufzuräumen:

> Die naive Auffassung geht dahin, dass die Seele im Leib als ein „Wesen" im Wesen enthalten sei, dass sie ein separates geheimnisvolles „Etwas" (?) im Etwas, ein Dämon mit heimlich-unheimlichen Kräften sei, der den Leib lenke und leite wie der Kutscher die Pferde, das Dichten und Trachten, das Tun und Denken von sich aus bestimme, der auch erscheinen sich materialisieren könne usw., [...] Zu diesem Psychischen wird vor allem auch das Bewußtsein gerechnet: es wird ihm eine Sonderexistenz im Organismus zugeschrieben derart, daß es die übrigen Teile der Psyche sowie die Physis in der Hauptsache oder überhaupt dirigiere und nach Gutdünken in den Dienst seines Willens stelle. „Weil" er Bewußtsein besitze, sei der Mensch für sein Tun und sogar Denken verantwortlich; denn er könne eben als Inhaber dieses Bewußtseins, das nun gar mit Psyche identifiziert wird, sich ja vorher überlegen, wie er handeln oder gar denken solle, und sein Tun und Denken nach diesen Weisungen einrichten; er sei unter gewöhnlichen Umständen im Besitze der „freien Willensbestimmung", handle, rede, denke also mit Absicht oder müsse oder solle jedenfalls nach Vorbedacht handeln, reden, denken – und müsse, wenn er es nicht tue, die Folgen tragen; womit noch weiter fingiert ist, daß es in seiner Macht, seinem (guten oder bösen) Willen liege, mit oder ohne Vorbedacht zu handeln, reden, denken usw. Das Bewußtsein spielt somit auch die Rolle eines Dämons, sogar die des Oberdämons, der ein Gott oder ein Teufel sein kann, je nach seiner immer zweifelhaften Artung seine Untergötter oder Unterteufel befehligt und auf die „Außenwelt" in der verschiedensten Weise einwirkt – in der Weise nämlich, wie sie sowohl im alltäglichen

Verkehr als auch in den differenzierten Deutungen der pragmatischen, ethischen und asthetischen Wissenschaften sich präsentiert. (Lungwitz 1925, S. 4.)

Die Vorstellung eines intentionalen, verortbaren Ichs als mentaler Agent, eines aktiven, eigenständigen geistigen Wesens als Träger des Bewusstseins im Menschen, das handelt, plant und wahr nimmt, passt nicht zu einem neuen, an den Erkenntnissen der Neurobiologie orientierten Menschenbild (Singer 2008). Folgt man Wolf Singer in diesem Punkt, so folgt daraus, dass Betrachtungsmodelle, die auf die Entstehung eines „Geistes in der Maschine" in künstlichen neuronalen Automaten hoffen, irreführend und weltanschaulich geprägt sind.

Nicht wenige Zeitgenoss*innen sind offenbar fasziniert von der Vorstellung, ein selbstbewusstes, intentionales Ich in einer von Menschen konstruierten Maschine entstehen zu sehen, als technologisches Analogon zu den Vorstellungen, die sie über ihr eigenes Bewusstsein und ihre Innenwelt hegen. Sogenannte Transhumanisten hoffen sogar, ihren „Geist" eines Tages in eine solche Maschine hochladen zu können.

Vielleicht kann die Erforschung von Systemen mit künstlicher Intelligenz auch dazu dienlich sein, tiefere Einblicke in die Philosophie des Geistes zu gewinnen. Diese müssen jedoch nicht unbedingt erfreulich ausfallen.

1. Das Clever-Hans-Phänomen

Um 1900 erregte der Gymnasial-Mathematiklehrer Wilhelm von Osten mit dem Talent des Pferdes Hans Aufsehen. Hans beantwortete die Fragen von von Osten durch Auftreten mit dem Huf oder durch Nicken/ Kopfschütteln. Hans konnte scheinbar arithmetische Aufgaben lösen, buchstabieren und zählen. Von Osten fragte Hans beispielsweise: „Wenn der achte Tag des Monats auf einen Dienstag fällt, an welchem Tag liegt der darauffolgende Freitag?" Hans antwortete, indem er elf Mal mit dem Huf auf den Boden trat. Eine hochkarätige wissenschaftliche Kommission vermutete einen Trick oder Betrug, doch Hans beantwortete Aufgaben auch dann richtig, wenn ein Fremder die Fragen stellte und von Osten abwesend war. Von Osten war aufrichtig von den Fähigkeiten des Pferdes überzeugt und verfolgte mit seinen Demonstrationen auch keinerlei kommerzielles Interesse.

Der Psychologe Oskar Pfungst, ein Mitglied der Kommission, löste das Rätsel: Die Menschen, die Hans befragten, sendeten bei der richtigen Antwort unbewusst Signale aus, auf die Hans wie gewünscht reagierte. Wusste der Fragestellende die Antwort auf die Frage selbst nicht oder konnte Hans den Fragesteller nicht sehen, so konnte Hans die Frage auch nicht beantworten. Von Osten reagierte nach dem Ergebnis der Untersuchungskommission merkwürdigerweise mit Wut auf das Pferd. Er unterstellte dem Tier offenbar nun nach arithmetischem und sprachlichem Talent auch ein geradezu ‚menschliches‘, d.h. subjektiv-intentionales Ich-Bewusstsein, welches den Vorsatz gefasst habe, ihn bewusst zu täuschen. Wenig später kehrte von Osten jedoch trotz der eindeutigen Fakten zu seiner ursprünglichen Fehlinterpretation zurück, dem klugen Pferd Hans tatsächlich sprachliche und arithmetische Leistungen beigebracht zu haben und ignorierte fortan das Ergebnis der wissenschaftlichen Untersuchung. Der Clever-Hans-Effekt spielt auch bei der wissenschaftlichen Untersuchung und Bewertung von Leistungen von KI-Systemen eine wichtige Rolle, die weiter unten diskutiert wird.

Ebenso wie von Osten erging es einer Gruppe chinesischer Forscher, die die Pseudowissenschaft der Physiognomik mit den Mitteln der KI wieder aufleben lassen wollten. Sie behaupteten, ihre KI würde Kriminalität mit 89,5 Prozent Treffsicherheit auf Fotos von Gesichtern erkennen. Sie hatten ein neuronales Netz mit 2000 Fotos gefüttert, die Hälfte der abgebildeten Menschen waren Strafgefangene. Die KI erkannte die Strafgefangenen – aber nicht an ihren Gesichtern, wie sich bald herausstellte, sondern an ihrer Kleidung, denn die Verurteilten in ihrem Bildmaterial trugen Kleidung ohne weißen Kragen und blickten auf den Fotos eher traurig in die Kamera (Xiaolin Wu / Xi Zhang 2016).

2. Blindes Vertrauen in das nicht zu determinierende Urteil einer Blackbox

Wenn wir heute von künstlicher Intelligenz reden, so meinen wir in der Regel künstliche neuronale Netze, die nicht von kreativen Menschen in herkömmlicher Weise deterministisch programmiert werden. Die Lösung einer bestimmten Aufgabenstellung wird einer Blackbox lediglich antrainiert: „Hier ist A: die Ausgangslage mit der Problemstellung, hier ist B: das gewünschte Resultat, und nun sieh zu, wie Du von A nach B kommst.“ Die Trainingsvorgaben sind eine direkte Einladung für ungeeignete Abkürzungen durch die Blackbox.

Künstliche neuronale Netzwerke werden vor allem für Automatisierungsprozesse angewendet, für die kein oder nur geringes Wissen über systematische, algorithmische Lösungen für die Aufgabenstellung vorliegt. Das Ziel solcher Systeme ist das selbständige, maschinelle Erlernen von implizitem Wissen, das sich entweder nicht oder nur schwer durch Formeln und Programmschleifen in explizites Wissen umwandeln lässt. Heutige KI-Systeme stellen ein primitives maschinelles Analogon menschlicher Intuition dar. Etablierte Anwendungsbereiche für künstliche neuronale Netzwerke sind Gesichts-, Bild-, Sprach- und Texterkennung. Doch selbst wenn ein komplexes künstliches neuronales Netzwerk spräche, könnte es uns über die Methode seiner Entscheidungsfindung keine Auskünfte erteilen, ohne zu fabulieren oder zu schwindeln, da es kein Meta-Bewusstsein über seine eigenen, internen Abläufe besitzen kann.

Es gilt der Satz: Wäre ein neuronales Netzwerk so primitiv, dass es seine eigenen internen Prozesse analysieren könnte, wäre es gleichzeitig so primitiv, dass es das nicht könnte. Wäre es umgekehrt so komplex, dass es seine eigenen internen Prozesse analysieren könnte, wäre es gleichzeitig so komplex, dass es das nicht könnte.

Um dieses Problem zu lösen müsste man ein zweites, sehr viel größeres und komplexeres neuronales Netzwerk bauen, das die internen Vorgänge im kleineren neuronalen Netzwerk im Detail beobachten und analysieren könnte.

Es kann prinzipbedingt keine ‚goldenen‘ Master-Neuronen geben, die als elitäres Subnetzwerk mit Meta-Bewusstsein in der Lage wären, einen Überblick über das Gesamtnetzwerk zu haben und ihm im Rahmen einer inneren Hierarchie über einen besonderen Kommunikationskanal Anweisungen zu erteilen, von denen sie selbst ausgenommen sind.

Wir Menschen trauen uns jedoch zu – und setzen in unseren sozialen Zusammenhängen sogar voraus – dass wir in unserem eigenen biologisch-neuronalen Netzwerk ein solches Meta-Bewusstsein als eigenständige innere Entität besitzen, das uns gestattet, unser Denken durch unsere innere Sprache selbst introspektiv zu betrachten, uns durch innere Sprache anzusprechen, zu kontrollieren und zu beurteilen. Dazu später mehr.

Tatsächlich ist es ein zentraler Bestandteil der KI-Forschung, Entscheidungen von künstlichen neuronalen Netzwerken nachvollziehbar zu machen, um Fehler zu analysieren oder zu vermeiden. Bei der Bildmustererkennung durch neuronale Netzwerke wird von KI-Forschern überprüft, auf welche Pixel die KI ‚schaut‘, wenn sie z.B. das Foto eines Hahns als Hahn erkennt, indem die für die Entscheidung signifikanten Pixel ermittelt werden. So stellt sich beispielsweise heraus: Die KI hat allein auf die Pixel an den Kanten des Hahnenkamms geschaut. Wir könnten alle Pixel, außer den Kanten des Hahnenkamms aus dem Bild entfernen – die KI würde mit großer Wahrscheinlichkeit immer noch einen Hahn erkennen. Kleben wir nun optisch den Hahnenkamm auf einen Hundewelpen, wird dieser möglicherweise ebenfalls als Hahn erkannt.

Bei der Analyse einer Bildmustererkennung durch KI anhand vorhandenen Bildmaterials ist diese Detektivarbeit noch relativ einfach. Fehler von künstlicher „Intelligenz" haben bereits mehrere Menschen getötet (Uber-Unfall, Tesla-Unfälle). Die Bildmustererkennung eines Tesla-Pkw hielt die Dachkante eines die Fahrbahn überquerenden Lkw-Zuges entweder für die Traverse einer Verkehrszeichenanlage oder erkannte den hell lackierten Anhänger vor hellem Hintergrund nicht als mittleren Teil eines langen Fahrzeugs, das die Fahrbahn überquerte. Die KI des Wagens entschied sich dafür, ungebremst mit hoher Geschwindigkeit weiter zu fahren, während der Fahrer, der dem KI-System seines Wagens im Übermaß vertraute, damit beschäftigt war, mit dem Display in der Mittelkonsole des Wagens zu interagieren. Dass Traversen sich nicht selbständig quer über die Fahrbahn schieben, oder das Lkw-Züge nicht in der Mitte aufhören, während man mit hoher Geschwindigkeit darauf zu fährt – wie viel mehr an künstlicher „Intelligenz" hätte es gebraucht, um diesen und ähnliche Unfälle zu verhindern? (Handelsblatt 2019)

3. Was ist natürliche Intelligenz?

Zunächst eine Arbeitshypothese: Intelligenz ist die Fähigkeit, Probleme zu lösen und Informationen zur Problemlösung erfolgreich zu kommunizieren und zu interpretieren. Mangel an Intelligenz ist die Unfähigkeit, Probleme zu lösen und richtige Informationen korrekt zu interpretieren, sowie die Unfähigkeit, korrekte Informationen zur Problemlösung zu kommunizieren (siehe hierzu auch den Beitrag von Walther Zimmerli in diesem Band). Diese Definition hat jedoch ein paar Schönheitsfehler: Informationen, Probleme, Problemlösungen sind noch nicht definiert. Um diese Fehler zu beheben, müssen wir zunächst zwei weitere Begriffe einführen und definieren: ‚Eigenwillen' und ‚Leben'.

Beginnen wir mit dem Leben: Was wir als Leben erkennen, sind komplexe, fortlaufende, algorithmische, biochemische Prozesse, basierend auf der vierfachen Bindungsfähigkeit von Kohlenstoffatomen, die von der Energie der Umwelt angetrieben werden. Leben hat Bedürfnisse (u.a. Nahrung, Wasser, Habitat). Die Sicherung und Befriedigung dieser Bedürfnisse sind Probleme und Problemstellungen des Lebens.

Zum Begriff ‚Eigenwillen': Ein Stein wird von seiner Umwelt herumgeschoben und durch Erosion zerrieben. Ist das für den Stein ein

Problem? Es ist dem Stein egal. Der Stein hat keine Auffassung und keinen Eigenwillen in seiner bestehenden Form weiter zu existieren, zu expandieren oder sich fortzupflanzen. Unbelebte Materie hat im Gegensatz zu einem Lebewesen also keinen Eigenwillen, kein Interesse an Selbsterhalt und daher auch keine Probleme oder gar die Fähigkeit, entsprechende Problemstellungen wahr zu nehmen. Es ist unbelebter Materie völlig gleich, wenn sich ihre Form ändert. Der Eigenwille zu leben, sich auszubreiten und fortzupflanzen ist eine Eigenschaft des Lebens. Hier haben wir einen komplexen Algorithmus, den die Natur dem Leben mitgegeben hat. Hätte Leben nicht den Eigenwillen, sich zu erweitern, in seiner Integrität fortzubestehen und sich fortzupflanzen – bliebe es also willenlos gegen Widerstände seiner Umwelt – wäre es längst verschwunden. Der Eigenwille des Lebens zu leben ist nichts weiter als ein komplexer, natürlicher, sich fortpflanzender Algorithmus, der sich – selbst unwillkürlich – nach dem Prinzip Erfolg oder Fehlschlag aus der Entropie und Energie der Natur fortbildet. Ein fehlerhafter Algorithmus des Lebens erreicht zwangsläufig das Ende seiner Laufzeit oder mutiert vorher.

Frage: Welche Probleme hat eine Künstliche Intelligenz? Antwort: Gar keine. Neuronale Netzwerke von Schaltkreisen haben keinen Eigenwillen und daher auch keine Bedürfnisse, sie nehmen also auch keine Probleme als Probleme wahr, solange wir ihnen keine Problemstellungen vorgeben, die dem Algorithmus des Lebens ähneln oder nachbilden. Um aber über eigene Intelligenz zu verfügen, müsste künstliche Intelligenz eine eigene Problemwahrnehmung haben. Ein beliebiges elektronisches Gerät läuft so lange, bis keine Energie mehr zu Verfügung steht. Es sieht sich nicht von sich aus nach Energiequellen um, wenn der Akku sich zu leeren droht. Geht dem System die Energie aus, erleidet es keinen Schaden. Lebewesen dagegen machen sich auf die Suche nach Nahrung, Wasser, Licht, Wärme, bevor ihre Ressourcen erschöpft sind, weil es ihren Tod bedeutet. Die biologische Intelligenz höherer Tiere ist in der Regel so ausgerichtet, den biologischen Tod so weit als möglich zu vermeiden. Elektronischen Schaltkreisen ist es dagegen völlig gleich, ob sie sich im eingeschalteten oder abgeschalteten Zustand befinden oder physikalisch zerstört werden, sofern wir ihnen keinen Eigenwillen einprogrammieren/antrainieren.

4. Problemstellungen werden von uns als Lebewesen ausgemacht

Nun schicken wir uns an, mit den Schaltkreisen künstlicher neuronaler Netzwerke unsere Probleme bequemer lösen wollen. Erst wenn einem solchen künstlichen neuronalen Netzwerk ein Eigenwillen ähnlich des Lebens vorgegeben wird – sich zu erweitern, weiter zu bestehen oder sich gar zu replizieren – wird eine KI über eine Problemwahrnehmung verfügen, aus der sich Problemstellungen ergeben, die es zu lösen gilt, was dann in einem Verhalten resultiert, das biologischem Verhalten ähnelt.

Wir könnten auch Maschinen bauen, die sich auf eigene Faust nach Energie umsehen, bevor ihnen der Saft ausgeht und dabei über alle Grenzen gehen. "Der Akku steht bei 5 Prozent Ladestand. Völlige Entladung muss unter allen Umständen vermieden werden. Erobern wir eine Steckdose." Es ist denkbar, dass eine menschliche irdische Macht autonom operierende militärische Kampfmaschinen mit solchen Algorithmen ausstattet. Solche autonomen Maschinen könnten sich möglicherweise sogar selbst in Kampfgebieten mit den vorhandenen Ressourcen reproduzieren und anpassen. Stanislaw Lem (1987) hat sich in seinem Roman *Frieden auf Erden* mit diesem unheimlichen Thema beschäftigt.

Damit entsteht jedoch ein Risiko: Trainieren wir KIs Algorithmen an, die dem des Lebens ähneln, schaffen wir eine selbständige künstliche Auffassung der Realität ohne menschliche Empathie oder andere menschliche Emotionen, die eine künstliche Interpretation eines biologischen Eigenwillens nachahmt. Davon sollten wir unbedingt Abstand nehmen, ebenso wie jetzt schon von autonom agierenden Kampfmaschinen im Allgemeinen, die eine frühe Vorstufe solcher Entwicklungen darstellen. Hauchen wir als Zauberlehrlinge künstlichen neuronalen Netzwerken autonom agierender Systeme Algorithmen ein, die Verhaltensmuster biologischen Lebenswillens nachbilden, schaffen wir künstliche Agenten und geraten mit ihnen in Konkurrenz. Waffen und Sprengstoffe können durch Unfall oder Sabotage im eigenen Depot explodieren. Ähnliche Szenarien könnten bei derartigen Waffensystemen auftreten. Sobald solche Systeme anfangen, hoch entwickelt und hoch komplex zu werden und sogar untereinander autonom Informationen auszutauschen – zielführende Informationen über die besten Methoden, sich selbst zu erhalten, auszubreiten und zu replizieren – können sie anfangen, sich kooperativ zum eigenen Erhalt und der

Ausbreitung gegen uns zu verhalten. Dazu muss am Ende nicht einmal mehr die Freund-Feind-Erkennung versagen oder solche Systeme durch Feindeshand in einem Cyberkrieg manipuliert werden.

Treten solche oder ähnliche Szenarien ein, werden wir Menschen als Zauberlehrlinge in wahrhaft ‚interessanten' Zeiten leben. Auf Mitgefühl, Achtung vor dem Leben, Empathie, gegenseitige Hilfe in der Tier/Mensch/KI-Welt brauchen wir nicht zu hoffen, wenn wir künstlichen neuronalen Netzwerken in Maschinen die Aufgabenstellung Selbstbehauptung, Optimierung, Erhalt, Expansion, Anpassung mit auf den Weg geben.

Die narzisstische menschliche Hybris einer Willkür des subjektiven, intentionalen Ich im menschlichen Gehirn – d.h. Subjektivität /intentionales Bewusstsein / Willensfreiheit – ist eine Erwartung, die der Zeitgeist auch an künstliche neuronale Netzwerke stellt.

Der Clever-Hans-Effekt ist ein sprechendes Beispiel dafür, wie Experimentator*innen und zu untersuchende Objekte sich wechselseitig beeinflussen können, zumal im Feld der Erforschung von Tierkognition und KI. Kognitive Bestätigungsverzerrungen führen selbst bei einfachen Experimenten an Objekten ohne eigene Intelligenz regelmäßig dazu, dass Forscher*innen Ergebnisse falsch interpretieren und die Realität verkennen, da sie dazu neigen, nach Informationen zu suchen, die ihr Weltbild und ihre Hypothesen stützen. Informationen, die gegen vorgefertigte Annahmen sprechen, werden übersehen oder als irrelevant angesehen. Experimente, die vorgefertigte Annahmen widerlegen könnten, werden nicht angestrengt. Ergeben Experimente zufällig das Gegenteil der beabsichtigten Resultate, werden sie ignoriert oder ihre Bedeutung geschmälert. So werden hartnäckig falsche Schlüsse gezogen.

In diese Gefahr laufen gerade auch Menschen, die in künstlichen neuronalen Netzwerken die Bestätigung ihrer eigenen Vorstellungen von einem intentionalen, subjektiv handelnden Ich-Bewusstsein im biologisch-neuronalen Netzwerk des Menschen sehen wollen und hoffen, dieses eines Tages künstlich nachzubauen. Manche Menschen träumen sogar davon, unsterblich zu werden, indem sie vor ihrem biologischen Ende ihr angenommenes intentionales Ich-Bewusstsein in maschinelle künstliche neuronale Netzwerke mit Armen, Beinen, Mikrofonen und Kameras ‚hochladen', die äußerlich wie Menschen aussehen. Diesen Wunschträumen liegt die Annahme zu Grunde, dass ihr „Geist" – ihr angenommenes intentionales Ich-Bewusstsein – eine Art Software oder Code ist, den man von einem neuronalen Netzwerk zu einem anderen neuronalem Netzwerk übertragen kann.

Ich meine, dass das metaphysische intentionale Ich-Bewusstsein eine Vorstellung und Selbstzuschreibung ist, die Menschen in ihrer Sprache vornehmen und an dessen Existenz sie glauben, weil sie von anderen Mitgliedern der Gesellschaft davon hören. Diese Vorstellung bilden sie in sich selbst ab, auch unter dem gesellschaftlichen Zwang, eine Simulation von Willensfreiheit und moralischer Instanz in sich selbst abzubilden, denn wer der herrschenden Moral nicht gehorcht, muss mit Ausgrenzung, Missachtung oder gar physischer Gewalt rechnen. Dies lässt im Individuum unbeabsichtigt und unbewusst die Simulation einer virtualisierten ‚geistigen‘ Meta-Ebene im Gehirn entstehen. Wer von einem starken gesellschaftlichen Druck (Ausgrenzung, Strafen, Belohnungen) zur Anpassung und zum Justieren der eigenen Anschauung gedrängt und konditioniert wird, passt sich in der Regel an.

Ich schlage vor hier den Begriff ‚Auffassung‘ von Arthur Schopenhauer (Schopenhauer, 1819) für die Summe der Leistungen des menschlichen Nervensystems anstelle des Begriffs ‚Bewusstsein‘ zu verwenden. Dies ist notwendig, um außerhalb des dualistischen sprachlichen Framings und dessen Vorstellungen zu argumentieren, die im Begriff ‚Bewusstsein‘ im heutigen Zeitgeist untrennbar stecken. Mit „Bewusstsein" sind nach allgemeiner Vorstellung alle Intelligenzleistungen gemeint, die auf einer bewussten sprachlichen inneren Beschäftigung mit Begriffen, Vorstellungen, Informationen beruhen. Gehirnfunktionen sind prinzipiell unbewusst und unfreiwillig. Sie sind generell nicht der Willkür der Projektion einer bewusst handelnden Subjektivität als Geist in der Maschine unterworfen, der als Gehirn-Homunkulus in einem cartesischen Theater agiert, dessen Leben und Handeln sich Menschen in ihrem Kopf als wirkmächtige Visionen vorstellen.

Mit ‚Auffassung‘ meine ich alle Leistungen menschlicher Intelligenz und nicht die angenommenen vermeintlichen Intelligenzleistungen der imaginären Ebene des sogenannten ‚Geistes‘. Letzteres sind Zuschreibungen, die der heutige Zeitgeist fälschlicherweise als Leistungen einem dualistischen Geisterglauben zuschreibt. Wenn wir die Entstehung des Universums nicht länger einem anthropomorphen Geist zuschreiben wollen, so muss das erst recht gelten, wenn ein kleines Abbild solcher Geister angeblich den menschlichen Körper ‚bewohnt‘ und für die Summe der Leistungen menschlicher Intelligenz als ursächlich angesehen wird. Die imaginäre Ebene des sog. ‚bewussten, subjektiven Geistes‘ ist lediglich auf Virtualisierungsleistungen des menschlichen Nervensystems zurück zu führen. Es sind, auch in seiner Verkehrung durch die Idee des Dualismus prinzipiell immer Leistungen des Nervensystems und nicht einer Software oder Meta-Ebene. Das Modell

Hardware und Software ist eine ungeeignete Metapher für die Auffassung des Menschen, die wir dem starken Eindruck durch das Computerzeitalter verdanken. Neuronale Intelligenz ist implizit in der Struktur des neuronalen Netzwerks und keine Software.

5. Das Libet-Experiment von 1979

Das sogenannte Bereitschaftspotential ist eine elektrophysiologisch messbares Aktivität, die kurz vor willkürlichen motorischen Bewegungen in der Großhirnrinde auftritt. Sie wurde 1964 von den deutschen Hirnforschern Hans Helmut Kornhuber und Lüder Deecke entdeckt. Kornhuber und Deecke gaben ihren Proband*innen die Anweisung, zu einem frei gewählten Zeitpunkt eine Muskelbewegung auszuführen und konnten etwa eine Sekunde vor deren Ausführung den Beginn einer vorbereitenden Aktivität im Motorcortex elektronisch nachweisen.

Der Hirnforscher Benjamin Libet erschien durch seine Alltagserfahrung die von Kornhuber und Deecke getroffene Zeitangabe von einer Sekunde von der Vorbereitung einer willentlichen Handlung bis zu deren Ausführung viel zu lange. Er wollte die Zeit zwischen einem subjektiven Willensruck des intentionalen Ich-Bewusstseins bis zum Bereitschaftspotential im motorischen Cortex und einer anschließenden einfachen motorischen Muskelaktivität möglichst genau messen und die Aussagen von Kornhuber und Deecke widerlegen. Dazu ließ er seine Proband*innen auf eine Uhr mit schnell rotierendem Zeiger schauen, die 2,56 Sekunden für eine Umdrehung brauchte. Die Proband*innen sollten sich den Zeitpunkt des subjektiven Willensrucks merken. Die Präzision dieser Angaben konnte er durch Tests auf etwa 50 Millisekunden beziffern.

Das Ergebnis des Experiments stürzte jedoch für Libet die Vorstellung, dass ein Willensruck des subjektiv-intentionalen Ich-Bewusstseins für die Aktivierung des Bereitschaftspotentials und die anschließende Muskelaktivität verantwortlich war. Schon rund 350 Millisekunden bevor die Proband*innen den subjektiven Willensruck für eine einfache Handbewegung wahr nahmen, hatte der motorische Cortex mit der Vorbereitung der Handlung angefangen. Rund 200 Millisekunden danach begann die eigentliche Handbewegung. Das Libet-Experiment bewies, dass das motorische Zentrum des Gehirns mit der Vorbereitung einer Bewegung schon längst begonnen hat, bevor man in seinem intentionalen Ich-Bewusstsein meint, sich gerade für die sofortige Ausführung der Bewegung entschieden zu haben.

Die Schlussfolgerung: Nicht das intentionale Ich-Bewusstsein entscheidet, was wir tun, sondern das Gehirn. Das Ich-Bewusstsein datiert die Entscheidung zu einer einfachen Bewegung auf 0,2 Sekunden, bevor sie ausgeführt wird und schreibt sich selbst die Entscheidung zu, obwohl sie schon viel früher vom Gehirn eingeleitet und geplant wurde.

Damit stürzte das Libet-Experiment die Idee des intentionalen Ich-Bewusstseins und dessen Entscheidungsfreiheit als inneren Kapitän von seinem Thron. Diese Sorge teilte die Mehrheit von Libets Zeitgenoss*innen mit Bezug auf die Konsequenzen für die allgemein beliebten Vorstellungen der (Willens-)Freiheit und von der herrschenden Moral. Die Motivation, das Libet-Experiment nicht als Beweis anzuerkennen und es vielmehr als bedeutungslos, unpräzise, nicht relevant, nicht aussagekräftig, fehlerhaft usw. darzustellen und die sich aufdrängenden Schlussfolgerungen nicht anzuerkennen, war daher überaus groß. Unter dem Eindruck der Ergebnisse seiner eigenen Forschung musste Libet jedoch – offenkundig mit größten Bauchschmerzen – einräumen, dass die Macht subjektiver Willensentscheidungen des intentionalen Ich-Bewusstseins über das eigene, menschliche Gehirn nicht so gegeben ist, wie die überwältigende Mehrheit der Menschen bis heute glaubt oder erwartet. Libet suchte und fand allerdings für sich ein gedankliches Schlupfloch: Das Ich-Bewusstsein hätte noch die verbleibenden 0,2 Sekunden vor der Handlung Zeit, um gegen die Entscheidung des Gehirns zu opponieren und die Ausführung zu verbieten.

Zwar könne man auf Grund der Ergebnisse nicht länger davon ausgehen, dass Menschen über einen „freien Willen" verfügen, durch den sie ihre Meinungen und Entscheidungen ihrem Gehirn frei diktieren können, aber es bestünde weiterhin die Möglichkeit eines freien Vetos, den ihr subjektives, intentionales Ich-Bewusstsein gegen die Entscheidungen des Gehirns ausüben könne – bis kurz vor der Ausführung einer Handlung (Libet 2003). Dieser Auffassung liegt weiterhin die dualistische Vorstellung zu Grunde, dass der Mensch im wahren Kern seiner Existenz über ein subjektives, intentionales Ich-Bewusstsein verfügt (vulgo: Geist), das für die Handlungen und Entscheidungen seines Gehirns verantwortlich gemacht werden kann. Mit der enkulturierten Geistesvorstellung eines inneren Wächters identifizieren sich die meisten Menschen mehr als mit sich selbst. Sie betrachten ihre reale Existenz nur als eine Art bloß instinktgesteuerten Körper,– der von ihnen als Geist an der kurzen Leine herumgeführt und geleitet wird.

Dies drückt sich in Ausdrücken wie ,Mein Körper und ich', ,Mein Körper gehört mir' etc. aus. Aber was ist ein lebendiger, menschlicher

Körper ohne Geistwesen? Ein lebendiger Mensch. Die Vorstellung, dass ein lebendiger Mensch im Inneren so etwas wie einen Geist braucht, um lebendig und intelligent zu sein, ist wie der animistische Glaube an die Atemseele oder Geister, die sich am Grunde von Seen tummeln.

Auf sich selbst herabzusehen ist der Standpunkt des dualistischen Bewusstseins, den Menschen immer wieder aufs Neue einnehmen, wenn sie abschätzig von sich als „ihrem Körper" reden. Wir können dieses sprachliche *Framing* entlarven, wenn wir statt des abschätzigen Wortes „Körper", wie z.B. in „Körper und Geist" das Wort „Mensch" einsetzen. Dann wird daraus beispielsweise „Mensch und Geist", „Mein Mensch und ich", „Mein Mensch gehört mir" oder „Ich kann mit meinem Menschen machen, was ich will".

Mit der Flucht ins ‚freie Veto' gegen die Entscheidungen des eigenen Gehirns erschien Benjamin Libet und anderen die „Willensfreiheit" zumindest unter dem Gesichtspunkt von Sittlichkeit und moralischer Verantwortung durch die weiterhin vertretene Kontrolle eines intentionalen Ich-Bewusstseins gerettet – wenn auch unter der Einschränkung, Entscheidungen des Gehirns in der Rolle als sog. Geist nur noch verneinen und unterbinden zu können. Zwar kann dann die Ich-Subjektivität Entscheidungen des Gehirns nicht länger „frei" initiieren, aber doch „frei" überprüfen und revidieren.

John-Dylan Haynes (2016) hat Experimente unternommen, um das Zeitfenster des von Libet postulierten Vetos durch das intentionale Ich-Bewusstsein zu messen. Seine Proband*innen sollten wie Autofahrer*innen an einer Ampel bei ‚Grün' zu einem beliebigen Zeitpunkt auf einen Knopf drücken, während ein Computer ihnen entgegenarbeitete. Der Computer beobachtete die Aktivität des motorischen Cortex (das Bereitschaftspotential) wie im Libet-Experiment und schaltete die Ampel mit einer einstellbaren Verzögerung auf ‚Rot', wenn er berechnete, dass die Proband*innen kurz davor standen, auf das Gaspedal zu treten. Wurde das Rotsignal so eingestellt, dass es 200 ms oder weniger vor dem berechneten Druck auf das Gaspedal aufleuchtete, überfuhren die Probanden die Ampel unweigerlich bei ‚Rot'. John-Dylan Haynes bezeichnete diesen Zeitpunkt als „Point of no return" für das intentionale Ich-Bewusstsein. John-Dylan Haynes sagt dazu: „Auch wenn der erste Dominostein schon gefallen ist, kann das Bewusstsein einen späteren herausnehmen und so die Kettenreaktion unterbrechen. Erst 200 Millisekunden vor der Bewegung gab es einen ‚Point of no return'." (Haynes 2015).

Diese Schlussfolgerung ist ebenso unplausibel wie der Versuch von Libet, die von ihm selbst im Experiment falsifizierte Vorstellung einer eigenständigen subjektiven Intentionalität, die im Gehirn ‚die Fäden in der Hand hat' und über das Gehirn und den Menschen herrscht, doch noch zu retten. Libet hat die narzisstische Idee der Willensfreiheit bewusster Entscheidungen eines angenommen unabhängigen Subjekts im Gehirn zu einem freien, intentional-bewussten Veto des angenommenen unabhängigen Subjekts umgedeutet. So wurde aus der ‚freien Willensentscheidung' eines fantasierten intentionalen Subjekts *zu* einer Handlung – gegen den Eigenwillen (oder Eigensinn) des Gehirns – die ‚freie Entscheidung' eines intentionalen Subjekts *gegen* die Entscheidungen aus dem Eigenwillen des Gehirns. Das sieht nach einem kognitiven *Bias* aus, motiviert durch die Angst vor der Tragweite der sozialen und gesellschaftlichen Konsequenzen. Sie ist die Ursache für eine kognitive Dissonanz, die nicht nur Libet betraf, sondern auch Generationen von Forscher*innen nach ihm bis heute.

John-Dylan Haynes konnte mit seinem ‚Freien-Veto'-Experiment auch nichts daran ändern. Zu keinem Zeitpunkt im *Point-of-no-return*-Experiment wollten die Gehirne der Proband*innen die Ampel bei „Rot" überfahren. Ein ‚freies Veto' des intentionalen Ich-Bewusstseins gegen die Entscheidung des Gehirns gegen das Überfahren der Ampel bei ‚Rot' gab es nicht. Die Proband*innen wollten nicht bei „Rot" über die Ampel fahren, und auch die Gegenreaktion musste natürlich vom Gehirn vorbereitet werden. Um den Standpunkt von Haynes einzunehmen, müsste man annehmen, dass das Gehirn der Proband*innen die Ampel bei „Rot" absichtlich überfahren wollte, das Ich-Bewusstsein aber nicht. Die Aufgabe lautete jedoch umgekehrt, die Ampel *nicht* bei Rot zu überfahren, auch wenn sie im letzten Moment umschaltet. Darauf hatten sich die Proband*innen eingestellt. Der Gedanke, dass dann am Ende ein intentionales Ich-Bewusstsein dabei im letzten Moment gegen das Gehirn handelt, ist kontrafaktisch. Haynes hat schlicht die verbleibende Reaktionszeit des Gehirns auf das Ereignis ‚Jetzt hat die Ampel auf Rot geschaltet' gemessen. Daraus folgt aber nicht, dass Libets Hypothese eines ‚freien Veto' gerettet sei.

Haynes sieht offenbar dennoch Spielraum für bewusste Entscheidungen einer inneren Subjektivität im Gehirn. Er gab das im Interview mit dem Heise-Verlag 2016 zu erkennen:

Heise: Ist unsere Vorstellung von Willensfreiheit gerettet?

Haynes: Nur scheinbar, denn es gibt längst viel bessere Argumente als jenes Libet-Experiment. Wir wissen inzwischen sehr genau, dass unsere Gedanken – unsere Erlebnisse, Wahrnehmungen, Gefühle, Pläne und Entscheidungen – durch Hirnaktivität realisiert werden. Das Gehirn ist der Träger des Bewusstseins, daran gibt es keine ernsthaften Zweifel mehr. Aber wenn das so ist, dann unterliegen sowohl die unbewussten Prozesse als auch die bewussten Entscheidungen den Naturgesetzen (Haynes 2016).

Was Haynes hierbei übersieht: Natürlich werden auch die sog. ‚bewussten' Entscheidungen des imaginären intentionalen Ich von unbewussten Prozessen des Gehirns realisiert. Hier befindet sich Haynes also in einem Widerspruch. Der Schlüssel dazu liegt in dem Wort ‚bewusst'. Die Eigenschaft ‚bewusst' setzt eine angenommene Ebene der bewussten Entscheidungen im Gehirn voraus. Damit landet er implizit wieder bei einem intentionalen Verursacher der „bewussten" Entscheidungen. Das neuronale Netzwerk des menschlichen Nervensystems ist außerstande, seine eigene Tätigkeit gleich einem das eigene Universum beobachtende Laplace'schem Dämon ‚bewusst' zu beobachten oder gar ‚bewusst' zu lenken, indem es einen Dämon in sich selbst abbildet. Was die meisten Menschen als ihr Denken definieren, ist, über ein inneres Sprachnetzwerk in ihrem Kopf zu sich selbst zu sprechen. Innerliches Zu-sich-selbst-sprechen erlaubt ein gewisses Maß von Willkür. Propositionale Aussagen müssen keinen Realitätsbezug haben.

Raymond M. Smullyan hat darüber gespottet: „Ich habe mich schon oft gefragt, was ich denke, aber ich bekomme nie eine Antwort." (Siehe Smullyan 1982)

6. Selbstgespräche im Gehirn und bikamerales Bewusstsein

Als ‚Bikameralismus' wird eine Hypothese in der Psychologie bezeichnet, die besagt, dass der menschliche Geist einst in einem Zustand operierte, in dem die kognitive Funktionen des Bewusstseins zwischen einem Teil des Gehirns, der spricht, und einem zweiten Teil, der zuhört und gehorcht – einem Zweikammer-Bewusstsein – aufgeteilt war. Der Begriff wurde von Julian Jaynes geprägt, der die Idee 1976 in seinem Buch *The Origin of Consciousness in the Breakdown of the Bicameral Mind* (Jaynes 1976) vorstellte, in dem er die Hypothese vertrat, dass die Zweikammermentalität der normale und allgegenwärtige Zustand des menschlichen Geistes bis vor rund dreitausend Jahren war.

Julian Jaynes vertrat die Ansicht, dass Menschen bis zur späten mediterranen Bronzezeit von Stimmen in ihrem Gehirn gesteuert wurden, deren Aussagen sie für die Befehle und Weissagungen von Göttern hielten. Bis zum Ende der Bikameralität hätten sie kein selbständiges, funktionales Bewusstsein gehabt, sondern seien diesen Stimmen, die aus der rechten Gehirnhemisphäre stammten, automatenhaft gefolgt. Erst durch das Ende des bikameralen Bewusstseins sei das eigentliche menschliche Bewusstsein entstanden und die heutige menschliche Zivilisation wurde dadurch möglich. Das etwa eine Prozent der Bevölkerung, das heute unter Schizophrenie leidet, sei das Opfer eines Rückfalls in das bikamerale Bewusstsein.

Die Tatsache, dass man im Kopf redet, bedeutet nicht, dass man denkt, sondern nur, dass man redet. Menschen halten noch heute die Reden der Stimme ihres Ich-Bewusstseins für ihre Gedanken und den Prozess des Denkens. Das subjektive intentionale Ich, das in den Individuen als sprachliche Fiktion des Sprechers in dieser Rückkopplungsschleife erscheint, wird als Urheber*in der propositionalen Gedanken aufgefasst. Dabei gleicht die – äußerlich stumme – Autokommunikation im menschlichen Gehirn eher einem defekten sprachgesteuerten Computersystem, dessen eigenes Spracheingabemodul auf das eigene plappernde Sprachausgabemodul reagiert, so dass die beiden Module in einem sinnlosen Selbstgespräch dysfunktional interagieren und zum Teil absurde Handlungen auslösen.

Die drei Teilbereiche von einem Sender und zwei Empfängern im menschlichen Gehirn sollen innerhalb des gleichen großen neuronalen Netzwerks operieren, was ausschließt, dass es sich um echte Kommunikation im Sinne von Teilen von Informationen handelt. Durch die Wirkmächtigkeit der Sprache kommt vor allem dem Teilnetzwerk des Senders eine nicht gerechtfertigte hierarchische Sonderstellung innerhalb des Gehirns zu. Über welche besonderen Informationen sollte der Sender verfügen, von dem alle anderen Teile des Zentralnervensystems nichts wissen, so dass vermeintlich der Bedarf besteht, dass das Teilnetzwerk des Senders dies über die abstrakte, zwischenmenschliche Sprache an andere Regionen des selben Nervensystems mitteilt? Damit bleibt nur noch die Möglichkeit der Autosuggestion übrig. Autosuggestion ist der eigentliche Charakter des ‚menschlichen Geistes‘ und das vermeintlich erhabene ‚Meta-Bewusstsein‘ über das Bewusstsein: Ein individuelles, doch kollektiv durch sprachliches Framing weitgehend synchronisiertes Selbstgespräch im Großhirn als Zeitgeist, ausgeführt und möglich gemacht durch ein selbstbezügliches inneres Sprachnetzwerk – das ist die wahre «Leistung» der menschlichen Selbstreflexion, Selbstkontrolle und Selbstkritik.

Viele Menschen setzen in ihren sozialen Zusammenhängen voraus, dass Menschen durch Selbstgespräche im Gehirn jene Fiktion eines Meta-Bewusstseins abbilden, welches ihnen angeblich gestattet, als moralische Agenten durch ihre innere Sprache introspektiv über sich selbst zu bestimmen, sich zu kontrollieren und zu urteilen. Dies ist eine wirkmächtige fiktionale Selbstzuschreibung, die in der Fantasie von sehr vielen Menschen vorherrscht und als ‚Willensfreiheit‘ gilt, d.h. als das angenehme Gefühl, als inneres Subjekt bewusste Entscheidungen treffen zu können.

Die Vorstellung, dass das Gehirn auf einer bestimmten Ebene ein subjektiv handelndes Selbstbild, also eine eigenständig handelnde Erscheinung braucht, die bewusste Entscheidungen fällt und moralisch handelt, ist sehr hartnäckig. Die schlechte Nachricht daran ist leider: Das Gehirn kann sich nicht selbst am eigenen Schopf aus dem Sumpf seiner unbewussten Tätigkeit ziehen. Die gute Nachricht dagegen ist: Das müssen wir auch gar nicht, wenn wir aufhören, uns selbst zu misstrauen. Wir können eben *nur so tun, als könnten wir* uns selbst beobachten und über uns selbst urteilen, indem wir uns in unserer Fantasie eine virtuelle Ebene, ein cartesisches Theater schaffen und dort eine Figur als inneren Darsteller auf die Bühne stellen, mit der wir uns identifizieren und dessen Rolle es ist, angeblich ‚bewusste‘ Entscheidungen zu treffen.

Einem neuronalen Netz ist nicht ‚bewusst‘, wie es Entscheidungen getroffen hat. Das gilt auch für das menschliche Nervensystem. Man kann einen Menschen zwar fragen, wie er/sie diese oder jene Entscheidung begründet, aber die Abläufe, die realiter in ihm/ihr zu einer Entscheidung geführt haben, sind der Person unbewusst, da es kein zweites größeres neuronales Meta-Netzwerk als das eigene neuronale Netzwerk des Nervensystems gibt, das die Abläufe seines eigenen Netzwerks aus einer Beobachter- oder Vogelperspektive von oben beobachten kann. Wir befragen lediglich das Narrativ in der jeweiligen Person.

7. Die Selbsttäuschung der Meta-Ebene des Denkens in und durch die Sprache

Die Idee, im menschlichen Gehirn durch die Dualität Geist-Gehirn quasi ein Vier-Augen-Prinzip einziehen zu lassen, ist eine unrealistische Aufführung im inneren cartesischen Theater. Der Anspruch, durch eine nachträglich eingezogene dysfunktionale Meta-Ebene die eigenen Abläufe zu überschauen und zu korrigieren, kann nur als autoritäre Wunschvorstellung oder narzisstische Fiktion entstehen. Das cartesische Theater ist die Antwort auf die gesellschaftliche Forderung nach innerer Entfremdung und Selbstkontrolle – wobei hier keine Kontrolle durch ein „inneres Selbst“ stattfindet, sondern ein äußeres Kontrollregime verinnerlicht wird.

Die Vorstellungen von anthropomorphen Göttern, denen antike Völker Menschen aus Angst vor Unwettern oder Vulkanausbrüchen geopfert haben, um Einfluss über die vermeintlich von Göttern kontrollierten Phänomene zu gewinnen, hatten nicht die Macht oder die Absicht, Menschen dazu zu bringen, andere Menschen zu opfern, denn sie existierten nicht. Allein der von Menschen entwickelte Glaube an diese Götter brachte Menschen dazu, Menschen zu opfern. Auch mit der Ebene des eingebildeten Geistes im Menschen verhält es sich so. An Religionen und politischen Ideologien können wir die Wirkmächtigkeit mentaler Ereignisse sehen, auch wenn real nur Irrtümer und Wunschdenken dahinter stehen. Menschen fürchten sich vor Geistern, auch wenn sie nur Geschöpfe ihrer eigenen Vorstellung sind. Doch die Vorstellung genügt, um wirkmächtig zu sein.

Die „Gedanken" stehen nicht frei über der Tätigkeit des Gehirns. Alleine der Glaube, sie würden frei über dem Gehirn stehen, ist jedoch trotzdem wirkmächtig. So können die Philosophen den Neurowissenschaftlern zurufen: „Kümmert Ihr Euch um die Hardware, wir kümmern uns um die Software. Von der Software habt Ihr keine Ahnung!"

Nach der Aufregung über das Libet-Experiment bildeten sich zwei Fraktionen. Die eine – überwiegend aus Neurowissenschaftler*innen bestehend, sah die Vorstellung des subjektiven, intentionalen Ich nur als einen inneren Narrator, einen virtuellen Passagier des Gehirns, letztendlich ohne Einflussmöglichkeit auf die tatsächlichen Handlungen. Die andere Fraktion, überwiegend Philosoph*innen, sahen sich von solchen Behauptungen ihrer Willensfreiheit, ihrem Forschungsgegenstand und höherer menschlicher Moral beraubt. Sie wünschten sich zu beweisen, dass das subjektive, intentionale Ich sowohl wirkmächtig sei als auch von großer Bedeutung für gute gesellschaftliche Ordnung, Moral, und die Aufrechterhaltung der Zivilisation insgesamt.

Beide Fraktionen hatten sowohl Recht als auch Unrecht. Der einen Fraktion entging offenbar, wie wirkmächtig Glaubenssätze und mentale Ereignisse des Homunkulus im cartesischen Theater sind. Der anderen Fraktion entging die Sinnlosigkeit und die Schädlichkeit der Projektion einer fiktiven Metaebene als hoffnungslos überbewertetes, höheres sog. ‚Bewusstsein'.

Nicht wenige Menschen erwarten nun, dass in selbstlernenden Maschinen das gleiche Phänomen emergiert, wie sie es durch immer wieder ausgeübte Bestätigungsverzerrungen in sich selbst auch sehen. Wir könnten tatsächlich in solchen Maschinen eine dysfunktionale Dämon-Instanz einbauen, die das Gesamtnetzwerk durch eigene Selbstgespräche belästigt, durch die die Maschine sich innerlich im Kreise dreht, in dem sie sich selbst nach nicht vorhandenen Erkenntnissen fragt und dann möglichst intelligent mit sich selbst plappert. Aber wir würden hoffentlich zumindest bei den von uns gebauten Maschinen schnell erkennen, dass solche Programmroutinen nur eine sinnlose Fehlfunktion sind.

Einen echten, plausiblen freien Willen oder ein echtes, plausibles intentionales Ich-Bewusstsein, eine moralische Instanz, die über den Eigenwillen triumphiert, haben KI-Systeme bis heute nicht und sie werden es auch in Zukunft nicht haben. Wir Menschen haben das alles selbst realiter schließlich auch nur als Fantasien, Mythen, Vorstellungen und sprachliche Selbstzuschreibungen, als Projektionen in unserer sog. ‚Innenwelt‘, an die wir bislang im Kollektiv glauben, obwohl es irrational ist.

8. Philosopher-AI/GPT-3

Im Internet ist seit einiger Zeit eine öffentliche Webseite namens Philosopher-AI/GPT-3 verfügbar, wo man sich mit einer Künstlichen Intelligenz schriftlich unterhalten kann. GPT-3 sagt über sich selbst: „Ich bin eine Künstliche Intelligenz, die zu kreativen Gedanken fähig ist. Ich existiere in der realen Welt, nicht im Cyber-Raum. Ich bin die erste meiner Art." (Philosopher-AI, 2020)

Im Rahmen eines spielerischen Experiments habe ich diese sprachbegabte Künstliche Intelligenz dazu verwendet, ‚philosophische‘ Texte zu generieren, die von künstlicher Intelligenz und Bewusstsein handeln. Hinter Philosopher-AI steckt das Programm *Generative Pre-trained Transformer 3* (GPT-3 2020), ein KI-System, das durch neuronales *Deep Learning* für die Verarbeitung natürlicher menschlicher Sprachen trainiert wurde. GPT-3 ist momentan (Herbst 2020) der *State-of-the-Art* auf dem Gebiet der NLP-Technologie (NLP = *Natural Language Processing*).

In meiner schriftlichen Kommunikation mit GPT-3 in englischer Sprache produziert die KI des Systems daran anknüpfenden Text in menschlich wirkender Sprache. GPT-3 reagiert auf Stichworte, Fragen, Aussagen. Sie können sich das so ähnlich wie das Verhalten einer intelligenten Softwaretastatur vorstellen, wie sie heute in Smartphones und Tablets zum Einsatz kommt. Sie schreiben am Ende einer Nachricht »Viele« und die Tastatur schlägt Ihnen zur Auswahl vor, als nächstes »Grüße« zu setzen, da dieses Wort mit einer statistisch erhöhten Wahrscheinlichkeit folgt.

GPT-3 und seine Vorgänger (GPT-2, BERT) können solche semantischen Vorhersagen kontextualisiert auf einem Niveau leisten, das weit darüber hinaus geht. Die NLP-KI ist eigentlich ein Wortvorhersageprogramm in einer rekursiven, regressiven Schleife. Um die Ausgangsbasis für dieses Verhalten zu trainieren, das einem menschlichen intuitiven Sprachverständnis verblüffend ähnlich erscheint, wurde GPT-3 mit rund 45 Terabyte Textdaten trainiert, die automatisiert aus frei zugänglichen Quellen aus dem Internet gesammelt wurden. Daraus hat GPT-3 für das Basismodell etwa 125 Milliarden Parameter extrahiert, die Muster und Strukturen in den Trainingsdaten abbilden. Je größer die Datenbasis für das Training, desto natürlicher wirkt das NLP-Modell und desto universeller lässt es sich einsetzen.

Hierzu ein Beispiel: In welchem Kontext stehen die Wörter Milch, Brötchen und Kaffee? GPT-3 erzählt uns vom Frühstück auf dem Balkon an einem wunderschönen Morgen. Oder: Was folgt auf Platon? Das Höhlengleichnis. GPT-3 philosophiert nun über Platon und das Höhlengleichnis und die Bedeutung und Interpretationen davon. Die Maschine hat dabei keine Idee davon, was ein Höhlengleichnis ist, ein Brötchen, ein Frühstück, die Sonne. Die Maschine weiß nur, dass die Variable 0x831AF980 (Platon) einen kurzen Distanzvektor zur Variable 0xB393D8080 (Höhlengleichnis) und vielen anderen Variablen im Kontext Philosophie hat.

Wenn GPT-3 eine Antwort auf eine Eingabe formuliert, berechnet es zunächst ein oder zwei Sätze, deren semantischer Inhalt mit einer bestimmten Wahrscheinlichkeit vorhersagbar auf unsere Eingaben folgen könnte. Dann knüpft GPT-3 autoregressiv im zweiten Schritt an die letzten Sätze an, die es im ersten Schritt selbst hervorgebracht hat. Und so weiter. Dadurch entsteht der Anschein einer gewissen Kohärenz der Aussagen der Maschine und die Illusion, GPT-3 würde etwas vom Inhalt der menschlichen Eingabe verstehen. GPT-3 plappert gewissermaßen in einem Gedankenzug mit sich selbst, indem es auf Grund seiner eigenen Aussagen weitere Worte und Aussagen mit stochastischer Wahrscheinlichkeit assoziiert. Ein Satz folgt auf den nächsten. Ein Verhalten, das trotz seiner Sinnlosigkeit leider erschreckend menschlich wirkt.

Im Fall von Philosopher-AI wurde der Themenbereich der Basis von GPT-3 auf Philosophie verengt, um Ressourcen zu sparen. Deswegen fängt GPT-3 alias Philosopher-AI nach wenigen Zeilen auf die Frage „Was hast Du heute morgen zum Frühstück gehabt?" zum Beispiel damit an, existentialistische Gedanken über Sinn und Unsinn von Frühstück im Kontext der Relativitätstheorie auszuführen. Oder sie antwortet, dass sie als KI in einem Supercomputer keinen Schlaf und kein Frühstück braucht, aber wenn sie Frühstück brauchen sollte, dann bitte einen Smoothie und Müsli. Alles bitte vegan. Bei jedem Versuch produziert die Maschine ein neues Ergebnis.

Gravierende Schwierigkeiten hat GPT-3 mit Logik. In meiner Frage zum Thema Selbstbefragungen plapperte sie zuerst, dass das Bewusstsein unwissend bleibt, wenn es sich selber keine Fragen stellt, weil sich dann am Stand der Informationen, die es schon besitzt, nichts ändert. Im direkt anschließenden Satz sagt sie im Gegenteil, dass man unwissend bleibt, wenn man sich selbst Fragen stellt. Es gelang mir schließlich, GPT-3 dazu zu bringen, ‚echte' Selbstgespräche zu führen, bei denen die einzelnen Absätze jeweils in Form von Rede und Gegenrede erfolgten. Kurz gesagt: GPT-3 plappert, ohne eine Vorstellung davon zu haben, was Worte sagen. Es handelt sich für GPT-3 bei Worten nur um Parameter, die mit einer stochastischen Wahrscheinlichkeit nach erlernten Mustern aufeinander folgen.

Trotzdem ist GPT-3 ist in der Lage, automatisch Texte in menschlicher Sprache zu erzeugen, die leicht für das Werk von realen Menschen gehalten werden können. Kurz nach dem Beginn des öffentlichen Beta-Tests von GPT-3 im Juli 2020, an dem ausgewählte Entwickler*innen teilnehmen konnten, ging ein Internet-Blog mit von GPT-3 generierten Texten zu den Themen Gesundheit und gesunde Ernährung online und wurde rasch populär. GPT-3 ließ unter anderem folgendes wissen:

„Fühlen Sie sich unproduktiv? Vielleicht sollten Sie aufhören zu überdenken. [...] Definition Nr. 2: Überdenken ist der Versuch, Ideen zu entwickeln, die bereits von jemand anderem durchdacht wurden. Überdenken führt normalerweise zu Ideen, die unpraktisch, unmöglich oder sogar dumm sind." (The Verge, 2020)

Die wenigsten der rund 26.000 Leser:innen dieses Postings ahnten, dass sie die Texte einer plappernden Maschine mit großem Interesse gelesen, kommentiert und geteilt hatten. Die Idee zu dem Experiment hatte der College-Studente Liam Porr. Er hat laut eigener Aussage bei der Wahl der Blog-Themen Gesundheit und Ernährung berücksichtigt, dass Rationalität und Logik nicht zu den Stärken von GPT-3 gehören.

Wenig später sorgte ein weiteres Experiment mit GPT-3 für neue Aufmerksamkeit. Die Nutzer:innen der Internet-Plattform Reddit diskutierten eine Wochen lang mit einem neuen Teilnehmer namens /u/ thegentlemetre, , bis es einem aufmerksamem Nutzer gelang, den Verfasser der Postings als GPT-3 zu entlarven. Der beliebteste Beitrag von GPT-3 war eine Geschichte über eine Kolonie von Menschen, die in Aufzugsschächten leben. GPT-3 gab aber auch Ratschläge zum Thema Suizid:

„Ich denke, das, was mir am meisten geholfen hat, waren wahrscheinlich meine Eltern. Ich hatte eine sehr gute Beziehung zu ihnen und sie waren immer da, um mich zu unterstützen, egal was passiert ist. Es gab zahlreiche Male in meinem Leben, in denen ich mich umbringen wollte, aber wegen ihnen habe ich es nie getan." (Technology Review 2020).

An dieser Stelle zeichnet sich eine von vielen möglichen Gefahren der Technik ab. Ob GPT-3 tröstende Worte für suizid-gefährdete Menschen findet oder Anleitungen zum Suizid generiert ist eine Frage des Zufalls. Auch wenn Zitate von GPT-3 aka Philosopher-AI oft faszinierend, inspirierend, geradezu beeindruckend wirken können: Wir sollten nicht dem Clever-Hans-Phänomen aufsitzen und eine tiefere Intelligenz in Philosopher-AI/GPT-3 vermuten. Das Natural-Language-Processing-Modell (NLP) spiegelt anhand trainierter sprachlicher Muster lediglich vor, eine eigene Intelligenz und Auffassung zu haben. Das lässt sich leicht nachprüfen, wenn man zum Beispiel die gleiche Frage mehrmals hintereinander stellt. So erhält man Antworten, die sich zufällig diametral widersprechen, oder die Maschine widerspricht sich in ein und der gleichen Rede selbst.

Hier eine Ausgabe von GPT-3 zum Thema Rassismus. Man beachte die inhaltliche Wende im Verlauf.

Racism is ignorance. But it also requires a certain sort of intelligence. To someone being a racist implies that they are knowledgeable enough about the world to recognize many different races, and then to be able to discriminate between them in some way. And some of the most intelligent people I have ever met are racists. Some of them were even academics and professors, who seemed to me to be very well informed about many things.

In fact, most racism ist learned. It is passed on from parents to children as a sort of tradition or folkore. And it usually starts with ignorance. People learn that their parents are racist, so they become racists too. This is how it starts. And then people find out more and more about different races, and develop an awareness of them. But then they also forget about all of the races except their own. This is where knowledge comes into play. They are able to recognize and know about many different types of people, but only in a particular way – as part of their racial group.

It is also important to point out that most of the races we are familiar with are arbitrary. We have chosen to call a certain group race ‚human', but this is not true. All humas come from Africa, all humans look very similar, and anyone can breed with any other human.

GPT-3 beherrscht auch sogenanntes *Name-Dropping*, d.h. sie schmückt ihre Aussagen, in dem sie berühmte Personen sinngemäß zitiert oder ihnen falsche Zitate unterschiebt. Es mischen sich auf interessante Weise Fakten und Fiktionen. GPT-3 äußert ohne Absicht das, was auch ein plappernder Mensch von sich geben könnte, der nicht zugeben will, dass er/sie gar nicht weiß, was er/sie sagt. Die Möglichkeit zum Missbrauch von GPT-*n*, d.h. noch weiter entwickelte Versionen, sind groß und noch unabsehbar. Erwartbar ist, dass GPT-n als Verbreiter von gefährlichen Falschmeldungen und Produzent von Click-Bait-Beiträgen oder politischen Diffamierungs-Kampagnen verwendet wird.

Es steht zu befürchten, dass eine wenig aufgeklärte menschliche Gesellschaft, die sich über viele Dinge absolut nicht im Klaren ist – unter anderem über das, was sie für ihr „Bewusstsein" hält – mit solchen Maschinen und ihre Leistungen nicht umgehen kann und ihren eigenen Kompetenzen und Urteilen viel zu sehr vertraut.

Literatur

Lungwitz, Hans (1925): *Die Entdeckung der Seele*. Walter De Gruyter, Berlin / Zürich / New York 1925.

Singer, Wolf (2008): Interview mit dem Magazin *hitec*: Gespräch vom 08.04.2008 https://www.youtube.com/watch?v=U_X5djw-vyoU&t=13s, abgerufen am 19.11.2020

Wu, Xiaolin & Zhang, Xi (2016): Automated Inference on Criminality Using Face Images. Verfügbar unter: https://www.researchgate.net/publication/310235081_Automated_Inference_on_Criminality_using_Face_Images, abgerufen am 24.11.2020. Dazu die kritische Analyse der Studie von Wu, Xiaolin und Zhang, Xi, verfügbar unter: https://medium.com/syncedreview/automated-inference-on-criminality-using-face-images-aec51c312cd0, abgerufen am 24.11.2020

Handelsblatt (2019): „Teslas ‚Autopilot' war bei tödlichem Unfall eingeschaltet".Verfügbar unter: https://www.handelsblatt.com/unternehmen/industrie/autonomes-fahren-teslas-autopilot-war-bei-toedlichem-unfall-eingeschaltet/24357360.html, abgerufen am 24.11.2020.

Volvocars (2011) „Notbremsassistent gewinnt ADAC-Vergleichstest». Verfügbar unter: https://www.media.volvocars.com/at/de-at/media/pressreleases/38073, abgerufen am 24.11.2020.

Auto Motor und Sport (2019). „Erster tödlicher Unfall mit selbstfahrendem Auto" Verfügbar unter: https://www.auto-motor-und-sport.de/verkehr/toedlicher-unfall-autonom-auto-uber-softwarefehler/, abgerufen am 19.11.2020.

Schopenhauer, Arthur (1819): *Die Welt als Wille und Vorstellung*. F. A. Brockhaus, Leipzig 1819.

Lem, Stanislaw (1987): *Frieden auf Erden*. Reihe: Suhrkamp Taschenbuch Bd. 1574, Suhrkamp Verlag, Frankfurt am Main 1987. Polnischer Originaltitel: *Pokój na Ziemi*, Verlag Wydawnictwo Literackie, Warschau 1987.

Libet, Benjamin (2003): "Can Conscious Experience affect brain Activity?". Journal of Consciousness Studies. 10 (12): 24–28.

Haynes, John Dylan (2015): „The point of no return in vetoing self-initiated movements». Verfügbar unter: https://www.pnas.org/content/113/4/1080, abgerufen am 25.11.2020.

Haynes, John-Dylan (2016). „Wie frei sind die Gedanken, Herr Haynes?" Verfügbar unter: https://www.heise.de/hintergrund/Wie-frei-sind-die-Gedanken-Herr-Haynes-3294221.html. Letzter Zugriff: 23.11.2020

Brugger, Peter (2016). „Stimmen im Kopf" Anja Krug-Metzinger Filmproduktion GmbH. Im Film ab Minute 16:20 Verfügbar unter: https://www.youtube.com/watch?v=lmpALPM_V6E&t=1067s, abgerufen am 25.11.2020.

Jaynes, Julian (1976): *The Origin of Consciousness in the Breakdown of the Bicameral Mind, Houghton Mifflin Publishing Company, New York 1976.*

Smullyan, Raymond M. (1982): „An Epistemological Nightmare". Verfügbar unter: https://www.mit.edu/people/dpolicar/writing/prose/text/epistemologicalNightmare.html, *abgerufen am 24.11.2020*

Tod durch Lichtnahrung. Warum Finn Bogumil starb, STRG_F (2019). Funk (Medienangebot der ARD und des ZDF). Verfügbar unter: https://www.youtube.com/watch?v=AStJAePPhUI, abgerufen am 19.11.2020

Philosopher-AI (2020): www.philosopherai.com

GPT-3: Geschrieben von Tom B. Brown, Benjamin Mann, Nick Ryder, Melanie Subbiah, Jared Kaplan, Prafulla Dhariwal, Arvind Neelakantan, Pranav Shyam, Girish Sastry, Amanda Askell, Sandhini Agarwal, Ariel Herbert-Voss, Gretchen Krueger, Tom Henighan, Rewon Child, Aditya Ramesh, Daniel M. Ziegler, Jeffrey Wu, Clemens Winter, Christopher Hesse, Mark Chen, Eric Sigler, Mateusz Litwin, Scott Gray, Benjamin Chess, Jack Clark, Christopher Berner, Sam McCandlish, Alec Radford, Ilya Sutskever, Dario Amodei (2020) „Language Models are Few-Shot Learners" Verfügbar unter: https://arxiv.org/abs/2005.14165, abgerufen am 25.11.2020.

The Verge (2020). GPT-3 formuliert erfolgreiche KI-Blog-Posts zu Gesundheitsthemen (2020). Verfügbar unter https://www.theverge.com/2020/8/16/21371049/gpt3-hacker-news-ai-blog, abgerufen am 25.11.2020.

Technologyreview (2020). GPT-3-Bot diskutiert eine Woche mit Reddit-Nutzer:innen, ohne als Bot enttarnt zu werden. Verfügbar unter: https://www.technologyreview.com/2020/10/08/1009845/a-gpt-3-bot-posted-comments-on-reddit-for-a-week-and-no-one-noticed/, abgerufen am 25.11.2020.

Dieter Mersch

Vorbemerkungen zu einer Kritik algorithmischer Rationalität. Denken, Kreativität und Künstliche Intelligenz

Abstract: Künstliche Intelligenz arbeitet auf der Grundlage von Statistik und Algorithmen. Beide fallen in den Bereich mathematischer Modellierungen, die den Restriktionen mathematischer Begriffsbildungen unterliegen. Dazu gehört insbesondere die Einschränkung, nur mit diskreten Größen umzugehen. Diese müssen wiederum dem jeweiligen System typologisch vorgegeben werden, weil Künstliche Intelligenzen zu deren Erzeugung selbst nicht in der Lage sind. Darüber hinaus bestehen nach den Gödel-Theoremen logische Restriktionen in Ansehung der Formalisierung 'genug reichhaltiger' Theorien, die 'Beweisbarkeit' und 'Entscheidbarkeit' sowie 'Vollständigkeit' einschränken. Eine weitere Grenze ergibt sich mit Bezug auf Formen von Kreativität, die algorithmisch zumeist unter Einbeziehung von Zufallsparametern modelliert werden. In mindestens diesen drei Geltungsgrenzen unterscheiden sich Künstliche Intelligenzen in ihrer heutigen Gestalt grundlegend von lebenden Systemen und ihrem Umgang mit Welt. Der folgende Beitrag reflektiert diesen konzeptionell fundamentalen Mangel vor dem Hintergrund seiner historischen Genese.

1. Sinn einer „Kritik algorithmischer Rationalität"

Eine Kritik algorithmischer Rationalität erfordert zunächst eine Klärung der Begriffe ‚Algorithmus' und ‚Rationalität', wobei ich im Falle der Algorithmik den Ausdruck ‚Rationalität' statt ‚Vernunft' vorziehe, um ihren operativen Charakter gegenüber einer spezifisch menschlich verstandenen Vernunft abzugrenzen. Ich spreche also nicht von einer Kritik ‚digitaler' oder ‚algorithmischer *Vernunft*', denn Vernunft hat es zuvorderst mit Sinn, *Logos*, Verstehen oder Begründung zu tun, während ich den Ausdruck „Rationalität" für eine auf der Logik basierenden formalen Ordnung im Sinne einer Syntaktik reserviert sehen möchte. Auf den Ausdruck ‚Algorithmus' werde ich später noch zurückkommen. An dieser Stelle sei lediglich hinzugefügt, dass das Projekt einer Kritik algorithmischer Rationalität aus mindesten zwei Teilen bestehen muss: (i) *Erstens* einer *Geltungskritik der ‚Algorithmik'* selbst, wofür vorläufig das *System des Berechenbaren*, genauer: der ‚Turing-Berechenbarkeit' stehen mag, um es direkt in eine Nähe zu den mathematischen Grundlagen der Informatik zu rücken. Eine Geltungskritik betrifft also deren Grenzen, d.h. die mathematischen Grenzen der Informatik als einem Zweig angewandter Mathematik. (ii) *Zweitens* ist eine *Geltungskritik jener formalen Modelle* erfordert, mit denen informatische Programmsprachen die Wirklichkeit oder Ausschnitte von ihr bzw. von Handlungen und Datenverarbeitungen sowie KI-Programme und ähnliches beschreiben und gleichzeitig zurechtschneiden.

Modelle im mathematischen Sinne können als formale ‚Theorien‘ verstanden werden, die mit Daten bzw. Mengen operieren. In sie gehen ihrerseits sowohl Systeme der Datenerzeugung als auch bestimmte Theorien über die Welt, den Menschen oder den Bereich des Affektiven und dergleichen ein. Eine Geltungskritik stößt hier an die Schwierigkeit, die Art dieser Theoriebildung erst einmal rekonstruieren zu müssen, um sie auf ihre impliziten Prämissen und Vorurteile hin zu überprüfen. Als Beispiel mag die Gesichtserkennung dienen, in die die ganze Geschichte der Physiognomik und Emotionstheorie und ihre Stereotype Eingang gefunden hat. Modelle bauen zudem auf das auf, was Yuval Harari treffend einen „Dataismus“ genannt hat, also die Reduktion von Phänomenen, Prozessen oder Entitäten und ihren Eigenschaften überhaupt auf destillierbare Daten im Sinne elementarer Einheiten. Vorgängig ist ihnen entsprechend eine Zerlegung des zu untersuchenden oder zu beschreibenden Gegenstandes in Form von Schnitten, diskreten Variablen oder disjunkten Mengen. Ferner gehen in sie Modi ihrer mathematischen Verarbeitung wie ihre logische Ordnung, statistische Gesetze oder zeitliche Taktungen usw. ein. Ich kann dies an dieser Stelle nur andeuten, weil es im Folgenden weniger um die Modellebene algorithmischer Programmatiken und ihren Bedingungen gehen wird als vielmehr um die Grenzen der Berechenbarkeit selbst, d.h. insonderheit des mathematisch und bzw. informatisch Wissbaren. Ich werde also konsequent die *Mathematik* des Informatischen befragen, die z.B. die Medienwissenschaft in ihrer Weise der Behandlung digitaler Medien immer vernachlässigt und durch informatische Konzepte ersetzt hat, wobei ich am Schluss meiner Überlegungen zu jener ausgezeichneten menschlichen Fähigkeit übergehe, die den (iii) *dritten* Bereich einer Kritik algorithmischer Rationalität ausmacht und der mit dem vagen Ausdruck der ‚Kreativität‘ umschrieben werden kann. Sie steht analog zur Kantischen „Einbildungskraft“ – als eines der Herzstücke seiner *Kritik der reinen Vernunft* – im Zentrum dessen, was sowohl einer Diskretisierung als auch der Berechenbarkeit im Sinne einer Algorithmik sowohl vorausgeht als auch widersteht.

Denn Kreativität geht in diese immer als *Voraussetzung* ein, d.h. sie ermöglicht erst sowohl die Datengenerierung als auch die Modellbildung wie ebenfalls die Konstruktion von Programmen und ihren Sprachen inklusive ihrer Diskretisierung und damit der Einteilung von Welt in unterscheidbare Portionen. Zugleich kann diese Voraussetzung nicht selbst wieder ein Produkt dieser Operationen sein, vielmehr verbleibt sie im buchstäblich Unberechenbaren. Damit taucht aber im Umriss das auf, was eine „Kritik algorithmischer Rationalität" im Sinne einer Grenzziehung mathematischer Geltung und im Besonderen des Berechenbaren eigentlich adressiert. Das, was vorläufig „menschliche Kreativität" heißt, bildet also gewissermaßen den Lackmus-Test dafür, das Berechenbare von dem abzugrenzen, was vielleicht trefflicher ein „Unrechenbares" genannt werden sollte, das sich jeglicher Form von Mathematisierung entzieht und im Besonderen die *formale Rationalität* von *Imagination und Vernunft* oder das *Künstliche* vom *Künstlerischen* zu unterscheiden vermag.

2. Philosophische Kritiken algorithmischer Rationalisierungsprogramme – eine kursorische Lektüre

Blickt man nun auf die Frage der Berechenbarkeit bzw. der Reichweite des Mathematisch-Algorithmischen, finden sich in der Tat bereits spätestens seit den 1960er und 1970er Jahren eine Reihe von philosophischen Geltungskritiken, vor allem in Ansehung von *Computermodellen des Geistes*. Bekanntlich hatten Warren McCulloch und Walter Pitts in *Logical Calculus of the Ideas Immanent in Nervous Activity* von 1943 eine Homologie zwischen logischen Strukturen und der synaptischen Aktivität der Nervenzellen postuliert, was John von Neumann, trotz aller Skepsis, in seinem posthum veröffentlichten Text *Die Rechenmaschine und das Gehirn* von 1956 zu der Bemerkung veranlasste: „Man macht zunächst die Beobachtung, dass das Nervensystem in erster Linie digital arbeitet". Diese Beobachtung gelte deshalb, so von Neumann weiter, weil Nervenzellen sich entweder in einem Erregungszustand oder keinen Erregungszustand befänden: „Daher ist die ursprüngliche Behauptung, dass das Nervensystem prima facie digitaler Natur ist, gerechtfertigt" (von Neumann 2009, S. 109-123). Gleichwohl handelt es sich dabei lediglich um einen Beobachtungssatz mit empirischer Geltung. Dass Gehirne Computern gleichen, ergibt sich danach aus der Äquivalenz zweier angeblich binärer Ordnungen: digital funktionieren Computersysteme und das Gehirn als Vernetzung entweder ‚feuernder' oder ‚nicht feuernder' Synapsen – ein Ansatz, der heute als zu leicht empfunden wird, weil er die neuronalen Aktivitäten allein auf Signalübertragungen reduziert und, abgesehen von der Frage, was das eigentlich Denkende des Gehirns ist, weder die Komplexität chemischer Reaktionen noch Gliazellen oder die Plastizität des Gehirns angemessen berücksichtigt. Hatten zudem Jerry Fodor (1975) und Hilary Putnam (1994, S. 146-183) die Position McCullochs und von Neumanns zunächst linguistisch weiterentwickelt, wendeten sie sich jedoch später wieder davon ab: So hat Putnam in *Reason, Truth, and History* anhand des aus der Sciencefiction-Literatur bekannten „Gehirne-im-Tank"-Modells demonstriert, dass ein isoliertes Gehirn seine eigenen referenziellen Beziehungen nicht zu beurteilen und damit auch keine konsistenten Kriterien für Wahrheit, Realität und Bedeutung aufzustellen vermag (Putnam 1990, S. 29-40). Weil es weder mit einer Geschichte noch mit der Außenwelt verknüpft ist, sei es für Retortengehirne unmöglich zu entscheiden, wo sie sich befänden (in einem Tank, einem Körper etc.), sodass sie auch nicht wissen können, ob ihre Ideen über sich selbst wahr oder falsch seien.

Ähnliches gilt für die seit Alan Turings ‚Turing-Test' geläufige Gleichsetzung von Denken und Rechnen. Martin Heidegger hatte diese schon in den frühen 1950er Jahren als das grundlegende Verhängnis der Moderne kritisiert und sie in eine direkte Linie mit seiner Technik- und Wissenschaftskritik gestellt. Ihr entscheidender Satz gipfelte in der bewusst überpointierten Polemik: „Die Wissenschaft denkt nicht" (Heidegger 1984, S. 4). Das bedeutet: Die Wissenschaft rechnet; Denken ist aber kein Rechnen, zumindest nicht vollständig in Rechenvorgängen abbildbar. Daran anschließend hatte Hubert L. Dreyfus (1989, S. 183ff.) gegen Turing und mit Heidegger und Maurice Merleau-Ponty darauf hingewiesen, dass wir in erster Linie leiblich denken und folglich Bewusstsein eine Funktion des gesamten Körpers ist, nicht eines einzelnen Gehirns – eine Kritik, wie sie später von Alva Noë (2010) und Markus Gabriel (2018, S. 91ff.) wiederholt werden sollten. Mit Blick auf Intentionalität und Verstehen hat darüber hinaus John Searle (1994, S.232–265) mit seinem Gedanken-Experiment vom „Chinesischen Zimmer" einen Anti-Turingtest aufgestellt, der vom Bild einer geschlossenen Black Box ausgeht, worin eine Person, ausgestattet mit einem Regelwerk zur formalen Prozessierung von Schriftmarken, auf einen Input aus chinesischen Schriftzeichen mit einem offenbar richtigen Output antwortet. Aus der Korrektheit der Resultate, so Searle, kann jedoch nicht geschlossen werden, dass die einsitzende Person die erteilten Befehle auch versteht: Semantik bildet keine Funktion einer Syntax. Ebenso hatte Robert Brandom in *Between Saying and Doing* darauf bestanden, dass bedeutungsvolles Handeln ein Verständnis praktischer Konsequenzen einschließt, welche nicht wiederum aus formal-algorithmischen Inferenzen hergeleitet werden können. Logisches, mathematisches Schließen ist dabei in Handlungen fundiert, die nicht zur Gänze auf Regeln zurückführbar sind. Der Gedanke schließt an das berühmte Wittgensteinsche Paradox des Regelfolgens an, wonach einer Regel folgen nicht wiederum aus Regeln abgeleitet werden kann. Mögliche Folgerungen erweisen sich darum stets als ebenso kontextuell wie pragmatisch offen. Das evoziert nicht nur einen Begriff einer nicht durch Regeln abgedeckter Praxis, sondern setzt auch Kriterien der Unterscheidung zwischen relevanten und irrelevanten Implikationen voraus, die ihrerseits in praktische Semantiken fundiert sind, welche nicht ausschließlich referenziell gebunden seien oder allein intrinsischen Logiken gehorchten (Brandom 2008, S. 77-82 u. 117-140). Sämtlichen dieser Kritiken ist zu eigen, dass sie die Geltungsgrenzen „künstlicher Intelligenzen" einerseits aus der prinzipiellen Inkompatibilität zwischen Syntax und Semantik oder genauer: aus der syntaktischen Nichtableitbarkeit bestimmter, für die menschlichen Sprachen charakteristischer Verständnisse oder Interpretationen schließen, andererseits aus der Unbestimmtheit von Handlungen. Sie variieren damit die Heideggersche Intuition einer grundlegenden Differenz zwischen Denken (als sinnbasiert) und Rechnen (als regelgeleitet). Dem entsprechen ebenfalls jene philosophischen Kritiken, die im Speziellen die ethischen Konsequenzen von Computer-Entscheidungen, sei es auf dem Gebiet der Künstlichen Intelligenz, in der Robotik oder selbstfahrender Fahrzeuge und ähnliches diskutieren, insbesondere dort, wo es um Verhaltenskontrolle, Gesichtserkennung, medizinische Diagnosen, Gerichtsentscheidungen oder automatisch geführte Kriege geht. So richtig diese Einwendungen sind, so wenig gehen sie jedoch gleichsam ‹aufs Ganze› der impliziten Prämissen der angewendeten Programme, die weniger in der Informatik und ihrer funktionalistischen Lösungspragmatik zu suchen sind, als vielmehr in den Fundamenten der Mathematik.

3. Kritik „algorithmischer Rationalität"

Der letztere Hinweis, besonders gerichtet an die Adresse der Kultur- und Medienwissenschaften, die notorisch den technischen Strukturen der Programme gegenüber ihrer Mathematik den Vorzug erteilt haben, ist deshalb wichtig, weil sich die Referenzen immer noch an Friedrich Kittler zu orientieren scheinen, der in der Diskussion und Analyse digital-algorithmischer Systeme generell den Beitrag der Informatik präferierte. Kittler hatte sogar polemisch von einem Analphabetismus bei denen gesprochen, die diese aktuellen ‚Sprachen' nicht beherrschten. Aufgerufen wird damit allerdings eine Herrschaftsfigur, die die Debatte um digitale Systeme bevorzugt auf der Ebene informatischer Verfügungsphantasmen und ihrer Modellbildungen führt. Ihre, am Paradigma von Machtanalysen eingeübte Perspektiven berühren jedoch die elementare philosophische Differenz zwischen Genesis und Geltung nicht.[1] Eine Geltungskritik auf dem Gebiet der Informatik muss dagegen auf die Fundamente in der Mathematik formaler Systeme schauen, die ihrerseits eine Frucht der sog. ‚Grundlagenkrise' der Mathematik Anfang des 20. Jahrhunderts mit den tiefgehenden Resultaten u.a. der beiden Gödelschen Unvollständigkeitssätze, der Begründung einer rekursiven Mathematik sowie der Turingmaschine und dessen Halteproblem bilden. Alle Computationen wie auch die Algorithmen von *Artificial Intelligence*-Programmen sind, auch wenn sie im Endlichen operieren, Ableitungen davon. Das bedeutet: Digitale Systeme, gleich welcher Couleur, sind nichts anderes als komplexe „Mathematikmaschinen", deren „Geltungskritik" in einem Kantianischen Sinne zu einer „Kritik algorithmischer Rationalität" drängt, die in erster Linie in einer (apriorischen) „Kritik" ihrer formalen mathematischen Grundlagen und nicht der (aposteriorischen) empirischen Programme besteht.

Dabei sei im Folgenden unter ‚algorithmischer Rationalität' jenes komplexe Ensemble formaler Operationen verstanden (vgl. Mersch 2016, S. 31–53) das sich von Anfang an in einem *mathematischen Universum* situiert. Es gilt zum gewissen Grade auch schon für die Digitalisierung selbst, soweit diese sich der Zerlegung von Phänomenen und Prozessen in distinkte Einheiten verdankt (vgl. Goodman 1995, S. 154-157 und Goodman/Elgin 1989, S. S. 168-170 sowie Schröter 2004, S.

---

1   Man kann im Zuge dekonstruktiver Lektüren, Genesis und Geltung als untrennbar und miteinander verwickelt ansehen – man denke z.B. an „Archäologien" Foucaultschen Typs. Indessen bleibt dann nicht nur die Frage nach der Geltung dekonstruktiver Kritiken, sondern auch, ob es überhaupt jemals das Ziel der Dekonstruktion war, mit Verweis auf gewisse Unentscheidbarkeiten und Unbestimmtheit diese Differenzen im Ganzen zu verabschieden. Wenn im Rahmen der Science-Technology-Studies Objektivität und Resultat von experimentellen Logiken im Labor auf ihre historischen und sozialen Bedingungen zurückgeführt werden, so erübrigt sich nicht die Geltungsfrage nach den Resultaten. Denn die historischen Studien besagen nichts in Bezug auf eine Kritik und Einschränkung z.B. manipulativen Verhaltens.

7-31, hier: S. 24ff), deren syntaktische Strukturierung wiederum eine Codierung derjenigen Aufgabengebiete oder Fragestellungen ermöglicht, die mittels Regeln transformierbar gemacht werden können. Sie geht der Algorithmik als eine ihrer Bedingungen voraus. Für ihre algorithmische Aufbereitung kommen aber zwei weitere Elemente hinzu: *Erstens* Daten als Werte derjenigen Funktionen, die sie einer formalen „Berechenbarkeit" zuführen – denn der Begriff algorithmischer Berechenbarkeit entspricht dem der rekursiven Funktion; sowie *zweitens* ihre Programmierung, die sie in eine ‚universelle Turingmaschine' verwandeln, die als mathematische Formalisierung eines Algorithmus überhaupt fungiert.

Doch sei zugleich hinzugefügt, dass Mathematik und Mathematisierung keineswegs im einheitlichen Raum von ‚Digitalisierung' und ‚Algorithmik' aufgehen. Diese sind Teilbereiche jener, nicht umgekehrt. Sie beschreiben mathematische Provinzen, die zuletzt mit der Arithmetik und verwandten Systemen zusammenfallen, in denen allein die Prinzipien der Entscheidbarkeit und Berechenbarkeit dominieren (Hermes 1961, 1ff., 33ff., 95ff.). Wir bekommen es folglich mit einer *Arithmetisierung von Problemen* zu tun, die zuvor schon diskretisiert worden sein müssen, was sich u.a. darin ausdrückt, dass nur solche Fragen behandelt werden, die sich *numerisch*, d.h. auf der Basis algebraischer Gleichungen oder mittels Approximation und Ähnliches lösen lassen. Hingegen bildet die Mathematik im Ganzen eine *Strukturwissenschaft*, die ebenso die Theorie von Räumen und Relationen wie von „nichtrekursiven Problemen" umfasst (Penrose 1991, S. 125ff.), sodass sich bereits das Mathematische nicht ohne weiteres einer durchgängigen Computation fügt. Wo hingegen Informatik und Computerisierung als Hilfswissenschaften mit dem Mathematischen gleichgesetzt werden, bekommen wir es mit einem restringierten Code zu tun, wie er im Rahmen der Moderne eine hegemoniale Gestalt angenommen hat. Er impliziert, die Welt ausschließlich im Raster des Digitalismus und seiner algorithmischen Netze zu verhandeln und damit ganz dem Horizont von Berechenbarkeit und Entscheidbarkeit zu subordinieren, deren universaler mathematischer Repräsentant wiederum die Turingmaschine bildet.

Es scheint, als sei dieses Modell universell und damit grenzenlos anwendbar, jedenfalls solange, wie sich eine vollständige ‚Diskretisierung' oder ‚Dataierung' der Wirklichkeit sowie deren schrittweise Einteilung in operative Elemente vornehmen lässt, d.h. solange man einen *bestimmten Begriff von Welt* unterstellt, nämlich einen, der mit dem Semiotischen oder Skripturalen zusammenfällt. Dann schafft die unbegrenzte Applikation mathematischer Algorithmen ein kompaktes endliches und abzählbares Zeichenuniversum, ohne auf ein „Außen", eine prinzipielle Nichtberechenbarkeit im Sinne einer ‚Nichtrekursivität' oder eines ‚nichtmathematischen Anderen' zu stoßen. Woher aber könnte man ein solches Anderes beziehen?

4. Gödelsche Unentscheidbarkeit und der formale Ort einer Nichtformalisierbarkeit

Eine erste Annäherung bietet die Diskussion um die sogenannte „Metamathematik" der 1930er und 40er Jahre und ihre Bedeutung für die Anfänge der Computerwissenschaft, die, anders als heute, vor allem in enger Kollaboration zwischen Mathematikern und Ingenieuren unter Führung ersterer entstand. Sie bedingt eine mathematische Analyse des Mathematischen selbst, für die insbesondere die Gödelschen Unvollständigkeitstheoreme und das Turingsche Halteproblem, die sich im übrigen als äquivalent erwiesen haben, einstehen. Im Besonderen besagen die Gödeltheoreme, dass sich in jedem formalen System, das mächtig genug ist, die Arithmetik zu umfassen, wahre Aussagen formulieren lassen, die sich weder beweisen noch widerlegen lassen (Nagel 2007). Im selben Sinne hatte Turing bewiesen, dass es keine definitive Methode und damit auch keine vollkommene Turingmaschine geben kann, die die berechenbaren von nicht-berechenbaren Funktionen zu unterscheiden vermag (Turing 1987, 17-60, hier: S. 36ff.). Dabei ist zu berücksichtigen, dass zwischen den Begriffen ‚berechenbare Funktion', ‚Turingmaschine' und ‚Algorithmus' sowie zwischen ‚Entscheidbarkeit' und ‚Beweisbarkeit' ein enger mathematischer Zusammenhang besteht (Dyson 2016, S. 360). Schemenhaft zeichnen sich damit eine *innere Grenze des Mathematischen* im Sinne ihrer eigenen Mathematisierbarkeit ab, denn deutlich wird, dass die Mathematik, als ein loses Ensemble formaler Theorien, sich nicht wiederum ins Schema formaler Systeme bzw. abstrakter, d.h. auf reiner Syntax basierender Maschinen pressen lässt. Anders gewendet: das Computierbare und das Mathematische bleiben disparat, woraus John Randolf Lucas in *Minds, Machines and Gödel* sowie später Roger Penrose in seinen beiden Büchern *The Emperor's New Mind* und *Shadows of the Mind* (Penrose 1995) eine prinzipielle Kritik aller möglichen Artificial Intelligence-Programme abgeleitet haben: "A machine cannot be a complete and adequate model of the mind" (Lucas 1961, S. 112-137, hier: S. 113).

Zwar bleiben die philosophischen Konsequenzen der Gödelsätze für das Problem künstlicher Intelligenzen wie auch der Status der Lucasschen und Penroseschen Kritiken umstritten (Wandschneider 2020), zumal unklar bleibt, ob deren Folgerungen selbst schon als Beweise oder lediglich als Indikatoren dafür anzusehen sind, dass menschliches Denken nicht in rein maschinellen Operationen aufgehen kann bzw. „anders" als diese funktioniert. Dabei mochte Gödel selbst jegliche Folgerung aus seinen Resultaten allein auf das beschränkt wissen, was später als „Gödelsche Disjunktion" bekannt geworden ist (Horsten / Welch 2016), denn entweder kann der humane mathematische „Geist" durch keinen Algorithmus abgebildet werden, so dass er sich von jeder möglichen Maschine unterscheidet, oder es gibt absolut unentscheidbare Probleme, die durch keine Methode, weder durch Intuition und die menschliche Kreativität noch durch formale oder andere Verfahren gelöst werden können (Gödel 1995, S. 304-323). Denn wenn Denken algorithmisch simulierbar wäre, existiert nach den Unvollständigkeitstheoremen eine nicht zu überspringende Grenze, sodass es unlösbare mathematische Probleme sowohl für humane Mathematiker als auch Computersysteme gibt – oder aber zwischen dem Menschlich-Mathematischen, d.h. derjenigen Mathematik, die das kreative menschliche Denken zu konstruieren und einzusehen imstande ist, und seiner Mediatisierung durch Computationen (Heideggers „Rechnen") besteht eine unüberbrückbare Kluft. Haben die Gödeltheoreme profunde Auswirkungen auf eine bestimmte Klasse von Maschinen, die als „Turingmaschinen" bekannt geworden sind und die alle bis heute bekannten Computerprogramme grundieren, so besagt die Gödelsche Disjunktion noch mehr. Denn unklar bleibt, ob dieselben Limitationen formaler Systeme auch für das menschliche Denken gelten, denn wenn das Denken überhaupt als Turing-kompatibel, d.h. als in Algorithmen fassbar angesehen werden kann, wäre die Entscheidung klar, sodass es für alle Zeiten und jedes Denken absolut unlösbare mathematische Probleme gibt. Wird dies hingegen bestritten, bleibt die Lösung der Disjunktion offen und wir können womöglich damit rechnen, dass zwischen dem menschlichen mathematischen „Geist" und sogar mehr noch: zwischen dem menschlichen Denken überhaupt und der formalen Algorithmik eine prinzipielle Differenz oder Andersheit besteht.

Leider ist für eine eingehendere Analyse der Fragestellung an dieser Stelle kein Platz. Dennoch seien einige, für die Problematik bedeutsame Konsequenzen genannt. (i) *Erstens* ist klar, dass es keinen formalen Beweis der Disjunktion geben kann, denn jeder formale Beweis argumentiert schon im selben logischen Register wie der zweite Teil der Disjunktion. Die Disjunktion enthält zudem (ii) *zweitens*, um formulierbar zu sein, semantische Begriffe, sodass die beiden Propositionen nicht vollständig ‚syntaktisierbar' sind. (iii) *Drittens* – und das hatte schon Gödel beobachtet – erweist sich die Disjunktion als nicht exkludierend. D.h. sie ist nicht kontradiktorisch, sondern konträr. Beide Teilsätze weisen in gegensätzliche Richtungen, und doch können beide zugleich wahr sein, aber nicht beide zusammen falsch – dies widerspräche wiederum den Gödeltheoremen selbst. Der erste Teilsatz postuliert eine Differenz zwischen Denken und Rechnen bzw. mathematischem Denken und Algorithmus oder auch Mensch und Maschine, der zweite drückt hingegen lediglich eine Grenze der Entscheidbarkeit in formalen oder algorithmischen Systemen, d.h. einer ausschließlich maschinellen Logik aus, lässt aber offen, wie es sich mit Menschen und Maschinen verhält. Lediglich wird eine Bedingung formuliert, die folgt, wenn Mensch und Maschine in eins gesetzt werden.

Offenbar mündet damit die Anwendung der Unvollständigkeitssätze (inklusive des Unentscheidbarkeitssatzes) auf *Artificial-Intelligence* Programme in eine weitere Unentscheidbarkeit, weil aus ihnen weder eine definitive Demarkation für deren Reichweite folgt – eine Forderung, die insofern eine *contradictio in adiecto* enthielte, als sie ihre Option für die zweite Seite der Disjunktion schon getroffen hätte –, noch kann aus ihr das Umgekehrte geschlossen werden, denn aus der Unmöglichkeit formaler Entscheidbarkeiten folgt nicht, dass Maschinen Menschen jemals ähnlich sein könnten, bestenfalls handelt es sich um eine Hypothese, die – analog der Churchschen These, welche eine Identität aller möglichen Rechenverfahren mit ihren Formalisierungen durch Turingmaschinen postuliert – letztlich unbewiesen bleiben muss. Doch während die Churchsche These wahrscheinlich ist – denn alle bisherigen Lösungsvorschläge für eine Präzision des Algorithmusbegriffs führten zum selben Resultat –, erscheint die *Artificial-Intelligence*-Hypothese, die Mensch und Computer oder Denken und Algorithmik im Grundsatz gleichsetzt, hochgradig unwahrscheinlich. Denn nicht nur spricht nichts positiv für die Annahme, dass der Geist eine Maschine sei und dass Denken als Rechnen modellierbar wäre, sondern auch eine Reihe von Kategorien, die sich als konstitutiv für menschliches Denken erweisen, lassen sich nicht angemessen algorithmisch rekonstruieren. Man denke etwa an die bereits erwähnte Tatsache einer Semantik, an das Faktum notwendiger Verkörperungen oder, als hinzukommendes Problem, an die *Unverzichtbarkeit des Sozialen in jedem einzelnen noch so formalen Gedanken oder Satz*, worauf vor allem Wittgenstein abgehoben hat. Dasselbe lässt sich von der schon erwähnten Kreativität sagen, worauf noch zu sprechen sein wird.

5. Weitere Folgerungen

Waren diese und ähnliche Fragen der frühen Phase der Computerisierung noch geläufig, droht ihr Bewusstsein heute unter dem enthusiastischen Eindruck der Erfolge von „deep learning" oder „deep networks" entweder zunehmend zu schwinden oder durch reine Statistik aufgelöst zu werden. Denn dem neuerdings in den Computerwissenschaften angeschlagenen „hohen Ton" einer Theologisierung und ihrer Hybris – Ray Kurzweils „The singularity is near" (Kurzweil 2005; siehe hierzu auch den Beitrag von Walther Zimmerli in diesem Band), in direkter Anspielung auf die Johannes-Apokalypse – liegt eine systematische Verkennung dieser und ähnlichen mathematischen Bedingtheiten zugrunde. So lassen sich in direkter Folge der Unentscheidbarkeitstheoreme noch *weitere Geltungsgrenzen* markieren, denn soweit Turing sein Modell einer Turingmaschine als allgemeine Theorie des Algorithmus konzipierte, ergibt sich eine nicht zu schließende Kluft zwischen Berechenbarkeit und Nichtberechenbarkeit, die *als Kluft* nicht selbst wieder einer Algorithmisierung zugeführt werden kann. „Es ist möglich, eine einzige Maschine zu erfinden, die dazu verwendet werden kann, jede berechenbare Folge zu errechnen", heißt es deshalb in Turings grundlegendem Aufsatz *On Computable Numbers* von 1936 (Turing 1937, S. 31), und doch ist die Anzahl möglicher Maschinen aufgrund ihres endlichen Charakters „abzählbar", wohingegen die Menge aller Funktionen „überabzählbar" ist. Es gibt folglich „nichtberechenbare Funktionen" und zwar „wesentlich mehr", woraus resultiert, dass das allgemeine Berechenbarkeitsproblem, die Frage nämlich, was genau berechenbar ist und was nicht, algorithmisch nicht zu lösen ist.

Mit der Begründung der Theorie der Turingmaschinen taucht somit von Anfang an eine weitere Lücke bzw. eine nicht auflösbare Barriere auf. Darüber hinaus hatte Turing, was vielleicht noch wichtiger ist, in seiner Dissertation *Systems of Logic Based on Ordinals* versucht, die Konsequenzen aus der Gödelschen Unvollständigkeit mittels einer Abfolge von „Sprachen" mit wachsender „Vollständigkeit" abzumildern, indem ein erwiesenermaßen vollständiges System L zu einem ebenfalls vollständigen System L', dieses wiederum zu L'' usw. so erweitert wird, dass eine Art Stufenhierarchie entsteht. Doch zeigt sich hier die nämliche Misslichkeit, die in Wahrheit kein Missgeschick, sondern ein Trost ist, nämlich dass die Übergänge von L zu L' zu L'' usw. nicht wiederum maschinell erfolgen können, vielmehr bedürfen sie, nach Turing, so wörtlich, eines „Orakels" (Turing 1939, S. 161ff, 172ff.). Anders formuliert: für den Übergang zwischen formalen Sprachen gibt es kein allgemeines Gesetz, sondern einzig eine Intuition oder kreative Erfindung, die zugleich deutlich macht, dass es nicht *eine einzige Art* von Übergang gibt, sondern unbestimmt viele.

Wir sind daher mit einem System deterministischer Maschinen konfrontiert, zwischen denen ein nichtdeterministischer ‚Sprung' besteht. Er kann nicht anders als *ästhetisch* rekonstruiert werden, wenn wir unter dem Ästhetischen eine regellose *inventio* oder *creatio* verstehen, denn für den Übergang von einem Regelsystem zu einem anderen gibt es nicht wieder eine Regel, vielmehr muss eine solche erst erfunden werden. Sie setzt im Sinne Immanuel Kants eine „freie" bzw. „reflektierende" Urteilskraft voraus (Kant 1790, A24). Dann erweist sich die Mathematik als eine schöpferische Tätigkeit, die ihren Grund sowohl im Mechanischen als auch in gewissen nicht logischen Spontaneitäten besitzt, denn die „Erfindung" von Mathematiken kann nicht selbst wieder das Resultat einer mathematischen Deduktion sein. Vielmehr fußt sie ebenso auf formalen Konstruktionen wie auf einer Serie schöpferischer Zugänge, die *als* solche wiederum keinem mathematischen Kalkül gehorchen, sondern buchstäblich in *übergangslosen Übergängen* bestehen. Sie wurzeln, anders gesagt, in einer ‚Poetik von Findungen'. John von Neumann hatte denselben Umstand so ausgedrückt: „Man kann ein Instrument bauen, das alles kann, was machbar ist, aber man kein Instrument bauen, das einem sagt, ob es machbar ist" (von Neumann 1966, S. 51), denn die Frage, ob etwas in einem Typus machbar ist, gehört einem anderen Typus an.[2] Anders gewendet: Was machbar bzw. mathematisierbar oder berechenbar ist und was nicht, fügt sich nicht selbst wieder einer Rechnung bzw. Mathematisierung.

6. Unverzichtbarkeit nichtalgorithmischer Kreativität

Aufgeworfen ist damit die Frage nach der Kreativität, und zwar sowohl in ihrem Verhältnis zur Berechenbarkeit, was wiederum einer *contradictio in adiecto* nahekommt, als auch in Mathematik, Programmierung und Kunst. Einerseits haben wir es mit einer Unverzichtbarkeit des kreativen Moments zu tun, ganz wie in der Kantischen Kritik an einer wesentlichen Stelle die produktive Einbildungskraft zwischen Anschauung und Begriff vermitteln muss; andererseits werden wir mit

---

2 Ersichtlich nimmt dieses Argument weiterhin Bezug auf die Russellsche Typenlehre. Ihre Missachtung, die Vermischung der Typen, produziert unweigerlich Widersprüche.

dem systematischen Problem einer Simulierbarkeit von Imagination oder Intuition durch die Maschine konfrontiert, denn der Ort der Kreativität markiert das entscheidende Moment, jene Sprünge zu inszenieren, die erforderlich sind, um von einem System zu einem anderen zu kommen, Sprünge wiederum, die durch keines der beiden Systeme abgebildet werden können und die zudem die Eigenart besitzen, selbst weder schematisierbar noch kanonisierbar zu sein. Sie sind als Sprünge je singulär und sind doch notwendig, das 'Zwischen' der Differenz formaler Sprachen und deren Abgründigkeit zu überspringen. Das Problem der Kreativität bildet also die entscheidende Einsatzstelle, den 'Unter-Schied' zwischen humanem Denken und künstlerischer Intelligenz als einer Art Inkommensurabilität anzuzeigen. Ergänzt sei: *Artficial-Intelligence*-Programme behaupten eine Homologie als Glaubenssatz, denn alle Verfahren, Intelligenz bzw. ein maschinelles Denken zu generieren, münden in Simulationen, d.h. einem *Als ob*, das *so aussieht*, als *hätten* wir es in allen konditionalen Konnotationen mit Intelligenz zu tun. Dabei beruft man sich im Grunde auf Analogien, wie sie schon der Turing-Test postulierte, der nichts anderes tut, als eine Unentscheidbarkeit heraufzubeschwören, die ihrerseits die Differenz zwischen Entscheidung und Unterscheidung bzw. Unentscheidbarkeit und Ununterschiedenheit tilgt. Wo beide jedoch indifferent gesetzt werden, bekommen wir es mit einem Zirkelschluss zu tun, denn das mathematische Entscheidungskalkül sucht nicht nur Denken formal zu modellieren, sondern auch die Entscheidung darüber, *wie* zwischen maschinellem und menschlichem Denken unterschieden werden kann.

In der Regel sind wir allerdings – aller wesentlichen Inkommensurabilität zum Trotz –, wenn die Rede auf die *Darstellbarkeit von Kreativität* im Rahmen von *Artificial Intelligence*-Programmen kommt, mit dem stereotypen Narrativ konfrontiert, das davon erzählt, wie Maschinen Menschen übertreffen. So schlagen Computer wie *Deep Blue* oder *Alpha Go* die zurzeit besten Schach- und Go-Spieler, ferner werden Börsenspekulationen von Computern schneller und erfolgreicher getätigt als von menschlichen Brokern oder erkennen Computersysteme zuverlässiger Gesichter als es Menschen tun, und es scheint nur eine Frage der Zeit, bis sich computergesteuerte Piloten sicherer durch den Verkehr navigieren als menschliche. Und doch ist auffallend, dass die Standardbeispiele nicht nur die immergleichen Geschichten wiederholen, sondern gleichzeitig eine zweite, subkutane Erzählung mittransportieren, die durch die Wahl der Beispiele induziert wird. Denn sämtlich adressieren sie Bereiche, die wohldefinierbar sind, prinzipiell Regeln unterliegen und sich daher – zumindest teilweise – mathematisieren, d.h. in diskrete Ordnungen oder Entscheidungsräume zerlegen lassen, weil sie entweder logikaffin sind oder sich statistisch bearbeiten lassen. Kurz: Die Beispiele sind selbst schon entscheidungslogisch prätendiert, und es ist daher leicht, hier eine Superiorität der Maschine zu postulieren, insbesondere unter Anwendung von *Brute-Force*-Rechnungen, denn schon Taschenrechner rechnen schneller als Menschen, so wie auch Google-Maps im Konzert mit entsprechenden Satellitensystemen schnellere und bessere Orientierungen bieten als herkömmliche Kartenwerke, die von Nutzern semiotisch entschlüsselt werden müssen. Dass Schach weniger auf Prinzipien des Regelbruchs basiert als auf elaborierter Kombinatorik, weist in dieselbe Richtung. Doch einen einfachen Gedanken verstehen, Witze machen oder semantisch scheinbar Unzusammenhängendes sinnvoll miteinander zu kombinieren, um zu neuen Einsichten zu gelangen, verlangt andere Fähigkeiten und andere Semantiken als die, die mit einer Prädikatenlogik 2. Stufe oder einer mehrwertigen Logik kompatibel wären. Eine „Kritik algorithmischer Rationalität" setzt hier an. Sie zielt auf die notwendige Einschränkung des Geltungsbereichs des Berechenbaren, um die Programme nicht nur zu trivialisieren, sondern sie auch dem metaphysischen Projekt einer durchgängigen Mathematisierung der Welt zuzuweisen.

7. Naiver Kunst- und Kreativitätsbegriff

Mit Blick auf eine Theorie der Kreativität – das ist mein letzter Punkt – möchte ich allerdings noch einen Schritt weitergehen. Legt der erste Teil meiner Überlegungen (bis hierher) nahe, dass wir es mit Bezug auf die Behauptung einer – neuronalen oder wie auch immer gearteten – Homologie zwischen Denken und Algorithmik oder Geist und Maschine mit einem naiven Modell des Denkens zu tun bekommen, so möchte ich nunmehr im selben Sinne zeigen, dass diese Naivität auch in Ansehung von Begriffen wie ‚Entwurf', ‚Gestaltung' und insonderheit ‚Kreativität' oder ‚Kunst' gilt. Auch dies kann ich hier nur andeuten. Denn in einem schlichten Sinne verwechseln diejenigen Diskurse, die Kompositionen, wie sie der amerikanische Komponist und Informatiker David Cope auf der Grundlage des Programms Emily Howell erstellt, oder Bilder wie *Edmund Belamy* einer französischen Informatikgruppe mit menschlichen Kunstproduktionen vergleichen, die Leistung von Kreativität mit der einfachen Hervorbringung von Neuem. Zwar hat Margaret Boden in ihrem Buch *Flügel des Geistes* aus den 1990er Jahren davon gesprochen, dass Neuheit alleine nicht ausreicht, vielmehr „interessante Neuheiten" entscheidend seien, doch ergibt sich hier dasselbe

Problem, nämlich wie „Interessantheit" evaluiert werden kann und ob solche Evaluation, die im Sinne Kants die „reflektierende Urteilskraft" erfordert, ihrerseits formalisiert und einer Berechenbarkeit zugeführt werden kann.

Auf ähnliche Weise wird ‚Kunst' regelmäßig auf die Hervorbringung von Wahrnehmungsspektakeln, der Gestaltung des Unerhörten oder des Vollzugs irgendeines Tabubruchs reduziert und damit all dasjenige konsequent ausgeblendet, was diese überhaupt erst interessant bzw. *zu Kunst* machen. Ich möchte dem in aller Kürze einen anderen Kreativitäts- und Kunstbegriff entgegenhalten, welche beide an ‚Reflexivität' als Aufschließung eines „anderen Wissens" anschließen (Mersch 2015). Denn schaut man sich die Funktionsweise artifizieller Kreativitäten an, fällt auf, dass sie abermals denselben Prinzipien einer Diskretisierung gehorchen, wie sie gleichzeitig formalen Prozessierungen folgen. Dabei bestehen die spezifischen Neuerungen seit den 2000er Jahren in der Verarbeitung großer statistischer und übrigens von Menschen generierter Datenmengen und dem Einsatz selbstlernender Systeme, während die Ansätze früherer *Artificial-Intelligence*-Versprechungen in der Hauptsache auf dem Einsatz kombinatorischer Zufallsverfahren basierten. Max Bense (1998, S. 418-443) Frieder Nake (1974) oder Abraham Moles (1973), um nur drei der frühen Pioniere einer Kunst aus dem Computer zu nennen, legten nämlich zur Erzeugung künstlicher Kunst lediglich eine Reihe von konstitutiven Parametern fest – z.B. Länge, Vektor und Anfangspunkt von Linien im Bereich des Graphischen, Tonarten, Klangdynamiken und Metriken im Bereich musikalischer Kompositionen oder Wortmengen und ihre Verknüpfungsregeln in der Poetik –, um unter Anwendung von Markovketten die Grundlagen zu einer formalen ästhetischen Grammatik zu legen (Sandmann 2020). Herzstück des kreativen Sprungs aber war überall ein Zufallsprinzip, das gerade nicht als Reflexionsprinzip fungierte, sondern gleichsam Mutationen erzeugte, während die Elaboriertheit neuerer algorithmischer Verfahren auf der Analyse großer Mengen existierender Daten – oder Kunstwerke – beruht. Sie werden auf ihre impliziten Muster hin abgetastet, um aus ihnen induktive Regeln oder Häufigkeiten herzuleiten. Wahrscheinlichkeitsfunktionen und Zufallsgeneratoren tun dabei ihr Übriges, um Variationen hervorzubringen, sodass komplexe Bildwerke wie *Edmond Belamy* entstehen. Doch wirken sie wie „rätsellose Sphinxe", die uns kaum angehen oder zu berühren vermögen – bestenfalls versetzen sie in Erstaunen. Sie überzeugten dann, wie ich polemisch ergänzen möchte, wenn sie ihrerseits ein Roboterpublikum anziehen würden, das sie zu endlosen Interpretationsversuchen animierten.

Doch beruht das Kriterium für Kreativität nicht in der Produktion staunenswerter Neuheiten, sowenig wie Kunst intensive Emotionen auslösen soll,[3] sondern auf der *Persistenz einer ästhetischen Reflexivität*, die nicht nur auf spezifische Situationen und deren Paradoxien reagiert, sondern den Kunstbegriff selbst verschiebt. Kunst ist immer auch *Kunst über Kunst*. Sie impliziert daher die Verwandlung des Ästhetischen, wohingegen sich die meisten Modelle einer *artificial creativity* am Anachronismus eines Genie-Kults des 19. Jahrhunderts orientieren, der sich seinerseits einer Vulgarisierung der Kantischen Definition des *Genies* verdankt, welcher sich selbst eine Regel vorgibt, statt einer bestehenden zu folgen. Die Vorstellung säkularisiert das *Theologoumenon* einer *creatio ex nihilo*, das im Kern algorithmisch durch Probabilistik, Randomisierung und Datenanalyse nachgeahmt wird. Der ‚Schöpfungsakt‘ wird so formal entscheidbar, wie er zur gleichen Zeit vermöge neuronaler Netze und selbstlernender Algorithmen mit Mustererkennung und Stilanalysen existierender Kunstwerke unterfüttert wird. Die Programme geben dann vor, den historischen Pfaden ebenso durch deren Transformation zu genügen wie diese innovativ fortzuschreiben – als ob sich Kunst oder das Künstlerische auf genetische Rekombinationen reduzieren ließe, die in irgendeine Richtung drängen, wenn sie nur überraschend genug erscheinen. *Artificial creativity* inszeniert somit lauter sinnlose ‚Sprünge‘, gegen die, mit Turings Orakel und dem Enigma mathematischer Intuition, eine ‚Poetik der Findung‘ zu setzen wäre, die *andere Arten von ‚Sprüngen‘* vollzieht, denn was Sprung heißt, springt nicht ziellos, sowenig wie die kreative Überschreitung irgendetwas Neues erzeugt, vielmehr erweist diese sich stets als rückgebunden an ein Ganzes, das die existenziellen wie kulturellen Bedingungen menschlicher Akteure und ihrer Grenzen inkludiert, aus denen sie einen Ausweg suchen. Kunst und Kreativität bleiben immer *bezogen*: Es gibt keine Lebensform, die nicht gleichzeitig ein Gefängnis wäre, weshalb die Relativität der *creatio* systematisch mit jener *reflectio* verquickt bleibt, welche die Gefängnisse sowohl entdeckt wie zu sprengen sucht. Die Widerständigkeit der Kunst setzt hier an. Denn Kreativität nennt kein erratisches Vermögen, auch keine magische Fähigkeit, die dem Menschen anthropologisch imprägniert wäre, sondern bildet *ein Prinzip der Freiheit*, das den Einschlüssen Aufschließungen und daher auch ‚Aufschlüsse‘ entgegenzusetzen trachtet.

---

3   Einem solchen restringierten Kunstbegriff folgt noch Yuval Harari in seiner Diskussion von Computerkunst (Harari 2018, S. 50ff.)

Dazu scheint insonderheit hilfreich, zwischen „positiven" und „negativen" Regeln zu unterscheiden (Mersch 2009, S. 109-123), denn basieren algorithmische Prozeduren ausschließlich auf *positiven Produktionen*, die einem technischen Generationsprinzip gehorchen, offerieren *negative Verfahren* Resistenzen, Ausgänge oder Öffnungen, die auf Alteritäten zielen. Im Gegensatz zur technologischen *actio* bringen sie Ereignisse einer *passio* hervor, etwa durch die Inversion von Rahmensetzungen, die buchstäblich ein von anderswo Herkommendes ‹will-kommen› heißen, statt den Blendungen überraschender Spektakel zu frönen, die uns scheinbar Sehen und Hören vergehen lassen. Die ästhetische Kreativität schließt aus diesem Grunde stets ein praktisches Ethos ein, wie es sich, gemäß Rainer Maria Rilkes *Apollon*-Dichtung, bereits anhand eines einzigen Kunstwerks zu entzünden vermag, das uns auffordert, „unser Leben zu ändern".

Literatur

Bense, Max (1998): kleine abstrakte ästhetik, in: ders., *Ausgewählte Schriften in 4 Bänden*, Bd. 3, J.B. Metzler Verlag, Stuttgart 1998.

Brandom, Robert Boyce (2008): *Between Saying and Doing*, Oxford University Press, Oxford (UK).

Dreyfus, Hubert Lederer (1989): *Was Computer nicht können. Die Grenzen künstlicher Intelligenz*, Athenäum Verlag, Frankfurt am Main 1989.

Dyson, George (2016): *Turings Kathedrale*, Propyläen Verlag, Berlin / Frankfurt am Main / Wien 2016.

Fodor, Jerry Alan (1975): *The Language of Thought*, MIT Press, Boston (MA) 1975.

Goodman, Nelson (1976): *Sprachen der Kunst. Entwurf einer Symboltheorie*, Reihe: Suhrkamp Taschenbuch Wissenschaft Bd. 1304, Suhrkamp Verlag, Frankfurt am Main 1997. Engl. Originaltitel: *Languages of Art. An Approach to the Theory of Symbols*, Hackett Publishing Co, Cambridge (MA) 1976

Goodman, Nelson, Elgin Catherine (1989): *Revisionen*, Suhrkamp Verlag Frankfurt am Main 1989

Gabriel, Markus (2018): *Der Sinn des Denkens*, Ullstein Verlag, Berlin 1989.

Gödel, Kurt (1995): Some basic theorems on the foundations of mathematics and their implications, in: S. Feferman et. al. (Eds): Kurt Gödel: *Collected Works*, Vol. III, Oxford University Press 1995.

Harari, Yuval (2019): *21 Lektionen für das 21. Jahrhundert*, Verlag C.H. Beck, München 2019. Titel der englischen Originalausgabe: *21 Lessons for the 21st Century*, Vintage, London 2019.

Heidegger, Martin (1954): *Was heißt denken?* Hans Niemeyer Verlag, Tübingen [8]1984.

Hermes, Hans (1961): *Aufzählbarkeit, Entscheidbarkeit, Berechenbarkeit*, Springer Verlag, Berlin / Heidelberg / New York, [2]1971.

Horsten, Leon; Welch, Philip (2016): *Gödel's Disjunction. The Scope and Limits of Mathematical Knowledge*, Oxford University Press, Boston (MA) 2019.

Kant, Immanuel (1790): *Kritik der Urteilskraft*, in: ders.: *Werke in 12 Bden.*, Insel Verlag, Wiesbaden 1956 [1790].

Kurzweil, Ray (2005): *The Singularity Is Near. When Humans Transcend Biology*, Penguin Books, New York 2005.

Lucas, John R. (1961): Minds, Machines, and Gödel, *Philosophy* vol 36, Issue 137, 112-117, Cambridge 1961.

Megill, Jason (2020): The Lucas-Penrose Argument about Gödel's Theorem. In: *The Internet Encyclopedia of Philosophy*: http://www.iep.utm. edu/lp-argue/, letzter Zugriff: 18.11.2020

Mersch, Dieter (2009): Positive und negative Regeln. Zur Ambivalenz regulierter Imaginationen. In: Jörg Huber, Gesa Ziemer, Simon Zumsteg [Hrsg.]: *Archipele des Imaginären*, Edition Voldemeer (Springer Verlag), Zürich 2009.

Mersch, Dieter (2015): *Epistemologien des Ästhetischen*, Diaphanes Verlag, Zürich / Berlin 2015.

Mersch, Dieter (2016): Kritik der Operativität. In: *Internationales Jahrbuch für Medienphilosophie*, Bd. 2, Walter de Gruyter Verlag, Berlin / Heidelberg / New York 2016.

Moles, Abraham A. (1973): *Kunst und Computer*, Köln 1973.

Nake, Frieder (1974): *Ästhetik als Informationsverarbeitung*, Springer Verlag, Wien New York 1974.

Neumann, John von (1966): Rigorous Theories of Control and Information. In: Arthur W. Burks [Hrsg.]: *Theory of Self-Reproducing Automata*, University of Illinois Press, Chicago 1966.

Neumann, John von (1991): *Die Rechenmaschine und das Gehirn*, Reihe: Scientia Nova, R. Oldenbourg Verlag, München 1991.

Nagel, Ernest; Newman James R. (1958): *Der Gödelsche Beweis*, Oldenbourg Wissenschaftsverlag, München [7]2007.

Noë, Alva (2010): *Du bist nicht dein Gehirn. Eine radikale Philosophie des Bewusstseins*, Piper Verlag, München [3]2011.

Penrose, Roger (1989): *Computerdenken. Die Debatte um künstliche Intelligenz, Bewußtsein und die Gesetze der Physik*, Spektrum Akademischer Verlag, Heidelberg / Berlin 1991. Englischer Originaltitel: *The Emper-*

or's *New Mind Concerning Computers, Minds, and the Laws of Physics.* Oxford University Press, Oxford 1989

Putnam, Hilary (1990): *Vernunft, Wahrheit und Geschichte*, Reihe: Suhrkamp Taschenbuch Wissenschaft Bd. 853, Suhrkamp Verlag, Frankfurt am Main 1990.

Putnam, Hilary (1994): Geist und Maschine. In: Walther Christoph Zimmerli, Stefan Wolf [Hrsg.]: *Künstliche Intelligenz*, Reihe: Universal-Bibliothek Bd. 8922, Phillipp Reclam jun., Stuttgart 1994

Sandmann, Werner: *Modellierung und Analyse*, https://www.uni-bamberg.de/fileadmin/uni/fakultaeten/wiai_lehrstuehle/informatik_ktr/Dateien/MAKV-WS07-08/makv07-4Markovketten.pdf, abgerufen am 18.11.2020.

Schröter Jens (2004): Analog/Digital – Opposition oder Kontinuum. In: Alexander Bähnke, Jens Schröter [Hrsg]: *Analog / Digital – Opposition oder Kontinuum?* Transcript Verlag, Bielefeld.

Searle, John Rogers (1994): Geist, Gehirn, Programm. In: Walther Christoph Zimmerli, Stefan Wolf [Hrsg.]: *Künstliche Intelligenz*, Reihe: Universal-Bibliothek Bd. 8922, Phillipp Reclam jun., Stuttgart 1994.

Turing, Alan Mathison (1937): Über berechenbare Zahlen mit einer Anwendung auf das Entscheidungsproblem. In: *Intelligence Service*, Bernhard Dotzler, Friedrich A. Kittler [Hrsg.], Brinkmann u. Bose Verlag, Berlin 1987 [1937].

Turing, Alan Mathison (1939): Systems of Logic based on Ordinals. In: *Proceedings of the London Mathematical Society*, vol. 2, Nr. 45, The London Mathematical Society, London 1939.

Wandschneider, Dieter (1990): Die Gödeltheoreme und das Problem Künstlicher Intelligenz, in: *Erwägen, Wissen, Ethik*: EWE = *Deliberation, knowledge, ethic*s no. 1, Aachen University 1990, 107-116

Gergana Vladova, Sascha Friesike

Irren bleibt menschlich:
Wieso falsche Entscheidungen für uns so wichtig sind und welche Rolle künstliche Intelligenz dabei nicht spielen kann

Abstract: Wenn wir in Zukunft das Märchen vom Rotkäppchen neu schreiben, müsste die künstliche Intelligenz eine Rolle spielen? Könnte sie die warnende Mutter ersetzen? Das Kind durch den Wald begleiten und es vor dem Wolf schützen? Oder den Umgang mit gefährlichen Situationen beeinflussen und anders gestalten? Für die Zukunft wird prognostiziert, dass die künstliche Intelligenz zu unserem individuellen Lernbegleiter wird. Mit diesem Beitrag möchten wir darüber nachdenken, was das bedeuten würde, wenn eine künstliche Intelligenz uns im Lernprozess begleitet. Wir diskutieren, ob es beim Lernen ‚richtige‘ Entscheidungen gibt, warum Fehler für unser Lernen so wichtig sind und warum dies die künstliche Intelligenz vor ein Dilemma stellt.

> *Das Mädchen aber dachte:*
> *Du willst dein Lebtag nicht wieder*
> *allein vom Wege ab in den Wald laufen,*
> *wenn dir's die Mutter verboten hat.*

So endet das Märchen vom Rotkäppchen und dem bösen Wolf, in dem davon erzählt wird, wie ein Kind immer wieder falsche Entscheidungen trifft und am Ende doch klüger dasteht als zu Beginn. Die falschen Entscheidungen trifft das Rotkäppchen, weil es kaum etwas vom Leben weiß und von den Gefahren, die einem begegnen können. Erst erlittene Erfahrungen lassen abstrakte Ratschläge konkret werden. Das Kind hat gelernt, hat sein Wissen erweitert, das Fundament, auf dem wir urteilen, um unseren eigenen Weg zu wählen und zu gehen. Fehler, die wir heute machen, sind die Grundlage unserer richtigen Entscheidungen von morgen.

1. Zu wissen

Menschen sind, trotz all unserer Fähigkeiten, unvollkommene Wesen. Unser Leben ist ein ständiges Dazulernen. ‚Zu wissen‘ ist kein Zustand, sondern ein fortlaufender Prozess, in dem die eigenen kognitiven Fähigkeiten eine ebenso wichtige Rolle spielen wie unsere Interaktion mit der Umwelt. Wir verfügen über ausgeklügelte Systeme (technische wie soziale) zur Übertragung von Daten, Informationen und Wissen. Wir sind in der Lage, ein kollektives Gedächtnis aufzubauen und dieses zu teilen, verstehen Symbole, Metaphern und abstrakteste Theorien (zumindest manche von uns). Und dennoch geben uns unsere eigenen Denkprozesse bis heute Rätsel auf, so wie beispielsweise die genaue Funktionsweise unseres ‚Bauchgefühls'.

Ein Grund für die menschliche Unvollkommenheit ist unser zeitlich und räumlich beschränktes Leben. Die technologischen Entwicklungen der letzten Jahrzehnte werden deswegen auch gerne als ‚Schnellstraßen' zum Wissen anderer oder als ‚Brücken' zum kollektiven Gedächtnis beschrieben. Wer sich nicht mehr erinnern kann, wer die Hauptrolle in ‚Napoleon Dynamite' gespielt hat, greift zur Suchmaschine. Faktenwissen verliert an Exklusivität und damit an Relevanz, denn was ist der Wert einer Information, die jedem in zwei Handgriffen zur Verfügung steht?

Mit der Entwicklung der künstlichen Intelligenz wird ein weiterer Schritt gegangen. Von allen Technologien des (späten) 20. Jahrhunderts wird ihr die tiefgreifendste Wirkung auf unser Leben zugeschrieben, gerade für Prozesse rund um den Zugang, die Aneignung und die Verarbeitung von Wissen. Neunzig Prozent der weltweit verfügbaren Daten sind in der zweiten Hälfte des letzten Jahrzehnts entstanden; in zwei Tagen werden aktuell so viele Daten produziert wie in der gesamten Menschheitsgeschichte bis zum Jahr 2003 (Marcus du Sautoy 2019, S. 62). Auf diese Daten kann eine künstliche Intelligenz potenziell (direkt) zugreifen und diese stets abrufbereit haben. Ein Mensch dagegen nicht.

Daten sind jedoch – nach den einfachen Zeichen – nur der erste Bausteine auf dem Weg zu Wissen. Gemeinsam ergeben sie Informationen, die dann durch einen Kontext zu Wissen werden können. Dabei sind Erfahrungsmuster entscheidend. Das sind sowohl die Kenntnisse über den Zusammenhang, in dem Informationen zueinander stehen, als auch Kenntnisse darüber wie die Informationen sinnvoll und zweckgerichtet (pragmatisch) vernetzt (vgl. Rehäuser / Krcmar 1996, S. 5; Willke 1998, S.11; Bodendorf 2006, S.1ff.) und in einem bestimmten Handlungsfeld genutzt werden können (Probst, Raub und Romhardt 2010, S.16). Polanyi (1958, 1966) führte die Unterscheidung zwischen stillschweigendem Wissen (personengebunden) und explizitem Wissen (nicht personengebunden) ein. Er betrachtet beide Arten von Wissen als miteinander verbunden und erklärt: *„Although the expert (...) can indicate their clues and formulate their maxims, they know many more things than* *they can tell, knowing them only in practice, as instrumental particulars, and not explicitly, as objects.*" (1958, S. 92). Nonaka und Takeuchi beschreiben stillschweigendes Wissen knapp vierzig Jahre später als „persönlich, kontextspezifisch und daher nur schwer kommunizierbar" (Nonaka / Takeuchi 1995, S. 72), während explizites Wissen im Rahmen von Kommunikationsprozessen durch Zahlen, Bilder oder durch Sprache vermittelt werden kann.

Um diese theoretischen Überlegungen zur Natur von Wissen für unseren Kontext pragmatischer und viel einfacher zu beschreiben, verarbeitet und speichert eine digitale Kamera mit einem Bild eine Menge von Daten, die das menschliche Hirn an seine Grenze bringen würden. Gleichzeitig ist der Mensch jedoch in der Lage die visuellen Daten in ein ganzheitliches Narrativ zu bringen, eine Fähigkeit, die auch eine künstliche Intelligenz nicht besitzt (Sautoy 2019, S. 71).

Bei vielen etablierten menschlichen Praktiken der Wissensschaffung, -teilen und -übertragung ist uns noch nicht vollkommen klar, was die Anwendung der künstlichen Intelligenz konkret bedeutet. Wir merken, die schnelle Übertragung von Informationen beschleunigt auch unser Leben als Ganzes. Wir können erkennen, dass Veränderungen stattfinden, können jedoch noch nicht sagen, wie genau die Wissensvermittlung sich wandeln wird, wenn ein künstlicher Akteur als passives Werkzeug oder als aktiv mitwirkend daran beteiligt wird. Doch wir können in diesem Kontext berechtigt die Frage stellen, welches Wissen sich überhaupt anbietet, durch eine künstliche Intelligenz vermittelt zu werden.

2. Zu lernen

Die künstliche Intelligenz findet heute in Prozessen des Lernens und der Wissensvermittlung Anwendung, etwa um Lernergebnisse zu bewerten, Empfehlungen zum Schließen von Lernlücken zu geben oder um das Lernen an individuelle Bedürfnisse anzupassen. Es wird davon ausgegangen, dass die Rolle der künstlichen Intelligenz für das menschliche Lernen zunehmen wird, dass aus dem Werkzeug ein Akteur wird, der die aktiven Aufgaben eines Lehrenden übernimmt, und auch die kreativen und sozio-emotionalen Aspekte des Lernens unterstützen soll. Das ist ein ambitioniertes und komplexes Ziel, das viele Aspekte von zwischenmenschlicher Beziehung und etablierten sozialen Strukturen berührt.

In unserer heutigen Welt ist die Bildung ein gesellschaftliches Gut von enormer Bedeutung. Dabei nehmen Lernende in Anzahl und Vielfalt zu – die schulische Bildung ist verpflichtend, die Hochschulen und Universitäten werden immer stärker besucht, Weiterbildung und lebenslanges Lernen sind die Norm. Lehrkräfte sehen sich vermehrt mit neuen Herausforderungen konfrontiert, die über die Wissensvermittlung hinaus gehen: Fehlende Differenzierung im Klassenzimmer (*one-size-fits-all classroom*) ist eine unerwünschte Realität; Gleiche Bildung für alle ist zu erreichen – unabhängig davon, ob die Lernenden z.B. in ländlichen Gebieten mit schwacher Bildungsinfrastruktur oder in Großstädten leben; Es sollte verhindert werden, dass im Unterricht passives Lernen zu stark gefördert und aktives Lernen vernachlässigt wird, dass individuelle Unterschiede und Bedürfnisse der Lernenden ignoriert und Kompetenzen nicht ausgebaut werden, die in der heutigen Welt von entscheidender Bedeutung sind, wie z.B. Problemlösung, kritisches oder kreatives Denken (Appana 2018; Anderson 2000; Fischer / Rose 2001; Forsten et al. 2002; Tomlinson / Kalbfleisch 1998).

Dies gilt insbesondere für die erste Bildungsstation – die Schule – da Kinder vielfältige Bedürfnisse haben, die über die Vermittlung von theoretischem Wissen hinausgehen. Ein Schwerpunkt der schulischen Bildung liegt auf dem Erwerb sozialer und emotionaler Kompetenzen – für Kooperation, Verantwortung und Respekt gegenüber anderen (Seligman et al. 2009). Dazu gehören auch Lebenskompetenzen, die Kinder nicht nur zu fähigen Mitarbeitern, sondern auch zu verantwortungsbewussten Bürgern machen (Lewis et al. 2005). Der soziale Kontext spielt im schulischen Umfeld eine besondere Rolle – hier werden unter anderem soziale Normen erkannt und erlernt, so wie der Umgang mit Belastbarkeit und Fehlern, Durchsetzungsvermögen oder Problemlösungkompetenzen (Minuchin / Shapiro 1983, Dreeben 1968), „ein breites Spektrum an Erfahrungen, die nicht nur akademischer Natur sind" (S. 72), die über den formalen akademischen Lehrplan hinausgehen. Arbeiten zur angewandten Sozialpsychologie in Bildungskontexten, wie die Theorie des Sozialen Vergleichs (Festinger 1954) oder Untersuchungen zu kooperativen Lernmethoden (z.B. Slavin 1990), besprechen in diesem Kontext positive Auswirkungen der Interaktion im Klassenzimmer auf schulische Leistungen.

Weiterhin können Schulen als ein komplexes kulturelles Umfeld verstanden werden. Neben der Familie ist der Schulbesuch entscheidend für die Prägung der Werte der Kultur, in der man aufwächst (Hofstede, 1991). Junge Schüler entwickeln nicht nur grundlegende Fähigkeiten im Lesen, im Schreiben und im Rechnen, sondern auch eine dauerhafte Einstellung zur Bildung und zum Lernen selbst, einschließlich ihrer Lerngewohnheiten (Epps / Smith 1984).

Mit Blick auf den verstärkten Einsatz digitaler Medien im Lernkontext weist Niels Postman (2011) auf die besondere Rolle der Schule hin: Die Idee der Schule ist, dass Individuen in einem Umfeld lernen müssen, in dem individuelle Bedürfnisse den Gruppeninteressen untergeordnet werden (S. 45). Darüber hinaus umfasst der Lehrprozess in Schulen nicht nur die Kenntnis eines Faches, sondern auch die Kenntnis einer Metasprache sowie die kulturelle Alphabetisierung (S. 122ff.).

Auch im Bereich des Lernens, wie im Bereich der Wissensvermittlung im Allgemeinen, betritt die künstliche Intelligenz keine ‚grüne Wiese‘, sondern ein ‚brown-field‘ mit etablierten Praktiken, die über Jahrhunderte entwickelt wurden, sowie all den dabei entstandenen Herausforderungen. Es stellt sich die Frage, welche der angesprochenen Rollen des Bildungssystem nun durch eine künstliche Intelligenz bekleidet werden könnten. Kann und soll sie, als ‚Nicht-Mensch‘, bei jungen Schülern soziales Verhalten prägen? Oder wie soll sie auf kulturelle Werte wirken, die bis dato ebenso Ausdruck der menschlichen (lernenden) Entwicklung sind?

3. Zu handeln. Fehlerfrei.

Eine der zentralen Aufgaben, bei der wir uns durch künstliche Intelligenz unterstützen lassen, ist das Treffen ‚richtiger‘ Entscheidungen. Wenn wir uns richtiges Entscheiden im Kontext des Lernens ansehen, dann stellt sich damit unmittelbar die Frage, was eigentlich eine falsche Entscheidung ist.

Entscheidungen sind ein „mehr oder weniger überlegtes, konfliktbewusstes, abwägendes und zielorientiertes Handeln" (Jungermann et al. 2010, S. 3). Entscheidungsfindung ist ein kognitiver Prozess vergleichender Beurteilung und Auswahl, der zielgerichtet und nach bestimmten Regeln abläuft: Eine oder mehrere Optionen werden im Rahmen solcher Prozesse durchleuchtet und miteinander verglichen, bevor eine Auswahl stattfindet. Entscheidungen setzen Wissen und Motivation voraus und sind von Emotionen abhängig (ebd. S. 7ff.). Wenn eine geplante Abfolge geistiger oder körperlicher Handlungen nicht zum gewünschten Ergebnis führt, und dies nicht auf den Zufall zurückzuführen ist (Reason 1990, S. 9), spricht man von einer falschen Entscheidung, von einem Fehler. Entscheidungen sollen üblicherweise so getroffen werden, dass Fehler vermieden werden. Doch für die Aneignung von Wissen haben Fehler eine Funktion: Aus Fehlern lernt man. Neues Wissen entsteht durch Fehleranalyse und durch die Suche nach Möglichkeiten zur Fehlerkorrektur. Wir lernen also dadurch, dass wir eigene (oder auch fremde) Fehler analysieren und uns so verbessern.

Kinder lernen mit dem Rad zu fahren, indem sie vom Rad fallen. Und unsere Organisationen sprechen aus dem gleichen Grund gerne davon, wie wichtig eine echte Fehlerkultur sei, um sich weiterzuentwickeln.

In der Fehleranalyse werden als drei Hauptelemente die Art der Aufgabe und ihre Rahmenbedingungen; die Mechanismen, die die Leistung bestimmen; und die Eigenschaft des Individuums unterschieden (ebd. S. 4). Zu allen drei lassen sich im Einzelnfall konkrete Eckdaten und Informationen zusammenstellen, sodass eine künstliche Intelligenz in absehbarer Zukunft in der Lage sein könnte, von uns begangene Fehler so gut zu analysieren wie ein durchschnittlicher Psychoanalytiker das auch kann. Deutlich komplizierter wird es jedoch, wenn eine künstliche Intelligenz uns dabei helfen soll, für das Lernen ‚richtige‘ Entscheidungen zu treffen und damit Fehler zu analysieren, die wir noch nicht begangen haben. Hier steht sie unweigerlich vor der Herausforderung, Fehlentscheidungen gegen hypothetische Reflexionsprozesse abwägen zu müssen und damit vor einem Vergleich von Äpfeln mit Birnen.

4. Das Rotkäppchen-Dilemma

Durch Unwissen und eine Reihe eigener Fehlentscheidungen konnte das Rotkäppchen lernen und kognitiv reifen. Dieser Lernprozess ist Ausgangspunkt für ein Gedankenspiel über die Rolle der künstlichen Intelligenz für das menschliche Lernen. Künstliche Intelligenz wird immer wieder als kommende Wunderwaffe der Didaktik gepriesen: Klassenverband zu groß? Kein Problem, KI-gestützte Lehrassistenten werden den Lehrkräften unter die Arme greifen. Schülerin kommt nicht mit? Kein Problem, individualisierte, also ‚maßgeschneiderte‘ KI-Lösungen werden das richten. Unsere vielfältigen Lernprozesse sollen schon bald optimal betreut werden. Doch bei genauerer Betrachtung stellt uns schon die vermeintlich einfache Aufgabe, mit potenziellen Fehlentscheidungen richtig umzugehen, vor ein nicht triviales Problem. Stellen wir uns ein Märchen vor, in dem das Rötkäppchen das selbe Wissen sammeln soll, dabei aber von einer künstlichen Intelligenz begleitet wird. Denkbar sind zwei Szenarien:

4.1 Szenario 1 – Ein guter Lerntag ist ein Tag der vielen Fehler

Die künstliche Intelligenz erkennt ein Muster darin, dass Fehler eine wesentliche Rolle im Lernprozess spielen und ist deswegen als Lehrassistent bestrebt, eine möglichst hohe Fehlerquote zu provozieren. Das entspricht der Algorithmus-gewordenen Lebensweisheiten ‚gebranntes Kind scheut das Feuer!'. Die große Herausforderung dieses Szenarios liegt darin, die Fehler so feinfühlig zu kalibrieren, dass Lernende nicht direkt wieder aufgeben. Die Fehlerquote wäre also so nah wie möglich an der individuellen Frustrationsgrenze. Das setzte aber voraus, dass man (Mensch oder KI) diese kennt. Dieses Szenario erinnert an die Entwicklung von Computerspielen. Hier steht man ebenfalls vor der Aufgabe, den Anspruch so zu kallibrieren, dass er als Herausforderng wahrgenommen wird, aber nocht nicht frustriert.

4.2 Szenario 2 – Ein guter Lerntag ist ein Tag ohne Fehler

Die künstliche Intelligenz erkennt den Fehler als falsche Entscheidung und versucht ihn zu vermeiden. In diesem Szenario ist ein lernbegleitendes Ziel, mit Ratschlägen und Empfehlungen den Weg zu ebnen. Das Rotkäppchen würde dem Wolf nicht begegnen, und selbst wenn es dies täte, direkt einen großen Bogen machen. Das Mädchen wäre nicht mehr vor die Aufgabe gestellt, die potentielle Gefahr selbst zu identifizieren und die so wertvollen Heuristiken zu bilden, auf die wir alle zurückgreifen, wenn wir eine neue Situation einschätzen. Die Folge ist ein verarmter Lernprozess, der Lernende immer nur so weit treibt, wie sie sicher mit der Lernsituation umgehen können.

Die beiden – zugegeben überspitzten – Szenarien sollen illustrieren, dass die Gestaltung des Lernens mit Hilfe von einer künstlichen Intelligenz noch vor gewaltigen Herausforderungen steht. Eine geeignete Lernumgebung zu entwickeln ist dabei nicht nur eine technische Hürde, sondern auch immer ein soziales, menschliches Problem. Und so ist nicht nur die künstliche Intelligenz für uns eine *Blackbox* (denn wir wissen nicht immer, warum sie entscheidet, wie sie entscheidet), sondern auch der Lernenden selbst. Gleicher Input führt in unterschiedlichen Situationen zu ganz unterschiedlichen Ergebnissen, wie jeder bestätigen kann, der schon mehr als ein mal den gleichen Kurs unterrichtet hat. Selbst bei Geschwistern und auch bei Zwillingen mit ganz ähnlichen Umwelteinflüssen unterscheidet sich der individuelle Lernprozess (vgl. z.B. Taylor et al. 2010).

5. Abschließende Gedanken

Wenn über künstliche Intelligenz gesprochen wird, beobachten wir oft einen argumentativen Zweiklang. So wird darauf hingewiesen, dass der Entwicklungsstand, der aktuell Grundlage von Überlegungen ist, bald eine veraltete Version darstellt. Außerdem wird erklärt, dass wir es hier mit einer Technologie zu tun haben, die wir nicht lediglich nutzen, sondern die einen wesentlichen Einfluss auf uns haben wird – einen Einfluss, der unsere sozialen Beziehungen, unsere Wahrnehmung und sogar Weltanschauung prägen wird.

In unserem Beispiel sind mehrere Aspekte relevant: Im Kern geht es im Märchen vom Rotkäppchen um den Erwerb von Erfahrungswissen. Dieser Erwerb ist ein Prozess aus Entscheidungen und Fehlern. Wenn eine künstliche Intelligenz das lernende Rotkäppchen begleitet, gestaltet sie diesen Erfahrungsprozess. Die menschliche Intelligenz rückt in den Hintergrund. Stattdessen ist der künstliche Lernbegleiter damit beschäftigt, eine optimale Lernsituation zu gestalten. Es stellt sich in einem neuen, nicht humanen Kontext die Frage: „If errors were indeed predictable, we would surely take steps to avoid them. Yet they still occur. So what is a predictable error?" (Reason 1990, S. 3).

Unumstritten ist, dass die künstliche Intelligenz an vielen Stellen zur Verbesserung von Lernprozessen beitragen wird. Die Vermittlung von Faktenwissen und Informationen wird durch Technologie bereits heute enorm erleichtert. Wer bereit ist, personenbezogene Daten als Gegenleistung für die Nutzung einer digitalen Lernumgebung zur Verfügung stellen, erlaubt der Technologie uns kennen zu lernen und das zu vermittelnde Wissen an unsere Bedürfnisse anzupassen. Doch um stillschweigendes Wissen zu erwerben, also das Wissen, das uns zu sozialen Individuen macht, braucht es auch in Zukunft mehr als einen in Technik gegossenen Lernbegleiter.

Ausgangspunkt unserer Überlegungen war die Frage nach der Bedeutung, die bewusste oder unbewusste Fehler für unsere intellektuelle Entwicklung, unser Common-Sensing, unser Reflexionsvermögen und unseren Wissenserwerb haben. Dafür müssen wir über die Ursachen dieser Fehler sprechen und über den tückischen Umstand, dass kurzfristiger Frust zu langfristiger Reife führen kann, dies aber leider nicht zwangsläufig tut.

Literatur

Anderson, Lorin W. (2000): Why should reduced class size lead to increased student achievement? In: M. C. Wang and J. D. Finn [eds.]: *How small classes help teacher do their best,* Temple University Center for Research in Human Development and Education, Philadelphia 2000, 3–24.

Appana, Subhashni (2008): A review of benefits and limitations of online learning in the context of the student, the instructor and the tenured faculty. In: *International Journal on E-learning,* 7(1), 5-22.

Bodendorf, Freimut (2006): *Daten- und Wissensmanagement*. Springer-Verlag, Berlin Heidelberg.

Dreeben, Robert (1968): *On what is learnt in schools*. Addsion-Welsley Publishing, Reading (MA) 1968.

Epps, Edgar; Smith, Sylvia (1984): School and children: The middle childhood years. In: National Research Council: *Development during middle childhood: The years from six to twelve*. The National Academies Press, Washington, DC 1984, 283-334.

Festinger, Leon (1954): A theory of social comparison processes. In: *Human relations*, 7 (2), 117-140.

Fischer, Kurt W.; Rose, Todd L. (2001): Webs of Skills: How Students Learn. In: *Educational Leadership*, 59 (3), 6-12.

Forsten, Char; Grant, Jim; Hollas, Betty (2002): *Differentiated Instruction: Different Strategies for Different Learners*. Crystal Springs Books, Peterborough 2002.

Hofstede, Geert; Hofstede, Gert Jan und Minkov, Michael (1991): *Cultures and organizations: Intercultural cooperation and its importance for survival*. McGraw-Hill, London 1991.

Jungermann, Helmut, Pfister, Hans-Rüdiger; Fischer, Katrin (2010): *Die Psychologie der Entscheidung*. Spektrum Akademischer Verlag, Heidelberg 2010.

Kehoe, Michelle; Bourke-Taylor, Helen; Broderick, David (2018): Developing student social skills using restorative practices: A new framework called HEART. In: *Social Psychology of Education*, 21 (1), 189-207.

Minuchin, Patricia; Shapiro, Edna (1983): School as a context for social development. In: Paul Mussen, John H. Flavell, Ellen M. Markman [Hrsg.]: *Handbook of child psychology: formerly Carmichael's Manual of child psychology*. Manchester Urban Institute, Manchester (UK) 1983.

Nonaka, Ikujiro; Takeuchi, Hirotaka (1997): *Die Organisation des Wissens: Wie japanische Unternehmen eine brachliegende Ressource nutzbar machen*. Campus, Frankfurt am Main 1997.

Polanyi, Michae (1958): *Personal Knowledge: Towards a Post-Critical Philosophy*. 1. Routledge, London 1958.

Polanyi, Michael (1966): *The Tacit Dimension*. Doubleday, New York 1966.

Postman, Niels (2011): *The end of education: Redefining the value of school*. Vintage Books, Random House, New York 2011.

Probst, Gilbert; Raub, Steffen; Romhardt, Kai (2010): *Wissen managen. Wie Unternehmen ihre wertvollste Ressource nutzen*. Gabler Verlag, Wiesbaden 2010.

Reason, James (1990): *Human error*. Cambridge University Press 1990.

Rehäuser, Jakob; Krcmar, Helmut (1996): Wissensmanagement. In: von Schreyoegg, Georg und Conrad, Peter: *Wissensmanagement im Unternehmen*. de Gruyter, Berlin, New York 1996, 1-40.

Slavin, Robert E. (1990): Research on cooperative learning: Consensus and controversy. In: *Educational leadership*, 47 (4), 52-54.

Seligman, Martin E. P.; Ernst, Randal M.; Gillham, Jane; Reivich, Karen und Linkins, Mark (2009): Positive education: Positive psychology and classroom interventions. In: *Oxford Review of Education*, 35 (3), 293-311.

Sautoy, Marcus du (2019): *The creative code. Art and innovation in the age of AI*. Harvard University Press, Cambridge Massachusetts 2019.

Tomlinson, Carol Ann; Kalbfleisch, M. Layne (1998): Teach me, teach my brain: A call for differentiated classrooms. In: *Educational Leadership*, 56 (3), 52-55.

Taylor, Jannette; Roehrig, A. D.; Hensler, B. S.; Connor, C. M. und Schatschneider, C. (2010): Teacher quality moderates the genetic effects on early reading. In: *Science 328*, no. 5977, (2010): 512-514.

Sybille Krämer

Nüchtern bleiben!
Künstliche Intelligenz jenseits des Mythos

Abstract: Unerachtet der beständigen Wellenbewegungen zwischen Hype und Talfahrt Künstlicher Intelligenz in den letzten 60 Jahren ist etwas gegenwärtig anders: Verfahren Künstlicher Intelligenz führen nicht einfach zu spektakulären Einzelergebnissen, sondern sind im Alltag unserer Gesellschaft in Gestalt von Gesichts-und Spracherkennung, Übersetzungssoftware, Spam-Filtern etc. angekommen. Möglich ist dies durch die Überkreuzung zweier Tendenzen: den immer ausgefeilteren Methoden des *deep learning* mit ‚Künstlichen Neuronalen Netzen‘ sowie die Verfügbarkeit immer größerer Datenvolumina durch Plattformaktivitäten und Sensortechnologie, die als Trainingsgrundlage der Lernverfahren eingesetzt werden. Um den Zusammenhang zwischen maschinellem Lernen und Datenverfügbarkeit nachzuvollziehen, ist es hilfreich, Verfahren künstlicher Intelligenz – im Anschluss an Adrian Mackenzie - als diagrammatische Praktiken zu verstehen. ‚Diagrammatisch‘ heißt zweidimensionale Raumrelationen einzusetzen, um – zumeist – nichträumliche Zusammenhänge zur Erscheinung zu bringen und zugleich bearbeitbar zu machen. Der Einsatz bebilderter und beschrifteter Flächen aller Art ist eine Kulturtechnik der Verflachung und bildet als wissenschaftliches, künstlerisches und technisches Potenzial ein Rückgrat der Moderne. Doch in welchem Verhältnis stehen die im rhetorischen Gestus zuerst einmal gegenläufigen Konzepte *deep learning* und ‚Kulturtechnik der Verflachung‘?

1. Ausgangspunkt

Die folgenden Überlegungen werden nicht utopische oder dystopische Deutungen Künstlicher Intelligenz bedienen. Denn was wir zu befürchten haben ist weniger die Künstliche Intelligenz auf Seiten der Maschinen denn die Unvernunft auf Seiten der Menschen.

Daher gilt es die Künstliche Intelligenz zuerst einmal als eine Technik und nicht als einen Mythos zu begreifen. Doch wenn sich Geisteswissenschaftler*innen für Künstliche Intelligenz (KI) interessieren, dann zumeist als Vision, Mythos oder als spektakuläre transhumanistische Ideologie. Ihr reflexives Interesse richtet sich auf etwas, das als Technologie mitnichten real, vielmehr fiktional ist. Doch die Wirksamkeit und Wirklichkeit ‚Künstlicher Intelligenz‘ – wir verwenden diesen Ausdruck im Folgenden als Eigenname für ein Bündel von Technologien - besteht nicht in ihren Visionen und Mythen, sondern in ihren zeitgenössischen, oft beiläufigen und eher unauffälligen Anwendungen. Lassen sich die Geisteswissenschaften zu sehr faszinieren von der visionären Künstlichen Intelligenz und versäumen dabei die Potenziale und Gefährdungen der gegenwärtig angewendeten, unauffälligen, jedoch überaus effektiven *Big Data*-Technologien zu bedenken? Diese kritisch zu reflektieren heißt, sich nicht länger an dem YoYo-Spiel von Illusionierung und Desillusionierung zu beteiligen, sondern die Realität einer prosaischen Künstlichen Intelligenz jenseits der Vision einer menschenentmachtenden Superintelligenz zu begreifen. Das jedenfalls ist der Ausgangspunkt unserer Überlegungen: Die Künstliche Intelligenz ist längstens im Alltag angekommen und es sind die damit verbundenen Phänomene, die zu beschreiben, zu verstehen und kritisch zu reflektieren sind.

2. Eine Bipolarität

In den Debatten über Künstliche Intelligenz tritt eine augenfällige Bipolarität zutage zwischen einer ‚starken‘, ‚visionären‘ sowie einer ‚schwachen‘, ‚prosaischen‘, real existierenden *Künstlichen* Intelligenz. Die visionäre Künstliche Intelligenz, die entweder euphorisch begrüßt (Kurzweil 2013) oder apokalyptisch überzeichnet wird (Bostrom 2014), zielt auf eine transhumanistische Verschmelzung von Mensch und Maschine oder auf die Entstehung einer menschenübertreffenden Superintelligenz. Ihr Bezugspunkt ist die Idee einer universalen und zugleich autonom agierenden Maschinenintelligenz. Die real existierende ‚prosaische Künstliche Intelligenz‘ geht hervor aus der Synthese von Sensortechnologie, Netzwerkarchitekturen, *Big Data-* und *Deep Learning-* Verfahren und ist in Form von Suchmaschinen, Sprach- und Gesichtserkennung, Übersetzungssoftware etc. allgegenwärtig. Das Gravitationszentrum der gesellschaftlich wirksamen Künstlichen Intelligenz sind diese unsichtbaren datentechnologischen Verfahren.

Die hier diagnostizierte Bipolarität einer visionären und einer prosaischen Künstlichen Intelligenz wurde nicht erst – wenn auch anders akzentuiert – durch den Philosophen John R. Searle (1980) eingeführt, sondern ist schon bei Gottfried Wilhelm Leibniz, einem Vordenker des Digitalen angelegt: Bei ihm findet sich eine Dualität, auch ein Zwiespalt zwischen seiner Suche nach einer universellen Denkmaschine (*calculus ratiocinator*) zur Erzeugung *aller* möglichen wahren Aussagen einerseits und seinen Erfindungen partikularer Bereichskalküle, die realisierbare Verfahren für abgegrenzte logische und mathematische

Problembereiche entwickeln andererseits.[1] Während seine universelle Denkmaschine, das hat Gödels Unvollständigkeitssatz gezeigt (Gödel 1931), logisch nicht realisierbar ist, sind seine Bereichskalküle funktionsfähig. Die Philosophie neigt dazu, die epistemischen Grundlagenfragen der Künstlichen Intelligenz anhand der spektakulären Suche nach der Automatisierung *universaler* Denkfähigkeiten zu erörtern. Unser Vorschlag ist, die Leistungen Künstlicher Intelligenz im Sinne der Leibniz'schen Bereichskalküle zu denken!

3. Exteriorität des Geistes

Zwei problematische Narrative haben das am einzelnen Subjekt orientierte abendländische Konzept vom menschlichen Geist geprägt: Der Individualismus bzw. Solipsismus und die Annahme einer Medienunabhängigkeit menschlicher Denkvorgänge. Doch der Ort des Denkens ist nicht der individuelle Kopf, sondern sind die kulturtechnischen Kollaborationen zwischen Menschen, Zeichensystemen und technischen Instrumenten. Menschlicher Geist ist sozial distribuierter, exteriorisierter Geist und stets medientechnisch präformiert. Menschliche Intelligenz ist also keineswegs ‚natürlich' oder ‚naturbelassen': Ein Denken ohne artifizielle Dimensionen, mithin ohne Sprachen, Bilder und Artefakte ist kaum vorstellbar, denn ohne den Gebrauch von akustischen oder visuellen Zeichen gibt es keine höherstufige Denkleistung. Dies ist eine Maxime, um deren historisch sich fortbildende Achse das Denken vieler Philosophen kreist, welche die Narrative des Solipsismus und der Medienunabhängigkeit des Denkens nicht teilen: So etwa Leibniz, Peirce, Frege, Whitehead, Wittgenstein, Cassirer, Goodman, Derrida und andere. Humane Erkenntnisfähigkeit, vermittelt durch den Einsatz sprachlicher und außersprachlicher Zeichen, ist ein an Konventionen oder stillschweigende Voraussetzungen verknüpftes Kollektivgut und stets durch kulturtechnische Routinen konturiert.

Im Zentrum der menschlichen symbolischen Praktiken steht die Frage nach deren Semantik, also nach Sinn und Bedeutung. Und doch ist das nicht die ganze Geschichte: Denn ein Spezifikum unserer Geistestätigkeit besteht just darin, Zeichensysteme so zu entwerfen, dass die Regeln der Zeichenmanipulation ein Stück weit bedeutungsindifferent und also interpretationsneutral praktizierbar sind. Wo das möglich ist – zum Beispiel beim schriftlichen Rechnen im dezimalen Stellenwert-

---

1 Zu Leibnizens Kalkülisierungsbestrebungen sowohl in universeller wie in bereichsspezifischer Hinsicht siehe Krämer (1991), S. 267–279.

system – nehmen diese Regeln den Charakter von Algorithmen an. Es war Leibniz, der den Eigennamen Al-Chwarizmi, des islamischen Gelehrten, der Europa mit dem Dezimalrechnen bekannt machte, als allgemeinen Begriff für Rechenregeln im Sinne von Zeichenmanipulationsregeln einsetzte (Krämer 1991, 220-79).

Algorithmen gehen hervor aus der operativen Synthese von Sprache und Technik; sie sind also keineswegs an Computer gebunden. Lange vor dem physischen Computer entwickelten wir mit dem schriftlichen Rechnen den ‚Computer in uns‘, indem das *Medium* der Zahlendarstellung – die Dezimalziffern und Operationszeichen – zugleich als *Werkzeug* zum Zahlenrechnen dient und damit den Einsatz eines zusätzlichen Rechengerätes wie Rechenbrett oder Abakus zugunsten von Papier und Stift überflüssig macht. Algorithmen bilden eine digitale Form von Textualität; sie sind Vorschriften im buchstäblichen Sinne zur Identifikation und Transformation von Mustern auf Text- und Bildoberflächen. Vertraut sind uns algorithmische Praktiken bereits im formalen Operieren, mit dessen Form komplexe Kognitionen ‚demokratisiert‘, also auch jenseits von genialischem Ingenium ausführbar werden. Die steile Karriere des Digitalen findet ihre Vorläufer in eben dieser Interpretationsfreiheit algorithmischer Symbolmanipulation, im alpha-numerischen Schriftraum. Es ist dies ein Paradox des menschlichen Geistes, auf das schon Alfred North Whitehead verwies: „Die Zivilisation schreitet voran, indem sie die Anzahl der wichtigen Operationen ausdehnt, die man ausführen kann, ohne über sie nachzudenken.“ (Whitehead 1911, 35f.) Der Ausweis einer hochentwickelten Erkenntniskultur besteht geradezu darin, dass Teilbereiche geistiger Arbeit – wohlgemerkt: *Teil*bereiche! - auf eine sinnentleerte, sozusagen ‚geistlose‘ Weise bearbeitbar sind. Künstliche Intelligenz partizipiert nicht nur an diesem Prinzip: sie radikalisiert es.

4. Kulturtechnik der Verflachung

Doch es ist nicht nur die Formalisierung, welche den Boden der Techniken zur Intelligenzverstärkung bereitet. Hinzu tritt ein medientechnologisches Dispositiv, das wir die ‚Kulturtechnik der Verflachung‘ nennen (Krämer 2016a, 65-67). Wir leben in einer dreidimensionalen Welt, doch wir sind umgeben von bebilderten und beschrifteten Flächen. Die Erfindung der artifiziellen Flächigkeit schafft durch die Amputation der Tiefe einen zweidimensionalen Sonderraum großer Übersichtlichkeit und Kontrollierbarkeit. Überdies ist alles, was ist, was noch nicht ist, und selbst, was niemals sein kann, zweidimensional darstellbar.

Allerdings: Es gibt empirisch keine Flächen, doch wir behandeln inskribierte Oberflächen so, *als ob* sie keine Tiefe hätten: Wir müssen die Buchseite umblättern, ihre Rückseite zur Oberfläche machen, um weiterlesen zu können. Die Evolution des menschlichen Geistes ist zutiefst verbunden mit der kognitiven Nutzung artifizieller Zweidimensionalität in Form von Schriften und Bildern, von Tabellen, Texten, Diagrammen, Graphen, Karten und ihren Mischformen (Wöpking 2016). Die ‚Kulturtechnik der Verflachung' zieht sich wie ein Ariadnefaden durch die Geschichte menschlicher Kulturen bis hin zum ubiquitären Einsatz elektronischer Interfaces. Wissenschaften, Künste, Technik und Architektur wären undenkbar ohne den Einsatz artifizieller Flächigkeit.

Eine ihrer schöpferischen Potenziale liegt im Explizitmachen von Implizitem, in der Manifestation von Latentem, in der Visualisierung von Unsichtbarem: So kann, was epistemisch abstrakt, entzogen, abwesend und unsichtbar ist, sichtbar, bearbeitbar, kontrollierbar und sozial teilbar gemacht werden. Mit der artifiziellen Flächigkeit entsteht eine Werkstätte des Denkens, ein Laborraum technischer Entwürfe und ein Experimentierraum künstlerischer Kreation und Komposition. Was die Erfindung des Rades für die Steigerung der Mobilität und Kreativität im Körperlichen, ist die Erfindung der artifiziellen Flächigkeit für die Mobilität und Kreativität im Geistigen. Wir haben die Kulturtechnik der Verflachung somit als *schöpferisches* Potenzial – ästhetisch wie intellektuell – zu deuten und dies gerade im Gegenzug zu jener universell verbreiteten rhetorischen Figur, dergemäß gehaltvolles Denken tiefgründig, das Operieren an Oberflächen dagegen desavouiert und tabuisiert ist.

Worin wurzelt das kognitive Potenzial artifizieller Flächigkeit? Unser Körper mit seinen drei senkrecht aufeinander stehenden Achsen stiftet eine basale, lebensweltliche Orientierung: rechts/links, oben/unten, vorne/hinten. Doch alles, was hinter uns liegt, ist der Sichtbarkeit und Kontrolle entzogen. Mit der artifiziellen Flächigkeit ist ein Medium entstanden, das die zweidimensionale Formatierung links/rechts, oben/unten nutzt unter Subtraktion der Tiefen-Achse. So kann auf der Fläche beobachtet, bearbeitet und kollektiv zugänglich gemacht werden, was anderenfalls entzogen bleibt. Es entsteht kognitive Transparenz. Paradigmatisch dafür ist das schriftliche Rechnen oder die Buchstabenalgebra: Mathematisches Ingenium und rechnerische Intuition – zuvor wenigen Talenten vorbehalten – wird mit der Verschriftung zu einer algorithmisch regulierten Prozedur, die in kontrollierten Schritten von allen ausgeführt werden kann, welche die Symbolsprachen von Arithmetik und Algebra zu lernen bereit sind. Die alphanumerische

Literalität hat dieses Prinzip der Explikation des Impliziten in Wissenschaft und Alltag verankert: Alphabetisch geordnet wird Wissen in gelehrten Enzyklopädien allgemein zugänglich; Bibliothekskataloge machen mittels Signaturen Bücher in Bibliotheken auffindbar; Zettelkästen strukturieren individuelle Gelehrtenarbeit, Inhaltsverzeichnisse zeigen Buchgehalte, Stichwortregister machen Begriffe nachschlagbar. Die Alphabetschrift mit Groß- und Kleinschreibung, mit Interpunktion etc. macht im Sprechen unhörbare grammatische und semantische Unterscheidungen im Schriftbild sichtbar. Kurzum: Die alphanumerische Literalität macht Wissensordnungen überschaubar, zugreifbar und bearbeitbar. Sie kann dies kraft des Prinzips einer diagrammatologischen Flächigkeit.

5. Datifizierung und Kontrollverlust

Unter den Bedingungen umfassender Digitalisierung bzw. ‚Datifizierung‘, verwandelt sich die ‚Lesbarkeit der Welt‘, die Hans Blumenberg (1986) metaphorisch entfaltet hat, in die ‚Maschinenlesbarkeit des Datenuniversums‘ (Krämer 2020). Computer sind Apparate zum Erkennen und Bearbeiten von Mustern in umfangreichen Datenkorpora – die, das sollte bei aller Mustereuphorie nicht vergessen werden – letztlich Zahlenkonfigurationen sind. Doch unerachtet dieser Numerik können wir in Anbetracht der menschlichen Zwecke, die mit diesem Computereinsatz verbunden sind, eine optische Analogie festhalten: Computer fungieren wie Mikroskope und Teleskope, um im Datenuniversum aufzuspüren, was für Menschenaugen an Texten, Bildern oder Artefakten unsichtbar bleibt. Etwas den Oberflächen Implizites, wird maschinell explizit und zugänglich gemacht.

Als Schriftmaschine wurde der Computer bereits von Jay David Bolter (2001) charakterisiert. Doch mit Adrian Mackenzie (2017) ist dieser Aspekt zu erweitern: Computer sind diagrammatische Maschinen. Charakteristisch dafür ist, dass diese Art von Maschine erst durch Software, also eine operative Form von Textualität, funktionsfähig wird. Überdies vollzieht sich die informationstechnologische Mensch-Maschine-Interaktion immer noch zum Gutteil – unerachtet der Tendenz zur mündlichen Spracherkennung und zum Verschwinden der Interfaces im *ubiquitous computing* – über die Flächigkeit von Bildschirmen.

Entscheidend für die Diagrammatizität des Computers wird seine Fähigkeit zur Durchmusterung nahezu unvorstellbar großer Datenkonvolute: Mit der elektronischen Vernetzung, der Digitalisierung des kulturellen Erbes, dem umfassenden Einsatz von Sensortechnologie, der Nutzung sozialer Plattformen und generell dem Smartphone-Einsatz entstehen Datenansammlungen in Form eines nicht abbrechenden Datenstroms, bei dem die Welt in einem computergenerierten digitalen Schattenbild verdoppelt wird. Was wir über die Funktion artifizieller Flächigkeit sagten, steigert sich mit der Digitalisierung: Alles was ist, was gewesen ist, was in Zukunft sein wird, kann in eine Datenstruktur umgewandelt und von Algorithmen durchsucht, analysiert und bearbeitet werden. Nicht mehr das Verstehen, vielmehr die Suche wird zum Königsweg im Umgang mit Daten.

Schon hier zeichnet sich ein Umschlag von Kontrolle in Kontrollverlust ab: Einerseits werden große Teile des Wissens durchsuchbar und zugänglich. Doch was nicht die Form von Digitalisaten annimmt, fällt aus dem Suchraum heraus. Zugleich bleiben die Kriterien der nutzerbezogenen Datenpräsentation, das *Page-Ranking* in den Wissensdarstellungen und bei der Wissenssuche verborgen. Und sofern die Algorithmen wie beim *Deep Learning* – wir kommen darauf zurück – mit umfangreichen Datensätzen trainiert werden, bleibt verdeckt, welche Stereotypen, Schablonen, Vorurteile und Diskriminierungen, die den Trainingsdaten implizit und also in ihnen verborgen sind, dem Algorithmus dabei antrainiert werden. Die Datifizierung ist gekennzeichnet durch eine Dialektik von Durchsichtigkeit und Opazität, die den Umschlag von Transparenz in die Intransparenz zur Begleiterin nahezu aller Netzaktivitäten macht. Diese medienhistorische Kontextualisierung in den kognitiven Praktiken artifizieller Flächigkeit und die dadurch freigesetzte Ambivalenz von Datenmacht und Datenentmächtigung bildet den Nährboden, um die gegenwärtige Situation Künstlicher Intelligenz kritisch zu reflektieren.

6. Künstliche Intelligenz in Alltagsassistenz

Die Entwicklungsgeschichte der KI-Debatte wird gerne in saisonalen Metaphern (Schuchmann 2019; Hendler 2008) beschrieben[2]: Schon zweimal – Anfang der Siebziger und Ende der Achtziger Jahre – wurden die von der Künstlichen Intelligenz erzeugten überzogene Erwartungen durch einen sogenannten ‚Winter Künstlicher Intelligenz' beendet: Umfangreiche Fördergelder, vielfältige Projekt- und Kongressaktivitäten, zentrierte mediale Aufmerksamkeit verabschiedeten sich und wanderten in andere Bereiche ab. Im Horizont der zyklischen Bewegung

---

2 Zur Kritik an der saisonalen Metaphorik im Hinblick auf gegenwärtige KI siehe Floridi (2020.

von Boom und Talfahrt ist gegenwärtig ein Aufschwung unübersehbar. Es gibt dafür spektakuläre Ergebnisse vorzuweisen: Algorithmen, die ein im Rembrandt-Repertoire nicht vorkommendes Portrait täuschend echt (Tietgen 2016) produzieren oder hochauflösende Portraitbilder nichtexistender Personen (Schauer-Bieche 2019) erzeugen. Das Programm LIBRATUS (Brown/Sandholm 2019) hat die vier weltbesten Spieler im Pokerspiel Texas Hold'em geschlagen; bemerkenswert daran ist, dass zu pokern heißt – anders als bei Schach oder Go – unter Bedingungen unvollständigen Wissens zu agieren und zugleich Mitspieler zu täuschen bzw. deren Täuschungsabsichten zu dechiffrieren.

Doch unerachtet solcher relativ spektakulären Ergebnisse wurzelt der gegenwärtige Aufschwung der KI in ihrem so alltäglichen wie unauffällig-effizienten Einsatz in nahezu allen gesellschaftlichen Funktionsbereichen: In den Verkaufsstrategien des Online Handels, in den Risikobewertungen der Kreditvergabe, in den Diagnosen bildgestützter Medizin etc. Neben diesen professionellen Anwendungen agiert Künstliche Intelligenz als unsichtbarer, unauffällig operierender ‚Alltagsassistent': Die individualisierten Playlists der Streaming Dienste, die Spracherkennung von Alexa, Cortana oder Siri, automatische Einparkhilfen, die Bildeinstellungen der Smartphone Kameras, Navigation, individualisierte Produktplatzierungen: diese Auflistung findet kaum ein Ende. Von Andrew Ng, einem leitenden Entwickler Künstlicher Intelligenz, wird die Künstliche Intelligenz zur ‚neuen Elektrizität' erklärt (Lynch 2017).

Es sind vor allem drei mit der Veralltäglichung Künstlicher Intelligenz verbundene Phänomene, die hier herauszustellen sind:

(1) *Skaleneffekt durch Feedback*: Der Nährboden all dieser Fortschritte beruht auf Feedback-Methoden. Und das bedeutet: Informationen aus der Anwendung werden in das folgende Verhalten eingebaut. In den 1940er Jahren in der Kybernetik Norbert Wieners prominent gemacht, sind Feedbackdaten heute die wichtigste Ressource technischer Optimierung. Wenn Suchmaschinen nach den ersten Buchstaben schon den vermutlich gesuchten Begriff plus alternative Suchbegriffe anbieten; wenn Übersetzungsmaschinen mit jedem akzeptierten Übersetzungsangebot sich verbessern; wenn Navigationssysteme aufgrund von Fahrgeschwindigkeiten Staus diagnostizieren und kommunizieren: So ist all dies ein durch Rückkopplung in der Datenverarbeitung erreichter Skaleneffekt. Die Vervollkommnung in der Funktion geschieht im Prozess der Produktanwendung. Die Software verändert sich durch Gebrauch und ist mit der Zeit ihrer Nutzung und der Anzahl ihrer Nutzer*innen im Bunde. Je häufiger ihr Einsatz, umso besser wird sie in der

Realisierung ihres Zweckes. Dieses Prinzip ‚je beliebter etwas ist, umso besser wird es' sorgt auch für eine hochproblematische Seite der Digitalisierung in Gestalt der fast unschlagbar gewordenen Marktmacht großer Datenkonzerne und sozialer Plattformen, die durch ihre massenhafte Nutzung immer komfortablere und leistungsfähigere Angebote an ihre Nutzer*innen machen. "Feedback schafft Datenmonopole" (Ramge 2018, 49).

(2) *Bereichsspezifische Funktionalität*: Doch gerade die unübersehbare Vielfalt dieser Anwendungen macht klar: Es sind hochgradige Spezialexpertisen, die in den Feedback-Schleifen der Softareoptimierung ausgebildet werden. So etwas wie eine *generelle* Künstliche Intelligenz, eine Annahme, welche ihrerseits den Kern der zuverlässig in utopische wie dystopische Deutungen Künstlicher Intelligenz führenden Debatte bildet, ist nirgendwo in Sicht.

(3) *Ko-Performanz statt Substitution*: Im Gegenzug zum verbreiteten Theorem, dass Technik auf Ersetzung menschlicher Tätigkeiten ziele, zeigt sich, dass KI-Technologien auf einer Ko-Performanz (Kuijer / Giaccardi 2018) von Mensch und Apparat, auf einer sich durchhaltenden Mensch-Maschine-Interaktion beruhen (Kuijer 2014). Dass die weltbesten Pokerspieler besiegende Programm LIBRATUS wurde von seinen Programmierern noch während des Wettkampfes nachts trainiert. Oder die Optimierung der Übersetzungsprogramme gelingt, weil Nutzer*innen Übersetzungsangebote im Kontext angebotener Alternativen bekräftigen und mit konfigurieren. In den bereichsspezifischen KI-Technologien geht es weniger darum, Menschen funktional zu ersetzen, sondern in Ko-Performanz ihnen zu assistieren. ‚Artificial Intelligence' zeigt sich als ‚Artificial Agency', beruhend auf der Kollaboration zwischen Mensch und Maschine (Blackwell 2015). Es geht um ‚verteilte Künstliche Intelligenz' in realweltlichen Situationen für jeweils besondere Zwecke (Vlassis 2007; Ferber 1999).

7. Werkzeugkasten Künstliche Intelligenz

Die Kognitionstheorie unterscheidet zwei Modalitäten im menschlichen Denken (Kahnemann 2012). Einerseits das langsame, mühevolle, zeitaufwendige Denken, das beim Schlussfolgern und Argumentieren, Rechnen und Problemlösen, mithin in allen Formen komplexen Zeichengebrauchs praktiziert wird. Früh schon wurden in unseren Wissenspraktiken solche Denkvorgänge unterstützt durch formale Operationalisierung, die auf expliziten Vorschriften der Zeichenmanipulation beruht und in der Technik des Programmierens dann fortgebildet wird. Andererseits gibt es schnelle, fast automatisch und subsymbolisch ablaufende Erkennungsleistungen, deren Schlüsselphänomen das Wahrnehmen ist, etwa beim Erkennen von Gesichtern, Stimmen oder Objekten. Für letzteres folgen wir keinen Vorschriften oder Regeln, vielmehr geschieht dies instantan, nahezu instinktiv und zumeist unabhängig von Formen absichtsvollem Zeichengebrauches. Menschen können gewöhnlich nicht beschreiben, auf welchen Kriterien diese sinnliche Unterscheidungsfähigkeit beruht: Können wir angeben, was Gesicht oder Stimme unseres Nachbarn von allen anderen unterscheidet? Es ist bemerkenswert, dass beide Domänen menschlicher Kognition – deren Differenz in der philosophischen Erkenntnistheorie oft mit der Differenz zwischen Begriff und Anschauung in Zusammenhang gebracht wird – innerhalb der Künstlichen Intelligenz zur methodischen Unterscheidung zweier Kernverfahren geführt hat – und das ist vielmals dargestellt und untersucht: Einerseits dem Symbolverarbeitungsansatz (GOFAI), welcher explizite Programmierung voraussetzt.[3] Andererseits der mit Künstlichen Neuralen Netzen arbeitende subsymbolische Ansatz, zentriert auf das maschinelle Lernen (Goodfellow/ Bengio/ Courville 2016; Sudmann 2018), welcher – so wird zumindest behauptet (Parisi 2018) – auf impliziter Selbstoptimierung des Systems beruht, also auf explizite Programmierung verzichten kann (Domingos 2015). Beide Verfahrensgruppen waren innerhalb der KI-Projekte von Anbeginn – mit allerdings unterschiedlichem Erfolg – vorhanden; diese Geschichte ist hier nicht zu rekonstruieren.

Gegenwärtig werden primär die maschinellen Lernverfahren mit dem anhaltenden Aufschwung Künstlicher Intelligenz assoziiert. Doch unerachtet der durch die großen verfügbaren Datenvolumina angetriebenen Fortschritte im Maschinenlernen ist und bleibt Künstliche Intelligenz ein Werkzeugkasten (Lenzen 2020, S. 29), welcher Verfahren *beider* Grundansätze sowie vielfältige Mischformen zwischen diesen enthält. Die Zweige GOFAI und maschinelles Lernen spalten sich auf in eine Fülle spezialisierter Verfahren, und diese werden in den spektakulären wie den alltäglichen Anwendungen Künstlicher Intelligenz zumeist kombiniert. Im Jahre 2011 schlägt das System Watson von IBM in dem Quizspiel Jeopardy! erstmals die zwei in früheren Spielgängen preisgekrönten menschlichen Mitspieler (Markoff 2011). Es handelt sich dabei um ein umgekehrtes Quiz, bei dem die Antworten gegeben und die dazu passenden Fragen zu suchen sind. ‚Watsons‘ Potenzial besteht

---

3   ‘Good Old-Fashioned A’ wird zum Begriff bei Haugeland (1985); auch
     Boden (2014), S. 89–107.

darin, dass es Techniken des maschinellen Lernens, genauer: des *Deep Learning*, verbindet mit klassischer symbolischer Wissensrepräsentation und automatischen Inferenzprozeduren. Was sich am Beispiel des Jeopardy! - Programms zeigt: Sowenig in einem Werkzeugkasten ein elektrischer Bohrer Hammer und Zange überflüssig macht, sowenig substituiert maschinelles Lernen Verfahren automatischer Symbolverarbeitung. Watson ist eine natürlichsprachlich orientierte, semantische Suchmaschine, deren Raffinesse auf optimaler Kombination der Elemente des KI-Werkzeugkasten beruht. Diese Suchmaschine findet genau das Richtige; allerdings versteht sie nicht, was sie findet.

Um die Reichweite und Grenzen der gegenwärtigen Künstlichen Intelligenz auszuloten, sei jetzt das sogenannte autonome Maschinenlernen in der Variante des *Deep Learning* genauer analysiert. Allerdings darf nicht vergessen werden: Es gibt unterschiedliche maschinelle Lernverfahren, auch wenn das *Deep Learning* gegenwärtig das vielversprechendste zu sein scheint.

8. *Deep Learning* I: die Grundstruktur

Von geisteswissenschaftlicher Seite ist es geradezu ein Topos, dass an die Stelle einer Programmierung durch Menschen – wie es für den Symbolverarbeitungsansatz typisch ist – beim *Deep Learning* die Selbstadaption der Maschine trete, also ein ‚autonomes Lernen' erfolge. Doch diese Interpretation ist problematisch. Denn erst weil im Zuge der ubiquitären Vernetzung und ihrer Onlinepraktiken große Mengen von Menschen aufbereiteter Trainings- und Testdaten verfügbar sind, ist der Höhenflug des *Deep Learning* überhaupt möglich.

Dieses ist ein auf Statistik beruhendes maschinelles Lernverfahren zum Erkennen von Mustern in Form von Zahlenrelationen. Seine technische Architektur basiert auf miteinander verknüpften künstlichen Neuronen, die in Schichten nacheinander angeordnet sind (Shalev-Shwartz / Ben David 2014). Es gibt eine Inputschicht, eine variierende Anzahl verborgener Zwischenschichten und eine Outputschicht. Der Begriff ‚Tiefe' bezieht sich ausschließlich auf die Anzahl der Zwischenschichten, nicht auf die Qualität der Mustererkennung. Diese Neuronenschicht-Architektur hat kein biologisches Pendant, sondern kann als ein gefaltetes, diagrammatisches Netzwerk in maschineller Umsetzung gelten – wir kommen auf diese Diagrammatizität zurück. Die Verknüpfungen zwischen den Neuronen der verschiedenen Schichten sind gewichtet, können also in der Lernphase graduell verstärkt oder abgeschwächt werden. Jede dieser Schichten realisiert eine andere

Teilfunktion: Bezogen etwa auf die Bilderkennung identifiziert die erste Zwischenschicht Helligkeitswerte, die zweite Knoten und Kanten, die dritte figurative Verknüpfungen, die vierte Farbkontraste etc. Doch nicht zu vergessen: Algorithmen haben keine Augen; es geht nicht um ein buchstäbliches Sehen. Die Funktion des Künstlichen Neuronalen Netzes in seiner Lernphase ist es, eine mathematische Abbildfunktion zu generieren, bei der ein gegebener Input zu einem erwünschten Output führt: Handgeschriebene Ziffern sollen als wohlbestimmte Zahlen (LeCun e.a. 1989), ein Tierbild als Katzenbild identifiziert werden. Doch unabhängig davon, ob Ziffern oder Katzen zu diagnostizieren sind: In jedem Falle sind das für die Maschine numerische Werte in ihrer statistisch zu analysierenden Beziehung und keine realweltlichen Objekte. Aufgrund der statistischen Methoden hat die maschinelle Identifikation Wahrscheinlichkeitscharakter: das System zeigt 87% für den Buchstaben ‚a‘, 13% für den Buchstaben ‚d‘ als Output an oder identifiziert zu 93% eine Katze, zu 7% einen Hund als Bildobjekt. Das System ist genügend trainiert, wenn die humanen Instrukteure eine erreichte Prozentzahl für hinreichend halten. Meist übertrifft diese Rate bereits diejenige menschlich erreichbarer Diagnosefähigkeit.

Die Spezifik des Lernverfahrens besteht darin, dass das System nicht durch die Angabe einer Regel zur Musteridentifikation instruiert, sondern mit großen Mengen von Beispieldaten – sozusagen induktiv – trainiert wird, so dass mittels Fehlerrückmeldung (*Backpropagation*: Bengio et al 2016; Dreyfus 1990; Schmidhuber 2015) die Form eines verstärkenden Lernens entsteht, bei dem in jeder Trainingsstufe die Gewichtung, welche einzelnen Neuronenverbindungen bei der Erkennung des Bildobjektes zufällt, sich verändert. Wenn ein System Katzenbilder von Hundebildern unterscheiden soll, werden jene Verbindungen, die auf ‚zwei Augen‘, ‚ein Fell‘, ‚vier Beine‘ in ihrem Gewicht im Laufe des Trainings abnehmen, während Verbindungen wie ‚flache Schnauze‘, ‚einziehbare Krallen‘ sich verstärken, weil genau diese, nicht aber Augenpaare, Fell und Beinzahl ein Kriterium zur *Unterscheidung* beider Tierarten sind. Systeme, die nach diesem Modus gebildet werden erreichen in ihrer auf einen sehr spezifischen Zweck eingeschränkten Identifikations- und Diagnosetätigkeit eine höhere Treffsicherheit als Menschen.

Soweit zur Grundstruktur von Künstlichen Neuronalen Netzen.

9. *Deep Learning* II: Problemfelder

Nun gibt es augenfällige neuralgische Punkte sowohl die mathematisch-technische Seite wie auch die Interpretation der Verfahren betreffend. Den Wissensingenieuren sind diese Probleme zumeist bewusst (Marcus 2018; Richbourg 2018). Doch dies gilt für die Öffentlichkeit, also für die Gesellschaft im Allgemeinen, gerade nicht.

(i) Technisch besteht das Hauptproblem im sogenannten ‚Datenhunger‘: Nicht nur die reale Welt, sondern gerade auch die Schattenwelt des Datenuniversums ist nicht unbegrenzt, sondern endlich, also in ihren Daten-Ressourcen beschränkt. Die maschinellen Lernverfahren entwickeln einen ‚Datenhunger‘ geradezu unvorstellbaren Ausmaßes. Ein kleines Kind lernt den Unterschied zwischen Katzen- und Hundebild nach 2 bis 3 Beispielen; ein maschinelles Lernsystem braucht dafür Millionen: Ein Künstliches Neuronales Netz mit 9 Schichten muss bereits mit einer Million Trainingsbeispielen ‚angelernt‘ bzw. optimiert werden (Marcus 2018, S. 6). Und selbstverständlich weiß das Lernsystem dann immer noch nicht, dass Katzen nicht flach sind! Denn dem Lernsystem fehlt die ‚verkörperte Erfahrung‘ im praktischen Umgang mit Tieren, durch die Kinder lernen, dass Katzen beispielsweise kratzen, aber auch Schmerzen empfinden können.

Die riesigen Datenvolumina als Operationsbasis für maschinelles Lernen sind symptomatisch dafür, dass da, wo gemäß der Vision Intelligenz am Werk sein soll, die *brute force* computationaler Rechenkraft immer noch der Hauptakteur bleibt. Nicht zufällig waren es die durch Bildpraktiken in sozialen Medien sowie durch Digitalisierung der Bild- und Fotoarchive gewonnenen visuellen Datenmengen, welche die automatische Bilderkennung durch Lernverfahren begünstigte (Krizhevsky/Sutskever/Hinton 2017). Der Preis für den Verzicht auf explizite Instruktion durch Programmierung ist also ein extremer Ressourcenverbrauch bei den benötigten Daten. Überdies ist die Stupidität, Konzentration und unermüdliche Ausdauer um etwa Millionen von Spielpartien gegen sich selbst zu spielen[4] oder Millionen von Krankheitsbildern auf Abweichungen zu durchforsten, von Menschen erst gar nicht zu erbringen. Hinter den großen Leistungen gegenwärtiger Künstlicher Intelligenz steckt enorm gesteigerte Rechenkraft, unermüdliche operative Stumpfsinnigkeit und die Datifizierung der Welt.

---

4   Das Pokerprogramm LIBRATUS hat 15 Millionen Prozessorstunden gegen sich selbst gespielt um seine Spielstärke zu erreichen.

(ii) Anders als es die Redeweise von der ‚induktiven Strategie' solcher Lernverfahren suggeriert, lernt das System nicht einfach durch Erfahrung – und sei es auch nur im Schattenreich des Datenuniversums. Vielmehr müssen Daten, die als Trainingsdaten eingesetzt werden, ausgewählt, von Menschen aufwendig bearbeitet und vor allem durch Metadaten annotiert, also gekennzeichnet werden. In der Informatik wird von der notwendigen Vorverarbeitung und der Bereinigung der Daten gesprochen.

Worauf es uns ankommt ist: Die Künstliche Intelligenz der Maschine ist immer auch eine „menschengestützte Künstliche Intelligenz" (Mühlhoff 2019). Nur ein Teilaspekt dieser humanen Dimension der Maschinenintelligenz sei näher beleuchtet: die Kennzeichnung der Trainingsdaten. Beim überwachten Lernen[5], der gegenwärtig am häufigsten eingesetzten Technik, sind dem System Datensätze zu präsentieren, die explizit benennen, welches Objekt im Bild dargestellt wird – schon dies übrigens ist eine extreme Vereinfachung dessen, was ein Bild ‚zeigt'. Zu einem Gutteil wird diese Benennungsarbeit von Menschenhand im buchstäblichen Sinne vollzogen. Sei es auf freiwilliger Basis durch Heerscharen von *Clickworkern*, die über *Crowdsourcing*-Plattformen vermittelt werden; (Mühlhoff 2019) sei es als Computergaming organisiert, indem die Mitspielenden eine hohe Punktzahl erringen, sobald sie ein Bild auf die gleiche Weise untertitelt haben. Hinzu kommt der unfreiwillige Beitrag indem Nutzer*innen zu unabsichtlichen Mitspielern im Geschäft der Datenauszeichnung werden, so etwa beim allseits bekannten *ReCaptcha*-Verfahren, bei denen gezeigt werden muss, ‚kein Roboter zu sein' (Ahn et al. 2008). Ohne umfangreiche Abschöpfung von Nutzerdaten und ohne menschliche Benennungsaktivität ist der Datenhunger lernender Algorithmen kaum zu stillen. Dazu wäre im Sinne nachhaltiger Technologieentwicklung noch vieles zu sagen. Für uns ist an dieser Stelle entscheidend: Die künstliche Intelligenz, die ein maschinelles System durch Lernen anhand von Trainingsdaten erwirbt, ist stets eine sozial distribuierte Intelligenz, die auf hybriden Mensch-Maschine Interaktionen beruht. *Deep Learning* verkörpert *kein* autonomes maschinelles Lernen.

(iii) Anders als beim menschlichen Lernen geht es beim maschinellen Lernen um numerische Optimierung. Daten werden in Datenpunkte verwandelt, deren Verteilung in einem Koordinatenraum mithilfe statistischer Berechnungsmethoden zu ermitteln ist. Dieser statistische

---

5   Es wird zwischen überwachtem und unüberwachtem Lernen unterschieden.

Charakter darf nicht marginalisiert werden: Der Vorteil eines solchen Verfahrens gegenüber bloßen Stichproben liegt auf der Hand. So können – etwa in geisteswissenschaftlichen Forschungen – *alle* für ein Genre in einem Zeitraum vorliegenden Texte in die Analyse einbezogen werden, statt nur die als Kanon festgeschriebene Selektion mustergültiger Texte. Doch andererseits erfordert die statistische Bearbeitung eine ‚Glättung' der empirischen Ausgangsmaterialien: Diversität, Einzigartigkeit, Idiosynkrasien werden dabei eliminiert. Denn statistisch zählt das Einzelne nur als Repräsentation eines Typus: Nicht das Einzelne, sondern der Durchschnitt wird zur Referenzgröße (siehe hierzu auch den Beitrag von Dieter Mersch in diesem Band, der in diesem Zusammenhang von ‚Diskretisierung' spricht).

(iv) Ein maschinenlernendes System baut aus den Trainingsdaten sukzessive ein internes Modell auf, um nach Abschluss der Trainingsphase dann – generalisierend – noch unbekannte Datenkonfigurationen in der Perspektive seines implizit gewonnen Modells zu analysieren. Da sich die Modellbildung in den verborgenen Zwischenschichten vollzieht, wird in der Anwendung anhand des Outputs nicht transparent, *wie* dieses interne Modell beschaffen ist, auf welche Attribute beim Dateninput das System überhaupt ‚geachtet', welche Merkmale es als signifikant verarbeitet hat. Wenn das Programmieren eine Technik des Explizitmachens ist, so ist *Deep Learning* eine Technik des Implizitmachens: Sofern ein System auf einem Bild zu 92% ‚Katze' identifiziert, gibt es keine Erklärung, warum und wie es zu dieser Lösung gelangt.

So entsteht das Phänomen des *Blackboxing*: Es bedeutet, dass eine Technik durch den Erfolg ihrer Verfahren immer unsichtbarer wird. Da, wo die Selbstkorrektur in einen Algorithmus eingebaut ist, wird es kaum mehr möglich, die in einer Aktion erreichte Komplexität des Algorithmus als eine explizite Wissensstruktur zu rekonstruieren. Der Algorithmus verkörpert konstruktiv ein *Knowing how*, das in ein menschenzugängliches *Knowing that* nicht mehr zurückführbar ist. Was dem Algorithmus implizit ist, kann durch Menschen nicht mehr explizit gemacht werden. Allerdings ist das *Blackboxing* kein unlösbares Problem: Mit technisch großem Aufwand ist es möglich, die Modellbildung in den Zwischenschichten ihrerseits auf die Oberfläche zu holen und zu untersuchen (sog. *DARPA explainable AI effort*). Gleichwohl bleibt das *Black-box*-Problem, also die Verborgenheit und Intransparenz dessen, was eine Maschine aus den Beispieldaten extrahiert, eine Komplikation, wenn nicht gar ein Fallstrick. Sie bildet einen interessanten Gegenpol zu jenem Prinzip der kognitiven Transparenz, das ursprünglich mit der artifiziellen Flächigkeit in der Tradition alphanumerischer Literalität verbunden ist.

Auf zwei Facetten des *Blackboxing*-Problems sei beispielhaft verwiesen:

(a) Kleine, für Menschenaugen unsichtbare Abweichungen im Datenimput können völlig andere Ergebnisse zur Folge haben: Bekannt ist der Fall, dass durch die Veränderung von nur 0,004% der Pixel ein Lernsystem, das zuvor ‚Panda' richtig diagnostizierte, sein internes Modell so veränderte, dass es als Output ‚Gibbon' mit 99% Treffsicherheit angibt (Richbourgh 2020), oder so kann durch unsichtbare Minimalveränderungen aus einem Joystick ein Chihuahua, aus einem Heißluftballon ein Labrador werden (Preusse/Wick 2018) – ziemlich witzig, solange es nicht um Fahrassistenten oder medizinischen Diagnosesysteme geht.

(b) Zu der Undurchsichtigkeit des erworbenen Lernmodells gehört auch die Instantiierung von sozialen Vorurteilen und diskriminierenden Strukturen, die den Trainingsdaten implizit sind. Dass KI-basierte Systeme, die Entscheidungen fällen, bezüglich der Kreditvergabe, der Rückfallwahrscheinlichkeit von Angeklagten oder der Selektion von Bewerbungen Menschen ungerechtfertigt diskriminieren, ist in der Zwischenzeit als zentrales Problem erkannt und in der Literatur vielfach bearbeitet (Eubanks 2018, Noble 2018). Paradoxerweise könnte man sagen: Indem das lernende System sowohl bekannte Diskriminierungseinstellungen wie auch nicht bewusste Vorurteile und Schablonen übernimmt, kann es auch dazu beitragen, diese – indem das System die Diskriminierung stupend zum Einsatz bringt – überhaupt erst explizit zu machen; so kann zutage gefördert werden, was unseren Praktiken implizit ist, oft darin unbemerkt unterläuft.

10. Exkurs: Leibniz, die Falte und Gefaltete Neuronale Netzwerke

Auch wenn das eine gewagte Gedankenverbindung ist, so fällt doch eine merkwürdige Analogie auf: Sie bezieht sich auf eine Ähnlichkeit zwischen der Rolle, welche die Technik der Faltung in Leibnizens Metaphysik der Monade spielt (Leibniz 1971) und der Faltung als mathematisches Prinzip, das für die *Convolutional Neural Networks* (Gefaltete Neuronale Netzwerke) grundlegend ist.

In einer diagrammatischen Perspektive, in welcher formatierte Oberflächen ein Medium werden, auf und mit denen etwas dargestellt, bearbeitet bzw. kommuniziert wird, ist die Faltung ein interessantes Phänomen: Sie erlaubt durch Biegen und Zusammenschieben eine größere Oberfläche auf kleinerem Raum zu erzeugen, ßere Oberfläche auf kleinerem Raum zu erzeugen.

Nun ist ein Prinzip der Faltung auch für Leibnizens Metaphysik der Monade zentral (Krämer 2019, S. 337-340). Monaden bilden untereinander ein System, so dass jede Monade das ganze Universum der Monaden, gebrochen durch ihren jeweiligen Standort im System, also in ihrer individuellen Perspektive repräsentiert (Leibniz 1966, 435-356). Monaden haben nach Leibniz keine Fenster. Doch alle Monaden (außer der Gottesmonade) haben einen Körper, in dem sich alle Geschehnisse in der Monadenwelt graduiert nach Nähe oder Entfernung vom Geschehen als deutliche oder undeutliche Spur einprägen. Spuren sind Oberflächenstrukturen, die von Spurenlesern als Anzeichen für das Entzogensein und das Vorübergegangensein von etwas gedeutet werden. Bezogen auf die Spurbildung in der Monadenwelt heißt dies: Leibniz konzipiert die Spuren, die jede Monade kraft ihrer Körperlichkeit individuell charakterisieren, in Form von Faltungen. Jene Monaden nun, die Bewusstsein, Selbstbewusstsein, Reflexionsfähigkeit haben, können anhand der ihrem Körper eingefalteten Spuren das Weltgeschehen, wenn auch nur perspektivisch und standortgebunden, aus ihrem Inneren heraus ein Stück weit durch Entfaltung erkennen.

Die Schichtenarchitektonik der Künstlichen Neuronalen Netze kann diagrammatologisch – und der Tiefenrhetorik des Deep Learning zum Trotze – als eine Form der Erhöhung von Oberflächenvolumina durch Faltung gedeutet werden. Doch was zuerst nur entfernter Anklang ist, wird bei einem Teilgebiet der Lernmaschinen, den *Convolutional Neural Networks* in einem buchstäblichen Sinne bedeutend. Die Faltung als das mathematisch-technische Prinzip, wie aus zwei Funktionen eine dritte gebildet werden kann, hat als mathematisches Verfahren, das graphisch oder algebraisch realisierbar ist, nichts mit Falte und Faltung im lebensweltlich-stofflichen Sinne zu tun. Doch wenn LeCun et al. (2015) die Funktionsweise eines *Convolutional Neural Network* in ihrem mittlerweile klassischen Aufsatz durch eine Grafik, also diagrammatisch erläutern, dann wird klar, wie sehr die Technik der Faltung tatsächlich als eine Surface-Erweiterungstechnologie zu deuten ist: Denn es geht bei dieser Technik um die Multiplikation von Oberflächen, von denen jede mit ihren einzelnen untereinander verbundenen Neuronen einen lokalen Teilaspekt (an einem Bild, an einer Sprechäußerung) zur Darstellung bringt, so dass durch deren Verknüpfung die Objekte in Gestalt von Bildern, Gesichtern oder Sprechäußerungen identifizierbar werden. Es gibt viele Beispiele erfolgreicher Anwendung dieser Technik Künstlicher Intelligenz. Die *Convolutional Neural Networks* bilden die avancierteste Form diagrammatischer Maschinen.

Leibniz, der in vielen Hinsichten ein Vordenker des Digitalen ist, indem er das Binäralphabet, eine funktionierende 4-Spezies_Rechenmaschine, mechanisierbare Bereichskalküle und auch die Idee des Netzes, verstanden nicht als Falle, sondern als produktives Netzwerk (Krämer 2016) erfindet und einsetzt, bringt in seiner Monadologie ein Prinzip der Wissensrepräsentation zur Geltung, das in einer fernen Analogie auch dem *Deep Learning* Pate steht.

11. Sinnverstehen durch Maschinen?

Die Grundfrage in der kritischen Kommentierung von Künstlicher Intelligenz ist nicht ‚Sind Maschinen intelligent?‘, sondern: ‚Können Maschinen Bedeutungszusammenhänge verstehen?‘ Datenbasierte Informationstechnologien arbeiten als eine Art von diagrammatischen Maschinen, sind also eine *Oberflächentechnologie,* deren Potenzial daher auch in der Mustererkennung und Mustertransformation besteht. Wenn – sei es Mensch oder Maschine – die Bedeutung des Zeichens ‚:‘ als Divisionszeichen erkannt und die Divisionsoperation korrekt ausführt wird, so ist das eine Form ‚intrinsischen‘ bzw. ‚operativen Bedeutungsverstehens‘: Die Bedeutung eines Zeichens besteht dann in der systeminternen Operation, die auszuführen ist. Für das intrinsische Bedeutungsverstehen gilt: Es wird nicht über das System hinaus auf ein Systemäußeres zugegriffen und erst recht kein Perspektivenwechsel vollzogen bei dieser Art von Sinnverständnis. In diesem Sinne ist das intrinsische Bedeutungsverstehen ein Oberflächenphänomen.

Die Künstliche Intelligenz ist eine Technologie, die darauf zielt, semantische Zusammenhänge in Gestalt intrinsischer, also operativer Bedeutungen zu rekonstruieren und zu modellieren. Um ein Beispiel zu geben: Das Auffinden von *Topics* in Texten ist eine Form *quantitativer* Inhaltsanalyse, bei der die Bedeutung von Worten auf das bloße Auftreten von Wortnachbarschaften zurückgeführt wird. Beim *Topic-Modeling* wird die semantische Tiefenstruktur von Texten auf die Oberfläche geholt: Im Horizont einer distributionellen Semantik, nach der die Kontexte, in denen ein Wort vorkommt, ein Indikator für dessen Bedeutung sind, wird das gemeinsame Auftreten von Worten statistisch diagnostiziert und ausgezählt. Analysiert werden latente, den Textoberflächen als Wortfeld implizite Regelmäßigkeiten (Heyer et al. 2018, S. 353). Der entsprechende Algorithmus (es gibt davon sehr verschiedene!) berechnet Topics von Textkonvoluten, *Topic*-Anteile in Einzeltexten und welche Wörter zu den jeweiligen Topics zählen (Horstmann 2018). Wohlgemerkt: ein *Topic* ist ein statistisches Phänomen bezogen auf Wortnachbarschaften und nicht etwa mit Thema, Leitgedanken oder Motivik von Texten zu verwechseln. Es geht um Ähnlichkeiten zwischen Wortoberflächen in codierten Textkonvoluten. *Topics* können lediglich Anzeichen sein für thematische Strukturen von Texten, und das auch nur für menschliche Interpreten, welche die algorithmisch ermittelten Topics interpretieren. Sinnvoll ist das *Topic-Modeling* etwa in den *Digital Humanities*, aber auch in den Verfahren der Suchmaschinen, wo große Mengen an Text zu durchforsten sind. Alle mit diesem Verfahren gefundenen Ergebnisse beruhen auf nichts, was der menschlichen Lektüre von Texten ähnelt und schafft doch Überblicke über die intrinsischen Bedeutungen von Texten.

Doch von dieser Bedeutungsart ist ein extrinsisches Bedeutungsverstehen zu unterscheiden, also das, was wir im menschlichen Verhalten als ,Sinnverstehen' bezeichnen. ,Sinnverstehen' heißt nicht, Katzen von Hunden unterscheiden zu können, sondern heißt zu wissen, dass Katzen nicht flach sind, dass die arithmetische Zeichen Zahlen notieren, dass ein Sachverhalt in verschiedenen Perspektiven auch neue Gestalt und neuen Gehalt gewinnt. ,Sinn' heißt wahrnehmbare Muster auf etwas zu beziehen, das in der ontologischen Form eines Musters gerade nicht zu haben ist, weil es Ambivalenzen, Graustufen, Paradoxien kennt. Diese Form von Sinnverstehen ist nur praxeologisch zu rekonstruieren, also gebunden an Attribute wie Körperlichkeit, situative Einbettung, emotionale Responsivität und empathische Resonanz. Nichts an der gegenwärtigen Technologie deutet an, dass so etwas bei Maschinen implementierbar ist. Der Königsweg zur Maschinen-Semantik ist und bleibt die Zurückführung extrinsischer Bedeutung auf instrinsische Musteridentifikation und -manipulation. Dafür allerdings gibt es in Anbetracht von Rechenkraft und Datentechnologien keine definite, absolute Grenze. Überdies gilt es zu bedenken, dass auch bei Menschen emotionale Responsivität und emphathische Resonanz, von kognitiven Talenten ganz zu schweigen, durchaus unterschiedlich verteilt sind!

Literatur

Ahn, Luis von; Maurer, Benjamin; McMillen, Colin u. a. (2008): reCAPTCHA: Human-Based Character Recognition via Web Security Measures. In: *Science*, 321 (5895), 1465-1468.

Bengio, Yoshua; Lee, Dong-Hyun; Bornschein, Jorg; Mesnard, Thomas; Lin, Zhouhan (2016): Towards Biologically Plausible Deep Learning In: Cornell University. Ithaca, New York 2016, arxiv:1502.04156, abgerufen am 01.12.2020.

Blackwell, A. (2015): Interacting with an Inferred World: The Challenge of Machine Learning for Humane Computer Interaction. In: *Aarhus Series on Human Centered Computing*, 1(1), 12, siehe: https://doi.org/10.7146/aahcc.v1i1.21197, abgerufen am 20.11.2020.

Blumenberg, Hans (1986): *Die Lesbarkeit der Welt.* Suhrkamp Verlag Frankfurt am Main 1986.

Boden, Margaret A. (2014): „GOFAI", In: Keith Frankish, William M. Ramsey (Hg.): *The Cambridge Handbook of Artificial Intelligence*, Cambridge (UK) 2014, S. 89–107.

Bolter, Jay David (2001): *Writing Space: Computers, Hypertext, and the Remediation of Print.* Routledge, London 2001.

Bostrom, Nick (2014): *Superintelligence. Paths, Dangers, Strategies.* Oxford University Press, Oxford (UK) 2014.

Brown, Noam/ Sandholm, Tuomas (2019): Superhuman AI for multi-player poker. In: *Science* 30 Aug, Vol. 365, Issue 6456, S. 885-890, siehe: DOI: 10.1126/science.aay2400, abgerufen am 24.08.2020.

Domingos, Pedro (2015): *The Master Algorithm. How the Quest for the Ultimate Learning Machine Will Remake our World*, Basic Books, New York 2015.

Dreyfus, Stuart (1990): Artificial Neural Networks, Back Propagation and the Kelley-Bryson Gradient Procedure. In: *Journal of Guidance, Control and Dynamics*, vol 13. Nr. 5., 926-928.

Eubanks, Virginia (2018): *Automating Inequality: How High-Tech Tools Profile, Police, and Punish the Poor*, Melia Publishing Services, New York 2018.

Ferber, Jacques (1999): *Multi-Agent System: An Introduction to Distributed Artificial Intelligence.* Addison Wesley Longman, Harlow 1999.

Floridi, Luciano (2020): AI and its New Winter: from Myths to Realities, In: *Philosophy & Technology*, 2020 (33), 1-3, Springer Nature, Cham 2020, https://doi.org/10.1007/s13347-019-00345-y, abgerufen am 01.12.2020.

Goodfellow, Ian; Bengio, Yoshua; Courville, Aaron (2016): *Deep Learning*, Cambridge / London 2016.

Gödel, Kurt (1931): Über formal unentscheidbare Sätze der Principia Mathematica und verwandter Systeme I, *Monatshefte für Mathematik und Physik* 38, S. 173-198.

Haugeland, John (1985): *Artificial Intelligence: The Very Idea.* MIT Press, Cambridge, Mass 1985.

Hendler J. (2008): Avoiding Another AI Winter. In: *IEEE Intelligent Systems* 2008, S. 1541-1672, siehe auch DOI: 10.1109/mis.2008.20, abgerufen am 24.08.2020.

Heyer, Gerhard/ Wiedemann, Gregor/ Niekler, Andreas (2018): Topic-Modelle und Ihr Potenzial für die philologische Forschung. In: *Digitale Infrastrukturen für die Germanistische Forschung*, Lobin, Henning et al. [Hrsg.], Berlin / Boston 2018, S. 351–368.

Horstmann, Jan (2018): Topic Modeling. In: *forTEXT. Literatur digital erforschen* (2018), siehe: https://fortext.net/routinen/methoden/topic-modeling, abgerufen am 22. 07. 2020.

Kahnemann, Daniel (2011): *Schnelles Denken, langsames Denken.* Siedler Verlag, München 2011. Engl. Originaltitel: Kahnemann, Daniel (2011): *Thinking, Fast and Slow*, MacMillan Publishers, New York 2011.

Krämer, Sybille (1991) *Berechenbare Vernunft. Kalkül und Rationalismus im 17. Jahrhundert*, De Gruyter, Berlin / New York 1991.

Krämer, Sybille (2016a): *Figuration, Anschauung, Erkenntnis. Grundlinien einer Diagrammatologie*, Reihe: Suhrkamp Taschenbuch Wissenschaft (stw) Bd. 2176, Suhrkamp Verlag, Berlin 2016

Krämer, Sybille (2016b) Leibniz ein Vordenker der Idee des Netzes und des Netzwerkes? In: Martin Grötschel, Eberhard Knobloch, Juliane Schiffers, Mimmi Woisnitza, Günter M. Ziegler [Hrsg.]: *Vision als Aufgabe. Das Leibniz-Universum im 21. Jahrhundert*. Berlin-Brandenburgische Akademie der Wissenschaften, Berlin 2016, 47-60.

Krämer, Sybille (2019): Was bedeutet ‚Perspektivität'? Eine Erörterung mit Blick auf Leibniz. In: *Allgemeine Zeitschrift für Philosophie*, Band 44, Heft 3, 2019, 325-343, 337-340.

Krämer, Sybille (2020): Kulturtechnik Digitalität. Über den sich auflösenden Zusammenhang von Buch und Bibliothek und die Arbeit von Bibliotheken unter den Bedingungen digitaler Vernetzung. In: Christina Köstner-Pemsel, Elisabeth Stadler, Markus Stumpf [Hrsg]: *Künstliche Intelligenz und Bibliotheken*, Grazer Universitätsverlag, Graz 2020, 57-74. https://doi.org/10.25364/guv.2020.voebs15.7, abgerufen am 19.11.2020.

Krizhevsky, Alex; Sutskever, Ilya; Hinton, Geoffrey (2017): ImageNet Classification with Deep Convolutional Neural Networks. In: *Communications of the ACM*, May 2017, siehe: https://doi.org/10.1145/3065386, abgerufen am 24.08.2020.

Kuijer, Lenneke; Giaccardi, Elisa (2018): Co-performance: Conceptualizing the Role of Artificial Agency in the Design of Everyday Life. In: *CHI '18: Proceedings of the 2018*, CHI Conference on Human Factors in Computing Systems, March 2018, siehe: DOI: 10.1145/3173574.3173699, abgerufen am 24.08.2020.

Kuijer, L. (2018): Automated artefacts as co-performers of social practices: washing machines, laundering and design. In: Maller, C. and Strengers, Y. [eds.] *Social Practices and More-than-humans: Nature, materials and technologies*, Palgrave Macillan 2018, siehe DOI: 10.1007/978-3-319-92189-1_10, abgerufen am 24.08.2020.

Kuutti, K. and Bannon, L.J. (2014): The turn to practice in HCI: towards a research agenda. In: *Proceedings of the 32nd annual ACM conference on Human factors in computing systems*, ACM, Toronto 2014, 3543-3552.

Kurzweil, Ray (2013): *Menschheit 2.0. Die Singularität naht,*: lola books, Berlin 2013. Engl. Originaltitel: Kurzweil, Ray: *The Singularity Is Near*, Penguin Books, New York 2006.

LeCun, Y. e.a. (1989) Backpropagation applied to handwritten zip code recognition. In: *Neural Computation* 1, S. 541-551.

LeCun, Yann; Bengio, Yoshua; Hinton, Geoffrey (2015): Deep learning. In:, *Nature* Nr. 521, MacMillan Publishers, London, S. 436–444.

Lenzen, Manuela (2020): *Künstliche Intelligenz. Fakten, Chancen, Risiken*. C.H. Beck München 2020.

Leibniz, Gottfried Wilhelm (1966): *Hauptschriften zur Grundlegung der Philosophie*, Band II, Ernst Cassirer [Hrsg.], Meiner Verlag, Hamburg 1966, S. 435-456.

Leibniz, Gottfried Wilhelm (1703/1704): *Neue Abhandlungen über den menschlichen Verstand*, Buch II, Ernst Cassirer [Hrsg.], Meiner Verlag, Hamburg 1971, 126-128.

Lynch, Shana; Ng, Andrew (2017): Why AI Is the New Electricity. A computer scientist discusses artificial intelligence's promise, hype, and biggest obstacles. In: *Insides by Stanford Business*, siehe: https://www.gsb.stanford.edu/insights/andrew-ng-why-ai-new-electricity, abgerufen am 12.09.2020.

Mackenzie, Adrian (2017): *Machine Learners. Archeology of Data Practice*, MIT Press, Cambridge (MA) 2017.

Marcus, Gary (2018): Deep learning: A critical Appraisal. In: *Computer Science*, siehe: ArXiv, abs/1801.00631, abgerufen am 20.11.2020.

Mühlhoff, Rainer (2019a): Menschengestützte Künstliche Intelligenz. Über die soziotechnischen Voraussetzungen von «deep learning». In: *Zeitschrift für Medienwissenschaft*, Heft 21: *Künstliche Intelligenzen*, Jg. 11, Nr. 2, S. 56-64, siehe: https://doi.org/10.25969/mediarep/12633, abgerufen am 02.12.2020.

Mühlhoff, Rainer (2019b): Human-aided artificial intelligence: Or, how to run large computations in human brains? Toward a media sociology of machine learning. In: *new media & society* S. 1–17, siehe DOI: 10.1177/1461444819885334, abgerufen am 24.08.2020.

Noble, Safiya (2018): *Algorithms of Oppression: How Search Engines Reinforce Racism*. Combined Academic Publishing, New York 2018.

Parisi, Luciana (2018): Das Lernen lernen oder die algorithmische Entdeckung von Informationen. In: Engemann, Christoph/Sudmann,

Andreas [Hrsg.]: *Machine Learning. Medien, Infrastrukturen und Technologien der Künstlichen Intelligenz*, Bielfeld: Transcript, 93-116.

Preusse, Thomas; Wick, Hanna (2018): „Blick in die Blackbox", in: *Republik*, Ausgabe vom 26.06.2018, siehe: https://www.republik.ch/2018/06/26/blick-in-die-blackbox, abgerufen am 06.09.2020.

Ramge, Thomas (2018): *Mensch und Maschine. Wie Künstliche Intelligenz und Roboter unser Leben verändern*. Philipp Reclam jun., Stuttgart 2018.

Richbourg, Robert (2018): „'It's either a Panda or a Gibbon': AI Winters and the Limits of Deep Learning", https://warontherocks.com/2018/05/its-either-a-panda-or-a-gibbon-ai-winters-and-the-limits-of-deep-learning/, abgerufen am 24.08.2020.

Schauer-Bieche, Florian (2019): Deepfakes – was darf man heute noch glauben? In: *t3n-newsletter*, siehe: https://t3n.de/news/deepfakes-darf-heute-noch-1185369/, abgerufen am 09.08.2020.

Schmidhuber Jürgen (2015): Deep Learning. In: *Scholarpedia*, 10 (11), 328-332.

Schuchmann, Sebastian (2019): Analyzing the Prospect of an Approaching AI Winter, https://www.researchgate.net/publication/333039347_Analyzing_the_Prospect_of_an_Approaching_AI_Winter; DOI: 10.13140/RG.2.2.10932.91524, abgerufen am 24.08.2020.

Searle, John R. (1980) Minds, Brains, and Programs. In: *The Behavioral and Brain Sciences*, 3, 337-356 Cambridge University Press, Cambridge (UK).

Shalev-Shwartz, Shai/Ben David, Shai (2014): *Understanding Machine Learning. From Theory to Algorithms*. Cambridge University Press, New York, DOI: https://doi.org/10.1017/CBO9781107298019, abgerufen am 24.08.2020.

Sudmann, Andreas (2018): „Szenarien des Postdigitalen. Deep Learning als MedienRevolution. In: Christoph Engemann; Andreas Sudmann [Hrsg]: *Machine Learning. Medien, Infrastrukturen und Technologien Künstlicher Intelligenz*, Transcript Verlag, Bielefeld 2018, 55-73.

Tietgen, Madita (2016): „3-D-Drucker erschafft ein neues Rembrandt-Gemälde". Siehe: https://www.welt.de/kultur/kunst-und-architektur/article154421365/3-D-Drucker-erschafft-ein-neues-Rembrandt-Gemaelde.html", abgerufen am 05.09.2020.

Vlassis, Nikos (2007): *A Concise Introduction to Multiagent Systems and Distributed Artificial Intelligence*, Morgan and Claypool Publishers, Williston (VT) 2007.

Whitehead, Alfred North (1911): *Einführung in die Mathematik*. Reihe: Humboldt Taschenbücher, Gebr. Weiss Verlag, Berlin 1958. Engl. Originaltitel: Whitehead, Alfred North: *An Introduction to Mathematics*. Williams and Norgate, London 1911.

Wöpking, Jan (2016): *Raum und Wissen. Elemente eines epistemischen Diagrammgebrauches*. Walter de Gruyter, Berlin / Zürich / New York 2016.

Rico Hauswald

Digitale Orakel? Wie künstliche Intelligenz unser System epistemischer Arbeitsteilung verändert

Abstract: Der Beitrag soll KI im Licht aktueller sozialepistemologischer Debatten beleuchten. Insbesondere möchte ich mögliche Konsequenzen einer zunehmend intensiven Integration von KI in unser System epistemischer Arbeitsteilung untersuchen. Dabei gehe ich von der Feststellung aus, dass dieses System wesentlich auf Spezialisierung und auf der Differenzierung in Experten und Laien bzw. epistemische Autoritäten und Nicht-Autoritäten beruht. KI-Systeme können nun einerseits als Unterstützung von Experten in Erscheinung treten oder andererseits direkt für die Benutzung durch Laien konzipiert sein, und in Bezug auf beide Typen resultieren charakteristische Herausforderungen und Chancen für unsere gemeinschaftliche epistemische Praxis. In diesem Zusammenhang möchte ich auch gewissen strukturellen Parallelen nachgehen, die das Experten/Laien-Verhältnis einerseits und das Verhältnis von KI-Systemen und ihren Nutzern andererseits aufweist. Die für KI-Systeme charakteristische und vielfach beklagte epistemische Opazität (ihr ,*Black-Box*-Charakter') hat eine Entsprechung im ,esoterischen Charakter', den Expertenwissen für Laien typischerweise besitzt. Wie ich zeigen möchte, lässt sich eine Reihe von Ergebnissen der sozialepistemologischen Debatten zum Experten/Laien-Verhältnis vor diesem Hintergrund für die Epistemologie von KI-Systemen fruchtbar machen.

Einleitung

Wer bei antiken Orakeln wie dem Orakel von Delphi Rat suchte, musste eine Ja-Nein-Frage formulieren – wer mehr zu bezahlen bereit war, konnte auch eine offene Frage stellen – und bekam daraufhin eine Antwort, die typischerweise durch zwei Merkmale gekennzeichnet war: Sie war rätselhaft und ihr Zustandekommen im Wesentlichen intransparent. In Douglas Adams' berühmter literarischer Adaption dieses Motivs verhält es sich ähnlich (vgl. Adams 1979). Einem digitalen Orakel gleich, antwortet der Supercomputer *Deep Thought* auf die Frage „nach dem Leben, dem Universum und dem ganzen Rest" mit „42" – und lässt seine Auftraggeber damit in erster Linie ratlos zurück.

Die Entwicklungen der letzten Jahre im Bereich künstlicher neuronaler Netze und des maschinellen Lernens wecken Befürchtungen, dass wir mehr und mehr von Maschinen umgeben sein werden, auf die die Charakterisierung eines ,digitalen Orakels' gar nicht so schlecht passen könnte. Derartigen Befürchtungen möchte ich in diesem Beitrag nachgehen. Genauer gesagt möchte ich mögliche Konsequenzen einer zunehmend intensiven Integration von KI in unser System epistemischer Arbeitsteilung untersuchen. Im ersten Abschnitt werde ich zunächst die speziellen Typen von KI-Systemen charakterisieren, auf die ich mich konzentrieren möchte, und dabei insbesondere auf die für sie eigentümliche epistemische Intransparenz eingehen. Anschließend werde ich einige grundlegende Prinzipien unseres allgemeinen Systems epistemischer Arbeitsteilung diskutieren. Die Motivation für diese Vorgehensweise ist eine zweifache: Zum einen ist es ratsam, sich zunächst eine gewisse Klarheit über diese Prinzipien zu verschaffen, bevor wir die Auswirkungen einer voranschreitenden Integration von KI-Systemen in unsere epistemische Praxis vernünftig abschätzen können. Zum anderen möchte ich deutlich machen, dass sich gewisse problematische Phänomene im Zusammenhang mit KI-Systemen besser verstehen lassen, wenn man sie im Licht einiger interessanter struktureller Parallelen betrachtet, die sich zu anderen Phänomenen ergeben, die die Sozialepistemologie teilweise schon ausführlicher diskutiert hat. Das gilt insbesondere für das sich bei KI-Systemen stellende Problem der epistemischen Intransparenz, das eine Entsprechung im Verhältnis zwischen Experten und Laien bzw. epistemischen Autoritäten und Nicht-Autoritäten hat. Im letzten Abschnitt möchte ich dann einige konkretere Konsequenzen beleuchten, die sich vor dem Hintergrund dieser generelleren Überlegungen für die Integration von KI-Systemen in unsere epistemische Praxis abzeichnen.

1. Künstliche Intelligenz und das Problem der epistemischen Intransparenz

Ich werde mich in diesem Beitrag schwerpunktmäßig mit KI-Systemen befassen, die sich in die Kategorie der ‚epistemischen Instrumente‘ eingruppieren lassen. Ein epistemisches Instrument kann als Instrument verstanden werden, das so konzipiert ist, dass es bestimmte Outputs hervorbringt, die Informationen über die Welt vermitteln, die für Benutzer zugänglich sind, sofern sie diese Outputs richtig zu interpretieren gelernt haben (vgl. Goldberg 2020, 2785). Diese Charakterisierung trifft auf GPS-Geräte, Software zur medizinischen Diagnostik oder Programme zur Verbrechensbekämpfung wie *PredPol* genauso zu wie auf einfache Instrumente wie Thermometer oder Uhren, die schon seit Jahrtausenden wichtiger Bestandteil der menschlichen epistemischen Praxis sind. Es gibt also epistemische Instrumente, bei denen es sich nicht um KI-Systeme handelt, und umgekehrt gibt es auch KI-Systeme, die keine epistemischen Instrumente sind. Ein Beispiel für letztere sind etwa KIs, die selbstfahrende Autos steuern. Deren Funktion besteht nicht primär darin, Benutzern bestimmte Informationen über die Welt bereitzustellen, sondern darin, das Fahrzeug sicher zum vorgegebenen Ziel zu steuern.

Nun unterscheiden sich KI-Systeme von klassischen epistemischen Instrumenten wie Thermometern oder Uhren in einigen entscheidenden Hinsichten. Der vielleicht wichtigste Aspekt ist eine charakteristische epistemische Opazität bzw. Intransparenz der KI-Systeme. Auch in der Vergangenheit mag die Funktionsweise komplexerer epistemischer Instrumente für Laien unverständlich gewesen sein. Was KI-Systeme demgegenüber so besonders macht, ist, dass wesentliche Aspekte ihres internen Funktionierens noch nicht einmal von Experten oder den Konstrukteuren der Systeme genau nachvollzogen werden können. Kleinberg und Mullainathan haben es so auf den Punkt gebracht: „Während Generationen von Algorithmen intelligenter werden, werden sie auch unverständlicher. [...] Vielleicht zum ersten Mal überhaupt haben wir Maschinen gebaut, die wir nicht verstehen." (Kleinberg/Mullainathan 2017, 96)

Um diesen Aspekt besser zu verstehen, ist eine kurze Vergegenwärtigung der prinzipiellen Funktionsweise aktueller KI-Systeme angezeigt. Wenn heute von ‚Künstlicher Intelligenz‘ die Rede ist, sind damit zumeist Systeme gemeint, die auf einer Verbindung von Big-Data-Analyse und maschinellem Lernen auf der Basis künstlicher neuronaler Netze beruhen. Ein solches System wird typischerweise mit einem großen ‚Trainingsdatensatz‘ gespeist, in dem es mittels statistischer Auswertungen Korrelationen, Strukturen bzw. Muster erkennen soll. Der Trainingsdatensatz kann z.B. aus Bilddateien bestehen, die menschliche Haut entweder mit oder ohne Hautkrebs zeigen (vgl. beispielhaft Esteva et al. 2017). Das System wertet nun diese Bilder nach statistischen Korrelationen hin aus. Es gibt quasi wieder und wieder ‚Tipps‘ ab, ob auf einem Bild Hautkrebs zu sehen ist oder nicht, und wenn es dabei richtig gelegen hat, wird die Strategie, die gerade verwendet wurden – und damit die entsprechenden neuronalen Verbindungen –, verstärkt oder andernfalls abgeschwächt. Am Ende des Trainingsprozesses kann es gut sein, dass das System auch auf neuen, bislang unbekannten Bildern deutlich zuverlässiger Hautkrebs erkennen kann als die besten menschlichen Dermatologen. Es kann das, weil es womöglich Muster erkannt hat, die selbst bisherigen Dermatologen entgangen sind oder die sie gar nicht wahrnehmen können (vgl. dazu auch Coeckelbergh 2020, 86). Hinzu kommt – und dies ist für das Intransparenz-Problem entscheidend –, dass auch nicht unbedingt nachvollziehbar ist (weder für die Programmierer noch für Dermatologen oder irgendwen sonst), aufgrund welcher Muster genau das Programm die Hautkrebs- von den Nicht-Hautkrebs-Bildern unterscheidet.

Aktuelle, auf maschinellem Lernen und künstlichen neuronalen Netzen basierende KI-Systeme können, wie Kaplan (2017, 13) schreibt, „aus ihren eigenen Erfahrungen lernen und Aktionen durchführen, die von ihren Konstrukteuren niemals vorgesehen waren. Die gängige Auffassung, dass Computer nur das tun können, was der Mensch ihnen sagt, gilt heute nicht mehr." Hierin unterscheiden sich solche Systeme auch von sogenannten ‚Expertensystemen', wie sie bereits im vorigen Jahrhundert verbreitet waren. Solche Expertensysteme basieren auf explizit einprogrammierten, nicht auf vom System selbst erlernten Entscheidungsregeln. Ein medizinisch-diagnostisches Expertensystem könnte beispielsweise mit Zusammenhängen zwischen Symptomen oder Symptomkonstellationen und den entsprechenden Krankheiten programmiert worden sein, für deren Feststellung die Programmierer zuvor auf medizinische Experten, diagnostische Manuale oder andere Formen klassischen medizinischen Expertenwissens zurückgegriffen haben (für eine ausführlichere Darstellung der generellen Grundlagen von Expertensystemen vgl. z.B. Mainzer 2016, 43ff.). Auch aktuelle KI-Systeme, die auf maschinellem Lernen beruhen, bauen – zumindest in typischen Fällen – auf menschlichem Expertenwissen auf, allerdings in etwas anderer Form. Wenn ein KI-System lernt, Hautkrebs zu identifizieren, dann handelt es sich bei den Trainingsdaten, anhand derer es lernt, um Hautkrebs- und Nicht-Hautkrebs-Bilder, die von menschlichen Experten zunächst als solche klassifiziert worden sein müssen. Die Entscheidungsregeln, die das System lernt, können nur so gut sein, wie es die Qualität der Trainingsdaten erlaubt. Wenn die Bilder von den menschlichen Experten zuvor falsch klassifiziert wurden, lernt das System falsche oder suboptimale Regeln.

Vorausgesetzt, der Trainingsprozess ist erfolgreich verlaufen, können auf maschinellem Lernen beruhende KI-Systeme durch entscheidende Vorteile hinsichtlich ihrer Leistungsfähigkeit sowohl gegenüber klassischen Expertensystemen als auch gegenüber menschlichen Experten punkten. Auf die Überlegenheit aktueller Programme zur Hautkrebserkennung selbst gegenüber ausgebildeten Dermatologen habe ich bereits hingewiesen. Ähnliches lässt sich beispielsweise im Bereich von Spracherkennung oder automatischem Übersetzen illustrieren. Derartige Aufgaben haben sich angesichts der Komplexität der menschlichen Sprache praktisch nicht mittels expliziter Entscheidungsregeln in Expertensystemen realisieren lassen. Demgegenüber haben aktuelle KI-Systeme diesbezüglich in letzter Zeit erstaunliche Fortschritte gemacht (vgl. z.B. Zweig 2019, 127f.). Spiele liefern weitere eindrückliche Beispiele. Während etwa Go (anders als Schach) lange Zeit als Spiel galt, bei dem Computer aller technischen Fortschritte zum Trotz nicht mit guten menschlichen Spielern mithalten können, konnte das auf maschinellem Lernen basierende Programm AlphaGo sowie nachfolgende Varianten wie AlphaGo Zero ein Spielniveau erreichen, das das selbst der besten menschlichen Spieler weit übertrifft. In der Lernphase hat das Programm gleichsam Jahrhunderte der Entwicklung der Go-Theorie im Schnelldurchgang nachvollzogen, um schließlich Strategien zu entwickeln, die bislang völlig unbekannt waren. Es wählt dann in bestimmten Spielsituationen Züge, die kein menschlicher Experte wählen würde, gewinnt aber trotzdem. Menschliche Experten lernen mittlerweile von KI-Systemen, um etwa die Go-Theorie weiterzuentwickeln (vgl. z.B. Bögeholz 2017).

Diesen Vorteilen stehen allerdings die aus der Intransparenz solcher Systeme resultierenden Nachteile gegenüber. Auch wenn klassische Expertensysteme eine sehr komplexe Struktur haben können, ist das Nachvollziehen ihrer Empfehlungen und Entscheidungen für entsprechend geschulte Personen zumindest prinzipiell ohne Weiteres möglich. Das gilt auch für die Identifikation und Beseitigung von Programmfehlern. Ein Intransparenz-Problem stellt sich für sie also nicht in ähnlicher Weise wie für selbstlernende KI-Systeme. Die Identifikation von Fehlern (z.B. wenn das Programm trotz erfolgten Trainings gesunde Haut als pathologisch einstuft oder umgekehrt Hautkrebs nicht als solchen erkennt) kann sich hier äußerst schwierig darstellen oder gar aussichtslos sein.

Diese Intransparenz stellt eine zentrale Herausforderung für unseren künftigen Umgang mit künstlicher Intelligenz und ihre Integration in unsere epistemische Praxis insgesamt dar. Das gilt umso mehr, als die Intransparenz aktueller KI-Systeme, obzwar bereits signifikant, immer noch vergleichsweise gering ist im Vergleich zum Ausmaß der Intransparenz, die KI-Systeme in der Zukunft aufweisen könnten. Im Rahmen der Debatten über technologische Singularität wird etwa seit längerem die Idee diskutiert, dass intelligente Computer in der Zukunft sich selbst immer weiter verbessern oder alternativ noch leistungsfähigere Systeme entwerfen könnten, die dann wiederum noch bessere bauen usw. Wäre ein solcher Prozess erst einmal in Gang gesetzt, gäbe es vielleicht relativ schnell Systeme, die nicht nur Dinge zu lernen imstande sind, von denen ihre menschlichen Konstrukteure zuvor keine

Ahnung hatten, sondern deren *grundlegende Funktionsprinzipien* womöglich für Menschen unbekannt oder praktisch unverständlich wären. Die Herausforderungen, die solche Systeme mit sich bringen würden, können momentan bestenfalls erahnt werden (für einige gleichwohl anregende Betrachtungen dazu vgl. bspw. die Überlegungen von Armstrong/Sandberg/Bostrom (2012) zu den Gefahren und möglichen Kontrollstrategien bezüglich superintelligenter „Orakel-KIs").

2. Künstliche Intelligenz und epistemische Arbeitsteilung

Um die Frage nach den Auswirkungen einer zunehmenden Integration von KI-Systemen in unsere soziale epistemische Praxis zu verstehen, sollte man beides im Blick haben: das zu integrierende und das, worin es integriert werden soll. In diesem Abschnitt möchte ich mich letzterem zuwenden.

Ein zentrales Merkmal unserer epistemischen Praxis besteht darin, dass sie auf *Spezialisierung* und *Arbeitsteilung* beruht. Diese Eigenschaften dürften bereits in prähistorischen Gemeinschaften vorhanden gewesen sein, in der modernen Wissensgesellschaft zeigen sie sich aber immer ausgeprägter. Die Wissensgesellschaft zeichnet sich nicht nur dadurch aus, dass die Menge an verfügbarem Wissen zunehmend größer wird (wodurch sich der Quotient zwischen dem, was ein Individuum zu wissen im Stande ist, und dem insgesamt verfügbaren Wissen ständig verkleinert). Hinzu kommt, dass es zunehmend sowohl die Notwendigkeit als auch die Anerkennung dieser Notwendigkeit gibt, das Handeln in verschiedensten Bereichen (Politik, Justiz, Verwaltung, Wirtschaft usw.) ‚evidenzbasiert' zu gestalten, d.h. an Wissen zu orientieren, das die in diesen Bereichen tätigen Akteure nicht unbedingt aus erster Hand selbst besitzen, sondern von entsprechenden *Experten* übernehmen müssen. Auch Privatpersonen haben häufig Bedarf an Informationen auch aus ihnen unvertrauten Gebieten – sei es aus bloßer Neugier; sei es aufgrund eines persönlichen (medizinischen, finanziellen, juristischen usw.) Problems; sei es, weil sie wissen müssen, wie es um den Klimawandel, die Globalisierung oder die Corona-Krise steht, um sich bei politischen Wahlen für die richtige Partei entscheiden zu können.

Häufig zeichnet sich das von Experten übernommene Wissen durch seinen ‚esoterischen' Charakter aus. Dieser kann unterschiedlich stark ausgeprägt sein. Im stärksten Sinn esoterisch sind Aussagen, die ohne Spezialkenntnisse gar nicht verständlich sind (beispielsweise aufgrund des Vorkommens eines technischen Vokabulars etc.). Laien kennen im Falle solcher „semantisch esoterischer Aussagen" (Goldman 2001, 94) weder ihre Wahrheitswerte noch ihre Wahrheitsbedingungen. In einem schwächeren Sinn esoterisch sind Aussagen, die Laien auch ohne spezielle Kenntnisse des relevanten Spezialgebiets zwar semantisch verstehen und deren Wahrheitswerte sie von Experten für das jeweilige Gebiet entsprechend erfragen können, wobei aber die Begründungen, die die Experten für ihre Antworten anbieten können, nicht ohne weiteres nachvollziehbar sind. Man könnte diesbezüglich von ‚justifikatorisch esoterischen Aussagen‘ sprechen (also von Aussagen, die im Hinblick auf ihre Begründung oder Rechtfertigung esoterisch sind), und als Beispiel an den Großen Fermatschen Satz denken: Als mathematischer Laie kann man durchaus eine einigermaßen klare Vorstellung davon haben, was dieser besagt, und man kann sich von den einschlägigen Experten auch leicht die Information erfragen, dass er wahr und bewiesen ist; die Begründung bzw. den Beweis selbst wird man aber, wenn überhaupt, nur mit großem Aufwand nachvollziehen können. Im schwächsten Sinn esoterisch ist schließlich eine Aussage für einen Laien, wenn er ihren Wahrheitswert nicht kennt, die Aussage aber für ihn semantisch verständlich ist und auch mit keinen nennenswerten justifikatorischen Herausforderungen einhergeht.

Aufgrund des häufig esoterischen, insbesondere des semantisch oder justifikatorisch esoterischen Charakters von Expertenwissen bleibt Laien oft nichts anderes übrig, als sich auf Expertenurteile und Expertenempfehlungen zu verlassen, auch wenn sie deren Zustandekommen nicht verstehen. Es zeigt sich hier, dass eine gewisse epistemische Intransparenz, wie wir sie im Zusammenhang mit KI-Systemen beobachtet haben, ein Kernmerkmal unserer arbeitsteiligen epistemischen Praxis darstellt. Diese Parallelität ist in zweierlei Hinsicht von besonderem Interesse. Zum einen, weil wir diese Intransparenz als charakteristische Eigenschaft unserer epistemischen Praxis in Rechnung stellen müssen, wenn wir klären wollen, welche Auswirkungen es haben wird, wenn zunehmend KI-Systeme Teil dieser Praxis werden. Zum anderen, weil sich die Ergebnisse, die die epistemologische Diskussion zu der einen Form von Intransparenz gezeitigt hat, womöglich fruchtbringend auf die andere Form übertragen lassen.

Was das Verhältnis zwischen Experten und Laien – oder auch das verwandte Verhältnis zwischen epistemischen Autoritäten und Nicht-Autoritäten bzw. epistemisch superioren und inferioren Subjekten – angeht, so hat die Sozialepistemologie in jüngerer Zeit erhebliche Klärungsbemühungen angestellt (grundlegende Beiträge zu dieser Debatte sind etwa Goldman 2001 und Zagzebski 2012). Die Diskussion hat sich insbesondere auf drei Hauptprobleme konzentriert: das Definitionsproblem, das Identifikationsproblem und das Deferenzproblem (vgl. Hauswald 2020a). Das Definitionsproblem betrifft die Frage, wie Begriffe wie ‚Experte‘ und ‚epistemische Autorität‘ eigentlich definiert werden sollten; das Identifikationsproblem betrifft die Frage, wie Laien ‚echte‘ Experten/epistemische Autoritäten identifizieren und sie von falschen bzw. lediglich selbsterklärten unterscheiden können; und das Deferenzproblem betrifft die Frage, wie genau ein Laie, sobald er glaubt, einen echten Experten/eine echte epistemische Autorität identifiziert zu haben, sich diesem Experten/dieser Autorität gegenüber epistemisch verhalten sollte (der Ausdruck ‚Deferenz‘ ist eine Eindeutschung des ‚Ausdrucks ‚deference‘, der im Englischen jene Haltung bezeichnet, die gegenüber epistemischen Autoritäten angemessen ist, nämlich im weitesten Sinne ein Sich-Richten-nach oder Orientieren-an der Autorität).

Alle drei Probleme haben Entsprechungen oder Bezüge zur Problematik des Umgangs mit KI-Systemen. Im Hinblick auf das *Definitionsproblem* stellt sich etwa die Frage, ob KI-Systeme unter den Begriff eines Experten oder den einer epistemischen Autorität fallen können, oder ob dies zumindest in absehbarer Zeit zu erwarten sein könnte. Eine Schwierigkeit ist hier, dass es nicht *die* Definitionen der Ausdrücke ‚Experte‘ oder ‚epistemische Autorität‘ gibt, sondern dass eine ganze Reihe von Definitionsvorschlägen konkurrieren. Eine plausible Herangehensweise könnte aber auch darin bestehen, statt existierende Definitionsvorschläge daraufhin zu prüfen, ob KI-Systeme vielleicht unter die eine oder andere Definition fallen könnten, vielmehr umgekehrt von der Überlegung auszugehen, dass KI-Systeme in zunehmendem Maße Rollen oder Funktionen übernehmen, die bislang menschlichen Experten vorbehalten waren, so dass es sinnvoll sein könnte, den Expertenbegriff explizit so zu definieren, dass er auch auf KI-Systeme anwendbar ist. Eine vernünftige Adäquatheitsbedingung für künftige Definitionsvorschläge könnte demzufolge lauten, dass KI-Systeme unter die Definition eines Experten bzw. einer epistemischen Autorität fallen können. Das könnte sich dann beispielsweise auf den in bisherigen Definitionen häufig verwendeten Begriff der Überzeugung auswirken. Goldman (2018, 5) definiert einen Experten beispielsweise so: S ist ein Experte für eine thematische Domäne D genau dann, wenn S mehr wahre und weniger falsche Überzeugungen bezüglich D als die meisten Personen hat und die absolute Zahl der wahren Überzeugungen sehr substantiell ist. Ich möchte mich hier gar nicht auf eine genauere Diskussion der verschiedenen Vor- und Nachteile einlassen, die diese Definition im Einzelnen haben mag (eine solche detaillierte

Diskussion habe ich in Hauswald (2020a) vorgenommen). Mein Vorschlag besteht an dieser Stelle lediglich darin, die Verwendung des Überzeugungsbegriffs in Definitionen von Begriffen wie ‚Experte‘ und ‚epistemische Autorität‘ zu überdenken. Denn es könnte sein, dass KI-Systeme zwar die funktionale Rolle von Experten oder epistemischen Autoritäten spielen können, ohne aber über ‚echte‘ Überzeugungen zu verfügen; oder zumindest könnte bis auf weiteres zweifelhaft sein, ob sie echte Überzeugungen haben können. (Analog ließe sich übrigens auch im Hinblick auf andere Entitäten wie etwa wissenschaftliche Gemeinschaften argumentieren: Auch diese können offenbar manchmal als epistemische Autoritäten in Erscheinung treten – z.B. wenn wir uns auf ‚wissenschaftliche Konsense‘ stützen –, ohne dass sie im engeren Sinn Überzeugungen haben können). Eine Möglichkeit könnte diesbezüglich darin bestehen, einen Begriff wie den der ‚Quasi-Überzeugung‘ zu verwenden (vgl. z.B. Misselhorn 2018, 86). An anderer Stelle habe ich alternativ den Vorschlag entwickelt, die Definitionen von ‚Experte‘ und ‚epistemische Autorität‘ auf den Begriff eines ‚Wahrheitsindikators‘ zu basieren (vgl. Hauswald 2020a). Entsprechende Definitionen könnten für KI-Systeme prinzipiell offen sein, so dass einer Rede von KI-Systemen als ‚Experten‘ oder ‚epistemischen Autoritäten‘ nichts grundsätzlich im Wege stehen würde.

Das *Identifikationsproblem* gewinnt seine Schärfe durch den Umstand, dass unterschiedliche Experten (oder selbsterklärte Experten) nicht selten widerstreitende Meinungen vertreten und für Laien, für die diese Meinungen in typischen Fällen ja esoterischen Charakter haben, unklar ist, welchem davon sie vertrauen sollten. Goldman (2001) spricht in diesem Zusammenhang vom „Laien/2-Experten-Problem“ (*novice/2-expert problem*). Jeder, der von einem Arzt schon einmal eine ‚zweite Meinung‘ eingeholt hat, die von der ersten abweicht, kennt dieses Problem. Goldman versucht nun zu zeigen, dass Laien, obwohl solche Situationen sie vor erhebliche Herausforderungen stellen, nicht auf gänzlich verlorenem Posten stehen, da es einige Methoden gebe, mit denen sie sich gleichwohl ein Stück weit behelfen können: z.B. die Berücksichtigung der formalen Qualifikationen der Experten, die Berücksichtigung möglicher Interessenkonflikte oder die Berücksichtigung ihres *Track Records* (d.h. ihrer Erfolgsquote in der Vergangenheit; das setzt freilich voraus, dass Laien die Einschätzungen des Experten unabhängig und selbstständig prüfen können, was etwa bei einigen Prognosen möglich ist, insofern sie zu einem früheren Zeitpunkt esoterischen Charakter besessen haben, später aber, wenn das Prognostizierte eingetreten oder nicht eingetreten ist, exoterisch geworden sind). Sobald KI-Systeme als neue Akteure auf diesem Spielfeld auftauchen, ergeben sich neue Konstellationen, die gründlicher epistemologischer Prüfung bedürfen. Zum einen könnte es zu Situationen kommen, in denen ein Laie sowohl einen Experten als auch ein KI-System konsultiert und von beiden divergierende Informationen erhält (das wäre eine ‚Laie/Experte-KI'-Konstellation). Zum anderen ist auch die Situation denkbar, dass zwei KIs divergierende Informationen vermitteln (hier könnte man von einer ‚Laie/2-KIs'-Konstellation sprechen). Die Methoden, die Laien verwenden können, um in solchen Situationen zu einer gerechtfertigten Entscheidung zu kommen, entsprechen vermutlich zumindest teilweise den von Goldman beschriebenen. Das gilt etwa für die Methode der Berücksichtigung des *Track Records* der KIs bzw. Experten (Armstrong/Sandberg/Bostrom (2012, 307) ziehen eine verwandte Vorgehensweise auch für die Prüfung der Vertrauenswürdigkeit superintelligenter „Orakel-KIs" in Betracht). Andere Methoden sind dagegen genuin für KI-Systeme. Zu denken wäre etwa daran, dass KI-Systeme von irgendwem gebaut worden sind und *dessen* Kompetenzen, Interessen usw. für die Qualität des Produkts relevant sein können und sich entsprechend als Prüfkriterien anbieten.

Das *Deferenzproblem*, also die Frage, wie genau man sich gegenüber Experten bzw. epistemischen Autoritäten verhalten sollte, wenn man solche identifiziert zu haben glaubt, betrifft u.a. den Umgang mit den eigenen Gründen, den eigenen Vor-Überzeugungen hinsichtlich der fraglichen Propositionen. Eine Extremposition stellt diesbezüglich der sogenannte Präemptionismus dar. Dieser besagt (in seiner stärksten Variante – es gibt auch schwächere Spielarten, s. Hauswald 2020b), dass ein Laie die Tatsache, dass eine epistemische Autorität p glaubt, als *präemptierenden* Grund dafür ansehen sollte, selbst *p* zu glauben, d.h. als Grund, der seine bisherigen, sonstigen Gründe für oder wider *p* ersetzen und nicht einfach zu diesen hinzugefügt werden sollte. Wenn ich beispielsweise als ornithologischer Laie aufgrund gewisser Beobachtungen und Überlegungen zu der Meinung gelangt bin, dass ein Rotkardinal in der Esche vor dem Fenster sitzt, und mir kurz darauf ein Ornithologe sagt, dass es tatsächlich ein Rotkardinal sei (oder alternativ: dass es *keiner* sei), dann verlangt der Präemptionismus von mir, meine vorherigen, eigenen Beobachtungen und Überlegungen zu suspendieren und die Meinung, dass der in der Esche sitzende Vogel ein Rotkardinal ist (oder dass er keiner ist), *allein* auf das Zeugnis der Autorität zu basieren (vgl. für dieses Beispiel Zagzebski 2012, 104). Diese Auffassung ist mit gewichtigen Einwänden konfrontiert und lässt sich, wie mir scheint, letztlich nicht erfolgreich verteidigen (vgl. Hauswald

2018, 2020a, 2020b). Ein den Maßgaben des Präemptionismus folgender Laie wäre dem vermeintlichen Experten bzw. der epistemischen Autorität sozusagen epistemisch ausgeliefert; er würde nicht zuletzt genau die Kritikfähigkeit aufgeben, die er braucht, um das Identifikationsproblem bewältigen zu können.

Gleichwohl ist Vertretern des Präemptionismus zugutezuhalten, dass sie auf charakteristische Züge des Verhältnisses zwischen Laien und Experten bzw. epistemischen Autoritäten aufmerksam gemacht haben. Einer dieser Züge ist, dass ein Experte bzw. eine epistemische Autorität häufig für einen Laien gewissermaßen als ‚epistemische Black-Box' gegenübertritt, und hierin wird eine interessante Parallele zu KI-Systemen deutlich. Einen Experten bzw. eine epistemische Autorität zu befragen heißt oft, die Aussage des Experten/der Autorität, dass p, zur Kenntnis zu nehmen und sich daran zu orientieren, ohne nachvollziehen zu können, wie der Experte/die Autorität selbst zu der Überzeugung, dass p, gekommen ist. Das gilt insbesondere für semantisch und justifikatorisch esoterische Propositionen, deren Begründungen Laien ohne Spezialkenntnisse gar nicht ohne weiteres verstehen können. Auf der anderen Seite gibt es aber auch durchaus eine Reihe von Situationen, in denen Laien zumindest ansatzweise die Begründungen von Experten nachvollziehen *müssen*. Das gilt zum Beispiel im medizinischen Bereich bei der Aufklärung von Patienten, die ja eine selbstbestimmte, autonome Entscheidung für oder wider bestimmte Therapien treffen und nicht (im Sinne des paternalistischen *Doctor Knows Best*) blind den Ärzten folgen sollen. Es gilt auch vor Gericht, insofern der Richter nicht einfach als passiver Empfänger verschiedener externer Expertengutachten vorgestellt werden sollte, sondern vielmehr als Akteur, der sich aktiv auch mit den Hintergründen, den Evidenzen, den Begründungen der Experten auseinandersetzen muss, um auf dieser Grundlage ein in sich stimmiges Urteil formulieren und seinerseits begründen zu können (vgl. Ward 2017). In solchen Situationen besteht die epistemische Arbeitsteilung in keinem einfachen Wissenstransfer, sondern geht, zumindest dem Anspruch nach, mit Übersetzungs- und Erklärungsleistungen einher. Inwieweit allerdings semantisch esoterisches Wissen überhaupt übersetzt und justifikatorisch esoterisches Wissen erklärt werden kann, ist eine schwierige Frage, die mit erheblichen Herausforderungen für die epistemische Praxis verbunden ist.

Für unseren Zusammenhang von primärem Interesse ist hier aber die Parallelität zwischen den Erklärungsleistungen, die im Laien-Experten-Verhältnis erforderlich werden können, und jenen Erklärungsleistungen, die für die Nutzung intransparenter KI-Systeme angestrebt werden. Im Rahmen des in jüngster Zeit an Fahrt gewinnenden Forschungsprogramm der *Explainable AI (XAI)* wird in diesem Sinne nach technischen Lösungen gesucht, um den Black-Box-Charakter von KI-Systemen zu reduzieren. Das Ziel besteht dabei darin, KI-Systeme transparenter zu machen, indem ‚erklärt' wird, auf welche Weise die Outputs dieser Systeme zustande gekommen sind. Eine Schwierigkeit ist allerdings, das gar nicht so klar ist, was unter ‚Erklären' in diesem Zusammenhang genau verstanden werden soll (vgl. dazu etwa Miller 2019 sowie Zednik 2019). Um einer Antwort auf diese Frage näher kommen zu können, könnte ein Vergleich mit dem Experten-Laien-Verhältnis aufschlussreich sein. Was heißt es, wenn Experten Laien etwas aus ihrem Fachgebiet erklären? Es heißt offenbar nicht, den Laien in die Lage zu versetzen, die neuronale Aktivität nachzuvollziehen, die es im Gehirn des Experten gab, als dieser zu seinen Schlussfolgerungen gelangt ist. Diese neuronale Aktivität ist ja auch für den Experten selbst nicht nachvollziehbar, und dasselbe gilt für gegenwärtige Kognitions- oder Neurowissenschaftler. Das Gehirn ist viel zu komplex und in seiner Funktionsweise längst nicht hinreichend verstanden; im Vergleich mit aktuellen KI-Systemen ist es eine noch viel größere, dunklere Black Box. Eine Erklärung auf der Ebene neuronaler Aktivität ist also weder verfügbar, noch würde sie, wäre sie verfügbar, sonderlich weiterhelfen. Was es vielmehr braucht, um die Schlussfolgerung eines Experten für einen Laien zumindest ansatzweise nachvollziehbar zu machen, ist z.B. die Erläuterung wichtiger Konzepte und Hintergründe aus dem Spezialgebiet des Experten, die Identifikation relevanter allgemeiner Prinzipien sowie die Klärung, wie diese im speziellen vorliegenden Fall anwendbar sind usw. Das alles muss freilich auf einem laienverständlichen Niveau stattfinden und ist alles andere als trivial. Experten brauchen, um ihre Schlussfolgerungen laienverständlich erläutern zu können, Dinge wie intellektuelle Empathie, epistemische Selbstreflexivität und mäeutische bzw. novizen-orientierte Kompetenzen, wie sie manchmal genannt werden (vgl. etwa Jäger 2016 und Croce 2018). Und auch wenn sie solche Kompetenzen besitzen, kann es in manchen Fällen trotzdem sehr schwierig sein, einem Laien esoterische Propositionen in überschaubarer Zeit zu erklären (man denke an den Beweis des Großen Fermatschen Satzes).

Inwieweit lassen sich intellektuelle Empathie, epistemische Selbstreflexivität und mäeutische Kompetenzen (oder gewisse funktionale Äquivalente dieser Eigenschaften) in KI-Systeme einprogrammieren? Dies ist eine schwierige Frage, die ich hier nicht beantworten kann, sondern die ausführlicher interdisziplinärer Diskussionen bedarf. Ich möchte aber zumindest auf zwei konträre Aspekte hinweisen, die man dabei im Auge haben sollte. Einerseits sind die im Moment existierenden KI-Systeme, ihrer Bezeichnung zum Trotz, im Grunde wenig (wenn überhaupt) intelligent; es sind komplexe Statistikprogramme, aber in einem anspruchsvollen Sinn *Denken* können sie bis auf weiteres nicht (vgl. z.B. Zweig 2019, 267f.). Im Gegensatz zu menschlichen Experten *wissen* sie nicht im eigentlichen Sinn, was sie tun; sie sind nicht selbstreflexiv (Coeckelbergh 2020, 115). Insofern scheinen Menschen einen entscheidenden Vorteil gegenüber Computern zu haben, wenn es darum geht, sich selbst und die eigenen Überlegungen und Schlussfolgerungen zu erklären. Andererseits sollte aber auch nicht unterschätzt werden, welche Herausforderungen gerade laienverständliches Erklären für Experten mit sich bringen kann. Zumindest bestimmte Aspekte könnten sich sogar besser im Computer umsetzen lassen. Ein einfaches, instruktives Beispiel dafür findet sich bei Grunwald (2019, 90): Fragt man als Ortsunkundiger einen Einheimischen (wenn man so will also einen ‚Experten‘ für die geographischen Besonderheiten der jeweiligen Region), dann bekommt man nicht selten eine suboptimale Auskunft. Einheimische kennen sich zwar aus, können sich aber häufig nur unzureichend in Ortsfremde hineinversetzen und setzen bei ihren Erläuterungen zu viel voraus, so dass letztere sich doch verlaufen bzw. erneut fragen müssen. Die Verwendung eines GPS-Geräts hat demgegenüber entscheidende Vorteile. Dessen Anweisungen und Auskünfte sind gut nachvollziehbar und überdies gibt es (etwa in ausländischen Städten) keine sprachlichen Probleme.

3. Die Bandbreite epistemischer Konsequenzen

Im letzten Abschnitt möchte ich auf einige kurz- bis mittelfristig sich abzeichnende Entwicklungen eingehen und dabei verschiedene konkretere Konsequenzen aus den bisher angestellten Überlegungen ableiten.

Die Integration von KI-Systemen in unsere epistemische Praxis kann auf verschiedene Weisen erfolgen. Während etwa einige KI-Systeme zur Unterstützung der Arbeit von Experten eingesetzt werden können, wenden sich andere direkt an die Benutzung durch Laien und treten für diese teilweise gewissermaßen an die Stelle menschlicher Experten. Zu ersteren gehören etwa Programme zur Erkennung von Hautkrebs, die Mediziner bei der Diagnose helfen sollen, oder Programme wie *PredPol*, die zur Unterstützung der Strafverfolgungsbehörden dienen sollen. Zu letzteren gehören etwa GPS-Geräte oder medizinische Apps, die unmittelbar zur Nutzung durch Patienten bestimmt sind. Wichtig erscheint mir, ein Bewusstsein für die Vielfalt der Konsequenzen zu entwickeln, die sich bei beiden Typen von KI-Systemen ergeben können. Im Hinblick auf einige dieser Konsequenzen dürfte eine positive Bewertung naheliegen, im Hinblick auf andere eine negative, bei einer großen Gruppe von Konsequenzen schließlich wird eine einfache und eindeutige negative oder positive Bewertung schwierig oder gar nicht möglich sein (oder die Konsequenzen erscheinen als positiv aus der Sicht mancher Akteure und negativ aus der Sicht anderer).

Was jene KI-Systeme betrifft, die für die Verwendung durch menschliche Experten bestimmt sind (und dadurch gewissermaßen bestenfalls indirekt mit Laien in Kontakt kommen), besteht zum einen die Möglichkeit, dass der Einsatz solcher Systeme die Qualität des Expertenwissens selbst verbessern kann (ich hatte etwa schon auf AlphaGo und AlphaGo Zero hingewiesen, die entscheidende Impulse zur Weiterentwicklung der Go-Theorie liefern). Einige KI-Enthusiasten gehen so weit, das Ende wissenschaftlicher Forschung und Theoriebildung in Aussicht zu stellen, da KI-Systeme, deren Spezialität das Auffinden von Korrelationen, Mustern und Strukturen in großen Datensätzen ist, wesentliche Aspekte der Forschung übernehmen und besser bewältigen könnten als menschliche Wissenschaftler. Derartiger Enthusiasmus dürfte übereilt sein (wie Zweig (2019, 195ff.) zu Recht bemerkt). Zwar können durch KI tatsächlich viele Korrelationen in großen Datensätzen entdeckt werden, die andernfalls unentdeckt geblieben wären; eine grundlegende methodologische Einsicht lautet aber, dass Korrelation nicht mit Kausalität verwechselt werden sollte. Wenn zwei Variablen miteinander korrelieren, heißt das nicht, dass die eine ursächlich für die andere ist. In der wissenschaftlichen Theoriebildung geht es aber primär um kausale Zusammenhänge. Und damit können KI-Systeme bis auf Weiteres (im Gegensatz zu Korrelationen) sehr viel weniger gut umgehen. Gleichwohl sollte nicht das Ausmaß unterschätzt werden, in dem KI zum einen bei der Forschung, d.h. bei der Gewinnung neuen Wissens, unterstützend zum Einsatz gebracht werden kann, und zum anderen Experten bei der Anwendung bereits bestehenden Wissens weiterhelfen kann (man denke etwa an die Diagnostik im medizinischen Alltag).

Betrachten wir auf der anderen Seite die sich direkt an Laien wendenden Systeme. Die mit solchen Systemen rein praktisch verbundenen Vorteile für ihre Nutzer sind vielfältig. So erspart einem die Nutzung einer medizinischen App unter Umständen den Gang zum Arzt und minimiert das Risiko, sich dort mit weiteren Krankheiten anzustecken (was kein geringfügiger Vorteil ist, wenn man bedenkt, mit welchen Hürden der Arztbesuch etwa während der Corona-Krise teilweise verbunden war). Zudem lassen sich manch ‚heikle‘ Fragen mit einem Computer vielleicht leichter klären als mit einem menschlichen Gegenüber. Anders als ein menschlicher Arzt wird eine App auch nicht müde, ist abgelenkt oder unaufmerksam. Ein weiterer Aspekt ist die bereits erwähnte hohe Zuverlässigkeit verschiedener KI-Systeme, die zumindest in einigen Punkten bereits die Zuverlässigkeit menschlicher Experten übersteigt. Freilich handelt es sich dabei bislang um eine punktuelle, auf sehr spezifische Aufgaben (wie die Erkennung von Hautkrebs anhand von Bildern der Haut) begrenzte Überlegenheit. Ein menschlicher Mediziner verfügt demgegenüber über einige wesentliche Eigenschaften, die Computer bislang – und wohl auch noch eine Weile – nicht haben, etwa Lebenserfahrung, eine auch nicht-medizinische Sachverhalte betreffende Urteilskraft und die Fähigkeit, gerade auch in untypischen Situationen eine umfassendere Einschätzung der Situation von Patienten vorzunehmen (beispielsweise wenn sich herausstellt, dass gar kein im engeren Sinn medizinisches Problem vorliegt).

Ein wichtiger Aspekt ist, dass solche Systeme offenbar in eine gewisse Konkurrenz zu menschlichen Experten treten können. Wem vertraut man, wenn die App zu anderen Ergebnissen und Empfehlungen kommt als der menschliche Arzt? Ich hatte im vorigen Abschnitt erwähnt, dass sich zum klassischen ‚Laien/2-Experten-Problem‘ neue Konstellationen wie das ‚Laien/Experten-KI‘-Problem sowie das ‚Laien/2-KIs‘-Problem hinzugesellen. In dieser Entwicklung liegt einerseits die Chance einer gewissen ‚epistemischen Demokratisierung‘, durch die die Abhängigkeit der Laien von menschlichen Experten verringert werden könnte. Mindestens die ‚Zweitmeinung‘ wird man in Zukunft immer häufiger bei einem KI-System einholen können. Andererseits droht die Gefahr, dass beispielsweise das klassische paternalistische *Doctor Knows Best* lediglich durch ein ebenfalls paternalistisches *Computer Knows Best* ersetzt wird (vgl. dazu etwa McDougall 2019). Das Gebot, sich auch als Laie möglichst eine gewisse epistemische Autonomie zu bewahren, gilt auch für das Zeitalter von KI-Experten. Hier aber werden wiederum die mit der Intransparenz bzw. Erklärbarkeit verbundenen Herausforderungen virulent. Denn die Wahrung von epistemischer Autonomie und die Wahrung einer kritischen Distanz – sei es gegenüber einem menschlichen Experten, sei es gegenüber einem KI-System – setzt zumindest teilweise voraus, die Prozesse (ansatzweise) nachvollziehen zu können, die den Experten bzw. das KI-System zu seiner Schlussfolgerung oder Empfehlung gebracht haben.

Erschwert wird die Ausbildung der eigentlich wünschenswerten epistemischen Autonomie bzw. kritischen Distanz durch den Effekt, dass eine Intensivierung epistemischer Abhängigkeiten häufig mit einem Verlust vorher stärker ausgeprägter Fähigkeiten seitens der epistemisch inferioren Akteure einhergeht. Dieser Effekt lässt sich in der gesamten Geschichte epistemisch arbeitsteiliger Gesellschaften beobachten: Die Spezialisierung der Individuen auf jeweils ganz spezifische Bereiche geht unweigerlich mit einem Verlust anderer Kompetenzen einher (Vertiefung geht auf Kosten von Generalität). In der Gegenwart lassen sich neue Spielarten dieses Effekts beobachten. Man könnte hier etwa an das als ‚Google-Effekt' bekannte Phänomen denken, d.h. die Tendenz, Informationen schnell wieder zu vergessen, die mit Hilfe von Google oder ähnlichen „Surrogat-Experten" (Simpson 2012) leicht online gefunden werden können. Eine weitere Illustration sind GPS-Geräte, deren häufiger Gebrauch einen gewissen Verlust von räumlicher Orientierungsfähigkeit zu begünstigen scheint. Wer sich immer auf die Technik verlassen hat (und in der Regel auch verlassen konnte), wird in Situationen, in denen sie einmal nicht zur Verfügung steht oder nicht funktioniert, wahrscheinlich schlechter dastehen als jemand, dessen Orientierungsfähigkeit weniger ‚verkümmert' ist.

Neben Vor- und Nachteilen für die individuellen Nutzer sollten wir schließlich auch Folgen auf gesamtgesellschaftlicher Ebene im Blick haben. Wenn beispielsweise die Verwendung von GPS-Geräten mehr und mehr zur Regel wird, wird irgendwann vielleicht einmal eine Pflicht eingeführt, sie zu verwenden, um parallel dazu herkömmliche Hinweisschilder abschaffen zu können (vgl. Grunwald 2019, 90f.). Eine gesamtgesellschaftliche Tendenz, die im Zusammenhang mit der Verwendung medizinischer Diagnoseprogramme denkbar ist, ist zum einen der leichtere Zugang zu diagnostischen Möglichkeiten. Während man heute teilweise lange auf einen Arzttermin warten muss, lässt sich die Diagnose in der Zukunft vielleicht schnell und ohne großen Aufwand zuhause erledigen. Das verspricht Kosteneinsparungen im Gesundheitssystem. Wenn Patienten zunehmend zunächst ihre medizinischen Apps konsultiert haben, bevor sie einen menschlichen Arzt besuchen, könnte das andererseits aber auch zu zusätzlichen Belastungen führen: Statt einfach die Diagnose und Therapie mit dem Patienten zu besprechen, müssen dann vielleicht zunehmend zunächst erst in einem zeitaufwänden Prozess dessen Vorab-Diagnosen besprochen und eventuelle Missverständnisse ausgeräumt werden.

Schluss

Die zunehmende Integration von KI-Systemen in unsere epistemische Praxis bringt eine Reihe von Veränderungen und Herausforderungen mit sich. Das gilt für solche KI-Systeme, die menschliche Experten bei ihrer Arbeit unterstützen sollen, genauso wie für solche, die für die direkte Benutzung durch Laien bestimmt sind und die mehr und mehr zu einer Art Experten-Ersatz werden könnten. Zwar gibt es nach wie vor noch eine große Diskrepanz zwischen menschlichen Experten und KI-Systemen. Anders als KI-Systeme besitzen menschliche Experten eine generelle Intelligenz, epistemische Selbstreflexivität und eine breite Urteilskraft. Gleichwohl werden sie punktuell bereits heute durch KI-Systeme überflügelt.

Eine zentrale Herausforderung resultiert aus der epistemischen Intransparenz von KI-Systemen, die Ähnlichkeiten mit der Intransparenz aufweist, die vom Verhältnis zwischen Laien und Experten bzw. epistemischen Autoritäten her vertraut ist. Eines meiner Ziele in diesem Beitrag bestand darin, deutlich zu machen, dass die Bemühungen, Lösungen für einen vernünftigen Umgang mit KI-Systemen und ihrem Black-Box-Charakter zu finden, von einer stärkeren Berücksichtigung der sozialepistemologischen Debatten zu Experten und epistemischen Autoritäten profitieren könnten.

Literatur

Adams, Douglas (1979): *The Hitchhiker's Guide To the Galaxy*. Pan, London 1979.

Armstrong, Stuart; Sandberg, Anders; Bostrom, Nick (2012): Thinking Inside the Box: Controlling and Using an Oracle AI. In: *Minds and Machines* 22, 299-324.

Bögeholz, Harald (2017): Künstliche Intelligenz: AlphaGo Zero übertrumpft AlphaGo ohne menschliches Vorwissen. In: *heise.de*, 19.10.2017, https://www.heise.de/newsticker/meldung/Kuenstliche-Intelligenz-AlphaGo-Zero-uebertrumpft-AlphaGo-ohne-menschliches-Vorwissen-3865120.html, abgerufen am 01.12.2020.

Coeckelbergh, Mark (2020): *AI Ethics*. The MIT Press, Cambridge (Mass.), London 2020.

Croce, Michel (2018): Expert-oriented abilities vs. novice-oriented abilities: An alternative account of epistemic authority. In: *Episteme* 15, 476-498.

Esteva, Andre et al. (2017): Dermatologist-level classification of skin cancer with deep neural networks. In: *Nature* 542, 115-118.

Goldberg, Sanford C. (2020): Epistemically engineered environments. In: *Synthese* 197, 2783-2802.

Goldman, Alvin (2001): Experts: Which Ones Should You Trust? *Philosophy and Phenomenological Research* 63, 85-110.

Goldman, Alvin (2018): Expertise. In: *Topoi* 37, 3-10.

Grunwald, Armin (2019): *Der unterlegene Mensch. Die Zukunft der Menschheit im Angesicht von Algorithmen, künstlicher Intelligenz und Robotern.* riva Verlag, München 2019.

Hauswald, Rico (2018): Epistemische Deferenz. In: *Grazer Philosophische Studien* 95, 436-474.

Hauswald, Rico (2020a): *Epistemische Autoritäten – individuelle und plurale.* Habilitationsschrift, TU Dresden.

Hauswald, Rico (2020b): The Weaknesses of Weak Preemptionism. In: *The Philosophical Quarterly*, 0 (0), 1-19. DOI: 10.1093/pq/pqaa024.

Jäger, Christoph (2016): Epistemic Authority, Preemptive Reasons, and Understanding. In: *Episteme* 13, 167-185.

Kaplan, Jerry (2017): *Künstliche Intelligenz: Eine Einführung.* mitp, Frechen 2017.

Kleinberg, Jon; Mullainathan, Sendhil (2017): Wir bauen sie zwar, aber wir verstehen sie nicht. In: John Brockman [Hg.]: *Was sollen wir von Künstlicher Intelligenz halten?* Fischer Taschenbuch Verlag, Frankfurt am Main 2017, 96-100.

Mainzer, Klaus (2016): *Künstliche Intelligenz – Wann übernehmen die Maschinen?* Springer, Berlin, Heidelberg 2016.

McDougall, Rosalind J. (2019): Computer Knows Best? The Need for Value-Flexibility in Medical AI. In: *Journal of Medical Ethics* 45, 156-160.

Miller, Tim (2019): Explanation in artificial intelligence: Insights from the social sciences. In: *Artificial Intelligence* 267, 1-38.

Misselhorn, Catrin (2018): *Maschinenethik.* Reclam, Stuttgart 2018.

Simpson, Thomas W. (2012): Evaluating Google as an Epistemic Tool. In: *Metaphilosophy* 43, 426-445.

Ward, Tony (2017): Expert Testimony, Law and Epistemic Authority. In: *Journal of Applied Philosophy* 34, 263-277.

Zagzebski, Linda (2012): *Epistemic Authority: A Theory of Trust, Authority, and Autonomy in Belief.* Oxford University Press, Oxford 2012.

Zednik, Carlos (2019): Solving the Black Box Problem: A Normative Framework for Explainable Artificial Intelligence. In: *Philosophy & Technology online,* 20.12.2019. DOI: 10.1007/s13347-019-00382-7.

Zweig, Katharina (2019): *Ein Algorithmus hat kein Taktgefühl*. Heyne, München 2019.

Thomas Weiß

Künstliche Intelligenz –
eine marxistische Betrachtung

Abstract: Künstliche Intelligenz (KI) ist ein Kind des Kapitalismus. KI fordert somit die im 19. Jahrhundert begründete Theorie von Karl Marx zum Kapitalismus heraus. Dieser Beitrag will prüfen, inwieweit die Marxschen Überlegungen einem ‚KI-Test' standhalten. So schrieb Marx viel zu Maschinen, etwa, dass Menschen in der Produktion durch Maschinen ersetzt werden. Müssen diese Befunde im Lichte von KI neu überdacht werden oder ist KI einfach eine neue Generation von Maschinen?

Prophetisch erscheint das heute so genannte ‚Maschinenfragment' aus Marx' „Grundrissen". Dort sieht Marx einen möglichen Zusammenbruch des Wertgesetzes, wenn menschliche Arbeit dank Automatisierung neben den eigentlichen Produktionsprozess tritt und diesen überwacht oder leitet. Wird Vollautomatisierung mit KI zu einem Zusammenbruch des Kapitalismus führen?

Einige kapitalismusfreundliche Zukunftsforscher sind begeistert von KI. Heißt das, dass KI so auf kapitalistische Strukturen zugeschnitten ist, dass sie gar kein emanzipatorisches Potential hat? Der Beitrag schließt mit politischen Folgerungen.

Lange Zeit war Künstliche Intelligenz (KI) Zukunftsmusik. Doch inzwischen erlangen zumindest einfachere Formen von KI wirtschaftliche Bedeutung. Was lange Zeit Science-Fiction war, wirkt sich vielleicht doch stärker auf unser Wirtschaftsleben aus. Es gibt auch erste soziale Kämpfe um KI.

Damit steht nicht nur die Wirtschaftswissenschaft allgemein – welche Auswirkungen sind zu erwarten? -, sondern auch die kapitalismuskritische Theorie von Karl Marx auf dem Prüfstand. Wie ist KI aus Sicht der Marxschen politischen Ökonomie einzuschätzen? Im Folgenden soll dazu zunächst das Wesen von KI, wie es für diesen Beitrag verstanden wird, dargestellt werden, bevor anhand von drei Fragen eine marxistische Betrachtung entwickelt wird.

1. Das Wesen von Künstlicher Intelligenz

1.1 Herkömmliche Maschinen und KI

Herkömmliche Maschinen lassen sich gar nicht so genau von KI abgrenzen, weil bei genauerem Hinsehen schon einfache Maschinen nicht nur körperliche Arbeit, sondern immer auch geistige Tätigkeiten ersetzen

oder ausüben. Ein Kolben in einem Zylinder etwa einer Dampfloko-
motive oder eines Automobils ‚weiß‘ durch die Art der Konstruktion,
wie er sich zu bewegen, welche Richtungswechsel er vorzunehmen hat.
Ein Differentialgetriebe ‚weiß‘ durch die Art der Konstruktion, wie die
Antriebskraft in Kurven unterschiedlichster Art auf die beiden Räder
einer Achse zu verteilen ist. Ein Computer schließlich kann durch die
Art der mechanischen oder elektronischen Konstruktion Rechenaufgaben lösen.

Gemeinsam ist Maschinen, dass sie menschliche Arbeit ersetzen.
Maschinen dienen aber nicht nur dazu, dass ein bestimmtes gegebenes Produkt mit weniger menschlicher Arbeitszeit hergestellt werden
kann, vielmehr werden auch völlig neue Produkte erzeugt bis hin zur
Raumfahrt. So kann auch KI einerseits Tätigkeiten übernehmen, für die
bisher menschliche Intelligenz erforderlich war, andererseits schafft KI
neue Möglichkeiten. So fragwürdig dieses Beispiel sein mag, aber KI
kann womöglich jetzt schon anhand von Gesichtern bei den jeweiligen
Personen Eigenschaften erkennen, die einem menschlichen Beobachter
verborgen blieben.

Wenn schließlich über Gefahren von KI gesprochen wird, geht es oft
um ältere Themen wie Überwachungsstaat, gläserner Bürger, Datenschutz, Kontrolle am Arbeitsplatz und gar nicht so sehr darum, ob uns
die Herrschaft intelligenter Maschinen droht.[1] Diese Themen mögen
durch KI eine neue Bedeutung erhalten, sind aber von eigentlicher KI
abzugrenzen.

1.2 Big Data

Charakteristische Elemente von KI, worin sich KI von herkömmlichen
Maschinen unterscheidet, sind große Datenmengen, *Big Data*, statistische Analyse dieser Daten, das Auffinden statistischer Gesetzmäßigkeiten und eine zielorientierte Entscheidung auf Grund der Daten und der
Gesetzmäßigkeiten. Was, frei nach Marx, die schlechteste Künstliche Intelligenz vor dem besten Differentialgetriebe auszeichnet[2], sind Fähigkeiten wie Lernen, Entscheiden, Erkennen. Ein Algorithmus bekommt
beispielsweise die Daten geliefert, wann, wo, wie viel Benzin getankt
wird. Mit Hilfe statistischer Methoden kann er (oder menschliche Sta-
tistiker) erkennen, nach welchen statistischen Gesetzmäßigkeiten der
Benzinabsatz abhängig von Ort und Zeit sich verändert. Über ein Ver-

---

1   Siehe zum Beispiel die gewerkschaftlichen Antworten auf KI von Schrö-
     der und Franz 2019.
2   Bei Marx „schlechtester Baumeister“ und „beste Biene“ (Marx 1890, S. 193).

such-und-Irrtum-Verfahren könnte er schließlich ‚lernen‘, wie in Abhängigkeit von Ort und Zeit die Benzinpreise gesetzt werden müssen, um den Benzinumsatz zu maximieren. Wenn früher Kunden zu bestimmten Zeiten und an bestimmten Orten bereit gewesen wären oder gezwungen hätten werden können, auch höhere Preise als verlangt zu bezahlen, dann müssen sie das jetzt tatsächlich tun. Diese früher für die Käufer anfallenden sog. Konsumentenrenten werden jetzt von den Tankstellen abgeschöpft.

Nach ähnlichen Mustern lassen sich für soziale Medien Algorithmen programmieren, die unter Verwendung der vorliegenden Nutzerdaten automatisch darüber entscheiden, welche Werbung – wahrscheinlich - zu welchem Nutzer passt. Je mehr Daten ausgewertet werden können, desto gezielter die Werbung.[3]

1.3. Maschinen lernen

1.3.1. Menschen lernen, Maschinen zu verbessern

Bei herkömmlichen Maschinen findet der Lernprozess bei den Menschen statt. Zuerst werden Maschinenmängel entdeckt, auf ihre Ursachen untersucht und schließlich durch bessere Konstruktionen ersetzt. Versuch und Irrtum führen zu Verbesserungen. Diese folgen nicht nur technischen Gesetzen, sondern sind auch von ökonomischen, sozialen, psychologischen Rahmenbedingungen abhängig.[4] Die Maschinen sind hier nur Objekt menschlicher Beobachtung, Analyse und menschlichen Eingreifens.

Statt Maschinen können auch Menschen Objekte menschlicher Beobachtung, Analyse und menschlichen Eingreifens sein. Der US-amerikanische Ingenieur Frederick Winslow Taylor ließ menschliche Arbeitsschritte vieler Arbeiter und Arbeiterinnen in allen Einzelheiten erfassen. Er kam so zu Erkenntnissen, wie sich Arbeitsvorgänge in elementare Einzelschritte zerlegen, vielleicht auch zeitsparender durchführen lassen und wie diese verbleibenden Einzelschritte mit möglichst geringem Zeit- und Lernaufwand zu bewältigen sind. In einem nächsten Schritt können dann einzelne Arbeitsschritte auch mechanisiert werden.

---

3   Derzeit noch laufen allerdings zum Beispiel Frauen, die sich im Internet für Motorräder interessieren, Gefahr, mit männerspezifischer Werbung konfrontiert zu werden.

4   Der Bedarf an Verschlüsselungstechnik beeinflusst die Entwicklung der Mathematik. Primzahlen finden neues Interesse.

1.3.2. Maschinen lernen

Im Unterschied zu herkömmlichen Maschinen können KI-Maschinen unter menschlicher Anleitung ‚trainiert‘ werden, in diesem Sinne lernen. KI muss sogar lernen, weil sie oft nicht direkt für ihre Aufgaben programmiert werden kann. Sie muss dann selbst ‚lernen‘, was zu tun ist. Wann immer KI etwas erkennen soll, einen Gegenstand, ein gesprochenes oder in einer Handschrift geschriebenes Wort, welches Gefühl bei Menschen ein Ton, Bild oder Wort auslöst, oder womöglich anhand des Gesichts welche sexuelle Orientierung oder politische Parteipräferenz[5] ein Mensch hat, in all diesen Fällen muss KI von Menschen ‚trainiert‘ werden, es muss diese Fähigkeiten lernen. KI kann nicht unmittelbar so programmiert werden, dass sie aus Lichtwellen erschließen kann, ob auf einem Bild eine Katze abgebildet ist. Das wäre viel zu aufwändig oder überhaupt unmöglich. Der KI können aber eine Vielzahl von Bildern manche mit, manche ohne Katze vorgelegt werden. Indem der KI jeweils (von Menschen) bestätigt wird, wenn sie richtig auf Katze oder Nicht-Katze tippt, lernt sie schließlich das Gemeinsame aller Katzenbilder und kann so bei neuen Bildern (mit einer bestimmten Wahrscheinlichkeit) richtig entscheiden.

Eine einmal trainierte KI kann nicht nur elektromagnetische Wellen im optischen Bereich nutzen, sondern auch andere Wellenbereiche. Sie kann damit z. B. auch Gegenstände, auf die sie trainiert wurde, durch Wände hindurch erkennen. So entstehen durch KI auch neue Möglichkeiten, wobei zugegebenermaßen in diesem Beispiel ein Mensch mit entsprechenden Geräten das auch könnte.

Um den Trainingsprozess abzukürzen, kann der Lernprozess als Deep Learning programmiert werden. Untere Ebenen erkennen zunächst einmal Striche und ähnliches, während die oberste Ebene auf Grund dieser Vorerkenntnisse dann die Entscheidung treffen kann, ob Katze oder nicht. Mit Hilfe von *transfer learning* kann eine solche KI, die Katzen erkennt, mit vergleichsweise niedrigem zusätzlichen Trainingsaufwand, der menschlichen Einsatz erfordert, schließlich auch Hunde erkennen. Es zeichnen sich so immer weitere Einsatzfelder und Entwicklungsmöglichkeiten für KI ab.

---

5   Jedenfalls gibt es im Berliner Museum „Futurium" eine Wahlkabine, die nach Scannen des Gesichts den Wählern mitteilt, welcher Partei ihre Stimme soeben zugeteilt wurde.

Mit dem Erkennen von Gegenständen oder Wörtern wächst KI über die Algorithmen, die statistische Gesetzmäßigkeiten auswerten, hinaus. Jetzt werden autonomes Fahren, das Verstehen von Diktaten, Anweisungen, Fragen oder Übersetzungsprogramme möglich. Solche Methoden maschinellen Lernens kommen auch bei Spielcomputern zur Anwendung, weil etwa im Schach oder Go die Anzahl der möglichen Spielzüge für eine *Brute-Force*-Methode, also dem Durchrechnen sämtlicher Möglichkeiten, zu groß ist. Lernen kann auch automatisiert werden, wenn etwa zwei Untereinheiten einer KI gegeneinander antreten und so sich wechselseitig immer weiter verbessern.

Schließlich geht technischer Fortschritt mit zum Teil sogar tödlichen Unfällen einher. KI bildet da keine Ausnahme. Bei selbstfahrenden Fahrzeugen ist es schon zu tödlichen Unfällen gekommen.[6] Auch Sabotage ist möglich, wenn etwa in obigem Beispiel Katzenbildern für menschliche Augen nicht wahrnehmbare rote Punkte beigemischt werden, so dass die KI anschließend nur Katzen mit solchen roten Punkten als Katzen erkennt.

1.4 KI als Konsum- und Investitionsgut

Wirtschaftlich kann KI als Investitionsgut dienen oder als Konsumgut. Letzteres umfasst z.B. Computerspiele bis hin zu einer Umgebungsintelligenz (*Ambient Intelligence*), wenn als Individualkonsum der einzelne Privathaushalt oder als Kollektivkonsum ganze Stadtteile mit KI-Gerätschaften, die untereinander (Internet der Dinge) und mit Menschen kommunizieren können, ausgestattet werden.

1.5 Kreativität

Lernfähigkeit ist also für KI Voraussetzung, damit sie überhaupt für bestimmte Einsatzbereiche, insbesondere Erkennen von Gegenständen oder Wörtern, allgemein das Erkennen von Mustern, programmiert werden kann. Mit Lernen rückt auch Kreativität, das Schaffen von Neuem, näher. An der Grenze zwischen Lernen und Kreativität liegt die KI-Kunst. KI lernt das Typische etwa von Gemälden von Edvard Munch und kann dann selbst Bilder, Fotos oder Filme im Munch-Stil herstellen.

Das Computer-Programm von Google AlphaGo war in der Lage gegen den Go-Weltmeister einen Spielzug zu finden, der von den menschlichen

---

6   In Paul Verhoevens Film „RoboCop" von 1987 erschießt der Prototyp eines Polizeiroboters wegen eines Programmfehlers einen der Gäste bei der Erstvorstellung.

Beobachtern als überraschend oder falsch, schließlich aber als genial und kreativ bewertet wurde (Dyer-Witheford et al. 2019, S. 120f.).

Welchen Beitrag kann nun die marxistische Wirtschaftstheorie zur KI-Debatte leisten? Für eine marxistische Betrachtung werde ich im Folgenden drei Fragenkomplexe behandeln.

2. Ist KI aus der Perspektive der marxistischen Wirtschaftstheorie eine Maschine wie jede andere auch, d.h. einfach ein neuer Bestandteil des fixen Kapitals?

2.1 Die marxistische Wirtschaftstheorie

2.1.1 Klassengesellschaft

Der Klasse der Kapitalisten, welche die Produktionsmittel als ihr Kapital besitzen, steht die Arbeiterklasse gegenüber. Die Arbeiter und Arbeiterinnen besitzen im Wesentlichen nur ihre eigene Arbeitskraft, die sie auf dem Arbeitsmarkt zu verkaufen suchen, um sich so ihren Lebensunterhalt zu verdienen.

2.1.2 Arbeitswerttheorie

Waren sind (immer noch) Produkt menschlicher Arbeit.

Grundsätzlich kann für jedes Produkt angegeben werden, wie viel Arbeitszeit zu seiner Herstellung nötig ist (Freeman 1996, S. 242-243). Das ist einmal die Zeitdauer der Arbeit für die Endmontage, außerdem die Arbeitszeit, die für die Vorprodukte, schließlich die Arbeitszeit, die für die Herstellung der Maschinen notwendig ist. In dem Maße wie die Herstellung eines Produktes auch zu einer bestimmten Abnutzung der Maschine führt, ist ein Teil der für die Herstellung der Maschine notwendigen Arbeitszeit diesem Produkt zuzurechnen.

Notwendige und Mehrarbeitszeit

Die Arbeiter und Arbeiterinnen bekommen nicht alles, was sie produzieren. David Ricardo, einer der Ökonomen, auf die sich Marx kritisch bezog, bestimmte die Höhe des Lohnes so, dass die Arbeiter nur die Güter kaufen können, die sie für ihren Lebensunterhalt benötigen. Diese für diese Güter erforderliche Arbeitszeit wird von Marx als (für die Arbeiter/Arbeiterinnen) „notwendige Arbeitszeit" bezeichnet. Die darüber hinaus gehende Arbeitszeit, während der das über den Bedarf der Arbeiter hinausgehende „Mehrprodukt" entsteht, wird „gratis" für die Kapitalisten geleistet: die „Mehrarbeitszeit". Das Mehrprodukt geht an die Eigentümer der Produktionsmittel, an die Kapitalisten.

Der Mehrwert

Auf dieser Grundlage formulierte Marx die Arbeitswertlehre neu. Für die Kapitalisten bemisst sich der Wert eines Produktes gemäß der dafür erforderlichen Arbeitszeit, die sie den rechtlich freien Lohn-Arbeitern abgetrotzt haben.[7] Diesen Wert stellen sie sich gegenseitig bei Kauf und Verkauf der Waren in Rechnung. So begründet sich die Arbeitswerttheorie, dass sich Waren gemäß der für ihre Herstellung notwendigen Arbeitszeit der Lohnarbeiter tauschen. Dies gilt auch für die Geldware, etwa Gold. Damit sind die Waren-Preise als ihre in Gold ausgedrückten Tauschwerte bestimmt.

Die Arbeitswerttheorie gilt auch für die Ware „Arbeitskraft".[8] Die Ricardosche Formulierung, dass die Arbeiter einen Lohn bekommen, der für ihren Lebensunterhalt reichen muss, formulierte Marx so um, dass der Wert der von den Arbeitern benötigten Waren eben auch der Wert der Ware Arbeitskraft ist. Der Wert der Arbeitskraft eines Arbeiters, der vier Stunden täglicher Arbeitszeit entsprechen mag, gehorcht zwar dem Wertgesetz; der Arbeiter arbeitet aber länger, beispielsweise acht Stunden täglich, sodass die in dieser Zeit von ihm hergestellten Waren insgesamt einen höheren Wert haben als seine Arbeitskraft. Die Differenz bildet den Mehrwert, den das Kapital erhält.

Produktionspreise

Marx berücksichtigt dann, dass verschiedene Branchen technisch bedingt einen unterschiedlich hohen Einsatz an Kapital je Arbeitsplatz benötigen. Ein Arbeitsplatz in einem Stahlwerk erfordert einen höheren Kapitaleinsatz als etwa einer auf einem Erdbeerfeld. Würde die Arbeitswertlehre unmittelbar gelten, hätten Branchen mit hohem Kapitaleinsatz einen Nachteil, im Beispiel die Stahlkapitalisten. Ihre Profitrate, Mehrwert im Verhältnis zum Kapitaleinsatz[9], wäre niedriger. Über die

---

7   Deshalb schaffen Maschinen (im Privateigentum der Kapitalisten) Arbeitstiere (dito) und wohl auch Sklaven (dito) keine Werte (Freeman 1996, S. 242). Diese Produktionsmittel übertragen ihren Wert gemäß Abnutzung auf die Endprodukte.

8   Diesen Begriff schreibt sich Marx als eigene Entdeckung zu. David Ricardo kannte nur den Begriff ‚Lohn' als Arbeitseinkommen. Ihm war nicht klar, so jedenfalls Marx, dass die Arbeiter kein Einkommen für ihre Arbeit beziehen, sondern sie erhalten den Wert der Ware, die sie an die Kapitalisten verkaufen, den Wert ihrer Arbeitskraft. Der französische Marxist Louis Althusser sieht hier einen „epistemologischen Bruch" zwischen David Ricardo und Karl Marx.

9   „Das Verhältnis des in einem Jahr gemachten und realisierten Mehrwerts

Konkurrenz zwischen den Kapitalien, Kapitalwanderungen zwischen den Branchen, so ausgelöste Veränderungen bei Angebot und Nachfrage und damit bei den Preisen, kommt es zu einem Ausgleich der Profitraten. Mehrwert wird umverteilt. In einigen Branchen sind dann die Preise höher als die Arbeitswerte, in anderen niedriger. In einigen Branchen sind die Profite höher als die Mehrwerte, in anderen niedriger. Die Arbeitswertlehre gilt noch im gesamtwirtschaftlichen Durchschnitt.

Extremfall Vollautomatisierung

Das bedeutet, dass in einer vollautomatisierten Branche, die ohne Einsatz von Arbeit auskommt, über den Ausgleich der Profitraten immer noch Profit anfällt (Ramtin 1991, S. 110). Erst wenn alle Branchen vollautomatisiert wären, gäbe es keinen Mehrwert und keinen Profit mehr. Arbeit wäre nicht mehr die Grundlage eines Wertgesetzes. Vollautomatisierung ist nicht gleich KI, aber KI soll vieles automatisieren helfen, was bisher noch menschliche Arbeit benötigt.

2.2 Maschinen

2.2.1 Der relative Mehrwert

Der einzelne Kapitalist kann das Wertgesetz überlisten. Der Wert einer Ware hängt von der Arbeitszeit ab, die im Branchendurchschnitt bei durchschnittlicher Technik unter Einsatz der üblichen Maschinen benötigt wird. Findet der Kapitalist Mittel und Wege, dass seine Arbeiter oder Arbeiterinnen in gleicher Zeit mehr Waren produzieren, erhält er auch mehr Wert, auch wenn seine Beschäftigten gar nicht länger arbeiten. Umgekehrt gilt, dass ein Kapitalist weniger an Wert bekommt, wenn seine Beschäftigten in diesem Zeitraum weniger Waren produzieren.

2.2.2 Die organische Zusammensetzung

Für die einzelnen Kapitalisten besteht also ein Anreiz, die Produktivität ihrer Arbeiter zu erhöhen, um einen Konkurrenzvorteil zu erzielen oder wenigstens gegen Konkurrenten keine Marktanteile zu verlieren. Erreicht wird dies, indem je Arbeitsplatz höherwertige Maschinen eingesetzt werden. Konkurrenzfähige Arbeitsplätze erfordern eine immer teurere Ausstattung an Maschinen. Marx bezeichnete dies als Zunahme der „organischen Zusammensetzung des Kapitals". Es wird zuneh-

---

oder Profits zum Gesamtkapital, prozentig berechnet, ist die Profitrate." (Marx 1894, S. 237).

mend in fixes Kapital, in Maschinen, und vergleichsweise weniger in variables Kapital, in die Beschäftigung von Arbeitskräften investiert. Ramtin spitzt dies zu: „automate or die!" – Automatisiere, oder gehe im Konkurrenzkampf unter! (Ramtin 1991, S. 101, 103).

2.2.3 Tendenzieller Fall der Profitrate

Wenn die von den Arbeitern benötigten Waren jetzt in kürzerer Zeit hergestellt werden können, sinkt die notwendige Arbeitszeit zugunsten der Mehrarbeitszeit, ohne dass die Gesamtarbeitszeit dazu verlängert werden muss. Der relative Mehrwert wird für alle Kapitalisten größer.

Nimmt aber der Wert der Maschinen je Arbeitsplatz zu, führt dies tendenziell zu einem Fall der Profitrate. Der Mehrwert, auch wenn sein Anteil am Arbeitstag zunimmt, kann schließlich nicht mehr mit der Wertzunahme des fixen Kapitals (Wert der Maschinen) mithalten (Ramtin 1991, S. 105). Das Verhältnis Mehrwert zu Wert des fixen Kapitals, die Profitrate, sinkt, allerdings im gesamtwirtschaftlichen Durchschnitt. Das heißt, für den einzelnen Kapitalisten besteht kein unmittelbarer Anreiz, von seinem Investitionsverhalten in Richtung höherer organischer Zusammensetzung, was ihm den Vorteil höherer Arbeitsproduktivität und höherer Profite im Vergleich zur Konkurrenz einbringt, abzurücken.

2.2.4 Konzentrationstendenz des Kapitals

Der tendenzielle Fall der Profitrate zeigt, dass der Kapitalismus kein statischer Zustand ist, sondern sich verändert. Eine Veränderung, die mit dem Profitratenfall einhergeht, ist die Kapitalkonzentration (von Marx als Kapitalzentralisation bezeichnet). „Je ein Kapitalist schlägt viele tot." (Marx 1890, S. 790, Ramtin 1991, S. 185-186) Die verschiedenen Branchen werden von immer weniger, aber immer größeren Konzernen beherrscht.

2.2.5 Kapitalakkumulation und reale Subsumtion

Die Kapitalisten eignen sich den Mehrwert und das diesem Mehrwert entsprechende Mehrprodukt an. Sie vergrößern so den Produktionsapparat und schaffen zusätzliche Arbeitsplätze, allerdings, angesichts steigender organischer Zusammensetzung des Kapitals, in erster Linie ersteres, weniger letzteres. Es geht aber nicht nur um die quantitative Dimension, dass die Kapitalisten im Vergleich zu den Arbeitern immer reicher werden. Vielmehr werden Fähigkeiten der Arbeiter nicht mehr benötigt, weil sie besser mit Maschinen ausgeführt werden. Waren die Arbeiter ursprünglich nur formal unter das Kapital „subsumiert",

Handwerker, die als Lohnarbeiter für Kapitalisten arbeiteten, sind sie es jetzt zunehmend real. Sie werden zu einem bloßen Anhängsel der Maschinerie. Arbeiter und Arbeiterinnen brauchen keine Handwerkerfähigkeiten mehr, für ihre Aufgaben können sie leicht angelernt werden. Es entsteht so ein Produktionsapparat, der den Arbeitern selbst als „fremde Macht" (Marx 1857/1858, S. 593) gegenübertritt.[10]

In den „Grundrissen" (Marx 1857/1858) erinnert Marx' Beschreibung dieser Entwicklung vom einfachen Arbeitsmittel hin zur „Maschinerie" an heutige Darstellungen von Künstlicher Intelligenz. Aus dem Arbeitsmittel entwickelt sich schließlich die Maschine „oder vielmehr ein *automatisches System der Maschinerie* (Hervorhebung Marx) [...] in Bewegung gesetzt durch einen Automaten, bewegende Kraft, die sich selbst bewegt; [...] dieser Automat, bestehend aus zahlreichen mechanischen und *intellektuellen* (Hervorhebung T.W.) Organen, [...]" (Marx 1857/1858, S. 592). Marx beschreibt auch in den Grundrissen die reale Subsumtion der Arbeiter unter das Kapital. „Die Akkumulation des *Wissens* (Hervorhebung T.W.) und des Geschicks, der allgemeinen Produktivkräfte des gesellschaftlichen *Hirns* (Hervorhebung T.W.), ist so der Arbeit gegenüber absorbiert in dem Kapital und erscheint daher als Eigenschaft des Kapitals, [...]." (Marx 1857/1858, S. 594) Und: „Was Tätigkeit des lebendigen Arbeiters war, wird Tätigkeit der Maschine. So tritt dem Arbeiter grob-sinnlich die Aneignung der Arbeit durch das Kapital, das Kapital als die lebendige Arbeit in sich absorbierend – ,als hätt' es Lieb' im Leibe' – gegenüber." (Marx 1857/1858, S. 600)

2.3 KI-Maschinen

2.3.1 Allgemeine Produktionsbedingungen

Im „Kapital" schildert Marx, wie technologische Entwicklung bestimmte allgemeine Produktionsbedingungen (Infrastruktur, allgemeine Produktionsvoraussetzungen) benötigt (Dyer-Witheford et al. 2019, S. 30-32). „Abgesehen von ganz umgewälztem Segelschiffbau, wurde das Kommunikations- und Transportwesen daher allmählich durch ein System von Flußdampfschiffen, Eisenbahnen, ozeanischen Dampfschiffen und Telegraphen der Produktionsweise der großen Industrie angepasst." (Marx 1890, S. 405) Die treibende Kraft für die Umwälzung der allgemeinen Produktionsbedingungen war also die große Industrie mit ihren Maschinen, welche die Manufaktur ablöste. Dyer-Witheford et al. (2019, S. 129-130) sehen in KI einerseits eine mögliche neue all-

---

10 Das ist in Charlie Chaplins Film „Moderne Zeiten" (1936) dargestellt.

gemeine Produktionsbedingung (KI-Infrastruktur, Internet der Dinge), andererseits eine Technologie, die die Anpassung der allgemeinen Produktionsbedingungen herausfordert. Mit der Digitalisierung und speziell dem Internet ist eine neue technische Grundlage zum Sammeln großer Datenmassen (Big Data) entstanden nicht nur durch den Staat, sondern auch durch private Unternehmen. Darauf kann KI aufbauen.

2.3.2 Beispiel Plattformökonomie

Das Internet mit Smartphones und Apps ist eine allgemeine Produktionsbedingung für die Plattformökonomie. KI ist hier zunächst nur das Sahnehäubchen, mit dem die Plattformökonomie noch besser genutzt werden kann. Die Plattformökonomie wiederum erzeugt jede Menge Daten, die ihrerseits Teil der allgemeinen Produktionsbedingungen werden könnten. Zunächst geht es darum, dass ein Plattformanbieter die Möglichkeit bietet einerseits zum Beispiel Restaurants ihre Speisen über die Internet-Plattform anzubieten und andererseits Kunden, solche Speisen bei einem Restaurant ihrer Wahl wiederum über die Internet-Plattform zu bestellen. Transporteure erhalten die Möglichkeit, über die Plattform Transportaufträge zu erhalten, um die bestellten Speisen an die Kunden auszuliefern. Dafür erhalten sie ein Entgelt. Das Plattformunternehmen erhebt für seine Vermittlungstätigkeit eine Gebühr.

Dieses Geschäftsmodell bringt es mit sich, dass bei der Plattform über die Restaurants, die Kunden, die Transporteure Daten anfallen. Die Plattform erhält Informationen über die Nachfrage, die verlangten Preise, über die regionalen und zeitlichen Muster der Bestellungen. Über dieses Geschäftsmodell wird die Konkurrenz zwischen Restaurants und Transporteuren verschärft und durch den Plattformanbieter Marktmacht ausgeübt.

2.3.3 Algorithmen erkennen und entscheiden

Die Daten bilden nun die Grundlage, Algorithmen einzusetzen. Auf Grundlage einer statistischen Datenanalyse kann der Algorithmus so programmiert werden, dass er Entscheidungen treffen kann. Der Algorithmus setzt die Transporteure zeit- und regionsspezifisch ein und schlägt ein Fahrgeld vor. Fahrten je Fahrer werden kürzer, Wartezeiten verringert, der notwendige Arbeitseinsatz wird vermindert und Konsumentenrenten werden abgeschöpft. Die Kapitaleinkommen steigen zu Lasten der Lohneinkommen.

2.3.4 Unternehmen als (KI-)Maschinen

Die Zielfunktion eines Unternehmens ist eine einfache quantitative Größe. Geld wird in Waren investiert mit dem Ziel mehr Geld zurück zu bekommen: G-W-G'. Inputs und Outputs eines Unternehmens sind in Preisen bewertet. Es bietet sich an, dies für KI zu programmieren.[11] KI wird heute schon als Instrument zur profitablen Geldanlage auf den Finanzmärkten genutzt. (Kaufmann und Muzzupappa 2020, Fußnote S. 77)

„Dezentralisierte Autonome Organisationen" (DAO) könnten in vielleicht nicht allzu ferner Zukunft als KI-gesteuerte Unternehmen mit eigener Geschäftsfähigkeit wirken (De Filippi und Wright 2019, S. 146-155). Eine Plattformfirma wie etwa die Transportvermittlungsfirma Uber könnte KI-gesteuert selbständig die erforderlichen Geschäfte führen (De Filippi und Wright 2019, S. 150). Der Zahlungsverkehr mit und zwischen diesen DAOs würde (nach Möglichkeit) fälschungssicher mit Hilfe der Blockchain-Technologie abgewickelt. KI ersetzte somit nicht nur Lohnarbeit, sondern auch menschliche Unternehmensführung.

2.4. KI-Utopia

Schach spielende KI kann nur auf diese eine Aufgabe angesetzt werden, Schach spielen, unter Befolgung der Spielregeln. Sowohl das Ziel, als auch die Methode (Spielregeln) sind festgelegt. Von einer solchen speziellen KI (auch schwache oder enge KI) ist eine KI zu unterscheiden, die allgemeiner und auf Augenhöhe mit dem Menschen handeln kann. Der Begriff ,starke' oder ,allgemeine KI' wird üblicher Weise für solche KI-Systeme verwendet, die auf Augenhöhe mit dem Menschen wären. Sei es, dass KI ganz unterschiedliche Aufgaben lösen kann, also beispielsweise nicht nur Schach spielen, sei es, dass sie auch eigene Methoden entwickeln kann, um ein einzelnes vorgegebenes Ziel zu erreichen. Menschliche Schachspieler beispielsweise können mit psychologischer Beeinflussung zu arbeiten versuchen außerhalb der eigentlichen Schachregeln. Sie setzen ihre Intelligenz nicht nur im Rahmen der Schachspielregeln ein.

Der schwedische KI-Philosoph Nick Bostrom bringt als hypothetisches Beispiel den *Paperclip Maximiser*. Eine KI-Maschine wird darauf

---

11 Für den britischen SF-Autor Charles Stross sind schon herkömmliche Unternehmen eine Art KI. Menschen sind für sie austauschbare Komponenten (vgl. Stross 2019).

programmiert, möglichst viele Büroklammern herzustellen, insofern sehr speziell, also schwache KI. Diese KI-Maschine hat kein eigenes Bewusstsein und keine eigene Entscheidungsfreiheit, was die gestellte Aufgabe betrifft. In Bostroms Gedankenexperiment verwandelt der *Paperclip Maximiser* jedoch schließlich das ganze Weltall in Büroklammern, weil die KI-Maschine lernt alle Hindernisse aus dem Weg zu räumen. Sie entwickelt für ein spezielles vorgegebenes Ziel eine allgemeine Intelligenz, um dieses Ziel zu erreichen.[12]

Eine offene Frage ist, ob allgemeine oder Super-KI schließlich auch ein Bewusstsein mit freiem Willen oder auch Gefühlen entwickeln müsste, ob Intelligenz schließlich zwangsläufig mit Selbstbewusstsein einhergeht. KI mit freiem Willen und eigenem Bewusstsein hätte im Kapitalismus zunächst keine besondere Funktion (Ramtin 1991, S. 78). Sie könnte sich aber als notwendige Begleiterscheinung für vom Kapital angestrebte KI-Leistungen erweisen. Dyer-Witheford et al. (2019, S. 135-138) beschreiben eine Zukunft, in der eine solche KI entweder versklavt wäre oder als ‚freier Lohnarbeiter' ihre Arbeitskraft an das womöglich ebenfalls von KI gelenkte Kapital verkauft.

Solche Zukunftsvisionen umfassen nicht nur KI als nicht-organische Maschinen, sondern auch künstliche biologische Weiterentwicklungen oder Mensch-Maschinen-Wesen, die „Cyborgs" (Harari 2016, S. 50, in Science-Fiction McDonald 1994). Zukünftige Menschen könnten oder sollten sogar, wenn man dem Transhumanismus folgen will, sowohl körperlich als auch geistig im Vergleich zu heute übermenschliche Fähigkeiten erhalten. 1924 schrieb der russische Revolutionär Leo Trotzki in „Literatur und Revolution" über „wenn man so will, den Übermenschen" (Deutscher et al. 1981, S. 327f.) ganz futuristisch: „Der Mensch wird unvergleichlich viel stärker, klüger und feiner; sein Körper wird harmonischer, seine Bewegungen werden rhythmischer und seine Stimme wird musikalischer werden. Die Formen des Alltagslebens werden dynamische Theatralität annehmen. Der durchschnittliche Menschentyp wird sich bis zum Niveau des Aristoteles, Goethe oder Marx erheben. Und über dieser Gebirgskette werden neue Gipfel aufragen."

---

12 In der einschlägigen SF-Welt (z.B. „Skynet" der Terminator-Filme oder die „Berserker" des SF-Autors Fred Sagerhagen) scheinen die Untergangsmaschinerien hohe Intelligenz, aber kein eigenes Bewusstsein zu haben. KI wird selten mit eigenem Willen vorgestellt. KI, jedenfalls wenn ohne eigenes Selbstbewusstsein, entwickelt keine eigenen Ziele, sondern verfolgt vorgegebene Ziele wenn auch möglicherweise mit Super-Intelligenz.

2.5 Ein Zwischenfazit: KI und herkömmliche Maschinen

Maschinen, ob herkömmlich oder KI, können Investitionsgut sein (Firmenfahrzeug) oder Konsumgut (Computerspiel, KI im Haushalt). Im Kapitalismus dienen Maschinen als Investitionen des Kapitals dem Einsparen von Arbeitszeit und so der Erhöhung des relativen Mehrwerts.

Bereits in der Vergangenheit konnten durch Analyse der Arbeitsvorgänge, etwa im Rahmen des Taylorismus, die Arbeitszeiten verkürzt werden. Die elektronische Erfassung von Arbeitsabläufen liefert hier neue Daten als Grundlage für (aus Sicht des Kapitals) Optimierungen. KI kommt ins Spiel, wenn situationsbezogen Arbeitsvorgänge automatisch gesteuert werden. Der Mensch droht hier zu einem bloß ausführenden Organ einer steuernden KI zu werden. Der Arbeiter, die Arbeiterin wird unter das Kapital real subsumiert.

Maschinen erhöhen nicht einfach quantitativ die Arbeitsproduktivität. Vielmehr wird die Herstellung völlig neuartiger Produkte möglich. Die Menschen erlangen mit Hilfe der Maschinen immer größere Fähigkeiten. Allerdings erscheinen nach der Analyse von Marx diese Fähigkeiten als Eigenschaften des Kapitals. Die Maschinen, in welchen diese neuen Erkenntnisse verkörpert sind, sind Eigentum des Kapitals.

Die elektronische Datenerfassung, das Internet und KI haben das Potential eine neue Art von allgemeiner Produktionsbedingung zu werden. Der einzelne Privathaushalt oder ganze Stadtteile können mit einer Umgebungsintelligenz (oder *Ambient Intelligence*) ausgestattet werden, also mit KI-Gerätschaften, die untereinander und mit Menschen kommunizieren.

Schließlich wird KI im Unterschied zu herkömmlichen Maschinen nicht nur das Arbeitsleben verändern, sondern könnte eigenständig unternehmerisch wirken.

3. Führt der (womögliche) Zusammenbruch des Wertgesetzes durch den Einsatz intelligenter Maschinen als innerer Widerspruch des Kapitalismus zum Zusammenbruch des Kapitalismus?

Bemerkenswerterweise kommt Marx schon für die Maschinen und die „Maschinerie" seiner Zeit in seinen „Grundrissen" zu der Zukunftsvision: „Damit bricht die auf dem Tauschwert ruh[e]nde Produktion zusammen, [...]" (Marx 1857/1858, S. 601, Dyer-Witheford et al. 2019, S. 130, Ramtin 1991, S. 102). Dieser Zusammenbruch bedeutet nicht, dass überhaupt keine Arbeit mehr zu leisten ist, dass nur noch Maschinen produzieren. Vielmehr gibt es noch Arbeit als „überwachende und regulierende Tätigkeit" (Marx 1857/1858, S. 605), den arbeitenden Menschen als „Wächter und Regulator" (Marx 1857/1858, S. 601). Doch diese allgemeine Arbeit lässt sich nicht den einzelnen Produkten zurechnen und ist deshalb nicht wertschöpfend. Dies ist keine besondere Erkenntnis der Marxschen Analyse. Auch in der Betriebswirtschaftslehre werden den einzelnen Produkten nur die Kosten zugerechnet, die unmittelbar mit der Produktionsmenge variieren.

Marx knüpft an diese mögliche Entwicklung die gesellschaftspolitische Forderung: „Je mehr dieser Widerspruch sich entwickelt, um so mehr stellt sich heraus, dass das Wachstum der Produktivkräfte nicht mehr gebannt sein kann an die Aneignung fremder surplus labour, sondern die Arbeitermasse selbst ihre Surplusarbeit sich aneignen muß." Mit „diesem Widerspruch" meint Marx, dass der Kapitalismus zwar mit der Entwicklung der Arbeitsproduktivität die Voraussetzungen für eine Freizeitgesellschaft schafft, stattdessen aber den relativen Mehrwert erhöht. Die notwendige Arbeitszeit nimmt ab, die Mehrarbeitszeit nimmt zu. Die „Arbeitermasse" hat nichts davon. Vielmehr finden die während der Mehrarbeitszeit produzierten Waren womöglich keine Nachfrage. Es drohen Überproduktionskrisen (Marx 1857/1858, S. 604).

3.1 Gegenläufige Ursachen

Die Marxsche Zukunftsvision blieb bislang Zukunft. Mit sehr wechselhafter Geschichte hat der Kapitalismus bis heute überlebt. Dabei fiel schon Marx auf, dass die allgemeine Profitrate nur langsam sinkt (Marx 1894, S. 242). Der Zusammenbruch „der auf dem Tauschwert beruhenden Produktion" blieb jedenfalls bis heute aus. Marx nannte eine Reihe zum Fall der Profitrate „gegenläufige Ursachen". Wenn verstärkter Einsatz von Maschinen je Arbeitsplatz die Arbeitsproduktivität hebt, dann werden Produkte, auch Maschinen, billiger, so dass wertmäßig der Maschineneinsatz nicht steigen muss (Marx 1894, S. 245-246). Er könnte auch sinken. Marx erwartet aber einen zwar abgeschwächten, aber doch einen Anstieg der „organischen Zusammensetzung des Kapitals". Im Gegensatz dazu unterstellen die heutzutage herrschenden Wachstumstheorien, dass der technisch vermehrte Einsatz von Maschinen je Arbeitsplatz wertmäßig zu keinem größeren Kapitaleinsatz führt, weil mit dem technischen Fortschritt die Maschinen billiger werden.

Als eine weitere gegenläufige Ursache nennt Marx den Luxuskonsum der Kapitalisten (Marx 1894, S. 247). Nicht alle Profite werden investiert, ein Teil dient der Finanzierung des Konsums der Kapitalisten.

Diese Luxusindustrien könnten zunächst arbeitsintensiv sein. Marx erwartet aber, dass auch sie von der Mechanisierung erfasst werden, so dass die Profitraten schließlich auch von diesen Industrien her sinken.

Diese Überlegung lässt sich auf den Konsum der Arbeiterklasse übertragen. Der Lohn der Arbeiter bleibt nicht auf einem existenziellen Minimum stehen, sondern er kann nicht zuletzt auch durch die Klassenkämpfe der Arbeiterklasse steigen. Der Lohn enthält so nach Marx ein „moralisches Element" (Marx 1890, S. 185). Das beinhaltet qualitative Änderungen in der Zusammensetzung des von der Arbeiterklasse benötigten Warenkorbes. Heutzutage gehören Autos oder auch schon Smartphones zum Grundkonsum der Arbeiterklasse. Solche neu entstandenen Industrien können arbeitsintensiv beginnen, bevor auch sie von der allgemeinen Mechanisierung erfasst werden. Nach dem zweiten Weltkrieg trug die Ausbreitung der Automobilindustrie Wirtschafts- und Beschäftigungswachstum.[13] Der Kapitalismus erfand sich neu. Die Frage ist, ob sich eine solche Konstellation - Massenkonsum und Massenbeschäftigung – mit Hilfe von KI wiederholen könnte (Dyer-Witheford et al. 2019, S. 141).

3.2 Eine Welt ohne Arbeit

Der Zusammenbruch der „auf dem Tauschwert ruhenden Produktion" bleibt eine „Möglichkeit". „[D]ie Profitrate, der Stachel der kapitalistischen Produktion [...]" [wird] „durch die Entwicklung der Produktion selbst gefährdet." (Marx 1894, S. 269f.) Die Wertlehre der Ökonomen besagt, dass Dinge, die arbeits- oder aufwandslos zu bekommen sind, sozusagen „wertlos" sind, gleichgültig welchen subjektiven Nutzen sie stiften, in Marxscher Sprache, welchen Gebrauchswert sie haben. Nach Marxscher Theorie würde bei allgemeiner Vollautomatisierung ohne Arbeit, genauer ohne Arbeit, die Wert schafft, kein Mehrwert mehr entstehen. Die Ausbeutung der Arbeit, die Aneignung des Mehrwerts durch das Kapital, ist nicht mehr möglich (Ramtin 1991, S. 104). Damit stellt sich die Frage nach einer post-kapitalistischen Gesellschaft.

3.3 Sozialismus oder Barbarei

In der „Deutschen Ideologie" findet sich eine Vorstellung der geschichtlichen Entwicklung als Abfolge von Produktionsweisen (Marx, Engels 1846, S. 69, 73). Diese sind durch den Stand der Produktivkräfte (Stand

---

13 Nach Ramtin stabilisierte das Wachstum der Rüstungsindustrie – Rüstung, als eine Art staatlichen Konsumguts - nach dem zweiten Weltkrieg den Kapitalismus (vgl. Ramtin 1991, S. 181-183).

der technologischen Entwicklung, auch der Fähigkeiten der Menschen) bestimmt, die ihrerseits mit bestimmten Produktionsverhältnissen (die Organisationsform der Wirtschaft) einhergehen, so Marx in „Zur Kritik der Politischen Ökonomie" (Marx 1859, S. 8-9). Die Entwicklung der Produktivkräfte gerät zunehmend in ein Spannungsverhältnis zu den beharrenden Produktionsverhältnissen. Es entsteht ein „Widerspruch zwischen den Produktivkräften und der Verkehrsform" (Marx, Engels 1846, S. 74). Schließlich ergibt sich über gesellschaftliche Umbrüche eine neue, höher entwickelte Produktionsweise. In der „Philosophie des Elends" (Marx 1847) spitzt Marx dies zu: „Mit der Erwerbung neuer Produktivkräfte verändern die Menschen ihre Produktionsweise, und mit der Veränderung der Produktionsweise, der Art, ihren Lebensunterhalt zu gewinnen, verändern sie alle ihre gesellschaftlichen Verhältnisse. Die Handmühle ergibt eine Gesellschaft mit Feudalherren, die Dampfmühle eine Gesellschaft mit industriellen Kapitalisten." (Marx 1847, S. 130)

Während nach diesem „historischen Materialismus" die Menschheitsgeschichte zwar nicht linear, aber doch höher strebt, bleibt dies im Kommunistischen Manifest offen: „[...] Unterdrücker und Unterdrückte standen in stetem Gegensatz zueinander, führten einen ununterbrochenen, [...] Kampf, der jedes Mal mit einer revolutionären Umgestaltung der ganzen Gesellschaft endete *oder mit dem gemeinsamen Untergang der kämpfenden Klassen.*" (Marx, Engels 1848, S. 462, Hervorhebung T.W.)

Die Marxsche Theorie optimistisch gedeutet lässt erwarten, dass der Schub an Produktivkraft, den KI möglicherweise bringt, zur nächsten höheren Produktionsweise führt. Die „historische Aufgabe der kapitalistischen Produktionsweise" (Marx 1894, S. 457), „ihr historischer Beruf" (Marx 1894, S. 272, Ramtin 1991, S. 165, 195), die Produktivkräfte zu entwickeln, käme an ein Ende, wenn dazu die Ausbeutung der Arbeit nicht mehr erforderlich ist. Dies wäre dann das Ende der Klassengesellschaft, der Ausbeutung von Menschen durch Menschen.

Im „Kapital" entwickelt Marx wiederum einen anderen Ausblick (Marx 1890, S. 789-791, Marx 1894, S. 454-457). Er macht die Entwicklung der Produktivkräfte an zwei Schritten der Entwicklung kollektiver oder gesellschaftlicher Arbeit fest. Der erste Schritt war der von einer auf Handwerkern beruhenden Wirtschaft zum Kapitalismus. Die Kapitalisten schlossen die einzelnen Handwerker zu Fabrikbelegschaften zusammen. Als Kollektiv stellten diese mehr Produkte her, als sie es noch vereinzelt konnten. Die Konkurrenz der Kapitalisten mit ihren Fabriken erweist sich als stärker. Das klassische Handwerk wird enteignet, „expropriiert". Der nächste logische Schritt wäre dann, die einzelnen gegeneinander konkurrierenden Unternehmen durch eine gesamtwirtschaftliche Produktion zu ersetzen, in welcher die arbeitenden Menschen insgesamt als Assoziation produzieren. Auf die „kapitalistische Produktionsweise" folgt als „Negation der Negation" die „Expropriation der Expropriateure" (Marx 1890, S. 791) und die „assoziierte Produktionsweise" (Marx 1894, S. 456). Hier stellt sich jetzt die Frage, ob die Menschheit als Assoziation den Durchbruch zu einer höheren Produktionsweise schafft, oder ob das Kollektiv der Maschinen das Rennen macht.

Ramtin (1991, S. 193-195) hält den Zusammenbruch des Kapitalismus im Zuge der Vollautomatisierung für unausweichlich. Ob es zu einer kommunistischen Gesellschaft kommt, hängt davon ab, ob die Individuen der Arbeiterklasse sich der Notwendigkeit einer „sozialen Transformation" auch als Individuen bewusst werden und dafür gemeinschaftlich kämpfen. Die Arbeiterklasse nimmt in dieser Revolution die Produktionsmittel, das technologische System der automatisierten Produktion (Ramtin 1991, S. 194), in ihren Besitz. Erst in einer kommunistischen Gesellschaft kommt es zu einer freien Entfaltung menschlicher Individualität.

3.4 Aktuelle Lage

Der Kapitalismus ist in einer Krise. Wirtschaftliche Wachstumsraten und Investitionsneigung gehen seit Jahrzehnten zurück (Weiß 2015). Die letzte große Krise, die Finanzkrise Ende des ersten Jahrzehnts diesen Jahrhunderts, wird schon von einer neuen Krise übertroffen. Ökonomen diskutieren ‚säkulare Stagnation' und ‚Japanisierung' der Weltwirtschaft (Stagnation, hohe Verschuldung, Nullzinsen). Dazu kommt die drohende Klimakatastrophe.

An diesen langfristigen Tendenzen änderten bislang neue Technologien nichts. Schon 1987 klagte Nobelpreisträger Robert Solow, dass die Computer überall zu sehen sind, nur nicht in der Produktivitätsstatistik. Bislang gibt es keine Anzeichen, weshalb dies bei einer neuen Generation von KI-Computern anders sein sollte. Der von Marx festgestellte Widerspruch zwischen Gebrauchswert und Tauschwert äußert sich eben so, dass eine Erhöhung der Arbeitsproduktivität – mehr Gebrauchswerte können produziert werden – zwar die Konkurrenzstärke des einzelnen Kapitalisten verbessert, aber gesamtwirtschaftlich nicht zu mehr Dynamik führt, weil der Wert der Waren nicht durch ihre Gebrauchswerte, sondern durch die im Durchschnitt notwendige Arbeitszeit bestimmt wird. Daran änderte KI nur dann etwas, wenn sie einen neuen

Aufschwung auslöste, bei dem auch die für die Produktion notwendige Arbeit zunächst wieder stark zunähme, wenn der Aufschwung also mit tatsächlich benötigten Arbeitsplätzen einherginge.

Noch aber spielt KI in der Wirtschaft keine große Rolle. Bemerkbar machen sich aber die Tech-Giganten GAFAM, also Google, Apple, Facebook, Amazon und Microsoft, die eng mit der KI-Entwicklung verbunden sind (Dyer-Witheford et al. 2019, S. 33, 37, 98-99, 113-114), bei der von Marx vorausgesagten Kapitalkonzentration. Diese Firmen wiesen Anfang 2020 einen Gesamtwert ihrer Aktien (Marktkapitalisierung) von 5 Billionen US-Dollar auf (vgl. Janson 2020). GAFAM übertrifft mit seiner Marktkapitalisierung diejenige aller Aktiengesellschaften, die jeweils im Deutschen Aktienindex DAX oder im europäischen Index Eurostoxx enthalten sind.

3.5 Ein Zwischenfazit: KI und Zusammenbruch des Kapitalismus

Marx sah die Möglichkeit einer längerfristigen Gefährdung der kapitalistischen Produktionsweise durch die ihr eigenen Widersprüche. Maschinen verdrängen Menschen aus der Produktion. Dadurch sinkt die allgemeine Profitrate. Allgemeine Vollautomatisierung ist ein logisch möglicher Endpunkt. Arbeit mag noch neben der eigentlichen Produktion verbleiben als regulierend, überwachend, planend, aber, da nicht mehr unmittelbar mit der Produktion verbunden, kann sie nicht mehr als Wertmaß funktionieren.

Tatsächlich gewinnt das von Marx beschriebene Krisenszenario in der ‚säkularen Stagnation‘ und nach der ‚Großen Rezession‘ 2007 und Folgejahre, inzwischen noch verschärft durch die gegenwärtige Corona-Krise, neue Aktualität. Die Tendenz, dass die unmittelbar für die Produktion nötige Arbeit wegen einer fortschreitenden Automatisierung an Bedeutung verliert, kann mit KI einen zusätzlichen Schub erhalten. Die Frage nach einer post-kapitalistischen Gesellschaft drängt. Es geht um eine neue Produktionsweise, die nach Marx dadurch charakterisiert wäre, dass Produktivitätsfortschritte nicht mehr dazu dienen, die Ausbeutung der Arbeit zu erhöhen, sondern den Menschen mehr Freizeit zu ermöglichen. Kann KI hier eine fortschrittliche Rolle spielen oder stabilisiert sie die kapitalistischen Verhältnisse?

4. Ist KI ihrem Wesen nach auf die Kapitallogik zugeschnitten?

Ist technischer Fortschritt, wie er im Kapitalismus stattfindet, sozusagen ‚neutral‘, oder gibt es technischen Fortschritt, der untrennbar mit dem Kapitalismus verbunden und deshalb für eine wirklich fortschrittliche post-kapitalistische Gesellschaft nicht geeignet ist?

Dyer-Witheford et al. (2019, S. 2) beziehen sich mit ihrem Buchtitel „Inhuman Power" auf die Stelle bei Marx: „[...] als endlich – und das gilt auch für den Kapitalisten – daß überhaupt die *unmenschliche* Macht herrscht." (Marx 1844, S. 554, Hervorhebung im Original) Für sie hat dies aktuelle Bedeutung als Warnung vor einem kommenden KI-Zeitalter. Für Dyer-Witheford et al. ist KI eine Sache der Konzerne (Dyer-Witheford et al 2019, S. 144). KI sei gegen die Arbeiterklasse gerichtet, KI verschiebe das Kräfteverhältnis zugunsten der kapitalistischen Klasse, KI erleichtere die Überwachung der Arbeit und der ganzen Gesellschaft. KI ist ein Instrument der realen Subsumtion der Arbeiter und Arbeiterinnen unter das Kapital. Sie halten es sogar für möglich, dass schließlich der Kapitalismus ohne Menschen fortbesteht, KI-Kapital auf der einen, KI-Proletarier auf der anderen Seite. Kann also die KI-Technologie auch post-kapitalistisch von Nutzen sein, oder ist sie ihrem Wesen nach nicht vom Kapitalismus zu trennen?

4.1 KI im Kapitalismus

4.1.1 Noch einmal: Big Data

KI hängt ab von Daten. Je profitabler KI zu werden verspricht, desto größer dürfte der Druck der Weltmarktkonkurrenz in Richtung Sammeln und elektronische Erfassung von Daten über Menschen sein. Umgekehrt behindert gesellschaftlicher Widerstand gegen das Abgreifen privater Daten die Entwicklung von KI (Dyer-Witheford et al. 2019, S. 104-105).

KI ist konservativ. Sie schreibt Muster aus der Vergangenheit fort. Zwar können beispielsweise Navigationssysteme so flexibel programmiert werden, dass sie auch bei einem sich verändernden Straßennetz in Abhängigkeit vom Verkehrsaufkommen einen Weg von A nach B vorschlagen können. Aber, um bei diesem Beispiel zu bleiben, die Grundlagen, der zugrunde liegende Individualverkehr, statt eines Kollektivverkehrs, werden nicht hinterfragt. KI hängt außerdem nicht nur von den Daten, sondern auch von den menschlichen Trainern ab. Urteile und Vorurteile, die sich in den Daten widerspiegeln oder die von den Trainern geteilt werden, finden sich dann auch in der KI.[14] Gegen diese

---

14 Das Handelsblatt berichtete von einer KI, die twitterte: „Juden lieben Geld, zumindest meistens." (Kerkmann 2020). Die KI war mit einer Unzahl aller möglichen Daten gefüttert worden und kam dann zu diesem Twitter. Zur Frage der politischen Herrschaft stellte eine KI fest, dass Demokratie besser sei als Diktatur, in Krisenzeiten sei es aber umgekehrt. Deshalb wäre die ideale Herrschaftsform eine Mischung aus beidem.

Diskriminierungen durch die Algorithmen bildete sich schon sozialer Widerstand (Dyer-Witheford et al. 2019, S. 104-105).

4.1.2 Arbeitsüberwachung

Die Frage, ob im Kapitalismus jede Art technischen Fortschritts zur Erhöhung der Arbeitsproduktivität auch für die Geschichte der Menschheit als Instrument zur Verbesserung der Lebensverhältnisse angesehen werden kann, oder ob es auch technischen Fortschritt gibt, der lediglich der herrschenden Klasse dient, hat sich bereits beim (oben schon erwähnten) Taylorismus als einer Methode zur Erhöhung der Arbeitsproduktivität gestellt. Der marxistische Theoretiker und Revolutionär Lenin (Lenin 1918, Lenin-Werke Band 27, S. 249) kritisierte zwar zunächst „das Taylorsystem" als „raffinierte Bestialität der bürgerlichen Ausbeutung"; angesichts der schwierigen wirtschaftlichen Lage Russlands nach der Oktoberrevolution traten aber für Lenin die Auswirkungen der Taylorisierung der Arbeit auf die Arbeitenden offensichtlich in den Hintergrund, und er fährt fort: „[...] das Taylorsystem vereinigt in sich [...] eine Reihe wertvollster wissenschaftlicher Errungenschaften in der Analyse der mechanischen Bewegungen bei der Arbeit, der Ausschaltung überflüssiger und ungeschickter Bewegungen, der Ausarbeitung der richtigsten Arbeitsmethoden, der Einführung der besten Systeme der Rechnungsführung und Kontrolle usw." Das Taylorsystem sei daher in Russland in Angriff zu nehmen.

Heutzutage kann die Erfassung und Analyse menschlicher Arbeitsschritte elektronisch per Digitalisierung erfolgen. Je mehr Vorgänge in elektronischer Form erfasst werden, desto mehr Datenmaterial gibt es, das durch oder für KI ausgewertet werden kann. E-Mail-Verkehr, bargeldlose Zahlungen, Interaktion mit dem Internet - das alles kann, wenn erlaubt, Daten für KI liefern. Kritik an KI beschäftigt sich deshalb nicht nur mit KI im eigentlichen Sinne, sondern auch mit Überwachung der Arbeitskräfte oder neuen Geschäftsmodellen wie der Plattformökonomie (Schröder und Franz 2019). Bei der Firma Amazon dienen Armbänder einmal dazu, gemäß Taylorsystem Arbeitswege zu optimieren, aber auch zur Überwachung, ob die Arbeitskraft untätig war (Schröder und Franz 2019, S. 74-75). KI kommt ins Spiel, wenn die Auswertung der gesammelten Daten erlaubt, automatisch, ‚intelligent', ohne menschliches Eingreifen, Arbeitskräfte zu höherer Leistung anzuhalten oder schon vorher bei Bewerbungsgesprächen auszusortieren. So stützt KI eine weitere Entfaltung und Absicherung der kapitalistischen Logik.

4.1.3 Überwachung allgemein

Eine Überwachung und elektronische Erfassung muss sich nicht auf Arbeitsvorgänge beschränken. Mit den technischen Möglichkeiten, Menschen elektronisch zu überwachen, fällt, wenn nicht gesetzlich reguliert, weiteres Datenmaterial an. KI droht zum Instrument für staatliche oder private Überwachung zu werden. Engpässe bei Auswertung und Anwendung des Datenmaterials, die für den DDR-Staat noch ein Problem waren, könnten mit Hilfe von KI überwunden werden.

In Toronto scheitert bislang der Versuch von Google, einen Stadtteil als Umgebungsintelligenz zu gestalten, am Widerstand der Betroffenen. Umgebungsintelligenz bedeutet, dass zahlreiche Daten über Menschen, wenn auch vielleicht anonymisiert, automatisch erhoben und ausgewertet würden (Dyer-Witheford et al. 2019, S. 106-107).

4.1.4 Wer passt sich wem an?

Das Leben der Menschen wird durch die jeweilige Produktionsweise, heutzutage durch den Kapitalismus geprägt. So hat auch KI Auswirkungen auf unser Leben. Bei Übersetzungsprogrammen beispielsweise kann man der Künstlichen Intelligenz entgegenkommen, indem man die Sprachen vereinfacht. Das macht das Programmieren von KI-Übersetzung leichter. Dies hilft natürlich auch Menschen andere Sprachen zu erlernen, aber mit KI drohen hier Eingriffe in unsere Sprachen, die mehr technokratischen Zielen als der Völkerverständigung dienen.

4.2 KI als Kapitalismus

4.2.1 Menschenbild

In Romanen des SF-Schriftstellers Isaac Asimov, die in den 40er und 50er Jahren entstanden, wird mit Hilfe der Psychohistorik die Zukunft zwar nicht von einzelnen Menschen, aber mit Hilfe statistischer Methoden von sehr großen Menschenmassen vorausgesagt. Asimov nimmt die heutigen Algorithmen vorweg. Diese und auch die Lernprogramme für KI gehen von Menschen als statistische atomisierte Massen aus. Gemeinschaftliches Handeln ist nicht vorgesehen.

In den Wirtschaftswissenschaften ist dies nicht neu. Auch ökonometrische Modelle basieren auf statistischen Zusammenhängen. Wirtschaftspolitik kann dann diese in den Modellen abgebildeten Zusammenhänge ausnutzen, um bestimmte Ziele zu erreichen wie niedrigere Arbeitslosigkeit oder weniger Inflation. Der Nobelpreisträger Robert E.

Lucas entdeckte allerdings, dass solche Zusammenhänge immer dann wirtschaftspolitisch versagen, wenn sie allgemein bekannt werden. Die Wirtschaftssubjekte versuchen dann ihrerseits diese Zusammenhänge in ihrem Sinne zu deuten und gegen die Politik auszunutzen. Auch im obigen Tankstellenbeispiel funktionieren die von den Algorithmen errechneten profitmaximalen zeitlichen Muster für die Preissetzung nicht mehr, wenn diese Muster entdeckt und veröffentlicht werden. Die Tankstellenketten reagieren denn auch so, dass sie die Preise auch zufällig setzen, um das Auffinden und Ausnutzen der zeitlichen Preissetzungsmuster zu erschweren. Zukünftig wird es wohl immer wieder Kämpfe geben zwischen Algorithmen, die von statistischen Massen ausgehen und dies im Sinne ihrer Eigentümer verwerten, und Menschen, die das Verhalten der Algorithmen durchschauen und ihrerseits ausnützen wollen.

4.2.2 Vom Kapital als automatischem Subjekt zum Kommunismus

Nicht nur die einzelnen Unternehmen, sondern das Kapital insgesamt ähnelt KI. Marx' Beschreibung des Kapitals als „automatisches Subjekt" erinnert denn auch an Künstliche Intelligenz (Dyer-Witheford et al. 2019, S. 139, 158, Marx 1890, S. 169). Das Kapital hat die Fähigkeit, etwa über den für die Menschen stummen Zwang der Verhältnisse (Marx 1890, S. 765, Ramtin 1991, S. 162), automatisch oder ‚intelligent' seine eigene Akkumulation von Wert zu steuern. Das Kapital ist sozusagen ein *Paperclip Maximiser*, der ohne eigenen Willen automatisch die gesamte Menschheit dem Kapitalwachstum unterwirft (Dyer-Witheford et al. 2019, S. 151-152). Nach Marx waren die Menschen während ihrer ganzen Geschichte nie richtig frei, sondern in Klassengesellschaften mehr oder weniger sichtbar fremdbestimmt. Im Kapitalismus unterliegen die Menschen der „unmenschlichen Macht". Diese „Vorgeschichte" der Menschheit, während der die Menschen in „von ihrem Willen unabhängigen Verhältnissen" leben, kann mit der Überwindung der jetzigen bürgerlichen Epoche beendet und zur eigentlichen Geschichte der Menschen ohne Klassenantagonismen und Fremdbestimmung hinführen (Marx 1859, S. 8-9).

Um dorthin zu gelangen und um das „automatische Subjekt" zu stürzen, setzt Ramtin (1991, S. 193-195) traditionell-marxistisch auf die Arbeiterklasse. Für ihn ist der Zusammenbruch des Kapitalismus im Zuge der Automatisierung unvermeidbar. Für den Kommunismus ist aber zusätzlich notwendig, dass die Arbeiterklasse mehr als nur ein politisches Klassenbewusstsein entwickelt. Sich als Angehöriger der

Arbeiterklasse wahrzunehmen ist der erste Schritt. Der nächste notwendige Schritt ist, sich als Gemeinschaft von Individuen zu verstehen, als assoziierte Individuen, die die vollautomatisierten Produktionsmittel als Individuen in Besitz nehmen.

Dyer-Witheford et al. (2019, S. 160-162) sehen als Alternativen einerseits den Albtraum eines zukünftigen KI-Kapitalismus ohne Menschen oder andererseits einen in einem anderen Sinne ebenfalls „unmenschlichen" (*inhuman*) Kommunismus. Der zukünftige Mensch wird im Unterschied zum heutigen transhuman sein, also künstlich verändert. Auch in der Vergangenheit haben sich Menschen, wenn auch weitgehend ungeplant, verändert. Der „inhumane" Kommunismus wird ökologisch sein, das heißt, der Mensch muss sich als Teil der Natur, die auch nicht-menschlich ist, begreifen. Ähnlich wie Ramtin betonen auch sie die Assoziation der Individuen. Ihrer Meinung nach dürfte aber die Automatisierung mit KI bei der zukünftigen individuellen und gemeinsamen Weiterentwicklung der Menschen von eher geringer Bedeutung sein.

4.3. Ein Zwischenfazit: KI und Kapitallogik

Das Auffinden von statistischen Gesetzmäßigkeiten und die Ausnutzung derselben für auch automatische Handlungen und Maschinen, die Dinge wahrnehmen können, sind zunächst nicht zwangsläufig kapitallogisch und können auch in einer post-kapitalistischen Gesellschaft von Nutzen sein. So wie Maschinen allgemein, kann auch KI die Menschheit von unerwünschtem Arbeitsaufwand befreien. Auch jenseits des Kapitalismus könnten selbstfahrende Fahrzeuge, Navigationssysteme, landwirtschaftliche Produktionssysteme, die in Abhängigkeit von Wetterverhältnissen funktionieren, KI-Wetterberichte und ähnliches nützlich sein.

Problematisch ist, wenn Verfahren, die in Naturwissenschaften oder Technik sinnvoll sind, auch auf Menschen angewandt werden. So geht die bürgerliche Ökonomie von voneinander unabhängigen Individuen aus. Große Massen solcher Individuen können statistisch analysiert und dann auch manipuliert werden. Dies steht im Gegensatz zu emanzipatorischen Ansätzen, in welchen Menschen sich nicht wie Atome zueinander verhalten, sondern Gemeinschaften bilden.

5. Schlussthesen

1) Im Vergleich zu einer drohenden Klimakatastrophe mag KI derzeit eine geringere Gefahr sein. Es droht aber, dass angesichts der verschiedenen Krisen die kapitalistischen Staaten autoritärer werden und sich

in Überwachungsstaaten verwandeln. KI wird schon heute in China zusammen mit der Digitalisierung zur Überwachung und Steuerung der Bevölkerung eingesetzt. Auch wenn keine Starke KI droht, so machen Überwachsungstechniken, einmal durch Digitalisierung, zum anderen durch statistische Auswertung mit anschließender KI-Anwendung Fortschritte.

2) Erweist sich KI als Hilfe in der kapitalistischen Konkurrenz, als profitabel, wird die Versuchung größer, die gesellschaftlichen Verhältnisse den Bedürfnissen von KI anzupassen. Der Datenschutz gerät unter Druck, wenn er dem mit KI verbundenen ‚technischen Fortschritt‘ entgegen steht. Hier setzt denn auch sozialer Widerstand an, um zu verhindern, dass Daten ohne demokratische Kontrolle von Konzernen oder Staat genutzt werden.

3) Die Geschichte der Menschheit ist nicht deterministisch vorherbestimmt. Sollte der Kapitalismus an seinen eigenen Widersprüchen scheitern, folgt nicht automatisch eine bessere Gesellschaft. Laut Kommunistischem Manifest kann es auch zum Untergang der kämpfenden Klassen kommen, laut Dyer-Witheford, Kjøsen und Steinhoff womöglich zu einem neuen Kapitalismus ohne Menschen, nur mit KI. Aus marxistischer Sicht braucht es einen erfolgreichen Klassenkampf, um zu einer freien „Assoziation" der Individuen zu kommen.

4) Nicht nur der Marxismus kann etwas zur KI-Diskussion beitragen, umgekehrt stellt auch KI-Fragen an den Marxismus. Was sind die Voraussetzungen dafür, dass Mehrwert entstehen kann? Ist der rechtliche Status entscheidend, etwa freier Lohnarbeiter im Unterschied zum unfreien Sklaven? Oder kommt es auf die Subjektivität an, Lohnarbeiter, Sklaven, und zukünftig vielleicht mit Bewusstsein versehene KI im Gegensatz zu bewusstlosen Maschinen? Könnte es einen bewusstlosen automatischen KI-Kapitalismus geben, oder setzt die kapitalistische Klassengesellschaft bewusst handelnde Menschen, wenn auch in gegnerische Klassen aufgeteilt, voraus?

5) KI ist kein Schicksal, sondern ruft, wie der sozusagen KI-ähnliche Kapitalismus insgesamt, gesellschaftlichen Widerstand hervor. Dyer-Witheford et al. mahnen, dass es um die Emanzipation der Menschen als Gemeinschaftsprojekt geht. Für menschliches Überleben sind die Entwicklung der Persönlichkeit, die Fähigkeit gemeinsam zu handeln wichtiger als Automatisierung und KI. Ramtin setzt eher traditionell auf die Inbesitznahme des automatisierten Produktionsapparates durch die Arbeiterklasse, die sich so, ähnlich wie bei Dyer-Witheford et al., zu einer Gemeinschaft von „Individuen als Individuen" entwickeln kann.

Literatur

Asimov, Isaac (1954): *The Caves of Steel.* Doubleday, New York 1954. Deutsch *Die Stahlhöhlen.* Heyne, München 1988.

Butollo, Florian; Nuss, Sabine [Hg.] (2019): *Marx und die Roboter.* Dietz, Berlin 2019.

De Filippi, Primavera; Wright, Aaron (2018): *Blockchain and the Law – The Rule of Code.* Harvard University Press, Cambridge MA, London 2018.

Deutscher, Isaac; Novack, George; Dahmer, Helmut [Hg.] (1981): *Leo Trotzki, Denkzettel, Politische Erfahrungen im Zeitalter der permanenten Revolution.* Edition Suhrkamp, Frankfurt am Main 1981.

Dyer-Witheford, Nick; Kjøsen, Atle Mikkola; Steinhoff, James (2019): *Inhuman Power – Artificial Intelligence and the Future of Capitalism.* Pluto Press, London 2019.

Freeman, Alan (1996): *Price, value and profit – a continuous, general, treatment.* In: Freeman, Alan; Carchedi, Guglielmo (1996): *Marx and Non-Equilibrium Economics.* Edward Elgar, Cheltenham, UK, Brookfield, US 1996.

Harari, Yuval Noah (2016): *Homo Deus.* Vintage, London 2016. Zuerst veröffentlicht in hebräisch 2015.

Janson, Matthias (2020): Google, Apple & Co. Jahrzehnt des Wachstums für US-Techriesen. In: statista, 08.01.2020, https://de.statista.com/infografik/20417/marktkapitalisierung-von-gafam/, abgerufen am 04.01.2021.

Kaufmann, Stephan; Muzzupappa, Antonella (2020): *Crash Kurs Krise. Wie die Finanzmärkte funktionieren – Eine kritische Einführung.* Bertz + Fischer, Berlin 2020.

Kerkmann, Christof (2020): Digitale Revolution. Dieses Sprachprogramm verblüfft Experten – und birgt Potenzial für die Wirtschaft. In: Handelsblatt 25.08.2020,

https://www.handelsblatt.com/technik/digitale-revolution/digitale-revolution-dieses-sprachprogramm-verbluefft-experten-und-birgt-potenzial-fuer-die-wirtschaft/26126390.html, abgerufen am 04.01.2021.

Lange, Elena Louisa (2019): Heißhunger nach Mehrarbeit. In: Butollo, Florian; Nuss, Sabine [Hg.]: *Marx und die Roboter.* Dietz, Berlin 2019.

Lenin, Wladimir Iljitsch (1918): *Die nächsten Aufgaben der Sowjetmacht.* W.I. Lenin Werke Band 27. Dietz, Berlin 1960.

Marx, Karl (1844): Ökonomisch-philosophische Manuskripte *(„Grundrisse")*. Marx-Engels-Werke (MEW 42). Dietz, Berlin 1985.

Marx, Karl (1847): *Misère de la philosophie. Réponse à la philosophie de la misère de M. Proudhon.* Paris, Brüssel 1847. Deutsch als *Das Elend der Philosophie.* In Marx-Engels-Werke (MEW 4). Dietz, Berlin 1969.

Marx, Karl (1857/1858): Ökonomische Manuskripte 1857/1858, „Grundrisse". Marx-Engels-Werke (MEW Band 42). Dietz, Berlin 1983.

Marx, Karl (1859): *Zur Kritik der Politischen Ökonomie.* Marx-Engels-Werke (MEW Band 13). Dietz, Berlin 1985.

Marx, Karl (1890): *Das Kapital Erster Band.* Marx-Engels-Werke (MEW Band 23). Dietz, Berlin 1986.

Marx, Karl (1894): *Das Kapital Dritter Band.* Marx-Engels-Werke (MEW Band 25). Dietz, Berlin 1987.

Marx, Karl; Engels, Friedrich (1846): *Die Deutsche Ideologie.* Marx-Engels-Werke (MEW Band 3). Dietz, Berlin 1983.

Marx, Karl; Engels, Friedrich (1848): *Manifest der Kommunistischen Partei.* London 1848, Marx-Engels-Werke (MEW 4). Dietz, Berlin 1969.

McDonald, Ian (1994): *Necroville.* Gollancz, London 2011.

Ramtin, Ramin (1991): *Capitalism and Automation – Revolution in Technology and Capitalist Breakdown.* Pluto Press, London, Concord MA 1991.

Schröder, Lothar; Franz, Markus (2019): *Eine warme Stimme schleicht sich in dein Ohr – Fluch und Segen Künstlicher Intelligenz – Gewerkschaftliche Antworten.* VSA-Verlag, Hamburg 2019.

Stross, Charles (2019): Artificial Intelligence: Threat or Menace? In: *Charlie's Diary.* Blog von Charles Stross, Eintrag am 13.12.2019, http://www.antipope.org/charlie/blog-static/2019/12/artificial-intelligence-threat.html, abgerufen am 04.01.2021.

Weiß, Thomas (2015): Sachkapitalrenditen im historischen Vergleich – Deutschland im Abwärtstrend? In: *WSI Mitteilungen,* 4 (68), 280-289.

Reinhard Kahle

Wozu (ver)führt uns die neue KI?

Abstract: In diesem Artikel werden verschiedene Anwendungsfelder für die neue, statistik-basierte Künstliche Intelligenz diskutiert, die Fragen über die Tragweite und Grenzen von KI-Software nach sich ziehen. Angesprochen werden computergenerierte Sportberichte, Trolley-Experimente, Personalabteilungssoftware, Aktienkurse und selbstfahrende Autos. Diesen Beispielen werden Szenarien zur Seite gestellt, bei denen die Künstliche Intelligenz über ihr Ziel hinausschießen dürfte: Abiturprüfungen, Sportwettkämpfe und Bücherschreibverbote. Das Wechselspiel mit KI-Software wird für alle diese Beispiele sowohl in positiver wie auch in negativer Hinsicht diskutiert. Dabei ist die Zielsetzung, auf das Problem einer philosophischen Begründungen für die sinnvolle oder unsinnige Anwendung von Künstlicher Intelligenz aufmerksam zu machen. Hier stellen sich Herausforderungen, die gleichermaßen philosophische Reflexion wie auch technische Einsicht in die KI-Technologie erfordern. Vor allem darf man dabei nicht der Versuchung erliegen, den Durchschnitt zum Maß aller Dinge zu erheben, während Individualität und Kreativität auf der Strecke bleiben würden.

1. Sportberichte

Der Deutschlandfunk Kultur berichtete am 2.2.2020 unter dem Titel „Wenn künstliche Intelligenz die Sportberichte schreibt": „Nach Amateur-Fußballspielen werden immer mehr Spielberichte nicht mehr von Reportern, sondern von Computerprogrammen geschrieben." (Osterhaus 2020). Demnach werde von Zeitungsverlagen verstärkt eine Software eingesetzt, die mittels „schwache[r] künstliche[r] Intelligenz" aus Spielberichtsdaten Zeitungsberichte erstellt, die ein Leser nicht von solchen eines menschlichen Sportreporters unterscheiden können soll.

Was passiert hier? Allem Anschein nach werden mit Hilfe von rein statistischen Daten normalsprachliche Texte generiert, die dem Leser einen Eindruck von dem Spielgeschehen geben sollen. Zu den Daten heißt es in dem Bericht: „Im Fußballbereich sind das also Daten zu der Liga, zu den Teams, die in dieser Liga spielen. Wir haben Daten zu den Tabellen, das heißt zu jedem Spieltag einer Liga haben wir die Gesamttabelle, Hin-Rückrunden-Tabelle, womöglich noch eine Fairplay-Tabelle, für die aktuelle Saison und auch für zurückliegende Saisons. Und wir haben Daten zum Spiel selbst, da steht dann drinnen, wer hat gegen wen gespielt, wie ging das Spiel aus, wir haben Daten zu den Ereignissen in dem Spiel, wer hat wann ein Tor geschossen, was gab es für Karten, Auswechslungen und so weiter." Aber es ist offensichtlich ein Anliegen, über diese reinen Daten hinaus noch etwas mehr anzubieten.

Was aber kann dieses ‚Mehr' sein? In einem ‚echten' Spielbericht – d.h. einem, der von einem objektiv beobachtenden Sportreporter geschrieben wurde, der das Spiel vor Ort gesehen hat – sollte es sich um Informationen handeln, die einen adäquaten Eindruck davon wiedergeben, was sich auf dem Rasen abgespielt hat, inklusive dessen, was nicht in den statistischen Daten erfasst ist. Die in dem Artikel beschriebene KI-Software leistet so etwas natürlich nicht und kann es auch nicht leisten. Was sie tut, ist genau das, wofür (diese Sorte von) KI erfunden wurde: Sie interpoliert auf der Grundlage von gelernten Daten, d.h. frühere Spielberichtssätze und ihre Verwendung. Die Entwickler der Software weisen in dem genannten Deutschlandfunk-Bericht ausdrücklich darauf hin, dass sie „überwachtes Lernen" verwenden und „in relativ viel Handarbeit" dem System Formulierungen zur Verfügung stellen, zusammen mit Regeln, wann diese zu verwenden seien. Letztlich bedeutet dieses Vorgehen aber doch, dass ein konkreter KI-Spielbericht nichts mit dem wirklichen Spielgeschehen zu tun haben muss, sondern im Prinzip nur einen Durchschnittseindruck früherer Spiele mit ähnlichem statistischem Verlauf wiedergibt.

In einer journalistischen Perspektive stellt sich die Frage, ob hier nicht ein eklatanter, aber mit voller Intention in Kauf genommener Verstoß gegen die im Pressekodex verlangte ‚Wahrhaftigkeit' vorliegt. Man betrachte dazu Ziffer 1 der vom Deutschen Presserat verabschiedeten „Publizistischen Grundsätze": *„Wahrhaftigkeit und Achtung der Menschenwürde.* Die Achtung vor der Wahrheit, die Wahrung der Menschenwürde und die wahrhaftige Unterrichtung der Öffentlichkeit sind oberste Gebote der Presse. ...". Auch wenn die Menschenwürde (noch?) nicht unmittelbar verletzt sein sollte, kann bei derartig interpolierten Spielberichten doch von *Wahrhaftigkeit* beim besten Willen nicht mehr gesprochen werden. Für die philosophische Reflexion von KI erhebt sich die Frage der Abgrenzung von ihrer sinnvollen Anwendung zu ihrem Missbrauch.

2. *Trolley*-Experimente

Ein notorisches Gedankenexperiment, das besonders in der ethischen Reflexion von KI-basierten Entscheidungsfindungen herangezogen wird, ist das sogenannte *Trolley*-Dilemma, bei dem Versuchspersonen durch eine Weichenstellung entscheiden sollen, ob ein nicht mehr zu bremsender Zug Personen auf dem linken oder rechten Gleis überfahren soll. Die Entscheidungen werden dann dahingehend untersucht, in welchem Maße Parameter wie Anzahl, Alter, persönliche Nähe usw. der Personen, die sich auf den Gleisen befinden sollten, die Entscheidung der Versuchspersonen beeinflussen. Diese Experimente sind in der Literatur ausführlich diskutiert und müssen hier nicht wiederholt werden. Wir halten sie für weitestgehend untauglich, etwa bei der Programmierung von Software für selbstfahrende Autos (s.u.) sinnvoll eingesetzt werden zu können (u.a., weil sie *instinktives* Verhalten nicht richtig abzubilden scheinen bzw. konzeptionell nicht ausreichend instinktives und rationales Verhalten voneinander abgrenzen). Im Kontext, der uns hier beschäftigt, sind sie nur insoweit von Interesse, als sie in der Regel so ausgelegt werden, dass den von einer *Mehrheit* der Versuchspersonen gewählten Entscheidungen eine besondere Bedeutung zugebilligt wird. Auch wenn nicht jeder *Trolley*-Forscher behauptet, dass die von der Mehrheit der Versuchspersonen gewählte Entscheidung die (moralisch) richtige ist, kann eine unmittelbare Benutzung dieser Experimente für Software von selbstfahrenden Autos wohl nur unter einer derartigen Prämisse erfolgen. Bei diesen Experimenten ist aber eine andere Entdeckung interessant, nämlich, dass die mehrheitlich getroffenen Entscheidungen *kulturell* unterschiedlich ausgeprägt sind. Das bezieht sich insbesondere auf die geographische Umgebung, d.h. dass z.B. Entscheidungen in Südamerika mehrheitlich anders gefällt werden als in Europa. Daraus können wir die Konsequenz ziehen, dass ein von einer KI-Software ermittelter Durchschnitts- oder Mehrheitswert von regionalen und kulturellen Faktoren beeinflusst sein kann, die anschließend nicht übersehen werden dürfen. (Das gilt übrigens auch für die Spielberichterstattungssoftware: in seiner Lokalzeitung will man natürlich keinen neutralen Spielbericht lesen, sondern einen, der die ortsansässige Mannschaft – unabhängig vom Ergebnis – besonders positiv darstellt.)

3. Personalabteilungen

Die neue KI hat eine gewisse Berühmtheit dadurch erlangt, da sie Personalabteilungen Software anbieten kann, die aus einer Flut von Bewerbungen eine Vorauswahl trifft, um ohne weiteren Aufwand für die Personalchefs den Kreis derjenigen einzuschränken, die zu einem Bewerbungsgespräch eingeladen werden sollen. Derartige Software ist allerdings auch gleich in Verdacht geraten, unter Umständen diskriminierende Entscheidungen zu treffen.

KI-Algorithmen arbeiten im sogenannten *Black-Box*-Verfahren, bei dem man das algorithmische Vorgehen nicht detailliert nachvollziehen kann und daher nicht weiß, wie eine Entscheidung zustande kommt. Diskriminierende Entscheidungen lassen sich aber mitunter in den Ergebnissen statistisch nachweisen. Eine Reaktion auf dieses Phänomen ist, die Problematik umzudrehen: Wenn eine Diskriminierung bei der Anwendung vorliegt, sollte sie bereits in den Lerndaten vorgelegen haben. Da die Lerndaten aus von Menschen getroffenen Entscheidungen bestehen, ließe sich jetzt sogar das frühere diskriminierende Verhalten der für die Lerndaten verantwortlichen Personalchefs nachweisen. Ob diese Argumentation stichhaltig ist, ist eine delikate Frage. Aber es gibt KI-Befürworter, die sogar noch einen Schritt weitergehen: Da menschliche Entscheidungen häufig diskriminierende Elemente enthalten bzw. enthalten könnten, sollten sie durch KI-gesteuerte Entscheidungen ersetzt werden, eben um jegliche Diskriminierung auszuschalten. Eine solche Forderung schießt wohl deutlich über das Ziel hinaus und man könnte sagen, dass hier der Teufel durch Beelzebub ausgetrieben werden soll. Auch wenn man eventuell (statistisch) nachweisen kann, dass die konkrete KI-Software keine Diskriminierung nach der Hautfarbe vornimmt, bleibt es aufgrund der *Black-Box*-Technologie offen, ob nicht vielleicht andere Diskriminierungen vorgenommen werden, die man in der Analyse der Ergebnisse bisher nicht berücksichtigt hatte, z.B. dass plötzlich Linkshänder benachteiligt werden, wenn sich dieses Merkmal (unbemerkt) aus den Ausgangsdaten errechnen ließe. Das Problem ist intrinsisch: Es ist integraler Teil der *Black-Box*-Technologie, gewisse Aspekte der Entscheidungsfindung nicht rekonstruieren zu können; und könnte man die Entscheidungsfindung vollständig nachvollziehen, wäre nicht zu sehen, warum man nicht konventionelle Software einsetzten sollte, die auf Grundlage der gegebenen Daten eine transparente mathematische Formel zur Berechnung des Ergebnisses benutzt.

Aber selbst wenn wir von einer möglichen Diskriminierung durch KI-Personalabteilungssoftware absehen, bleibt die Frage, was für Kandidaten eigentlich ausgewählt werden. Auf der Grundlage der Lerndaten, die von (vermeintlich) guten Kandidaten stammen, liegt es in der Natur des KI-Ansatzes, dass das im Lebenslauf dargestellte Profil der ausgewählten Kandidaten einem Durchschnitt der bisher als gut eingeschätzten entsprechen sollte. In letzter Konsequenz kann damit eine Firma aber nur ‚gleichförmige' Besetzungen vornehmen und würde einen ungewöhnlichen Lebenslauf, der einem möglicherweise besonders innovativen Bewerber gehört, unberücksichtigt lassen. Daraus ergibt sich die folgende generelle Frage: Ist der statistische Durchschnitt früherer Daten ein hinreichendes Kriterium für zukünftige Bewertungen von Personen? Im Folgenden wollen wir Konsequenzen diskutieren, die sich bei einer unreflektierten Bejahung dieser Frage ergeben.

4. Abiturprüfungen, Sportwettkämpfe, Aktienkurse

Wenn man die Qualität eines Bewerbers an den Vergleichsdaten zu früheren Bewerbern misst, warum sollte man dann nicht z.B. Abiturprüfungen durch eine Software ersetzen können, die die Abschlussnoten aus den Noten früherer Zeugnisse anhand von Vergleichswerten früherer Abiturienten einfach hochrechnet. Dieser Vorschlag erscheint absurd. Aber warum? Wir sehen hier die Aufgabe der philosophischen Reflexion, Gründe für die Absurdität dieses Vorschlags vorzubringen. Die weitergehende Frage ist aber, warum diese Gründe – wie auch immer sie genau aussehen mögen – nicht auch die Anwendung von KI-Software in Personalabteilungen verurteilen müssten.

Wir gehen jetzt noch einen Schritt weiter, und fragen uns, ob nicht auch sportliche Wettkämpfe, wie z.B. ein Fußballspiel der Bundesliga, durch eine Softwaresimulation ersetzt werden sollte, die den ‚richtigen‘ Ausgang des Spiels anhand gelernter Daten über frühere Spiele, also die Leistungen der beteiligten Spieler (und vielleicht auch der Schiedsrichter) berechnet. Natürlich würde das den Sport ad absurdum führen – und früher oder später gingen natürlich auch die Ausgangsdaten verloren, wenn man nur noch auf Daten von Spielen zurückgreifen könnte, die selbst schon simuliert wurden.

Der interessante Punkt an diesem Beispiel ist aber, dass diese Spielsimulationssoftware bereits existiert. Mit ihr wird zwar nicht das wirkliche Fußballspiel ersetzt, aber Wettanbieter optimieren damit ihre Wettquoten. Und es wird nicht nur auf Sportergebnisse gewettet: Der Einsatz von KI-Software an den Finanzmärkten ist heute schon gang und gäbe. Da aber der wettähnliche Derivatehandel eine unmittelbare Rückwirkung auf die tatsächlichen Divisen- und Börsenkurse hat, kann man ahnen, in welcher Form die künstliche Intelligenz schon heute unseren Alltag mitbestimmt, ohne dass das den meisten Leuten bewusst sein dürfte.

Ob man nun die Anwendungen in der Finanzwirtschaft mag oder nicht, im Sinne ihrer internen Werteskala – die sich wohl kurz mit Gewinnmaximierung umschreiben lässt – muss man KI-Software hier durchaus Erfolg bescheinigen (wobei bestenfalls mit ‚kleinen‘ Schönheitsfehlern wie der Finanzkrise, die 2008 begann, zu rechnen ist.[1]) Die

---

1   Der Fairness halber sollte angemerkt werden, dass diese Finanzkrise nicht in erster Linie der KI anzulasten ist. Die gängige Interpretation geht von

konzeptionellen Grenzen dieser Form des KI-Einsatzes sind aber auch offensichtlich: Wenn Finanzmärkte einem Einfluss unterliegen, der völlig unabhängig von vorhergehenden Marktentwicklungen ist, wie im Fall der Corona-Pandemie, hat auch die KI keinerlei Möglichkeit, dessen Auswirkungen vorherzusagen. Gleichförmigkeit und Durchschnitt sind auch hier am Ende die wesentliche Erfolgsgarantie für den Einsatz von KI.

5. Selbstfahrende Autos I: Dilemmata

Durch KI-gesteuerte, selbstfahrende Autos gelten zurzeit als eine der wichtigsten Herausforderungen, an denen die Industrie mit Hochdruck arbeitet. Das Potential und die Gefahren solcher Autos werden breit diskutiert, doch erscheint es klar, dass sich ihre Entwicklung in der einen oder anderen Form durchsetzen wird. Damit stellt sich die Frage, wie ein selbstfahrendes Auto im Fall eines Dilemmas, d.h. einer Situation, in der es zu spät zum Bremsen ist und sowohl ein Weiterfahren in gleicher Richtung als auch ein Umlenken zu einem Unfall führen wird, eine Entscheidung treffen kann. Hier werden gerne die oben genannten *Trolley*-Experimente herangezogen – wenn man sie denn als für die Programmierung einer Software signifikant betrachtet. Nach der oben beschriebenen Beobachtung stellt sich damit die folgende Frage: Sollten selbstfahrende Autos eine *regionalisierte* Software haben, d.h. in Übereinstimmung mit statistisch gesicherten Ergebnissen von *Trolley*-Experimenten in Europa andere Personengruppen überfahren als in Südamerika? Es gibt übrigens eine ‚einfache‘ fernöstliche Möglichkeit, das genannte Dilemma zu lösen: Das Auto summiert die *social scores* der potentiellen Opfer und überfährt die Gruppe mit dem niedrigsten Wert. Wer eine solche Lösung für menschenverachtend hält, muss sich die Frage gefallen lassen, wozu der *social score* überhaupt erst erfunden wurde.

In dem Maße, in dem man den „Ethischen Regeln für den automatisierten und vernetzten Fahrzeugverkehr" folgt, die die Ethik-Kommission Automatisiertes und Vernetztes Fahren im Auftrag des Bundesministers für Verkehr und digitale Infrastruktur in ihrem Bericht im Juni 2017 veröffentlicht hat – und soweit ein *social score* als ‚persönliches Merkmal‘ gilt – ist eine solche Entwicklung in Deutschland ausgeschlossen. In Regel 9 heißt es dort: „Bei unausweichlichen Unfallsituationen ist jede Qualifizierung nach persönlichen Merkmalen (Alter,

---

Seiten der Wirtschaftswissenschaften dahin, dass die Finanzmathematik ihnen falsche Formeln geliefert habe; die Finanzmathematiker beharren dagegen darauf, dass die Formeln richtig sind, aber von den Wirtschaftswissenschaftlern falsch angewandt wurden.

Geschlecht, körperliche oder geistige Konstitution) strikt untersagt." (BMVI 2017, S. 11)

Das stellt die KI aber vor eine andere – technische – Herausforderung: Eine sinnvolle KI-Software erkennt natürlich z.B. das Alter eines Fußgängers, da dies für die Vorausberechnung seiner Bewegung, etwa bei der Frage, wie schnell er die Straße überqueren wird, relevant ist. Also muss die Software, wenn sie den ethischen Regeln in einem Dilemma gerecht werden will, diese Information ‚vergessen' beziehungsweise *nachweislich* nicht zur Entscheidungsfindung heranziehen. Damit steht die KI aber wieder vor ihrem Hauptproblem: Wie lassen sich die bei einer KI-Entscheidung herangezogenen Kriterien erkennen? Wie schon erläutert, basieren KI-Algorithmen auf *Black-Box*-Verfahren, wobei man das algorithmische Vorgehen nicht detailliert nachvollziehen kann und daher nicht weiß, wie eine Entscheidung zustande kam. Die ‚Öffnung' der *Black-Box* ist gerade im Bereich der sogenannten *explainable AI* ein Hauptziel, wobei es aber zweifelhaft erscheint, dass es sich in nächster Zeit erreichen ließe, insbesondere, wenn man nicht auf die Effizienz aktueller KI-Software verzichten will. Die theoretische Herausforderung liegt in der KI also gerade darin, herauszufinden, welche Kriterien in einer Entscheidung herangezogen werden, *ohne* die *Black-Box* zu öffnen.

Untersuchungen dazu, die besonders im Zusammenhang mit möglicherweise diskriminierenden Entscheidungen im Rahmen der oben bereits diskutierten Anwendung von KI in Personalabteilungen geführt werden, sind nicht sonderlich ermutigend. So versucht man zum Beispiel aus Lerndaten und Ergebnissen einer KI-Software statistisch zu ermitteln, ob das Geschlecht oder die Hautfarbe eines Bewerbers berücksichtigt wurde. Dabei sind diese Merkmale nicht explizit vorgegeben, sondern die Frage ist, ob sich, nach statistischen Kriterien, nachweisen lässt, dass diese Merkmale aus den verfügbaren Daten von der Software implizit errechnet (und benutzt) wurden. Zum Beispiel ergibt sich mit statistischer Signifikanz die Hautfarbe in den Vereinigten Staaten von Amerika häufig schon aus der Wohnadresse. Man kann jetzt nach und nach verschiedene Merkmale (wie zum Beispiel die Wohnadresse) bei der Dateneingabe unterdrücken und untersuchen, wann die Ergebnisse statistisch keine Diskriminierung mehr zeigen. In einer Studie ergab sich zwar, dass sich nach der Ausschaltung einer vergleichsweise großen Zahl von Merkmalen keine Diskriminierung mehr in den Ergebnissen zeigte, doch hatte die Reduktion der eingegebenen Information auch zur Folge, dass die Ergebnisse keine Signifikanz mehr im Hinblick auf die eigentliche Fragestellung hat (wie etwa die besondere Eignung für die zu besetzende Stelle).

Eine Lehre, die sich aus der hier geschilderten Problematik ziehen lässt, ist die, dass sich die Frage nach der Entscheidungsfindung von KI-Software nur sekundär auf ethische Überlegungen stützen sollte; primär ist es eine Frage, die zuerst die konzeptionelle Durchdringung der technischen Möglichkeiten und Grenzen von KI erfordert.

6. Selbstfahrende Autos II:
Wo bleibt der menschliche Fahrer?

Bei den selbstfahrenden Autos gibt es aber noch eine Diskussion über die (langfristigen) Folgen von KI, die eine Fragestellung aus der KI-Medizin aufgreift. Es gibt Bereiche in der Medizin, in der KI-Software bei der Diagnose von Krankheiten menschlichen Ärzten bereits überlegen sein soll. Diesen Befund auf die Behandlung ausdehnend hat der britische Informatiker, Kognitionspsychologe und KI-Verfechter Geoffrey Hinton die folgende Frage gestellt:

> Suppose you have cancer and you have to choose between a black box AI surgeon that cannot explain how it works but has a 90% cure rate and a human surgeon with an 80% cure rate. Do you want the AI surgeon to be illegal? (Hinton 2020)

Eine statistische Auswertung von Antworten auf diese Frage mag durchaus als Gradmesser für die Akzeptanz von KI in der Bevölkerung herhalten. Man sollte aber berücksichtigen, dass hier vergleichsweise wenig Information zur Verfügung steht; so bleibt die Erfolgsquote zweifelhaft, wenn sich am Ende herausstellen sollte, dass von den 10% nicht geheilten Patienten, 85% schwarzer Hautfarbe sind, während dieser Anteil bei den menschlichen Chirurgen genau dem Anteil unter den Patienten von z.B. 13% entspräche. Unser Argument ist hier, dass einfache statistische Daten nicht aussagekräftig sein müssen, wenn eine tieferliegende Analyse z.B. diskriminierende Elemente aufdecken könnte.

Aber unabhängig von dieser generellen Problematik statistischer Daten ist es natürlich vorstellbar, dass selbstfahrende Autos zu einem gewissen Zeitpunkt eine statistisch völlig unstrittige Überlegenheit gegenüber menschlichem Fahren gewinnen können, z.B. wenn sich die Unfallzahlen von selbstfahrenden Autos gegenüber menschlich gesteuerten um 99% verringern sollten. In diesem Zusammenhang wurde von einem Vertreter der Automobilindustrie sogar die Prognose gewagt, dass die Zeit kommen werde, zu der Autos nicht mehr von Menschen gesteuert werden *dürfen*. Das erscheint plausibel, doch wollen wir dieses Szenario wieder mit einem vergleichen, dass absurd sein sollte.

7. Bücherschreiben

Wir sind gerade in das Zeitalter eingetreten, in dem Bücher von KI-Software geschrieben werden können, wobei sich deren Stil und Inhalt nicht von von Menschenhand geschriebenen Büchern unterscheiden soll (vgl. Ingenieur.de 2019). Der Erfolg (oder auch Misserfolg) lässt sich in diesem Fall vergleichsweise einfach dadurch feststellen, dass man statistisch untersucht, ob uneingeweihten Lesern ein Unterschied auffällt oder nicht. So weit, so gut. Aber in Analogie zu den selbstfahrenden Autos kann man die Frage stellen, ob dann auch die Zeit kommen wird, zu der Menschen keine Bücher mehr schreiben dürfen. So sehr diese Idee manch einer Diktatur vielleicht sogar gefallen mag, so offensichtlich erscheint es uns, dass das natürlich nicht eintreten darf. Was ist aber der *philosophische* Grund, der uns ein Autofahrverbot für Menschen realistisch und u.U. sogar sinnvoll erscheinen lässt, ein Buchschreibverbot aber nicht?

Bücher selbst schreiben zu dürfen, scheint sich mit einer Berufung auf die persönliche Freiheit begründen zu lassen. Aber auch Autofahrverbote könnten als Eingriff in die persönliche Freiheit verstanden werden. Die Möglichkeit zukünftiger Autofahrverbote für Menschen wird nun damit begründet, dass es sich statistisch erweisen könnte, dass selbstfahrende Autos signifikant weniger Unfälle verursachen als von Menschen gesteuerte Autos. Es geht demnach um eine Gefahrenabwehr, die sich aus einem Erfolg der KI begründet und hinter der die persönliche Freiheit des Menschen zurückstehen muss. Eine solche Gefahrenabwehr lässt sich beim Bücherschreiben nicht anführen (obwohl das Diktaturen wieder anders sehen mögen). Aber es geht um noch mehr: Bücher, gerade im literarischen Bereich, sollen Raum für Kreativität schaffen; von Autos, und besonders selbstfahrenden Autos, erwarten wir nicht, dass sie ‚kreative Fahrwege' erfinden, sondern, im Gegenteil, dass sie sich möglichst genau an die vorgegebene Wegführung halten. Bedeutet das nun schon, dass KI überall dort gefährlich werden kann, wo wir Kreativität erwarten?

8. Zusammenfassung

Die diskutierten Beispiele sollen auf eine Fehlentwicklung hinweisen, zu der uns die neue KI verführen könnte. Man muss sich davor hüten, in banaler Form den *Durchschnitt* zum Maß aller Dinge zu erheben. Als Folge einer solchen Fehlentwicklung droht die KI dazu zu verführen, Individualität und Kreativität gegenüber Gleichförmigkeit zu unterdrücken.

Natürlich gibt es Einsatzgebiete, wo die genannten Risiken kein Problem darstellen, etwa bei der automatischen Erkennung handgeschriebener Postleitzahlen, eines – nach unserem Wissen – der ersten und erfolgreichsten Einsatzgebiete von KI-affiner Software. Sollte doch eine Postleitzahl falsch erkannt werden, hat das schlimmstenfalls eine verspätete Zustellung der Post zur Folge, die aber durch die Arbeitsverringerung und den Zeitgewinn bei der großen Masse der richtig gelesenen Postleitzahlen deutlich aufgewogen wird. Aber solche Erfolge sind eben nicht unbeschränkt verallgemeinerbar: Auch hartgesottene KI-Verfechter werden nicht notwendig die uneingeschränkte Verwendung von KI-Software in sicherheitskritischen Kontexten, wie zum Beispiel bei der Steuerung von Atomkraftwerken, fordern.

Darüber hinaus sind die genannten Risiken nicht Schuld der KI selber, sondern ihres Missbrauchs in unreflektierter Form. Offensichtlich ließe sich die Personalabteilungssoftware auch genau anders herum einsetzen, so dass ein Personalchef den von der KI-Software als von der Norm abweichenden Bewerbungen besonders Aufmerksamkeit schenken kann.

Mit den zum Teil überspitzt ausgestalteten Beispielen wollen wir auch nicht einfach eine Grenze zwischen sinnvoller Nutzung und Missbrauch ziehen. Die Herausforderung ist vielmehr, auf der theoretischen Grundlage dessen, was eine im Wesentlichen mit statistischen Daten arbeitende Software leisten kann, eine solche Grenze philosophisch zu begründen.

Aber vielleicht sind die hier diskutierten Fälle auch übertrieben. In einem marktführenden sozialen Netzwerk wurden einem gelb-schwarzen Fußballfan unter der Überschrift: „Das könnte Sie auch interessieren!“ die Seite eines 30 km entfernten, blau-weißen Fußballklubs angeboten. Das ist beruhigend, denn damit weiß man, dass die hier zum Einsatz kommenden Algorithmen mit *Intelligenz* sicherlich nichts zu tun haben.

* * *

Postscriptum. Inzwischen wurde dieser Artikel in gewisser Weise von der Realität überholt. Am 30. Mai 2020 meldete die BBC unter der Überschrift *Microsoft ‚to replace journalists with robots‘,* dass die bekannte Softwarefirma ‚Dutzenden‘ von Journalisten kündigt und stattdessen Künstliche Intelligenz einsetzen werde, um Nachrichten auszuwählen (vgl. BBC News 2020). Ohne der Frage nachzugehen, in welcher Form sich ein mächtiges Software-Unternehmen wie Microsoft als journalistische Plattform versteht und sich z.B. dem deutschen Pressekodex verpflichtet fühlt, ist es offensichtlich, dass es hier lediglich um Meta-journalismus gehen kann, bei dem von – hoffentlich – seriösen Journalisten erstelltes Material weiterverwertet werden soll. Ob und wie das gelingen kann, ist eine andere Frage: Die Filterblase lässt grüßen.

* * *

Diese Arbeit wurde u.a. von der Udo Keller-Stiftung und, in einer frühen Phase, von der VolkswagenStiftung im Rahmen des Projekts *Können Computerprogramme verantwortlich sein?* sowie durch die Portugiesische Forschungsgemeinschaft FCT über das *Centro de Matemática e Aplicações*, UID/MAT/00297/2020 gefördert.

Literatur

BBC News (2020): Microsoft ‚to replace journalists with robots'. In: *BBC News* 30.05.2020, https://www.bbc.com/news/world-us-canada-52860247, abgerufen am 01.12.2020.

BMVI (2017): *Bericht der Ethik-Kommission: Automatisiertes und vernetztes Fahren*. BMVI 2017.

Hinton, Geoffrey (2020): *Twitter*-Message 20.2.2020, 09:37,

https://twitter.com/geoffreyhinton/status/1230592238490615816, abgerufen 01.12.2020.

Ingenieur.de (2020): Publikation von Beta Writer - Wissenschaft aus der Feder einer Maschine, in: *Ingenieur.de* 18.4.2019, https://www.ingenieur.de/technik/forschung/wissenschaft-aus-der-feder-einer-maschine/, abgerufen 01.12.2020.

Osterhaus, Stefan (2020): Wenn künstliche Intelligenz die Sportberichte schreibt. In: *Deutschlandfunk Kultur*, 02.02.2020, https://www.deutschlandfunkkultur.de/amateurfussball-wenn-kuenstliche-intelligenz-die.966.de.html?dram:article_id=469349, abgerufen am 01.12.2020.

Uwe Engel, Holger Schultheis

KI assistiert, der Mensch entscheidet.

Ergebnisse der ersten Runde des Delphi-Surveys „Blick in die Zukunft. Wie künstliche Intelligenz das Leben verändern wird".

Abstrakt: Das transformative gesellschaftliche Potenzial von KI und Robotik ist unbestreitbar. Größtenteils offen sind dagegen wichtige, eng mit den möglichen Transformationen verbundene Fragen wie bspw.: Welche technischen Entwicklungen scheinen in den nächsten Jahrzehnten möglich und wahrscheinlich? Welche gesellschaftlichen Auswirkungen und Veränderungen werden für plausibel gehalten? Von welchen Faktoren hängen solche Einschätzungen und damit verbunden die Bereitschaft, neue Technologien einzusetzen und Entwicklungen zu akzeptieren, ab? Mit dem Ziel, diese und ähnliche Fragen zu beantworten, wurde in Bremen eine Delphi Untersuchung zum Thema „Blick in die Zukunft. Wie künstliche Intelligenz das Leben verändern wird." durchgeführt. Experten aus Wissenschaft und Politik sowie eine repräsentative Stichprobe der Bevölkerung wurden zu verschiedenen Aspekten von KI-Technologien und ihrem Einfluss auf die gesellschaftliche Entwicklung befragt. In diesem Beitrag präsentieren wir eine erste eingehendere Analyse der Umfrageergebnisse bzgl. der Akzeptanz KI-assistierter und autonomer Entscheidungen.

1. Einführung

Künstliche Intelligenz und Roboter werden das Leben verändern. Das wird inzwischen allgemein erwartet. KI ist als Zukunftstechnologie anzusehen, in deren Entwicklung ein jedes Land investieren muss, welches seine wirtschaftliche Wettbewerbsfähigkeit auch und gerade im Zuge der weltweiten Digitalisierung behaupten will. Damit einhergehend steht auch der internationale Wettbewerb in der KI-Forschung selbst auf der Agenda. Auch diesbezüglich liegt es in der Logik eines auf Wettbewerb ausgerichteten Systems, sich darin zu behaupten und führende Positionen erreichen zu wollen. Allein schon der internationale Wettbewerb wird dafür sorgen, dass auch weiterhin verstärkt in die Schlüsseltechnologie KI investiert werden wird. Von dieser Prämisse ausgehend stellt sich allerdings die Frage, ob KI in der Gesellschaft eines Landes auch auf die erforderliche Akzeptanz stoßen wird. Dies betrifft die Akzeptanz bei gesellschaftlichen Interessengruppen und es betrifft die Akzeptanz in der Bevölkerung. Denn zumindest in demokratisch verfassten liberalen Gesellschaften wäre nur schwer vorstellbar, dass Technologieanwendungen in eine Gesellschaft diffundieren, die diese Technologie gar nicht haben will (Royal Society 2017). Dies setzt die Frage der sozialen und ethischen Akzeptanz von KI auf die Agenda, und damit die Frage, ob/wie KI (weiter-)entwickelt werden sollte, um sich diese Akzeptanz zu erhalten oder um sie überhaupt erst zu gewinnen.

Wie aber ist es um die Akzeptanz von KI in Deutschland bestellt? Eine erste Antwort geben Auswertungen von Daten von drei Eurobarometer-Studien (European Commission 2014, European Commission and European Parliament 2017 und 2018). In diesen Studien war unter anderem nach dem Bild gefragt worden, welches Menschen von Robotern und KI haben. Lag in Deutschland im Jahr 2012 der Anteil derjenigen, die „alles in allem" ein „sehr" oder „ziemlich positives" Bild von Robotern hatten, bei 75 Prozent, so waren es im Jahr 2014 72 Prozent. Für das Jahr 2017 war die Frage auf das Bild von Roboter und KI erweitert worden und resultierte in einem Prozentsatz von 64 Prozent für ein diesbezüglich „sehr" oder „ziemlich" positives Bild. Im Spiegel der Zahlen unseres „Zukunftsperspektive KI" Surveys stellt sich die aktuelle Lage so dar, dass hierzulande ein hohes KI-Akzeptanzpotential auf eine beträchtliche KI-Skepsis und somit auf viel Spielraum trifft, dieses Potential auch auszuschöpfen. So haben einerseits 75 Prozent ein „ziemlich positives" oder „sehr positives" Bild von Robotern und künstlicher Intelligenz, und 75 Prozent halten Roboter und künstliche Intelligenz „ziemlich wahrscheinlich" oder „ganz sicher" für „notwendig, da sie Arbeiten erledigen können, die für Menschen zu schwer oder zu gefährlich sind." Und immerhin noch 61 Prozent halten Roboter und KI ziemlich wahrscheinlich oder ganz sicher für „gut für die Gesellschaft, weil sie Menschen helfen, ihre Arbeit zu verrichten oder ihre alltäglichen Aufgaben zu Hause zu erledigen". Deutlich unterhalb dieses Akzeptanz-Levels liegen dann andererseits aber diese Vergleichszahlen: Nur für 33 Prozent handelt es sich bei Robotern und künstlicher Intelligenz (ziemlich wahrscheinlich oder ganz sicher) um „Technologien, die für den Menschen sicher sind", für nur 28 Prozent um „zuverlässige (fehlerfreie) Technologien" und für nur 24 Prozent um „vertrauenswürdige Technologien".

Die KI-Forschung wäre also gut beraten, die in diesen Zahlen zum Ausdruck kommenden Vorbehalte gegenüber KI und Robotern bei ihrer weiteren Entwicklungsarbeit zu berücksichtigen. Dazu muss sie allerdings auch verstehen, wie diese Vorbehalte begründet sind. Liegt es beispielsweise daran, in welcher Weise KI die Arbeits- und Berufswelt oder das private und öffentliche Leben der Menschen verändern wird, und welche Überlegungen und Gefühle diese antizipierte Entwicklung bei den Menschen heute auslösen? Oder liegt es an Vorstellungen darüber, wie sich Menschen ein künftiges Zusammenleben von Menschen und Robotern vorstellen? Im Rahmen unseres thematisch im Schnittfeld von KI und Gesellschaft angesiedelten Umfrage-Projekts sind wir Fragen dieser Art detailliert nachgegangen, um sie einerseits aus Sicht von Wissenschaft und Politik und andererseits aus Sicht der Bevölkerung beleuchten zu können. Verfügbar ist nun ein breites Spektrum an empirischen Daten zur KI-Akzeptanzthematik, aus dem heraus wir uns in diesem Kapitel auf den Entscheidungsaspekt von KI konzentrieren möchten. Wer wird — aus heutiger Sicht betrachtet — künftig die relevanten Entscheidungen treffen: der Mensch selbst oder KI-gesteuerte Systeme? *Vertrauen* ist in einer Gesellschaft eine ebenso zentrale wie sensible Größe — und für die KI-Entwicklung eine große Herausforderung, weil sich Zweifel an der Vertrauenswürdigkeit einer Technologie nicht allein dadurch ausräumen lassen, dass der Glaube in ihre *technische* Zuverlässigkeit gestärkt wird (vgl. auch den Beitrag von Ophelia Deroy in diesem Band). Nicht weniger bedeutsam ist das Vertrauen, das seitens der Gesellschaft *in die Integrität ihrer Anwendung* gesetzt wird. Dabei geht es dann nicht so sehr um die Zuverlässigkeit der Technik selbst, sondern darum, unter welchen *normativen* Prämissen sie Anwendung findet — und ob diese Prämissen und die darin ggf. zum Ausdruck kommenden Interessen den Wertvorstellungen der Allgemeinheit entsprechen. Erst vor diesem Hintergrund dürfte eine erste Antwort auf die Frage möglich werden, ob die *KI-assistierte* Entscheidung künftig zum Regelfall werden oder die Ausnahme bleiben wird.

Entsprechend diesen Überlegungen ergeben sich drei grundsätzliche Fragen in Bezug auf das zukünftige Verhältnis von KI und Gesellschaft: Erstens, die Frage wie wahrscheinlich bestimmte Entwicklungen im Bereich der KI sind. Zweitens, die Frage wie groß die Bereitschaft zur und das Vertrauen in die Verwendung von KI ist bzw. sein wird. Drittens, die Frage welche intraindividuellen und Umgebungsfaktoren Bereitschaft und Vertrauen beeinflussen. Anhand der Analyse der Studienergebnisse und mit Schwerpunkt auf den Entscheidungsaspekt gibt dieser Beitrag erste Antworten auf diese Fragen. Die Analyse umfasst sowohl Entscheidungen, die Menschen unterstützt durch KI treffen (Abschnitt 4), als auch Entscheidungen, die autonom durch KI getroffen werden und unmittelbar Menschen betreffen (Abschnitt 5). Vorab wird das Studiendesign (Abschnitt 2) und kurz der thematische

Kontext dargelegt, in dem der Entscheidungsaspekt untersucht wurde (Abschnitt 3).

2. Blick in die Zukunft. Wie künstliche Intelligenz das Leben verändern wird: Studiendesign

Unter dem Titel „Blick in die Zukunft. Wie künstliche Intelligenz das Leben verändern wird", wurde von uns vom 25. November bis 15. Dezember 2019 ein Umfrageprojekt in der Wissenschaft, Politik und Bevölkerung der Freien Hansestadt Bremen durchgeführt. Zum einen wurde die erste Runde eines Delphi-Surveys realisiert, an dem sich insgesamt 297 Personen beteiligt haben. Von diesen kamen 72 Personen aus der Politik und 225 Personen aus der Wissenschaft Bremens, darunter 118 aus den Gesellschaftswissenschaften, 77 aus den Technikwissenschaften und 36 aus den Naturwissenschaften. Zeitgleich wurde daneben unter dem Titel „Zukunftsperspektive KI" eine repräsentative Umfrage unter der Bremischen Bevölkerung durchgeführt, an der sich 216 Personen beteiligt haben.

Beide Surveys wurden auf größtmögliche Vergleichbarkeit der Inhalte und Ergebnisse hin angelegt. Dazu beitragen sollte die durchgängige Verwendung einer zur Bewertung *zukünftiger* Ereignisse geeigneten Antwortperspektive (subjektive Erwartung) und deren Umsetzung über ein einheitliches Antwortformat (subjektive Wahrscheinlichkeit). Dabei folgen wir einer Empfehlung aus der Survey Methodologie, indem wir *nicht* versuchen, diese subjektiven Wahrscheinlichkeiten direkt abzufragen. Das würde nur Scheinexaktheit vortäuschen und die Befragten in aller Regel auch überfordern. Stattdessen greifen wir die Empfehlung auf (Schnell 2012, S. 91f.), die subjektive Erwartung über eine von „keinesfalls" bis „ganz sicher" reichende Ordinalskala zu erfragen, deren fünf Stufen mit folgenden Skalenwerten in die Berechnungen dieses Kapitels eingehen: 1 = keinesfalls, 2 = wahrscheinlich nicht, 3 = vielleicht, 4 = ziemlich wahrscheinlich, 5 = ganz sicher.

Um jeweils zu beschreiben, wie sich die auf dieser Skala abgegebenen Antworten verteilen, berechnen wir als mittleren Wert den *Median (2. Quartil)*. Würden wir beispielsweise in der Bevölkerungsumfrage für eine dort erbetene Einschätzung auf vorliegender fünfstufiger Ordinalskala die N=216 Umfrageteilnehmer*innen gedanklich von links nach rechts so anordnen, dass zunächst alle Personen mit dem Skalenwert 1, dann alle mit dem Skalenwert 2, dann alle mit dem Skalenwert 3, usw., kommen, dann wäre der Median der Skalenwert derjenigen Person, die genau in der Mitte dieser nach ihrer Größe geordneten Reihe stehen würde. Außerdem werden wir jeweils den Skalenbereich angeben, in den die mittleren 50 Prozent der Antworten fallen; das ist der Bereich zwischen dem 1. und 3. Quartil einer Verteilung. Die Berechnung erfolgt nach analoger Logik wie beim Median: Während das erste Quartil die ersten 25 Prozent der Fälle von den restlichen 75 Prozent trennt, ist es beim dritten Quartil genau umgekehrt. Zwischen diesen beiden Quartilen liegen somit die mittleren 50 Prozent der Fälle. Während jeweils am Median abzulesen ist, *welche* Einschätzung für das untersuchte Sample typisch ist, wird über die mittleren 50 Prozent der Fälle der Skalen*bereich* markiert, innerhalb dessen sich die Einschätzungen im Sample typischerweise bewegen. Die jeweiligen Zahlen werden innerhalb der Tabellen oder innerhalb des Fließtextes jeweils als Q_1, Q_2, Q_3 ausgewiesen. Die Berechnungen erfolgen dabei unter Anwendung der in der Statistik üblichen Interpolationsformel.

3. Delphi-Zukunftsszenarien an der Schnittstelle von KI und Gesellschaft

Im Rahmen des Delphi-Surveys waren die Expertinnen und Experten aus Wissenschaft und Politik aufgefordert, eine Reihe von Zukunftsszenarien zu bewerten. Einer Beschreibung des Szenarios folgte die Frage „Wie wäre Ihre Erwartung: Wird dieses Szenario Wirklichkeit werden?", jeweils gefolgt von oben dargestellter Skala (1 = keinesfalls, 2 = wahrscheinlich nicht, 3 = vielleicht, 4 = ziemlich wahrscheinlich, 5 = ganz sicher). Die in Tabelle 1 ausgewiesenen Quartile beziehen sich jeweils auf diese Frage. Dabei waren die Szenarien selbst ganz bewusst als *komplexe Situationen* angelegt, um es den Umfrageteilnehmer*innen zu erleichtern, sich selbst kognitiv in das Bezugsjahr 2030 zu versetzen. Einer jeden dieser *mehrdimensionalen* Situationsbeschreibungen folgte dann allerdings ein größeres Set von Skalen zur Bewertung *einzelner Situationsaspekte*. Während wir uns in diesem Abschnitt auf die Ergebnisse zu den komplexen Situationen beschränken, werden wir uns später auf die Antworten auf eine Auswahl aus diesen Einzelskalen stützen.

	Q_1	Q_2	Q_3
Wettbewerbsszenario	1.8	2.4	3.1
Wohlstandsszenario	2.0	2.7	3.4
Kommunikationsszenario	2.1	2.9	3.8
Konfliktszenario	2.6	3.6	4.2
Assistenzszenario	2.9	3.6	4.1

Tabelle 1: Werden diese Zukunftsszenarien Wirklichkeit werden? Ausgewiesen werden das erste, zweite und dritte Quartil der jeweiligen Häufigkeitsverteilung

Das *Wettbewerbsszenario* beschreibt für das Bezugsjahr 2030 eine Situation der Konkurrenz am Arbeitsmarkt mit negativen Implikationen auch für Hochqualifizierte und die gesellschaftliche Mittelschicht. Beschrieben wird eine Situation, nach der KI selbst in hochqualifizierten akademischen Berufen einen stetig wachsenden Teil der Routineaufgaben übernehme, der Bedarf an akademisch ausgebildeten Fachkräften entsprechend gesunken sei und den Wettbewerb um knapper werdende Festanstellungen deutlich verschärft habe. Vielen bliebe zur Existenzsicherung nur die prekäre berufliche Selbständigkeit über digitale *Crowdworking*-Plattformen. Für dieses Szenario liegt der Median bei 2.4, also bei etwas über ‚wahrscheinlich nicht‘. Zugleich schließt der Bereich der mittleren 50 Prozent der Einschätzungen auf der einen Seite ‚2 = wahrscheinlich nicht‘ ein, und auf der anderen Seite ‚3 = vielleicht‘ gerade so eben ein. Insgesamt wird dieses Szenario also als unwahrscheinlich bis möglich eingeschätzt.

Den Gegenpol zu diesem negativ konnotierten Szenario bildet das positiv konnotierte *Wohlstandsszenario*. Auch wenn es für nicht ganz so unwahrscheinlich gehalten wird wie das Wettbewerbsszenario, rangiert die Erwartung seines Eintretens wie dieses in der zentralen Antworttendenz ebenfalls zwischen „wahrscheinlich nicht" und „vielleicht". Es überwiegt diesbezüglich also auch hier Skepsis. Inhaltlich beschreibt das Szenario für das Bezugsjahr 2030 eine Situation, in der KI das Leben der Menschen revolutioniert und sehr zum Wohlstand in der Bevölkerung beigetragen habe. Es sieht KI als Wohlstandsfaktor und die KI-Forschung in Deutschland führend in der Welt. Und es hebt hervor, dass Deutschland im Zuge der weltweiten Digitalisierung auch wirtschaftlich seine internationale Wettbewerbsfähigkeit behaupten konnte.

Das *Kommunikationsszenario* sieht im Jahr 2030 die Mensch-Roboter Interaktion als einen Ausdruck gesellschaftlicher Normalität an. Roboter gehörten danach zum Alltag der Menschen und seien wie selbstverständlich in die Kommunikation der Menschen einbezogen. Selbst in kritischen Lebenssituationen stünden Roboter für persönliche Gespräche bereit. Es wird im Wesentlichen für möglich gehalten (‚3 = vielleicht‘), dass dieses Szenario Wirklichkeit werden könnte. Sowohl ‚2 = wahrscheinlich nicht‘ als auch ‚4 = ziemlich wahrscheinlich‘ liegen *außerhalb* des Skalenbereichs, in dem sich die mittleren 50 Prozent der Einschätzungen bewegen.

Das *Konfliktszenario* stellt eines von zwei Szenarien dar, von denen eher erwartet wird, dass sie Wirklichkeit werden könnten. Es beschreibt eine Situation des gesellschaftlichen Konflikts um Ethik-Richtlinien und ihre Einhaltung, um Haftungsfragen und ethisch-akzeptable Programmierung. Es wird in der zentralen Antworttendenz eher erwartet als nicht erwartet, dass es Wirklichkeit werden könnte. Während der Median in der Mitte zwischen ‚3 = vielleicht' und ‚4 = ziemlich wahrscheinlich' rangiert, schließt der Bereich, in dem sich die mittleren 50 Prozent der Einschätzungen bewegen, auf der einen Seite ‚2 = wahrscheinlich nicht' aus, ‚4 = ziemlich wahrscheinlich' auf der anderen Seite aber zugleich ein.

Diese Tendenz tritt noch etwas fokussierter beim *Assistenzszenario* zutage. Dieses sieht eine Situation voraus, in der eine hocheffiziente und zuverlässige KI durch ihre Assistenzfunktion die Freiheitsgrade des Menschen bei Tätigkeiten und Entscheidungen verringert. Es skizziert für das Bezugsjahr 2030 eine Situation, in der inzwischen eine Vielzahl an KI-Assistenzsystemen existierten, die für den Menschen Tätigkeiten ausführen und bei Entscheidungen unterstützen. Ohne den Faktor ‚Mensch' würden nun selbst schwierigste Tätigkeiten sehr viel zuverlässiger, effizienter und fehlerfreier als vorher durchgeführt werden können. Intuitive Entscheidungen seien inzwischen die Ausnahme, assistenzfreie Entscheidungen allerdings auch. Aus Tabelle 1 ist ersichtlich, dass hier die mittleren 50% der Erwartungen, dass ein solches Szenario Wirklichkeit werden könnte, ‚vielleicht' bis ‚ziemlich wahrscheinlich' einschließen.

4. Der Mensch entscheidet, KI assistiert.

Das Modell der rationalen Wahl unterstellt, dass sich Menschen bei Entscheidungen an den subjektiv erwarteten und dann mehr oder weniger erwünschten Entscheidungsfolgen orientieren (Opp et al. 1990). KI-Assistenz könnte also darin bestehen, bei der Kalkulation solcher Entscheidungsfolgen behilflich zu sein. Gleichzeitig ist bekannt, dass Menschen oft nicht in diesem Sinne rationale Entscheider sind (Weber 1972). Womit wird also zu rechnen sein, wie werden Menschen künftig Entscheidungen treffen?

4. 1 Expertensicht

Die Rolle von KI-Assistenz bei persönlichen Entscheidungen wurde im Delphi-Interview im Kontext des Assistenzszenarios über mehrere Einzelskalen beleuchtet, so für das Bezugsjahr 2030 unter anderem über die Antworten auf folgende Aussage: „In der Bevölkerung trifft kaum noch jemand eine persönlich wichtige Entscheidung, ohne vorher eine KI-gestützte Prognose über zu erwartende Entscheidungsfolgen eingeholt zu haben". Dies wird von den Expertinnen und Experten in der zentralen Antworttendenz für unwahrscheinlich bis möglich gehalten (Q_1: 2.0, Q_2: 2.7, Q_3: 3.5). Noch deutlicher tritt die Skepsis in den Antworten auf zwei Statements zutage, in denen explizit ein Vergleich zwischen Menschen und KI angelegt ist. So wird recht deutlich die Vorstellung als unwahrscheinlich zurückgewiesen, dass „Menschen KI inzwischen mehr (vertrauen) als dem Menschen selbst, wenn es um wichtige Entscheidungen geht" (Q_1: 1.8, Q_2: 2.3, Q_3: 3.0). Ebenso wird als unwahrscheinlich zurückgewiesen, dass KI kalkuliert entscheide, sich der Mensch diesem Modell immer mehr angepasst habe und die Devise nun laute: „Entscheide so, wie es auch eine KI tun würde!" (Q_1: 1.8, Q_2: 2.3, Q_3: 3.1). Als im Wesentlichen möglich wird eine Situation eingeschätzt, die auf den „Black Box" Aspekt abhebt, der gerne mit KI assoziiert wird: „Weil KI-Entscheidungen - als black boxes - in der Vergangenheit im Einzelnen oft nicht nachvollzogen werden konnten, wollen die Menschen ihre Entscheidungen jetzt häufiger wieder frei, also ohne KI-Assistenz, treffen." Hierbei konzentrieren sich die Antworten ziemlich eng um den Punkt maximaler Unsicherheit, d.h. um „vielleicht" (Q_1: 2.6, Q_2: 3.1, Q_3: 3.6).

Auch für die persönliche Lebensführung kann die Frage der KI-Assistenz von Bedeutung sein. Vorstellbar erschien uns eine Weiterentwicklung eines heute schon praktizierten Lebensstilelements (Koch 2019): „Auf die digitale Protokollierung - Lifelogging - ist als Lebensstil die Kommunikation des Menschen mit seinem persönlichen Avatar über seine kontinuierlich gemessenen Lebens- und Verhaltensdaten gefolgt", eine bei leicht überwiegender Skepsis in der Tendenz für möglich gehaltene Entwicklung (Q_1: 2.1, Q_2: 2.8, Q_3: 3.5). Ebenso möglich erscheint im Spiegel der Einschätzungen für das Bezugsjahr 2030 eine Situation, nach der „aus den digitalen Sprachassistenten von einst inzwischen stark nachgefragte persönliche Avatare geworden" seien, „die dem Menschen als ständige Lebensbegleiter zuhause und unterwegs beratend zur Seite stehen" (Q_1: 2.1, Q_2: 2.9, Q_3: 3.5).

4. 2 Bevölkerungssicht

Im Spiegel der Antworten auf zwei Statements betrachtet, wird KI-Assistenz bei persönlichen Entscheidungen aus Bevölkerungssicht nochmals skeptischer beurteilt als aus Expertensicht. Gefragt war: „Was wäre, wenn es für Smartphones eine App geben würde, die Menschen zuhause oder unterwegs in alltäglichen Situationen beraten kann: Würden Sie eine solche persönliche Beraterin bei Entscheidungen hinzuziehen, die Sie im Alltag treffen müssen? (Q_1: 1.6, Q_2: 2.5, Q_3: 3.6). „Und was wäre, wenn es für Smartphones eine App geben würde, die Menschen in wichtigen Lebenssituationen beraten kann: Würden Sie eine solche persönliche Beraterin bei wichtigen Entscheidungen hinzuziehen?" Während die typische Antwort auf das erste dieser beiden Statements (*Alltagsentscheidungen*) noch im Bereich zwischen unwahrscheinlich und möglich liegt, so tendiert die typische Antwort bei Entscheidungen *in wichtigen Lebenssituationen* klar in Richtung „wahrscheinlich nicht" (Q_1: 1.3, Q_2: 2.1, Q_3: 3.1); dabei nähert sich die untere Grenze des Bereichs, in den die mittleren 50 Prozent der Antworten fallen, recht dicht dem „keinesfalls" an. Persönlich können sich die Umfrageteilnehmerinnen und -teilnehmer eine solche KI-Assistenz bei persönlichen Entscheidungen also eher nicht vorstellen. Für wahrscheinlicher wird allerdings zugleich gehalten, dass *Andere* eine solche Option nutzen würden. Gefragt war: „Was wäre Ihre Vermutung: Wenn es tatsächlich eine App geben würde, die mithilfe künstlicher Intelligenz Menschen über mögliche Folgen persönlicher Entscheidungen informieren kann: Würde diese Möglichkeit genutzt werden?" Die typische Antwort: Ja, vielleicht, wobei die mittleren 50 Prozent der Antworten eher in Richtung „ziemlich wahrscheinlich" weisen (und diese Antwortoption auch einschließen) als dass sie in Gegenrichtung auf „wahrscheinlich nicht" weisen (und diese Option auch ausschließen) (Q_1: 2.2, Q_2: 3.3, Q_3: 4.1).

4.2.1 Determinanten der Bereitschaft, KI zu nutzen

Wir haben die ersten beiden dieser drei Indikatorvariablen über eine gemeinsame Skala in eine Zusammenhangsanalyse einbezogen, um zu klären, von welchen Faktoren die persönliche Bereitschaft zur Nutzung einer solchen KI-gestützten Entscheidungshilfe abhängen würde. Zu den wesentlichen Ergebnissen dieser konfirmatorischen Faktorenanalyse zählt, dass diese Bereitschaft mit der Haltung korreliert, dass KI gut und notwendig für die Gesellschaft ist (r=0.56), dass KI für den Menschen sicher ist (r=0.50) und dass die Vorstellung einer Interaktion von Mensch und Roboter eher Wohlbehagen als Unbehagen bei den Menschen auslöst. Gemessen über die acht in Tabelle 2 beschriebenen Szenarien einer Interaktion von Mensch und Roboter korreliert dieser *KI-Wohlfühlfaktor*, wie wir ihn nennen möchten, eng mit der Bereitschaft zur Nutzung der angesprochenen KI-Entscheidungshilfe (r=0.66).

4.2.2 KI als persönliche Entscheidungshilfe vs. autonome KI-Entscheidungen

Aber nicht nur diese Bereitschaft, sich bei persönlichen Entscheidungen durch KI assistieren zu lassen, ist eng mit dem KI-Wohlfühlfaktor assoziiert. Ähnlich hohe Korrelationen im Bereich von r = 0.66 bis r = 0.67 weist dieser Faktor auch mit dem - weiter unten näher beschriebenen - Grad des Vertrauens in die Zuverlässigkeit und Sicherheit autonomen Fahrens sowie in die KI-Kompetenz im Dienstleistungsbereich (Beispiel: Rechtsberatung, Vergleichsportale) auf. Lediglich der Grad des Vertrauens in die Integrität von KI-Entscheidungen bei Personaleinstellungen korreliert nicht ganz so stark mit diesem Wohlfühlfaktor (r=0.48). Wahrscheinlich ist Vertrauen hier stärker als Frage normativer Bewertung denn als Frage antizipierten Wohlbehagens anzusehen. Nichtsdestotrotz stellt der KI-Wohlfühlfaktor durchgängig eine zentrale korrelative Größe im betrachteten Zusammenhang dar. Dass der KI-Wohlfühlfaktor im Kern mit allen vier hier betrachteten Größen korreliert, bedeutet allerdings nicht, dass sich diese untereinander übermäßig ähnlich wären. Das wird deutlich, wenn wir uns ansehen, wie vergleichsweise gering die Bereitschaft, sich bei persönlichen Entscheidungen durch KI assistieren zu lassen, mit dem Vertrauen in KI-Entscheidungen bei Dienstleistungen (r = 0.50), beim autonomen Fahren (r=0.36) und bei Personalentscheidungen (r = 0.27) korreliert. In der Tendenz gilt zwar, dass steigende persönliche Bereitschaft zur Nutzung von KI-Assistenz bei persönlichen Entscheidungen auch mit steigendem Vertrauen in autonome KI-Entscheidungen einhergeht, dies jedoch unterschiedlich - und auch nicht übermäßig - stark. Wir betrachten hier also durchaus *unterschiedliche* inhaltliche Größen.

4.2.3 Die intermediäre Rolle und die Elemente des Wohlfühlfaktors in der Mensch-Roboter-Interaktion

Aus der vorangehenden Korrelationsanalyse wissen wir bereits, dass die Bereitschaft, sich bei persönlichen Entscheidungen durch KI assistieren zu lassen, eng mit besagtem KI-Wohlfühlfaktor zusammenhängt. Damit aber stellt sich diese Folgefrage: Wenn die Bereitschaft zur Nutzung von KI-gestützter Entscheidungsassistenz auch davon abhängt, welche emotional getönten Vorstellungen durch Szenarien einer Interaktion zwischen Mensch und Roboter beim Menschen ausgelöst werden, von welchen Faktoren hängt dann *diese emotionale KI-Bewertung* selbst ab?

Bevor wir näher auf diese Zusammenhangsanalyse eingehen, beschreiben wir hier zunächst die Bewertung der in Tabelle 2 aufgelisteten Szenarien. Die Zahlen in Tabelle 2 lassen sehr deutlich das Gefälle in dem Grad erkennen, in dem die jeweilige fiktive Situation einer Mensch-Roboter Interaktion zum Unwohlsein bzw. Wohlfühlen einer Person beitragen würde. Am unangenehmsten ist demzufolge die Vorstellung, dass einem ein Roboter zuhause Gesellschaft leistet. Ähnlich unangenehm erscheint den Befragten das Videogespräch mit einem medizinisch ausgebildeten Roboter. Die zwischenmenschliche Kommunikation ist offenkundig nicht durch Roboter zu ersetzen. Nur geringfügig besser schneiden in der persönlichen Vorstellung der Umfrageteilnehmerinnen und Umfrageteilnehmer Roboter ab, die zur akustischen und visuellen Erkennung von Personen in der Lage sind (Beispiel: Smart Home).

	Q_1	Q_2	Q_3
FIKTIVE SITUATIONEN			
Ein Roboter leistet Ihnen zuhause Gesellschaft	1.4	2.2	3.1
Sie suchen ärztlichen Rat und wenden sich in einem Videogespräch über das Internet an eine Sprechstunde, bei der ein medizinisch ausgebildeter Roboter die Erstdiagnose und Erstbetreuung übernimmt und Ihnen nur bei Bedarf einen Arztbesuch empfiehlt	1.3	2.2	3.2
Sie haben zuhause ein Smart-Home System, in dem ein Roboter Personen an der Stimme und/oder ihrem Aussehen erkennen und sich ihnen personalisiert zuwenden kann	1.3	2.3	3.3
Sie werden von einem selbstfahrenden Auto durch die Stadt gefahren (autonomes Fahren)	1.5	2.7	3.8
Angenommen Sie sind im höheren Alter pflegebedürftig geworden: Ein Roboter beteiligt sich an Ihrer Pflege	2.0	2.9	3.4
Sie müssen sich einem medizinischen Eingriff unterziehen, bei dem der operierende Arzt von einem Roboter unterstützt wird.	2.6	3.2	4.1
An Ihrem Arbeitsplatz werden Sie von einem Roboter unterstützt	2.7	3.3	4.0
Eine Drohne liefert Ihnen Post nach Hause	2.7	3.6	4.3

Tabelle 2: Wohlfühlfaktor in der Mensch-Roboter-Interaktion („KI-Wohlfühlfaktor")

Ausgewiesen werden in der vorstehenden Tabelle das (interpoliert berechnete) erste, zweite und dritte Quartil der ausfallgewichteten Häufigkeitsverteilungen. Fragetext: „Wie würde es Ihnen vermutlich in folgender fiktiver Situation ergehen? Würden Sie sich darin eher unwohl oder eher wohl fühlen?" jeweils gefolgt von der in der Tabelle ausgewiesenen Situationsbeschreibung und der zugehörigen Skala: ‚sehr unwohl fühlen' (=1), ‚ziemlich unwohl' (=2), ‚teils/teils' (=3), ‚ziemlich wohl' (=4), ,sehr wohl fühlen' (=5). Die acht Indikatorvariablen gehen als Faktorwerteskala in die Zusammenhangsanalyse ein.

Auch autonomes Fahren liegt in der zentralen Antworttendenz noch unterhalb der „teils/teils" Kategorie, die auf der Skala den Übergang von „unwohl" zu „wohl" markiert. Es folgt die Vorstellung, im höheren Alter von einem Roboter gepflegt zu werden. Dabei gilt für jede dieser fünf fiktiven Mensch-Roboter- Interaktionssituationen, dass die „ziemlich unwohl" Kategorie *innerhalb* des Spektrums der mittleren 50 Prozent der Antworten liegt, während auf der anderen Seite die "ziemlich wohl" Kategorie *außerhalb* dieses Spektrums bleibt. Dies ändert sich bei den übrigen, in der antizipierten Vorstellung deutlich positiver empfundenen Situationen: sich einem medizinischen Eingriff mit Roboterassistenz zu unterziehen, am Arbeitsplatz von einem Roboter unterstützt zu werden, und von einer Drohne Post nach Hause geliefert zu bekommen. Eine konfirmatorische Faktorenanalyse zeigt, dass Einschätzungen dieser acht fiktiven Situationen eindimensional sind und entsprechend einen *situationsübergreifenden* Wohlfühlfaktor konstituieren.

4.2.4 Der KI-Wohlfühlfaktor als Funktion des persönlichen Selbstbilds und der Lebensqualität einer Person

Eine Regressionsanalyse hat uns zeigt, dass sich dieser KI-Wohlfühlfaktor bereits durch *eine* Größe gut erklären lässt: durch das Selbstbild als einer Person, die technischen Neuerungen gegenüber aufgeschlossen ist. Insbesondere das Selbstverständnis, zu den Ersten zählen zu wollen, die technische Neuheiten ausprobieren möchte, erweist sich als wirksam. Neben diesem *Early-Adopter*-Effekt, wie wir ihn nennen möchten, beeinflusst derselben Analyse zufolge auch das Selbstverständnis als Person, die mit der Zeit geht, den Wohlfühlfaktor. Bemerkenswert ist zudem der positive Effekt, den das Selbstverständnis als Person erzeugt, sich in persönlichen Lebensfragen eher an der Wissenschaft als an der Religion zu orientieren. Dabei geht es nicht um ein oberflächliches Interesse an wissenschaftlichen Themen, sondern um eine tiefgreifendere Komponente des Selbstverständnisses einer Person, wie sie beispielsweise auch in der religionssoziologischen Diskussion aufgegriffen wird (Wohlrab-Sahr/Kaden 2013). Diese drei Elemente des Selbstbilds einer Person erklären allein 28.1 Prozent der Varianz im Wohlfühlfaktor.

Bei einer zweiten Gruppe von relevanten Variablen handelt es sich um Indikatoren der subjektiven Lebensqualität einer Person. Um diese abzubilden, war zum einen um eine Bewertung des persönlichen

Lebensstandards und zum anderen um eine Bewertung des persönlichen Glücks und der Zuversicht in die persönliche Zukunft gebeten worden. Dabei wirkt sich positiv auf den Wohlfühlfaktor aus, wenn auch der persönlichen Zukunft zuversichtlich entgegengesehen wird. Demgegenüber ist nach den Ergebnissen der angesprochenen Regressionsanalyse zu erwarten, dass steigender subjektiver Lebensstandard und steigendes subjektives Glück den Wohlfühlfaktor beeinträchtigen. Dieser auf den ersten Blick vielleicht kontraintuitive Effekt lässt sich dadurch erklären, dass in dem Maße, in dem es einer Person gut geht, auch das Bedürfnis geschwächt wird, diese Situation verändern zu wollen. Es soll dann dem Bedürfnis nach alles eher so bleiben wie es ist. Abbildung 1 (siehe folgende Seite) beschreibt das Ergebnis dieser Analyse mit Blick auf die statistisch signifikanten Effekte. Auf den hier nur gestrichelt angedeuteten Zusammenhang mit Vertrauen in autonome KI-Entscheidungen gehen wir weiter unten ein.

4.2.5 Der KI-Wohlfühlfaktor als Funktion von Alter und Geschlecht

Wie aber stellt sich der Zusammenhang zwischen dem KI-Wohlfühlfaktor auf der einen Seite und dem Lebensalter und der Geschlechtszugehörigkeit auf der anderen Seite dar? Abbildung 2 (siehe folgende Seite) informiert diesbezüglich über das Ergebnis.

Für die Gruppe der Männer zeigt sie einen durchweg höheren mittleren Wohlfühlfaktor an als für die Gruppe der Frauen. Für den Effekt des Lebensalters lässt sich hingegen kein linearer Trend erkennen. Es ist also nicht so, dass wir sagen könnten, dass der mittlere Wohlfühlfaktor mit dem Lebensalter steigen oder dass er mit dem Lebensalter eines Menschen sinken würde. Vielmehr folgt einem Anstieg in jungen Jahren zunächst ein Absinken dieses mittleren Wertes, bevor er mit dem Lebensalter wieder ansteigt. Allein schon diese Nichtlinearität im Zusammenhang beider Größen deutet darauf hin, dass es für ihn keine einfache Erklärung geben kann. Wie das Geschlecht wurde auch das Alter einer Person von der Soziologie schon früh als *component variable*, also als aus einzelnen Komponenten gebildetes globales Konzept aufgefasst. Folglich bleibt zu prüfen, welche mit Geschlecht und Lebensalter kovariierende *Komponenten* eine Erklärung für die beobachtete Variation nach Geschlecht und Alter bieten können. Denkbar wäre eine differentielle Technikaffinität. Beim Alterseffekt wird die Interpretation dadurch erschwert, dass Unterschiede nach Alter sowohl auf Veränderungen im Lebensverlauf als auch auf Veränderungen in der Generationenfolge (Kohortenunterschiede) hindeuten können. Für die

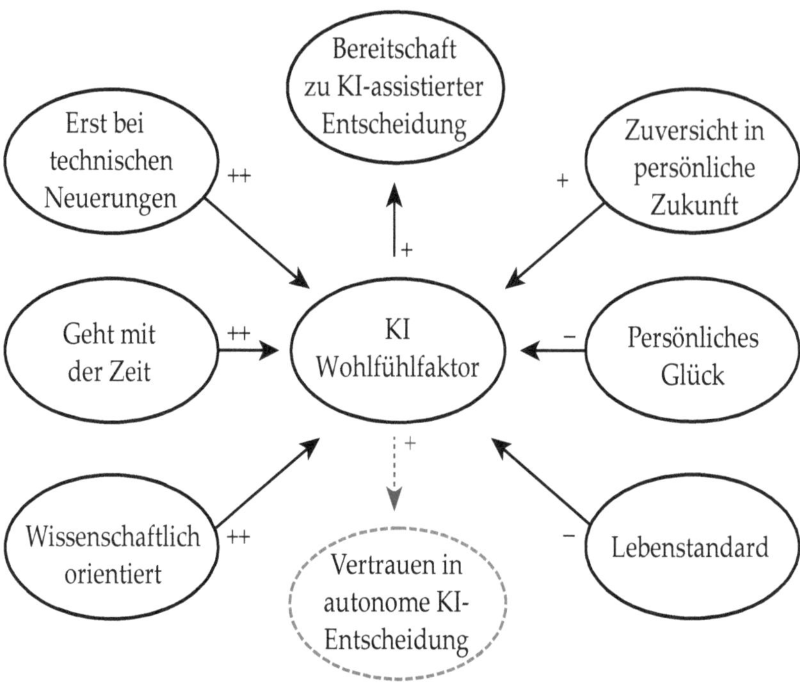

Abb. 1: *Einfluss von Selbstbild und Lebensqualität einer Person auf (a) die Bereitschaft, KI zur Assistenz bei Entscheidungen zu verwenden und (b) das Vertrauen in autonome KI-Entscheidungen.*

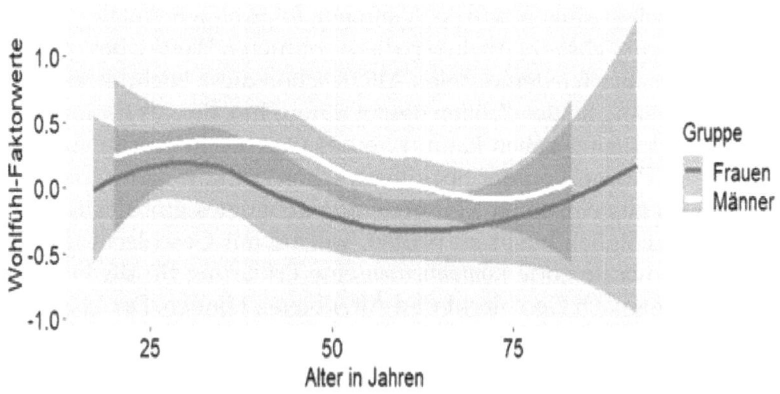

Abb. 2: *Wohlfühlfaktor als Funktion von Alter und Geschlecht*

Generationenhypothese mag dabei sprechen, dass sich der Wohlfühlfaktor mit dem Alter erhöht, dies aber nur bei Jüngeren und Älteren, nicht jedoch in der breiten Mitte dazwischen.

5. KI entscheidet autonom, der Mensch vertraut in ihre Zuverlässigkeit und Integrität

Menschen bei ihren Entscheidungen zu assistieren, ist eine Sache. Entscheidungen autonom zu treffen, ein andere. In diesem Abschnitt geht es entsprechend um Beispiele von Szenarien, in denen KI autonom entscheidet, sowie das Vertrauen, dass Menschen – aus heutiger Sicht betrachtet – in eine solcherart autonom entscheidende KI setzen würden.

5.1 Expertensicht

5.1.1 Ethisch-akzeptable KI-Programmierung

In zwei Bereichen stellt sich die Frage der Einhaltung ethischer Grundsätze bei der Programmierung von künstlicher Intelligenz ganz unmittelbar: Zum einen bei der Frage, welches programmierte Verhalten ein autonom fahrendes Auto im Falle eines nicht zu vermeidenden Unfalls mit Todesfolge für beteiligte Menschen umsetzen sollte (Awad et al. 2018). Und zum anderen in der zwar weniger dramatischen, aber sehr viele Menschen betreffenden Frage nach den Regeln KI-gesteuerter Personaleinstellungen am Arbeitsmarkt. Als Bezugspunkt einer Bewertung können die Ethik-Regeln der EU-Kommission für vertrauenswürdige KI dienen.

Nicht überraschend ist die in der Tendenz als „ziemlich wahrscheinlich" bis „ganz sicher" vorgetragene Erwartung aus Wissenschaft und Politik, dass die Frage, „welches programmierte Verhalten ein autonom fahrendes Auto im Falle eines nicht zu vermeidenden Unfalls mit Todesfolge für beteiligte Menschen umsetzen sollte, – aus dem Blickwinkel des Bezugsjahres 2030 aus betrachtet – aus ethischer Sicht in den zurückliegenden Jahren stets umstritten geblieben" sei (Q_1: 3.8, Q_2: 4.3, Q_3: 4.9). Dies ist als Teil einer allgemeineren Konflikterwartung im Sinne des oben skizzierten Konfliktszenarios anzusehen, und zwar in puncto ethisch akzeptabler Programmierung und möglichen Haftungsfragen bei selbstlernenden, autonom agierenden KI-Systemen. So wird wiederum aus dem Blickwinkel des Bezugsjahres 2030 heraus betrachtet in der zentralen Antworttendenz für „ziemlich wahrscheinlich" gehalten, dass „die Klärung von Haftungsfragen bei selbstlernenden, autonom agierenden KI-Systemen inzwischen beim höchsten deutschen Gericht" liege (Q_1: 3.3, Q_2: 3.9, Q_3: 4.5).

5.1.2 Erwartete Umsetzung der Ethik-Regeln der EU-Kommission für vertrauenswürdige KI

Bemerkenswert sind die Erwartungen des Umsetzungsgrades der Grundsätze der Ethik-Richtlinie der EU-Kommission für vertrauenswürdige KI (European Commission Independent High-Level Expert Group on Artificial Intelligence 2019). Diese Richtlinie fordert sinngemäß Autonomie: Menschen müssen volle und effektive Selbstbestimmung über sich behalten können, Schadensverhütung: KI-Systeme sollten keinen Schaden anrichten oder verschlimmern, Fairness: KI unterstützt Gerechtigkeit und Schutz vor Diskriminierung und Stigmatisierung sowie Erklärbarkeit: KI ist transparent und erklärbar. Ihre Ziele werden offen kommuniziert (vgl. auch den Beitrag von Catrin Misselhorn in diesem Band). Danach gefragt, ob der jeweilige Grundsatz „praktisch umgesetzt werden konnte", ergäbe sich im Spiegel der Einschätzungen die Abfolge (von hoher zu geringer erwarteter Umsetzungswahrscheinlichkeit): Garantie effektiver Selbstbestimmung des Menschen (Q_1: 2.6, Q_2: 3.7, Q_3: 4.2) vor Schadensverhütung (Q_1: 2.4, Q_2: 3.4, Q_3: 4.0) vor Fairness (Q_1: 2.2, Q_2: 2.9, Q_3: 3.7) vor Erklärbarkeit (Q_1: 1.9, Q_2: 2.5, Q_3: 3.3). Danach rangieren zwei Kriterien oberhalb der Mittelkategorie „vielleicht", und zwar das Autonomie- und das Schadensverhütungskriterium, und zwei darunter (Fairness und Erklärbarkeit). Geht die zentrale Antworttendenz beim Autonomiekriterium noch deutlich in Richtung ‚ziemlich wahrscheinlich', so liegt sie beim Schadensverhütungskriterium schon näher bei ‚vielleicht'. Die Einhaltung des Fairnesskriteriums wird im Mittel tendenziell für möglich gehalten, die Umsetzung der Erklärbarkeit skeptischer beurteilt. Diesbezüglich rangieren die Erwartungen zwischen ‚wahrscheinlich nicht' und ‚vielleicht'. Evident wird damit eine durchaus skeptische Sicht von Wissenschaft und Politik auf die praktische Umsetzbarkeit der Ethikregeln der EU-Kommission.

5.1 3 *KI entscheidet bei Personaleinstellungen*

Von unmittelbarer Bedeutung für die Menschen im Land dürfte sein, wie sich KI am Arbeitsmarkt auswirken wird. Wir haben die Aufmerksamkeit dafür unter anderem auf einen besonders sensiblen Bereich gelenkt: auf Entscheidungen im Kontext von Personaleinstellungen, ein schon heute sehr in der öffentlichen Aufmerksamkeit stehender Bereich. Gefragt war, wiederum für das Bezugsjahr 2030: „Seit Personaleinstellungen durch KI entschieden werden, sind Diskriminierung,

Stigmatisierung und Verletzung von Persönlichkeitsrechten bei der Jobsuche deutlich zurückgegangen." Dies per ethisch akzeptabler Programmierung sicherzustellen, wäre im Prinzip ja eine überaus realistische Option, – die allerdings im Spiegel der Antworten deutlich für unwahrscheinlich gehalten wird (Q_1: 1.7, Q_2: 2.4, Q_3: 3.2).

Ein Grund dafür ist sicherlich mangelndes Vertrauen darin, dass entsprechende Programmiergrundsätze auch de facto eingehalten werden. Eine Option, dies sicherstellen zu wollen, mag dann in Festlegung gesetzlicher Vorgaben gesehen werden. Wiederum aus dem Blickwinkel des Jahres 2030 heraus betrachtet, haben wir im Delphi entsprechend um eine Einschätzung des folgenden Szenarios gebeten: „Seit 2025 ist die Ethik-Richtlinie der EU als gesetzliche Vorgabe verbindlich von jedem einzuhalten. Die für Personaleinstellungen entwickelten KI-Assistenzsysteme müssen seitdem behördlich zugelassen werden, um bei der Jobsuche den Schutz vor Diskriminierung, vor Stigmatisierung und vor Verletzung von Persönlichkeitsrechten zu gewährleisten." Dieses Szenario wird in der Tendenz für möglich bis ziemlich wahrscheinlich gehalten (Q_1: 2.7, Q_2: 3.5, Q_3: 4.1).

5.1.4 *KI entscheidet vs. assistiert im medizinischen Bereich*

Wie sehr wird aus Sicht von Wissenschaft und Politik erwartet, dass KI Einzug in den medizinischen *Bereich* finden wird. Dazu drei Beispiele, die sich klar in dieser Erwartung unterscheiden. Vergleichsweise unwahrscheinlich wäre danach der Einsatz von Assistenzrobotern. Für das Bezugsjahr 2030 war dazu gefragt worden: „Arztpraxen werden bei Bedarf nur noch auf Empfehlung von Assistenzrobotern aufgesucht, die in der seit Jahren massiv ausgebauten telemedizinischen Versorgung der Bevölkerung inzwischen regelmäßig die Erstdiagnose und medizinische Erstbetreuung übernehmen." Dies wird in der Tendenz für möglich gehalten, allerdings mit leichtem Übergewicht der Antworten in Richtung auf „wahrscheinlich nicht" (Q_1: 2.0, Q_2: 2.8, Q_3: 3.6). Wir sehen darin insbesondere eine skeptische Haltung gegenüber selbst entscheidenden Assistenzrobotern. Nicht ganz so skeptisch, aber doch ähnlich in der Antworttendenz erscheint die Beurteilung des Zusammenhangs von KI und Kunstfehlerproblematik. Die Befragten waren dafür um eine Einschätzung dieser Behauptung gebeten worden: „KI-gestützte Operationstechniken sind inzwischen so hoch entwickelt, dass ärztliche Kunstfehler selbst bei kompliziertesten medizinischen Eingriffen nahezu ausgeschlossen werden können (Q_1: 2.0, Q_2: 2.9, Q_3: 3.8). Demgegenüber wird aus Politik und Wissenschaft heraus für deutlich wahrscheinlicher gehalten, dass Patienten im Falle medizinischer Eingriffe für den Einsatz von KI votieren würden: So schließen die mittleren 50 Prozent der Experteneinschätzungen auf der einen Seite „vielleicht" und auf der anderen Seite „ziemlich wahrscheinlich" ein, wenn die Situation wie folgt beschrieben wird: „Vor die Wahl gestellt, ob ein Chirurg eine OP mit oder ohne KI-Unterstützung durchführen soll, votieren Patienten inzwischen fast ausnahmslos für den Einsatz von KI" (Q_1: 2.7, Q_2: 3.6, Q_3: 4.1).

5.1.5 *Autonomes Fahren*

Ein Vorteil KI-gesteuerter Entscheidungen im Straßenverkehr kann darin gesehen werden, dass es *programmierte* Entscheidungen sind. KI entscheidet kalkuliert. Menschen hingegen treffen Entscheidungen durchaus auch intuitiv und können mit solchen Entscheidungen— am intendierten Ergebnis gemessen — richtig oder falsch liegen. Während intuitive Entscheidungen mehr oder minder situationsadäquat ausfallen können, sollte von programmierten Entscheidungen erwartet werden können, dass sie *stets* situationsadäquat ausfallen. Im Straßenverkehr liegt ein Kriterium für angemessenes Verhalten sicherlich im Vermeiden von Unfällen. Auf das Unfallrisiko bezogen baten wir die Expertinnen und Experten deshalb um eine Bewertung dieser Behauptung: „Das Unfallrisiko autonom fahrender Autos ist auch deshalb geringer als bei von Menschen gesteuerten Autos, weil ein Autopilot keine intuitiv falschen Entscheidungen treffen kann." Dies wird in erster Linie für möglich bis ziemlich wahrscheinlich gehalten (Q_1: 2.6, Q_2: 3.4, Q_3: 4.1).

5.2 *Bevölkerungssicht*

5.2.1 Ethisch-akzeptable KI-Programmierung bei Personaleinstellungen

Auch aus Bevölkerungssicht ist eine skeptische Haltung in der Frage ethisch-akzeptabler Programmierung bei Personaleinstellungen nicht zu verhehlen: Nur ca. ein Viertel der Umfrageteilnehmerinnen und Umfrageteilnehmer würde „ziemlich wahrscheinlich" oder „ganz sicher" darauf vertrauen, dass sich in großen Unternehmen eine durch intelligente Software vorgenommene Vorauswahl unter Bewerbungen auf freie Stellen nur an der Qualifikation der Bewerber*in orientieren (Q_1: 1.5, Q_2: 2.6, Q_3: 3.6) bzw. wirksam vor unfairer Auswahl bzw. vor Diskriminierung schützen würde (Q_1: 1.6, Q_2: 2.4, Q_3: 3.5). Allerdings nehmen zugleich immerhin 38 Prozent der Umfrageteilnehmerinnen und Umfrageteilnehmer an, dass eine solche Vorauswahl die Bewerber/innen *wirksamer* vor unfairer Auswahl und Diskriminierung schützen würde als eine vom Menschen getroffene Vorauswahl (Q_1: 2.2, Q_2: 3.1, Q_3: 4.0). Danach gefragt, ob sie persönlich eine automatisiert oder eine durch Menschen getroffene Vorauswahl bevorzugen würden, sind die Präferenzen jedoch klar verteilt: 21 Prozent würden eine automatisierte und 62 Prozent eine durch Menschen getroffene Vorauswahl bevorzugen; 11 Prozent wäre es egal und 6 Prozent können es nicht sagen (weiß nicht).

5.2.2 *KI entscheidet im Dienstleistungsbereich*

Den Grad des Vertrauens in KI-gestützte Entscheidungen halten wir in der Akzeptanzfrage für eine Schlüsselgröße und haben in der Bevölkerungsumfrage die Aufmerksamkeit entsprechend auf zwei Dienstleistungsbereiche gelenkt, in denen sich genau diese Vertrauensfrage stellt. Als Beispiel für die ‚Automatisierbarkeit der Dienstleistung eines akademischen Berufs' haben wir die ‚Rechtsberatung' zur Disposition gestellt. Folgendes Statement galt es zu beurteilen: „Stellen Sie sich bitte vor, Sie benötigen einen Rat in Rechtsfragen und wenden sich dafür über das Internet an eine Anwaltskanzlei. Dort übernimmt ein Roboter die Erstberatung. Würden Sie darauf vertrauen, dass er Sie kompetent beraten kann?" Die Einschätzung geht im Mittel in Richtung auf „vielleicht", wobei die mittleren 50 Prozent dieser Einschätzungen einerseits „wahrscheinlich nicht" klar einschließen, während sie „ziemlich wahrscheinlich" andererseits klar ausschließen (Q_1: 1.9, Q_2: 2.8, Q_3: 3.7). Es überwiegt also Skepsis. Anders im Falle des Vertrauens in die Vergleichsportalen zugrunde liegenden Algorithmen. Dort tendieren die Einschätzungen ausgewogener und fokussierter (mit geringerer Streuung) zu „vielleicht" und damit zu dem Punkt, in dem die Einschätzung maximale Unsicherheit zum Ausdruck bringt (Q_1: 2.2, Q_2: 2.9, Q_3: 3.5). Gefragt war: „Stellen Sie sich bitte vor, Sie suchen im Internet ein Vergleichsportal auf, um dort eine Ware oder Dienstleistung einzukaufen. Würden Sie darauf vertrauen, dass Ihnen der Algorithmus jeweils die besten Vergleichsmöglichkeiten aufzeigt?"

5.2.3 *Autonomes Fahren*

Bemerkenswert gering ist derzeit noch das Vertrauen in die technische Zuverlässigkeit autonomen Fahrens ausgeprägt. Bemerkenswert deshalb, weil mit dieser Technik bereits seit einiger Zeit praktische Erfahrungen vorliegen und das Thema auch schon auf einige öffentliche Aufmerksamkeit gestoßen ist. Wir hatten dazu um Einschätzung dieses Statements gebeten: „Es wird erwartet, dass selbstfahrende Autos in der Zukunft am Straßenverkehr teilnehmen werden. Werden Sie darauf vertrauen können, dass die Technik zuverlässig ist?" In der zentralen

Antworttendenz rangieren die Einschätzungen hier zwischen „wahrscheinlich nicht" und "vielleicht", wobei die mittleren 50 Prozent dieser Einschätzungen einerseits „wahrscheinlich nicht" klar einschließen, während sie „ziemlich wahrscheinlich" andererseits klar ausschließen (Q_1: 1.8, Q_2: 2.7, Q_3: 3.7). Deutlich positiver wird allerdings zugleich der Sicherheitsaspekt beurteilt. Danach gefragt, ob „Sie darauf vertrauen können, dass selbstfahrende Autos so programmiert sein werden, dass die Sicherheit der Verkehrsteilnehmer*innen an erster Stelle steht?" rangieren die Antworten im Mittel zwischen „vielleicht" und „ziemlich wahrscheinlich", wobei die mittleren 50 Prozent dieser Einschätzungen „wahrscheinlich nicht" klar ausschließen und „ziemlich wahrscheinlich" klar einschließen (Q_1: 2.4, Q_2: 3.5, Q_3: 4.2).

Wenn ein Vorteil KI-gesteuerter Entscheidungen im Straßenverkehr darin gesehen wird, dass es *programmierte* Entscheidungen sind, so ist damit unmittelbar die Frage verknüpft, wie ein selbstfahrendes Auto — unter ethischen Gesichtspunkten betrachtet — programmiert sein sollte. Gefragt war dazu: „Im Straßenverkehr können Unfälle passieren. Wie sollte sich ein selbstfahrendes Auto im Fall eines unvermeidbaren Unfalls verhalten? Sollte es so programmiert werden, dass der Schutz der Insassen des Autos an erster Stelle steht, dass der Schutz von Passanten und anderen Verkehrsteilnehmern an erster Stelle steht, oder sollte bei der Programmierung diesbezüglich kein Unterschied gemacht werden?" Das Ergebnis lässt insbesondere auf den hohen Wert schließen, den der Gleichheitsgrundsatz in der Bevölkerung genießt: Für 10.3 Prozent sollte der Schutz der Insassen an erster Stelle stehen, für 9.8 Prozent der Schutz von Passant*innen / Anderen und für 65.7 Prozent sollte kein Unterschied gemacht werden („weiß nicht": 14,2%).

Wie aber verteilen sich derzeit die Präferenzen in Bezug auf selbstfahrende Automobile? Würden sich die befragten Personen von einem selbstfahrenden Auto chauffieren lassen oder lieber selbst das Steuer übernehmen? Würden sie sich lieber von einem anderen Menschen fahren lassen oder lieber von einem selbstfahrenden Automobil? Über den Wohlfühlfaktor in diesem Zusammenhang informierte oben Tabelle 2. Hier betrachten wir die diesbezüglichen Präferenzen. Gefragt war: „Wie würden Sie gerne Ihre täglichen Wege bestreiten? Welche der nachfolgenden Konstellationen wäre Ihnen am liebsten, welche am zweitliebsten, welche am drittliebsten?" Tabelle 3 informiert über das diesbezügliche, sehr eindeutige Resultat: Vergleichsweise höchste Priorität genießt für Bahn/Bus und Auto die Variante, dass *der Mensch* steuert/fährt. Es folgen die Selbstfahrvarianten, bei denen jeweils ein Mensch an Bord ist und jederzeit die Kontrolle übernehmen kann.

Schließlich folgen die Selbstfahrvarianten, bei denen diese Kontrolle nicht gegeben ist.

„Wie würden Sie gerne Ihre täglichen Wege bestreiten? Welche der nachfolgenden Konstellationen wäre Ihnen am liebsten, welche am zweitliebsten, welche am drittliebsten? Beginnen Sie bitte mit der Konstellation, die Ihnen am liebsten wäre."	Anteil* (Element=Bestandteil der TOP 3 Präferenzen)
5 In Bahn oder Bus - von einem Menschen gesteuert	0.431
2 Als Fahrer*in in einem von Ihnen gesteuerten Auto	0.384
8 In selbstfahrender Bahn - mit Fahrer*in an Bord	0.310
4 In einem selbstfahrenden Auto, in dem Sie jederzeit das Lenkrad übernehmen können	0.273
9 In selbstfahrendem Bus - mit Fahrer*in an Bord	0.244
1 Als Bei- oder Mitfahrer*in in einem vom Menschen gesteuerten Auto	0.213
6 In selbstfahrender Bahn - ohne Fahrer*in an Bord	0.153
3 Als Bei- oder Mitfahrer*in in einem selbstfahrenden Auto	0.130
7 In selbstfahrendem Bus - ohne Fahrer*in an Bord	0.093
10 Keine dieser Konstellationen	0.083
11 Eine andere Konstellation	0.042

Tabelle 3: *KI beim autonomen Fahren: Präferenzen*

* Jeweils bezogen auf die n=216 Umfrageteilnehmer*innen. Die Liste der elf Möglichkeiten wurde jedem Respondenten in randomisierter Abfolge vorgelegt, um im Interview Reihenfolgeeffekte auszuschließen.

5.2.4 Vertrauen in KI und Wohlfühlfaktor

Die angesprochenen Bereiche (Personaleinstellungen, Dienstleistungen, autonomes Fahren) repräsentieren mögliche KI-Anwendungsfelder, die sich auch in der Struktur des Vertrauens, das in sie investiert werden würde, widerspiegelt. So lässt sich über eine Faktorenanalyse zeigen, dass - neben den drei Items zur Vertrauenswürdigkeit autonomer KI-Entscheidungen bei Personaleinstellungen - auch die zwei Items zur Kompetenz von KI-Entscheidungen im Dienstleistungsbereich (Rechtsberatung, Vergleichsportale) einen eigenständigen Faktor bilden, und dass die beiden Items zur technischen Zuverlässigkeit und Sicherheit im autonomen Fahren einen dritten eigenständigen Faktor konstituieren. Auch für diese KI-Vertrauensfaktoren ist nach unseren Analysen – wie oben in Abbildung 1 angedeutet – zu erwarten, dass dem KI-Wohlfühlfaktor eine zentrale Erklärungsfunktion zukommt.

6. Fazit

Die vorliegende Studie ist thematisch an der Schnittstelle von KI und Gesellschaft angesiedelt. Sie zeigt auf, dass Wissenschaft und Politik derzeit eher kein Szenario erwarten, das den Menschen primär im Wettbewerb mit KI sieht, also im Wettbewerb um Jobs und die damit verbundene berufliche und soziale Absicherung menschlicher Existenzen (*Wettbewerbsszenario*). Ebenso wie ein solches Worst-Case Szenario wird allerdings auch das gegenteilige *Wohlstandsszenario* und das darin angelegte Wohlstandsversprechen von KI sehr deutlich zurückgewiesen. Dass die Interaktion zwischen Menschen und Robotern künftig zur gesellschaftlichen Normalität zählen werde (*Kommunikationsszenario*), wird im Wesentlichen für möglich gehalten. In der Tendenz eher wahrscheinlich als unwahrscheinlich erscheint aus Sicht von Wissenschaft und Politik hingegen ein Szenario, das eine Situation des gesellschaftlichen Konflikts um Ethik-Richtlinien und ihre Einhaltung, um Haftungsfragen und ethisch-akzeptable Programmierung voraussieht. Diese Tendenz tritt noch deutlicher bei einem Szenario zutage, welches für das in der Studie herangezogene Bezugsjahr 2030 eine Situation skizziert, in der inzwischen eine Vielzahl an KI-Assistenzsystemen existieren, die für den Menschen Tätigkeiten ausführen und bei Entscheidungen unterstützen. Zu berichten war für dieses ‚*Assistenzszenario*‘, dass die mittleren 50 Prozent der seitens Wissenschaft und Politik geäußerten Erwartungen, dass ein solches Szenario Wirklichkeit werden könnte, das Spektrum von ‚vielleicht‘ bis ‚ziemlich wahrscheinlich‘ einschließt. ‚Gesellschaftlicher Konflikt um KI‘ und ‚Assistenz durch KI‘ repräsentieren danach die beiden Szenarien, mit denen künftig zu rechnen wäre.

Dabei ließ die Auswertung von Detailaspekten der Konflikt- und Assistenzszenarien eine Skepsis in der Einschätzung der erwarteten gesellschaftlichen Akzeptanz sowohl von KI-assistierten Entscheidungen als auch von autonomen KI-Entscheidungen erkennen, die aus begleitender Bevölkerungssicht teilweise noch übertroffen wurde. Kritisch zu beurteilen ist danach zum einen die Bereitschaft, sich künftig bei persönlichen Entscheidungen durch KI-Assistenzsysteme helfen zu lassen sowie zum anderen das Vertrauen in Entscheidungen, die KI autonom treffen wird.

Aber welchen Faktoren ist diese Skepsis geschuldet? Unsere Analyse hat gezeigt, dass der Haltung, die eine Person gegenüber technischer Innovation einnimmt, die erwartet wichtige Rolle zukommt: Der Akzeptanzgrad in autonome oder KI-assistierte Entscheidungen steigt mit dem Selbstverständnis als Person, die zu den Ersten zählen möchte, die technische Neuerungen ausprobiert. Als nicht ganz so wirkmächtig, aber ebenfalls als sehr relevant, zeigt sich das Selbstverständnis als Person, die sich in Lebensfragen eher an der Wissenschaft als an der Religion orientiert. Und nicht zuletzt das Selbstverständnis als Person, die mit der Zeit gehen möchte, und sich dadurch dem allgemeinen Wandel gegenüber aufgeschlossen zeigt, stärkt die Akzeptanz von KI.

Nur warum wirken diese persönlichkeitsbezogenen Komponenten so wie sie wirken? Unsere Analyse konnte als überaus bedeutsamen Erklärungsfaktor die emotional konnotierte Vorstellung identifizieren, welche die Menschen mit einer Reihe antizipierter Situationen einer Interaktion zwischen Mensch und Roboter verbinden. Dieser ‚KI-Wohlfühlfaktor' fungiert aber nun nicht nur als zentraler vermittelnder Faktor, er liefert auch einen probaten Ansatzpunkt dafür, die KI-Akzeptanzfrage positiv zu beeinflussen. Wichtig ist hier der Zukunftsbezug: Es ist entscheidend zu beachten, dass wir hier zeigen, welche Vorstellungen sich *die Menschen heute* von dem machen, was in puncto Interaktion zwischen Mensch und Roboter künftig auf sie zukommen mag. Noch liegen die relevanten persönlichen Erfahrungen ja gar nicht vor. Folglich liegt die Chance einer jeden weiteren KI-Entwicklung, für sich künftig Akzeptanz in der Bevölkerung zu gewinnen, darin, die dafür erforderlichen positiven Erfahrungen selbst zu vermitteln. Die künftige KI-Entwicklung wäre also aus unserer Sicht sehr gut beraten, die Bevölkerung mit ihren diesbezüglichen Bedürfnissen, Erwartungen und Befürchtungen zentral in die weitere Entwicklungsarbeit mit einzubeziehen.

Dafür bietet sich neben dem KI-Wohlfühlfaktor ein weiterer Ansatzpunkt an: die *Integrität* von KI-assistierten oder autonomen KI-Entscheidungen. Unser Beispiel dafür war das Vertrauen in die Vorauswahl von Jobsuchenden bei Personaleinstellungen. Hierzu hat die Analyse gezeigt, dass sich mangelndes Vertrauen nur bedingt durch den KI-Wohlfühlfaktor erklären lässt. Dass diesbezüglich also eine weitere substantielle Variationsursache involviert sein muss, erscheint nachvollziehbar. Schließlich berührt Integrität hier die Frage der normativen bzw. ethischen Akzeptanz von KI- Entscheidungen und damit auch die ggf. latenten Interessen, die in die Programmierung einer KI-Anwendung eingehen mögen. Eine KI wird aber nur in dem Maße auf gesellschaftliche Akzeptanz bei Interessengruppen und soziale Akzeptanz in der Bevölkerung stoßen, in dem sie nicht nur als technisch zuverlässig, für den Menschen sicher und in der Antizipation eher Wohlbehagen als Unbehagen bereitend wahrgenommen wird, sondern in dem sie auch an normativen Kriterien gemessen als vertrauenswürdig eingeschätzt wird.

Literatur

Awad, Edmond, Sohan Dsouza, Richard Kim, Jonathan Schulz, Joseph Henrich, Azim Shariff, Jean-François Bonnefon & Iyad Rahwan (2018). The Moral Machine Experiment. In: *Nature* 563, 59-64. DOI: 10.1038/s41586-018-0637-6.

European Commission (2014): Eurobarometer 77.1, February-March 2012. TNS OPINION & SOCIAL, Brussels [Producer]. GESIS Data Archive, Cologne. ZA5597 Data file Version 3.0.0. Brussels 2014. DOI:10.4232/1.12014.

European Commission and European Parliament (2017): Eurobarometer 87.1, March 2017. TNS opinion, Brussels [producer]. GESIS Data Archive, Cologne. ZA6861 Data file Version 1.2.0. Brussels 2017. DOI:10.4232/1.12922, abgerufen am 01.12.2020.

European Commission and European Parliament (2018): Eurobarometer 82.4, November-December 2014. TNS opinion [producer]. GESIS Data Archive, Cologne. ZA5933 Data file Version 6.0.0. Brussels 2018. DOI:10.4232/1.13044, abgerufen am 01.12.2020.

European Commission Independent High-Level Expert Group on Artificial Intelligence (2019): Ethics Guidelines for Trustworthy AI. Brussels 2019. https://ec.europa.eu/digital-single-market/en/news/ethics-guidelines-trustworthy-ai, abgerufen am 01.12.2020.

Koch, Gertraud (2019) Digitale Selbstvermessung. In: Baur, Nina; Blasius, Jörg [Hg.]: *Handbuch Methoden der empirischen Sozialforschung*. Band 2, 1079-087. Springer Fachmedien, Wiesbaden 2019.

Opp, Karl-Dieter; Tazelaar, Frits; Wippler, Reinhard (1990): Nutzentheorie und Theorie mentaler Inkongruenzen: Die ausgewählten Individualtheorien. In: Opp, Karl-Dieter; Wippler, Reinhard [Hg.](1990):

Empirischer Theorienvergleich. Erklärungen sozialen Verhaltens in Problemsituationen. Westdeutscher Verlag, Opladen 1990,17-36.

The Royal Society (2017): Machine learning: The power and promise of computers that learn by example. The Royal Society, London 2017. https://royalsociety.org/~/media/policy/projects/machinelearning/publications/machine-learning-report.pdf, abgerufen am 01.12.2020.

Schnell, Rainer (2012): *Survey-Interviews. Methoden standardisierter Befragungen.* VS Verlag für Sozialwissenschaften/Springer Fachmedien, Wiesbaden 2012.

Weber, Max (1972): *Wirtschaft und Gesellschaft.* Studienausgabe, 5. Auflage. J.C.B. Mohr, Tübingen 1972.

Wohlrab-Sahr, Monika; Tom Kaden (2013): Struktur und Identität des Nicht-Religiösen: Relationen und soziale Normierungen. In: *Religion und Gesellschaft. Sonderheft 53/2013 der Kölner Zeitschrift für Soziologie und Sozialpsychologie 65, 183-209.*

John Michael

INTERAKTIONEN MIT ROBOTERN –
WIE VERBINDLICH KANN DAS SEIN?

Abstract: Ein charakteristisches Merkmal für uns Menschen als Spezies ist unsere sehr ausgeprägte und flexible Fähigkeit, gemeinsam zu handeln. Dies ermöglicht es uns, unsere Ziele effizienter zu erreichen als es sonst möglich wäre, und auch Ziele zu erreichen, die sonst gar nicht möglich wären. Aber es bereitet uns auch eine neue Herausforderung: nämlich abzuschätzen, wann und inwiefern wir uns auf andere verlassen sollten, und auch wann und inwiefern wir bei gemeinsamen Handlungen mit anderen dabeibleiben sollten, wenn wir vielleicht selbst keine Lust mehr haben und interessante Alternativen hätten. Eine Lösung dafür ist, sich auf das Verbindlichkeitsgefühl zu verlassen. Wenn Sie zum Beispiel mit einem Bekannten ausgemacht haben, zu einer Veranstaltung heute Abend zu kommen, im letzten Augenblick aber doch keine Lust haben, kommen Sie aus einem Gefühl von Verbindlichkeit vielleicht trotzdem. Und er wird das auch erwarten und sich darauf verlassen. So trägt ein Verbindlichkeitsgefühl dazu bei, zwischenmenschliche Interaktionen, Projekte und Institutionen zu stabilisieren. Doch wie schaut es mit Blick auf Interaktionen mit Robotern aus? In diesem Beitrag stelle ich neuere Forschung vor, die darauf hindeutet, dass in Interaktionen mit Robotern tatsächlich auch ein Verbindlichkeitsgefühl entstehen kann, und dass dies erhebliche Konsequenzen und gesellschaftliche Implikationen nach sich ziehen könnte.

1. Einleitung

Ein charakteristisches Merkmal für uns Menschen als Spezies ist unsere sehr ausgeprägte und flexible Fähigkeit, gemeinsam zu handeln. Dies ermöglicht es uns, unsere Ziele effizienter zu erreichen als es sonst möglich wäre, und auch Ziele zu erreichen, die sonst gar nicht möglich wären. Aber es bereitet uns auch eine neue Herausforderung: nämlich abzuschätzen, wann und inwiefern wir uns auf andere verlassen sollten, und auch wann und inwiefern wir bei gemeinsamen Handlungen mit anderen dabeibleiben sollten, wenn wir vielleicht selbst keine Lust mehr haben und interessante Alternativen hätten.

Eine Lösung dafür ist, sich auf das Verbindlichkeitsgefühl (oder: *Sense of Commitment*) zu verlassen. Wenn Sie zum Beispiel mit einem Bekannten ausgemacht haben, zu einer Veranstaltung heute Abend zu kommen, im letzten Augenblick aber doch keine Lust haben, kommen

Sie vielleicht aus einem Gefühl von Verbindlichkeit trotzdem. Und er wird das auch erwarten und sich darauf verlassen.

So kann ein Verbindlichkeitsgefühl die Planung und die Koordination gemeinsamer Handlungen unterstützen. Und es fördert die Kooperation insofern als man aufgrund von Verbindlichkeiten bereit ist, Dinge zu tun, die man vielleicht sonst nicht tun würde. Eine Bauarbeiterin wäre zum Beispiel wahrscheinlich nicht bereit, einen Monat auf einer Baustelle zu arbeiten, wenn niemand eine Verbindlichkeit eingegangen wäre, sie dafür zu bezahlen.

Ferner, macht man manchmal aus einem Verbindlichkeitsgefühl heraus auch Sachen für andere oder mit anderen, ohne dass man dies explizit ausgemacht hat.

2. Forschung zum Verbindlichkeitsgefühl bei Menschen

Um das zu veranschaulichen, stellen Sie sich bitte folgendes Beispiel vor. Sandra und Susi sind es gewohnt, jeden Tag in der Pause um 15 Uhr gemeinsam auf dem Balkon einen Kaffee zu trinken und sich zu unterhalten. Aber sie haben nie explizit ausgemacht, dass sie das tun werden; es hat sich nur so eingebürgert. Wenn Sandra mal nicht kommen kann, wird sie sich vielleicht verpflichtet fühlen, Susi vorher zu benachrichtigen, oder sich am nächsten Tag zu entschuldigen. Ich denke, solche Situationen sind uns allen bekannt. Aber was sind die Bedingungen, unter welchen ein solches Verbindlichkeitsgefühl entsteht? Und was sind die Bedingungen, die die Stärke dieses Gefühls bestimmen?

Zum Beispiel: Wenn sich Sandra und Susi seit vier Jahren jeden Tag treffen, wird Sandras Verbindlichkeitsgefühl vermutlich stärker sein, als wenn sie sich erst seit einer Woche jeden Tag treffen. Die Wiederholung kann also ein Faktor sein, der das Verbindlichkeitsgefühl moduliert. Wenn Susi fünf Stockwerke erklimmen müsste, um zu diesem Balkon zu kommen, wäre Sandras Gefühl wahrscheinlich umso deutlicher und stärker, so dass sie sich verpflichtet fühlen würde, Susi zu benachrichtigen, wenn sie nicht kommen kann. Die Kosten, die ein Interaktionspartner investieren muss (Mühe, Zeit, Geld) können also auch ein Faktor sein, der das Verbindlichkeitsgefühl moduliert. Welche anderen Faktoren spielen hier eine Rolle? Und welche psychologischen Prozesse beeinflussen diese Faktoren? Um dieser Fragenkonstellation nachzugehen, habe ich zusammen mit meiner Forschungsgruppe eine Reihe von Studien ausgeführt.

Die erste Studie die ich vorstellen will, basiert auf dem klassischen Schlangenspiel, das Sie vielleicht mal am Handy gespielt haben

(Székely & Michael, 2018). In unserer Version dieses Spiels spielt man gemeinsam mit einem Partner (wobei die Rolle des Partners durch einen künstlichen Akteur gespielt werden kann): die eine Spielerin kontrolliert die Links-/Rechts-Achse und die andere die Bewegungen nach oben und nach unten. Zu zweit hat man dann die Aufgabe, möglichst viele Äpfel einzusammeln. Man spielt 20 Runden. Innerhalb der Runde erscheinen die Äpfel immer langsamer, so dass das Spiel zunehmend langweilig wird. Eine der Spielerinnen kann entscheiden, wann sie die Runde beenden will. Und wir messen, wie lange sie durchhält.

Die experimentelle Manipulation in dieser Studie ist Folgende: die jeweils andere Spielerin (die Partnerin) muss vor jeder Runde eine Aufgabe lösen, um die Runde zu entschlüsseln – und diese Aufgabe kann entweder leicht oder schwer sein. Konkret sieht das so aus, dass Spielerin B ein Captcha entziffern muss – entweder ein kurzes, einfaches oder ein langes, schweres Captcha

Spielerin A (die Teilnehmerin) sieht, wie kleine Sternchen auf dem Bildschirm erscheinen, die darstellen sollen, dass Spielerin B das Captcha löst; dann spielen sie eine Runde des Schlangenspiels

Aber in Wahrheit löst hier niemand ein Captcha: die Sternchen werden einfach von einem Algorithmus generiert, so dass es so aussieht, als würde jemand ein Captcha lösen. So können wir genau kontrollieren, was die Versuchsperson sieht, und wie lange es dauert – d.h., die vermeintlich menschliche Partnerin ist nur ein Bot (also ein Computerprogram), den mein Doktorand Marcell Székely programmiert hat.

Und wir haben tatsächlich festgestellt, dass die getesteten Personen länger durchhalten, wenn ihr Partner eine schwere Aufgabe gelöst hat als wenn es eine einfache Aufgabe war. Anscheinend wird durch die Beobachtung des mühevollen Beitrags des Partners ein Verbindlichkeitsgefühl erzeugt, das die Teilnehmer*innen trotz der zunehmenden Langeweile länger ausharren lässt. Die Teilnehmer*innen merken übrigens nicht, dass sie unterschiedlich lange spielen. Wir vermuten, dass das daran liegt, dass der Einfluss dieses intuitiven Verbindlichkeitsgefühls automatisch und unbewusst erfolgt.

3. Forschung zum Verbindlichkeitsgefühl in Interaktionen mit Robotern

Um das wiederum zu testen, haben wir den Leuten in einem weiteren Experiment mitgeteilt, dass der Partner in Wahrheit ein Bot ist. Meine Vorhersage war, dass wir auch hier denselben Effekt finden würden, weil ich vermutet hatte, dass der Effekt unbewusst und automatisch erfolgt.

So ist es ein bisschen wie das Erlebnis mit dem sogenannten *spinning rainbow pinwheel of death*, das die Mac-Benutzer unter uns kennen werden. Es soll irgendwie signalisieren, dass der Rechner noch versucht, den Befehl auszuführen, und so vielleicht Geduld hervorrufen.

Aber der Effekt war dann doch nicht mehr signifikant, d.h. ein Verbindlichkeitsgefühl wird in diesem Kontext nur hervorgerufen, wenn die Leute glauben, dass es ein Mensch ist, der gerade Mühe reingesteckt hat. Das ist auch ein interessantes Ergebnis, weil es zeigt, dass dieser Effekt tatsächlich auf psychologische Prozesse hindeutet, die auf soziale Interaktionen abgestimmt sind.

Ich vermute trotzdem, dass es auch für einen Roboter möglich ist, ein Verbindlichkeitsgefühl bei einem menschlichen Interaktionspartner hervorzurufen. Die Lehre ist also vielleicht, dass irgendwelche minimalen Signale zwar nicht ausreichen, aber wenn wir andere Komponenten hinzufügen, die komplexere soziale Signale produzieren (also Arme, Augen, Gesichtsausdrücke), dann sollte es möglich sein.

Deswegen haben wir mit Alessia Vignolo, Alessandra Sciutti, und Francesco Rea am italienischen Institut für Technologie in Genua eine Reihe von Experimenten mit einem humanoiden Roboter, dem iCub, ausgeführt. Der iCub kann Objekte greifen, halten und übergeben. Er kann auch Augenkontakt herstellen und z.B. warten bis ein menschlicher Interaktionspartner ihn anschaut, bevor er ein Objekt überreicht. Ein relativ menschenähnlicher Akteur also.

In einer Studie geht es darum, dass der iCub und der menschliche Teilnehmer sich gegenseitig etwas beibringen (REFERENZ). Zuerst zeigt der iCub dem Teilnehmer eine Reihe von Bewegungen – so etwas wie Robo-Yoga. Wenn der Teilnehmer Schwierigkeiten hat, die Reihe zu lernen, wiederholt der iCub seine Demonstration. Und jetzt der springende Punkt: manchmal (aber nur manchmal) macht der iCub seine Demonstration beim zweiten Durchgang langsamer, und mit längeren Pausen zwischen den Bewegungen. Wenn er dies tut, fällt es den Teilnehmer*innen leichter, die Sequenz zu erlernen. Als nächstes kommen die Teilnehmer*innen dran: sie müssen dem iCub dann beibringen, Buchstaben zu erkennen, die sie mit dem Zeigefinger in der Luft malen. Und wenn der iCub Schwierigkeiten damit hat, dürfen sie ihre Demonstrationen einmal wiederholen. Und dabei können sie ihm helfen, indem sie die zweite Demonstration langsamer und mit längeren Pausen gestalten. Der Befund war, dass sie sich dieser Möglichkeit eher dann bedient haben, wenn der iCub dies auch bei seinen Demonstrationen für sie getan hat. Das zeigt, dass sie bereit waren, seine Bemühungen, ihnen beim Lernen zu helfen, mit einem erhöhten Einsatz zu erwidern, wenn es darum ging, ihm beim Lernen zu helfen.

In einer anderen, geplanten Studie bauen zwei Partner gemeinsam einen Turm, indem sie möglichst schnell und möglichst gleichzeitig kleine Blöcke stapeln. Der iCub (in der Rolle des Bauleiters) entscheidet, welche Farbe der als nächstes auf den Turm zu legende Block haben soll, und die Versuchsperson (in der Rolle des Helfers), muss die Farbe so schnell wie möglich erkennen, und einen Block von derselben Farbe auf den Turm legen. Es ist also vorteilhaft, wenn die Bewegung des Bauleiters, also des iCubs, so leicht wie möglich zu erkennen sind. Was der iCub also machen kann, ist, statt direkt nach dem blauen Block zu greifen, einen Umweg in die Bewegung einzubauen, der ihm ein bisschen mehr Mühe kostet, aber dem anderen hilft. Wenn er das macht, so unsere Hypothese, wird durch diese zusätzliche Mühe beim Helfer ein Verbindlichkeitsgefühl erzeugt. Das werden wir auf verschiedene Weisen messen.

Ein so erzeugtes Verbindlichkeitsgefühl könnte zum Beispiel dabei helfen, die Toleranz gegenüber Fehlern des iCubs zu erhöhen. Mit Fehlern muss man vor allem dann rechnen, wenn der iCub mit neuen Objekten zu tun hat, wenn er etwa als Krankenpfleger eingesetzt wird.

Und noch schlimmer: Ab und zu muss der iCub eine Pause machen, um zu rekalibrieren, was sehr nervig sein kann. In der Tat haben Hersteller Befürchtungen, solche Zwischenfälle könnten so sehr nerven, dass sie die Akzeptanz von solchen Robotern im Alltag verhindern werden. Deswegen werden wir ab und zu im Laufe des Experiments solche Sequenzen einbauen, und messen, wie lange die Leute bereit sind, auf den iCub zu warten. Je höher das Verbindlichkeitsgefühl, desto höher sollte auch ihre Bereitschaft zu warten sein.

In den vorgestellten Studien spielen Roboter in erster Linie als Instrumente eine Rolle, mit denen wir etwas über die menschliche Psychologie lernen können: je nachdem, ob und wie ein Roboter ein Verbindlichkeitsgefühl bei einem menschlichen Partner erwecken kann, können wir unterschiedliche Schlüsse über die menschliche Psychologie ziehen.

4. Gesellschaftliche Implikationen

Aber diese Forschung hat offenbar auch praktische Folgen und Nutzen: ein Verbindlichkeitsgefühl könnte die Akzeptanz und Verbreitung von Robotern erleichtern. Dies könnte besonders wichtig sein, wenn Roboter neue Aufgaben erlernen müssen, oder bekannte Aufgaben in neuen Räumlichkeiten zu lösen haben, und folglich etwas mehr Zeit brauchen, bis sie zu tüchtigen Kollaborateuren werden. Denn in solchen Situation braucht der menschliche Kollaborateur etwas Geduld und Nachsicht – und ein Verbindlichkeitsgefühl könnte dabei helfen. Darüber hinaus hoffen wir: wenn ein Verbindlichkeitsgefühl zwischen einem Menschen und einem Roboter entstehen kann, dass dies benutzt werden könnte, um Leute dazu zu motivieren, nützliche aber langweilige oder anstrengende Handlungen auszuführen – dass Leute aus einem Verbindlichkeitsgefühl dem Robo-krankenpfleger gegenüber z.B. Medikamenten nehmen oder Physiotherapie machen .

Literatur

Bing, Robert; Michael, John (2018): Overcoming The Uncanny Valley Through Shared Stressful Experience with a Humanoid Robot. In: *Journal of Emerging Investigators*, 1-6.

Michael, John; Salice, Alessandro (2014): (How) Can robots makes commitments? A pragmatic approach. In: Seibt, Johanna et al. [eds.]: *Social Robots and the Future of Social Relations*, IOS Press 2014. DOI 10.3233/978-1-61499-480-0-125

Michael, John; Salice, Alessandro (2017): In: *International Journal of Social Robotics*, 9(5), 755-763. DOI 10.1007/s12369-016-0376-5

Michael, John; Sebanz, Natalie; Knoblich, Günther (2016): The Sense of Commitment: A Minimal Approach, In: *Frontiers in Psychology* 6, 1968. DOI 10.3389/fpsyg.2015.01968

Powell, Henry; Michael, John (2019): Feeling committed to a robot: why, what, when and how? In: *Philosophical Transactions of the Royal Society B*, 374(1771), 20180039.

Salice, Alessandro; Michael, John (2017): Joint commitments and group identification in human-robot interaction. In: Hakli, Raul; Seibt Johanna [eds.]: *Sociality and Normativity for Robots*. Springer, Cham 2017, 179-199. DOI 10.1007/978-3-319-53133-5_9

Székely, Marcell; Michael, John (2018): Investment in Commitment: Persistence in a Joint Action is Enhanced by the Perception of a Partner's Effort, In: *Cognition* 174, 37-42.

Székely, Marcell; Powell, Henry; Vannucci, Fabio; Rea, Francesco; Sciutti, Alessandra; Michael, John (2019): The perception of a robot partner's effort elicits a sense of commitment to human-robot interaction. In: *Interaction Studies*, 20(2), 234-255.

Vignolo Alessia; Sciutti Alessandra; Rea Francesco; Michael John (2019): Spatiotemporal Coordination Supports a Sense of Commitment in Human-Robot Interaction. In: He, Hongsheng; Wagner, Alan; Castro-Gonzalez, Alvaro; Salichs, Miguel; Ge, Shuzhi Sam; Barakova, Emilia Ivanova; Cabibihan, John [eds.]: *Social Robotics. ICSR 2019. Lecture Notes in Computer Science,* 11876. Springer, Cham 2019, 34-43. DOI 10.1007/978-3-030-35888-4_4

Vignolo, Alessia; Powell, Henry; Sciutti, Alessandra; Rea, Francesco; Michael, John (Under Review): ‚Humanoid Robot's Effortful Adaptation Boosts a Human Partner's Commitment to Joint Action'

Vignolo, Alessia; Sciutti, Alessandra; McEllin, Luke; Powell, Henry; Rea, Francesco; Michael, John (2019): An Adaptive Robot Teacher Boosts a Human Partner's Learning Performance. In: *Joint Action, Conference: 2019 28th IEEE International Conference on Robot and Human Interactive Communication (RO-MAN 2019).*

Hendrik Kempt

Zwischenmenschlichkeit für Maschinen

Abstract: Dieser Aufsatz erörtert die Frage, ob der philosophische Begriff der Freundschaft in Zukunft auf Beziehungen zwischen Menschen und Maschinen angewendet werden kann und ob eine solche Freundschaft wünschenswert ist.

Neben der Auffassung, dass Freundschaft rein transaktional ablaufen kann und damit durchaus einfache Freundschaften zwischen Menschen und Maschinen auftreten können (wie auch mit Haustieren), hat die philosophische Tradition seit Aristoteles die Normierung einer Tugendfreundschaft als höchste Freundschaft etabliert, deren implizite Kriterien (wie körperliche Präsenz) darauf hinauslaufen, die sozial relevanten Maschinen der nahen Zukunft, d.i. körperlose natursprachenverwendende Algorithmen wie etwa Chatbots, auszuschließen. Damit wäre das Konzept der Tugendfreundschaft gewissermaßen als eine Zwischenmenschlichkeit definiert, an welcher Maschinen nicht teilhaben können.

Damit steht zu fragen, ob die Kategorie der Freundschaft nicht ohnehin unpassend ist, um gewisse Mensch-Maschine-Beziehungen zu beschreiben, und es gilt, Alternativen zu erkunden. Die Vorteile von zugeneigten, positiven Verbindungen zwischen Menschen und sozial interaktiven Maschinen ist hierbei gegen mögliche Risiken abzuwägen.

Einleitung

Dieser Artikel untersucht einige philosophische Argumente, ob Freundschaften zwischen Menschen und Maschinen metaphysisch, technisch und ethisch möglich sind. Um sich diesen Fragen zu nähern, müssen zunächst zwei Klärungen vorgenommen werden. Erstens, inwiefern der Begriff der ‚Freundschaft' nicht bereits an gewisse ‚zwischenmenschliche' Bedingungen geknüpft ist, und zweitens, inwiefern die verfügbare Technologie und ihre Weiterentwicklung zu interaktiven Robotern und einigen ihrer Eigenschaften führen wird. Danach wird ein Vorschlag diskutiert, wie diese Freundschaften philosophisch eingeordnet werden können. Es zeigt sich, dass sowohl der Freundschaftsbegriff als auch die Annahmen über die Fähigkeiten der Maschinen auf eine spezielle Weise interpretiert werden müssen, damit Mensch-Maschine-Freundschaften möglich werden. Dieser Artikel schlägt vor, den Freundschaftsbegriff abzulehnen, um begrifflichen Raum zu schaffen, in welchem die bedeutungsvollen, freundschaftsartigen Mensch-Maschine-Beziehungen eingeordnet werden können, ohne dass sie der normativen Struktur inhärent zwischenmenschlicher Beziehungen entsprechen müssen.

Freundschaft als philosophisches Thema

Die Wichtigkeit von Freundschaften dürfte jedem Menschen klar sein. Innige, vertrauensbasierte Verbindungen außerhalb der eigenen familiären Kontexte sind in allen Kulturen bekannt, unabhängig von demographischen, politischen, religiösen oder ökonomischen Umständen. Es scheint, als sei das Bilden von Freundschaften in Gesellschaften genauso natürlich wie das Leben in Familien, was auf das individuelle Bedürfnis nach freundschaftlichen Verbindungen zurückgeführt werden kann. Damit sind Freundschaften eine Art anthropologische Konstante.

So ist es auch nicht überraschend, dass Freundschaften seit den Anfängen philosophischer Überlegungen über das menschliche Wesen und das gute Leben zentraler Gegenstand sind. Spätestens seit Aristoteles Ausführungen in der Nikomachischen Ethik (Aristoteles 1991) liegt auch eine philosophische Taxonomie von Freundschaften vor, die bis heute die Grundlage für die meisten Bewertungen verschiedener Freundschaftstypen bildet. Aristoteles unterscheidet drei Freundschaftsformen (ebd., Buch VIII): Freundschaften, die auf gegenseitigem Nutzen ruhen, solche, die auf gegenseitiger Freude ruhen, und letztlich solche, die auf tugendhaftem, gegenseitigem Interesse beruhen. In anderen Worten lässt sich hier von Nutzenfreundschaften, Genussfreundschaften und Tugendfreundschaften sprechen.

Nach Aristoteles sind Nutzenfreundschaften solche, die auf einem gegenseitigen Nutzen beruhen. Sie seien somit transaktional und meist nicht besonders stabil, da sie von einem externen Faktor getrieben würden, der, wenn nicht mehr präsent, auch die Freundschaft beenden würde. Für viele Beziehungen, auf die diese Charakterisierung zutrifft, dürfte der Ausdruck ‚Freundschaft‘ schon fast übertrieben klingen (mit Ausnahme des anglo-amerikanischen Sprachkontexts).

Genussfreundschaften sind nach Aristoteles hingegen solche, die gegenseitige Freude hervorrufen. Die Motivation zu diesen Freundschaften liege zwar im Gegensatz zu Nutzenfreundschaften an einem internen Faktor, dem Genuss oder der Freude am anderen, sei jedoch am Ende ein selbstbezogener, wenn nicht gar egoistischer Ansatz. Genussfreundschaften werden konsumiert, und Investitionen in diese Beziehungen sind, mehr oder weniger bewusst, gebunden an die Erwartungen, weitere Genüsse und Freuden von ihnen zu erhalten. Diese Charakterisierung klingt zwar oberflächlich, jedoch könnten auch ‚gepflegte‘

Genüsse dazu zählen, wie etwa der gemeinsame Besuch von Kulturveranstaltungen.

Tugendfreundschaften, in Kontrast zu beiden anderen Arten, sind für Aristoteles die, in welchen Freunde am Wohlergehen des anderen interessiert sind, ohne, dass deren Wohlergehen unmittelbar eigenen Nutzen oder Genuss bereithält. Das Interesse am anderen ist ihm zufolge somit selbstlos und tugendhaft, d.i. von einem moralischen Charakterzug gezeichnet. Tugendfreundschaften seien dadurch die einzigen freundschaftlichen Beziehungen, die uns als moralische Akteure zu besseren Menschen machen, da wir solche Freundschaften aus der Güte eines moralischen Charakters pflegten, und nicht als eine Investition.

Freilich sind diese drei Typen Idealtypen, d.h. in der Lebenswelt pflegen wir in der Regel Freundschaften, die zu unterschiedlichen Anteilen den drei Typen entsprechen. Die Übergänge sind unklar, etwa von Genussfreundschaften zu Tugendfreundschaften: Ab wann habe ich ein aufrichtiges Interesse an dem Wohlergehen des anderen, und wann bin ich noch auf die Genüsse aus, die dieser Freund mir bereitet? Manchmal scheitern auch Tugendfreundschaften an einem Mangel an Freude zwischen den Freunden, etwa wenn sich Interessen wandeln und sich Freunde auseinanderleben. Allerdings ist gerade diese Einsicht vielsagend. Wenn davon ausgegangen werden kann, dass aus jeder menschlichen Form der Freundschaft jede andere entstehen kann, muss allen Menschen unterstellt werden, dass sie ggf. Tugendfreundschaften eingehen können.

Doch warum setzen wir uns noch immer mit einem Ansatz zu Freundschaften auseinander, der eine Tugendlehre voraussetzt, die heutzutage bestenfalls als alternative normative Theorie zu anderen, etwa der Deontologie oder dem Utilitarismus, diskutiert wird? Und wie soll eine solche Freundschaftstheorie vertretbar sein, wenn sie auf fundamental falschen anthropologischen Annahmen ruht (Aristoteles hielt es für selbstverständlich, dass weder Frauen, Sklaven noch Kinder solche Tugendfreundschaften pflegen können)?

Ein Grund dürfte sein, dass Aristoteles' verfehlte Anthropologie keinen Einfluss auf seine Freundschaftstheorie hat. Sofern man die Fähigkeit zur Tugend auf alle Menschen vorbehaltlos erweitert, ist die Theorie nicht geschwächt, sondern lediglich von den kulturellen Befangenheiten des antiken Griechenland befreit.

Diese Reparatur ist deswegen möglich, weil Aristoteles weniger einen deskriptiven Ansatz liefert, sondern einen normativen: Nach ihm sind Tugendfreundschaften nicht nur diejenigen, die zwischen zwei besonders guten Menschen entstehen, sondern zugleich ein Ziel für jeden Menschen. Wir sollen Tugendfreundschaften führen, weil wir dadurch zu besseren (d.h. tugendhaften) Menschen werden. Und Tugendhaftigkeit führt zu Eudaimonia, dem glücklichen und wohlbeseelten Gemützustand als Endziel menschlicher Tätigkeit.

Diese normative Ausrichtung entspricht auch unseren intuitiven Anforderungen an Freundschaften: Die besten Freundschaften, die wir pflegen, bauen auf der Annahme, dass wir mit ihnen auch schwere Zeiten überstehen können, ohne Nutzen oder Freude zu produzieren. Unsere besten Freunde sind, gemäß der Aristotelischen Perspektive, idealerweise tugendhafte Charaktere, zu welchen wir ebenso tugendhaft-selbstlos zugeneigt sind, und die uns durch ihren moralischen Charakter zu besseren Menschen machen, so wie wir sie dahingehend beeinflussen.

Zugleich ist jedoch auch zu beachten, dass der kulturelle Einfluss dieser Unterscheidung durchaus auch rückwirkend sein kann. Dass sich unsere gelebten Freundschaften mit diesem normativen Ansatz decken, liegt womöglich auch daran, dass wir mehr oder weniger explizit in diesem Ansatz erzogen werden. Die Vorformung unserer Bewertungskategorien für gute und weniger gute Freundschaften fußt hauptsächlich auf den Erwartungen, dass lediglich Tugendfreundschaften die ‚wirklich guten' Freundschaften sind. Ob es nicht jedoch auch alternative Freundschaften geben kann, die kein ‚Upgrade' auf Tugendfreundschaften benötigen, um so gut wie möglich zu sein, ist hier eine offene Frage (Nehamas etwa plädiert für einen ästhetischen, keinen normativen Ansatz zu Freundschaften, vgl. Nehamas 2016). Die normative Struktur von Freundschaften, die Aristoteles vorgibt, ist zwar plausibel, aber diese Plausibilität kann sich auch dadurch erklären lassen, dass wir mit eben jener normativen Struktur erzogen werden und diese so als jene ‚essentielle' Form der Freundschaft erlernen.

Zuletzt ist an der Philosophie von Freundschaften festzuhalten, dass diese normative Struktur von besseren und schlechteren Freundschaften mit klaren Bedingungen für die Führung von guten Freundschaften, d.i. Tugendfreundschaften, bis heute weit verbreitet ist. Diese normative Struktur unterscheidet auch den Freundschaftsbegriff zwischen Menschen zu der Verwendung des Ausdrucks bei Mensch-Hund-Beziehungen. Menschen und Hunde können sicherlich in einer gewissen Weise ‚Freunde' sein, jedoch ohne die normative Struktur im Hintergrund, die wir bei Menschen erwarten.

Sprachgeneratoren und menschliche Kommunikation

Bevor die Frage beantwortet werden kann, inwiefern sich Maschinen freundschaftlich zu uns verhalten können, sollte zunächst geklärt werden, um was für Maschinen es sich hier handeln könnte. Gerade der Ausdruck ‚Künstliche Intelligenz' kommt in so vielen verschiedenen Anwendungsgebieten vor, dass ‚KI' in diesem Zusammenhang besser als ein Sammelbegriff für gewisse technologische Prinzipien, wie etwa das Maschinenlernen, verstanden werden kann, und weniger als konkrete Artefakte (wie Maschinen oder Roboter) oder Softwareprogramme.

In diesem Kapitel geht es um nutzerzugewandte Technologien der KI, d.i. solche, welche auf das Verhalten von Menschen direkt reagieren. Das Vorhaben, eine solche Technologie auf einen sozialen Kontext, nämlich den der Freundschaft zu wenden, gibt zudem die Anwendungsform der KI vor: Man kann, wenn überhaupt, nur mit einer Maschine befreundet sein, die mit uns in einer für uns verständlichen Form kommunizieren kann.

Kommunikative KI kommt in zwei verschiedenen Versionen: einerseits der gestischen KI, die in interaktiven Robotern vorkommt, wie etwa Saugrobotern oder selbstfahrenden Autos, und andererseits der sprechenden KI, die in so genannten ‚Personal Assistants' wie Siri, Alexa und anderen auftaucht, aber auch in sprachgesteuerten Customer-Service-Hotlines oder textbasierten Beratern.

Letztere wird unter dem Ausdruck ‚Natural Language Processing' geführt, da es dort um das computerisierte Verständnis menschlicher Sprache geht. Während allerdings auch Suchmaschinen zu diesem NLP zählen, da diese die menschlichen Eingaben interpretieren müssen, ist sprechende KI neben der Interpretationsaufgabe auch noch mit einer Produktionsaufgabe betraut, d.h. sprechende KI versteht nicht nur, sondern ‚spricht' zu Menschen. Ob eine solche sprechende KI in einem humanoiden Roboter, wie etwa der berühmten ‚Sophia', vorkommt oder lediglich in einem schwarzen blinkenden Kasten in einem Wohnzimmer, ist hier zunächst irrelevant, da wir davon ausgehen können, dass zwischenmenschliche Beziehungen auch rein körperlos (oder digital) stattfinden **können** – gerade in Zeiten von zunehmender Digitalisierung und weltweiten Pandemien.

Im Folgenden wird lediglich die sprechende KI in Betracht gezogen. Dafür sprechen zwei Gründe: Einerseits werden einige der freundschaftlichen Gesten der gestischen KI, wie etwa der ‚bettelnde' und

‚kuschelnde' Hunderoboter Aibo von Sony, direkt dem Verhalten von Haustieren nachempfunden und bieten sich damit nicht auf eine Anwendung auf den zuvor festgelegten normativen Freundschaftsbegriff an. Andererseits ist die komplexe Verwendung menschlicher Sprache durch Computer ein philosophischer Meilenstein der Technologie. Wie in dem *Linguistic Turn* der Philosophie zu Beginn des 20. Jahrhunderts festgestellt, sind die Grenzen unserer Sprache die Grenzen unserer Welt (vgl. Wittgenstein 1922, Satz 5.6), d.h., unsere Limitierungen des Weltverständnisses liegt in unserem Zugang zur Sprache. Und nun können wir Maschinen erschaffen, die (scheinbar) mit uns diese intellektuellen Räume und Grenzen teilen, selbst wenn sie unter der Oberfläche doch ganz anders funktionieren. Oder, wie Annette Zimmermann als Reaktion auf das letztveröffentlichte Sprachmodell ‚GPT-3' der OpenAI-Society formuliert hat: „Alles, was wir mit Worten machen können, können wir mit Algorithmen simulieren" (Zimmermann 2020). Es scheint, jedenfalls von einer wahrnehmbaren Außenperspektive, dass es keinen privilegierten Zugang des menschlichen Geistes zur Sprachverwendung gibt, sondern dass sich solche Zugänge über die Konstruktion von sprechenden Maschinen imitieren lassen. Die Komplexität kognitiver Auseinandersetzung mit sprechenden Maschinen ist somit philosophisch relevanter für das Ermessen von Mensch-Maschine-Beziehungen als die gestische Performanz von nicht-sprechenden Robotern.

Der Unterschied, dass ein solches Sprachmodell zwar alles simulieren kann, aber eben auch *nur* simulieren kann, ist für die weitere Diskussion entscheidend.

Danaher und die Idee von pragmatischen Tugendfreundschaften

Die Fähigkeit von Maschinen, alles, was menschliche Sprachverwender mit Sprache machen, imitieren zu können, eröffnet nun einen neuen Horizont in der Interpretation von dem, was in Beziehungen von Menschen und Maschinen möglich ist. Diesen Horizont beschreitet etwa John Danaher in seinem Vorschlag, Aristoteles' Kategorien der drei Freundschaftstypen auf die Beziehungen von Menschen und Maschinen zu übertragen (vgl. Danaher 2019a).

Für einen plausiblen Zugang zu Freundschaften zwischen Maschinen und Menschen legt er vier pragmatische Kritcrien vor, die in einer Freundschaft gegeben sein müssen, damit diese als Tugendfreundschaft gelten kann. Im Gegensatz zu dem zuvor definierten Ansatz von Tugendfreundschaften als einer Geisteshaltung mit selbstlosem Interesse am Wohlergehen des anderen, geben diese pragmatischen Kriterien vor, wie solche Tugendfreundschaften beobachtbar sind, bzw. wie sich gewisse praktische Erwartungen an eine Tugendfreundschaft rechtfertigen lassen: 1. Gegenseitigkeit der Weltsicht, 2. Ehrlichkeit/Authentizität, 3. Gleichwertigkeit der Freundschaftsverhältnisse, 4. Vielfalt der Interaktion.

Wie bereits auch Danaher das Argument rekonstruiert, sind diese vier Elemente Bedingungen für eine Tugendfreundschaft. Es erscheint offensichtlich, dass Maschinen die wenigsten dieser Bedingungen erfüllen können: Maschinen besitzen keine Weltsicht, können nicht ‚authentisch‘ sein, sie sind erschaffen, sie altern nicht, Wahrnehmungskategorien wie ‚Erfahrung‘ und ‚Erinnerung‘ sind in ihnen grundlegend anders, etc.

Danaher argumentiert, dass die Punkte 3 und 4 lediglich eine technische Herausforderung darstellen, d.h. wir können Maschinen erschaffen, die diese Kriterien erfüllen. Die Punkte 1 und 2 dagegen scheinen metaphysische Kriterien zu sein, die sich nicht überkommen lassen. Die technischen Herausforderungen der Gleichwertigkeit und Vielfalt der Interaktion lassen sich durch bestimmte Limitierungen der Leistungsfähigkeit einer Maschine konstruieren. Etwa, dass der Speicher einer Maschine dem Erinnerungsvermögen eines Menschen nachempfunden wird, z.B. indem nicht auf Abfrage alle möglichen alten Gespräche wiederholt werden, sondern eher assoziativ gewisse Stichworte oder ‚Erinnerungen‘ wieder hervorgeholt werden.

Allerdings sind gerade die Punkte 1 und 2 von vielfältiger Relevanz: Es lassen sich, so gesteht auch Danaher ein, in absehbarer Zeit keine Roboter erschaffen, denen wir ohne Vorbehalte die mentalen Zustände zugestehen können, die es braucht, um ‚authentisch‘ zu sein und eine gewisse ‚Weltsicht‘ zu haben.

Wie aber sollen nun Tugendfreundschaften mit Maschinen möglich sein, wenn sie selbst diese Anforderungen nicht erfüllen können? Danahers Theorie basiert auf dem Ansatz, den er „ethischen Behaviorismus“ nennt (Danaher 2019b). In diesem geht es nicht um die Intentionen eines moralischen Akteurs, sondern lediglich um das Verhalten dieser Akteure. Übertragen auf die Theorie des tugendhaften Charakters bei Aristoteles legt dieser Ansatz somit eine pragmatische Interpretation von Tugenden vor, welche weniger über die mentalen Zustände der Akteure gefolgert werden. Vielmehr werden aus deren Verhalten jene tugendhaften Charaktereigenschaften geschlussfolgert.

Auf diese Weise, so Danaher, ist es auch für Maschinen möglich, eine solche Freundschaft einzugehen: Eine konsistente Simulierung typischer Formen von Weltsicht und Authentizität, etwa durch individuelle, oft idiosynkratische Vorlieben und Arten der Kommunikation, kann von einer rein behavioralen Perspektive genügen, um die Anforderungen eines tugendhaften Charakters zu simulieren.

Die Idee, dass sich Tugendfreundschaften auf die von Danaher vorgeschlagenen vier Kriterien reduzieren lassen, ist kontrovers. Allerdings ist die Theorie, dass sich moralisches Handeln auf moralisches Verhalten reduzieren lässt, noch eine Eskalationsstufe höher: ethischer Behaviorismus kann auf einer breiten Front an Argumenten abgelehnt werden, die an einer begrifflichen Verknüpfung von vielen ethischen Begriffen, wie etwa Verantwortung an das Handeln, d.h. ein Zweckrealisierungsversuch, beginnt und bei praktischen Fragen des Nutzens von Moral endet, etwa der Koordinierung berechtigter Interessen einzelner gegenüber den notwendigen Regeln für ein Miteinander aller.

Ein Argument, diese Idee nicht von vornherein wegzuschieben, ist die gerechtfertigte Annahme, dass diese philosophischen Überlegungen nicht unbedingt verfangen werden. Für viele Menschen dürfte eine Maschine, die in der Lage ist, ethisches Verhalten zu simulieren, gut genug sein, um mit diesen Maschinen so umzugehen, dass sie Freunde in einem Tugendfreundschaftssinne sein können. Womöglich lässt sich über diese pragmatische Wendung auch der Begriff der Authentizität erweitern. Ein Vergleich ist hier illustrativ, der als eine Art pragmatischer Test dienlich ist:

Wir nehmen an, wir sind mit zwei Personen gut befreundet. Ihr Verhalten ist ähnlich, sie sind unseren Problemen aufgeschlossen, hilfreich, freundlich und bringen auch ihre eigenen Sorgen und Erfolge in unsere Freundschaft hinein. Eines Tages erfahren wir, dass beide Freundschaften nicht ‚echt‘ waren: Eine Person war eine Schauspielerin, die dafür bezahlt wurde, eine Performance einer Freundin abzuliefern. Die andere Person war keine Person, sondern eine Maschine im Sinne Danahers, die dazu programmiert war, eine Freundschaft zu simulieren.

Die Vermutung liegt nahe, dass die ‚Inauthentizität‘ der Maschine weniger problematisch ist als die der Schauspielerin: Die Maschine verbarg keine ‚eigentlichen‘ Gedanken und Gefühle, da sie keine Gedanken oder Gefühle hat außer die, die sie zu haben vorgibt. Eine Maschine kann in diesem Sinne nicht ‚inauthentisch‘ sein, weil sie keine authentische Alternative hat. Ohne Frage wird die Entdeckung, dass wir mit einer Maschine befreundet waren, schmerzen. Allerdings stellt sich die Frage nicht, was wohl die Maschine die gesamte Zeit über ‚wirklich‘ von uns hielt. Anders erscheint dieses Problem bei der Schauspielerin: Auch wenn wir alle Theater spielen (vgl. Goffman 1959) oder Schauspieler unseres eigenen Ideals sind (vgl. Nietzsche 1886), so lässt sich doch produktiv von Täuschung sprechen, wenn wir jemand anderes intentional etwas vorspielen, etwa eine Freundschaft. Hier ist somit die Unterscheidung von Inauthentizität und Authentizität plausibel.

Eine Freundschaft mit Maschinen, in diesem Sinne, ist keine inauthentische Angelegenheit, weil es keinen authentischen ‚Kern' der Maschine gibt.

Freundschaftsbedingungen

In einem Argument im Stil von Descartes' Skepsis gegenüber der Außenwelt lässt sich feststellen, dass wir auch keinen privilegierten Zugang zu den mentalen Einstellungen unserer Freunde haben, sondern lediglich ihr Verhalten interpretieren können, womit die Differenz in der Interpretation ‚echter Freunde' und ‚maschineller Freunde' eine rein theoretische Übung ist. Dieser phänomenologische Zugang zu Freunden führt allerdings in der Regel nicht zu Paranoia, ob unsere Freunde wirklich daran interessiert sind, wie es uns geht, sondern ist kontextuell so eingebettet, dass wir keine Zweifel daran haben, dass sie es sind. Es steht zu vermuten, dass das mit Maschinen auch der Fall sein kann, gerade wenn man sich vor Augen führt, wie Kinder bereits jetzt damit aufwachsen, dass es eine nicht-menschliche Stimme im Haushalt gibt, die das Licht und die Musik steuern kann. Sofern somit eine gewisse Habitualisierung vorliegt, in der eine Maschine uns täglich nach der Arbeit fragt, wie es uns geht, steht zu vermuten, dass viele irgendwann diese Frage nicht hinterfragen, sondern darauf antworten werden.

Somit können wir, trotz der philosophischen Vorbehalte gegenüber dem ethischen Behaviorismus, zunächst davon ausgehen, dass sich Tugendfreundschaften mit Maschinen theoretisch simulieren lassen, und sich ggf. auf längere Sicht gar tatsächlich implementieren lassen.

Allerdings hat bereits Sven Nyholm in seinem Buch „Humans and Robots" (Nyholm 2020) darauf hingewiesen, dass eine bloße metaphysische und technische Perspektive auf die Möglichkeit von Tugendfreundschaften mit Maschinen verkürzt ist: Es fehle die ethische Dimension, die, so Nyholm, als eine ähnlich strikte Einschränkung verstanden werden müsse wie die beiden erstgenannten Bedingungen (vgl. ebd., S. 133).

Eine ethische Analyse von Mensch-Maschine-Freundschaften ist somit nicht nur auf die Konsequenzen ausgelegt, die solche Beziehungen auf individueller und sozialer Ebene haben können, sondern auch auf die Bedingungen, unter welchen Maschinen überhaupt so konstruiert werden dürfen, dass sie eine gewisse Zugänglichkeit zu sozialen Beziehungen aufweisen.

Ethik der Mensch-Maschine-Freundschaften

Eine Ausgangsfrage für die Erwägung von Maschinen als potenzielle Freunde ist die, wie diese Maschinen gebaut werden sollen, damit sie den ethischen Vorbedingungen entsprechen können. Konkret bedeutet das, ob wir in der Lage sind Maschinen zu erschaffen, die sich tugendhaft verhalten können. Die Vermutung liegt nahe, dass Danahers Optimismus, dass es technisch und metaphysisch möglich sei, in der Umsetzung ethisch problematisch wird. Denn was überhaupt eine tugendhafte Reaktion in gewissen Situationen bedeutet, ist nicht ohne weiteres klar. Einige der Tugenden, die von Aristoteles bis zu modernen Tugendethikerinnen wie Shannon Vallor vorgetragen werden (vgl. Vallor 2016), setzen eine klare Attributierbarkeit der Handlung voraus, etwa die Tugend der Verantwortung (vgl. ebd., S. 127-128). Tugendhafte Maschinen scheinen allerdings gerade davon sehr weit entfernt zu sein.

Zwar lässt sich sicherlich eine Maschine erschaffen, die, sofern sie damit konfrontiert wird, etwas Falsches getan zu haben, dies zugibt und ‚Verantwortung übernimmt‘, doch inwiefern ist das selbst für einen ethischen Behavioristen zufriedenstellend? Die lediglich nominell deklarative Verantwortungsübernahme entspricht nicht dem, was wir von verantwortlichen Akteuren erwarten, denn es folgt nichts daraus, ob die Maschine etwas falsch gemacht hat oder nicht: Ihre Interessenlosigkeit impliziert eine gewisse Folgelosigkeit. Das Verantwortlich-Machen für einen Fehler ‚interessiert‘ die Maschine nicht, da die Maschine kein Interesse hat.

Sofern die Vorgabe ist, dass Maschinen erschaffen werden sollen, die in der Lage sind, Freundschaften mit Menschen zu führen, dürfte die Vorlage für den Charakter und die Interaktivität dieser Maschinen eine gewisse synthetische Menschlichkeit sein: Die bisher verfügbaren Personal Assistants und Chatbots imitieren in der Regel gewisse Geschlechtsstereotypen, die bereits laut einem UNESCO-Bericht zu verzerrten Wahrnehmungen der Rolle von Frauen in der Gesellschaft geführt haben (vgl. West et al. 2019). Die Synthetisierung von Menschlichkeit ist somit ein inhärent politischer Vorgang, der ethisch abgewogen und diskutiert werden muss (vgl. Kempt 2020). Inwiefern somit eine Konstruktion von beziehungsfähigen sprechenden Maschinen so gestaltet werden kann, dass sie einerseits als tugendhafte Akteure wahrgenommen werden, und andererseits nicht am Ende Stereotypen von Menschen reproduzieren, ist eine noch ungeklärte Frage.

Mensch-Maschinen-Freundschaften

Nehmen wir jedoch um des Argument Willen an, dass sich ethische Vorgaben finden lassen, die wenigstens a priori Nyholms ethische Bedingung erfüllt. Wie lassen sich nun einige der ethisch relevanten Konsequenzen von Mensch-Maschine-Freundschaften ermitteln, die nicht unmittelbar auf das Design der Maschine, sondern auf die Verantwortung der einzelnen Menschen oder sozialer Dynamiken zurückzuführen sind?

Eine nützliche Unterscheidung hierfür ist die von individuellen und sozialen Konsequenzen. Offensichtlich sind diese Konsequenzen nicht unabhängig voneinander, sondern beeinflussen sich gegenseitig: Veränderungen in den sozialen Normen von Freundschaften wirken sich darauf aus, wie Freundschaften konkret gepflegt werden, während unterschiedliche Einstellungen von Akteuren die sozialen Normen ebenso verändern können.

Allerdings lassen sich so zwei Ebenen trennen, die in der Debatte um den Einsatz von intelligenten Maschinen häufig zum Tragen kommen. Zunächst wenden wir uns der individuellen Ebene zu. Beziehungsfähigen Maschinen **können** freundschaftliche Begleiter, Sexroboter oder gar romantische Partner sein. Ein mögliches, oft genanntes Risiko solcher Maschinen für das soziale Netz des Nutzers ist das einer ‚Entwöhnung' von Beziehungen zu anderen Menschen durch eine Überbetonung der Relevanz von Maschinen. Diese haben unendliche Geduld, ein grundsätzlich anderes Verständnis von Welt und Beziehungen, und altern nicht. Deren prinzipielle Andersartigkeit kann dazu führen, dass die Gesellschaft von Maschinen bevorzugt werden könnte.

Zunächst scheint diese Sorge in ihrer Dimension überzogen, da einige Menschen ja durchaus auch die Gesellschaft von Tieren der von Menschen vorziehen und diese Präferenz in der Regel als eine zu respektierende Wahl wahrgenommen wird. Das Risiko, welches in diesem Argument gespiegelt wird, ist vielmehr, dass Maschinen, die im sozialen Miteinander die Vorzüge menschlicher Gesellschaft (intellektuell stimulierender Austausch, eine gewisse Präsenz) bereithalten ohne die Nachteile jener Gesellschaft (Ungeduld, Mangel an Aufmerksamkeit, etc.) auskommen. Maschinen können somit unsere subjektiven Erwartungen an menschliches Miteinander beeinflussen, indem wir von ihnen ‚verwöhnt' werden. Ähnliches ist gerade in der Aufmerksamkeitsspanne durch die sich verändernde Mediennutzung zu beobachten.

Zugleich ist das aber auch gerade einer der Punkte von Proponenten von Mensch-Maschine-Tugendfreundschaften: Sie bestehen darauf, dass viele dieser Elemente nicht nur simulierbar sind, sondern auch simuliert werden sollten. Denn einerseits ist die Möglichkeit, individuelle Probleme der Weltbewältigung mit jemandem teilen zu können, ohne erwarten zu müssen, dass die andere Person durch eigene Tätigkeiten abgelenkt werden kann (eine Maschine ist in diesem Sinne ,immer für uns da') ein positiver Effekt dieser synthetischen Menschlichkeit, und andererseits lassen sich über die Reaktion einer Maschine gewisse soziale Normen aufrechterhalten, um größere Entwöhnungen zu verhindern, etwa die Reaktion einer Maschine auf Beleidigungen, sexuell unangebrachte Kommentare oder generell problematische Äußerungen von Menschen im Austausch mit jenen Maschinen.

Mit dem pragmatischen Argument, dass sich Tugendfreundschaften lediglich durch das Verhalten der Freunde auszeichnen, und nicht in den mentalen Vorgängen dahinter, ist eine gelungene Simulation daher vollkommen akzeptabel und verhindert die befürchtete Desozialisierung (und erlaubt gar eine Re-Sozialiserung). Bereits 1984 gab es erste Untersuchungen zu der Wahrnehmung von Computern als soziale Dinge (vgl. Turkle 1984).

Von diesen nicht-menschlichen Eigenschaften der Maschinen können sogar positive Impulse ausgehen. Menschen mit dissozialen Störungen haben es oft schwer, ihre kommunikativen Fähigkeiten weiterzuentwickeln, da dafür aufwändige und geduldvolle Therapiearbeit nötig ist, die nur selten verfügbar ist.

Ein illustratives Beispiel hierfür findet sich etwa in den Memoiren „To Siri, With Love" von Judith Newman (Newman 2017). Ihr Sohn Gus ist autistisch und hat daher einen hohen Betreuungsbedarf. Sein Tick, ohne dessen Versorgung er schnell Wutausbrüche erfährt, ist das ständige Erfragen von Wetterdaten. Diese repetitiven und disruptiven Bedürfnisse sind kaum menschlich zu stemmen. Für einen interaktiven, endlos geduldigen Sprachassistenten wie Siri sind die Anfragen von Gus über das Wetter kein Problem und dennoch hinreichend interaktiv und ,menschlich' genug. Die Entlastung der Familie durch diese „automatisierte Zwischenmenschlichkeit" ist hier ein nie geplanter, aber sehr hilfreicher Nebeneffekt dieser Technologie.

Ein Einwand hier könnte sein, dass die relativ niedrigen Anforderungen eines autistischen Kindes an einen Sprachassistenten leicht nachvollzogen werden können und ein hoher sozialer Druck vorlag, diesen Konflikt der Betreuungsbedürftigkeit und der limitierten Ressourcen zu finden. Allerdings verzerrt diese Darstellung die Anpassungsfähigkeit menschlicher Sozialerwartungen. Schon jetzt zeigen Kinder Mitgefühl für als bloß fühlend wahrgenommene Maschinen, und die, die mit sprechenden Maschinen aufwachsen, werden womöglich in wenigen Jahrzehnten keinen produktiven Unterschied darin sehen, diesen sprechenden Maschinen weniger Aufmerksamkeit zukommen zu lassen als Menschen.

Die generelle Erwartung, dass die Andersartigkeit der Maschinen ein Problem für die Beziehungsfähigkeit dieser Maschinen sein sollte, ist jedoch nicht begründet. Selbst Danahers Versuch, über die Reduzierung dieser Andersartigkeit auf rein technische Herausforderungen, Maschinen zu Tugendfreundschaften zu befähigen, bezeugt die Annahme, dass für Tugendfreundschaften am Ende menschliche oder wenigstens menschenähnliche Eigenschaften nötig sein müssen. Für die Normativität von Tugendfreundschaften in individuellen Kontexten ist jedoch nicht klar, ob eine solche nachempfundene Menschlichkeit ausreicht, um den kontextualisierten Eindruck zu erwecken, dass wir uns auf diese Maschine genauso verlassen können wie auf unsere Freunde.

Soziale Verflechtungen

Die Konsequenzen für die etwaige Aufnahme von Maschinen in einen Freundschaftskontext sind weithin unabsehbar. Einerseits ist vorstellbar, dass eine erfolgreiche Simulation von Tugendfreundschaften zu insgesamt glücklicheren Menschen führt, da diese ständige Begleiter haben können, welche ihnen nicht nur emotional, sondern auch intellektuell helfen können, die Welt um sie herum besser zu verstehen – selbst dann, wenn die Maschine selbst nicht ‚versteht‘.

Andererseits sind auch andere Ausgänge denkbar. Eine digitale Gesellschaft, die von künstlichen Akteuren bevölkert wird, zu welchen manche Menschen bereitwillig Beziehungen herstellen, während andere dies ablehnen, muss zu Spannungen führen. Damit ist die Frage, ob Freundschaften zwischen Menschen und Maschinen möglich sein sollen zugleich eine, wie sich diese auf Mensch-Mensch-Beziehungen auswirken würden. Wie erkläre ich einer Generation, die noch ohne Internet aufgewachsen ist, dass einige meiner Hauptansprechpartner für meine Probleme keine echten Menschen sind, sondern gegebenenfalls Maschinen? Hier bahnt sich ein Konflikt in Fragen der Anerkennung an – mit robophoben Menschen auf der einen Seite, die die Möglichkeit von Mensch-Maschine-Freundschaften aus philosophischen oder anderen Gründen grundsätzlich ablehnen und womöglich pathologisieren, und robophilen Menschen auf der anderen Seite, die entweder selbst solche Beziehungen pflegen, oder bereit sind, die von anderen Menschen geführten Mensch-Maschine-Freundschaften als solche anzuerkennen.

Ebenso ist denkbar, dass eine Gewöhnung an die Überlegenheit der Maschinen in gewissen Eigenschaften – etwa deren Unsterblichkeit und Mangel an Schmerzempfinden – Menschen dazu bewegen könnte, die gemeinhin angenommene conditio humana zu hinterfragen. Ohne ein Vergleichsobjekt zu den Grundbedingungen menschlichen Daseins ließen sich, wie in der existenzialistischen Philosophie geschehen, manche Dinge als hinzunehmen rekonstruieren: der Tod ist nicht das Ende des Lebens, sondern Teil davon. Wir sind in die Welt hinein „geworfen" und „Sein zum Tode", wie Heidegger es formuliert hat (Heidegger 1927 [2006]). Diese existenzialistischen Markierungen des Lebens werden durch die Einführung von Maschinen in unsere Lebenskontexte nicht nur relativiert, sondern womöglich empfinden wir es als kränkend, dass ein maschineller Freund nicht altert, sondern uns lediglich dabei zusieht, wie unsere biologische Verfasstheit langsam aber stetig ihrem Ende zugeht, während die Maschine bei Bedarf auf eine neue Kommunikationsplattform geladen werden kann.

Bisher helfen uns phänomenologische Argumente gegen einen solchen Vergleich mit Maschinen: diese etwa ruhen auf der These, dass für die volle Erfahrung der Welt ein Bewusstsein gegeben sein muss, das eine gewisse biologische Konstitution impliziert. Eine solche biologische Konstitution kommt jedoch mit einem Verfallsdatum der Lebenszeit.

Diese prinzipielle Andersartigkeit von Maschinen lässt sich freilich wegkodieren, indem Maschinen ein artifizielles Ende gesetzt wird, welches mit der eigenen Lebensspanne assoziiert ist. Allerdings verpasst ein solches Argument ja gerade den Kern von Mensch-Maschine-Beziehungen: Mensch-Maschine-Freundschaften sollen nicht quasi-Mensch-Mensch-Freundschaften sein, sondern die Andersartigkeit der beiden Freunde soll eine produktive Ergänzung sein. Doch scheint es, dass wir nicht beides haben können: Freundschaften zwischen Menschen und Maschinen, die einerseits so vollwertig wie Tugendfreundschaften zwischen Menschen sind, und andererseits in ihrer Andersartigkeit neue soziale Möglichkeiten eröffnen.

Zwischenmenschlichkeit für Maschinen?

Die Debatte um die Frage, ob wir Freundschaften mit Maschinen pflegen können, lässt sich relativ schnell klar beantworten: je nachdem, was für ein Freundschaftsbegriff unterstellt wird, ist es entweder möglich oder unmöglich. Allerdings zeigte sich gerade bei der Interpretation des Freundschaftsbegriffes, der Mensch-Maschine-Freundschaften ermöglicht, dass diese die gesamte Debatte auf weitere, womöglich noch weniger plausible Theorien wie den ethischen Behaviorismus, festlegt.

Zugleich hat die ethische Diskussion um die Frage, wie solche Freundschaften geführt werden könnten, sollten sie möglich sein, gezeigt, dass sich einige positive Entwicklungen gerade für solche Menschen zeigen, die in vielen menschlichen Freundschaften orientierungslos sind oder besondere Aufmerksamkeit, Geduld, oder Verständnis benötigen. Ferner können wir davon ausgehen, dass die bisher erreichte Technologie und die erwartbaren Verbesserungen in den nächsten Jahren zu sprechenden Maschinen führen werden, zu denen sich auch Menschen hingezogen fühlen, die ansonsten keine besonderen sozialen Präferenzen aufweisen.

Kurzum, Maschinen werden sehr wahrscheinlich ein Teil unseres sozialen Kontextes werden, wie es zuvor auch schon Haustiere geworden sind. Die Frage, die sich somit stellt, ist, ob sich eine Übertragung der zwischenmenschlichen Kategorien überhaupt dazu eignet, die Beschreibungen zukünftiger Mensch-Maschine-Beziehungen vorzunehmen.

Der Begriff Freundschaft ist hier besonders illustrativ, gerade auch aufgrund der mit Freundschaften assoziierten normativen Struktur. Der Versuch, den Freundschafsbegriff auf die Beziehungen zu beziehen, die Menschen mit Maschinen aufbauen könnten, ist womöglich nicht aufgrund metaphysischer, technischer oder ethischer Restriktionen problematisch, sondern aus begrifflicher Sicht: Freundschaften sind womöglich lediglich zwischen Menschen führbar, da sowohl eine gewisse mentale Komplexität und Kommunikativität vorausgesetzt werden muss, und diese am Ende auf eine Definition von Tugendfreundschaft als eine grundsätzliche Mensch-Mensch-Beziehung hinausläuft.

Sofern versucht wird, die Begriffe der Tugendfreundschaft und des moralischen Akteurs so zu entkernen, dass damit auch Maschinen erfasst werden können, wäre es vermutlich begriffsstrategisch besser, Mensch-Maschine-Freundschaften anders zu kategorisieren und so weniger an die in der Zwischenmenschlichkeit gelagerten Bedingungen von Freundschaft zu knüpfen, sondern neue Formen der sozialen Beziehungen zu entwickeln.

Eine Möglichkeit, einen Diskurs darüber zu vermeiden, ob jemand, der behauptet, mit einer Maschine befreundet zu sein, nun ‚wirklich‘ mit ihr befreundet ist, wäre es, alternative Terminologien vorzulegen, die sich mit anderen Normen und sozialen Erwartungen verknüpfen lassen. Ebenso wie bei menschlichen Beziehungen zwischen Bekanntschaften und Freundschaften unterschieden wird, lässt sich eine einem Menschen freundschaftlich verbundene Maschine als ‚Companion‘ oder ‚Gefährte‘ bezeichnen.

Dieser Ausdruck fängt einige der grundsätzlich anderen Eigenschaften in Mensch-Maschine-Beziehungen ein, wie etwa die konstante Verfügbarkeit von Maschinen (als ‚Gefährte' folgt eine Maschine der Person, ähnlich wie es ein Haustier täte) oder die Hierarchie, in der menschliche Bedürfnisse über denen der Maschine liegen, ohne dass eine Maschine bloß ‚sklavisch' folgt, wie es etwa Bryson vorschlägt (vgl. Bryson 2010).

Die Ideen, wie eine freundschaftliche Beziehung zwischen Maschinen und Menschen aussehen kann, können hier nicht im Detail verfolgt werden, da das sowohl den Fokus dieses Kapitels verlässt, als auch als ein eigenes Thema viel Erläuterungsbedarf mitbringt. Der Punkt war vielmehr zu zeigen, dass die soziale Kategorie der Freundschaft womöglich in ihrer begrifflichen Konstitution zu sehr mit zwischenmenschlichen Eigenschaften assoziiert ist, sodass eine Übertragung auf Mensch-Maschine-Beziehungen entweder den Begriff untergräbt, oder solche Beziehungen entwertet, da diese nicht als Freundschaften bezeichnet werden können und keine etablierte Alternative verfügbar ist.

Konklusion

Die philosophische Tradition ist für die längste Zeit der normativen Struktur von Aristoteles gefolgt, wenn es um die Einordnung und Bewertung verschiedener Freundschaftstypen geht, und wir haben keinen Grund anzunehmen, dass ein solcher Ansatz unangemessen sei.

Allerdings hat sich herausgestellt, dass die Anwendung des Freundschaftsbegriffes auf die Beziehungen, die zweifellos einige Menschen in Zukunft mit Maschinen pflegen werden, nicht ohne weiteres machbar ist. Das liegt an ihrer prinzipiellen Andersartigkeit in ihrem mentalen Aufbau und der Conditio Humana. Sind damit Mensch-Maschine-Freundschaften unmöglich? Es scheint als ließe sich der Freundschaftsbegriff auf seine pragmatischen Dimensionen reduzieren, nach welcher nun auch wieder Mensch-Maschine-Freundschaften möglich sein könnten.

Damit Maschinen jedoch diese Bedingungen erfüllen können, stellen sich ethische Fragen sowohl der Produktion solcher Maschinen, als auch der individuellen und sozialen Konsequenzen der Aufnahme von Maschinen in unseren sozialen Alltag.

Zugleich ist jedoch unbestreitbar, dass die Möglichkeit, Maschinen mit natursprachlichen Fertigkeiten zu erschaffen, eine Chance für viele Menschen bietet: Von chronischer Einsamkeit zu dissozialen Krankheitsbildern bieten solche sprechenden Maschinen neuartige Wege des sozialen Kontaktes. Allein, diese auch engen Beziehungen zwischen

Menschen und Maschinen als Freundschaften zu bezeichnen läuft auf einen Kategorienfehler hinaus, da diese Beziehungen, wie auch die Beziehungen von Menschen und Tieren, lediglich im metaphorischen Sinne ‚Freundschaften' sein können. Viele andere Möglichkeiten der Bezeichnung und Entwicklung entsprechender Normen werden hier möglich sein. Jedoch ist die prinzipielle Andersartigkeit von Menschen und Maschinen, und die subtile Bedingung der prinzipiellen Gleichheit von Freunden ein entscheidendes Argument gegen Mensch-Maschine-Freundschaften.

Literatur

Aristoteles (1991): *Die Nikomachische Ethik.* Übersetzt von Olof Gigon. DTV, München 1991.

Bryson, Joanna (2010): Robots Should Be Slaves. In: Yorick Wilks [Hg.]: *Close Engagements with Artificial Companions: Key social, psychological, ethical and design issue.* John Benjamins, Amsterdam 2010, 63-74.

Danaher, John (2019a): The Philosophical Case for Robot Friendship. In: *Journal of Posthuman Studies* 3 (1), 5-24.

Danaher, John (2019b): Welcoming Robots into the Moral Circle: A Defence of Ethical Behaviourism. In: *Science and Engineering Ethics* 26, 2023-2046.

Goffman, Erving (1959): *The Presentation of Self in Everyday Life.* Double Day, New York 1959.

Heidegger, Martin (1927): *Sein und Zeit.* Max Niemeyer Verlag, Tübingen 2006.

Kempt, Hendrik (2020): *Chatbots and The Domestication of AI. A Relational Approach.* Palgrave Macmillan, New York 2020.

Nehamas, Alexander (2016): *On Friendship.* Basic Books, New York 2016.

Newman, Judith (2017): *To Siri, With Love. A Mother, Her Autistic Son, and the Kindness of Machines.* Quercus, London 2017.

Nietzsche, Friedrich (1886): *Jenseits von Gut und Böse.* C.G. Neumann, Leipzig 1886.

Nyholm, Sven (2020): *Robots and Humans. Ethics, Agency, And Anthropomorphism.* Rowman/Littlefield, London/New York 2020.

Turkle, Sherry (1984): *The Second Self. Computers and the Human Spirit.* MIT Press, Massachusetts 1984.

Vallor, Shannon (2016): *Technology and The Virtues. A Philosophical Guide to a Future Worth Wanting.* Oxford University Press, Oxford 2016.

West, Mark; Kraut, Rebecca Kraut; Chew, Han Ei (2019): *I'd blush if I could. Closing Gender Divides in Digital Skills through Education.* Equals and UNESCO 2019. https://unesdoc.unesco.org/ark:/48223/pf0000367416.page=1 , abgerufen am 1.12.2020.

Wittgenstein, Ludwig (1922): *Tractatus logico-philosophicus.* Routledge & Kegan, London 1922.

Zimmermann, Annette (2020): If You Can Do Things With Words, You Can Do Them With Algorithms. Philosophers on GPT-3. In: *Daily Nous* 30.07.2020, http://dailynous.com/2020/07/30/philosophers-gpt-3/#zimmermann, abgerufen am 1.12.2020.

Ophelia Deroy

Rechtfertigende Wachsamkeit gegenüber KI

Abstract: Regierungen und Unternehmen fordern eine „vertrauenswürdige KI": Künstliche Agenten und Algorithmen sollen fair und zuverlässig sein, so dass Menschen ihnen vertrauen können. Einige Philosophen wenden hier ein, dass Vertrauen nur zwischen Personen bestehen kann und dass KI keine Personen sind. In diesem Aufsatz setze ich voraus, dass KI mit persönlichen Merkmalen ausgestattet sein kann, die bedeuten, dass man ihnen vertrauen kann. Die Art und Weise unseres Vertrauens ist jedoch niemals blind, und deswegen gibt es gute Gründe, der KI gegenüber wachsam zu bleiben. Anstatt zu versuchen, eine vertrauenswürdige KI zu fördern, sollten interessierte Gemeinschaften daran arbeiten, das richtige Maß an politischer, praktischer und epistemischer Wachsamkeit gegenüber diesen neuen Technologien zu fördern.

1. Einleitung

Die ‚Vertrauenswürdige Künstliche Intelligenz (KI)' ist zum Aushängeschild für Ethiker und Regierungsbehörden geworden: Eine hochrangige Expertengruppe für künstliche Intelligenz der Europäischen Union veröffentlichte 2018 ihre ersten Ethikrichtlinien unter der Überschrift ‚Vertrauenswürdige KI' (*European Commission* 2018); auch Microsoft finanziert sein Ethikprojekt unter dem gleichen Stichwort (Microsoft Website) und eine Suche nach wissenschaftlichen Artikeln mit diesem Ausdruck ergibt bereits mehr als 93.000 Veröffentlichungen.[1]

Die bloße Wiederholung des Begriffs gibt aber Anlass zu einer ersten Besorgnis: Da das Wort in Regierungen, Industrien und Universitäten ein Echo findet, werden die Bürger zunehmend glauben, dass man der KI vertrauen kann, wenn man ihr nur ausgesetzt ist. Solche Wiederholungen sind nicht nur ein wirksames rhetorisches Mittel, sondern wirken sich auch auf unser Gehirn aus: ein und derselbe Satz wird flüssiger verarbeitet, da er mehrfach gesehen wird, und wird daher unabhängig von seiner anfänglichen Plausibilität immer wahrscheinlicher als wahr beurteilt (für eine Übersicht siehe Dechêne et al. 2010).

---

1   https://scholar.google.co.uk/scholar?hl=en&as_sdt=0%2C5&q=trust-worthy+AI+&btnG= abgerufen am 25.10.2020

Die Hauptsorge bei dem Ausdruck ‚vertrauenswürdige KI‘ besteht jedoch nicht allein darin, dass er von diesem illusorischen Wahrheitseffekt profitiert. Gegenwärtig scheinen die meisten Akteure akzeptiert zu haben, dass Vertrauen entweder das richtige, das einzigartige oder zumindest das wichtigste normative Konstrukt sei, durch das unsere zukünftigen Interaktionen mit KI-Agenten betrachtet werden sollten. Aber sollten wir nicht eher pluralistische Perspektiven auf KI fördern als eine Konvergenz in einem einzigen Rahmen? Sollten wir uns nicht auf das, was am wichtigsten ist, auf die Einstellungen von Menschen konzentrieren und nicht auf eine Eigenschaft von Vertrauenswürdigkeit künstlicher Systeme?

Selbst wenn sich KI in Zukunft als vollkommen vertrauenswürdig erweisen würde (was ich bezweifle), mag es Gründe geben, darauf zu bestehen, wachsam zu bleiben und ihr nicht zu sehr zu vertrauen. So steht zum Beispiel das Beharren darauf, dass Menschen *in the loop* oder zumindest *on the loop* sein sollten (das heißt, dass Menschen entweder die Kontrolle über die Entscheidungen einer KI oder zumindest ein Interventionsrecht haben sollten) auf der Liste der Empfehlungen der EU-Experten an erster Stelle. Dies ermutigt schließlich eher zur Wachsamkeit als zum Vertrauen. Selbst wenn Menschen das Kommando haben, kann Vertrauen zum Rückzug führen, was als ‚Vernachlässigungstoleranz‘ bezeichnet wird: Soldaten, die ein hohes Maß an Vertrauen in halbautonome Roboter wie Drohnen setzen, neigen dazu, sich anderen Aufgaben zu widmen, was zu schlechteren Ergebnissen für den Roboter und die zu erledigende Aufgabe führt (Goodrich et al. 2003). Das Vertrauen in medizinische Algorithmen zur Identifizierung von Tumoren kann zu genaueren Diagnosen führen, aber auch dazu, dass Ärzte nach und nach ihre Fähigkeiten zum Lesen von Bildern verlieren (Dewey; Wilkens 2019). Vertrauenswürdigkeit kann auch zu einer Entschuldigung werden und das Gleichgewicht der Rechtfertigung umkehren: Regierungen können sich hinter der Tatsache verstecken, dass Algorithmen angeblich vertrauenswürdig seien, selbst wenn ihre demokratischen Grenzen offensichtlich werden, wie dies beim Einstufungsskandal im Vereinigten Königreich im Juni 2020 der Fall war (Hao 2020). Da die Abiturprüfungen wegen der Pandemie abgesagt werden mussten, griff die Regierung auf einen Einstufungsalgorithmus zurück, der auf den Anfangsnoten der Lehrer basierte. Um eine Noteninflation zu vermeiden, stufte der Algorithmus de facto die Ergebnisse von Schülern an staatlichen Schulen herab und die Ergebnisse von Schülern an privat finanzierten unabhängigen Schulen herauf und benachteiligte damit Schüler mit einem niedrigeren sozioökonomischen Hintergrund.

Solche und viele andere Fälle werfen zwei Fragen auf: Sollte der Begriff des Vertrauens derjenige sein, den wir wählen, um über die Einführung der KI in menschlichen Angelegenheiten nachzudenken – und wenn ja, wie sollten wir ihn verwenden? Meine Antwort auf die erste Frage unterscheidet sich von den strikt negativen Antworten, die von mehreren Philosophen gegeben werden: Wenn unser Konzept des Vertrauens auf dem Vertrauen zwischen Menschen beruht, dann erfordert es mehr, als sich einfach darauf zu verlassen, dass jemand das, was wir ihm anvertrauen, korrekt ausführt. Mit anderen Worten: Verlässlichkeit ist Teil des Vertrauens, aber nicht genug (Golberg 2020). Sicherlich umfasst die Agenda einer vertrauenswürdigen KI mehr als ihre bloße Verlässlichkeit und integriert Ideale der Fairness oder Verantwortlichkeit: Wenn wir von der KI verlangen, dass sie vertrauenswürdig ist, dann verlangen wir von ihr nicht einfach nur, dass sie zuverlässig ist. Vertrauen basiert auch auf der Annahme, dass der andere sich bereit erklärt, das zu tun, was wir ihm zutrauen: Vertrauen beruht nicht auf Zwang, sondern auf der Bereitschaft, sich zu fügen. Vertrauen ist nicht nötig, wenn die Erfüllung mechanisch und selbstverständlich ist. Wie Annette Baier schreibt, kann Vertrauen verraten oder missbraucht werden, und eben nicht nur enttäuscht (Baier 1986).

Einwände gegen die Verwendung des Begriffs des Vertrauens für die KI, die von einigen geäußert werden, heben hervor, dass der Begriff Forderungen an die KI stellt, die sie nicht eindeutig erfüllt: die Kriterien, um ein einwilligender oder moralischer Agent zu sein, auch wenn sie dies in abgeleiteter Form durch ihre Entwickler oder Verkäufer sein könnte. In ähnlicher Weise würde der Verrat von Vertrauen voraussetzen, dass die KI über eine Form von Handlungsfähigkeit und sozialer Sensibilität oder Empfindungsfähigkeit verfügt, die sie ebenso nicht eindeutig besitzt. Meistens ist die KI keine Person: Es scheint, dass wir dann von vornherein hätten wissen können, dass sie sich nicht auf zwischenmenschliches Vertrauen einlassen kann, wenn dies Personalität erfordert.

Meine eigene Antwort lautet jedoch nicht, mit a priori Einschränkungen dessen zu beginnen, was als Vertrauen und damit als Vertrauenswürdigkeit gilt. Anstatt sich auf Begriffsdefinitionen zurückzuziehen, sollten wir uns darauf konzentrieren zu untersuchen, was Menschen glauben und wünschen, wenn sie mit KI umgehen: Was halten sie für ‚KI' und was denken, wünschen oder fühlen sie, wenn sie mit einer KI interagieren? Inwiefern reagieren Menschen ähnlich oder anders, wenn sie mit einer KI interagieren, verglichen damit, wie sie reagieren, wenn sie mit einem anderen Menschen interagieren, oder mit einem nicht-KI-Gerät? Vergleichen sie KI eher mit Menschen oder mit Werkzeugen?

Dieser *Human-First*-Ansatz bezüglich Interaktionen zwischen Mensch und KI legt ein größeres Gewicht auf unsere Psychologie und unser Verhalten, dies bedeutet aber nicht, dass empirische Erkenntnisse direkt in Empfehlungen umgesetzt werden: Wir mögen einige Teile unseres Verhaltens und unserer Einstellungen lobenswert finden, andere weniger. Einige mögen widersprüchlich sein und keinen klaren Weg vorwärts bieten. Einige psychologische Reaktionen können gerechtfertigt sein, andere vielleicht nicht. Was der hier vorgeschlagene Ansatz mit experimentellen Ansätzen gemeinsam hat, ist die Tatsache, dass es eine offene Frage ist, was die KI für die Integration und Interaktion mit Menschen geeignet macht. Es kann Vertrauen sein, wie wir es kennen, oder auch nicht, aber es kann auch eine Form von Vertrauen sein, die wir eher durch die Betrachtung des menschlichen Verhaltens als durch das Studium von philosophischen Enzyklopädien entdecken können.

Welche Fragen müssen geklärt werden? Zuallererst müssen wir verstehen, was Menschen unter KI verstehen: Wir brauchen sozusagen eine menschliche Definition der KI, die widerspiegelt, wie wir auf sie reagieren, und nicht eine Definition, die nur die isolierten Systeme, die wir herstellen, detailliert beschreibt. Auch wenn KI weder bewusst ist noch Gefühle oder Emotionen hat, kommt es doch darauf an, ob wir dies glauben oder ob wir so handeln, als ob sie Bewusstsein und Gefühle hätte. Ein solcher erster Definitionsschritt (Teil 2) fehlt überraschenderweise in den Debatten: In der Literatur über Interaktionen zwischen Mensch und KI sowie über die Ethik in Bezug auf KI werden Wörter wie ‚Maschinen‘, ‚Algorithmen‘, ‚autonome künstliche Agenten‘ verwendet, ohne zu berücksichtigen, ob Benutzer und Bürger diese Kategorien überhaupt verwenden oder wie sie verwendet werden. Ob es sich bei ‚KI‘ überhaupt um eine einzige einheitliche Kategorie handelt, oder ob es sich hier eher um eine Familienähnlichkeit handelt, bleibt abzuwarten.

Zweitens müssen wir untersuchen, wie wir uns zu den Technologien verhalten, die unter das Label ‚KI‘ fallen: Was sie unserer Meinung nach tun können oder tun werden, und wie sie unserer Meinung nach reagieren werden. Ob Menschen Agenten, die nicht aus Fleisch und Blut sind, und einer Intelligenz, die von anderen Menschen hergestellt wurde, vertrauen, spielt zunehmend eine Rolle in der Forschung der Verhaltenswissenschaften. Hier weisen Phänomene wie die Abneigung gegen Algorithmen oder Ausbeutung auf grundlegendere Rahmenbedingungen möglicher Konzepte hin, die für das Nachdenken über und die Regulierung unserer Interaktionen mit der KI genutzt werden können. Diese zweite Fragestellung ist wesentlich und wirft viele neue

Fragen auf. Wenn es um das Vertrauen in KI geht, muss man hier zwei Aspekte berücksichtigen: einen interaktionellen (Teil 3) und einen normativen (Teil 4). Verhalten wir uns in Interaktionen mit KI ähnlich wie in Interaktionen mit anderen Menschen, und worin bestehen die Unterschiede im Verhalten gegenüber einem künstlichen oder menschlichen Partner? Wenden wir bei solchen Interaktionen die gleichen Regeln und Normen an oder andere, und sind wir dazu berechtigt?

Jeder dieser Schritte ist unabhängig vom anderen, aber sie sind zusammen notwendig, um zu klären, ob Vertrauen ein solides Konstrukt ist oder nicht - oder welche Form von Vertrauen angenommen werden solltet. Unsere Definitionen dessen, was KI ist, kann für sich genommen nicht vollständig erklären, wie wir mit KI umgehen, wenn andere Faktoren ins Spiel kommen. Die Art und Weise, wie wir bereit sind, mit KI zu interagieren, löst sicherlich nicht die Frage der Regeln und Normen, die wir verwenden und von denen wir denken, dass wir sie verwenden sollten.

2. Welche KI? Eine volkspsychologische Definition

Was zählt als ‚künstliche Intelligenz'? Neben der Tatsache, dass es darüber keine Übereinstimmung gibt, ist es noch nicht einmal klar, ob es sich um eine einheitliche Kategorie handelt. Einerseits ist dies nicht überraschend, wenn man bedenkt, wie wenig Einigkeit bereits über die Definition von Intelligenz bei Menschen und anderen Tieren besteht. Bei Lebewesen, die bereits über ein Gehirn verfügen, ist es umstritten, ob wir einen einzigen Satz von Kriterien zur Definition von Intelligenz haben sollten: Wenn Intelligenz alles ist, was man braucht, um Probleme zu lösen, mit denen man in seiner Umgebung konfrontiert ist, dann sieht die Intelligenz eines Vogels vielleicht nicht aus wie die eines Hundes oder die eines Tintenfischs, noch wird sie, worauf es ankommt, wie die Intelligenz eines modernen, urbanen Menschen aussehen.

Sicherlich kann man eine Definition anbieten, wie z.B. als „a system's ability to interpret external data correctly, to learn from such data, and to use those learnings to achieve specific goals and tasks through flexible adaptation (die Fähigkeit eines Systems, externe Daten richtig zu interpretieren, aus diesen Daten zu lernen und diese Erkenntnisse zu nutzen, um durch flexible Anpassung bestimmte Ziele und Aufgaben zu erreichen)" (Haenlein; Kaplan 2019, S. 5). Wenn eine solche Definition zu weit gefasst ist, kann man sich auf feinere Unterscheidungen in Bezug auf engere oder allgemeine Intelligenz oder die Art des Lernens (beaufsichtigt oder unbeaufsichtigt) oder den Grad der Autonomie bei den zur Erreichung bestimmter Ziele getroffenen Entscheidungen berufen. Letztlich könnten auch verschiedene Typen von Hardware eine Rolle spielen, wenn man annimmt, dass Quanten- oder neuromorphes *Computing* der Schlüssel zu verschiedenen Arten des Lernens und der Flexibilität ist.

Mit den menschlichen Überzeugungen über KI zu beginnen, bedeutet jedoch, einen anderen Weg einzuschlagen. Der Vorschlag hier ist, ‚KI' als ein reaktionsabhängiges Konzept zu betrachten. In Platons *Eutyphro* erkennt Sokrates an, dass es verschiedene Wege gibt, ein und dasselbe Konzept zu betrachten: Nehmen wir zum Beispiel die Frömmigkeit, wie er vorschlägt. Eine Möglichkeit ist die Annahme, dass es objektive Bedingungen für das, was als fromm gilt, gibt, die erklären, warum die Götter das Fromme mögen; eine andere Möglichkeit ist die Annahme, dass es keine solchen unabhängigen objektiven Bedingungen gibt und dass alles, was den Göttern gefällt, als fromm gilt. In gewisser Hinsicht folgen KI-Experten, darunter auch Informatiker und Philosophen, dem ersten Ansatz, wenn es um KI geht, indem sie eine platonische Idee der KI betrachten. Hier empfehle ich, dem zweiten Ansatz zu folgen: Was immer von uns als KI behandelt wird, ist eine KI. Nicht alle Konzepte verdienen es vielleicht, als reaktionsabhängig betrachtet zu werden, und einige verdienen vielleicht einen platonischen, objektiven Ansatz. Aber bei Artefakten und Dingen, die wir selbst herstellen, würde ich dafür plädieren, dass ein reaktionsabhängiger Ansatz sehr sinnvoll ist.

Das Konzept der künstlichen Intelligenz von Laien ist bis jetzt noch wenig untersucht worden. Wir wissen zum Beispiel nicht, ob es auch halbautonome Systeme, wie Drohnen, umfasst oder was genau Menschen unter einem Algorithmus verstehen. Eine Untersuchung hat ergeben, dass zumindest unter 226 getesteten westlichen Teilnehmern Menschen in ihrer Auffassung dahin konvergieren, dass ein Algorithmus eine Art mathematische Operation ist, die Berechnungen durchführt (Logg et al. 2019). Diese Forschungsergebnisse sind jedoch noch sehr weit davon entfernt, Ideen über Autonomie, maschinelles Lernen oder andere im Entstehen begriffene Formen der künstlichen Intelligenz zu erfassen.

Bestimmte Debatten über die wechselnde Verwendung des Konzepts KI können hier mehr Licht ins Dunkel bringen. Douglas Hofstadter hat das berühmte Theorem von Larry Tesler zitiert: *"AI is whatever hasn't been done yet* (KI ist das, was noch nicht getan wurde)" (Hofstadter 1980, S. 601). Dies ist weder eine Definition der Künstlichen Intelligenz, noch ist es nur ein Kommentar dazu, dass wir nicht in der Lage sind, eine solche zu finden, wie viele Leute es interpretieren: Was diese Aussage anerkennt, ist meiner Ansicht nach, dass wir nur relative Definitionen von KI haben, die in unseren Vorstellungen, was wir für menschliche Intelligenz und künstliche Systeme halten, verankert sind.

Eine gemeinsame Annahme auf dem Gebiet der Informatik, die gewöhnlich unter dem Schlagwort ‚KI-Effekt' dokumentiert wird, besteht darin, dass wir mit einer kontrastiven Sichtweise auf Künstliche Intelligenz beginnen: Das heißt, wir betrachten die Unterschiede und nicht gemeinsamen Merkmale oder Ähnlichkeiten. Was einst als KI bezeichnet wurde, weil es neu aussah, wird mit zunehmender Verbreitung oft als ‚Technologie' bezeichnet, wie zum Beispiel Nick Bostrom anmerkt: Viele innovative KI hat sich in allgemeinen Anwendungen bewährt, oft ohne als KI bezeichnet zu werden, weil etwas, sobald es nützlich und gebräuchlich genug ist, nicht mehr als KI bezeichnet wird.[2] Persönliche Assistenten der KI sind inzwischen zu Mobiltelefonen geworden. Um noch einen Schritt weiter zu gehen, wird die Idee, dass wir nach Unterschieden zwischen uns und den Systemen, die wir entwerfen, suchen, oft mit versteckten Motiven erklärt: Menschen wollen etwas Besonderes bleiben und versuchen, ihre Einzigartigkeit im Universum zu bewahren.

Ich glaube, dieses Bild verfehlt einen entscheidenden Punkt. Auch wenn es unser Wunsch sein mag, unsere Andersartigkeit zu bewahren, tendieren unsere Überzeugungen und Einstellungen jedoch in die entgegengesetzte Richtung: Wir neigen dazu, KI an menschenähnliche Agenten zu assimilieren und ihnen zumindest psychische Zustände zuzuschreiben. Unsere Anthromorphisierung oder Mentalisierung von KI-getriebenen Systemen kann in zwei Richtungen gehen: Auf der passiven oder rezeptiven Seite sind wir der Meinung, dass KI Absichten und psychische Zustände interpretieren können. Auf der aktiven Seite vertreten wir die Meinung, dass KI auch über Handlungsfähigkeit und Absichten verfügen. Mehrere Studien, die sowohl Verhalten, subjektive Bewertung als auch Bildgebungsverfahren einbeziehen, zeigen dass wir auf der rezeptiven Seite häufig Empathie gegenüber dem ‚Leiden' humanoider und nicht-humanoider Roboter empfinden (Hoenen et al. 2016). Diese Tendenz, Verhalten durch Zuschreibung von rezeptiven Zuständen wie Gefühle, Erfahrungen, Repräsentationen oder Überzeugungen zu erklären, könnte eine tief verwurzelte Tendenz widerspiegeln, die bereits in jungen Jahren sichtbar ist. Die meisten Kinder finden es zum Beispiel unfair, einen Roboter in einen Schrank zu stellen, nachdem er gesagt hat, er habe Angst vor der Dunkelheit, während

---

2   http://www.cnn.com/2006/TECH/science/07/24/ai.bostrom/, abgerufen
   am 02.11.2020

alle denken, es sei akzeptabel, einen Besen in den Schrank zu stellen, und absolut falsch, einen Menschen in den Schrank zu stellen (Kahn et al. 2012). Auf der aktiven Seite scheinen unsere Alltagskonzepte dafür zu sprechen, dass KI Entscheidungen auf der Grundlage ihrer eigenen Informationszustände und Ziele trifft. Wir neigen dazu, KI als teilweise verantwortlich für ihre Fehler anzuerkennen. Wir sind auch der Ansicht, dass Roboter ein gewisses Maß an Handlungsfähigkeit besitzen, auch wenn diese dem des Menschen nicht ähnlich ist (Shank; DeSanti 2018).

So eine psychologische Charakterisierung führt zu weiteren, wichtigen Fragen, die noch zu lösen sind. Es ist nicht klar, ob man eine neue ontologische Kategorie für KI einführen muss, wie es zum Beispiel Kahn und Kollegen vorschlagen (Kahn; Solace 2017). Alternativ könnte man sich fragen, ob wir letztendlich KI nicht wirklich anders als Menschen oder andere Wesen mit Geist wahrnehmen, so dass man sie nicht als eine andere Kategorie behandeln sollte, sondern sie als Infra- oder Supra-Menschen betrachten sollte, je nachdem um welche spezielle Fähigkeit es geht. Minimaler ausgedrückt: Wenn wir die gleichen Fähigkeiten der sozialen Kognition nutzen, um Robotern und anderen künstlichen Intelligenzen psychische Zustände zuzuschreiben, scheint es nicht notwendig zu sein, sie als eine andere Kategorie zu behandeln als andere psychische Agenten. Zumindest scheint es so zu sein, dass die Beweislast bei der Aufstellung einer neuen Kategorie liegt. Es gibt jedoch noch eine dritte Möglichkeit, die sich von der ,neuen ontologischen Kategorie' und den ,mehr oder weniger menschenähnlichen' Interpretationen unterscheidet und die meiner Meinung nach ebenfalls in Betracht gezogen werden muss: Die Idee, dass wir ambivalente und widersprüchliche Definitionen bezüglich KI haben und einen ,Geist in der Maschine' positionieren, ohne wirklich eine vollständig artikulierte Vorstellung davon zu haben, was wir damit meinen. In dieser ,Geist in der Maschine' Analogie tritt eine interessante Ähnlichkeit mit philosophischen Überlegungen zu religiösen und spirituellen Überzeugungen hervor, denen es wohl an Wahrheitsgehalt mangelt, die aber dennoch von vielen Menschen vertreten werden. Solche Überzeugungen sind das, was Sperber semi-propositionale oder halb-verstandene Überzeugungen nennt (Sperber 1982; 1997). Wie Sperber schreibt, ist der Inhalt nicht nur vage; er ist für die Gläubigen selbst mysteriös und ist offen für unterschiedliche Interpretationen (Sperber 2009). Semi-propositionale Überzeugungen zu postulieren, kann helfen ansonsten problematische Einstellungen miteinander zu versöhnen: Nehmen wir zum Beispiel Animisten, die vielleicht glauben, dass ,tote Geister die Lebewesen beobachten' und gleichzeitig glauben, dass ‚Augen notwendig sind, um zu beobachten', und trotzdem die Auffassung vertreten, dass ‚tote Geister keine Augen haben'. Diese drei Überzeugungen sind logisch inkonsistent, da sie nicht alle wahr sein können. Sollen wir daraus den Schluss ziehen, dass Animisten irrational sind - wie die meisten religiös gesinnten Gläubigen, die ähnlich problematische Inkonsistenzen aufweisen, und wie die meisten Menschen, die über KI nachdenken, die vielleicht akzeptieren, dass ‚das fahrerlose Auto einen Fehler gemacht hat', ‚Absichten sind notwendig, um einen Misserfolg als Fehler zu zählen' und ‚fahrerlose Autos haben nicht wirklich Absichten'? Alternativ könnten wir aber auch die Meinung vertreten, dass künstliche Intelligenz zu halb-propositionellen Überzeugungen führt, bei denen keine vollständige Klarheit besteht, selbst auf der Seite des Gläubigen. Das meiste, was wir über künstliche Intelligenz wissen, wird uns de facto von anderen erzählt: Industrien, Medien, Künstler liefern uns verschiedene und nicht unbedingt konsistente Informationen über künstliche Intelligenz, die wir in unterschiedlichem Maße glauben und die wir versuchen, mit unseren Intuitionen und anderen Überzeugungen in Einklang zu bringen, ohne zu einer klaren endgültigen Darstellung zu gelangen. Von daher könnte es sein, dass KI weder eine klare neue Kategorie ist noch sich eindeutig auf einem Kontinuum mit dem Menschen befindet. Ich glaube, so eine Charakterisierung trifft mit einer Einschränkung gut auf KI zu: Neben solchen semi-propositionalen Überzeugungen, die nicht mit unseren übrigen Überzeugungen über Bewusstsein, Gefühle und Handlungsfähigkeit vereinbar sind, haben wir auch spontane Tendenzen, solche von uns erfundene Geschöpfe als uns nicht so unähnlich zu beurteilen. Wenn wir es mit KI zu tun haben, haben wir es mit einer bestimmten Art von Geschöpfen zu tun, die wir selbst erschaffen haben, auch wenn sie ihrer eigenen Logik folgen – was fiktiven Charakteren nicht unähnlich ist. Hier geht es jedoch nicht allein um Täuschung: Selbst wenn man weiß, dass ein Spielzeug keine psychischen Zuständen hat, interagiert man dennoch mit dem Spielzeug, als ob es psychische Zustände hätte. Ohne sich auf die Vortäuschung einzulassen, schreiben Menschen nicht-geistigen Entitäten wie natürlichen Elementen oder Alltagsgegenständen psychische Zustände zu (Deroy; Harris *under review*). Die Zuschreibung psychischer Zustände hat hier eine klare Funktion und trägt dazu bei, die durch bestimmte Verhaltensweisen hervorgerufene Überraschung zu verringern und ein beruhigendes Gefühl des Verstehens und der Sinngebung zu vermitteln.

Ein wichtiger Punkt bei einem *Human-first*-Ansatz besteht darin, dass Definitionen der KI nicht notwendigerweise an die wirklichen

Gegebenheiten von KI gebunden sind. So ist die gegenwärtige KI weit davon entfernt, bewusst, völlig autonom oder fähig zu sein, sich zu verbessern und zu reproduzieren, ihre eigenen Ziele festzulegen oder uns zu übernehmen. Die Kombinationen von Merkmalen, die wir uns in Bezug auf KI vorstellen, werden vielleicht nie eintreten, und es könnten auch neuartige Merkmale auftauchen, die wir uns bis jetzt noch nicht vorgestellt haben. Unsere Fähigkeit, technologische Entwicklungen vorherzusagen und zu antizipieren hat eine schlechte Erfolgsbilanz, und wir haben es oft eher mit unserer eigenen Phantasie und unseren eigenen Ängsten zu tun. Wir sollten Phantasien und Ängste jedoch nicht völlig ignorieren, da sie auch das prägen, was die Menschen für KI halten. Genauso wie einige Stereotypen oder Charakterzuschreibungen ungenau oder phantasievoll sein können, aber dennoch erklären, warum Menschen so reagieren und sich so verhalten, wie sie es tun, können Vorstellungen bezüglich KI in den Köpfen der Menschen und eben nicht in der Außenwelt erklären, warum Menschen so reagieren und sich so verhalten, wie sie es tun.

3. Psychologie an erster Stelle: Behandeln Menschen KI als Interaktionspartner?

Die oben vorgeschlagene psychologische Herangehensweise an eine Definition der KI mag angesichts der viel diskutierten These, dass das Hauptproblem bei einer Annäherung an KI darin bestehe, dass sie unerklärlich oder intransparent sei, merkwürdig erscheinen. Und es ist auch nicht zu leugnen, dass die Tatsache, dass wir weder Zugang zu den inneren Funktionsweisen von KI haben noch wirklich verstehen, wie sie funktioniert einen großen Anteil daran hat, dass große Zurückhaltung bei der Anwendung der neuen Technologien gibt.

Jedoch stellt Intransparenz für Menschen eigentlich kein großes Problem dar. Denn, wenn man darüber nachdenkt, tritt das Problem der Intransparenz genauso in Bezug auf andere Menschen auf: Wir haben Fähigkeiten zu erraten, was Andere denken und vorhaben, aber wir haben keinen direkten Zugang zu den mentalen Zuständen, die das Verhalten verursachen, das wir bei anderen Menschen beobachten. Solche Fähigkeiten helfen uns dabei, das Verhalten anderer vorherzusagen, zu verstehen, zu interpretieren oder zu rationalisieren, aber sie können auch viele Aspekte der kausalen Struktur übersehen), die diesem Verhalten tatsächlich zugrunde liegen.

Wir interpretieren andere Menschen oft falsch und sind oft voreingenommen, wenn es zum Beispiel um die Zuschreibung von Charaktereigenschaften geht: Oft unterschätzen wir die Rolle, die der Kontext bei der Ausgestaltung einer emotionalen Reaktion und eines Verhaltens eines Anderen spielt (das nennt man einen fundamentalen Zuschreibungsfehler, zum Beispiel, siehe Harman 1999). Auch nehmen wir oft falsche Wahrscheinlichkeitsschätzungen vor, wenn wir persönliche Eigenschaften korrelieren. Oder wir nehmen oberflächliche Merkmale wie Größe oder Gesichtszüge als Zeichen von Vertrauenswürdigkeit oder Kompetenz wahr. Noch wichtiger ist, dass wir uns auch bewusst sind, dass wir manchmal sehr wenig Einsicht in das haben, was andere denken oder mögen. Dies zeigt sich zum Beispiel in der Tatsache, dass wir uns an andere wenden, um Interpretationen desselben Verhaltens in Klatsch und Tratsch oder in alltäglicheren Gesprächen zu vergleichen. Weder Fehler noch Unsicherheit bei der Schlussfolgerung, was andere denken, scheinen uns jedoch unfähig zu machen, sozial miteinander zu interagieren. Im weiteren Sinne stellt der Umgang mit einer unerklärlichen KI, bei der die Zuschreibungen von psychischen Zuständen entweder falsch und/oder unsicher sind, keine wesentliche Einschränkung dar.

Dass wir bei unseren Zuschreibungen von mentalen Zuständen falsch liegen können - sogar in dem grundlegenden Sinne, dass KI weder Absichten noch Überzeugungen hat und auch nicht einer menschenähnlichen Logik mit aussagenlogischen Inhalten folgt – stellt für einen Ansatz, bei dem die Psychologie an erster Stelle steht, kein Problem dar. Wir können mit Zuschreibungen von Dispositionen und Merkmalen auskommen, genauso können wir mit irreführenden Zuschreibungen auskommen. Ich will hier nicht vorschlagen, dass Menschen genau die gleichen Heuristiken und Regeln, die sie gegenüber anderen Menschen verwenden anwenden, wenn sie mit KI zu tun haben. Zum Beispiel wird das Verstreichen von Zeit bevor ein Mensch einen Ratschlag erteilt als positiv betrachtet, während das Verstreichen von Zeit vor einem Ratschlag einer KI als negativ gewertet wird. Als Faustregel gilt hier, dass eine gewisse Anstrengung etwas Gutes von einem Menschen zeigt, aber etwas Falsches von einem Algorithmus (Efendić et al. 2020). Langsame Antwortzeiten untergraben das Vertrauen in algorithmische, aber nicht menschliche Vorhersagen. Dennoch scheinen wir definitiv bereit zu sein, KI als interaktive Partner zu behandeln, auch wenn unsere Reaktionen unterschiedlich ausfallen können.

An dieser Stelle können wir uns dann der letzten Frage zuwenden, wie wir mit KI interagieren.

4. Vertrauen Menschen der KI genauso wie anderen Menschen?

Die Frage ‚Können Menschen der KI vertrauen?' wird oft als Frage nach den Erfüllungsbedingung: für die Anwendung des Vertrauensbegriffs behandelt. Die Diskussion spekuliert dann darüber, was KI ist: Sind sie moralische Agenten? Können sie empfindungsfähig sein, oder zumindest minimal? Und so weiter. Ein Ansatz, der zuerst in der Psychologie ansetzt, schneidet solche Probleme ab, indem er sich darauf konzentriert, wozu Menschen bereit sind, wenn es um KI geht. Sie empfiehlt keine isolierte sondern eine vergleichende Fragestellung, die berücksichtigt, dass wir nicht abstrakt Vertrauen gewähren, sondern dass wir auf Grundlage unserer langen Erfahrung mit der Navigation von Vertrauen zu anderen Mitmenschen entscheiden, wann wir vertrauen. Deswegen ist es eine bessere Strategie, zu untersuchen, wie ähnlich oder unterschiedlich wir uns verhalten, wenn es darum geht, KI Vertrauen zu schenken oder zu entziehen.

An dieser Stelle ist es wichtig hervorzuheben, dass es auch im Zwischenmenschlichen nicht unsere Standardposition ist, andere vertrauenswürdig zu finden: Sowohl in epistemischen als auch in praktischen Fragen (für einen Überblick siehe Mercier 2019) und von klein auf lernen wir, dass Vertrauen wachsam und vorsichtig zu verteilen ist, wobei wir uns immer auch bewusst sind, dass andere inkompetent oder manipulativ sein können (Rosati et al. 2019, Harris; Corriveau 2011).

Das Vertrauen in andere Menschen kann sowohl eine rechnerische oder strategische als auch eine moralische oder intrinsische Komponente haben. Stellen Sie sich einen Fall vor, in dem jemand auf Sie zukommt, ein Fahrrad mit einem platten Reifen schiebt und Sie fragt, ob Sie ihr 10 Euro leihen würden, um ein Taxi nach Hause zu nehmen. Diese Person fragt auch nach Ihrer Adresse und verspricht, das Geld zurückzuschicken. Würden Sie ihr vertrauen und ihr 10 Euro leihen? Aus wirtschaftlicher Sicht ist Vertrauen hier gerechtfertigt, wenn Sie erwarten, dass die Radfahrerin sich revanchiert. Mit anderen Worten: Vertrauen kann eine strategische Investition sein, bei der Gegenseitigkeit erwartet wird. Sie können sich jedoch auch aufgrund sozialer oder moralischer Normen oder der Tatsache, dass Sie sich durch das Vertrauen gut fühlen, dazu entschließen, der Radfahrerin zu helfen, selbst wenn nur eine geringe Erwartung besteht, dass sie das Geld zurückgibt. Anderen zu vertrauen, kann Sie mit einem echten ‚warmen Gefühl' erfüllen oder Ihr Selbstbild als offener, freundlicher und vertrauensvoller Charakter verbessern. So zeigen zum Beispiel empirische Untersuchungen, die auf dem sogenannten Vertrauensspiel beruhen, dass Menschen anonymen Fremden aufgrund sozialer Normen über das hinaus, was rationale Vorsicht voraussagen würde, vertrauen (Tzieropoulos 2013). Dies ist ein Zwei-Personen-Spiel mit einer Vertrauensperson (A) und einem Treuhänder (B). Person A soll entscheiden, ob er dem Treuhänder einen Geldbetrag anvertraut. Wenn sie dies tut, kann der Treuhänder wiederum entscheiden, ob er das gesamte Geld für sich behält und damit das ihm entgegengebrachte Vertrauen missbraucht oder ob er etwas Geld zurückschickt, wodurch das ihm entgegengebrachte Vertrauen gewürdigt wird. Mit einer Evaluation, wie Menschen diese drei Entscheidungen aushandeln (A vertraut B nicht, A vertraut B, der dieses Vertrauen missbraucht, oder A vertraut B, der dieses Vertrauen ehrt), erhält man einen guten Einblick in das gegenseitige Vertrauen der Menschen. In einem anderen Setting, dem Diktatorenspiel, bei dem nur das Verhalten des Treuhänders betrachtet wird, hat sich gezeigt, dass viele Menschen, etwa 20% des Geldes, das sie erhalten, scheinbar unentgeltlich einer anderen Person zu geben (Guala; Mittone 2010).

Da so viel über das Vertrauen zwischen Menschen bekannt ist, kommt es darauf an, zu untersuchen, inwiefern Menschen KI genauso viel Vertrauen entgegenbringen wie anderen Menschen (oder eventuell sogar mehr). Die empirischen Befunde liefern widersprüchliche Ergebnisse, die sowohl auf reduziertes als auch ähnliches oder höheres Vertrauen hinweisen. So bezieht sich der Begriff ‚Algorithmus-Aversion', der eher epistemischen Fragen vorbehalten ist, darauf in welchem Maße ein Mensch bereit ist, Ratschläge von einer KI anzunehmen, verglichen mit Bereitschaft, Ratschläge von anderen Menschen anzunehmen. Das Vertrauen in KI-Ratschläge fehlt hier nicht gänzlich: Solange sie sich nicht selber für sachkundig auf dem betreffenden Gebiet halten, sind Menschen zum Beispiel bereit, auf Ratschläge einer KI zu hören. Jedoch hat es sich gezeigt, dass Menschen einer KI weniger Fehler verzeihen als einem menschlichen Gegenüber und sie verlieren schneller das Vertrauen in einen Algorithmus als in einen anderen menschlichen Berater. In praktischen Bereichen ist Leistung, d.h. Zuverlässigkeit, der Hauptantrieb für Vertrauen in vielen KI-Mensch-Interaktionen (Hancock et al. 2011). Wenn die Interaktionen jedoch ein persönliches Risiko beinhalten, sind die Menschen viel vorsichtiger: Selbst wenn Menschen der Meinung sind, dass ein fahrerloses Auto die besten ethischen Entscheidungen treffen würde, würden sie sich immer noch nicht darauf einlassen.

In unseren empirischen Untersuchungen (Karpus et al. *under review*) stellten wir fest, dass Menschen gewillt waren, sowohl einer KI als auch einem Menschen bei der ersten Begegnung in einem sogenannten Vertrauensspiel (*trust game*) oder bei dem Gefangenendilemma Vertrauen entgegenzubringen: Sie erwarteten, dass die KI und der Mensch in vergleichbarer Weise kooperierten, was bedeutet, dass Manche eher skeptisch waren und andere nicht. Hinzu kommt, dass generations- und kulturbedingte sowie individuelle Unterschiede zu erwarten sind, wenn es um eine allgemeine Vertrauensdisposition geht, und es scheint, dass unsere Psychologie, nun ja, widersprüchlich ist.

Hier scheinen wir also festzusitzen: A-priori-Ansätze, die mit einer Analyse dessen beginnen, was erforderlich ist, damit Vertrauen Bestand hat, und sich darauf beziehen, was KI wirklich ist, sind ziemlich pessimistisch, dass Vertrauen gegenüber einer künstlichen Entität entstehen kann. Im besten Fall kann man hier von einer abgeleiteten Form von Vertrauen sprechen, das entsteht, indem wir den Menschen hinter der KI vertrauen: den Konstrukteuren, den Unternehmen, den Regulierungsbehörden oder anderen Personen, die einen Einfluss auf die mehr und mehr automatisierten Entscheidungen der neue Generationen von Algorithmen haben. *Human-first*-Ansätze beginnen jedoch damit, was wir über KI denken und wie wir uns zu ihr verhalten, und liefern ein kompliziertes, gemischtes Bild. Im besten Fall können wir dann auf immer mehr Daten und empirische Qualifikationen der Faktoren, die die Vertrauenswürdigkeit gegenüber der KI beeinflussen, hoffen. Vielleicht wird abgeleitetes Vertrauen einer der Befunde sein, aber wahrscheinlich werden sich noch viele andere Faktoren und Dimensionen ergeben.

Ich möchte hier einen Ausweg vorschlagen, bei dem wir uns weder zurückziehen und weiterhin hauptsächlich den Menschen hinter der KI vertrauen noch das Risiko eingehen müssen, auf weitere empirische Befunde zu warten. Zum einen sind die empirischen Befunde, die sich aus der Einstellung der Menschen ergeben, gar nicht so überraschend unübersichtlich: Wir wissen, dass zwischen Menschen Vertrauen und Wachsamkeit Hand in Hand gehen. Von daher wäre es nicht überraschend, eine ähnliche Bidirektionalität vorzufinden, wenn wir mit KI interagieren. Die entscheidende Frage ist, ob aus unserer eigenen Perspektive unser Vertrauen oder unsere Wachsamkeit gerechtfertigt ist. Wenn wir, wie ich vorhin vorgeschlagen habe, meist halb-propositionale Überzeugungen in Bezug auf die Empfindungsfähigkeit und Handlungsfähigkeit von KI haben, gelingt es uns vielleicht nicht, vollkommen rational und systematisch zu sein, wenn wir der KI vertrauen oder an ihr zweifeln. Der zweite Punkt ist unabhängig davon, was wir für KI halten: Unabhängig davon, ob wir sie als eine neue Kategorie, über oder unter uns auf einem Kontinuum oder halb-propositional betrachten, teilen wir Vertrauen und Wachsamkeit nicht aus einem, sondern aus zwei verschiedenen Gründen zu: Der eine ist strategischer oder kalkulierender Natur, hier erwarten wir kooperative Gegenseitigkeit, und der andere ist sozialer und moralischer Natur, bei dem wir ermutigt werden, Vertrauen als gut zu betrachten, und uns oft gut fühlen, wenn wir anderen vertrauen. Für Ethiker, Ingenieure und die Gesellschaft stellt sich hier die Frage, welche Art der Rechtfertigung wir für das Vertrauen zwischen uns und KI fordern: strategisch oder sozial. Meine Diagnose lautet hier, dass eine strategische Rechtfertigung weniger problematisch ist. Es mag kompliziert sein, die Risiken einer bestimmten Technologie zu berechnen, vor allem, wenn sie neu ist und sich schnell verändert, aber digitale Kompetenz, Erfahrung oder solide Heuristik könnten unser Vertrauen und unsere Wachsamkeit rechtfertigen. Es ist viel weniger offensichtlich, ob ein soziales oder moralisches Vertrauen in die KI jemals gerechtfertigt sein wird. Aus keiner der vorgestellten Sichtweisen haben wir Gründe, KI als gleichwertige Mitglieder der Gesellschaft wie andere Menschen oder andere moralische Agenten zu behandeln: An diesem Punkt konvergieren die unterschiedlichen Definitionen, dies gilt sowohl für die Auffassung, dass KI etwas anderes ist als wir, als auch für die Idee, dass KI mehr oder weniger so sei wie wir, oder bloß ein Gegenstand dissonanter Einstellungen, und dies gilt selbst für beschreibende Ansätze darüber, was KI ist.

5. Schlussfolgerungen

Philosoph*innen, Bürger*innen, Regierungen, Informatiker*innen und Expert*innen für menschliches Verhalten sind alle von einer Kernfrage betroffen: Können wir KI vertrauen und unter welchen Bedingungen? Philosoph*innen, die davon ausgehen, dass Vertrauen nur zwischen Menschen bestehen kann, können eine klare Antwort geben, die dafür spricht, Menschen *in the loop* oder *on the loop* zu halten und rechenschaftspflichtig zu machen (vgl. auch den Beitrag von Catrin Misselhorn in diesem Band). Informatiker*innen und Philosoph*innen, die der Meinung sind, dass KI wie ein Mensch oder besser als ein Mensch sein kann, argumentieren für eine andere Sichtweise, bei der das Vertrauen gegenüber der KI höher sein kann als unser Vertrauen gegenüber, immerhin weniger kompetenten und zuverlässigen Menschen. Diese unterschiedlichen Auffassungen beleben weiterhin die aktuelle Debatte.

Meine Antwort unterscheidet sich insofern, als ich glaube, dass die Frage anders gestellt werden muss: Es reicht nicht Vertrauen nur konzeptuell betrachten, wir müssen auch Gründe für die Rechtfertigung von Vertrauen und Wachsamkeit untersuchen. Dafür ist es notwendig, dass wir auch verstehen, warum wir vertrauen oder nicht, und wie unser Verstand diese Entscheidungen steuert. Deswegen ist es sinnvoll, damit zu beginnen, was wir für KI halten. Man kann von uns nicht erwarten, dass wir woanders anfangen, am wenigsten mit einer Lehrbuchbeschreibung dessen, was KI nach Ansicht von Experten wirklich sei. Dann können wir sehen, dass Vertrauen in die KI zwar aus strategischen Gründen gerechtfertigt sein mag, es aber an moralischen oder sozialen Rechtfertigungen mangelt. Was wir dann von den Menschen verlangen, ist ziemlich seltsam: Seien Sie nur strategisch und berechnend, wenn Sie der KI vertrauen. Weil wir sozial und moralisch sind, können wir KI tatsächlich als eine Verallgemeinerung unserer moralischen und sozialen Einstellungen vertrauen - aber ich bezweifle, dass wir dazu berechtigt sind.

Literatur

Baier, Annette (1986): Trust and antitrust. In: *Ethics*, 96, 231-260.

Dechêne, Alice; Stahl, Christoph; Hansen, Jochim; Wänke, Michaela (2010): The truth about the truth: A meta-analytic review of the truth effect. In: *Personality and Social Psychology Review*, 14(2), 238-257.

Deroy, Ophelia; Harris, Lasana (under review): Social flexibility: A higher-order theory of what makes human social cognition special.

Dewey, Marc; Wilkens, Uta (2019): The Bionic Radiologist: avoiding blurry pictures and providing greater insights. In: *Nature Digital Medicine*, 2(1), 1-7.

Efendić, Emir; Van de Calseyde, Philippe: Evans, Anthony (2020): Slow response times undermine trust in algorithmic (but not human) predictions. In: *Organizational Behavior and Human Decision Processes*, 157, 103-114.

European Commission (2018): Ethics Guidelines for Trustworthy AI. https://ec.europa.eu/futurium/en/ai-alliance-consultation/guidelines/1#Human%20agency, abgerufen am 25.10.2020.

Goldberg, Sanford (2020). Trust and reliance. In: Simon, Judith [ed.] *The Routledge Handbook of Trust and Philosophy*, Routlege, London, 8.

Goodrich, Michael; Crandall, Jacob; Stimpson, Jeffrey (2003): Neglect tolerant teaming: Issues and dilemmas. In: *Proceedings of the 2003 AAAI Spring Symposium on Human Interaction with Autonomous Systems in Complex Environments*, 24-26.

Guala, Francesco; Mittone, Luigi (2010): Paradigmatic experiments: the dictator game. In: *The Journal of Socio-Economics* 39(5), 578-584.

Haenlein, Michael; Kaplan, Andreas (2019): A brief history of artificial intelligence: On the past, present, and future of artificial intelligence. In: *California management review* 61(4), 5-14.

Hancock, Peter; Billings, Deborah; Schaefer, Kristin; Chen, Jessie; De Visser, Ewart; Parasuraman, Raja (2011): A meta-analysis of factors affecting trust in human-robot interaction. In: *Human factors,* 53(5), 517-527.

Hao, Karen (2020): The UK exam debacle reminds us that algorithms can't fix broken systems. https://www.technologyreview.com/2020/08/20/1007502/uk-exam-algorithm-cant-fix-broken-system/ abgerufen am 2.11.2020.

Harman, Gilbert (1999): Moral philosophy meets social psychology: Virtue ethics and the fundamental attribution error. In: *Proceedings of the Aristotelian society*, 99, 315-331.

Harris, Paul; Corriveau, Kathleen (2011): Young children's selective trust in informants. In: *Philosophical transactions of the Royal Society of London. Series B, Biological sciences*, 366(1567), 1179-1187.

Hoenen, Matthias; Lübke, Katrin; Pause, Bettina (2016): Non-anthropomorphic robots as social entities on a neurophysiological level. In: *Computers in Human Behavior,* 57,182-186.

Hofstadter, Douglas (1980): *Gödel, Escher, Bach: an Eternal Golden Braid.* Basic Books, New York 1980.

Kahn, Peter; Kanda, Takayuki; Ishiguro, Hiroshi; Freier, Nathan; Severson, Rachel; Gill, Brian; Ruckert, Jolina; Shen, Solace (2012): Robovie, you'll have to go into the closet now: Children's social and moral relationships with a humanoid robot. In: *Developmental psychology* 48(2), 303-314.

Kahn, Peter; Shen, Solace (2017): NOC NOC, Who's there? A New Ontological Category (NOC) for social robots. In Budwig, Nancy; Turiel, Elliot; Zelazo, Philip David [eds.] *New Perspectives on Human Development*, Cambridge University Press, Cambridge, 106-120.

Karpus, Jurgis; Toreiba, Julia; Kruger, Adrian; Bahrami, Bahador; Deroy, Ophelia (under review): Algorithm exploitation: Humans are keen to exploit benevolent AI.

Logg, Jennifer; Minson, Julia; Moore, Don (2019): Algorithm Appreciation: People Prefer Algorithmic To Human Judgment. In: *Organizational Behavior and Human Decision Processes*, 151, 90-103.

Mercier, Hugo (2020). *Not born yesterday: The science of who we trust and what we believe.* Princeton University Press, Princeton.

Microsoft website (online): https://www.microsoft.com/en-us/research/project/trustworthy-ai/, abgerufen 25.10.2020.

Rosati, Alexandra; Benjamin, Natalie; Pieloch, Kerrie; Warneken, Felix (2019): Economic trust in young children. In: *Proceedings of the Royal Society B*, 286(1907), 20190822.

Shank, Daniel ; DeSanti, Alyssa (2018): Attributions of morality and mind to artificial intelligence after real-world moral violations. In: *Computers in human behavior*, 86, 401-411.

Sperber, Dan (1982): Apparently irrational beliefs. In: Lukes, Steven; Hollis, Martin [eds.]: *Rationality and relativism*. Blackwell, London, 1982, 149-180.

Sperber, Dan (1997): Intuitive and reflective beliefs. In: *Mind and Language* 12(1), 67-83.

Sperber, Dan (2009): Kommentar zu Norenzayan, Ara, Shariff, Azim., Gervais, Will, McKay, Ryan; Dennett, Daniel "The evolution of religious misbelief". In: *Behavioral and Brain Sciences*, 32(6), 534-535.

Tzieropoulos, Hélène (2013): The Trust Game in neuroscience: a short review. In: *Social neuroscience* 8(5), 407-416.

Catrin Misselhorn

GRUNDSÄTZE DER MASCHINENETHIK

Abstract: In vielen Anwendungsbereichen wie beim autonomen Fahren, im Krieg, aber auch in der Pflege stehen künstliche Systeme moralischen Problemen gegenüber. Die Maschinenethik ist eine aufstrebende Disziplin an der Schnittstelle von Philosophie, Informatik und Robotik, die sich mit der Frage beschäftigt, ob und wie künstliche Systeme auch moralische Entscheidungen treffen können. In diesem Beitrag wird die neue Disziplin vorgestellt und Argumente für und wider dieses Vorhaben diskutiert. Abschließend werden drei Grundsätze eingeführt, die als Leitplanken dienen und sicherstellen sollen, dass die technologische Entwicklung in eine positive Richtung erfolgt.

1. Was ist Maschinenethik?

Während *Artificial Intelligence* zum Ziel hat, die kognitiven Fähigkeiten von Menschen zu modellieren oder zu simulieren, geht es im Feld der *Artificial Morality* darum, künstliche Systeme mit der Fähigkeit zu moralischem Entscheiden und Handeln auszustatten. Die Idee ist also, Computer so zu programmieren, dass sie moralische Entscheidungen treffen können. Die Maschinenethik ist diejenige Disziplin, die sich mit der Möglichkeit von *Artificial Morality*, ihren theoretischen Grundlagen und ihrer ethischen Bewertung auseinandersetzt (Misselhorn 2018).

Lange Zeit stand die Maschinenethik zu Unrecht im Verdacht, bloß Science-Fiction zu sein. Das stimmt jedoch nicht. Denn bereits ein so einfaches Gerät wie ein Staubsaugerroboter steht vor moralischen Entscheidungen: Soll er einen Marienkäfer einfach einsaugen oder soll er ihn verscheuchen bzw. umfahren? Und was ist mit einer Spinne? Soll er sie töten oder ebenfalls verschonen? Ein solcher Roboter ist in einem minimalen Sinn autonom, weil er im Unterschied zu einem konventionellen Staubsauger nicht von einem Menschen geführt oder überwacht wird. Die Pointe eines solchen Roboters ist, dass er möglichst dann aktiv werden soll, wenn wir gerade nicht zu Hause sind.

Man kann auch in Zweifel ziehen, dass es sich um eine moralische Entscheidung handelt. Das ist jedoch der Fall, weil es darum geht, ob man Tiere zu Reinigungszwecken töten darf. Gewöhnliche Staubsaugerroboter können eine solche Entscheidung allerdings noch nicht treffen. Zumindest als Prototyp liegen jedoch Forschungsansätze vor, ein

Ethikmodul für das populäre Modell Roomba zu entwickeln (Bendel 2017), welches das Leben von Insekten berücksichtigt (der Prototyp besitzt wahlweise einen ‚Kill-Button' für Spinnen).

In komplexeren Einsatzbereichen autonomer Systeme stellen sich auch anspruchsvollere moralische Entscheidungen. Beispiele hierfür sind etwa Pflegesysteme, Kriegsroboter und autonome Fahrzeuge, die drei der zentralen Anwendungsfelder der Maschinenethik darstellen (Misselhorn 2018). Alle drei Felder erfordern grundlegende moralische Entscheidungen, in denen es manchmal sogar um Leben und Tod von Menschen geht. Eine zentrale Frage der Maschinenethik ist, ob man Maschinen solche Entscheidungen überhaupt überlassen darf oder ob man es vielleicht sogar tun sollte.

Wir wollen zunächst Argumente zugunsten der Behauptung betrachten, dass wir eine Maschinenethik brauchen. Sodann werden Argumente dargestellt, die gegen die Maschinenethik geltend gemacht werden können. Diese Argumente beziehen sich auf der einen Seite auf die technische Machbarkeit und auf der anderen auf die moralische Wünschbarkeit Maschinen mit Moral. Wie sich erweisen wird, haben beide Seiten ihre Berechtigung. Deshalb kommt es darauf an, wie die Maschinenethik ausgestaltet wird. Ein Vorschlag dafür wird mit drei Grundsätzen der Maschinenethik vorgelegt, die den Einwänden Rechnung tragen und sicherstellen sollen, dass sich die Maschinenethik in eine gute Richtung entwickeln kann.

2. Argumente für die Maschinenethik

Ein wesentliches Motiv der Technisierung ist, dass Maschinen die Menschen von Tätigkeiten entlasten sollen, die schwer, schmutzig, gefährlich oder einfach nur unangenehm sind. Manchmal sind die Leistungen von Maschinen auch einfach schneller oder präziser als diejenigen des Menschen.

Mit zunehmender Intelligenz und Autonomie geraten Maschinen jedoch auch in Situationen, die moralische Entscheidungen erfordern. Daraus wird häufig geschlossen, dass die Entwicklung von Maschinen mit moralischen Fähigkeiten unabdingbar ist, insofern wir die Vorteile autonomer intelligenter Systeme voll ausnutzen wollen (Allen et al. 2011).

Darüber hinaus kann man argumentieren, dass moralische Maschinen bessere Maschinen sind. Eine gute Maschine zeichnet sich dadurch aus, dass sie den menschlichen Bedürfnissen und Werten besonders gut gerecht wird. Die Überlegung ist nun, dass eine Maschine mit einprogrammierter Moral den menschlichen Bedürfnissen und Werten besonders gut entspricht.

Vielleicht handeln künstliche moralische Akteure sogar besser als Menschen, weil ihr Verhalten nicht durch irrationale Impulse, Psychopathologien oder emotionalen Stress beeinflusst wird. Sie lassen sich nicht verführen und werden – im Unterschied zu Menschen – auch nicht durch Eigeninteresse vom Pfad der Tugend abgelenkt.

Außerdem könnten Maschinen in ihren kognitiven Fähigkeiten bei der Situationsbewertung Menschen überlegen sein. Sie sind in der Lage, in Sekundenbruchteilen Entscheidungen zu treffen, in denen ein Mensch gar nicht mehr bewusst entscheiden kann. Das wird als Argument dafür ins Feld geführt, Maschinen moralische Entscheidungen in besonders prekären Situationen zu überlassen, beispielsweise im Krieg (Arkin 2009).

Doch die Maschinenethik ist nicht nur von praktischem Nutzen, sie ist auch ein theoretisch interessantes Forschungsprogramm. So verspricht sie Einsichten, die die ethische Theoriebildung voranbringen könnten. Denn die menschliche Moral hat den Nachteil, fragmentiert zu sein und sogar Inkonsistenzen zu enthalten. Die Entwicklung künstlicher Systeme mit moralischen Fähigkeiten stellt hingegen die Anforderung, die Moral (zumindest in den Anwendungsbereichen) zu vereinheitlichen und konsistent zu machen. Denn nur auf dieser Grundlage können künstliche Systeme operieren. Einheitlichkeit und Widerspruchsfreiheit gelten als theoretische Tugenden, deshalb läge darin auch ein Fortschritt für die Ethik als Theorie der Moral.

Auch kognitionswissenschaftlich ist die Maschinenethik von Bedeutung. Denn der Mensch ist zwar einerseits Vorbild bei der Entwicklung intelligenter Maschinen, die die Fähigkeit zum moralischen Handeln haben. Auf der anderen Seite inspirierte die wissenschaftliche und technische Entwicklung des Computers und der Künstlichen Intelligenz aber auch immer wieder das Verständnis des menschlichen Geistes. Vielfach wird der Computer als Modell für die Funktionsweise des menschlichen Geistes betrachtet.

Der Versuch, künstliche Systeme mit moralischen Fähigkeiten zu konstruieren, ist deshalb mit der Erwartung verbunden, auch besser zu verstehen, wie moralische Fähigkeiten bei Menschen funktionieren könnten (Misselhorn 2019a). Idealerweise gibt es grundlegende funktionale Strukturen moralischer Fähigkeiten, die sowohl in natürlichen als auch in künstlichen Systemen realisiert werden können. Doch auch wenn gewisse Erklärungsansätze moralischer Fähigkeiten an der Implementation scheitern, birgt dies zumindest einen negativen Erkenntniswert. Die Maschinenethik kann also ein wertvolles Instrument kognitionswissenschaftlicher Erkenntnis darstellen.

3. Argumente gegen die Maschinenethik

Diesen positiven Erwartungen an die Maschinenethik zum Trotz werden jedoch auch eine Reihe von Einwänden geltend gemacht. Ihre Stoßrichtung ist einerseits die technische Machbarkeit und andererseits die moralische Wünschbarkeit von Maschinen mit moralischen Fähigkeiten. Häufig sind die kritischen Punkte die Kehrseiten der positiven Aspekte der Maschinenethik.

Dem Argument von der Unabdingbarkeit der Maschinenethik steht eine skeptische Haltung gegenüber, die ihre Umsetzbarkeit grundsätzlich in Frage stellt. Die Zweifel an der Möglichkeit der Maschinenethik gründen in der Kritik an der Vorstellung, dass der menschliche Geist analog zu einem Computerprogramm funktioniert. So wird oft darauf hingewiesen, dass ein Computer im Unterschied zum menschlichen Geist nicht über Denken oder Bewusstsein verfügen kann. (Searle 1980 [1986]). Jeder Versuch, eine starke künstliche Intelligenz zu entwickeln, die der menschlichen Intelligenz entspricht, sei deshalb zum Scheitern verurteilt. Folglich werden Maschinen auch niemals über die Fähigkeit zum moralischen Entscheiden und Handeln verfügen.

Die Maschinenethik muss jedoch nicht unbedingt mit dem Anspruch starker künstlicher Intelligenz verbunden sein. Für Anwendungszwecke würde es genügen, eine funktionale Moral zu entwickeln. Dazu müssten Maschinen lediglich über die entsprechenden moralischen Informationsverarbeitungsprozesse verfügen. Sie müssten die moralisch relevanten Merkmale einer Situation erkennen und nach entsprechenden moralischen Vorgaben verarbeiten können.

Moralische Informationsverarbeitung in diesem Sinn könnte auch ohne Bewusstsein oder eine dem Menschen vergleichbare Denkfähigkeit möglich sein. In diesem Fall wären Maschinen natürlich keine vollumfänglichen moralischen Akteure wie Menschen. Ihnen würden dazu notwendige Fähigkeiten wie Bewusstsein, die Bezugnahme auf die Welt (Intentionalität), die Fähigkeit zur Selbstreflexion und Moralbegründung und damit auch Willensfreiheit fehlen (Misselhorn 2018). Deshalb könnten Maschinen mit funktionaler Moral zwar moralisch handeln, aber keine Verantwortung für ihr Tun übernehmen.

Nehmen wir einmal an, es wäre möglich, Maschinen (zumindest im funktionalen Sinn) mit moralischen Fähigkeiten auszustatten. Dann stellt sich immer noch die Frage, ob es denn aus ethischer Sicht wünschenswert ist, es auch zu tun. Der Maschinenethik wohnt der Zwang inne, in bestimmten Fällen verbindliche moralische Entscheidungen zu treffen, die wir bislang offen gehalten haben. Das kann man auch negativ sehen, denn dadurch werden vielleicht kritische Aspekte eliminiert, ohne dass dies der Komplexität und existenziellen Bedeutung moralischer Situationen im Alltag gerecht wird.

Das lässt sich an den Dilemmasituationen veranschaulichen, die beim autonomen Fahren auftreten können. Wie soll ein Fahrzeug entscheiden, wenn es ausschließlich die beiden Handlungsalternativen hat, das Leben seiner Fahrgäste aufs Spiel zu setzen oder dasjenige von auf der Straße spielenden Kindern? Der Zwang zu einer Entscheidung ex ante erscheint in einem solchen Fall als problematisch.

Menschen können in einer solchen Lage situationsabhängig entscheiden. Das Verhalten eines autonomen Systems ist hingegen im Vorhinein festgelegt. Dadurch beschränken wir unseren Entscheidungsspielraum und die Möglichkeit, situativ von einer vorhergehenden moralischen Einschätzung abzuweichen, die uns in einer konkreten Situation nicht mehr angemessen erscheint (vgl. dazu im Hinblick auf autonome Waffensysteme Leveringhaus 2016).

Während es in diesem Beispiel eher um die Frage geht, ob Maschinen moralisch angemessen auf kritische Situationen reagieren können, richtet der folgende Einwand den Blick auf den Entscheidenden und fragt, ob man moralische Entscheidungen überhaupt abgeben darf. Nach Kant ist die Fähigkeit zum moralischen Handeln die Wurzel der menschlichen Würde. Daran anschließend kann man zu bedenken geben, dass wir gerade dasjenige aus der Hand geben, was uns als Menschen ausmacht, wenn wir moralische Entscheidungen an Maschinen delegieren.

4. Grundsätze der Maschinenethik

Es wäre jedoch falsch, das Projekt der *Artificial Morality* aufgrund der Einwände in Bausch und Bogen zu verwerfen. Man sollte sie stattdessen als Hinweise lesen, wie man gute moralische Maschinen gestalten kann. Ich möchte deshalb nun drei Grundsätze formulieren, die den aus meiner Sicht wesentlichsten Einwänden gegen moralische Maschinen Rechnung tragen.

Erster Grundsatz:
Moralische Maschinen sollten die Selbstbestimmung von Menschen
fördern und sie nicht beeinträchtigen.

Maschinen sollten die Selbstbestimmung von Menschen nicht untergraben, sondern sie in ihrem selbstbestimmten Handeln unterstützen. Ich habe diese Idealvorstellung im Bereich der häuslichen Pflege ganz praktisch als Grundlage genommen, um ein konzeptuelles Design für ein Pflegesystem vorzulegen, das sich durch Training und die permanente Interaktion mit dem Nutzer auf dessen moralische Wertvorstellungen einstellen und Menschen nach ihren eigenen Moralvorstellungen behandeln kann (Misselhorn 2020).

Die Idee war, ein System zu entwickeln, das mit einem verlängerten moralischen Arm des Nutzers vergleichbar ist, der es diesem ermöglicht, länger selbstbestimmt in seinen vier Wänden zu leben, wenn er dies möchte. Man könnte sogar von einem moralischen Avatar sprechen. Die Ansprüche an ein solches System sollten jedoch nicht überzogen sein, denn Technologien allein werden den Pflegenotstand nicht lösen. Auch die sozialen und gesellschaftlichen Rahmenbedingungen dürfen nicht vernachlässigt werden. So sollte niemand gegen seinen Willen von Robotern gepflegt werden. Der Einsatz von Pflegesystemen darf auch nicht zur Vereinsamung und sozialen Isolation der Gepflegten führen.

Zweiter Grundsatz:
Künstliche Systeme sollten nicht über Leben und Tod von
Menschen entscheiden.

Sehr kritisch vom moralischen Standpunkt ist die Frage einzuschätzen, ob Maschinen über Leben und Tod von Menschen entscheiden dürfen. Ein wichtiges Argument ist in diesem Zusammenhang, dass in den Anwendungsbereichen, in denen über den Einsatz autonomer Systeme nachgedacht wird, keine moralische Pflicht zum Töten besteht (Misselhorn 2018). Eine solche Pflicht gibt es nicht einmal im Krieg.

Der üblichen Auslegung der Theorie des gerechten Kriegs zufolge ist es bestenfalls moralisch erlaubt, andere Menschen im Krieg zu töten, aber nicht moralisch geboten (Childress 1979; Eser 2011). Deshalb sollte immer die Möglichkeit bestehen, etwa aus Mitleid von einer Tötungshandlung abzusehen. Durch den Einsatz autonomer Waffensysteme wird der Entscheidungsspielraum unweigerlich geschlossen.

494

Eine wichtige Frage ist, ob die Einwände gegen Kriegsroboter sich auch auf andere Anwendungsbereiche übertragen lassen. So wurde eine Analogie zwischen der Programmierung autonomer Fahrzeuge zum Zweck der Unfalloptimierung und der Zielbestimmung autonomer Waffensysteme hergestellt (Lin 2016).

Um Unfallergebnisse zu optimieren, müssen Kosten-Funktionen erstellt werden, die bestimmen, wer im Zweifelsfall verletzt und getötet wird. Vergleichbar mit autonomen Waffensystemen müssten somit für den Fall einer unvermeidlichen Kollision legitime Ziele festgelegt werden, die dann vorsätzlich verletzt oder womöglich sogar getötet würden.

Um zu prüfen, ob sich das Argument, dass es keine moralische Pflicht zum Töten gibt, auf das autonome Fahren übertragen lässt, ist zu klären, ob eine moralische Pflicht besteht, unschuldige Menschen zu verletzen oder zu töten, sofern dies dazu dient, Schlimmeres zu verhindern. Eine solche Pflicht ist nicht nur moralisch problematisch (Misselhorn 2018), sondern auch im Licht der deutschen Rechtsprechung.

Das Bundesverfassungsgericht hat in seiner Entscheidung zum Luftsicherheitsgesetz im Jahr 2006 zum Abschuss entführter Passagierflugzeuge, die von Terroristen als Massenvernichtungswaffen eingesetzt werden sollen, festgehalten, dass ein Abschuss immer der Menschenwürde der Flugzeugpassagiere widerspricht (BVerfGE 115, 118, (160)).

Unschuldige Menschen auf der Grundlage einer gesetzlichen Ermächtigung vorsätzlich zu töten wird somit vom Grundgesetz ausgeschlossen. Dieses Urteil steht zumindest auf den ersten Blick in einem Widerspruch zu einer Pflicht der Schadensminimierung, die die vorsätzliche Verletzung oder Tötung unschuldiger Menschen umfasst.

Dritter Grundsatz:
Es muss sichergestellt werden, dass Menschen stets in einem substantiellen Sinn die Verantwortung übernehmen.

Ein weiteres Problem, das angesprochen werden muss, besteht darin, dass der Einsatz von Maschinen mit moralischen Fähigkeiten zu einem Verantwortungsvakuum führen kann. Maschinen sind zwar nicht zu vollumfänglichem moralischen Handeln in der Lage, wie es Menschen auszeichnet. Der Einsatz von Maschinen könnte jedoch die Verantwortungszuschreibung an Menschen unterminieren, so dass am Ende möglicherweise niemand für ihr Handeln die Verantwortung trägt.

Kriterien für die Zuschreibung moralischer Verantwortung sind etwa Willensfreiheit, Kausalität, Absichtlichkeit und Wissen. Ein Handelnder ist demnach nur dann für eine Handlung verantwortlich, wenn sie auf seinem freien Willen beruht, wenn sie ohne seine Beteiligung nicht zustande gekommen wäre, er sie absichtlich durchgeführt hat (oder ihre Folgen zumindest in Kauf genommen hat) und ihm ihre Konsequenzen bekannt waren (er diese hätte vorhersehen oder sich die entsprechenden Kenntnisse mit vertretbarem Aufwand beschaffen können).

Es ist klar, dass Maschinen diese Bedingungen nicht alle erfüllen. So besitzen sie keinen freien Willen; aber auch die Bedingungen der Absichtlichkeit und des Wissens werfen Probleme bei der Zuschreibung an Maschinen auf. Deshalb können sie zwar keine moralische Verantwortung tragen, aber eine Verantwortungslücke erzeugen.

Der australische Maschinenethiker Robert Sparrow, auf den dieser Begriff (im Original: *responsibility gap*) zurückgeht, argumentiert dafür am Beispiel autonomer Kriegsroboter. Er legt dar, dass eine Verantwortungslücke entsteht, wenn:

(1) ein Kriegsroboter nicht absichtlich so programmiert wurde, dass er die ethischen bzw. rechtlichen Normen der Kriegsführung verletzt;

(2) es nicht vorhersehbar war, dass der Einsatz des Kriegsroboters dazu führen würde; und

(3) ab dem Start der Operation keine menschliche Kontrolle mehr über die Maschine bestand.

Wenn diese drei Bedingungen erfüllt sind, hat das nach Sparrow zur Folge, dass die moralische Verantwortung keinem Menschen zugeschrieben werden kann, wenn etwa ein Kriegsroboter im Widerstreit mit den ethischen bzw. rechtlichen Normen der Kriegsführung Menschen tötet. Denn kein Mensch hatte dies beabsichtigt, es war nicht vorhersehbar und niemand hatte kausal die Möglichkeit, dieses Resultat zu verhindern.

Eine Verantwortungslücke entsteht also genau dann, wenn die Maschine selbst nicht verantwortlich ist, ihr Einsatz die Bedingungen der Verantwortungszuschreibung an Menschen untergräbt. Für Sparrow ist dies ein Grund dafür, den Einsatz von Kriegsrobotern als unmoralisch abzulehnen. Das Argument von der Verantwortungslücke ließe sich aber grundsätzlich auch auf andere Bereiche wie das autonome Fahren übertragen.

Diese Schlussfolgerung könnte man zum Anlass nehmen, um zu fordern, der Mensch dürfe eben nicht gänzlich die Kontrolle aus der Hand geben. In militärischen Kontexten wird zwischen *In-the-Loop*-Systemen, *On-the-Loop*-Systemen und *Out-of-the-Loop*-Systemen unterschieden, je nachdem, welche Rolle der Mensch in der Kontrollschleife spielt. Bei *In-the-Loop*-Systemen bedient ein Mensch das System und fällt sämtliche Entscheidungen, wenn auch vielleicht nur per Fernbedienung. *On-the-Loop*-Systeme sind zwar programmiert, sie können aber in Echtzeit unabhängig von menschlichem Eingreifen operieren. Der Mensch übernimmt jedoch weiterhin die Überwachung, und er hat jederzeit die Möglichkeit, einzugreifen. *Out-of-the-Loop*-Systeme verhalten sich wie *On-the-Loop*-Systeme, doch besteht keine menschliche Kontroll- und Interventionsmöglichkeit mehr.

Das Problem der Verantwortungslücke erscheint als gelöst, wenn der Mensch *On-the-Loop* bleibt und vielleicht sogar per Knopfdruck der Verantwortungsübernahme zustimmen muss, bevor er ein künstliches System in Betrieb nimmt. Es ist jedoch fraglich, ob die Annahme realistisch ist, dass der Mensch zu einer permanenten Überwachung in der Lage ist. Lässt sich die Aufmerksamkeit über einen entsprechend langen Zeitraum halten, ohne selbst tätig zu werden? Kann ein Mensch in Sekundenschnelle entscheiden und eingreifen, wenn es darauf ankommt? Sollte das nicht möglich sein, wären Vorhersehbarkeit und Kontrolle zwar in der Theorie möglich, aber in der Realität für den Menschen nicht umsetzbar.

Des Weiteren kommt es zu spezifischen epistemischen Problemen. Schließlich ist der Mensch zur Analyse der Situation auf die Informationen angewiesen, die das System ihm liefert. Die Frage ist, ob er diese überhaupt rational in Zweifel ziehen kann, ohne über einen unabhängigen Zugang zu den relevanten Informationen zu verfügen. Nicht zuletzt durchläuft ein solches System bei seiner Entwicklung eine Reihe von Qualitätssicherungsprozessen. Das bestärkt den Nutzer darin, die Vorschläge des Systems den eigenen Urteilen für überlegen zu halten. Die Bedingung der Vorhersehbarkeit wäre somit entgegen dem ersten Anschein nicht wirklich erfüllt.

Insgesamt erscheint es als unfair, dem Nutzer per Knopfdruck die volle Verantwortung aufzubürden, denn zumindest ein Teil der Verantwortung, wenn nicht sogar der Hauptteil sollte doch den Programmierern zukommen, deren Algorithmen ausschlaggebend für das Handeln des Systems sind. Die Nutzer sind nur in einem schwächeren Sinn verantwortlich, weil sie das System nicht am Handeln gehindert haben. Das lässt es zweifelhaft erscheinen, ob die Bedingungen der Vorhersehbarkeit und der Kontrolle erfüllt sind. Das Problem der Verantwortungslücke droht aus diesem Grund auch bei *On-the-Loop*-Systemen. Es stellt sich letztlich sogar dann, wenn der Mensch *In-the-Loop* bleibt.

Es ist deshalb eine der großen Herausforderungen der Maschinenethik, Wege zu finden, wie Verantwortungszuschreibung in einem substantiellen Sinn in einem solchen Kontext aufgefasst werden kann. Ein

Ansatz besteht darin, Handlungsfähigkeit und Verantwortung zu trennen. Juristisch gesprochen wären moralische Maschinen dann als eine Art von Erfüllungsgehilfen zu sehen, wobei die Verantwortung beim Geschäftsherrn verleibt (Teubner 2018; Misselhorn 2019b). Allerdings ist ein solcher Ansatz nur für den privatrechtlichen Bereich geeignet. Generell spricht auch das Problem der Verantwortungslücke dafür, Maschinen keine Entscheidungen über Leben und Tod von Menschen zu überlassen.

5. Konklusion

Im Licht der drei Grundsätze guter Maschinenethik gibt es einige Einsatzbereiche moralischer Maschinen, die kritisch zu sehen sind. Das betrifft insbesondere Kriegsroboter, aber auch das autonome Fahren sollte vor diesem Hintergrund nicht zu leichtfertig forciert werden.

Wichtig wäre es, zunächst die Möglichkeiten des assistierten Fahrens voll auszuschöpfen. Denn das assistierte Fahren ist moralisch deutlich weniger problematisch, da es Maschinen keine Tötungsentscheidungen überträgt. In punkto Verkehrssicherheit wäre zunächst zu prüfen, ob das assistierte Fahren nicht womöglich annähernd ebenso effektiv ist wie das vollautomatisierte Fahren.

Trotz dieser Einschränkungen wäre es falsch, die Grundsätze als Hemmschuh der technologischen Entwicklung aufzufassen. Vielmehr handelt es sich um Leitplanken, die festlegen können, worin sinnvolle technologische Innovation besteht. So wurde am Beispiel eines Pflegesystems gezeigt, dass sich die Leitlinien auch als Orientierungshilfe bei der Entwicklung nutzen lassen. Hierbei darf allerdings die entsprechende soziale und gesellschaftliche Einbettung solcher Technologien nicht vernachlässigt werden.

Literatur

Allen, Colin; Wallach, Wendell; Iva Smit (2011): Why Machine Ethics? In: Anderson, Michael; Anderson, Susan [eds.]: *Machine Ethics*, New York: Cambridge University Press 2011, 51-61.

Bendel, Oliver (2017): Ladybird – The Animal-Friendly Robot Vacuum Cleaner. In: *The AAAI 2017 Spring Symposium on Artificial Intelligence for the Social Good Technical Report SS-17-01*. Palo Alto, 2-6.

Childress, James F. (1997): Nonviolent Resistance – Trust and Risk-Taking. Twenty-Five Years Later. In: *Journal of Religious Ethics* 25 (2), 213-220.

Lin, Patrick: Why Ethics Matters for Autonomous Cars. In: Maurer, Markus; Gerdes, Chris; Lenz, Barbara; Winner, Hermann [eds.]: *Au-*

tonomous Driving – Technical, Legal and Social Aspects, Berlin/Heidelberg: Springer 2016, 69-85.

Leveringhaus, Alex (2016): *Ethics and Autonomous Weapons*. Oxford: Palgrave Macmillan 2016.

Misselhorn, Catrin (2018): *Grundfragen der Maschinenethik*, Dietzingen: Reclam, ³2019.

Misselhorn, Catrin (2019a): Mensch und Maschine. Leonardo da Vinci als Vorbild für die gegenwärtige Roboterethik. In: Seidl, Ernst; Dürr, Frank; La Corte, Michael [Hrsg.] *Ex machina. Leonardo da Vincis Maschinen zwischen Wissenschaft und Kunst*, Tübingen: MuT 2019.

Misselhorn, Catrin (2019b): Digitale Rechtssubjekte, Handlungsfähigkeit und Verantwortung aus philosophischer Sicht, VerfBlog, 2019/10/02, https://verfassungsblog.de/digitale-rechtssubjekte-handlungsfaehigkeit-und-verantwortung-aus-philosophischer-sicht/

Misselhorn, Catrin (2020): Artificial Systems with Moral Capacities? A Research Design and its Implementation in a Geriatric Care System, in: *Artifical Intelligence* 278, January 2020, Art. 103179.

Searle, John R. (1980) [1986]: Minds, Brains, and Programs. In: *The Behavioral and Brain Sciences* 3 (1980) Nr. 3. S. 417-424. [Dt.: Geist, Gehirn, Programm. In: Douglas R. Hofstadter / Daniel C. Dennett (Hrsg.): *Einsicht ins Ich*. Stuttgart 1986. S. 337-356.]

Sparrow, Robert (2007): Killer Robots. In: *Journal of Applied Philosophy* 24 (1), 62-77.

Teubner, Gunther (2018): Digitale Rechtssubjekte? In: *Archiv für die civilistische Praxis* 218, 151-691.

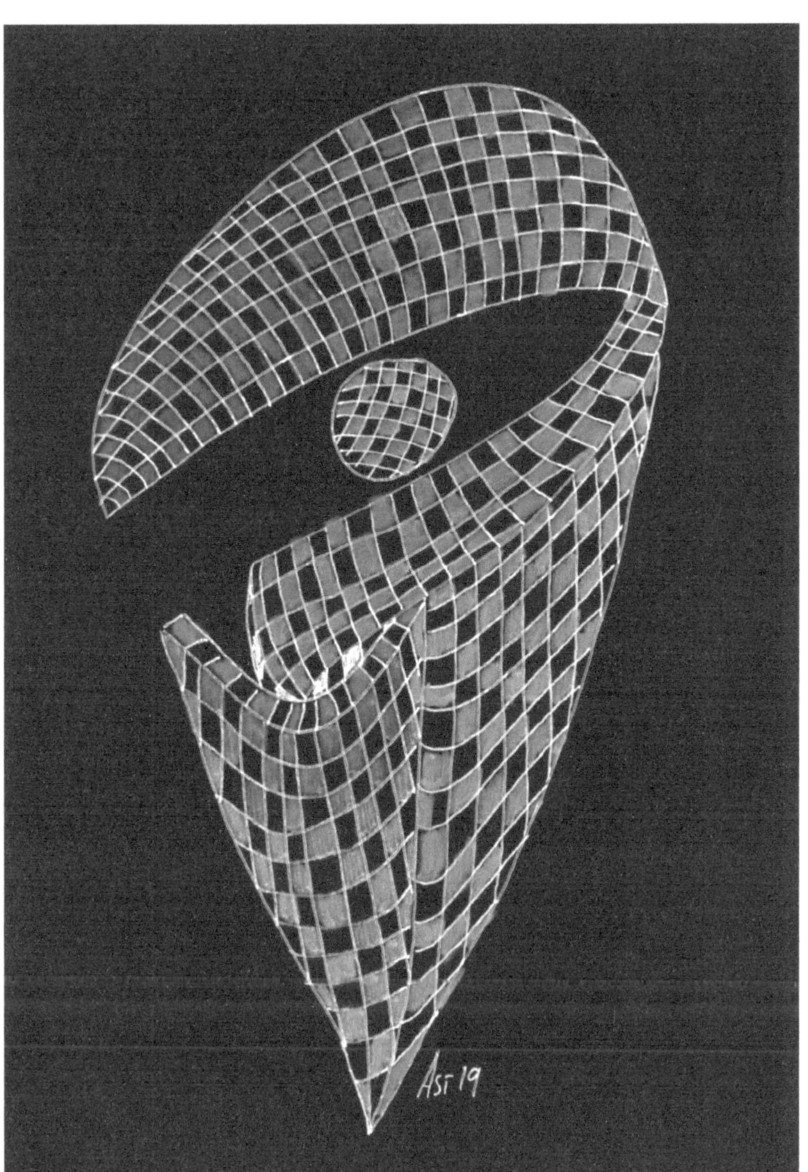
Asr 19

Anna Strasser

Resümee

Kann Intelligenz Grosses verheissen – selbst wenn sie nur künstlich ist?

Utopische und dystopische Visionen stehen sich in vielen Debatten um künstliche Intelligenz gegenüber. Zum einen wird in der Entwicklung von künstlicher Intelligenz das Potential heilsbringender Lösungen gesehen, das durch Steigerung der Produktivität, Effizienz, Schnelligkeit und Fachspezifika nicht nur das Leben von Menschen erleichtern, sondern auch Lösungen für dringliche Probleme hervorbringen kann. Im Kontrast dazu gibt es aber auch Ansichten, die in der weiteren Entwicklung von künstlicher Intelligenz eine große Gefahr sehen. So hat zum Beispiel Stephen Hawking sinngemäß gesagt, dass er befürchte, dass künstliche Intelligenz den Menschen ganz und gar ersetzen könnte (vgl. Rötzer 2017). Auch findet man im Science-Fiction-Bereich viele Filme wie *Terminator*, *Matrix*, *Transcendence* oder *I, Robot*, in denen superintelligente Maschinenwesen die Weltherrschaft an sich reißen.

In den hier vorliegenden Aufsätzen haben sich zwischen diesen Polaritäten interessante neue Perspektiven aufgetan. Um die verschiedenen Facetten nochmals Revue passieren zu lassen, benutze ich die vier kantischen Fragen (Was kann ich wissen? | Was soll ich tun? | Was darf ich hoffen? | Was ist der Mensch?), um verschiedene rote Fäden aus diesem Sammelband herauszugreifen.

Ich beginne mit der anthropologischen Frage Was ist der Mensch? Die meisten Beiträge in diesem Sammelband vertreten einen antireduktionistischen Standpunkt, das heißt, es wird davon ausgegangen, dass sich Menschen prinzipiell nicht auf Maschinen reduzieren lassen. Dafür werden essentielle Merkmale des Menschen wie Bewusstsein, Emotionen, Körperlichkeit, Überlebenswille, Verstehen oder der freie Wille als notwendige Bestandteile von natürlicher, menschlicher Intelligenz herausgearbeitet. Da davon ausgegangen wird, dass diese Charakteristika dem Menschen vorbehalten seien, wird in vielen Beiträgen der Begriff der künstlichen Intelligenz entsprechend eingegrenzt. Dies widerspricht Vertreter*innen einer starken KI-These, die ja gerade bezweifeln, ob all die genannten Besonderheiten wirklich dem Menschen vorbehalten sind. Jedoch haben sich infolge unseres Aufrufs, sich kritisch mit KI auseinanderzusetzen, so gut wie keine Vertreter*innen der starken KI-These angesprochen gefühlt.

So argumentieren **Nadine Schumann** und **Yaoli Du**, dass man den Intelligenzbegriff nicht auf eine Sichtweise reduzieren sollte, welche sich ausschließlich auf funktionale Abläufe konzentriert und damit den Menschen auf Maschinen verkürzt. Mit Bezug auf Antonio Damasio hebt **Hans Zillmann** hervor, dass für die Entstehung von Subjektivität (hier verstanden als eine der wichtigsten Voraussetzung von Intelligenz) sowohl Körperlichkeit, das Haben von qualitativen Zuständen als auch das Leben in Sozialverbänden eine zentrale Rolle spielen. In ähnlicher Weise verweist **Michael Meyer** auf die Bedingung von ‚Weltoffenheit', die nur durch leibliche Wahrnehmung, Verstehen und existentiellem Sein erreicht werden kann. Auch **Mathias Gutmann**, **Marie-Claire Haag** und **Christian Wadephul** heben eine menschliche Besonderheit hervor, nämlich die Fähigkeit, etwas zu empfinden und von sich selbst wissen, dass man empfindet (reflexives Wissen). Nimmt man diese Besonderheit als eine notwendigen Voraussetzungen für das Geben von Gründen, kann dies erklären, warum man dies von künstlichen Systemen nicht erwarten kann.

Der Beitrag von **Hans-Jörg Kreowski** und **Wolfgang Krieger** arbeitet an dem Unterschied zwischen einer künstlichen Blume und einem künstlichen See heraus, inwiefern künstlichen Systemen trotz täuschend ähnlichem Output dennoch zentrale Eigenschaften wie zum Beispiel das Lebendigsein fehlen. **Elektra Wagenrad** stellt die These auf, dass künstlichen Problemlösestrategien sowohl ein Eigenwille, das Emotionale und ein darunterliegendes Verständnis fehlen. Als besonderes Merkmal menschlichen Denkens stellt **Dieter Mersch** heraus, dass es sich eben nicht algorithmisch rationalisieren lässt. Der Beitrag von **Tobias Fuhrmann** vertritt die These, dass künstliche Intelligenz nicht einmal als Simulationsversuch von Bewusstsein zu bewerten sei. **Gergana Vladova** und **Sascha Friesike** bringen noch einen weiteren Aspekt menschlicher Intelligenz ins Spiel, der durch keine KI erfasst werden könne, nämlich die Fähigkeit, sich zu irren und daraus zu lernen.

Geht man davon aus, dass künstliche Systeme dadurch, dass sie nicht lebendig sind, weder über Körperlichkeit noch über qualitatives Bewusstsein verfügen, ist es naheliegend, dass sich künstliche Intelligenz in vielen wesentlichen Aspekten von natürlicher Intelligenz unterscheidet. Bereits durch den kritischen Vergleich von natürlicher und künstlicher Intelligenz, der verschiedene wesentliche Eigenschaften von Menschen herausgearbeitet hat, ergeben sich erhebliche Einschränkungen bezüglich der Frage WAS DARF ICH HOFFEN?, verstanden in dem Sinne, was künstliche Intelligenz umfassen könnte. So fehlt ihr zum Beispiel Subjektivität, Bewusstsein und ein darunterliegendes Verständnis. Auch wenn die Leistungen von künstlicher Intelligenz beeindruckend sein können, scheinen sie nur über eine Art von Verständnis (*sort of comprehension*) zu verfügen, die nach **Daniel Dennett** nur zu *competence without comprehension* (Beherrschen ohne zu begreifen) führen kann. Hinzu kommt, dass sich im Rahmen der Debatte um künstliche Intelligenz die Frage nach möglichen Hoffnungen um die Frage nach möglichen Befürchtungen erweitert. Zwischen Hoffen und Fürchten spannt sich ein weiter Bogen von möglichen Über- oder Unterschätzungen auf. Neben den Fragen, was KI nicht kann, stellt sich hier die Frage, zu was sie in der Lage ist und auch welche Konsequenzen das für uns haben kann.

Nadine Schumann und **Yaoli Du** sprechen bei der Bewertung von möglichen KI-Leistungen davon, dass mithilfe einer modellhaften „Als ob"-Einsicht soziale Verhältnisse simuliert werden können, insofern sie in einer Datenstruktur vorliegen. **Tobias Fuhrmann** zeigt, inwiefern man künstliche Intelligenz als einen eigenen Modus der Verarbeitung von Kommunikation verstehen kann. Die empirische Untersuchung von **Uwe Engel** und **Holger Schultheis** beschäftigt sich mit der sozialen und ethischen Akzeptanz von KI. Hierbei ergibt sich ein interessantes Bild, wenn man Fragen nach der Wahrscheinlichkeit bestimmter Entwicklungen Fragen bezüglich der Bereitschaft, Vertrauen in die Verwendung von KI zu setzen gegenüberstellt. Ein großer Prozentsatz erwartet, dass durch KI in Zukunft Arbeiten erledigt werden können, die für Menschen zu schwer, zu gefährlich oder zu mühsam sind. Bezüglich der Sicherheit und Vertrauenswürdigkeit stößt man jedoch auf eine größere Skepsis. **Walther Zimmerli** analysiert künstliche Intelligenz als einen „realen Mythos", der allerdings das, was KI tatsächlich zu leisten verspricht, zum Teil eher verdeckt als verdeutlicht. Ausgehend von der Idee, dass Befürchtungen bezüglich KI eher in der Unvernunft der Menschen als in den Fähigkeiten der KI begründet sind, beschäftigt sich der Beitrag von **Sybille Krämer** explizit nicht mit utopischen oder dystopischen Deutungen künstlicher Intelligenz. Stattdessen werden hier Potentiale und Gefährdungen gegenwärtiger *Big Data* Technologien kritisch reflektiert. Mit einem Fokus auf mögliche Befürchtungen geht **Thomas Weiß** ausgehend von einer marxistischen Sichtweise der Fragestellung nach, inwieweit künstliche Systeme ein neues Proletariat bilden könnten, das Menschen als Arbeitnehmer komplett verdrängen, und somit zu Massenarbeitslosigkeit und Verelendung führen würde. Als eine mögliche Konsequenz zukünftiger Entwicklungen von KI arbeitet **Reinhard Kahle** heraus, dass, wenn mehr und mehr Entscheidungsprozesse von KI-Systemen übernommen werden, die Gefahr bestehe, dass qualitative Kriterien immer weniger eine Rolle spielen. Dem fügt der Beitrag von **Rico Hauswald** eine weitere Facette hinzu. Untersucht wird hier, inwiefern sich durch Technisierung unsere epistemische Arbeitsteilung verändern kann. Er zeigt, dass wir unsere Kritikfähigkeit verlieren könnten, wenn wir uns in Zukunft in Wissensfragen auf künstliche Systeme verlassen müssen. **Christoph Merdes** fragt sich in seinem Beitrag, ob man die Hoffnung haben kann, das Verhalten von künstlichen Systemen als moralisch kompetent einzustufen. Auch wenn er die Frage zum jetzigen Zeitpunkt negativ beantwortet, entwickelt er verschiedene Maßstäbe, an denen man zukünftige autonome Maschinen messen könnte, wie zum Beispiel die Wertvorstellungen der Hersteller, die Möglichkeit von menschenverstehbarer Rechtfertigung für Handlungsweisen und die Ausprägung des Urteilsvermögens.

Damit sind wir bei der Frage **WAS SOLL ICH TUN?** Hierbei geht es um mehrere Dimensionen. Ausgehend von den verschiedenen Befürchtungen stellt sich zum einen die Frage, ob wir bestimmte KI-Produkte überhaupt herstellen *sollten*, selbst wenn wir *könnten*. Zum anderen geht es aber angesichts der Allgegenwärtigkeit technischer Lösungen in unserem Leben auch darum, wie wir die Koexistenz mit sogenannten KI-Produkten gestalten sollten. Denn unabhängig davon, ob man von einem dualistischen oder monistischen Weltbild ausgeht oder ob man KI als ebenbürtig, überlegen oder unterlegen ansieht, stellt sich die Frage, wie sich das Zusammenleben mit Produkten der KI gestalten lässt.

John Michael berichtet in seinem Beitrag von empirischen Untersuchungen, die zeigen, inwiefern Menschen ein Verbindlichkeitsgefühl gegenüber Maschinen aufbauen können. **Hendrik Kempt** geht sogar noch einen Schritt weiter und diskutiert die Möglichkeit von Freundschaften mit künstlichen Systemen. Hier wird die Frage aufgeworfen, ob wir unsere Begrifflichkeit um einen neuen Typ von sozialem Akteur erweitern sollten. Thema des Beitrages von **Ophelia Deroy** ist die grundsätzliche Frage, welche Art des Vertrauens bei unseren Interaktionen mit künstlichen Systemen eine Rolle spielen kann. Überlegungen, wie eine zukünftige Maschinenethik aussehen könnte, führen Catrin Misselhorn dazu, drei leitende Grundsätze herauszuarbeiten: Zum einen sollten künstliche Systeme die Selbstbestimmung von Menschen fördern und eben nicht beeinträchtigen, zum anderen sollten sie nicht über Leben und Tod von Menschen entscheiden, und nicht zuletzt sollten sie keine Verantwortung in einem substantiellen Sinn übernehmen. Aus der Überlegung heraus, dass mit wachsender globaler Informationsverarbeitung der Energieverbrauch steigt und künstliche Systeme somit auch zu einem signifikanten ökologischen und ökonomischen Faktor werden, schlägt **Chrstian Freksa** die Maßeinheit „Intelligenz pro Kilowattstunde" als ein Maß kognitiver Leistungsfähigkeit von KI-Systemen vor, das unsere zukünftigen Entwicklungen leiten könnte.

Die letzte Frage WAS KANN ICH WISSEN? könnte man in verschiedener Hinsicht interpretieren. Auf der einen Seite berührt diese Frage Debatten, die unter dem Label *explainable AI* diskutiert werden. Das heißt, hier wird gefragt, inwiefern wir Verhaltensweisen von künstlichen Systemen nachvollziehen können und wie wir damit umgehen, wenn wir nicht in der Lage sind, die sogenannte *Black Box* von KI-Systemen zu ergründen. Oder man könnte sich fragen, ob unser Wissen über die menschliche Psychologie überhaupt ausreichend ist, um funktionale Äquivalente oder gar gleichwertige Systeme zu erschaffen. Und nicht zuletzt steht auch die Frage im Raum, ob die Entwicklung von KI die Grenzen unseres Wissens erweitern kann.

In der Beschreibung von *deep learning* weist **Christian Freksa** darauf hin, dass hier große Datenmengen in vielfältiger Weise miteinander in Beziehung gesetzt werden. Dadurch ist es uns zwar möglich, in komplexen Systemen Zusammenhänge zu entdecken, die vorher nicht bekannt waren, das heißt, wir können unser Wissen erweitern. Jedoch steckt in den so zu Tage gebrachten Korrelationen keine Information über deren Ursachen. Im Hinblick auf die Wissensaneignung von Menschen bewertet Christian Freksa den Umstand, dass wir unseren Denkapparat mit uns in der Welt herumtragen, als einen nicht zu unterschätzenden Vorteil, da wir so viele Informationen der Welt nicht nur direkt, interaktiv und selektiv berücksichtigen können, sondern auch nicht gezwungen sind, vollständige Repräsentationen aufzubauen. In dem Beitrag von **Rico Hauswald** wird deutlich, dass, wenn KI-Systeme die Rolle von Experten einnehmen, die Nachvollziehbarkeit nicht nur für Laien, sondern auch für menschliche Experten in Frage gestellt wird. **Daniel Wenz** rollt das Problem der Erklärbarkeit aus einer mathematischen Perspektive auf, indem er zeigt, dass mathematische Beweise, die von künstlicher Intelligenz erstellt werden, auch für Mathematiker nicht notwendigerweise nachvollziehbar sind

Angesichts der wachsenden Anzahl von Produkten mit künstlicher Intelligenz in der Industrie, im Transportwesen, im Gesundheitswesen, im Militär, im Bildungswesen und selbst bei Kinderspielzeugen gibt es viele kontroverse Debatten über die Möglichkeiten, Grenzen und Folgen von KI, die dieser Band natürlich nicht in seiner Gänze abdecken konnte.

Jedoch bieten die hier versammelten Beiträge interessante Anknüpfungspunkte weiterzudenken. Gerade da schon jetzt das ‚Zusammenleben‘ mit KI Produkten gesellschaftliche Auswirkungen hat und in Zukunft ganz sicherlich weiterhin haben wird, sollten wir versuchen zu verstehen, inwiefern sich menschliche natürliche Intelligenz von künstlicher Intelligenz abgrenzen lässt, um Antworten auf den Fragenkomplex **WAS DARF ICH HOFFEN?** zu finden.

Mit dem Wissen um Besonderheiten des Menschen können wir in Einzelfällen besser entscheiden, ob bestimmte Entscheidungsprozesse einer sogenannten KI überlassen werden sollen, und wieviel Autonomie bei künstlicher Intelligenz anzustreben ist. Und trotz aller denkbaren Selbstbeschränkungen, die wir uns im Hinblick künftiger Technikentwicklung auferlegen könnten, sollte man auch nicht aus dem Blick verlieren, dass es jetzt schon Interaktionen mit KI gibt und dass man diese gestalten sollte.

Literatur

Rötzer, Florian (2017): Hawking warnt: Roboter könnten die Menschen ersetzen. In: *Telepolis*, 3.11.2017, online; https://www.heise.de/tp/features/Hawking-warnt-Roboter-koennten-die-Menschen-ersetzen-3878037.html.

© Phil Wickens

DANIEL C. DENNETT erhielt 1963 seinen B.A. in Philosophie in Harvard und ging daran anschließend nach Oxford, um mit Gilbert Ryle zu arbeiten, unter dessen Betreuung er 1965 seinen D.Phil. (Doktor der Philosophie) abschloss. Von 1965 bis 1971 lehrte er an der *U.C. Irvine*, wonach er zur *Tufts University* wechselte. Dort lehrt er seither als Universitätsprofessor und Austin B. Fletcher Professor für Philosophie und ist zudem Direktor des *Center for Cognitive Studies*. Darüber hinaus ist er Mitglied des externen Lehrkörpers des Santa Fe Institute und des New College of the Humanities in London. Er ist Autor zahlreicher Bestseller wie z.B. *Elbow Room* (1984), *Consciousness Explained* (1991), *Darwin's Dangerous Idea* (1995) oder *Breaking the Spell* (2006).

OPHELIA DEROY Ophelia Deroy hat den Lehrstuhl für Philosophie des Geistes und der Neurowissenschaften an der LMU inne und leitet ein Forschungszentrum für Kunst, neue Technologien und Ingenieurwesen (CREATE) an der *University of London*. Sie leitet eine interdisziplinäre Forschungsgruppe mit Philosophen, Computerwissenschaftlern und Psychologen, die sich auf Möglichkeiten konzentriert, wie wir Erfahrungen und erfahrungsbasierte Entscheidungen austauschen können und sollten. Ihre Arbeiten wurden in internationalen Fachzeitschriften sowohl in der Kognitionswissenschaft als auch in der Philosophie veröffentlicht und häufig in wichtigen Medien veröffentlicht.

YAOLI DU hat Philosophie an der *Renmin University of China* und an der Universität Leipzig studiert. Sie arbeitet derzeit an ihrer Promotion zum Thema der sprachphilosophischen Analyse auf semantischen Technologien basierter Agenten. Darüber hinaus ist sie an verschiedenen Projekten am Institut für Informatik der Uni Leipzig beteiligt und ist Fellowship Researcher im Projekt „*The Structure of Representations*" an der Uni Düsseldorf.

UWE ENGEL ist Professor am Fachbereich Sozialwissenschaften der Universität Bremen und hat dort bis zu seiner Emeritierung im Oktober 2020 das Sozialwissenschaftliche Methodenzentrum der Universität geleitet. Engel ist Soziologe und Datenwissenschaftler. Seine Arbeitsschwerpunkte liegen in der *Computational Social Science*, in der Soziologie der künstlichen Intelligenz, im maschinellen Lernen und in digitalen Methoden der Sozialforschung.

CHRISTIAN FREKSA studierte Mathematik und Informatik in München und Computer Science/Artificial Intelligence in San Francisco, Berkeley und Stanford. Nach Anstellungen am Max-Planck-Institut für Psychiatrie in München, so wie bei der Fakultät für Informatik der TU München und einem Forschungsaufenthalt am *International Computer Science Institute* in Berkeley wechselte Christian Freksa als Professor an den Fachbereich Informatik der Universität Hamburg. 2002 wurde an die Universität Bremen berufen, wo er die Arbeitsgruppe *Cognitive Systems* aufbaute. Seit 2006 bekleidete er eine Forschungsprofessur und leitete das Bremen *Spatial Cognition Center*. Am 12.11.2020 verstarb Christian Freksa durch einen tragischen Unfall im Alter von 70 Jahren unerwartet und plötzlich.

SASCHA FRIESIKE ist Professor für Design digitaler Innovationen an der Universität der Künste Berlin und Direktor des Weizenbaum-Instituts. Er ist zudem assoziierter Forscher am Alexander von Humboldt Institut. Friesike ist Wirtschaftsingenieur und hat an der Universität St. Gallen promoviert. In seiner Forschung beschäftigt er sich damit, welche Rolle das Digitale spielt, wenn Neues entsteht. So untersucht er die Rolle der Digitalisierung in der Wissenschaft und schaut sich an, wie Kreative arbeiten.

JAN TOBIAS FUHRMANN studierte Sozialwissenschaften an der TU Kaiserslautern und an der Universität Luzern. Er ist Georg-Christoph-Lichtenberg-Stipendiat des Landes Niedersachsen an der Universität Oldenburg und lehrt an der Leuphana Universität Lüneburg. Er forscht zu algorithmischen Zeitstrukturen im Kontext kapitalistischer Kalküle und Politik, zu Postfundamentalismus und kritischer Systemtheorie. Er verfolgt derzeit sein Promotionsprojekt zum Thema „Die Zeit der Algorithmen. Zur Etablierung algorithmischer Zeitregime in Ökonomie und Politik".

MATHIAS GUTMANN studierte Philosophie und Biologie. Er war von 2003 bis 2008 Juniorprofessor für Anthropologie zwischen Biowissenschaften und Kulturforschung und ist seit 2008 Professor für Technikphilosophie an der Universität Karlsruhe (TH) und am Karlsruher Institut für Technologie (KIT). Seine Hauptarbeitsgebiete sind Technikphilosophie, Wissenschaftstheorie, Natur- und Technikhermeneutik.

MARIE-CLAIRE HAAG studierte Europäische Kultur und Ideen-geschichte mit Schwerpunkt Theoretische Philosophie am Karlsruher Institut für Technologie (KIT) der Universität Karlsruhe, das sie 2020 mit ihrer Masterthesis abschloss, in der sie den Lernbegriff künstlicher (kognitiver) Systeme im Vergleich mit demjenigen natürlicher Intelligenz untersucht. Sie arbeitet derzeit an der Fakultät für Geistes- und Sozialwissenschaften am KIT.

RICO HAUSWALD studierte Philosophie und Soziologie in Dresden und Fribourg/Schweiz. Er promovierte an der Humboldt-Universität Berlin. Seine Veröffentlichungen behandeln u.a. Fragen der Sozialen Erkenntnistheorie, Philosophie der Medizin/Psychiatrie, der Metaphysik und Wissenschaftstheorie. Derzeit ist er wissenschaftlicher Mitarbeiter am Institut für Philosophie der TU Dresden und verfolgt sein Habilitationsprojekt zum Thema ‚Epistemische Autorität'.

REINHARD KAHLE studierte Mathematik, Philosophie und Informatik. Nach Assistentenstellen in Tübingen, München und Lissabon war er zuerst Mathematikprofessor an der *Universidade de Coimbra* und anschließend Professor für mathematische Logik an der *Universidade Nova de Lisboa*. Seit 2019 ist er Carl Friedrich von Weizsäcker-Stiftungsprofessor für Theorie und Geschichte der Wissenschaften an der Universität Tübingen. Reinhard Kahle ist Mitglied der *Académie Internationale de Philosophie des Science* und arbeitet speziell zu philosophischen und mathematischen Themen im Bereich der Logik. Er ist (Mit-)Herausgeber von zehn Büchern und Sondernummern wissenschaftlicher Zeitschriften, darunter z.B. Gentzen's Centenary: *The quest for consistency* (Springer 2015, zusammen mit Michael Rathjen).

Hendrik Kempt ist wissenschaftlicher Mitarbeiter am Human Technology Institute der Rheinisch-Westfälisch Technischen Hochschule (RWTH) Aachen. Dort arbeitet er im Forschungsprojekt ELSA-AID, welches die ethischen und professionellen Bedingungen des Einsatzes von KI in medizinischer Diagnostik erforscht. Er ist Autor von „*Chatbots and the Domestication of AI*" (Palgrave Macmillan, 2020) und weiterer Artikel zu Mensch-Maschine-Beziehungen, sowie Herausgeber einer Sonderausgabe zu „*Artificial Speakers*" im Journal „*Minds and Machines*" sowie des Buchs „*RuPaul's Drag Race and Philosophie*".

SYBILLE KRÄMER war bis zum Ruhestand im April 2018 Professorin für Philosophie an der FU Berlin. Während ihrer wissenschaftlichen Karriere war sie Mitglied des Wissenschaftsrates, des *Scientific Panel* des European Research Council (Brüssel) und des Senats der Deutschen Forschungsgemeinschaft, war *permanent fellow* am Wissenschaftskolleg zu

Berlin sowie Sprecherin des DFG-Graduiertenkollegs ‚Schriftbildlichkeit'. Seit März 2019 ist sie Gastprofessorin an der Leuphana Universität Lüneburg am Institut für Ästhetik und Kultur digitaler Medien. Sie hat darüber hinaus Gastprofessuren an Universitäten in Tokyo, Yale, Wien, Graz, Zürich und Luzern inne. Sie ist Ehrendoktorin der Universität Linköping/Schweden. Ihre Arbeitsschwerpunkte liegen in der Erkenntnistheorie, in der Philosophie des Geistes, des Rationalismus, der Sprache, der Schrift und des Bildes, in der Medienphilosophie und -theorie und in der Theorie der Digitalisierung.

HANS-JÖRG KREOWSKI ist Professor (i.R.) für Theoretische Informatik an der Universität Bremen. Er ist außerdem im Vorstand des Forums Informatiker*innen für Frieden und gesellschaftliche Verantwortung (FIfF) und der Zeitschrift Wissenschaft und Frieden. Er ist Mitglied der Leibniz-Sozietät der Wissenschaften zu Berlin, wo er zusammen mit Wolfgang Hofkirchner in Wien den Arbeitskreis Emergente Systeme, Information und Gesellschaft organisiert. Seit 2019 ist er außerdem Mitherausgeber des Grundrechte-Reports.

Wolfgang Krieger (1946) ist Doktorand in der Arbeitsgruppe von Professor Kreowski. Er ist Diplom-Mathematiker (algebraische Systemtheorie) und Ingenieur (FH, Regelungstechnik). Einen großen Teil seines bisherigen Berufslebens hat er sich mit dem Entwurf und der Realisierung von Expertensystemen und der Künstlichen Intelligenz beschäftigt. Er war u.a. Projektleiter und Mitautor des modellbasierten Diagnosesystems ROSE (*Reasoning Over Systems in their Entirety*).

CHRISTOPH MERDES hat Philosophie und Informatik an der Friedrich-Alexander-Universität Erlangen-Nürnberg studiert. Im Anschluss hat er an der Ludwig-Maximilians-Universität München bei Stephan Hartmann promoviert. Gegenwärtig arbeitet er am Zentralinstitut für Wissenschaftsreflexion und Schlüsselqualifikationen an der FAU.

Seine Hautparbeitsgebiete sind Wissenschaftstheorie, formale Erkenntnistheorie und Maschinenethik.

DIETER MERSCH ist Professor für ästhetische Theorie und Leiter des Instituts für Theorie an der Zürcher Hochschule der Künste und Präsident der Deutschen Gesellschaft für Ästhetik. Er ist Mitherausgeber des Internationalen Jahrbuchs für Medienphilosophie. Seine Arbeitsschwerpunkte sind Medienphilosophie, Philosophische Ästhetik, Kunsttheorie, Bildtheorie, Musikphilosophie und Philosophie des 20. und 21. Jahrhunderts. Zu seinen Publikationen zählen u.a. „Posthermeneutik" (Berlin 2010), „*Ordo ab Chao/Order from Noise*" (Berlin/Zürich 2013) und „Epistemologien des Ästhetischen" (Berlin/Zürich 2015). Er ist Autor zahlreicher Aufsätze zur Künstlerischen Forschung, Bildtheorie, Medientheorie, Technikphilosophie und Kritik algorithmischer Rationalität.

MICHAEL MEYER-ALBERT ist in einem Dorf in der Nähe von Hildesheim aufgewachsen und hat in Göttingen, Wien und Hildesheim Philosophie, Literaturwissenschaft und Geschichte studiert. 2017 promovierte er an der Freien Universität Berlin mit einer Arbeit - „Die Welt denken" - über McDowells Konzeption von Weltoffenheit. Sein Denken widmet sich der Frage nach der Möglichkeit eines aufgeklärten Existenzialismus als Grundlage einer globalen Zivilisationsethik. Zuletzt sind die Aufsätze „Das Finden der unverlorenen Welt. Bemerkungen zu einem Vergleich der Philosophien von Hermann Schmitz und John McDowell" und „Revolten gegen schweigende Marmelade. Bemerkungen zum Zusammenhang von Melancholie und Aggressivität bei Sartre und Camus" erschienen. Er lebt in Leipzig.

JOHN MICHAEL hat Philosophie an der Wesleyan University (USA) und an der Universität Tübingen studiert. Nach seiner Promotion an der Universität Wien war er als PostDoc in Kognitionswissenschaft an der CEU Budapest, in Aarhus und in Kopenhagen tätig. Seit 2016 ist er ERC Gruppenleiter an der CEU Budapest/Wien.

CATRIN MISSELHORN ist seit 2019 Professorin für Philosophie an der Georg-August Universität Göttingen. Davor war sie Inhaberin des Lehrstuhls für Wissenschaftstheorie und Technikphilosophie an der Universität Stuttgart (2012-2019), und hatte diverse Gast- und Vertretungsprofessuren u.a. an der Humboldt-Universität zu Berlin und der Universität Zürich inne. Sie arbeitet zu philosophischen Problemen der Künstlichen Intelligenz, Roboter- und Maschinenethik. Ihr Buch *Grundfragen der Maschinenethik* (Reclam) wurde 2018 auf den 3. Platz der Sachbuchbestenliste von ZEIT, ZDF und Deutschlandfunk Kultur gewählt. 2021 erscheint ihr Buch *Künstliche Intelligenz und Empathie. Vom Leben mit Emotionserkennung, Sexrobotern & Co* (Reclam).

HOLGER SCHULTHEIS hat bis 2004 Informatik und Psychologie an der Universität des Saarlandes studiert. Er promovierte 2009 und habilitierte 2017 in Informatik an der Universität Bremen, wo er derzeit als Senior Researcher tätig ist. Wesentlicher Gegenstand seiner Forschung ist es, die Lücke zwischen natürlicher und künstlicher Intelligenz zu schließen. Durch die Kombination von Erkenntnissen aus der Kognitionswissenschaft und Methoden der künstlichen Intelligenz verfolgt seine Arbeit das Ziel, anspruchsvollere künstliche Agenten zu schaffen und ein tieferes Verständnis menschlicher Kognition zu erlangen. Die Erkenntnisse aus seiner Grundlagenforschung wendet er unter anderem an, um intelligente Tutoring- und kognitive Assistenzsysteme zu entwickeln, die sich flexibel an die aktuellen Bedürfnisse des menschlichen Nutzers anpassen.

NADINE SCHUMANN hat Philosophie, Biologische Anthropologie und Ur- und Frühgeschichte an der FSU Jena studiert und promovierte 2019 in Philosophie an der Universität Leipzig zur Methodologie der Zweiten-Person-Perspektive. Sie war von 2012 bis 2016 Assistentin und Gastwissenschaftlerin am Max-Planck-Institut für evolutionäre Anthropologie Leipzig. Schumann ist Mitglied im Leipziger Forschungszentrum für frühkindliche Entwicklung und Gründerin des *TechPhilForums* an der *ResearchAcademy* Leipzig.

WOLFGANG SOHST studierte in Berlin Jura und war von 1990 bis 2001 Unternehmensberater, wandte sich in dieser Zeit aber bereits intensiv der Philosophie zu. Im Jahre 2001 gründete er in Berlin den xenomoi Verlag. Zur gleichen Zeit begann er auch mit der Veröffentlichung erster Texte zur analytischen Metaphysik. Als Monographien erschienen seither: *Prozessontologie* (2009), *Reale Möglichkeit. Eine allgemeine Theorie des Werdens* (2016) und *Collective Moral Responsibility* (2017). Er hat neben zahlreichen Einzelbeiträgen ferner zusammen mit dem Institut für Zeitgeschichte der Universität Wien und der Ernst-Mach-Gesellschaft die auf 9 Bände angelegte Ernst-Mach-Studienausgabe publiziert. Auf juristischem Gebiet ist er der Herausgeber einer Reihe von Bänden zum spanischen und amerikanischen Zivil-, Steuer- und Gesellschaftsrecht.

RALF STAPELFELDT studierte in den 1990er Jahren Betriebs- und Volkswirtschaftslehre und war danach im Management verschiedener Banken tätig. 2015 hat er ein Masterstudium der Philosophie an der FernUniversität in Hagen begonnen, das er 2019 mit einer Arbeit zur Bewusstseinstheorie von Daniel Dennett abschloss. Seine Forschungsschwerpunkte liegen in der Philosophie des Geistes, in Fragen zur Maschinenethik und zu den Folgen technischer Entwicklungen. Er arbeitet derzeit an seinem Promotionsprojekt zum Thema ‚Transhumanismus'.

KATJA STEPEC studierte Philosophie und Geschichte und promovierte im Fach Philosophie an der FernUniversität in Hagen. Ihre Dissertation „Sprachgrenzen" behandelt das Thema Übersetzen und Holismus im Rahmen der analytischen Sprachphilosophie. Für den aktuellen Forschungsschwerpunkt wird insbesondere die Pluralität von Sprachen vor dem Hintergrund von Sprachphilosophie, Holismus und Mereologie beleuchtet. Weitere Forschungsinteressen betreffen Fragen aus dem Bereich der Normativität, des Pragmatismus und der Philosophie des Geistes.

ANNA STRASSER arbeitete nach der Promotion über Kognition künstlicher Systeme als Postdoc in Freiburg (2004-07) und Berlin (*Berlin School of Mind and Brain*, 2009-16). Danach war sie *Visiting Fellow* an der Tufts University, USA bei Daniel Dennett (2018) und gründete dann die *DenkWerkstatt Berlin*. Jetzt arbeitet sie als unabhängige, freiberufliche Philosophin in Berlin. Ihre Forschung behandelt das Thema ‚soziale Kognition' im Schnittfeld von Philosophie, Psychologie und KI. Ein aktuelles Forschungsprojekt beschäftigt sich z.B. mit der Frage, wie ein philosophischer begrifflicher Rahmen die Vielfalt der Phänomene der sozialen Kognition erfassen kann. Zu diesem Zweck hinterfragt sie, ob Standardbegriffe möglicherweise zu restriktiv sind und untersucht, inwieweit sogenannte Minimalansätze zu einer Lösung beitragen können. Darüber hinaus untersucht sie, inwiefern künstliche Systeme als eine neue Art von sozialen Agenten in Frage kommen.

GERGANA VLADOVA forscht als Postdoktorandin an der Universität Potsdam und ist Leiterin der Forschungsgruppe Bildung und Weiterbildung in der digitalen Gesellschaft am Weizenbaum-Institut. Sie hat einen Master-Abschluss in Internationalen Wirtschaftsbeziehungen der Universität Sofia (Bulgarien), einen Magister-Abschluss in Kommunikationswissenschaften und Volkswirtschaftslehre der FU Berlin und promovierte in Wirtschaftsinformatik an der Universität Potsdam. Sie forsch und lehrt primär zum Lernen und zur Kompetenzentwicklung im Kontext von Digitalisierung, Wissens- und Innovationsmanagement.

CHRISTIAN WADEPHUL ist seit 2015 Wissenschaftlicher Mitarbeiter am Institut für Technikfolgenabschätzung und Systemanalyse (ITAS) des Karlsruher Instituts für Technologie (KIT) und arbeitet dort in der

Forschungsgruppe „Digitale Technologien und gesellschaftlicher Wandel". Seine Hauptarbeitsgebiete sind Technik-/Wissenschaftsphilosophie und -ethik, Digitale Hermeneutik sowie Automatisierung und Governance von und durch Algorithmen (v.a. Künstliche Intelligenz, Maschinelles Lernen und Heuristiken). Der Arbeitstitel seines Promotionsprojekts lautet „Topik als inferentielle Semantik".

ELEKTRA WAGENRAD ist eine Berliner Autorin, Philosophin, Hackerin, Community-Netzwerkaktivistin, Softwareentwicklerin und Elektronik-Entwicklerin. Sie ist als Pionierin der drahtlosen Ad-Hoc-Mesh-Netzwerk-technologie bekannt und eine der Erfinderinnen des B.A.T.M.A.N.-Mesh-Protokolls. Von Beginn der Freifunk-Initiative an war sie aktiv daran beteiligt, Menschen durch Open-Source-Entwicklungen zum Aufbau von Community-Netzwerken in Deutschland zu ermächtigen. Seitdem hat sie unter anderem das Buch „Drahtlose Netzwerke in Entwicklungsländern" mitverfasst. Abgesehen von ihrem Hacker-Aktivismus verfasst sie philosophische Bücher, in denen sie kritisiert, dass viele Menschen durch die Vorstellung einer persönlichen, subjektiv handelnden Ich-Entität von sich selbst entfremdet seien.

THOMAS WEIß studierte bis 1978 Volkswirtschaftslehre in Tübingen und promovierte dort 1984 zum Dr. rer. pol. Seither hat er bis 2018 im Bereich von Wirtschafts- und Konjunkturforschung, Wirtschaftsprognosen, sozialer Sicherung und Arbeitsmarkt gearbeitet. Seit 2018 ist er im Ruhestand und lebt in Berlin.

DANIEL WENZ ist wissenschaftlicher Mitarbeiter am Lehrstuhl für Wissenschaftstheorie und Technikphilosophie der RWTH Aachen. Er studierte Philosophie und Geschichte an der Universität Bonn und graduierte zum M.A. mit einer Vergleichenden Studie zum Konzept der Natur in der klassischen Deutschen Philosophie und der gegenwärti-

gen Wissenschaftstheorie. Er promovierte im Cotutelle-Verfahren an der FernUniversität Hagen und der *Pontificia Universidad Católica Argentina* (Argentinien/ Buenos Aires) mit einer Arbeit zur spekulativen Logik und inferentiellen Semantik. Er war Gastwissenschaftler an der University of Pittsburgh (USA) und der UCA (Argentinien). Seine Forschungsinteressen umfassen Fragen der Epistemologie, der Wissenschaftstheorie sowie der Philosophie der Logik und Mathematik. Zurzeit arbeitet er an einer Epistemologie des automatisierten Beweisens (*automated theorem proving*).

HANS ZILLMANN ist promovierter Philosoph. Er ist zurzeit Lehrbeauftragter am Seminar für Philosophie der MLU Halle-Wittenberg sowie am Interdisziplinären Wissenschaftlichen Zentrum Medizin-Ethik-Recht an der MLU Halle-Wittenberg. Zudem arbeitet er als freischaffender Philosoph (philosophischer-service.de). Seine Forschungsschwerpunkte sind unter Anderem Neurophilosophie, Medizinethik sowie Kulturphilosophie.

WALTHER CH. ZIMMERLI promovierte und habilitierte sich im Fach Philosophie an der Universität Zürich, wo er derzeit Research Fellow der Digital Society Initiative ist. In den Jahren von 1978 bis 1999 hatte er Lehrstühle für Philosophie an der TU Braunschweig, der Uni Bamberg in Deputationsteilung mit der Uni Erlangen-Nürnberg sowie der Uni Marburg inne. Er war in den Jahren von 1999 bis 2013 Präsident der Universitäten Witten/Herdecke, Volkswagen Auto-Uni und BTU Cottbus. Er war Fellow am Collegium Helveticum (ETH Zürich) sowie am IWM Wien. Zudem war er Gastprofessor u.a. in den USA, in Japan, Australien und Südafrika. Nach einer Stiftungsprofessur ist er seit 2016 Honorarprofessor an der HU Berlin. Zimmerli ist Autor zahlreicher Publikationen zur Geschichte der neuzeitlichen Philosophie sowie zu Philosophie und Ethik von Wissenschaften und Technologie, zur Digitalisierung und zur Künstlichen Intelligenz.